Kryptografie in der Praxis

David Wong

Kryptografie in der Praxis

Eine Einführung in die bewährten Tools, Frameworks und Protokolle

David Wong

Übersetzung: Frank Langenau
Lektorat: Sandra Bollenbacher
Copy-Editing: Petra Heubach-Erdmann, Düsseldorf
Satz: inpunkt[w]o, *www.inpunktwo.de*
Herstellung: Stefanie Weidner
Umschlaggestaltung: Helmut Kraus, *www.exclam.de*
Druckerei: mediaprint solutions GmbH, 33100 Paderborn

Bibliografische Information der Deutschen Nationalbibliothek
Die Deutsche Nationalbibliothek verzeichnet diese Publikation in der Deutschen Nationalbibliografie; detaillierte bibliografische Daten sind im Internet über *http://dnb.d-nb.de* abrufbar.

ISBN:
Print 978-3-86490-939-9
PDF 978-3-98890-006-7
ePub 978-3-98890-007-4
mobi 978-3-98890-008-1

1. Auflage 2023

Wieblinger Weg 17
69123 Heidelberg

Hinweis:
Dieses Buch wurde mit mineralölfreien Farben auf PEFC-zertifiziertem Papier aus nachhaltiger Waldwirtschaft gedruckt. Der Umwelt zuliebe verzichten wir zusätzlich auf die Einschweißfolie. Hergestellt in Deutschland.

Schreiben Sie uns:
Falls Sie Anregungen, Wünsche und Kommentare haben, lassen Sie es uns wissen: *hallo@dpunkt.de.*

5 4 3 2 1 0

Meinen Eltern, Anne Cerclet und Henry Wong, die meine Neugierde geweckt haben. Meiner Frau, Felicia Lupu, die mich auf dieser Reise unterstützt hat.

Inhalt

Vorwort

Wenn Sie dieses Buch in die Hand nehmen, fragen Sie sich vielleicht: »Warum noch ein Buch über Kryptografie?« oder sogar: »Warum sollte ich dieses Buch lesen?« Um diese Frage zu beantworten, müssen Sie verstehen, wie alles begann.

Ein Buch – seit Jahren im Entstehen

Wenn Sie heutzutage etwas über irgendeine Sache erfahren wollen, suchen Sie danach mit Google oder Bing oder Baidu – das Prinzip dürfte klar sein. Was Kryptografie angeht und je nachdem, wonach Sie suchen, fallen die Quellen möglicherweise recht spärlich aus. Auf dieses Phänomen bin ich schon vor langer Zeit gestoßen und es hat mich seither immer wieder frustriert.

An der Uni musste ich für einen Kurs einen Angriff per Differential Power Analysis (DPA) implementieren. Dieser Angriff war zu dieser Zeit ein Durchbruch in der Kryptoanalyse, denn es war der erste Seitenkanalangriff, der veröffentlicht wurde. Ein Angriff per Differential Power Analysis ist etwas Magisches: Indem man den Stromverbrauch eines Geräts misst, während es etwas ver- oder entschlüsselt, ist man in der Lage, seine Geheimnisse herauszufinden. Mir war klar, dass herausragende Papers großartige Ideen vermitteln können, wobei man nur wenig Aufwand in Klarheit und Verständlichkeit investieren muss. Ich erinnere mich, wie ich mir das Hirn zermarterte, um zu ergründen, was der Autor zu sagen versuchte. Schlimmer noch, ich konnte keine guten Online-Quellen finden, die das Paper erklärten. Also habe ich mir weiter den Kopf zerbrochen, und schließlich habe ich es verstanden. Und dann dachte ich, vielleicht könnte ich anderen helfen, die wie ich diese Tortur durchmachen müssen.

Hoch motiviert zeichnete ich einige Diagramme, animierte sie und nahm mich dabei auf, wie ich sie durchging. Das war mein erstes YouTube-Video über Kryptografie: *https://www.youtube.com/watch?v=gbqNCgVcXsM*.

Jahre später, nachdem ich das Video hochgeladen hatte, bekomme ich immer noch Lob von verschiedenen Leuten im Internet. Gerade gestern, als ich an diesem Vorwort schrieb, postete jemand: »Danke, wirklich eine tolle Erklärung, die mir wahrscheinlich Stunden erspart hat, dieses Paper zu verstehen.«

Was für eine Auszeichnung! Dieser winzige Schritt, mich auf die andere Seite der Bildungslandschaft zu wagen, genügte, um mir Lust auf mehr zu machen. Ich begann, weitere Videos aufzunehmen, und rief dann einen Blog ins Leben, um über Kryptografie zu schreiben. Zu finden ist der Blog hier: *https://cryptologie.net*.

Bevor ich mit diesem Buch begann, hatte ich fast 500 Artikel angehäuft, in denen die vielen Konzepte erklärt wurden, die über diese Einführung hinausgehen. Das war alles nur Übung. In meinem Hinterkopf reifte die Idee, ein Buch zu schreiben, langsam heran, Jahre bevor Manning Publications sich mit einem Buchvorschlag an mich wenden würde.

Der Lehrplan eines Kryptografen in der Praxis

Ich hatte meinen Bachelor in theoretischer Mathematik abgeschlossen und wusste nicht, was als Nächstes auf mich zukam. Außerdem hatte ich mein ganzes Leben lang programmiert und wollte beides unter einen Hut bringen. Natürlich wurde ich neugierig auf die Kryptografie, die das Beste aus beiden Welten zu vereinen schien, und ich begann, die verschiedenen Bücher zu lesen, die mir zur Verfügung standen. Schnell erkannte ich meine Berufung.

Dennoch störte mich etwas: Insbesondere die langen Einführungen, die mit dem geschichtlichen Hintergrund beginnen, denn ich interessierte mich nur für die technischen Einzelheiten und das war schon immer so. Ich schwor mir, wenn ich jemals ein Buch über Kryptografie schreiben würde, dann sollte es sich gänzlich über Vigenère-Chiffren, Cäsar-Chiffren und andere Überbleibsel der Geschichte ausschweigen. Nachdem ich also an der Universität Bordeaux einen Master in Kryptografie erworben hatte, war ich der Auffassung, für die reale Welt bereit zu sein. Doch was wusste ich schon ...

Ich glaubte, mein Abschluss würde ausreichen, doch in meiner Ausbildung fehlte eine Menge Wissen über die eigentlichen Protokolle, die ich angreifen wollte. Ich hatte viel Zeit damit verbracht, etwas über die Mathematik elliptischer Kurven zu lernen, doch nichts darüber, wie diese in kryptografischen Algorithmen verwendet werden. Ich hatte etwas über LFSRs, ElGamal, DES und eine Reihe anderer kryptografischer Primitive gelernt, die ich nie wiedersehen würde.

Mein erster Auftrag zu Beginn meiner Arbeit in der Industrie bei Matasano, der späteren NCC Group, bestand darin, OpenSSL, die beliebteste SSL/TLS-Implementierung zu kontrollieren – d. h. den Code, der im Grunde das gesamte Internet verschlüsselt. Oh Mann, hat mir das Kopfzerbrechen bereitet. Ich weiß noch, wie ich jeden Tag mit starken Kopfschmerzen nach Hause kam. Was für eine katastrophale Bibliothek und ein ebensolches Protokoll! Damals hatte ich keine Ahnung, dass ich Jahre später Mitautor von TLS 1.3, der neuesten Version des Protokolls, werden würde.

Doch zu diesem Zeitpunkt dachte ich bereits: »Das hätte ich in der Uni lernen sollen. Das Wissen, das ich mir jetzt aneigne, wäre nützlich gewesen, um mich auf die Praxis vorzubereiten!« Schließlich war ich jetzt ein spezialisierter Sicherheitsexperte für Kryptografie. Ich überprüfte reale kryptografische Anwendungen. Ich hatte den Job, den man sich nach dem Abschluss eines Kryptografie-Studiums nur wünschen kann. Ich implementierte, verifizierte, verwendete und empfahl, welche kryptografischen Algorithmen infrage kämen. Das ist der Grund, warum ich der erste Leser des Buches bin, das ich schreibe. Das ist es, was ich meinem früheren Ich geschrieben hätte, um es auf die reale Welt vorzubereiten.

Wo sich die meisten Fehler verstecken

Im Rahmen meiner Beratertätigkeit habe ich viele reale kryptografische Anwendungen überprüft, wie zum Beispiel OpenSSL, das verschlüsselte Backup-System von Google, die TLS-1.3-Implementierung von Cloudflare, das Protokoll der Zertifizierungsstelle von Let's Encrypt, das Sapling-Protokoll der Kryptowährung Zcash, das Schwellenwert-Proxy-Wiederverschlüsselungsschema von NuCypher und Dutzende anderer realer kryptografischer Anwendungen, die ich leider nicht öffentlich nennen darf.

Zu Beginn meiner Tätigkeit sollte ich das benutzerdefinierte Protokoll prüfen, das ein bekanntes Unternehmen zur Verschlüsselung seiner Kommunikation geschrieben hatte. Es stellte sich heraus, dass es Signaturen für fast alles verwendete, außer für die ephemeren Schlüssel, was das gesamte Protokoll zum Scheitern brachte, da man diese Schlüssel hätte leicht ersetzen können – ein Anfängerfehler von jemandem mit etwas Erfahrung bei sicheren Transportprotokollen, was aber Leuten fehlt, die dachten, ihre Expertise genügt, um eine eigene Kryptografie zu entwickeln. Ich erinnere mich, wie ich am Ende des Engagements die Schwachstelle erklärte und ein Raum voller Ingenieure für gut 30 Sekunden verstummte.

Diese Geschichte wiederholte sich in meiner beruflichen Laufbahn viele Male. Einmal habe ich bei der Prüfung einer Kryptowährung für einen Kunden einen Weg gefunden, Transaktionen aus bereits bestehenden Transaktionen zu fälschen, weil nicht klar war, was signiert wurde. Als ich mir TLS-Implementierungen für einen anderen Kunden ansah, fand ich einige subtile Möglichkeiten, um eine RSA-Implementierung zu knacken. Das daraus resultierende Whitepaper mit einem der Erfinder von RSA mündete schließlich in einer Reihe von CVEs (Common Vulnerabilities and Exposures), die an ein Dutzend Open-Source-Projekte gemeldet wurden. Als ich mich kürzlich im Rahmen von Recherchen für mein Buch mit dem neueren Matrix-Chat-Protokoll befasst habe, stellte ich fest, dass das Authentifizierungsprotokoll gebrochen war, was zu einem Bruch der Ende-zu-Ende-Verschlüsselung führte. Es gibt so viele Details, die Ihnen entgleiten können, wenn Sie Kryptografie einsetzen. An diesem Punkt war mir klar, dass ich etwas darüber schreiben musste. Deshalb enthält mein Buch viele dieser Anekdoten.

In meinem Job geht es unter anderem darum, Kryptografie-Bibliotheken und -Anwendungen in einer Vielzahl von Programmiersprachen zu überprüfen. Ich habe Fehler entdeckt (zum Beispiel CVE-2016-3959 in der Standardbibliothek von Golang), Möglichkeiten untersucht, wie Bibliotheken dazu verleiten können, sie zu missbrauchen (zum Beispiel in meinem Paper »How to Backdoor Diffie-Hellman«), und Ratschläge gegeben, welche Bibliotheken verwendet werden sollten. Die Entwickler wussten nie, welche Bibliotheken sie verwenden sollten, und die Antwort fand ich auch immer ziemlich knifflig.

Ich machte mich daran, das Disco-Protokoll zu entwickeln (*https://discocrypto.com*; *https://embeddeddisco.com*), und schrieb dessen umfangreiche Kryptografie-Bibliothek in weniger als 1000 Zeilen Code, noch dazu in mehreren Sprachen. Disco stützte sich auf nur zwei kryptografische Primitive: die Permutation von SHA-3 und Curve25519. Ja, allein mit diesen beiden Dingen, die in 1000 Zeilen Code implementiert wurden, konnte ein Entwickler jede Art von authentifizierendem Schlüsselaustausch, Signaturen, Verschlüsselung, MACs, Hashing, Schlüsselableitung usw. realisieren. Dies gab mir eine einzigartige Sichtweise auf das, was eine gute kryptografische Bibliothek ausmachen sollte.

Da ich in meinem Buch derartige praktische Einsichten darstellen wollte, enthalten natürlich die verschiedenen Kapitel Beispiele, wie man »Krypto« in verschiedenen Programmiersprachen anwendet, wobei renommierte kryptografische Bibliotheken zum Einsatz kommen.

Wozu noch ein neues Buch?

Als ich eine meiner jährlichen Kryptografie-Schulungen bei Black Hat (einer bekannten Sicherheitskonferenz) abhielt, kam ein Student zu mir und fragte, ob ich ein gutes Buch oder einen Online-Kurs über Kryptografie empfehlen könne. Ich erinnere mich, dass ich dem Studenten empfahl, ein Buch von Boneh und Shoup zu lesen und den Kurs Cryptography I von Boneh auf Coursera zu besuchen. (Diese beiden Quellen empfehle ich auch am Ende dieses Buches.)

Der Student sagte mir: »Okay, ich habe es versucht, aber es ist zu theoretisch!« Diese Antwort gab mir zu denken. Zuerst war ich anderer Meinung, aber langsam wurde mir klar, dass er recht hatte. Die meisten Quellen sind ziemlich mathematiklastig und die meisten Entwickler, die sich mit Kryptografie beschäftigen, haben mit Mathematik nicht viel am Hut. Welche Alternativen gab es denn für sie?

Die anderen beiden einigermaßen renommierten Quellen zu dieser Zeit waren *Applied Cryptography* und *Cryptography Engineering* (beide Bücher von Bruce Schneier). Doch spiegelten diese Bücher nicht mehr den neuesten Stand wider. *Applied Cryptography* widmete vier Kapitel den Blockchiffren und ein ganzes Kapitel der Funktionsweise von Chiffren, aber es gab kein einziges Kapitel über authentifizierte Verschlüsselung. Im neueren *Cryptography Engineering* wurde die Kryptografie mit elliptischen Kurven nur in einer Fußnote erwähnt. Andererseits wurden viele meiner Videos oder Blogbeiträge zu erstklassigen Quellen für bestimmte kryptografische Konzepte. Ich wusste, dass ich etwas Wertvolles beisteuern kann.

Nach und nach interessierten sich viele meiner Studenten für Kryptowährungen und stellten immer mehr Fragen zu diesem Thema. Gleichzeitig begann ich, immer mehr Anwendungen für Kryptowährungen zu überprüfen. Später wechselte ich zu

Facebook und war für die Sicherheit der Kryptowährung Libra (heute als Diem bekannt) verantwortlich. Zu jener Zeit waren Kryptowährungen eines der heißesten Arbeitsgebiete, die eine Vielzahl äußerst interessanter kryptografischer Primitive zusammenbrachten, die bis dahin in der realen Welt wenig bis gar keine Anwendung gefunden hatten (Null-Wissen-Beweise, aggregierte Signaturen, Schwellenwertkryptografie, Mehrparteienberechnungen, Konsensprotokolle, kryptografische Akkumulatoren, verifizierbare Zufallsfunktionen, verifizierbare Verzögerungsfunktionen, ... die Liste geht noch weiter). Und dennoch enthielt kein Krypto-Buch ein Kapitel über Kryptowährungen. Meine Ziele waren damit klar.

Ich konnte also etwas schreiben, das Studenten, Entwicklern, Beratern, Sicherheitsingenieuren und anderen vermitteln würde, worum es in der modernen angewandten Kryptografie geht. Es sollte ein Buch mit wenigen Formeln, dafür aber mit vielen Diagrammen werden. Auf die geschichtlichen Hintergründe wollte ich weitgehend verzichten, dafür aber von kryptografischen Fehlern, mit denen ich selbst zu tun hatte, erzählen. Die veralteten Algorithmen sollten nur eine untergeordnete Rolle spielen, aber Kryptografie, die ich aus eigener Erfahrung kannte, sollte breiten Raum einnehmen: TLS, das Noise-Protokoll-Framework, das Signal-Protokoll, Kryptowährungen, HSMs, Schwellenwert-Kryptografie usw. Das Buch sollte weniger die theoretische Kryptografie beleuchten, sondern vor allem das enthalten, was relevant werden könnte: PAKE (Password-Authenticated Key Exchange), Null-Wissen-Beweise, Post-Quanten-Kryptografie usw.

Als sich Manning Publications 2018 bei mir meldete und mich fragte, ob ich ein Buch über Kryptografie schreiben möchte, kannte ich die Antwort bereits. Was ich schreiben wollte, wusste ich. Ich hatte nur darauf gewartet, dass mir jemand die Gelegenheit und einen Vorwand gab, meine Zeit damit zu verbringen, das Buch zu schreiben, das ich im Sinn hatte. Es trifft sich gut, dass Manning eine Reihe von Büchern über die »reale Welt« im Programm hat, und so schlug ich natürlich vor, dass mein Buch sie erweitern sollte. Was Sie hier vor sich haben, ist das Ergebnis von mehr als zwei Jahren harter Arbeit und viel Hingabe. Ich hoffe, es gefällt Ihnen!

Danksagungen

Vielen Dank an Marina Michaels für ihre kontinuierliche Hilfe und ihre Einblicke, ohne die dieses Buch wahrscheinlich nicht zustande gekommen wäre.

Mein Dank geht auch an Jean-Philippe Aumasson, Fabian Becker, Daniel Li, Jeff Lau, Filipe Casal, Curtis Light, Vincent Herbert, Donald Piret, Dan Cashman, Ricky Han, Tshaka Lekholoane, Frances Buran, Sam Zaydel, Michael Rosenberg, Pascal Knecht, Seth David Schoen, Eyal Ronen, Saralynn Chick, Robert Seacord, Eloi Manuel, Rob Wood, Hunter Monk, Jean-Christophe Forest, Liviu Bartha, Mattia Reggiani, Olivier Guerra, Andrey Labunov, Carl Littke, Yan Ivnitskiy, Keller Fuchs, Roman Zabicki, M K Saravanan, Sarah Zennou, Daniel Bourdrez, Jason Noll, Ilias Cherkaoui, Felipe De Lima, Raul Siles, Matteo Bocchi, John Woods, Kostas Chalkias, Yolan Romailler, Gerardo Di Giacomo, Gregory Nazario, Rob Stubbs, Ján Jančár, Gabe Pike, Kiran Tummala, Stephen Singam, Jeremy O'Donoghue, Jeremy Boone, Thomas Duboucher, Charles Guillemet, Ryan Sleevi, Lionel Rivière, Benjamin Larsen, Gabriel Giono, Daan Sprenkels, Andreas Krogen, Vadim Lyubashevsky, Samuel Neves, Steven (Dongze) Yue, Tony Patti, Graham Steel und alle Livebook-Kommentatoren für die vielen Diskussionen und Korrekturen sowie das fachliche und redaktionelle Feedback.

An alle Rezensenten: Adhir Ramjiawan, Al Pezewski, Al Rahimi, Alessandro Campeis, Bobby Lin, Chad Davis, David T Kerns, Domingo Salazar, Eddy Vluggen, Gábor László Hajba, Geert Van Laethem, Grzegorz Bernaś, Harald Kuhn, Hugo Durana, Jan Pieter Herweijer, Jeff Smith, Jim Karabatsos, Joel Kotarski, John Paraskevopoulos, Matt Van Winkle, Michal Rutka, Paul Grebenc, Richard Lebel, Ruslan Shevchenko, Sanjeev Jaiswal, Shawn P Bolan, Thomas Doylend, William Rudenmalm – eure Vorschläge haben dem Buch wirklich gutgetan.

Über dieses Buch

An *Kryptografie in der Praxis* schreibe ich nun seit mehr als zwei Jahren. Ursprünglich war es gedacht als Einführung in alles, was man über die Art von Kryptografie wissen muss, die in der realen Welt verwendet wird. Aber das ist natürlich eine unmögliche Aufgabe. Kein Gebiet lässt sich in einem einzigen Buch zusammenfassen. Deshalb musste ich ein Gleichgewicht finden zwischen dem Umfang an Details, die ich dem Leser vermitteln möchte, und der Größe des abzudeckenden Gebiets. Ich hoffe, Sie sehen das genauso wie ich. Wenn Sie nach einem praktischen Buch suchen, das Ihnen die Kryptografie so, wie sie in Unternehmen und Produkten implementiert und verwendet wird, nahebringt, und wenn Sie neugierig darauf sind, wie Kryptografie in der realen Welt hinter den Kulissen funktioniert, aber nicht auf ein Nachschlagewerk aus sind, dann ist dieses Buch genau das richtige für Sie.

Wer dieses Buch lesen sollte

Im Folgenden habe ich den Leserkreis aufgelistet, der meiner Meinung nach von diesem Buch profitieren wird (doch lassen Sie sich deshalb bitte nicht in eine Schublade stecken).

Studenten

Wenn Sie Informatik, Sicherheit oder Kryptografie studieren und etwas über Kryptografie in der realen Welt lernen möchten (weil Sie entweder einen Job in der Industrie anstreben oder an angewandten Themen in der Wissenschaft arbeiten möchten), dann dürfte dieses Buch meiner Ansicht nach für Sie genau richtig sein. Warum? Weil ich, wie ich im Vorwort schrieb, selbst einmal Student war und ein Buch verfasst habe, das ich damals selber gern gehabt hätte.

Sicherheitspraktiker

Pentester, Sicherheitsberater, Sicherheitsingenieure, Sicherheitsarchitekten und andere Experten im Sicherheitsbereich haben den Großteil meiner Studenten ausgemacht, als ich angewandte Kryptografie unterrichtet habe. Deshalb habe ich diesen Stoff durch die vielen Fragen verfeinert, die mir gestellt wurden, als ich komplizierte kryptografische Konzepte für Nicht-Kryptografen zu erklären versuchte. Da ich selbst als Sicherheitspraktiker tätig bin, ist dieses Buch auch von der Kryptografie geprägt, die ich für große Unternehmen geprüft habe, und von den Bugs, die ich im Rahmen dieser Arbeit kennengelernt und gefunden habe.

Entwickler, die Kryptografie direkt oder indirekt verwenden

Diese Arbeit ist auch von vielen Diskussionen geprägt worden, die ich mit Kunden und Mitarbeitern geführt habe, die im Großen und Ganzen weder Sicherheitsexperten noch Kryptografen waren. Heutzutage wird es immer schwieriger, Code zu schreiben, der gänzlich ohne Kryptografie auskommt, und deshalb muss man ein gewisses Verständnis für die Verfahren haben, auf die man setzt. Dieses Buch vermittelt Ihnen unter anderem dieses Verständnis anhand von Programmbeispielen in verschiedenen Programmiersprachen.

Kryptografen, die sich für andere Gebiete interessieren

Dieses Buch ist eine Einführung in angewandte Kryptografie, die für Leute wie mich nützlich ist. Wie schon erwähnt, habe ich es zuerst für mich selbst geschrieben. Wenn ich es geschafft habe, gute Arbeit zu leisten, sollte ein theoretischer Kryptograf in der Lage sein, die Welt der angewandten Kryptografie schnell zu erfassen; ein anderer, der an symmetrischer Verschlüsselung arbeitet, sollte schnell erfassen können, wie der kennwortgeschützte Schlüsselaustausch funktioniert, wenn er das entsprechende Kapitel liest; und ein Dritter, der sich mit Protokollen beschäftigt, sollte schnell ein gutes Verständnis für Quantenkryptografie bekommen; und so weiter.

Ingenieure und Produktmanager, die mehr wissen möchten

Dieses Buch versucht auch, Fragen zu beantworten, die für mich eher produktorientiert sind: Was sind die Kompromisse und Beschränkungen dieser Ansätze? Welches Risiko gehe ich ein? Würde mir dieser Weg helfen, die Vorschriften einzuhalten? Was muss ich tun, um mit einer Regierung zusammenzuarbeiten?

Neugierige, die wissen wollen, worum es in der Welt der realen Kryptografie geht

Um dieses Buch zu lesen, müssen Sie keiner der oben genannten Typen sein. Es genügt, wenn Sie ein wenig neugierig sind, was Kryptografie ist und wie man sie in der realen Welt verwendet. Denken Sie daran, dass ich weder die Geschichte der Kryptografie noch die Grundlagen der Informatik lehre. Deshalb sollten Sie zumindest schon einmal von Kryptografie gehört haben, bevor Sie sich auf ein Buch wie dieses einlassen.

Vorausgesetztes Wissen, die lange Version

Was brauchen Sie, um dieses Buch optimal nutzen zu können? Zunächst einmal setzt dieses Buch voraus, dass Sie ein gewisses Grundverständnis davon haben, wie Ihr Laptop oder das Internet funktioniert, und zumindest sollten Sie von Verschlüsselung schon mal gehört haben. Da es in diesem Buch um Kryptografie in der realen Welt geht, wird es schwierig sein, die Dinge in den richtigen Zusammenhang zu bringen, wenn Sie sich mit Computern gar nicht auskennen oder noch nie etwas von *Verschlüsselung* gehört haben.

Wenn Sie einigermaßen wissen, worauf Sie sich einlassen, ist es von großem Vorteil, wenn Ihnen Bits und Bytes geläufig sind und wenn Sie bitweise Operationen wie XOR, Linksschieben und derartige Dinge schon einmal gesehen oder sogar verwendet haben. Ist es andernfalls ein K.-o.-Kriterium? Nein, aber es kann bedeuten, dass Sie hier und da einige Minuten ins Stocken geraten, um etwas zu googeln, bevor Sie weiterlesen können.

Doch ganz gleich, wie qualifiziert Sie sind, müssen Sie wahrscheinlich von Zeit zu Zeit eine Pause einlegen, um sich weitere Informationen aus dem Internet zu holen. Entweder (Asche auf mein Haupt) weil ich vergessen habe, einen Begriff zu erklären, bevor ich ihn verwende, oder weil ich irrtümlich davon ausgegangen bin, dass Sie ihn bereits kennen. In jedem Fall sollte dies kein Problem darstellen, da ich versuche, die verschiedenen Konzepte, die ich einführe, in möglichst einfachen Worten zu erklären.

Wenn Sie schließlich das Wort *Kryptografie* verwenden, denken Sie möglicherweise an Mathematik. Falls Sie nicht nur daran denken, sondern auch noch das Gesicht verziehen, wird es Sie erfreuen zu hören, dass Sie sich darüber keine Sorgen machen müssen. In *Kryptografie in der Praxis* geht es darum, Einblicke zu vermitteln, damit Sie ein Gespür dafür bekommen, wie das Ganze funktioniert. Zudem wird versucht, mathematische Details möglichst zu vermeiden.

Natürlich würde ich lügen, wenn ich behaupte, dass dieses Buch gänzlich ohne Mathematik auskommt. Es gibt keinen Kryptografieunterricht ohne Mathematik. Daher formuliere ich es so: Es ist hilfreich, wenn Sie ein gutes Niveau in Mathematik erreicht haben, aber auch, wenn das nicht der Fall ist, sollte Sie das nicht davon abhalten, den größten Teil dieses Buches zu lesen. Einige Kapitel werden Ihnen vielleicht nicht so liegen, es sei denn, Sie haben ein weitergehendes Verständnis von Mathematik, was insbesondere die letzten Kapitel (14 und 15) zur Quantenkryptografie und Kryptografie der nächsten Generation betrifft. Doch nichts ist unmöglich und Sie können diese Kapitel mit Willenskraft und durch Googeln zu Matrixmultiplikationen und anderen Dingen, die Sie vielleicht nicht kennen, meistern. Wenn Sie diese Kapitel überspringen möchten, sollten Sie aber auf keinen Fall Kapitel 16 auslassen, denn das ist das Sahnehäubchen auf dem Kuchen.

Wegweiser durch das Buch

Kryptografie in der Praxis ist in zwei Teile gegliedert. Den ersten Teil sollten Sie von der ersten bis zur letzten Seite lesen. Er deckt die meisten Bausteine der Kryptografie ab: nämlich die Elemente, aus denen Sie am Ende wie mit LEGO-Steinen komplexere Systeme und Protokolle konstruieren.

- Kapitel 1 ist eine Einführung in praktische Kryptografie, die Ihnen eine Vorstellung davon vermittelt, was Sie lernen werden.
- In Kapitel 2 geht es um Hashfunktionen, einen fundamentalen Algorithmus der Kryptografie, mit dem sich aus Bytestrings eindeutige Bezeichner erstellen lassen.
- Kapitel 3 erläutert, was Datenauthentifizierung ist und wie Sie sicherstellen können, dass niemand Ihre Nachrichten verändert.
- Kapitel 4 befasst sich mit Verschlüsselung, die es zwei Teilnehmern ermöglicht, ihre Kommunikation vor Beobachtern zu verbergen.
- Kapitel 5 stellt den Schlüsselaustausch vor, der es Ihnen ermöglicht, interaktiv ein gemeinsames Geheimnis mit einer anderen Person auszuhandeln.
- Kapitel 6 beschreibt die asymmetrische Verschlüsselung, die es mehreren Personen ermöglicht, Nachrichten an eine einzige Person zu verschlüsseln.
- Thema von Kapitel 7 sind Signaturen, die kryptografischen Entsprechungen von Unterschriften mit Stift auf Papier.
- In Kapitel 8 geht es um Zufälligkeit und darum, wie Sie Ihre Geheimnisse verwalten.

Der zweite Teil dieses Buches enthält die Systeme, die aus diesen Elementen aufgebaut sind.

- In Kapitel 9 erfahren Sie, wie Sie die Verbindungen zwischen Computern mit Verschlüsselung und Authentifizierung (über das SSL/TLS-Protokoll) sichern.
- Kapitel 10 beschreibt die Ende-zu-Ende-Verschlüsselung, bei der es im Grunde darum geht, wie Menschen wie Sie und ich einander vertrauen können.
- Kapitel 11 zeigt, wie Computer Personen authentifizieren und wie Personen dabei helfen können, dass sich Computer miteinander synchronisieren.
- Kapitel 12 ist dem aufstrebenden Gebiet der Kryptowährungen gewidmet.
- Kapitel 13 konzentriert sich auf Hardware-Kryptografie, d. h. auf die Geräte, mit denen Sie verhindern können, dass Ihre Schlüssel entwendet werden.

Es gibt zwei Bonuskapitel: Kapitel 14 über Post-Quanten-Kryptografie und Kapitel 15 über Kryptografie der nächsten Generation. Diese beiden Gebiete finden allmählich Eingang in Produkte und Unternehmen, entweder weil sie an Relevanz gewinnen oder weil sie immer praktischer und effizienter werden. Ich bin Ihnen nicht böse, wenn Sie diese beiden letzten Kapitel auslassen, aber Sie sollten unbedingt Kapitel 16 mit abschließenden Bemerkungen lesen, bevor Sie dieses Buch ins Regal stellen. Kapitel 16 fasst die verschiedenen Herausforderungen und die verschiedenen Lektionen zusammen, die ein Kryptografie-Praktiker (also Sie, wenn Sie dieses Buch durchgearbeitet haben) im Kopf behalten muss. Wie sagte doch Spidermans Onkel Ben Parker: »Aus großer Kraft folgt große Verantwortung.«

Über den Code

Dieses Buch enthält viele Beispiele von Quellcode sowohl in nummerierten Listings als auch im laufenden Text. In beiden Fällen ist der Quellcode in `Schreibmaschinenschrift` formatiert, um ihn vom normalen Text zu unterscheiden. Manchmal ist der Code auch **`fett gedruckt`**, um Code hervorzuheben, der sich gegenüber früheren Schritten im Kapitel geändert hat, zum Beispiel wenn eine neue Funktion zu einer bestehenden Codezeile hinzukommt.

In vielen Fällen wurde der ursprüngliche Quellcode neu formatiert; wir haben Zeilenumbrüche hinzugefügt und die Einrückungen bearbeitet, um dem verfügbaren Platz auf den Buchseiten zu entsprechen. Hat das in seltenen Fällen nicht ausgereicht, wurden Zeilenfortsetzungszeichen (➥) in die Listings eingefügt. Außerdem wurden oftmals die Kommentare aus den Quellcode-Listings entfernt, wenn der Code ohnehin im Text beschrieben wird. In vielen Listings heben begleitende Codeanmerkungen wichtige Konzepte hervor.

Über den Autor

David Wong ist leitender Kryptografie-Ingenieur bei O(1) Labs und arbeitet an der Kryptowährung Mina. Davor war er Sicherheitsverantwortlicher für die Kryptowährung Diem (vormals bekannt als Libra) bei Novi, Facebook, und davor Sicherheitsberater bei der NCC Group im Bereich Kryptografiedienste.

Im Laufe seiner Karriere hat David Wong an mehreren öffentlich finanzierten Open-Source-Audits teilgenommen, beispielsweise an OpenSSL und Let's Encrypt. Er war Sprecher auf verschiedenen Konferenzen, einschließlich Black Hat und DEF CON, und hat in einem regelmäßig stattfindenden Kryptografiekurs bei Black Hat unterrichtet. Hervorzuheben sind seine Beiträge zu Standards wie TLS 1.3 und zum Noise Protocol Framework. Er hat Schwachstellen in vielen Systemen gefunden, einschließlich CVE-2016-3959 in der Golang-Standardbibliothek, CVE-2018-12404, CVE-2018-19608, CVE-2018-16868, CVE-2018-16869 und CVE-2018-16870 in verschiedenen TLS-Bibliotheken.

Unter anderem ist er Autor des Disco-Protokolls (*www.discocrypto.com* und *www.embeddeddisco.com*) und des Decentralized Application Security Project für Smart Contracts (*www.dasp.co*). Zu seinen Forschungen gehören Cache-Angriffe auf RSA (*http://cat.eyalro.net*), ein auf QUIC basierendes Protokoll (*https://eprint.iacr.org/2019/028*), Timing-Angriffe auf ECDSA (*https://eprint.iacr.org/2015/839*) oder Hintertüren in Diffie-Hellman (*https://eprint.iacr.org/2016/644*). Aktuell finden Sie ihn in seinem Blog unter *www.cryptologie.net*.

Teil A
Primitive: Die Elemente der Kryptografie

Willkommen in der Welt der Kryptografie! Das Buch, das Sie in den Händen halten (falls Sie sich für die gedruckte Version entschieden haben), ist in zwei gleiche Teile mit jeweils acht Kapiteln aufgeteilt. Wenn Sie es ganz durcharbeiten, lernen Sie (fast) alles, was es über Kryptografie in der Praxis zu wissen gibt – und zwar in der Welt, in der Sie sich befinden.

Beachten Sie, dass der erste Teil des Buches so geschrieben wurde, dass Sie die Kapitel der Reihe nach lesen sollten. Allerdings nennt Ihnen jedes Kapitel, was vorausgesetzt wird, sodass dies nicht als obligatorische Einschränkung gedacht ist. Die ersten acht Kapitel führen Sie durch die Grundlagen – die Bausteine der Kryptografie. Jedes Kapitel führt ein neues Element ein und erläutert, was es bewirkt, wie es arbeitet und wie es zusammen mit anderen Elementen verwendet werden kann. In diesem ersten Teil geht es vor allem darum, Ihnen gute Abstraktionen und Einblicke zu vermitteln, bevor wir im zweiten Teil alle beschriebenen Elemente praktisch einsetzen.

Viel Erfolg!

1 Einführung

In diesem Kapitel:

- Worum geht es bei Kryptografie?
- Theoretische und praktische Kryptografie
- Was lernen Sie bei diesem Abenteuer?

Sei gegrüßt, Reisender, halte dich fest. Du bist im Begriff, eine Welt voller Wunder und Geheimnisse zu betreten – die Welt der Kryptografie. *Kryptografie* ist eine uralte Disziplin, um Situationen zu sichern, die von böswilligen Charakteren gestört werden. Dieses Buch beherbergt die Zaubersprüche, die wir brauchen, um uns gegen die Bösartigkeit zu verteidigen. Viele haben versucht, dieses Handwerk zu erlernen, aber nur wenige haben die Herausforderungen überlebt, die auf dem Weg zur Meisterschaft überwunden werden müssen. In der Tat warten aufregende Abenteuer auf Sie!

In diesem Buch werden wir erkunden, wie kryptografische Algorithmen unsere Briefe sichern, unsere Verbündeten identifizieren und Schätze vor unseren Feinden schützen können. Der Segeltörn durch das kryptografische Meer wird nicht die sanfteste Reise sein, denn die Kryptografie ist die Grundlage aller Sicherheits- und Datenschutzmaßnahmen in unserer Welt – der kleinste Fehler könnte tödlich sein.

HINWEIS

Wenn Sie sich verloren vorkommen, denken Sie daran, immer weiter zu gehen. Irgendwann wird alles einen Sinn ergeben.

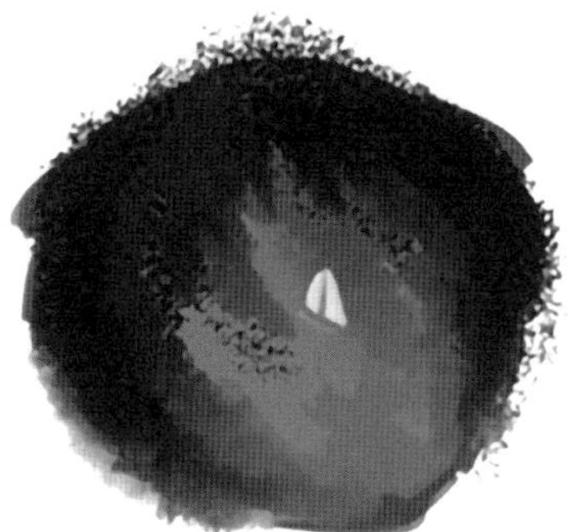

1.1 Kryptografie sichert Protokolle

Unsere Reise beginnt mit einer Einführung in Kryptografie – die Wissenschaft, die darauf abzielt, Protokolle gegen Saboteure zu verteidigen. Aber zuerst: Was ist ein *Protokoll*? Einfach ausgedrückt ist es eine Liste von Schritten, die eine (oder mehrere) Personen befolgen müssen, um etwas zu erreichen. Stellen Sie sich zum Beispiel die folgende Situation vor: Sie möchten Ihr Zauberschwert für einige Stunden unbeaufsichtigt lassen, um ein Nickerchen zu machen. Ein Protokoll hierfür könnte folgendermaßen aussehen:

1. Die Waffe auf den Boden legen
2. Unter einem Baum ein Nickerchen machen
3. Die Waffe vom Boden aufheben

Selbstverständlich ist das kein großartiges Protokoll, da jeder Ihr Schwert stehlen kann, während Sie schlafen ... Und deshalb geht es bei der Kryptografie darum, die Gegner zu kennen, die Sie hintergehen wollen.

Im Altertum, als Herrscher und Generäle damit beschäftigt waren, sich gegenseitig zu verraten und Putsche zu planen, bestand eines ihrer größten Probleme darin, einen Weg zu finden, *vertrauliche Informationen mit denjenigen auszutauschen, denen sie vertrauten*. Daraus ist die Idee der Kryptografie entstanden. Aber erst nach Jahrhunderten harter Arbeit ist die Kryptografie zu der ernsthaften Disziplin geworden, die sie heute ist. Heute sind alle Bereiche um uns herum von ihr durchdrungen, um die grundlegendsten Dienste in unserer chaotischen und feindseligen Welt bereitzustellen.

In diesem Buch geht es um die Praxis der Kryptografie. Es nimmt Sie mit auf eine Entdeckungsreise durch die Computerwelt, um die heute verwendeten kryptografischen Protokolle zu beschreiben, und zeigt Ihnen auch, aus welchen Bestandteilen sie bestehen und wie alles zusammenwirkt. Während ein typisches Kryptografie-Buch zunächst die Entdeckung der Kryptografie beschreibt und Sie durch ihre Geschichte führt, erscheint es mir wenig sinnvoll, auf diese Weise zu beginnen. Ich möchte Ihnen von der Praxis erzählen, und zwar etwas darüber, was ich selbst erlebt habe, als ich als Berater kryptografische Anwendungen für große Unternehmen überprüfte, oder von der Kryptografie, die ich selbst als Entwickler auf diesem Gebiet verwendet habe.

Es wird (fast) keine grausigen mathematischen Formeln geben. Der Zweck dieses Buches ist es, die Kryptografie zu entmystifizieren, einen Überblick über das zu geben, was heutzutage als nützlich angesehen wird, und ein Gefühl dafür zu vermitteln, wie die Dinge um Sie herum aufgebaut sind. Dieses Buch ist für Neugierige, interessierte Ingenieure, abenteuerlustige Entwickler und wissbegierige Forscher gedacht. Kapitel 1 – dieses Kapitel – startet eine Tour durch die Welt der Kryptografie. Sie lernen die verschiedenen Arten der Kryptografie kennen, die für uns von Bedeutung sind, und wie sich die Welt darauf geeinigt hat, diese zu verwenden.

1.2 Symmetrische Kryptografie: Was ist symmetrische Verschlüsselung?

Eines der grundlegenden Konzepte der Kryptografie ist die *symmetrische Verschlüsselung*. Die meisten kryptografischen Algorithmen in diesem Buch verwenden sie und sie ist daher auch äußerst wichtig. Ich führe dieses neue Konzept hier anhand unseres ersten Protokolls ein.

Stellen Sie sich vor, dass Königin Alice einen Brief an Lord Bob schicken muss, der ein paar Schlösser entfernt wohnt. Sie bittet ihren loyalen Boten, sich auf seinem treuen Ross durch die gefährlichen Ländereien zu kämpfen, um Lord Bob die wichtige Nachricht zu überbringen. Doch sie ist misstrauisch, denn obwohl ihr loyaler Bote ihr schon seit vielen Jahren dient, möchte sie, dass die zu überbringende Botschaft vor allen passiven Beobachtern, einschließlich dem Boten, geheim bleibt! Höchstwahrscheinlich enthält der Brief kontroverse Gerüchte über die auf dem Weg liegenden Königreiche.

Was Königin Alice braucht, ist ein Protokoll, das die Übergabe der Nachricht an Lord Bob persönlich ohne Mittelsmänner nachbildet. Dieses Problem lässt sich in der Praxis unmöglich lösen, es sei denn, man führt Kryptografie (oder Teleportation) in die Gleichung ein. Letztlich tun wir das seit langer Zeit, indem wir einen neuen Typ von kryptografischem Algorithmus erfunden haben – einen sogenannten *symmetrischen Verschlüsselungsalgorithmus* (auch als *Chiffre* bekannt).

HINWEIS

Übrigens wird eine Art von kryptografischem Algorithmus oftmals als *Primitiv* bezeichnet. Ein Primitiv ist die kleinste nützliche Konstruktion in der Kryptografie und wird oft zusammen mit anderen Primitiven verwendet, um ein Protokoll zu erstellen. In erster Linie ist es ein Begriff, der keine besondere Bedeutung hat. Da er aber in der Literatur oft genug vorkommt, sollten Sie ihn zumindest kennen.

Sehen wir uns an, wie wir mithilfe eines Verschlüsselungsprimitives die Nachricht von Königin Alice vor dem Boten verbergen können. Nehmen wir zunächst an, dass das Primitiv eine Blackbox ist (wir können nicht sehen, was sich in ihr befindet oder was sie intern tut), die zwei Funktionen bereitstellt:

- ENCRYPT
- DECRYPT

Die erste Funktion, ENCRYPT, übernimmt einen *geheimen Schlüssel* (normalerweise eine große Zahl) und eine *Nachricht*. Daraufhin gibt sie eine Folge von zufällig aussehenden Zahlen aus, verrauschte Daten, wenn Sie so wollen. Diese Ausgabe nennen wir die verschlüsselte Nachricht. Abbildung 1–1 veranschaulicht dies.

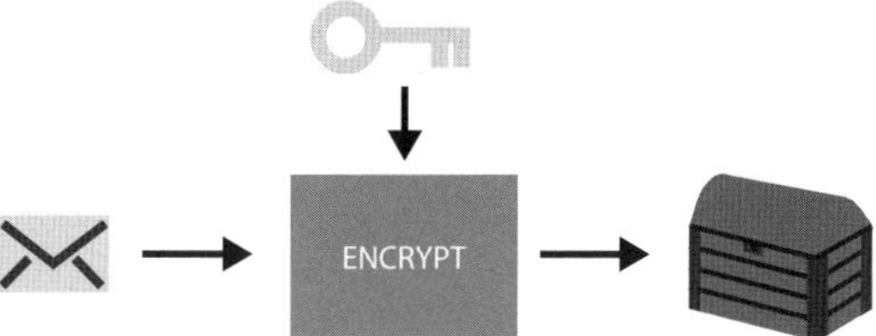

Abb. 1–1 *Die Funktion* ENCRYPT *übernimmt eine Nachricht und einen geheimen Schlüssel und gibt die verschlüsselte Nachricht aus – eine lange Folge von Zahlen, die wie zufälliges Rauschen aussieht.*

Die zweite Funktion, DECRYPT, ist die Umkehrung der ersten Funktion. Sie übernimmt denselben geheimen Schlüssel und die Zufallsausgabe der ersten Funktion (die verschlüsselte Nachricht) und ermittelt dann die ursprüngliche Nachricht. Dies wird in Abbildung 1–2 veranschaulicht.

Abb. 1–2 *Die Funktion* DECRYPT *übernimmt eine verschlüsselte Nachricht und einen geheimen Schlüssel und gibt die ursprüngliche Nachricht zurück.*

Um dieses neue Primitiv nutzen zu können, müssen sich Königin Alice und Lord Bob zunächst im wirklichen Leben treffen und sich über einen geheimen Schlüssel verständigen. Später kann Königin Alice mit der bereitgestellten Funktion `ENCRYPT` eine Nachricht mithilfe des geheimen Schlüssels schützen. Dann übergibt sie die verschlüsselte Nachricht an ihren Boten, der sie schließlich an Lord Bob zustellt. Lord Bob ruft dann die Funktion `DECRYPT` mit der verschlüsselten Nachricht und demselben geheimen Schlüssel auf, um die ursprüngliche Nachricht wiederherzustellen. Abbildung 1–3 zeigt diesen Vorgang.

Während dieses Austauschs führte der Bote lediglich etwas mit sich, das wie zufällig aussah und keinen sinnvollen Einblick in den Inhalt der versteckten Nachricht bot. Tatsächlich haben wir unser unsicheres Protokoll mithilfe der Kryptografie in ein sicheres Protokoll verwandelt. Das neue Protokoll ermöglicht es Königin Alice, einen vertraulichen Brief an Lord Bob zu schicken, ohne dass jemand (außer Lord Bob) den Inhalt des Briefes erfährt.

Dinge mithilfe eines geheimen Schlüssels in Rauschen zu verwandeln, sodass sie nicht mehr vom Zufall zu unterscheiden sind, ist eine gängige Methode in der Kryptografie, um ein Protokoll zu sichern. Mehr davon werden Sie sehen, wenn Sie in den nächsten Kapiteln weitere kryptografische Algorithmen kennenlernen.

Übrigens gehört die symmetrische Verschlüsselung zu einer größeren Kategorie von Kryptografiealgorithmen: der *symmetrischen Kryptografie* oder der *Kryptografie mit geheimen Schlüsseln*. Das liegt daran, dass die verschiedenen Funktionen, die das kryptografische Primitiv zugänglich macht, denselben Schlüssel verwenden. Wie Sie später noch sehen, gibt es manchmal mehr als einen Schlüssel.

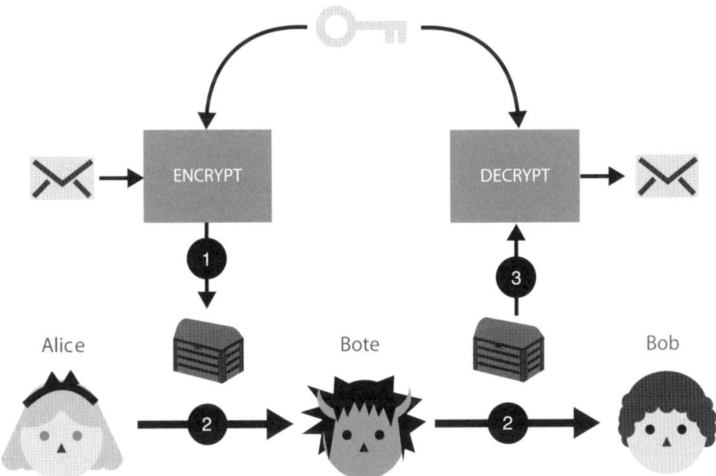

Abb. 1–3 *(1) Alice ruft die Funktion ENCRYPT mit einem geheimen Schlüssel auf, um ihre Nachricht in Rauschen zu verwandeln. (2) Dann übergibt sie die verschlüsselte Nachricht an ihren Boten, der nichts über die zugrunde liegende Nachricht erfährt. (3) Sobald Bob die verschlüsselte Nachricht empfängt, kann er den ursprünglichen Inhalt wiederherstellen. Dazu ruft er die Funktion DECRYPT mit demselben geheimen Schlüssel auf, den Alice verwendet hat.*

1.3 Kerckhoffs' Prinzip: Nur der Schlüssel wird geheim gehalten

Einen kryptografischen Algorithmus (wie unser Verschlüsselungsprimitiv) zu entwickeln, ist eine einfache Aufgabe, aber einen *sicheren* kryptografischen Algorithmus zu entwerfen, ist nichts für schwache Nerven. In diesem Buch nehmen wir zwar davon Abstand, derartige Algorithmen zu erstellen, dennoch lernen Sie, wie sich die guten Algorithmen erkennen lassen. Dies kann schwierig sein, da es mehr Auswahlmöglichkeiten gibt, als man für diese Aufgabe formulieren kann. Hinweise finden sich in den wiederholten Misserfolgen in der Geschichte der Kryptografie sowie in den Lehren, die die Gemeinschaft daraus gezogen hat. Wenn wir einen Blick in die Vergangenheit werfen, werden wir erkennen, was einen kryptografischen Algorithmus zu einem vertrauenswürdigen und sicheren Algorithmus macht.

Hunderte von Jahren sind vergangen und viele Königinnen und Fürsten wurden begraben. Seitdem wurde das Papier als wichtigstes Kommunikationsmittel zugunsten besserer und praktischerer Technologien aufgegeben. Heute haben wir Zugang zu leistungsstarken Computern und dem Internet. Zweifellos ist es praktischer, doch es bedeutet auch, dass unsere bisherigen bösartig gesinnten Boten wesentlich leistungsfähiger geworden sind. Die Boten sind nun überall: das WLAN im Starbucks-Café, in dem Sie sitzen, die verschiedenen Server, die das Internet ausmachen und Ihre Nachrichten weiterleiten, und sogar in den Computern, auf denen unsere Algorithmen laufen. Unsere Feinde sind nun in der Lage, viel mehr Nachrichten zu beobachten, da jede Anfrage, die Sie an eine Website richten, durch die falsche Leitung laufen und innerhalb von Nanosekunden verändert oder kopiert werden könnte, ohne dass es jemand bemerkt.

Augenscheinlich gibt es in der jüngeren Geschichte viele Fälle, in denen Verschlüsselungsalgorithmen gescheitert sind, und zwar gebrochen von geheimen staatlichen Organisationen oder von unabhängigen Forschern. Letztlich konnten sie ihre Nachrichten nicht schützen oder ihre Ansprüche erfüllen. Wir haben etliche Lektionen gelernt und langsam verstanden, wie man gute Kryptografie realisiert.

HINWEIS

Ein kryptografischer Algorithmus kann in vielerlei Hinsicht als *gebrochen* angesehen werden. Bei einem Verschlüsselungsalgorithmus kann man sich mehrere Angriffsmöglichkeiten vorstellen: Der geheime Schlüssel kann dem Angreifer zugespielt werden, Nachrichten lassen sich ohne Hilfe des Schlüssels entschlüsseln, einige Informationen über die Nachricht können durch bloße Betrachtung der verschlüsselten Nachricht aufgedeckt werden usw. Alles, was die Annahmen, die wir über den Algorithmus getroffen haben, in irgendeiner Weise schwächen würde, könnte als Bruch angesehen werden.

Aus dem langen Prozess von Versuch und Irrtum, den die Kryptografie durchlaufen hat, ist ein starkes Konzept hervorgegangen: Um Vertrauen in die Sicherheitsaussagen eines kryptografischen Primitivs zu gewinnen, muss es von Experten öffentlich analysiert werden. Andernfalls verlässt man sich auf *Sicherheit durch Unklarheit* (Security through obscurity), was in der Vergangenheit nicht gut funktioniert hat. Deshalb nehmen *Kryptografen* (die Leute, die etwas konstruieren) normalerweise die Hilfe von *Kryptoanalytikern* (also von den Leuten, die etwas knacken) in Anspruch, um die Sicherheit einer Konstruktion zu analysieren. (Wobei auch Kryptografen oftmals selbst Kryptoanalytiker sind und umgekehrt.)

Nehmen wir als Beispiel den Verschlüsselungsalgorithmus AES (Advanced Encryption Standard). AES ist das Ergebnis eines internationalen Wettbewerbs, den das NIST (National Institute of Standards and Technology) veranstaltet hat.

HINWEIS

Das NIST ist eine US-amerikanische Behörde, deren Aufgabe es ist, Standards zu definieren und Richtlinien für die Verwendung in regierungsnahen Funktionen sowie in anderen öffentlichen oder privaten Organisationen zu entwickeln. Wie AES hat das NIST viele weitverbreitete kryptografische Primitive standardisiert.

Der AES-Wettbewerb dauerte mehrere Jahre, in denen sich viele freiwillige Kryptoanalytiker aus der ganzen Welt versammelt haben, um zu versuchen, die verschiedenen Kandidatenkonstruktionen zu knacken. Nach mehreren Jahren, als genügend Vertrauen durch den Prozess aufgebaut worden war, wurde ein einziger Verschlüsselungsalgorithmus der Wettbewerber nominiert, um zum AES selbst zu werden. Heutzutage vertrauen die meisten Menschen darauf, dass AES ein solider Verschlüsselungsalgorithmus ist, und er wird weithin zur Verschlüsselung fast aller Daten verwendet. Sie zum Beispiel verwenden ihn jeden Tag, wenn Sie im Internet surfen.

Die Idee, kryptografische Standards offen zu gestalten, geht auf *Kerckhoffs' Prinzip* zurück, das sich in etwa wie folgt verstehen lässt: Es wäre dumm, sich darauf zu verlassen, dass unsere Feinde nicht herausfinden, welche Algorithmen wir verwenden, denn höchstwahrscheinlich werden sie es herausfinden. Stattdessen sollten wir offen mit diesen Algorithmen umgehen.

Wenn die Feinde von Königin Alice und Lord Bob genau wüssten, wie diese ihre Nachrichten verschlüsseln, wieso ist dann ihr Verschlüsselungsalgorithmus sicher? Die Antwort ist der *geheime Schlüssel*! Die Geheimhaltung des Schlüssels und nicht die Geheimhaltung des Algorithmus an sich macht das Protokoll sicher. Dieses Konzept zieht sich wie ein roter Faden durch dieses Buch: Sämtliche kryptografischen Algorithmen, die Sie kennenlernen und die in der Praxis üblich sind, sind meistens frei zugänglich und dürfen ohne Einschränkung analysiert und verwendet werden. Nur die geheimen Schlüssel, die als Eingabe für diese Algorithmen dienen, werden geheim gehalten. Bereits im Jahre 1644 sprach Jean Robert du Carlet von einer *Ars ipsi secreta magistro* (einer Kunst, die selbst für den Meister geheim ist). Im nächsten Abschnitt komme ich auf eine gänzlich andere Art von kryptografischen Primitiven. Aber sehen Sie sich zunächst Abbildung 1–4 an, um das bisher Gelernte einzuordnen.

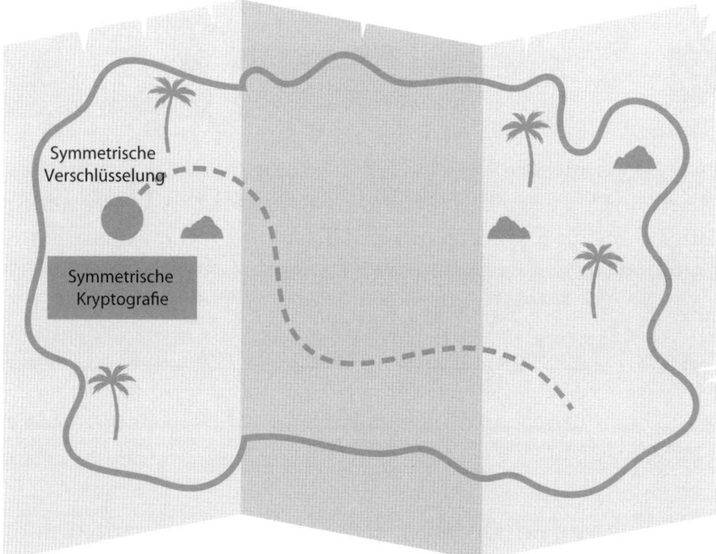

Abb. 1–4 *Die kryptografischen Algorithmen, die Sie bisher kennengelernt haben. AES ist eine Instanziierung eines symmetrischen Verschlüsselungsalgorithmus. Dieser ist wiederum Teil der breiteren Klasse von symmetrischen kryptografischen Algorithmen.*

1.4 Asymmetrische Kryptografie: Zwei Schlüssel sind besser als einer

In unserer Diskussion über symmetrische Verschlüsselung haben wir gesehen, dass sich Königin Alice und Lord Bob zunächst treffen, um sich auf einen symmetrischen Schlüssel zu einigen. Dieses Szenario ist plausibel und viele Protokolle funktionieren tatsächlich auf diese Weise. Allerdings wird dies bei Protokollen mit vielen Teilnehmern schnell unpraktisch: Muss sich unser Webbrowser mit Google, Facebook, Amazon und den anderen Milliarden von Websites treffen, bevor er zu diesen eine sichere Verbindung herstellen kann?

Dieses Problem, das man auch als *Schlüsselverteilung* bezeichnet, ist lange Zeit schwer zu lösen gewesen, zumindest bis zur Entdeckung einer anderen großen und nützlichen Kategorie kryptografischer Algorithmen in den späten 1970er-Jahren – der *asymmetrischen Kryptografie* oder *Kryptografie mit öffentlichen Schlüsseln* (Public Key Cryptography). Asymmetrische Kryptografie verwendet im Allgemeinen verschiedene Schlüssel für verschiedene Funktionen (im Gegensatz zu einem einzigen Schlüssel bei der symmetrischen Kryptografie) oder stellt verschiedenen Teilnehmern verschiedene Sichtweisen bereit. Um zu veranschaulichen, was dies bedeutet und wie Kryptografie mit öffentlichen Schlüsseln hilft, Vertrauen zwischen den Menschen aufzubauen, stelle ich in diesem Abschnitt eine Reihe von asymmetrischen Primitiven vor. Dies ist allerdings nur ein kleiner Ausschnitt dessen, was Sie in diesem Buch lernen werden. Denn ich gehe auf jedes dieser kryptografischen Primitive in den folgenden Kapiteln ausführlicher ein.

1.4.1 Schlüsselaustausch oder wie man zu einem gemeinsamen Geheimnis kommt

Als erstes Primitiv der asymmetrischen Kryptografie sehen wir uns den *Schlüsselaustausch* an. Der erste Algorithmus mit öffentlichen Schlüsseln, der entdeckt und veröffentlicht wurde, war der nach seinen Autoren benannte Schlüsselaustauschalgorithmus Diffie-Hellman (DH). Der DH-Schlüsselaustauschalgorithmus hat vor allem die Aufgabe, ein gemeinsames Geheimnis zwischen zwei Parteien einzurichten. Dieses gemeinsame Geheimnis lässt sich dann für verschiedene Zwecke verwenden (zum Beispiel als Schlüssel für ein symmetrisches Verschlüsselungsprimitiv).

In Kapitel 5 werde ich erklären, wie Diffie-Hellman funktioniert, doch für diese Einführung soll eine einfache Analogie genügen, um zu verstehen, was ein Schlüsselaustausch leistet. Wie viele Algorithmen in der Kryptografie muss auch ein Schlüsselaustausch damit beginnen, dass die Teilnehmer einen gemeinsamen Satz von Parametern verwenden. In unserer Analogie einigen sich Königin Alice und Lord Bob auf ein Quadrat (■). Im nächsten Schritt wählen sie jeweils eine eigene Zufallsform für sich aus. Beide legen sie an ihrem jeweiligen geheimen Ort ab. Unsichtbar für andere wählt Königin Alice ein Dreieck (▲) und Lord Bob entscheidet sich für einen Stern (★). Diese Objekte müssen unter allen Umständen geheim bleiben! Denn sie stellen ihre privaten Schlüssel dar (siehe Abb. 1–5).

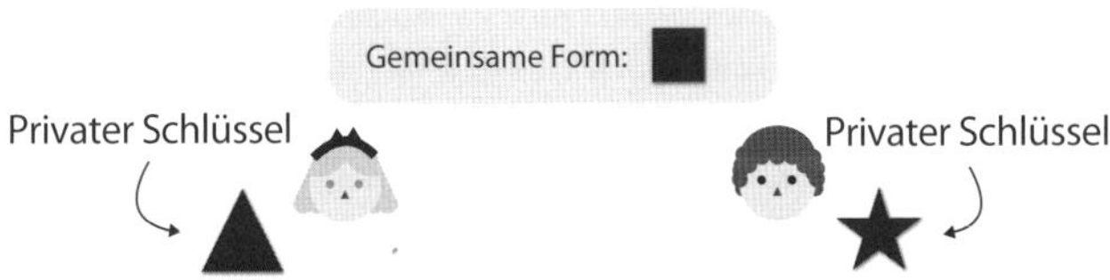

Abb. 1–5 *Im ersten Schritt eines DH-(Diffie-Hellman-)Schlüsselaustauschs generieren beide Teilnehmer einen privaten Schlüssel. In unserer Analogie wählt Königin Alice ein Dreieck als ihren privaten Schlüssel, während Lord Bob einen Stern als seinen privaten Schlüssel wählt.*

Nachdem sie ihre privaten Schlüssel gewählt haben, kombinieren beide individuell ihre geheime Form mit der gemeinsamen Form, auf die sie sich anfangs geeinigt haben (das Quadrat). Die Kombinationen ergeben eindeutige Formen, die ihre *öffentlichen Schlüssel* darstellen. Nun können Königin Alice und Lord Bob ihre öffentlichen Schlüssel austauschen (daher der Name Schlüsselaustausch), weil öffentliche Schlüssel als öffentliche Informationen gelten. Ich veranschauliche dies in Abbildung 1–6.

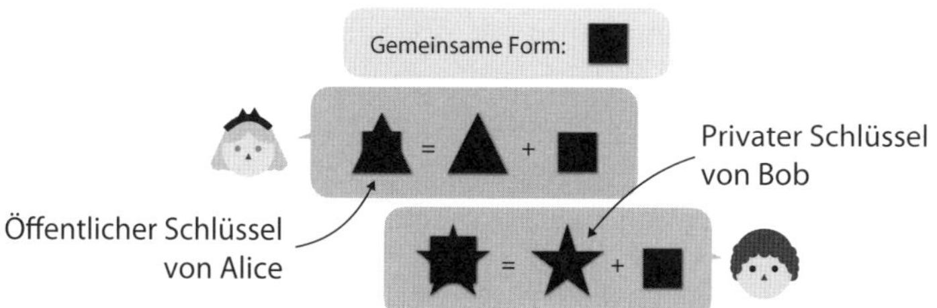

Abb. 1–6 *Der zweite Schritt eines DH-Schlüsselaustauschs, in dem beide Teilnehmer ihre öffentlichen Schlüssel austauschen. Die Teilnehmer erzeugen ihre öffentlichen Schlüssel, indem sie ihre privaten Schlüssel mit einer gemeinsamen Form kombinieren.*

Jetzt wird klar, warum dieser Algorithmus als Public-Key-Algorithmus (d. h. Algorithmus mit öffentlichen Schlüsseln) bezeichnet wird. Er benötigt ein Schlüsselpaar, das aus einem privaten Schlüssel und einem öffentlichen Schlüssel besteht. Der letzte Schritt des DH-Schlüsselaustauschalgorithmus ist ziemlich einfach: Königin Alice nimmt den öffentlichen Schlüssel von Lord Bob und kombiniert ihn mit ihrem privaten Schlüssel. Lord Bob macht dasselbe mit dem öffentlichen Schlüssel von Königin Alice und kombiniert ihn mit seinem eigenen privaten Schlüssel. Auf beiden Seiten sollte nun das Ergebnis gleich sein; in unserem Beispiel eine Form, die aus einem Stern, einem Quadrat und einem Dreieck besteht (siehe Abb. 1–7).

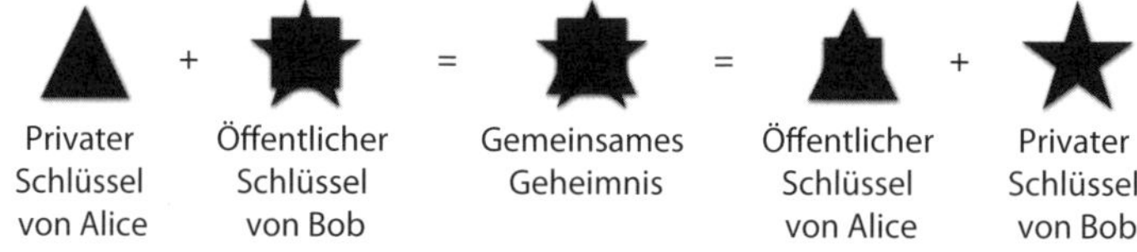

Abb. 1–7 *Im letzten Schritt eines DH-Schlüsselaustauschs erzeugen beide Teilnehmer das gemeinsame Geheimnis. Hierfür kombiniert Königin Alice ihren privaten Schlüssel mit dem öffentlichen Schlüssel von Lord Bob und Lord Bob kombiniert seinen privaten Schlüssel mit dem öffentlichen Schlüssel von Königin Alice. Das gemeinsame Geheimnis lässt sich allein aus der Beobachtung der öffentlichen Schlüssel ermitteln.*

Es liegt nun an den Teilnehmern des Protokolls, dieses gemeinsame Geheimnis zu nutzen. In diesem Buch finden Sie mehrere Beispiele dafür, wobei aber vor allem ein Algorithmus infrage kommt, der ein gemeinsames Geheimnis erfordert. So könnten nun Königin Alice und Lord Bob das gemeinsame Geheimnis als Schlüssel verwenden, um weitere Nachrichten mit einem symmetrischen Verschlüsselungsprimitiv zu verschlüsseln. Zur Erinnerung:

1. Alice und Bob tauschen ihre öffentlichen Schlüssel aus, die ihre jeweiligen privaten Schlüssel maskieren.
2. Mit dem öffentlichen Schlüssel des anderen Teilnehmers und ihrem jeweiligen privaten Schlüssel können sie ein gemeinsames Geheimnis berechnen.
3. Ein Angreifer, der den Austausch der öffentlichen Schlüssel beobachtet, bekommt nicht genügend Informationen, um das gemeinsame Geheimnis zu berechnen.

HINWEIS

In unserem Beispiel lässt sich der letzte Punkt leicht aushebeln. Ohne den privaten Schlüssel zu kennen, sind wir nämlich in der Lage, die öffentlichen Schlüssel miteinander zu kombinieren, um das gemeinsame Geheimnis zu ermitteln. Zum Glück ist dies lediglich eine Einschränkung unserer Analogie, doch genügt uns diese, um die Funktionsweise des Schlüsselaustauschs zu verstehen.

In der Praxis ist ein DH-Schlüsselaustausch ziemlich unsicher. Nehmen Sie sich ein paar Sekunden Zeit und überlegen Sie: Warum ist das so?

Da Königin Alice jeden öffentlichen Schlüssel, den sie erhält, als den öffentlichen Schlüssel von Lord Bob akzeptiert, könnte ich die Austauschprozedur abfangen und durch meine ersetzen. Dadurch ist es mir möglich, mich gegenüber Königin Alice als Lord Bob auszugeben (und umgekehrt als Königin Alice gegenüber Lord Bob). Wir sprechen hier von einem *Man-in-the-Middle-Angriff* (MITM-Angriff), weil das Protokoll erfolgreich angegriffen werden kann. Wie können wir das verhindern? Wie spätere Kapitel zeigen, müssen wir entweder das Protokoll mit einem weiteren kryptografischen Primitiv aufrüsten oder im Voraus wissen, wie der öffentliche Schlüssel von Lord Bob lautet. Aber sind wir dann nicht wieder am Anfang?

Bislang mussten Königin Alice und Lord Bob ein gemeinsames Geheimnis kennen; jetzt müssen Königin Alice und Lord Bob ihre jeweiligen öffentlichen Schlüssel kennen. Wie bringen sie sie in Erfahrung? Ist das wieder ein Henne-Ei-Problem? Irgendwie schon. Es zeigt sich, dass Kryptografie mit öffentlichen Schlüsseln in der Praxis nicht das Problem des Vertrauens löst, aber seine Einrichtung vereinfacht (insbesondere wenn die Anzahl der Teilnehmer groß ist).

Lassen wir es an dieser Stelle gut sein und gehen wir zum nächsten Abschnitt, denn in Kapitel 5 lernen Sie mehr über den Schlüsselaustausch. Es gibt nämlich noch ein paar andere asymmetrische kryptografische Primitive zu entdecken (siehe Abb. 1–8), um unsere Tour durch die praktische Kryptografie abzuschließen.

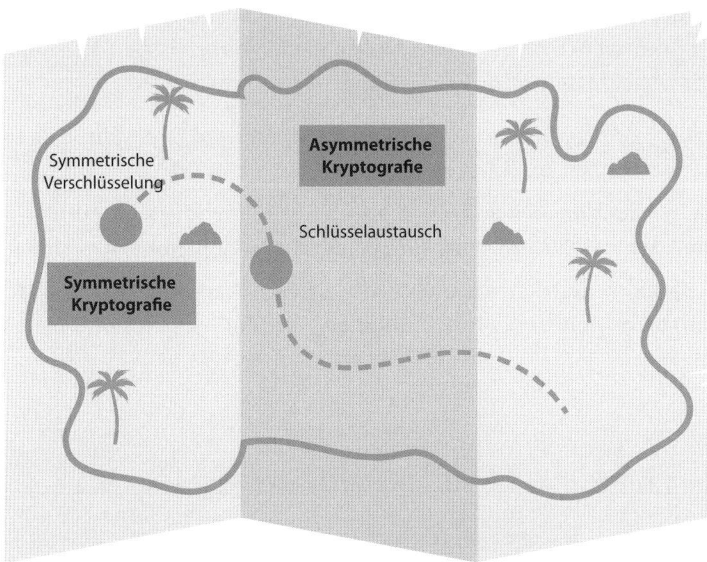

Abb. 1–8 *Die kryptografischen Algorithmen, die Sie bisher kennengelernt haben. Zwei große Klassen von kryptografischen Algorithmen sind symmetrische Kryptografie (mit symmetrischer Verschlüsselung) und asymmetrische Kryptografie (mit Schlüsselaustausch).*

1.4.2 Asymmetrische Verschlüsselung – anders als die symmetrische

Auf die Erfindung des DH-Schlüsselaustauschalgorithmus folgte schnell die Erfindung des RSA-Algorithmus, der nach Ron Rivest, Adi Shamir und Leonard Adleman benannt ist. RSA enthält zwei verschiedene Primitive: einen Verschlüsselungsalgorithmus für den öffentlichen Schlüssel (oder asymmetrische Verschlüsselung) und ein (digitales) Signaturverfahren. Beide Primitive sind Teil der größeren Klasse von kryptografischen Algorithmen – der sogenannten *asymmetrischen Kryptografie*. Dieser Abschnitt erklärt, was diese Primitive tun und wie sie sich nutzen lassen.

Das erste Primitiv, die asymmetrische Verschlüsselung, hat einen ähnlichen Zweck wie der symmetrische Verschlüsselungsalgorithmus, um den es zuvor ging. Damit lassen sich Nachrichten verschlüsseln, um Vertraulichkeit zu erreichen. Doch im Gegensatz zur symmetrischen Verschlüsselung, bei der die beiden Partner Nachrichten mit demselben symmetrischen Schlussel ver- und entschlusseln, sieht es bei der asymmetrischen Verschlüsselung ganz anders aus:

- Sie verwendet zwei verschiedene Schlüssel: einen öffentlichen Schlüssel und einen privaten Schlüssel.
- Sie bietet eine asymmetrische Sichtweise: Jeder kann mit dem öffentlichen Schlüssel verschlüsseln, aber nur der Besitzer des privaten Schlüssels kann Nachrichten entschlüsseln.

Anhand einer einfachen Analogie will ich erklären, wie man asymmetrische Verschlüsselung verwenden kann. Los geht es wieder mit unserer Freundin, der Königin

Alice, die einen privaten Schlüssel (und den dazugehörigen öffentlichen Schlüssel) besitzt. Ihren öffentlichen Schlüssel stellen wir als offene Truhe dar, die sie der Öffentlichkeit zur Verfügung stellt, sodass jeder sie benutzen kann (siehe Abb. 1–9).

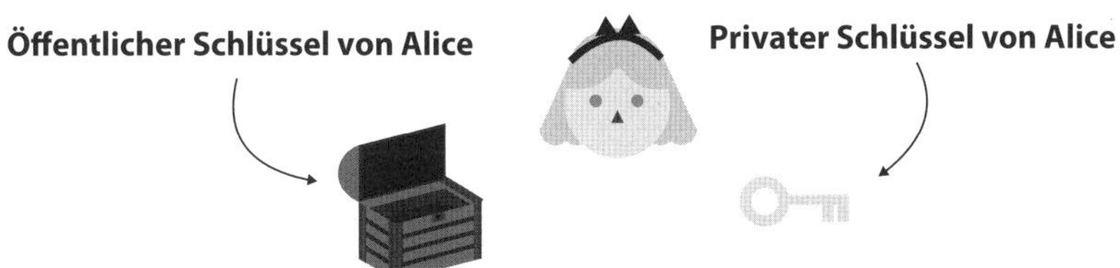

Abb. 1–9 *Um asymmetrische Verschlüsselung zu nutzen, muss Königin Alice zuerst ihren öffentlichen Schlüssel (hier als geöffnete Truhe dargestellt) bekanntmachen. Nun kann jeder mit dem öffentlichen Schlüssel Nachrichten an sie verschlüsseln. Und sie sollte in der Lage sein, diese mit dem zugehörigen privaten Schlüssel zu entschlüsseln.*

Jetzt können Sie und ich und jeder, der möchte, eine Nachricht an sie mit ihrem öffentlichen Schlüssel verschlüsseln. Stellen Sie sich in unserer Analogie vor, Sie würden Ihre Nachricht in die offene Truhe legen und sie dann schließen. Sobald die Truhe geschlossen ist, sollte niemand außer Königin Alice in der Lage sein, sie zu öffnen. Die Truhe schützt die Geheimhaltung der Nachricht effektiv vor Beobachtern. Die geschlossene Truhe (oder der verschlüsselte Inhalt) kann dann an Königin Alice geschickt werden und sie kann mit ihrem privaten Schlüssel (der nur ihr bekannt ist, wie Sie wissen) die Nachricht entschlüsseln (siehe Abb. 1–10).

Abbildung 1–11 zeigt eine Zusammenfassung der kryptografischen Primitive, die Sie bisher kennengelernt haben. Um unsere Tour durch die praktische Kryptografie abzuschließen, fehlt nur noch eines!

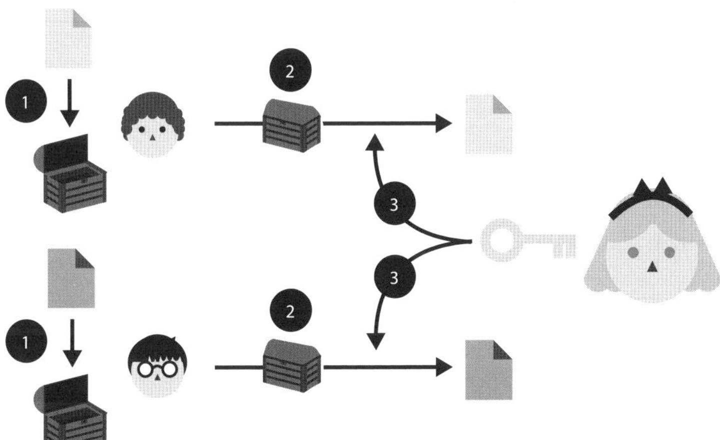

Abb. 1–10 *Asymmetrische Verschlüsselung: (1) Jeder kann mit dem öffentlichen Schlüssel von Königin Alice Nachrichten an sie verschlüsseln. (2) Nachdem sie die Nachricht erhalten hat, kann sie (3) den Inhalt der Nachricht mit ihrem zugeordneten privaten Schlüssel entschlüsseln. Niemand ist in der Lage, die an Königin Alice gerichteten Nachrichten zu beobachten, während sie an sie gesendet werden.*

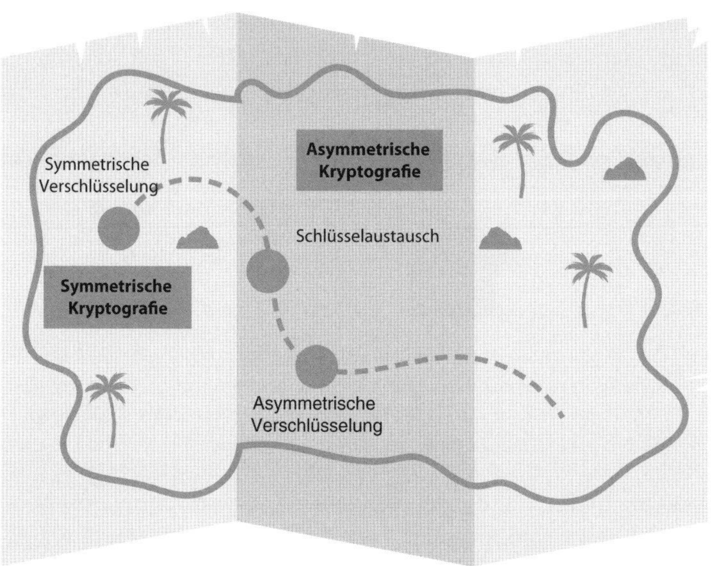

Abb. 1–11 *Die kryptografischen Algorithmen, die Sie bisher kennengelernt haben: Zwei große Klassen der kryptografischen Algorithmen sind die symmetrische Kryptografie (mit symmetrischer Verschlüsselung) und die asymmetrische Kryptografie (mit Schlüsselaustausch und asymmetrischer Verschlüsselung).*

1.4.3 Digitale Signaturen – wie Unterschrift mit Stift und Papier

Wir haben gesehen, dass RSA einen asymmetrischen Verschlüsselungsalgorithmus bereitstellt, aber wie weiter vorn schon erwähnt, bietet er auch einen Algorithmus für *digitale Signaturen*. Die Erfindung dieses kryptografischen Primitivs einer digitalen Unterschrift war eine große Hilfe, um Vertrauen zwischen den Alices und Bobs unserer Welt aufzubauen. Vergleichbar ist es mit echten Unterschriften, die man zum Beispiel auf dem Mietvertrag leisten muss, wenn man eine Wohnung anmietet.

»Wie sieht es aus, wenn meine Unterschrift gefälscht wird?«, fragen Sie vielleicht, und tatsächlich bieten echte Unterschriften in der wirklichen Welt nicht viel Sicherheit. Andererseits können kryptografische Signaturen auf die gleiche Weise verwendet werden, bieten aber ein kryptografisches Zertifikat, auf dem Ihr Name steht. Dabei ist Ihre kryptografische Signatur *fälschungssicher* und lässt sich leicht von anderen überprüfen. Sehr praktisch verglichen mit den archaischen Unterschriften, mit denen Sie früher Schecks unterzeichnet haben!

In Abbildung 1–12 nehmen wir ein Protokoll an, bei dem Königin Alice Lord David zeigen möchte, dass sie Lord Bob vertraut. Dies ist ein typisches Beispiel dafür, wie man in einer Umgebung mit mehreren Partnern Vertrauen aufbauen und dafür asymmetrische Kryptografie einsetzen kann. Durch Unterzeichnung des Papers, das »Ich, Königin Alice, vertraue Lord Bob« enthält, kann sich Königin Alice positionieren und Lord David mitteilen, dass Lord Bob zu vertrauen ist.

Wenn Lord David bereits Königin Alice und ihrem Signaturalgorithmus vertraut, kann er sich im Gegenzug dafür entscheiden, Lord Bob zu vertrauen.

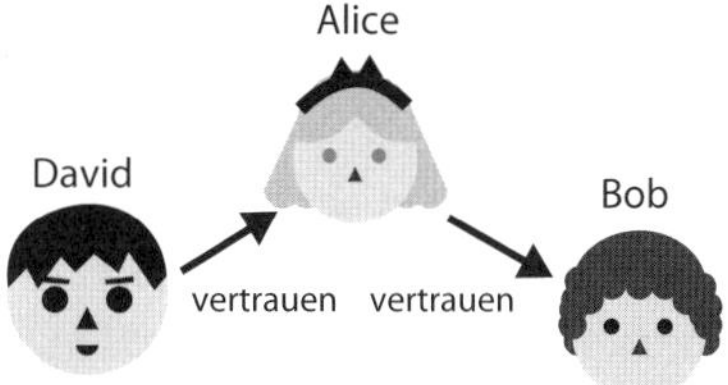

Abb. 1–12 *Lord David vertraut bereits Königin Alice. Da Königin Alice Lord Bob vertraut, kann dann Lord David ebenso auch Lord Bob vertrauen?*

Genauer ausgedrückt kann Königin Alice mit dem RSA-Signaturverfahren und ihrem privaten Schlüssel die Nachricht »Ich, Königin Alice, vertraue Lord Bob« unterzeichnen. Dabei wird eine Signatur erzeugt, die wie zufälliges Rauschen aussehen sollte (siehe Abb. 1–13).

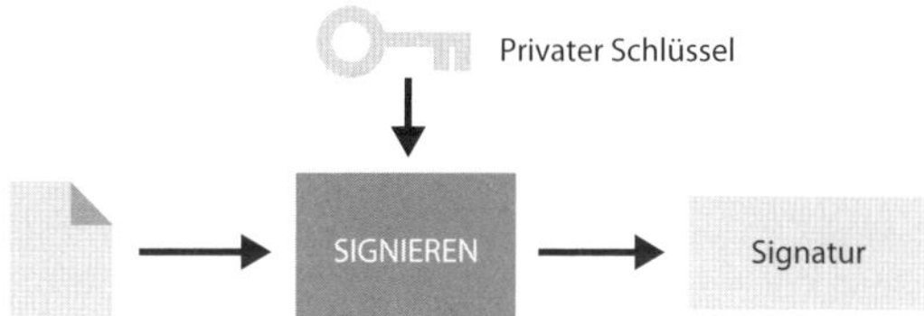

Abb. 1–13 *Um eine Nachricht zu signieren, verwendet Königin Alice ihren privaten Schlüssel und erzeugt eine Signatur.*

Jeder kann dann die *Signatur überprüfen*, indem er

- den öffentlichen Schlüssel von Alice,
- die signierte Nachricht und
- die Signatur

kombiniert. Das Ergebnis ist entweder *wahr* (die Signatur ist gültig) oder *falsch* (die Signatur ist ungültig), wie Abbildung 1–14 zeigt.

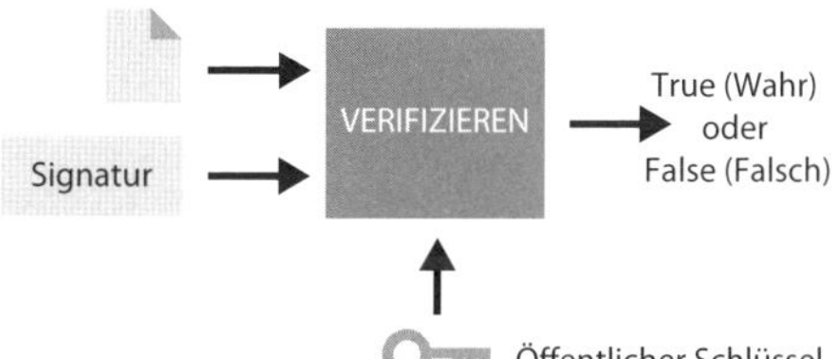

Abb. 1–14 *Um eine Signatur von Königin Alice zu verifizieren, benötigt man auch die signierte Nachricht und den öffentlichen Schlüssel von Königin Alice. Das Ergebnis ist entweder die Gültigkeit oder die Ungültigkeit der Signatur.*

Sie haben nun drei verschiedene asymmetrische Primitive kennengelernt:

- Schlüsselaustausch mit Diffie-Hellman
- Asymmetrische Verschlüsselung
- Digitale Signaturen mit RSA

Diese drei kryptografischen Algorithmen sind die bekanntesten und am häufigsten verwendeten Primitive der asymmetrischen Kryptografie. Es liegt nicht gleich auf der Hand, wie sich damit praktische Probleme lösen lassen, doch seien Sie versichert, dass sie tagtäglich in vielen Anwendungen eingesetzt werden, um die Dinge um sie herum zu sichern. Es ist an der Zeit, das Bild mit allen kryptografischen Algorithmen zu vervollständigen, die Sie bisher kennengelernt haben (siehe Abb. 1–15).

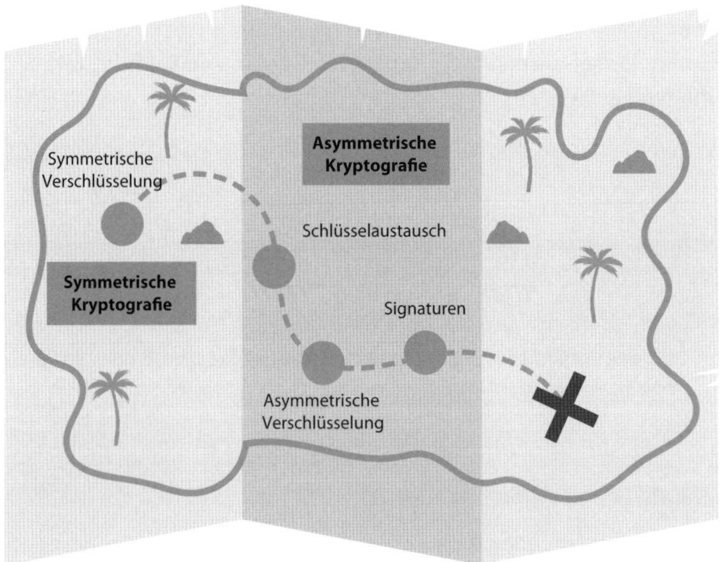

Abb. 1–15 *Die symmetrischen und asymmetrischen Algorithmen, die Sie bisher kennengelernt haben*

1.5 Klassifizierende und abstrahierende Kryptografie

Im vorherigen Abschnitt haben wir zwei große Klassen von Algorithmen untersucht:

- *Symmetrische Kryptografie (oder Kryptografie mit geheimem Schlüssel)* – Es wird ein einziges Geheimnis verwendet. Wenn mehrere Teilnehmer das Geheimnis kennen, wird es als *gemeinsames* Geheimnis bezeichnet.
- *Asymmetrische Kryptografie (oder Kryptografie mit öffentlichem Schlüssel)* – Die Teilnehmer haben eine asymmetrische Sicht der Geheimnisse. Zum Beispiel kennen einige den öffentlichen Schlüssel, während andere sowohl den öffentlichen als auch den privaten Schlüssel kennen.

Symmetrische und asymmetrische Kryptografie sind nicht die beiden einzigen Kategorien von Primitiven in der Kryptografie und es ist ziemlich schwierig, die verschiedenen Teilbereiche zu klassifizieren. Wie Sie jedoch feststellen werden, befasst sich ein großer Teil des Buches mit symmetrischen und asymmetrischen Primitiven (und setzt diese ein). Das hängt damit zusammen, dass ein großer Teil dessen, was heutzutage in der Kryptografie nützlich ist, in diese Teilgebiete fällt. Kryptografie könnte man auch wie folgt unterteilen:

- *Mathematisch basierte Konstruktionen* – Diese beruhen auf mathematischen Problemen wie der Primfaktorzerlegung. (Der RSA-Algorithmus für digitale Signaturen und asymmetrische Verschlüsselung ist ein Beispiel für eine derartige Konstruktion.)
- *Heuristisch basierte Konstruktionen* – Diese beruhen auf Beobachtungen und statistischen Analysen durch Kryptoanalytiker. (AES für symmetrische Verschlüsselung ist ein Beispiel für eine derartige Konstruktion.)

Diese Kategorisierung hat auch eine Geschwindigkeitskomponente, da mathematisch basierte Konstruktionen oftmals wesentlich langsamer sind als heuristisch basierte Konstruktionen. So basieren symmetrische Konstruktionen oftmals auf Heuristiken (was zu funktionieren scheint), während die meisten asymmetrischen Konstruktionen auf mathematischen Problemen beruhen (was als schwierig gilt).

Es fällt uns schwer, alles das streng zu kategorisieren, was die Kryptografie zu bieten hat. Jedes Buch und jeder Kurs zu diesem Thema liefert verschiedene Definitionen und Klassifizierungen. Letztlich sind diese Unterscheidungen für uns nicht brauchbar, da wir die meisten kryptografischen Primitive als einzigartige Tools betrachten, die einzigartige *Sicherheitsanforderungen* stellen. Umgekehrt können wir viele dieser Tools als Bausteine für Protokolle heranziehen. Es ist daher wichtig, zu verstehen, wie jedes dieser Werkzeuge funktioniert und welche Art von Sicherheitsanforderungen sie stellen, um sich klar zu machen, wie sie die Protokolle um uns herum sichern. Aus diesem Grund befasst sich der erste Teil dieses Buches mit den nützlichsten kryptografischen Primitiven und deren Sicherheitseigenschaften.

Viele Konzepte im Buch mögen sich auf den ersten Blick recht kompliziert darstellen. Doch wie bei allem gilt, je mehr wir über sie lesen und je mehr wir sie im Zusammenhang sehen, desto natürlicher werden sie, desto mehr können wir sie abstrahieren. Dieses Buch soll Ihnen dabei helfen, zu abstrahieren, um ein mentales Modell zu erstellen, was diese Konstruktionen tun, und um zu verstehen, wie sie sich miteinander kombinieren lassen, um sichere Protokolle zu entwickeln. Es wird häufig um die Schnittstelle von Konstruktionen gehen und ich werde Beispiele aus der Praxis für die Verwendung und Zusammenstellung geben.

Die Definition von Kryptografie war früher recht einfach: Königin Alice und Lord Bob möchten geheime Nachrichten austauschen. Das ist heute nicht mehr so. Was die heutige Kryptografie ausmacht, lässt sich nur schwer beschreiben und ist organisch aus Entdeckungen, Durchbrüchen und praktischen Anforderungen entstanden. Letzten Endes hilft die Kryptografie dabei, ein Protokoll so aufzurüsten, dass es auch in feindlichen Umgebungen funktioniert.

Um genau zu verstehen, wie Kryptografie helfen kann, sind die Ziele, die mit diesen Protokollen erreicht werden sollen, für uns von Bedeutung. Das ist der nützliche Teil. Die meisten kryptografischen Primitive und Protokolle, die Sie in diesem Buch kennenlernen, bieten eine oder zwei der folgenden Eigenschaften:

- *Vertraulichkeit* – Es geht darum, bestimmte Informationen zu maskieren und vor fremden Blicken zu schützen. Zum Beispiel maskiert Verschlüsselung die Nachrichten, während sie übertragen werden.
- *Authentifizierung* – Damit lässt sich erkennen, mit wem wir sprechen. Zum Beispiel lässt sich mithilfe der Authentifizierung überprüfen, ob empfangene Nachrichten tatsächlich von Königin Alice stammen.

Natürlich vereinfacht dies immer noch sehr stark das, was Kryptografie leisten kann. Meistens liegen die Details in den Sicherheitsansprüchen der Primitive. Je nachdem, wie wir ein kryptografisches Primitiv in einem Protokoll verwenden, erreicht es unterschiedliche Sicherheitseigenschaften.

Das ganze Buch hindurch lernen Sie neue kryptografische Primitive kennen und erfahren, wie sie sich kombinieren lassen, um Sicherheitseigenschaften wie Vertraulichkeit und Authentifizierung zu realisieren. Fürs Erste sollten Sie sich die Tatsache bewusst machen, dass es bei Kryptografie darum geht, ein Protokoll unter feindlichen Umgebungsbedingungen zu sichern. Zwar sind die »Feinde« nicht klar definiert, aber man kann sich denken, dass es sich um diejenigen handelt, die unser Protokoll zu knacken versuchen: ein Partner, ein Beobachter, ein Mann in der Mitte. Sie spiegeln wider, wie ein Gegner im wirklichen Leben aussehen könnte. Denn schließlich ist die Kryptografie ein praktisches Gebiet, das entstanden ist, um sich gegen böse Akteure in Fleisch und Blut und Bits zu verteidigen.

1.6 Theoretische Kryptografie vs. praktische Kryptografie

Im Jahr 1993 hat Bruce Schneier das Buch *Applied Cryptography* (Wiley) veröffentlicht. Es wendet sich an Entwickler und Ingenieure, die Anwendungen entwickeln wollen, bei denen Kryptografie eine Rolle spielt. Etwa 2012 riefen Kenny Paterson und Nigel Smart eine jährliche Konferenz namens *Real World Crypto* ins Leben, die auf die gleiche Zielgruppe ausgerichtet ist. Doch was versteht man unter angewandter Kryptografie und praktischer Kryptografie? Gibt es mehr als eine Art von Kryptografie?

Um diese Fragen zu beantworten, müssen wir zunächst *theoretische Kryptografie* definieren, also die Kryptografie, an der Kryptografen und Kryptoanalytiker arbeiten. Diese Krypto-Leute kommen meist aus einem akademischen Umfeld und arbeiten an Universitäten, manchmal aber auch aus der Industrie oder sind in speziellen Abteilungen der Regierung tätig. Sie forschen an allem, was mit Kryptografie zu tun hat. Die Ergebnisse teilen sie international über Veröffentlichungen und Präsentationen in Fachzeitschriften und auf Konferenzen. Dennoch ist nicht alles, was sie tun, offensichtlich nützlich oder praktisch. Oftmals wird weder ein »Proof of Concept« noch Code veröffentlicht. Das wäre auch nicht sinnvoll, denn kein Computer ist leistungsfähig genug, um deren Forschungen zu bewältigen.

Allerdings wird theoretische Kryptografie manchmal so nützlich und praktisch, dass sie ihren Weg auf die andere Seite findet.

Die andere Seite ist die Welt der *angewandten Kryptografie* oder *praktischen Kryptografie*. Sie bildet die Grundlage für die Sicherheit, die Sie in allen Anwendungen um sich herum finden. Obwohl es oft so scheint, als wäre sie nicht da, fast transparent, ist sie da, wenn Sie sich bei Ihrem Bankkonto im Internet anmelden; sie ist dabei, wenn Sie Nachrichten an Ihre Freunde schicken; sie schützt Sie, wenn Sie Ihr Telefon verloren haben. Sie ist allgegenwärtig, denn leider sind die Angreifer überall und versuchen aktiv, unsere Systeme zu beobachten und zu schädigen. Praktiker kommen in der Regel aus der Industrie, durchleuchten aber manchmal auch Algorithmen und entwerfen Protokolle mithilfe der akademischen Community. Ergebnisse werden oft über Konferenzen, Blogbeiträge und Open-Source-Software geteilt.

Bei praktischer Kryptografie geht es in der Regel um ganz konkrete Überlegungen: Welchen Sicherheitsgrad bietet ein Algorithmus genau? Wie lange dauert es, den Algorithmus auszuführen? Wie groß sind die Eingaben und Ausgaben, die das Primitiv benötigt? Praktische Kryptografie ist das Thema dieses Buches, wie Sie vielleicht schon erraten haben. Auch wenn theoretische Kryptografie Gegenstand anderer Bücher ist, werden wir in den letzten Kapiteln dieses Buches dennoch einen Blick darauf werfen, was sich dort zusammenbraut. Machen Sie sich darauf gefasst, dass Sie überrascht sein werden, wenn Sie einen Blick auf die praktische Kryptografie von morgen erhaschen.

Jetzt fragen Sie sich vielleicht: Wie wählen Entwickler und Ingenieure aus, welche Kryptografie sie für ihre praktischen Anwendungen einsetzen?

1.7 Von der Theorie zur Praxis: Wählen Sie Ihr eigenes Abenteuer

Oben sitzen die Kryptoanalytiker, die schwierige mathematische Probleme unterbreiten und lösen […], und unten die Softwareingenieure, die ein paar Daten verschlüsseln wollen.

– Thai Duong (»So you want to roll your own crypto?«, 2020)

In all den Jahren, in denen ich mich mit Kryptografie beschäftigt habe, ist mir kein einziges Muster aufgefallen, nach dem ein kryptografisches Primitiv am Ende in praktischen Anwendungen eingesetzt wird. Die Dinge sind ziemlich chaotisch. Bevor ein theoretisches Primitiv akzeptiert wird, gibt es eine lange Liste von Leuten, die sich mit dem Primitiv befassen und es in etwas Konsumierbares und manchmal auch Sichereres für die Öffentlichkeit im Allgemeinen umformen. Wie kann ich Ihnen das am besten erklären?

Haben Sie schon einmal von *Choose Your Own Adventure* (dt. Wählen Sie Ihr eigenes Abenteuer) gehört? Das ist eine alte Serie von Spielbüchern, bei denen man sich aussuchen konnte, auf welchem Weg man die Geschichte erleben wollte. Das Prinzip war einfach: Man liest den ersten Abschnitt des Buches und kann am Ende des Abschnitts unter den angebotenen Optionen entscheiden, wie es weitergehen sollte. Jeder Option war eine andere Abschnittsnummer zugeordnet, zu der man direkt springen konnte, wenn man wollte. So habe ich es auch hier gemacht! Lesen Sie nun den nächsten Absatz und folgen Sie den Anweisungen, die er Ihnen gibt.

Wo alles beginnt. Wer sind Sie? Sind Sie Alice, eine Kryptografin? Sind Sie David, der in der Privatwirtschaft arbeitet und nach einer Lösung für seine Probleme sucht? Oder sind Sie Eve, die sich in einer Regierungsbehörde mit Kryptografie beschäftigt?

- Wenn Sie Alice sind, gehen Sie zu Schritt 1.
- Wenn Sie David sind, gehen Sie zu Schritt 2.
- Wenn Sie Eve sind, gehen Sie zu Schritt 3.

Schritt 1: Forscher müssen forschen. Sie arbeiten als Forscher an einer Universität, in einem Forschungsteam eines privaten Unternehmens oder einer gemeinnützigen Organisation oder in einer staatlichen Forschungseinrichtung wie NIST oder NSA. In dieser Rolle kann Ihre Finanzierung von verschiedenen Stellen kommen und Sie dazu veranlassen, verschiedene Dinge zu erforschen.

- Wenn Sie ein neues Primitiv erfinden, gehen Sie zu Schritt 4.
- Wenn Sie eine neue Konstruktion erfinden, gehen Sie zu Schritt 5.
- Wenn Sie einen offenen Wettbewerb beginnen, gehen Sie zu Schritt 6.

Schritt 2: Die Industrie hat einen Bedarf. Im Rahmen Ihrer Arbeit tritt etwas auf, für das Sie einen neuen Standard benötigen. Zum Beispiel ist die Wi-Fi Alliance eine gemeinnützige Organisation, die von interessierten Unternehmen finanziert wird, um die Standards für das Wi-Fi-Protokoll zu entwickeln. Ein anderes Beispiel sind Banken, die sich zusammengetan haben, um den Payment Card Industry Data Security Standard (PCI-DSS) zu entwickeln, der Algorithmen und Protokolle für den Umgang mit Kreditkartennummern vorschreibt.

- Wenn Sie entscheiden, dringend benötigte Forschung zu finanzieren, gehen Sie zu Schritt 1.
- Wenn Sie entscheiden, ein neues Primitiv oder Protokoll zu standardisieren, gehen Sie zu Schritt 5.
- Wenn Sie einen offenen Wettbewerb beginnen wollen, gehen Sie zu Schritt 6.

Schritt 3: Eine Regierung hat Bedarf. Sie arbeiten für die Regierung Ihres Landes und müssen ein neues Kryptoverfahren lancieren. Zum Beispiel ist das NIST damit beauftragt, die *FIPS (Federal Information Processing Standards)* zu veröffentlichen, die vorschreiben, welche kryptografischen Algorithmen Firmen verwenden dürfen, die für die US-Regierung arbeiten. Während viele dieser Standards Erfolgsgeschichten waren und die Menschen dazu neigen, den von Regierungsbehörden herausgebrachten Standards zu vertrauen, gibt es (leider) eine Menge über Misserfolge zu berichten.

Im Jahr 2013 wurde nach den Enthüllungen von Edward Snowden aufgedeckt, dass die NSA gezielt und erfolgreich auf die Aufnahme von Hintertür-Algorithmen in Standards gedrängt hatte (siehe »*Dual EC: A Standardized Back Door*« von Bernstein et al.), die der NSA – und nur ihr – ermöglichte, Ihre Geheimnisse vorherzusagen. Diese Hintertüren kann man sich als magische Kennwörter vorstellen, die es der Regierung (und nur ihr, angeblich) ermöglichen, Ihre Verschlüsselung zu unterlaufen. In der Folge verlor die Krypto-Community viel Vertrauen in Standards und Vorschläge, die von Regierungsstellen kamen. Erst im Jahr 2019 wurde festgestellt, dass der russische Standard GOST der gleichen Behandlung zum Opfer gefallen ist.

> *Kryptografen vermuten seit Langem, dass die Behörde Schwachstellen in einen Standard eingebaut hat, der 2006 vom National Institute of Standards and Technology und später von der International Organization for Standardization (mit 163 Mitgliedsländern) angenommen wurde. Verschlusssachen der N.S.A. scheinen zu bestätigen, dass die fatale Schwachstelle, die 2007 von zwei Microsoft-Kryptografen entdeckt wurde, von der Behörde eingebaut worden ist. Die N.S.A. hat den Standard geschrieben und ihn aggressiv in die internationale Gruppe gedrängt, wobei sie die Bemühungen als »Herausforderung an die Finesse« bezeichnete.*
>
> – New York Times (»N.S.A. Able to Foil Basic Safeguards of Privacy on Web«, 2013)

- Wenn Sie Forschungsarbeiten finanzieren, gehen Sie zu Schritt 1.
- Wenn Sie einen offenen Wettbewerb organisieren, gehen Sie zu Schritt 6.
- Wenn Sie sich für die Standardisierung eines von Ihnen verwendeten Primitivs oder Protokolls einsetzen, gehen Sie zu Schritt 7.

Schritt 4: Ein neues Konzept wird vorgeschlagen. Als Forscher schaffen Sie das Unmögliche: Sie erfinden ein neues Konzept. Sicherlich hat bereits jemand über Verschlüsselung nachgedacht, aber in der Kryptografie werden trotzdem jedes Jahr neue Primitive vorgeschlagen. Einige von ihnen werden sich als nicht realisierbar erweisen, andere wiederum werden lösbar sein. Vielleicht haben Sie bereits eine reale Konstruktion als Teil Ihres Vorschlags parat, vielleicht müssen Sie aber auch abwarten, ob jemand mit einer funktionierenden Lösung aufwarten kann.

- Wenn Ihr Primitiv implementiert wird, gehen Sie zu Schritt 5.
- Wenn sich Ihr Primitiv unmöglich implementieren lässt, gehen Sie zum Anfang zurück.

Schritt 5: Es wird eine neue Konstruktion oder ein neues Protokoll vorgeschlagen. Ein Kryptograf oder ein Team von Kryptografen schlägt einen neuen Algorithmus vor, der ein Konzept instanziiert. Zum Beispiel ist AES eine Instanziierung eines Verschlüsselungsschemas. (AES wurde ursprünglich von Vincent Rijmen und Joan Daemen vorgeschlagen, die ihre Konstruktion als Zusammenziehung ihrer Namen benannten: Rijndael.) Was kommt als Nächstes?

- Wenn jemand auf Ihrer Konstruktion aufbaut, gehen Sie zu Schritt 7.
- Wenn Sie an einem offenen Wettbewerb teilnehmen und gewinnen, gehen Sie zu Schritt 6.
- Wenn es einen großen Hype um Ihre Arbeit gibt, bekommen Sie einen Standard und gehen zu Schritt 7.
- Wenn Sie Ihre Konstruktion patentieren möchten, gehen Sie zu Schritt 8.
- Wenn Sie oder andere zu der Auffassung gelangen, es würde Spaß machen, Ihre Konstruktion zu implementieren, gehen Sie zu Schritt 9.

Schritt 6: Ein Algorithmus gewinnt einen Wettbewerb. Der Prozess, den Kryptografen am meisten lieben, ist ein offener Wettbewerb! Zum Beispiel war AES ein Wettbewerb, zu dem Forscher aus der ganzen Welt eingeladen wurden. Nach Dutzenden von Einreichungen, Analyserunden und der Hilfe von Kryptoanalytikern (was Jahre dauern kann) wurde die Liste auf wenige Kandidaten reduziert (im Fall von AES auf einen einzigen), die dann in den Standardisierungsprozess eingingen.

- Wenn Sie Glück gehabt haben und Ihre Konstruktion nach einem viele Jahre dauernden Wettbewerb gewonnen hat, gehen Sie zu Schritt 7.
- Wenn Sie leider verloren haben, gehen Sie zurück zum Anfang.

Schritt 7: Ein Algorithmus oder Protokoll wird standardisiert. Normalerweise wird ein Standard von einer Regierung oder einem Normierungsgremium veröffentlicht. Damit soll sichergestellt werden, dass alle Beteiligten auf derselben Seite stehen, um die Interoperabilität zu maximieren. Zum Beispiel veröffentlicht das NIST regelmäßig kryptografische Standards. Ein bekanntes Standardisierungsgremium im Bereich der Kryptografie ist die IETF (Internet Engineering Task Force), die für viele Standards im Internet (wie TCP, UDP, TLS usw.) verantwortlich zeichnet und von der Sie in diesem Buch noch viel lesen werden. Standards in der IETF werden Requests For Comments (RFC, auf Deutsch: Bitte um Kommentare) genannt und können so ziemlich von jedem verfasst werden, der einen Standard schreiben möchte.

> *Um zu unterstreichen, dass wir nicht abstimmen, haben wir auch die Tradition des »Brummelns« übernommen: Wenn wir uns zum Beispiel persönlich treffen und der Vorsitzende der Arbeitsgruppe ein »Gefühl für den Raum« bekommen möchte, bittet er manchmal bei einer bestimmten Frage, nicht per Handzeichen abzustimmen, sondern jede Seite zu summen, wenn sie entweder »dafür« oder »dagegen« ist.*
>
> – RFC 7282 (»On Consensus and Humming in the IETF«, 2014)

Manchmal veröffentlicht ein Unternehmen einen Standard direkt. So hat die RSA Security LLC (von den Erfindern des RSA-Algorithmus finanziert) unter dem Namen *Public Key Cryptography Standards (PKCS)* eine Reihe von 15 Dokumenten veröffentlicht, um Algorithmen und Techniken zu legitimieren, die das Unternehmen zu dieser Zeit verwendet hat. Heutzutage ist dieses Vorgehen eher selten und viele Unternehmen wenden sich an die IETF, um ihre Protokolle oder Algorithmen als RFC standardisieren zu lassen, anstatt ein eigenes Dokument zu verfassen.

- Wenn Ihr Algorithmus oder Protokoll implementiert wird, gehen Sie zu Schritt 9.
- Wenn sich niemand für Ihren Standard interessiert, gehen Sie zurück zum Anfang.

Schritt 8: Ein Patent läuft ab. In der Regel bedeutet ein Patent in der Kryptografie, dass niemand den Algorithmus verwenden wird. Sobald das Patent abläuft, ist es nicht ungewöhnlich, dass das Interesse am Primitiv wieder erwacht. Das bekannteste Beispiel ist wahrscheinlich die Schnorr-Signatur, die der erste Anwärter auf das beliebteste Signaturverfahren war, bis Schnorr selbst den Algorithmus 1989 patentieren ließ. Dies führte dazu, dass das NIST einen schlechteren Algorithmus namens DSA (Digital Signature Algorithm) standardisierte, der zu dieser Zeit zum beliebtesten Signaturverfahren avancierte, heute aber kaum noch verwendet wird. Das Patent auf Schnorr-Signaturen lief 2008 aus und der Algorithmus erfreut sich seither wieder wachsender Beliebtheit.

- Wenn es zu lange gedauert hat, wird Ihr Algorithmus für immer vergessen sein. Gehen Sie zurück an den Anfang.
- Wenn Ihre Konstruktion zur Erfindung vieler weiterer Konstruktionen, die auf ihr aufbauen, geführt hat, gehen Sie zu Schritt 5.
- Wenn man Ihre Konstruktion jetzt einsetzen möchte, aber nicht, bevor sie wirklich standardisiert ist, gehen Sie zu Schritt 7.
- Wenn einige Entwickler Ihren Algorithmus implementieren, gehen Sie zu Schritt 9.

Schritt 9: Eine Konstruktion oder ein Protokoll wird implementiert. Die Implementierer haben die schwere Aufgabe, nicht nur ein Paper oder einen Standard zu entziffern (obwohl Standards *eigentlich* für Implementierer gedacht sind), sondern sie müssen auch ihre Implementierungen so realisieren, dass sie einfach und sicher zu verwenden sind. Diese Aufgabe ist nicht immer einfach, da in der Art und Weise, wie Kryptografie verwendet wird, viele verheerende Fehler auftreten können.

- Irgendjemand beschließt, diese Implementierungen endlich durch einen Standard zu unterstützen. Ohne einen solchen wäre es blamabel. Gehen Sie zu Schritt 7.
- Der Hype regnet auf Ihre kryptografische Bibliothek nieder! Gehen Sie zu Schritt 10.

Schritt 10: Ein Entwickler verwendet ein Protokoll oder Primitiv in einer Anwendung. Der Entwickler benötigt etwas und Ihre kryptografische Bibliothek scheint es liefern zu können – einfacher geht's nicht!

- Das Primitiv erfüllt den Bedarf, wird aber nicht durch einen Standard unterstützt. Nicht gerade gut. Gehen Sie zu Schritt 7.
- Ich wünschte, es wäre in meiner Programmiersprache geschrieben. Gehen Sie zu Schritt 9.
- Ich habe die Bibliothek falsch angewendet oder die Konstruktion ist fehlerhaft. Aus die Maus!

Sie haben es geschafft! Es gibt viele Möglichkeiten, wie ein Primitiv in die Praxis gelangen kann. Der beste Weg bedeutet auch viele Jahre der Analyse, einen implementierungsfreundlichen Standard und gute Bibliotheken. Ein schlechter Weg ist durch einen schlechten Algorithmus mit einer schlechten Implementierung gekennzeichnet. In Abbildung 1–16 veranschauliche ich den bevorzugten Weg.

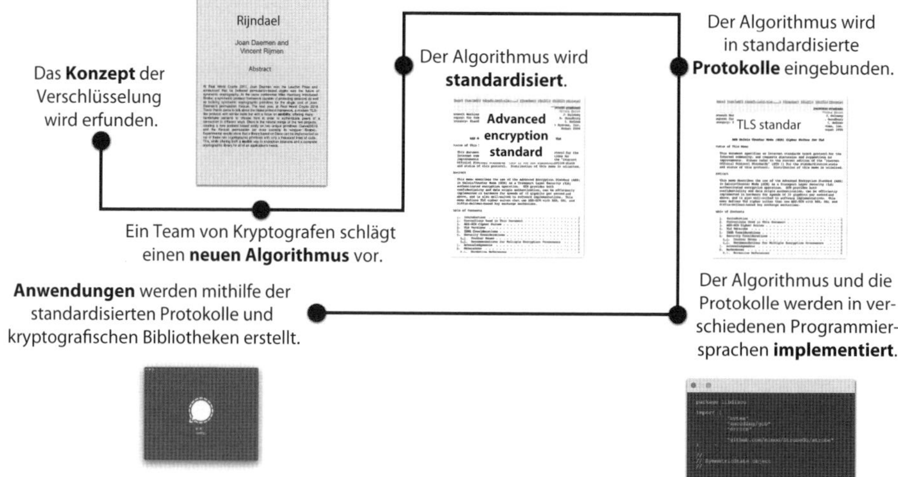

Abb. 1–16 *Der ideale Lebenszyklus eines kryptografischen Algorithmus beginnt, wenn Kryptografen ein Konzept in einem White Paper instanziieren. Zum Beispiel instanziiert AES das Konzept der symmetrischen Verschlüsselung (wobei es viele weitere symmetrische Verschlüsselungsalgorithmen gibt). Eine Konstruktion kann dann standardisiert werden: Jeder stimmt zu, sie auf eine bestimmte Weise zu implementieren, um die Interoperabilität zu maximieren. Um die Konstruktion weiter zu unterstützen, wird der Standard in verschiedenen Sprachen implementiert.*

1.8 Ein Wort der Warnung

Jeder, vom ahnungslosesten Amateur bis zum besten Kryptografen, kann einen Algorithmus entwickeln, den er selbst nicht knacken kann.
– Bruce Schneier (»Memo to the Amateur Cipher Designer«, 1998)

Ich muss Sie warnen: Die Kunst der Kryptografie ist schwer zu meistern. Es wäre unklug anzunehmen, dass Sie komplexe kryptografische Protokolle erstellen können, sobald Sie dieses Buch ganz durchgearbeitet haben. Vielmehr soll Ihnen die Tour, auf die Sie dieses Buch mitnimmt, zeigen, was möglich ist und wie die Dinge funktionieren, aber sie wird Sie nicht zu einem Meister der Kryptografie machen.

Dieses Buch ist nicht der Heilige Gral. Die wichtigste Lektion lernen Sie sogar auf den letzten Seiten dieses Buches: Begeben Sie sich nicht allein auf ein echtes Abenteuer. Drachen können töten und Sie brauchen Unterstützung, um sie zu besiegen. Mit anderen Worten: Kryptografie ist kompliziert und dieses Buch allein erlaubt es Ihnen nicht, das Gelernte zu missbrauchen. Um komplexe Systeme zu bauen, sind Experten notwendig, die ihr Handwerk jahrelang studiert haben. Stattdessen lernen Sie zu erkennen, wann Kryptografie verwendet werden sollte, oder wenn Ihnen etwas verdächtig vorkommt, müssen Sie wissen, welche kryptografischen Primitive und Protokolle verfügbar sind, um die Probleme zu lösen, mit denen Sie konfrontiert sind, und wie all diese kryptografischen Algorithmen hinter den Kulissen funktionieren. Nach dieser Warnung können Sie nun zum nächsten Kapitel übergehen.

Zusammenfassung

- Ein Protokoll ist ein Schritt-für-Schritt-Rezept, bei dem mehrere Partner versuchen, etwas wie den Austausch vertraulicher Nachrichten zu erreichen.
- Bei der Kryptografie geht es darum, Protokolle aufzurüsten, um sie in feindlichen Umgebungen zu sichern. Dazu sind oftmals Geheimnisse erforderlich.
- Ein kryptografisches Primitiv ist eine Art kryptografischer Algorithmus. Zum Beispiel ist symmetrische Verschlüsselung ein kryptografisches Primitiv, während AES ein spezieller symmetrischer Verschlüsselungsalgorithmus ist.
- Die verschiedenen kryptografischen Primitive lassen sich unter anderem danach klassifizieren, dass man sie in zwei Arten unterteilt: symmetrische und asymmetrische Kryptografie. Symmetrische Kryptografie verwendet einen einzigen Schlüssel (wie Sie bei der symmetrischen Verschlüsselung gesehen haben), während asymmetrische Kryptografie mit verschiedenen Schlüsseln arbeitet (wie Sie bei Schlüsselaustausch, asymmetrischer Verschlüsselung und digitalen Signaturen gesehen haben).

- Kryptografische Eigenschaften sind schwer zu klassifizieren, aber sie zielen oftmals darauf ab, eine der beiden Eigenschaften zu gewährleisten: Authentifizierung und Vertraulichkeit. Bei der Authentifizierung geht es darum, die Echtheit von etwas oder jemandem zu überprüfen, während es bei der Vertraulichkeit um den Schutz von Daten oder Identitäten geht.
- Praktische Kryptografie spielt eine große Rolle, weil sie in technischen Anwendungen allgegenwärtig ist, während theoretische Kryptografie in der Praxis oft weniger nützlich ist.
- Die meisten kryptografischen Primitive, die dieses Buch beschreibt, wurden nach langen Standardisierungsprozessen vereinbart.
- Kryptografie ist kompliziert und es gibt viele Gefahren bei der Implementierung oder Verwendung kryptografischer Primitive.

2 Hashfunktionen

In diesem Kapitel:

- Hashfunktionen und ihre Sicherheitseigenschaften
- Heute weitverbreitete Hashfunktionen
- Andere Arten des Hashings

Alles und jedem global eindeutige Bezeichner zuzuordnen, das ist das Versprechen der ersten kryptografischen Konstruktion, die Sie in diesem Kapitel kennenlernen werden – die *Hashfunktion*. In der Kryptografie sind Hashfunktionen allgegenwärtig – sie sind überall zu finden! Einfach ausgedrückt, übernehmen sie beliebige Daten als Eingabe und geben einen eindeutigen Bytestring als Ausgabe zurück. Für die gleiche Eingabe produziert die Hashfunktion immer den gleichen Bytestring. Das mag unbedeutend klingen, doch diese einfache Konstruktion ist äußerst nützlich, um viele andere Konstruktionen in der Kryptografie hervorzubringen. In diesem Kapitel lernen Sie alles, was Sie über Hashfunktionen wissen müssen und warum sie so vielseitig sind.

2.1 Was ist eine Hashfunktion?

Vor Ihnen befindet sich eine Schaltfläche *Download*, die einen Großteil der Seite einnimmt. Auf der Schaltfläche lesen Sie die Buchstaben *DOWNLOAD*, und wenn Sie sie anklicken, scheinen Sie zu einer anderen Website mit einer Datei umgeleitet zu werden. Unter der Schaltfläche erscheint eine lange und unverständliche Buchstabenfolge:

```
f63e68ac0bf052ae923c03f5b12aedc6cca49874c1c9b0ccf3f39b662d1f487b
```

Darauf folgt eine Art Akronym: `sha256sum`. Kommt Ihnen das bekannt vor? Wahrscheinlich haben Sie in Ihrem früheren Leben schon mal etwas heruntergeladen, das mit einer solch merkwürdigen Zeichenfolge versehen war (Abb. 2–1).

Abb. 2–1 *Eine Webseite, die auf eine externe Website mit einer Datei verweist. Die externe Website kann den Inhalt der Datei nicht verändern, weil die erste Seite mit einem mitgelieferten Hashwert oder Digest der Datei die Integrität der heruntergeladenen Datei sicherstellt.*

Falls Sie sich jemals gefragt haben, was Sie mit diesem langen String anfangen sollen:

1. Klicken Sie auf die Schaltfläche, um die Datei herunterzuladen.
2. Bilden Sie mit dem Algorithmus SHA-256 einen Hashwert für die heruntergeladene Datei.
3. Vergleichen Sie die Ausgabe (den Digest) mit dem langen String, der auf der Webseite angezeigt wird.

Dadurch können Sie sich davon überzeugen, dass Sie die richtige Datei heruntergeladen haben.

HINWEIS

Die Ausgabe einer Hashfunktion wird oft als *Digest* oder *Hashwert* bezeichnet. Ich verwende beide Begriffe im Buch gleichberechtigt nebeneinander. Andere sprechen von Prüfsumme (engl. Checksum) oder einfach Summe. Ich vermeide diese Begriffe, da sie hauptsächlich von nicht-kryptografischen Hashfunktionen verwendet werden und eher zur Verwirrung beitragen. Denken Sie einfach an diesen Hinweis, wenn Sie es mit anderen Codebasen oder Dokumenten zu tun haben, die andere Begriffe verwenden.

Um Hashing auszuprobieren, können Sie die bekannte OpenSSL-Bibliothek nutzen. Sie bietet eine universelle Befehlszeilenschnittstelle (Command-Line Interface), die standardmäßig in einer Reihe von Betriebssystemen enthalten ist, unter anderem auch in macOS. Zum Beispiel können Sie dies tun, indem Sie das Terminal öffnen und die folgende Zeile schreiben:

```
$ openssl dgst -sha256 downloaded_file
f63e68ac0bf052ae923c03f5b12aedc6cca49874c1c9b0ccf3f39b662d1f487b
```

Mit diesem Befehl konvertieren wir die Eingabe (die heruntergeladene Datei) mithilfe der Hashfunktion SHA-256 in einen eindeutigen Bezeichner (den vom Befehl zurückgegebenen Wert). Was bieten uns diese zusätzlichen Schritte? Wir bekommen *Integrität* und *Authentizität*. Aus dem Vergleich geht hervor, dass Sie tatsächlich die Datei heruntergeladen haben, die Sie herunterladen wollten.

Dies alles funktioniert dank einer Sicherheitseigenschaft der Hashfunktion namens *2. Urbildresistenz*. Dieser Begriff, der von der Mathematik inspiriert wurde, bedeutet, dass zu der langen Ausgabe der Hashfunktion (`f63e...`) keine andere Datei gefunden werden kann, die die gleiche Ausgabe `f63e...` als Hashwert liefert. In der Praxis bedeutet dies, dass dieser Hashwert eng an die heruntergeladene Datei gebunden ist und dass kein Angreifer in der Lage sein sollte, Sie mit einer anderen Datei zu täuschen.

Die hexadezimale Schreibweise

Übrigens stellt der lange Ausgabestring `f63e...` binäre Daten dar, die *hexadezimal* angezeigt werden (eine Codierung zur Basis 16, die die Ziffern von 0 bis 9 und die Buchstaben von a bis `f` bestimmten Gruppen von jeweils vier Datenbits zuordnet). Die binären Daten könnten wir auch mit Nullen und Einsen (Basis 2) anzeigen, doch das würde viel mehr Platz benötigen. Stattdessen ist es mit der hexadezimalen Codierung möglich, jeweils acht Bit (d. h. ein Byte) mit nur zwei alphanumerischen Zeichen zu schreiben. Diese Darstellung ist für den Menschen einigermaßen lesbar und sie beansprucht weniger Platz. Es gibt noch andere Möglichkeiten, binäre Daten für den menschlichen Gebrauch zu codieren, wobei die beiden gängigsten die hexadezimale Schreibweise und die base64-Codierung sind. Je größer die Basis ist, desto weniger Platz ist für die Darstellung einer binären Zeichenfolge erforderlich, doch irgendwann gehen uns die für Menschen lesbaren Zeichen aus.

Beachten Sie, dass dieser lange Digest von den Benutzern der Webseite kontrolliert wird und sich leicht von jedem ersetzen lässt, der die Webseite modifizieren kann. (Wenn Sie das noch nicht überzeugt hat, denken Sie einmal kurz darüber nach.) Das bedeutet, dass wir der Seite, die uns den Digest gegeben hat, ihren Besitzern und dem Mechanismus, mit dem die Seite abgerufen wird, vertrauen müssen (auch wenn wir der Seite, von der wir die Datei heruntergeladen haben, nicht vertrauen müssen). In diesem Sinne *bietet die Hashfunktion allein keine Integrität*. Die Integrität und Authentizität der heruntergeladenen Datei ergibt sich aus dem Digest in Verbindung mit dem vertrauenswürdigen Mechanismus, der uns den Digest geliefert hat (HTTPS in diesem Fall). Kapitel 9 beschäftigt sich mit HTTPS. Stellen Sie sich fürs Erste vor, dass es Ihnen auf magische Weise ermöglicht, sicher mit einer Website zu kommunizieren.

Kommen wir zurück zu unserer Hashfunktion, die in Abbildung 2–2 als Blackbox dargestellt ist. Unsere Blackbox übernimmt eine einzelne Eingabe und liefert eine einzelne Ausgabe.

Abb. 2–2 *Eine Hashfunktion übernimmt eine Eingabe beliebiger Länge (eine Datei, eine Nachricht, ein Video usw.) und erzeugt eine Ausgabe fester Länge (zum Beispiel 256 Bit für SHA-256). Ein Hashing der gleichen Eingabe ergibt den gleichen Digest oder Hashwert.*

Die Funktion übernimmt eine Eingabe beliebiger Größe. Die Eingabe kann sogar leer sein. Die Ausgabe hat immer die gleiche Länge und die Funktion ist *deterministisch*, da sie immer das gleiche Ergebnis liefert, wenn sie die gleiche Eingabe erhält. In unserem Beispiel liefert SHA-256 immer eine Ausgabe von 256 Bit (32 Byte), die immer als 64 alphanumerische Zeichen in hexadezimaler Form codiert ist. Eine Hashfunktion zeichnet sich insbesondere dadurch aus, dass man den Algorithmus nicht umkehren kann, das heißt, man sollte nicht in der Lage sein, die Eingabe nur anhand der Ausgabe zu ermitteln – Hashfunktionen sind *Einwegfunktionen*.

Um zu veranschaulichen, wie eine Hashfunktion in der Praxis funktioniert, werden wir für verschiedene Eingaben mit der SHA-256-Hashfunktion Hashwerte bilden, und zwar mithilfe derselben OpenSSL-CLI. Die folgende Terminalsitzung zeigt dies.

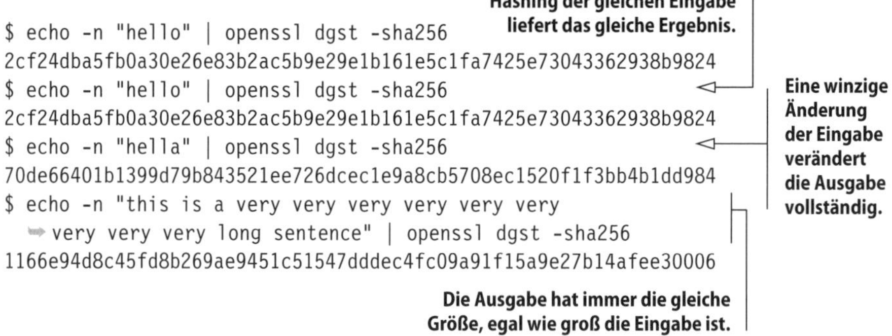

Der nächste Abschnitt zeigt, wie die Sicherheitseigenschaften von Hashfunktionen konkret aussehen.

2.2 Sicherheitseigenschaften einer Hashfunktion

Hashfunktionen in der angewandten Kryptografie sind Konstruktionen, die im Allgemeinen so definiert wurden, dass sie drei spezifische Sicherheitseigenschaften bieten. Wie die nächsten Abschnitte zeigen, hat sich diese Definition im Laufe der Zeit geändert. Zunächst wollen wir aber die drei strengen Grundeigenschaften definieren, die eine Hashfunktion ausmachen. Wichtig ist dies, weil Sie wissen müssen, wo Hashfunktionen nützlich sind und wo sie nicht funktionieren.

Die erste ist die *Urbildresistenz*. Diese Eigenschaft gewährleistet, dass niemand in der Lage sein sollte, die Hashfunktion umzukehren, um die Eingabe bei gegebener Ausgabe wiederherzustellen. Abbildung 2–3 veranschaulicht diese »Einwegeigenschaft«. Stellen Sie sich vor, dass unsere Hashfunktion wie ein Mixer arbeitet, der es unmöglich macht, die Zutaten aus dem erzeugten Smoothie herauszutrennen.

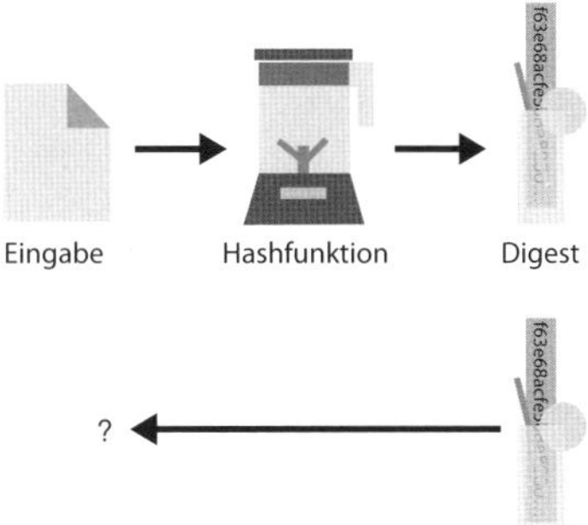

Abb. 2–3 *Anhand des Digests, den eine Hashfunktion (hier als Mixer dargestellt) erzeugt hat, ist es unmöglich (oder technisch so aufwendig, dass es vermutlich nie passieren wird), rückwärtsgehend die ursprüngliche Eingabe zu ermitteln. Diese Sicherheitseigenschaft wird* Urbildresistenz *genannt.*

ACHTUNG

Gilt das auch, wenn die Eingabe klein ist? Nehmen wir einmal an, sie lautet entweder *oui* oder *non*, dann könnte jemand alle möglichen 3-buchstabigen Wörter hashen und herausfinden, wie die Eingabe ausgesehen hat. Wie sieht es aus, wenn Ihr Eingaberaum klein ist? Das heißt, Sie hashen immer Varianten eines Satzes wie zum Beispiel »Ich werde am Montag um 15:00 Uhr zu Hause sein.« In diesem Fall ist jemand, der dies voraussagen kann, aber weder den Wochentag noch die Uhrzeit genau kennt, trotzdem in der Lage, alle möglichen Sätze zu hashen, bis er die richtige Ausgabe erzeugt hat. In diesem Sinne hat die erste Sicherheitseigenschaft – Urbildresistenz – also einen offensichtlichen Haken: *Etwas, das zu klein oder vorhersagbar ist, kann man nicht verstecken.*

Die zweite Eigenschaft ist die *2. Urbildresistenz*. Diese Sicherheitseigenschaft haben Sie bereits kennengelernt, als wir die Integrität einer Datei schützen wollten. Die Eigenschaft besagt Folgendes: Wenn ich Ihnen eine Eingabe und den dazugehörenden Hashwert gebe, sollten Sie nicht in der Lage sein, eine andere Eingabe zu finden, die den gleichen Hashwert ergibt. Abbildung 2–4 veranschaulicht dieses Prinzip.

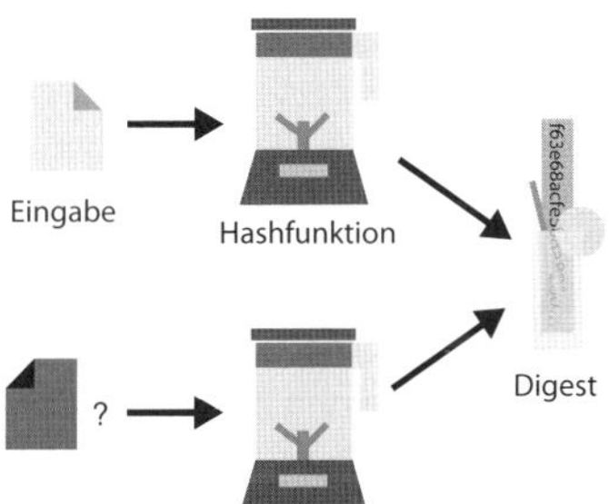

Abb. 2–4 *Betrachtet man eine Eingabe und den zugehörigen Hashwert, so sollte man niemals eine andere Eingabe finden können, die den gleichen Hashwert als Ausgabe liefert.* Diese Sicherheitseigenschaft wird 2. Urbildresistenz *genannt.*

Beachten Sie, dass *wir die erste Eingabe nicht kontrollieren*. Diese Betonung ist wichtig, um die nächste Sicherheitseigenschaft von Hashfunktionen zu verstehen.

Die *Kollisionsresistenz* ist schließlich die dritte Eigenschaft. Sie garantiert, dass niemand in der Lage sein sollte, zwei verschiedene Eingaben zu erzeugen, die denselben Hashwert als Ausgabe liefern (wie in Abb. 2–5 zu sehen). Hier kann ein Angreifer die beiden Eingaben auswählen, im Unterschied zur vorherigen Eigenschaft, die eine der Eingaben festlegt.

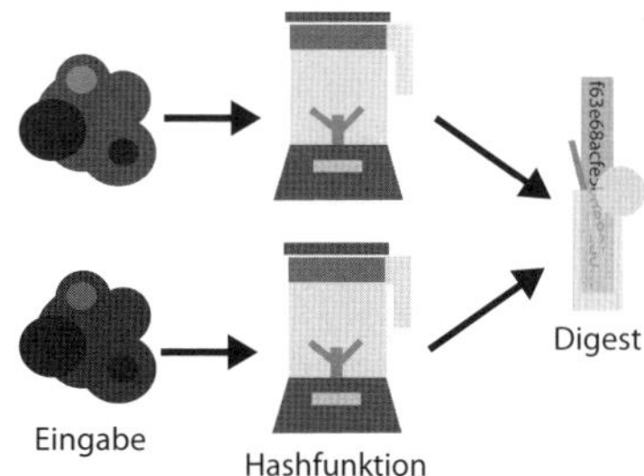

Abb. 2–5 *Man sollte nie in der Lage sein, zwei Eingaben (links als zwei zufällige Datenblöcke dargestellt) zu finden, die den gleichen Hashwert als Ausgabe (rechts) ergeben. Diese Sicherheitseigenschaft wird* Kollisionsresistenz *genannt.*

Häufig werden Kollisionsresistenz und 2. Urbildresistenz verwechselt. Nehmen Sie sich einen Moment Zeit, um die Unterschiede zu verstehen.

Das Zufallsorakel

Darüber hinaus konzipiert man Hashfunktionen in der Regel so, dass ihre Hashwerte *unvorhersagbar* und *zufällig* sind. Dies ist nützlich, weil man nicht immer beweisen kann, dass ein Protokoll sicher ist, dank einer der Sicherheitseigenschaften einer Hashfunktion, (wie zum Beispiel Kollisionsresistenz). Viele Protokolle werden stattdessen im *Zufallsorakelmodell* bewiesen, das einen fiktiven und einen idealen Partner, ein sogenanntes Zufallsorakel, verwendet. Bei derartigen Protokollen kann man beliebige Eingaben als Anfragen an dieses Zufallsorakel senden, das als Antwort vollkommen zufällige Ausgaben zurückgibt. Und wenn man zweimal die gleiche Eingabe anlegt, erhält man wie bei einer Hashfunktion zweimal die gleiche Ausgabe.

Beweise in diesem Modell sind manchmal umstritten, da wir nicht sicher wissen, ob wir diese Zufallsorakel durch echte Hashfunktionen (in der Praxis) ersetzen können. Dennoch werden viele legitime Protokolle mit dieser Methode als sicher bewiesen, wobei Hashfunktionen als ideal gelten, obwohl sie das möglicherweise gar nicht sind.

2.3 Sicherheitsbetrachtungen für Hashfunktionen

Bisher haben Sie drei Sicherheitseigenschaften einer Hashfunktion kennengelernt:

- Urbildresistenz
- 2. Urbildresistenz
- Kollisionsresistenz

Für sich genommen sind diese Sicherheitseigenschaften oft bedeutungslos; es hängt alles davon ab, wie man die Hashfunktion einsetzt. Dennoch müssen wir uns zunächst mit ein paar Einschränkungen auseinandersetzen, bevor wir uns einige der praktischen Hashfunktionen ansehen.

Erstens gehen diese Sicherheitseigenschaften davon aus, dass Sie die Hashfunktion (vernünftig) verwenden. Stellen Sie sich vor, ich hashe entweder das Wort *yes* oder das Wort *no* und veröffentliche dann den Hashwert. Wenn Sie in etwa wissen, was ich tue, können Sie einfach beide Wörter hashen und das Ergebnis mit dem Wert vergleichen, den ich Ihnen gebe. Da keine Geheimnisse im Spiel sind und der von uns verwendete Algorithmus öffentlich ist, können Sie das problemlos tun. Und in der Tat könnte man meinen, dass dies die Urbildresistenz der Hashfunktion verletzen würde. Aber ich behaupte, dass Ihre Eingabe nicht »zufällig« genug war. Da zudem eine Hashfunktion Eingaben beliebiger Länge akzeptiert und immer eine Ausgabe derselben Länge erzeugt, gibt es auch unendlich viele Eingaben, die zum gleichen Hashwert führen. Auch hier könnte man fragen: »Verletzt das nicht die 2. Urbildresistenz?« Doch die 2. Urbildresistenz besagt lediglich, dass es äußerst schwierig ist, eine andere Eingabe zu finden, und zwar so schwierig, dass wir annehmen, dass es praktisch unmöglich, aber theoretisch nicht unmöglich ist.

Zweitens spielt die Größe des Hashwerts eine Rolle. Dies ist keineswegs eine Besonderheit von Hashfunktionen. In der Praxis sind bei allen kryptografischen Algorithmen die Größen ihrer Parameter zu berücksichtigen. Stellen Sie sich das folgende Extrembeispiel vor. Wir haben eine Hashfunktion, die Ausgaben der Länge 2 Bit nach einer zufälligen Gleichverteilung produziert (d. h. zu 25 % der Zeit liefert sie `00`, zu 25 % der Zeit `01` usw.). Hier ist nicht viel Aufwand erforderlich, um eine Kollision zu erzeugen: Nachdem Sie einige zufällige Eingabestrings gehasht haben, sollten Sie zwei Strings finden, die den gleichen Hashwert liefern. Aus diesem Grund gibt es in der Praxis eine *Mindestgröße der Ausgabe*, die eine Hashfunktion erzeugen *muss*: 256 Bit (oder 32 Byte). Bei einer so großen Ausgabe sollten Kollisionen außer Reichweite liegen, es sei denn, es kommt zu einem Durchbruch in der Computertechnik.

Wie kommt man zu dieser Zahl? In der praktischen Kryptografie sind Algorithmen für eine Mindestsicherheit von 128 Bit ausgelegt. Möchte also ein Angreifer einen Algorithmus mit einer 128-Bit-Sicherheit hacken, müsste er etwa 2^{128} Operationen ausführen (zum Beispiel würde das Ausprobieren aller möglichen Eingabestrings der Länge 128 Bit 2^{128} Operationen erfordern). Damit eine Hashfunktion alle drei oben genannten Sicherheitseigenschaften realisieren kann, muss sie mindestens 128 Bit Sicherheit gegen alle drei Angriffe bieten. Der einfachste Angriff besteht normalerweise darin, Kollisionen aufgrund der *Geburtstagsschranke* zu finden.

Die Geburtstagsschranke

Die Geburtstagsschranke hat ihre Wurzeln in der Wahrscheinlichkeitstheorie, in der das Geburtstagsproblem einige Ergebnisse zutage fördert, die intuitiv häufig falsch geschätzt werden. Wie viele Personen müssen in einem Raum anwesend sein, damit mit einer Wahrscheinlichkeit von mindestens 50 % zwei Personen den gleichen Geburtstag haben (was eine Kollision ist)? Es zeigt sich, dass 23 zufällig ausgewählte Personen genügen, um diese Wahrscheinlichkeit zu erreichen! Seltsam, oder?

Dieses sogenannte *Geburtstagsparadoxon* bedeutet in der Praxis: Wenn wir zufällige Strings aus einem Raum von 2^N Möglichkeiten erzeugen, können wir mit einer Wahrscheinlichkeit von 50 % erwarten, dass jemand eine Kollision findet, nachdem er ungefähr $2^{N/2}$ Strings erzeugt hat.

Wenn unsere Hashfunktion zufällige Ausgaben von 256 Bit generiert, hat der Ausgaberaum eine Größe von 2^{256}. Das bedeutet, dass Kollisionen mit einigermaßen guter Wahrscheinlichkeit auftreten, nachdem 2^{128} Hashwerte erzeugt wurden (aufgrund der Geburtstagsschranke). Dies ist die Zahl, die wir anstreben, und deshalb müssen Hashfunktionen Ausgaben von mindestens 256 Bit liefern.

Bestimmte Einschränkungen zwingen die Entwickler manchmal dazu, die Größe eines Hashwerts zu verringern, indem sie ihn kürzen (einige Bytes entfernen). Das ist zwar theoretisch möglich, reduziert aber die Sicherheit erheblich. Um mindestens eine 128-Bit-Sicherheit zu erreichen, darf ein Hashwert auf nicht weniger als

- 256 Bit für Kollisionsresistenz
- 128 Bit für Urbildresistenz und 2. Urbildresistenz

beschnitten werden. Je nachdem, auf welche Eigenschaft man sich verlässt, darf man also die Ausgabe einer Hashfunktion beschneiden, um einen kürzeren Hashwert zu bekommen.

2.4 Hashfunktionen in der Praxis

Wie bereits erwähnt, verwendet man Hashfunktionen in der Praxis selten allein. Meistens kombiniert man sie mit anderen Elementen, um entweder ein kryptografisches Primitiv oder ein kryptografisches Protokoll zu erstellen. In diesem Buch lernen Sie viele Beispiele kennen, wie Sie mit Hashfunktionen komplexere Objekte aufbauen. Dieser Abschnitt beschreibt aber erst einmal verschiedene Möglichkeiten, wie Hashfunktionen in der Praxis verwendet werden.

2.4.1 Commitments

Angenommen, Sie wissen, dass der Marktwert einer Aktie steigt und im nächsten Monat 50 Dollar erreichen wird, aber Sie können das Ihren Freunden keinesfalls mitteilen (vielleicht aus rechtlichen Gründen). Dennoch möchten Sie es Ihren Freunden im Nachhinein erzählen können, weil Sie selbstgefällig sind (leugnen Sie es nicht). Sie könnten sich aber mit einem Satz wie »Aktie X wird nächsten

Monat 50 Dollar erreichen« positionieren. Dazu hashen Sie den Satz und geben Ihren Freunden die Ausgabe. Einen Monat später legen Sie den Satz offen. Ihre Freunde können den Satz hashen, um festzustellen, dass er tatsächlich die gleiche Ausgabe liefert.

Dies ist ein sogenanntes Commitment-Verfahren. In der Kryptografie versucht man mit Commitments, im Allgemeinen zwei Eigenschaften zu erreichen:

- *Hiding* – Ein Commitment muss den zugrunde liegenden Wert verbergen.
- *Binding* – Ein Commitment muss einen einzelnen Wert verbergen. Mit anderen Worten: Wenn Sie sich auf einen Wert x festlegen, sollten Sie später nicht in der Lage sein, einen anderen Wert y erfolgreich offenzulegen.

ÜBUNG

Können Sie feststellen, ob eine Hashfunktion Hiding und Binding bietet, wenn sie als Commitment-Verfahren verwendet wird?

2.4.2 Subressourcenintegrität

Es kommt (häufig) vor, dass Webseiten externe JavaScript-Dateien importieren. Zum Beispiel nutzen viele Websites CDNs (Content Delivery Networks), um JavaScript-Bibliotheken oder Web-Framework-bezogene Dateien in ihre Seiten zu importieren. Derartige CDNs werden an strategischen Orten platziert, um diese Dateien schnell an die Benutzer zu liefern. Wenn das CDN jedoch abtrünnig wird und beschließt, bösartige JavaScript-Dateien bereitzustellen, könnte dies ein echtes Problem darstellen. Um dem zu begegnen, können Webseiten auf die sogenannte *Subressourcenintegrität* zurückgreifen, die es ermöglicht, einen Hashwert in das Import-Tag einzubinden:

```
<script src="https://code.jquery.com/jquery-2.1.4.min.js"
  integrity="sha256-8WqyJLuWKRBVhxXIL1jBDD7SDxU936oZkCnxQbWwJVw="></script>
```

Dies ist genau das gleiche Szenario, um das es in der Einführung dieses Kapitels ging. Nachdem die JavaScript-Datei abgerufen wurde, ermittelt der Browser ihren Hashwert (mit SHA-256) und überprüft, ob er dem in der Seite fest codierten Hashwert entspricht. Ist dies der Fall, wird die JavaScript-Datei ausgeführt, da ihre Integrität überprüft wurde.

2.4.3 BitTorrent

Benutzer (die sogenannten *Peers*) auf der ganzen Welt verwenden das BitTorrent-Protokoll, um Dateien direkt untereinander auszutauschen (was auch *Peer-to-Peer* genannt wird). Um eine Datei zu verbreiten, wird sie in Blöcke (»Chunks«) aufgeteilt und jeder Chunk wird einzeln gehasht. Diese Hashwerte werden dann als Vertrauensquelle für die herunterzuladende Datei weitergegeben.

BitTorrent verfügt über mehrere Mechanismen, um einem Peer zu ermöglichen, die verschiedenen Blöcke einer Datei von verschiedenen Peers zu beziehen. Am Ende wird die Integrität der gesamten Datei verifiziert, indem jeder der heruntergeladenen Blöcke gehasht und die Ausgabe mit den jeweils bekannten Digests verglichen wird (bevor die Datei aus den Blöcken wieder zusammengesetzt wird). Zum Beispiel steht der folgende »Magnet-Link« für das Betriebssystem Ubuntu, Version 19.04. Es ist ein Digest (in hexadezimaler Notation), der aus den Metadaten über die Datei sowie den Digests aller Datenblöcke gewonnen wird.

```
magnet:?xt=urn:btih:b7b0fbab74a85d4ac170662c645982a862826455
```

2.4.4 Tor

Der Tor-Browser soll es ermöglichen, im Internet anonym zu surfen. Außerdem ist er in der Lage, versteckte Webseiten zu erzeugen, deren physische Standorte schwer zu verfolgen sind. Verbindungen zu diesen Seiten sind über ein Protokoll gesichert, das den öffentlichen Schlüssel der Webseite verwendet. (Wie das funktioniert, erfahren Sie in Kapitel 8, wenn es um Sitzungsverschlüsselung geht.) Zum Beispiel war Silk Road, das eBay für Drogen, bis es vom FBI beschlagnahmt wurde, über `silkroad6ownowfk.onion` im Tor-Browser erreichbar. Dieser base32-String stellt in der Tat den Hash des öffentlichen Schlüssels von Silk Road dar. Wenn man also die Onion-Adresse kennt, kann man den öffentlichen Schlüssel der versteckten Webseite, die man besucht, authentifizieren und sicher sein, dass man mit der richtigen Seite (und nicht mit einem Imitator) kommuniziert. Falls Ihnen das nicht klar ist, keine Sorge, ich werde in Kapitel 9 noch einmal darauf eingehen.

ÜBUNG

Übrigens kann dieser String wohl auf keinen Fall 256 Bit (32 Byte) darstellen, oder? Wie sicher ist er dann, nach dem, was Sie in Abschnitt 2.3 gelernt haben? Können Sie außerdem erraten, wie Dread Pirate Roberts (das Pseudonym des Webmasters von Silk Road) es geschafft hat, einen Hashwert zu bekommen, der den Namen der Website enthält?

In allen Beispielen in diesem Abschnitt hat eine Hashfunktion die *Integrität oder Authentizität von Inhalten* in folgenden Situationen gewährleistet:

- Jemand könnte den Inhalt, der gehasht wird, verfälschen.
- Der Hashwert wird sicher an Sie übermittelt.

Manchmal sagen wir auch, dass wir etwas oder jemanden *authentifizieren*. Wichtig ist dabei: Wenn der Hashwert nicht sicher übermittelt wird, kann jeder ihn durch den Hashwert einer anderen Person ersetzen! Folglich bietet er keine Integrität an sich. Das nächste Kapitel, das sich mit dem Authentifizierungscode von Nachrichten befasst, zeigt, wie sich dieser Mangel mithilfe von *Geheimnissen* beheben lässt. Sehen wir uns nun an, welche Algorithmen für Hashfunktionen Sie tatsächlich verwenden können.

2.5 Standardisierte Hashfunktionen

In unserem vorherigen Beispiel habe ich bereits SHA-256 erwähnt, der nur einer der möglichen Algorithmen für Hashfunktionen ist, die für uns infrage kommen. Bevor ich fortfahre und die empfohlenen Hashfunktionen unserer Zeit aufliste, möchte ich zunächst auf andere Algorithmen hinweisen, die in praktischen Anwendungen eingesetzt werden und nicht als kryptografische Hashfunktionen gelten.

Erstens sind Funktionen wie CRC32 *keine* kryptografischen Hashfunktionen, sondern Codefunktionen zur Fehlererkennung. Zwar sind sie hilfreich, um einfache Fehler zu erkennen, doch bieten sie keine der oben erwähnten Sicherheitseigenschaften und sind nicht mit den Hashfunktionen zu verwechseln, um die es hier geht (auch wenn sie manchmal den gleichen Namen tragen). Ihre Ausgabe bezeichnet man gewöhnlich als *Prüfsumme* oder *Checksumme*.

Zweitens gelten gängige Hashfunktionen wie MD5 und SAH-1 heute als geknackt. Während beide die standardmäßigen und weithin akzeptierten Hashfunktionen der 1990er-Jahre waren, hat man für MD5 und SHA-1 2004 bzw. 2016 gezeigt, dass sie unsicher sind, als verschiedene Forschungsteams Kollisionen veröffentlicht hatten. Diese Angriffe waren zum Teil aufgrund von Fortschritten in der Computertechnik erfolgreich, vor allem aber, weil Schwachstellen im konzeptionellen Aufbau der Hashfunktionen gefunden wurden.

Ausmustern ist schwierig

Sowohl MD5 als auch SHA-1 galten als gute Hashfunktionen, bis Forscher Schwächen gegenüber Kollisionen nachgewiesen haben. Bis heute ist aber ihre Urbildresistenz und 2. Urbildresistenz durch keinen Angriff beeinträchtigt worden. Das ist aber für uns nicht von Belang, da es in diesem Buch nur um sichere Algorithmen gehen soll. Nichtsdestotrotz werden Sie MD5 und SHA-1 immer noch in Systemen vorfinden, deren Entwickler sich ausschließlich auf die Urbildresistenz dieser Algorithmen und nicht auf deren Kollisionsresistenz verlassen haben. Die Übeltäter argumentieren oft, dass sie die Hashfunktionen nicht auf sicherere Funktionen aktualisieren können, weil sie sie in Legacycode und aus Gründen der Abwärtskompatibilität verwenden. Da dieses Buch aber die Zeit überdauern und ein Lichtblick für die Zukunft der praktischen Kryptografie sein soll, habe ich diese Hashfunktionen hier ein letztes Mal erwähnt.

Die nächsten beiden Abschnitte stellen SHA-2 und SHA-3 vor, die beiden am häufigsten verwendeten Hashfunktionen. Abbildung 2–6 zeigt die prinzipiellen Konstruktionen dieser Funktionen.

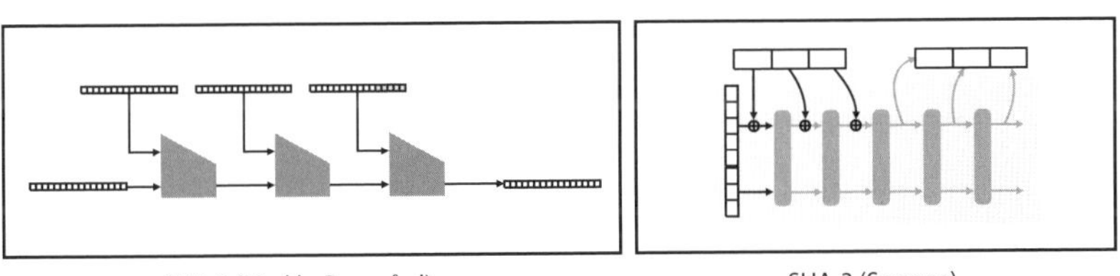

SHA-2 (Merkle-Damgård) SHA-3 (Sponge)

Abb. 2–6 *SHA-2 und SHA-3, die beiden am weitesten verbreiteten Hashfunktionen. SHA-2 basiert auf der Merkle-Damgård-Konstruktion, SHA-3 auf der Sponge-Konstruktion.*

2.5.1 Die Hashfunktion SHA-2

Nachdem Sie nun wissen, was Hashfunktionen sind und wie Sie sie eventuell einsetzen, bleibt noch die Frage zu klären, welche Hashfunktionen Sie in der Praxis verwenden können. In den nächsten beiden Abschnitten stelle ich zwei weithin akzeptierte Hashfunktionen vor und erläutere auch im Überblick deren innere Abläufe. Diese Erläuterungen sollen keine tieferen Einblicke liefern, wie Hashfunktionen verwendet werden, weil die angegebenen Blackbox-Beschreibungen genügen sollten. Dennoch ist es interessant zu sehen, wie Kryptografen diese kryptografischen Primitive ursprünglich entwickelt haben.

Die am weitesten verbreitete Hashfunktion ist der Algorithmus *SHA-2* (Secure Hash Algorithm 2). SHA-2 wurde von der NSA erfunden und 2001 vom NIST standardisiert. Der Algorithmus sollte den in die Jahre gekommenen SHA-1 ergänzen, den das NIST bereits standardisiert hat. SHA-2 bietet vier verschiedene Versionen, die Ausgaben von 224, 256, 384 oder 512 Bit liefern. Die Namen der Algorithmen enthalten keine Versionsangabe: SHA-224, SHA-256, SHA-384 und SHA-512. Darüber hinaus bieten zwei andere Versionen, SHA-512/224 und SHA-512/256, Ausgaben von 224 bzw. 256 Bit, indem sie das Ergebnis von SHA-512 beschneiden.

In der folgenden Terminal-Sitzung rufen wir jede Variante von SHA-2 mit der OpenSSL-CLI auf. Es ist zu sehen, dass der Aufruf der verschiedenen Varianten mit der gleichen Eingabe zu Ausgaben führt, die vollkommen unterschiedlich sind, aber die angegebenen Längen haben.

```
$ echo -n "hello world" | openssl dgst -sha224
2f05477fc24bb4faefd86517156dafdecec45b8ad3cf2522a563582b
$ echo -n "hello world" | openssl dgst -sha256
b94d27b9934d3e08a52e52d7da7dabfac484efe37a5380ee9088f7ace2efcde9
$ echo -n "hello world" | openssl dgst -sha384
fdbd8e75a67f29f701a4e040385e2e23986303ea10239211af907fcbb83578b3
  ➥ e417cb71ce646efd0819dd8c088de1bd
$ echo -n "hello world" | openssl dgst -sha512
309ecc489c12d6eb4cc40f50c902f2b4d0ed77ee511a7c7a9bcd3ca86d4cd86f
  ➥ 989dd35bc5ff499670da34255b45b0cfd830e81f605dcf7dc5542e93ae9cd76f
```

Heutzutage wird meist die Hashfunktion SHA-256 verwendet und zwar mit einer Mindestsicherheit von 128 Bit, die für unsere drei Sicherheitseigenschaften erforderlich sind, während Anwendungen mit strengeren Sicherheitsanforderungen die Hashfunktion SHA-512 einsetzen. Sehen wir uns nun eine vereinfachte Erklärung an, wie SHA-2 funktioniert.

Die Exklusiv-Oder-Operation

Um die folgenden Erläuterungen zu verstehen, müssen Sie die *XOR*-(eXclusive OR-)Operation kennen. XOR ist eine bitweise Operation, die also auf einzelne Bits wirkt. Die folgende Darstellung zeigt, wie dies funktioniert. Da XOR in der Kryptografie allgegenwärtig ist, sollten Sie sich diese Wahrheitstabelle unbedingt einprägen.

XOR

$1 \oplus 0=1$
$1 \oplus 1=0$
$0 \oplus 1=1$
$0 \oplus 0=0$

Exklusiv-Oder oder XOR (oft als $\oplus$ symbolisiert) wirkt auf zwei Bit. Diese Operation ähnelt der OR-Operation bis auf den Fall, in dem beide Operanden 1 sind.

Alles beginnt mit einer speziellen Funktion, der sogenannten *Komprimierungsfunktion*. Eine Komprimierungsfunktion übernimmt zwei Eingaben einer bestimmten Größe und erzeugt eine Ausgabe von der Größe einer der Eingaben. Einfach ausgedrückt, übernimmt sie einige Daten und gibt weniger Daten zurück. Abbildung 2–7 veranschaulicht dies.

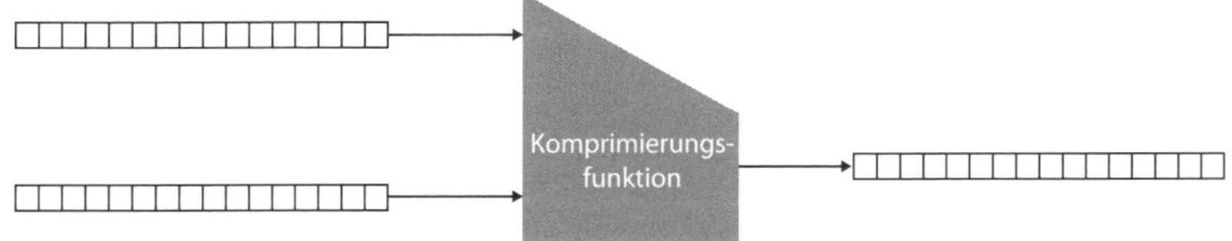

Abb. 2–7 *Eine Komprimierungsfunktion übernimmt zwei verschiedene Eingaben der Größen X und Y (im Beispiel beide 16 Byte) und gibt eine Ausgabe der Größe X oder Y zurück.*

Von den verschiedenen Möglichkeiten, eine Komprimierungsfunktion zu erstellen, verwendet SHA-2 die *Davies-Meyer*-Methode (siehe Abb. 2–8), die auf einer *Blockchiffre* beruht (eine Chiffre, die einen Datenblock fester Größe verschlüsseln kann). In Kapitel 1 habe ich bereits die AES-Blockchiffre erwähnt, aber gelernt haben Sie dazu noch nichts. Fürs Erste nehmen wir die Komprimierungsfunktion als Blackbox, bis Sie Kapitel 4 zur authentifizierten Verschlüsselung lesen.

SHA-2 ist eine *Merkle-Damgård*-Konstruktion, d. h. ein Algorithmus (den Ralph Merkle und Ivan Damgård unabhängig voneinander erfunden haben), der den Hashwert einer Nachricht bildet, indem er iterativ eine derartige Komprimierungsfunktion aufruft. Konkret werden dabei die beiden folgenden Schritte durchlaufen.

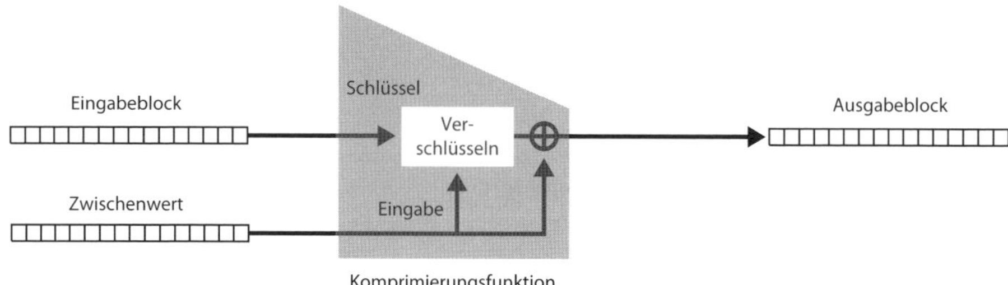

Abb. 2–8 *Veranschaulichung einer Komprimierungsfunktion, die über die Davies-Meyer-Konstruktion erstellt wurde. Die erste Eingabe der Komprimierungsfunktion (der Eingabeblock) dient als Schlüssel zu einer Blockchiffre. Die zweite Eingabe (der Zwischenwert) ist die Eingabe, die von der Blockchiffre verschlüsselt werden soll. Dann wird sie erneut verwendet, um mit der Ausgabe der Blockchiffre per XOR verknüpft zu werden.*

Zunächst wird die zu hashende Eingabe *aufgefüllt* und dann in Blöcke zerlegt, die in die Komprimierungsfunktion passen. Auffüllen bedeutet, bestimmte Bytes an die Eingabe anzuhängen, um ihre Länge auf ein Vielfaches der Blockgröße zu bringen. Indem man die aufgefüllte Eingabe in Blöcke gleicher Größe zerlegt, kann man diese im ersten Argument der Komprimierungsfunktion unterbringen. Zum Beispiel hat SHA-256 eine Blockgröße von 512 Bit. Abbildung 2–9 veranschaulicht diesen Schritt.

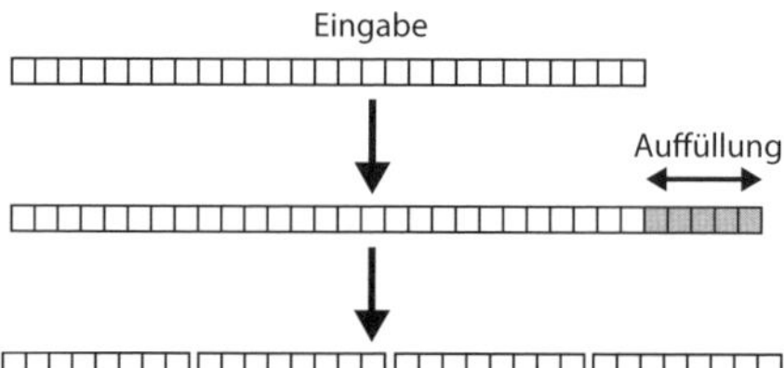

Abb. 2–9 *Im ersten Schritt der Merkle-Damgård-Konstruktion wird die Eingabenachricht auf eine Größe aufgefüllt, die ein Vielfaches der Eingabelänge der zu verwendenden Komprimierungsfunktion ist (zum Beispiel 8 Byte). Hierzu fügen wir fünf Byte als Auffüllung am Ende an, um die Nachricht auf eine Länge von 32 Byte zu bringen. Dann teilen wir die Nachrichten in vier Blöcke zu je acht Byte.*

Anschließend wird die Komprimierungsfunktion iterativ auf die Nachrichtenblöcke angewendet, wobei die vorherige Ausgabe der Komprimierungsfunktion als zweites Argument der Komprimierungsfunktion verwendet wird. Die endgültige Ausgabe ist der Digest oder Hashwert. Abbildung 2–10 veranschaulicht diesen Schritt.

Und so funktioniert SHA-2, indem iterativ seine Komprimierungsfunktion auf Fragmenten der Eingabe aufgerufen wird, bis alles zu einem endgültigen Hashwert verarbeitet ist.

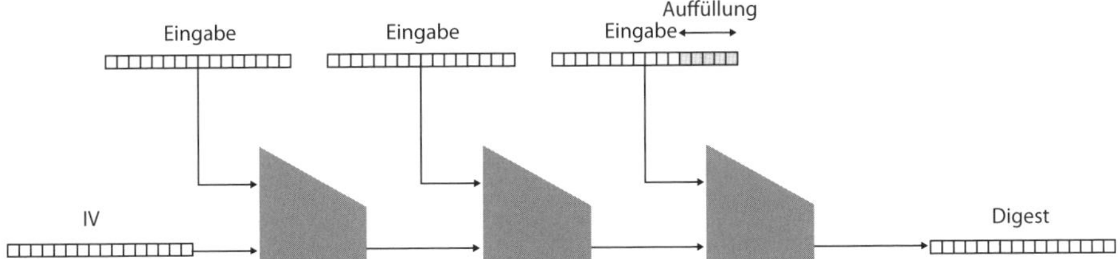

Abb. 2–10 *Die Merkle-Damgård-Konstruktion wendet eine Komprimierungsfunktion auf jeden Block der zu hashenden Eingabe und die Ausgabe der vorherigen Komprimierungsfunktion an. Der letzte Aufruf der Komprimierungsfunktion gibt direkt den Digest zurück.*

HINWEIS

Die Merkle-Damgård-Konstruktion ist nachweislich kollisionssicher, wenn es die Komprimierungsfunktion selbst auch ist. Somit reduziert sich die Sicherheit der Hashfunktion für eine *Eingabe beliebiger Länge* auf die Sicherheit einer Komprimierungsfunktion *fester Größe*, die einfacher zu entwerfen und zu analysieren ist. Darin liegt die Genialität der Merkle-Damgård-Konstruktion.

Zu Beginn ist das zweite Argument der Komprimierungsfunktion normalerweise ein fester und standardisierter Wert – ein »unverdächtiger« Wert. Insbesondere verwendet SHA-256 die Quadratwurzeln der ersten Primzahlen, um diesen Wert abzuleiten. Ein unverdächtiger Wert soll die kryptografische Community davon überzeugen, dass er nicht gewählt wurde, um die Hashfunktion zu schwächen (um zum Beispiel eine Hintertür zu schaffen). Dies ist ein beliebtes Konzept in der Kryptografie.

ACHTUNG

Zwar ist SHA-2 eine durchaus brauchbare Hashfunktion, doch eignet sie sich nicht, um Geheimnisse zu hashen. Der Grund dafür ist ein Nachteil der Merkle-Damgård-Konstruktion, der SHA-2 gegenüber einem Angriff (einem sogenannten *»Length-Extension«-Angriff*) verwundbar macht, wenn der Algorithmus zum Hashen von Geheimnissen verwendet wird. Das nächste Kapitel geht ausführlicher darauf ein.

2.5.2 Die Hashfunktion SHA-3

Wie bereits erwähnt, wurden sowohl die MD5- als auch die SHA-1-Hashfunktionen vor Kurzem geknackt. Diese beiden Funktionen nutzen die gleiche Merkle-Damgård-Konstruktion, die ich im vorherigen Abschnitt beschrieben habe. Aus diesem Grund und aufgrund der Tatsache, dass SHA-2 gegenüber Length-Extension-Angriffen anfällig ist, hat das NIST im Jahr 2007 entschieden, einen offenen Wettbewerb für einen neuen Standard zu organisieren: SHA-3. Dieser Abschnitt stellt den neuen Standard vor und versucht, seine inneren Abläufe im Überblick zu erläutern.

Im Jahr 2007 bewarben sich 64 verschiedene Kandidaten aus unterschiedlichen internationalen Forschungsteams für den SHA-3-Wettbewerb. Fünf Jahre später wurde Keccak, einer der eingereichten Vorschläge, zum Sieger gekürt und erhielt den Namen SHA-3. Im Jahr 2015 wurde SHA-3 in der Veröffentlichung FIPS 202 standardisiert (*https://nvlpubs.nist.gov/nistpubs/FIPS/NIST.FIPS.202.pdf*).

SHA-3 erfüllt die drei zuvor genannten Sicherheitseigenschaften und bietet ebenso viel Sicherheit wie die SHA-2-Varianten. Darüber hinaus ist der Algorithmus nicht gegen Length-Extension-Angriffe anfällig und eignet sich, um Geheimnisse zu hashen. Aus diesem Grund ist sie jetzt zur empfohlenen Hashfunktion avanciert. Sie bietet die gleichen Varianten wie SHA-2, wobei diesmal der vollständige Name SHA-3 in den benannten Varianten enthalten ist: SHA-3-224, SHA-3-256, SHA-3-384 und SHA-3-512. Beispielsweise bietet SHA-3-256 ähnlich wie SHA-2 eine Ausgabe von 256 Bit. Auf den folgenden Seiten möchte ich nun erläutern, wie SHA-3 funktioniert.

SHA-3 ist ein kryptografischer Algorithmus, der auf einer *Permutation* aufbaut. Eine Permutation lässt sich am einfachsten verstehen, wenn Sie sich Folgendes vorstellen: Auf der linken Seite haben Sie einen Satz von Elementen und auf der rechten Seite den gleichen Satz von Elementen. Nun zeichnen Sie Pfeile, die von jedem Element auf der linken Seite nach rechts führen. Jedes Element kann nur einen Pfeil haben, der von ihm ausgeht und in ihm endet. Nunmehr haben Sie eine Permutation. Abbildung 2–11 veranschaulicht dieses Prinzip. Gemäß Definition ist jede Permutation auch *umkehrbar*, das heißt, man kann von der Ausgabe auf die Eingabe schließen.

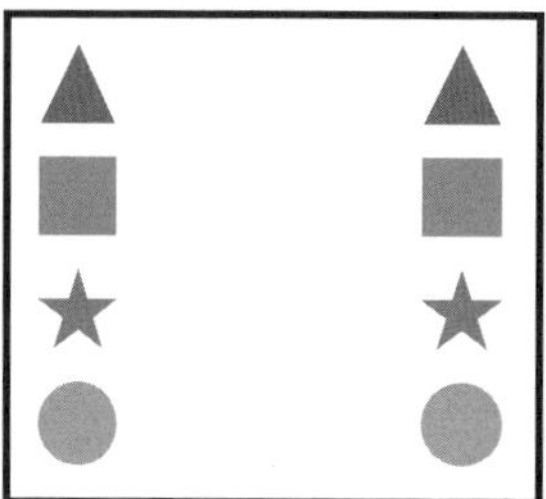

Auf beiden Seiten befindet sich die gleiche Menge von Elementen.

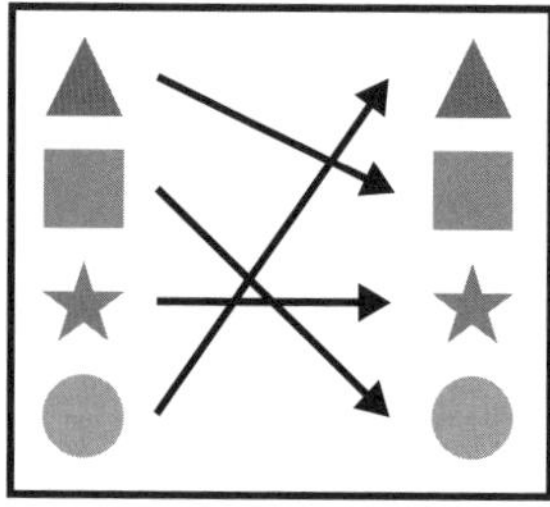

Das Ziehen von Pfeilen erzeugt eine Permutation.

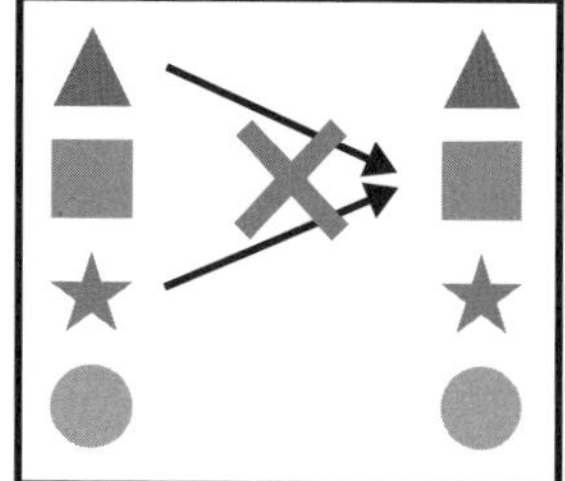

Jedes Element muss und darf mit nur einem einzigen Pfeil verbunden sein.

Abb. 2–11 *Eine Beispielmutation mit vier verschiedenen Formen. Um eine bestimmte Form zu transformieren, können Sie die Permutation verwenden, die durch die Pfeile im mittleren Teil der Abbildung beschrieben wird.*

SHA-3 baut auf einer *Sponge-Konstruktion* (von engl. sponge = Schwamm) auf, einer anderen als der Merkle-Damgård-Konstruktion, die im Rahmen des SHA-3-Wettbewerbs erfunden wurde. Sie basiert auf einer speziellen Permutation namens *keccak-f*, die eine Eingabe übernimmt und eine gleich große Ausgabe zurückgibt.

HINWEIS

Ich erkläre hier nicht, wie *keccak-f* entwickelt wurde, aber in Kapitel 4 werden Sie eine Vorstellung davon bekommen, denn er ähnelt im Wesentlichen dem AES-Algorithmus (außer dass er keinen Schlüssel hat). Das ist kein Zufall, denn einer der Erfinder von AES war auch einer der Erfinder von SHA-3.

Auf den nächsten Seiten verwende ich eine 8-Bit-Permutation, um die Funktionsweise der Sponge-Konstruktion zu veranschaulichen. Da die Permutation in Stein gemeißelt ist, können Sie sich vorstellen, dass Abbildung 2–12 die von dieser Permutation erzeugte Abbildung für alle möglichen 8-Bit-Eingaben gut veranschaulichen kann. Verglichen mit der vorherigen Erklärung einer Permutation können Sie sich auch vorstellen, dass jeder mögliche 8-Bit-String das ist, was ich durch verschiedene Formen dargestellt habe (000... ist ein Dreieck, 100... ist ein Quadrat usw.).

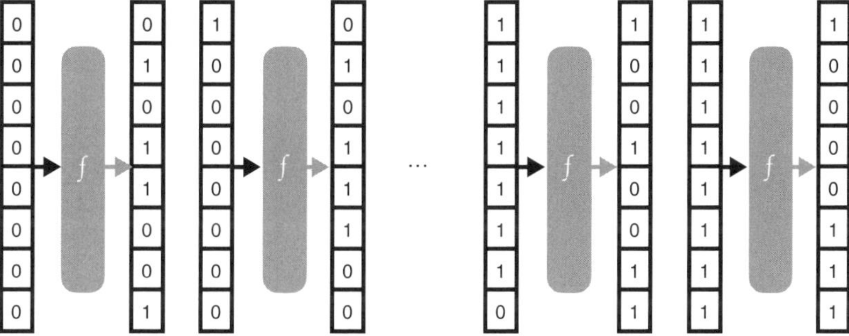

Abb. 2–12 *Eine Sponge-Konstruktion verwendet eine bestimmte Permutation* f. *Durch Anwendung auf eine Eingabe erzeugt die Beispielpermutation eine Zuordnung aller möglichen 8-Bit-Eingaben auf alle möglichen 8-Bit-Ausgaben.*

Um eine Permutation in unserer Sponge-Konstruktion zu verwenden, müssen wir auch eine beliebige Aufteilung der Eingabe und der Ausgabe in eine *Rate* und eine *Kapazität* definieren. Das ist zwar ein bisschen seltsam, doch wir halten daran fest, Abbildung 2–13 veranschaulicht diesen Vorgang.

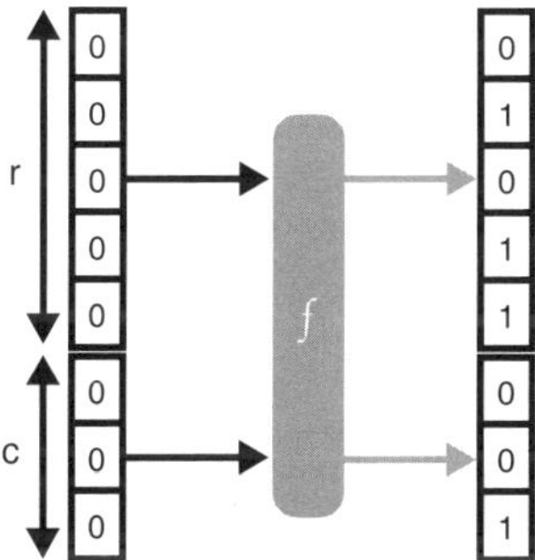

Abb. 2–13 *Die Permutation* f *wandelt eine Eingabe von acht Bit zufällig in eine Ausgabe derselben Größe um. In einer Sponge-Konstruktion werden die Eingabe und die Ausgabe dieser Permutation in zwei Teile geteilt: die Rate (der Größe* r*) und die Kapazität (der Größe* c*).*

Wo wir die Grenze zwischen der Rate und der Kapazität ziehen, ist willkürlich. Verschiedene Versionen von SHA-3 verwenden verschiedene Parameter. Es sei noch darauf hingewiesen, dass die Kapazität wie ein Geheimnis behandelt wird, und je größer sie ist, desto sicherer ist die Sponge-Konstruktion.

Wie bei allen guten Hashfunktionen müssen wir nun in der Lage sein, etwas zu hashen, richtig? Andernfalls wäre sie ein bisschen nutzlos. Dazu verknüpfen wir einfach die Eingabe per XOR (⊕) mit der Rate in der Eingabe der Permutation. Am Anfang bringt das lediglich einen Haufen Nullen. Wie bereits erwähnt, wird die Kapazität wie ein Geheimnis behandelt, sodass wir damit nichts per XOR verknüpfen. Abbildung 2–14 veranschaulicht dies.

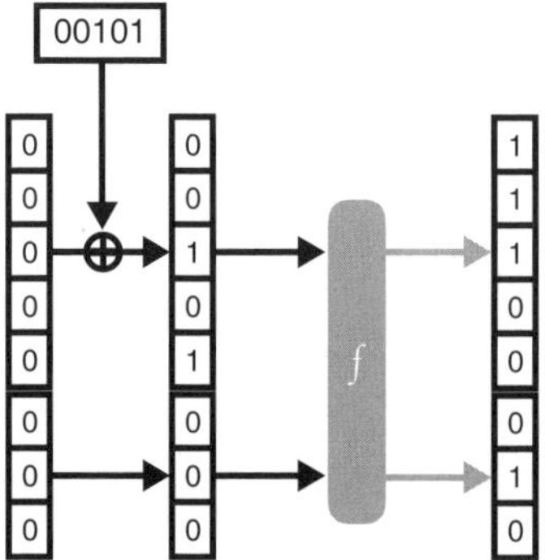

Abb. 2–14 *Um die fünf Bit der Eingabe* 00101 *aufzusaugen, kann eine Sponge-Konstruktion mit einer Rate von fünf Bit einfach die fünf Bit per XOR mit der Rate (die mit Nullen initialisiert wird) verknüpfen. Die Permutation randomisiert dann den Status.*

Die erhaltene Ausgabe sollte nun zufällig aussehen (obwohl wir trivialerweise herausfinden können, was die Eingabe ist, da eine Permutation per Definition reversibel ist). Wie sieht es aber aus, wenn wir eine größere Eingabe brauchen? Nun, wir würden analog zu SHA-2

1. die Eingabe bei Bedarf auffüllen, dann die Eingabe in Blöcke der Ratengröße teilen,
2. iterativ die Permutation aufrufen, wobei jeder Block mit der Eingabe einer Permutation verknüpft wird und der *Zustand* (der von der letzten Operation ausgegebene Zwischenwert) permutiert wird, nachdem jeder Block per XOR verknüpft wurde.

Der Einfachheit halber lasse ich das Auffüllen in den weiteren Ausführungen weg, wobei aber das Auffüllen ein wichtiger Schritt im Prozess ist, um zwischen Eingaben wie zum Beispiel 0 und 00 zu unterscheiden. Abbildung 2–15 stellt diese beiden Schritte bildlich dar.

So weit, so gut, doch wir haben noch keinen Hashwert erzeugt. Hierfür können wir einfach die Rate des letzten Sponge-Zustands verwenden (wobei wir auch hier die Kapazität nicht anfassen). Um einen längeren Hashwert zu erhalten, können wir weiter permutieren und vom Ratenteil des Zustands lesen, wie Abbildung 2–16 zeigt.

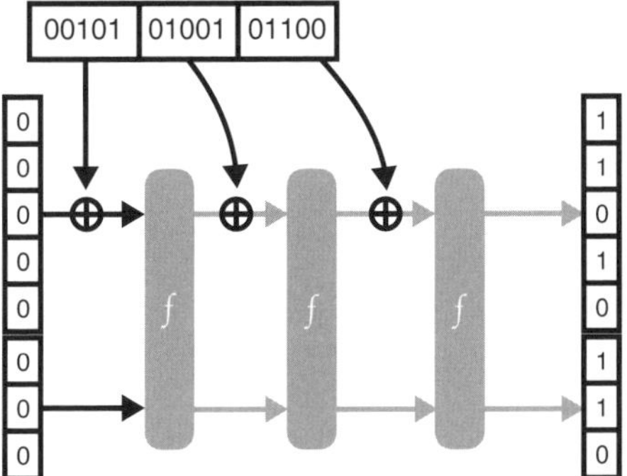

Abb. 2–15 *Um Eingaben aufzusaugen, die die Größe der Rate überschreiten, verknüpft eine Sponge-Konstruktion iterativ Eingabeblöcke per XOR mit der Rate und permutiert das Ergebnis.*

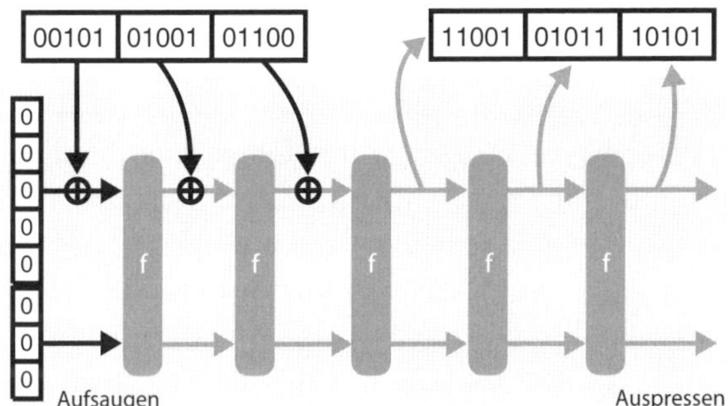

Abb. 2–16 *Um einen Hashwert mit der Sponge-Konstruktion zu erhalten, permutiert man iterativ den Zustand und ruft eine Rate (den oberen Teil des Zustands) ab, die so groß wie nötig ist.*

Und genau so funktioniert SHA-3. Dem Namen dieser Konstruktion entsprechend bezeichnet man die Übernahme einer Eingabe als *Aufsaugen* und das Erzeugen des Hashwerts als *Auspressen*. Der Schwamm (»sponge«) wird mit einer 1600-Bit-Permutation angegeben, die verschiedene Werte für r und c verwendet, je nach der Sicherheit, die die verschiedenen Versionen von SHA-3 bieten.

SHA-3 ist ein Zufallsorakel

Um *Zufallsorakel* ging es bereits weiter vorn: eine ideale und fiktive Konstruktion, die perfekt zufällige Antworten auf Anfragen zurückliefert und sich selbst wiederholt, wenn wir sie zweimal mit der gleichen Eingabe abfragen. Es zeigt sich, dass sich die Schwammkonstruktion ähnlich wie ein Zufallsorakel verhält, solange die von der Konstruktion verwendete Permutation zufällig genug aussieht. Wie beweisen wir derartige Sicherheitseigenschaften für die Permutation? Am besten versuchen wir, die Permutation zu knacken, und zwar so oft, bis wir ein starkes Vertrauen in ihren Entwurf gewinnen (wie es beim SHA-3-Wettbewerb der Fall gewesen ist). Die Tatsache, dass man SHA-3 als Zufallsorakel modellieren kann, verleiht dem Algorithmus sofort die Sicherheitseigenschaften, die wir von einer Hashfunktion erwarten würden.

2.5.3 SHAKE und cSHAKE: Zwei Funktionen mit erweiterbarer Ausgabe (XOF)

Die beiden wichtigsten Standardfunktionen für Hashwerte habe ich bereits vorgestellt: SHA-2 und SHA-3. Diese klar definierten Hashfunktionen übernehmen Eingaben beliebiger Länge und erzeugen zufällig aussehende Ausgaben fester Länge. Wie spätere Kapitel noch zeigen, benötigen kryptografische Protokolle oftmals derartige Primitive, ohne aber auf die festen Größen bei den Digests der Hashfunktionen beschränkt sein zu wollen. Aus diesem Grund hat der Standard SHA-3 ein vielseitigeres Primitiv eingeführt, das als *Funktion mit erweiterbarer Ausgabe* oder XOF (eXtendable Output Function, ausgesprochen »zoff«) bezeichnet wird. Dieser Abschnitt stellt die beiden standardisierten XOFs vor: SHAKE und cSHAKE.

Die in FIPS 202 zusammen mit SHA-3 spezifizierte Funktion SHAKE kann man als Hashfunktion ansehen, die eine Ausgabe beliebiger Länge liefert. Die Konstruktion von SHAKE ist grundsätzlich die gleiche wie bei SHA-3, außer dass sie schneller ist und in der Auspress-Phase so viel permutiert, wie Sie wollen. Es ist recht nützlich, Ausgaben verschiedener Größen zu erzeugen, nicht nur, um einen Hashwert zu erstellen, sondern auch, um Zufallszahlen zu erzeugen, Schlüssel abzuleiten usw. Fürs Erste genügt es zu wissen, dass die Funktion SHAKE wie SHA-3 ist, nur dass sie eine Ausgabe jeder gewünschten Länge liefert. Später in diesem Buch komme ich noch einmal auf die verschiedenen Anwendungen von SHAKE zurück.

Diese Konstruktion ist so nützlich in der Kryptografie, dass das NIST ein Jahr nach der Standardisierung von SHA-3 in der Special Publication 800-185 eine *anpassbare SHAKE*-Funktion namens *cSHAKE* veröffentlicht hat. Dabei ist cSHAKE so ziemlich genau wie SHAKE, außer dass sie auch einen Anpassungsstring übernimmt. Dieser Anpassungsstring kann leer sein oder eine beliebige Zeichenfolge enthalten. Sehen wir uns zunächst ein Beispiel für die Verwendung von cSHAKE in Pseudocode an:

```
cSHAKE(input="hello world", output_length=256, custom_string="my_hash")
-> 72444fde79690f0cac19e866d7e6505c
cSHAKE(input="hello world", output_length=256, custom_string="your_hash")
-> 688a49e8c2a1e1ab4e78f887c1c73957
```

Wie Sie sehen, unterscheiden sich die beiden Hashwerte, obwohl cSHAKE genauso deterministisch ist wie SHAKE und SHA-3. Das hängt damit zusammen, dass ein anderer Anpassungsstring verwendet wurde. Mit einem *Anpassungsstring* können Sie Ihre XOF anpassen! Dies ist in einigen Protokollen nützlich, wo zum Beispiel verschiedene Hashfunktionen verwendet werden müssen, damit ein Beweis funktioniert. Wir sprechen hierbei von *Domänentrennung*.

Die goldene Regel in der Kryptografie lautet: Wenn man dasselbe kryptografische Primitiv in verschiedenen Anwendungen einsetzt, sollte man es nicht mit demselben Schlüssel verwenden (sofern es einen benötigt) oder/und eine Domänentrennung anwenden. Mehr Beispiele für eine Domänentrennung lernen Sie kennen, wenn wir in späteren Kapiteln kryptografische Protokolle untersuchen.

ACHTUNG

Das NIST neigt dazu, Algorithmen zu spezifizieren, die Parameter in Bits statt in Bytes übernehmen. Im Beispiel wurde eine Länge von 256Bit verlangt. Stellen Sie sich vor, Sie hätten eine Länge von 16Byte angefordert und stattdessen zwei Byte erhalten, weil das Programm davon ausgegangen ist, Sie hätten 16Bit für die Ausgabe verlangt. Dieses Problem wird auch als *Bit-Angriff* bezeichnet.

Wie bei allem in der Kryptografie ist die Länge von kryptografischen Strings bei Schlüsseln, Parametern und Ausgaben eng mit der Sicherheit des Systems verbunden. Keinesfalls sollte man zu kurze Ausgaben von SHAKE oder cSHAKE verlangen. *Mit einer Ausgabe von 256Bit kann man nichts falsch machen*, da sie 128 Bit Sicherheit gegen Kollisionsangriffe bietet. Doch die praktische Kryptografie operiert manchmal in eingeschränkten Umgebungen, die kürzere kryptografische Werte verwenden könnten. Dies ist möglich, wenn die Sicherheit des Systems sorgfältig analysiert wird. Spielt beispielsweise die Kollisionsresistenz keine Rolle in dem Protokoll, das den Wert verwendet, genügen für die Urbildresistenz Ausgaben der Funktionen SHAKE oder cSHAKE von 128 Bit.

2.5.4 Mehrdeutiges Hashing mit TupleHash vermeiden

In diesem Kapitel habe ich verschiedene Typen von kryptografischen Primitiven und kryptografischen Algorithmen beschrieben. Dazu gehören:

- die Hashfunktion SHA-2, die anfällig für Length-Extension-Angriffe ist, aber immer noch häufig verwendet wird, wenn keine Geheimnisse zu hashen sind
- die Hashfunktion SHA-3, die die heutzutage empfohlene Hashfunktion ist
- die XOFs SHAKE und cSHAKE XOFs, die vielseitigere Tools als Hashfunktionen sind, da sie eine Ausgabe mit variabler Länge bieten

Ich möchte hier mit *TupleHash* eine weitere praktische Funktion erwähnen, die auf cSHAKE basiert und im selben Standard wie cSHAKE spezifiziert ist. TupleHash ist eine interessante Funktion, mit der sich ein *Tupel* (eine Liste von Objekten) hashen lässt. Um das Wesen von TupleHash zu erklären und warum diese Funktion nützlich ist, möchte ich Ihnen eine Geschichte erzählen.

Vor einigen Jahren wurde ich im Rahmen meiner Arbeit beauftragt, eine Kryptowährung zu begutachten. Sie enthielt grundlegende Funktionen, wie man sie von einer Kryptowährung erwarten würde: Konten, Zahlungen usw. Die Transaktionen zwischen den Nutzern enthielten Metadaten darüber, wer wie viel an wen sendet. Zudem würde sie auch eine kleine Gebühr enthalten, um das Netzwerk für die Verarbeitung der Transaktion zu entschädigen.

Alice kann zum Beispiel eine Transaktion an das Netzwerk senden; damit sie aber akzeptiert wird, muss sie einen Beweis einschließen, dass die Transaktion von ihr stammt. Hierfür kann sie die Transaktion hashen und signieren (ein ähnliches Beispiel habe ich in Kapitel 1 beschrieben). Jeder kann die Transaktion hashen und die Signatur auf dem Hash verifizieren, um zu sehen, dass dies die Transaktion ist, die Alice senden wollte. Abbildung 2–17 zeigt, dass ein MITM-(Man-in-the-Middle-)Angreifer, der die Transaktion abfängt, bevor sie das Netzwerk erreicht, nicht in der Lage wäre, die Transaktion zu verfälschen. Das liegt daran, dass sich der Hash ändern und die Signatur den neuen Transaktionsdigest nicht verifizieren würde.

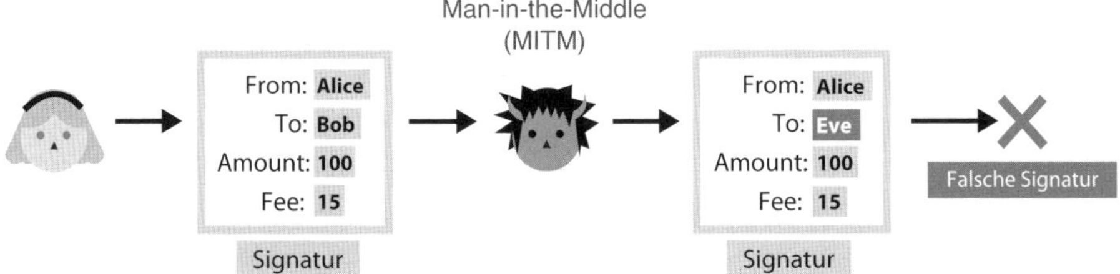

Abb. 2–17 *Alice sendet eine Transaktion sowie eine Signatur über den Hash der Transaktion. Wenn ein MITM-Angreifer versucht, die Transaktion zu verfälschen, wird der Hash ein anderer und die angehängte Signatur folglich nicht korrekt sein.*

Wie Kapitel 7 zeigt, ist ein derartiger Angreifer natürlich nicht in der Lage, die Signatur von Alice zu einem neuen Digest zu fälschen. Und dank der 2. Urbildresistenz der verwendeten Hashfunktion kann der Angreifer auch keine völlig andere Transaktion finden, die zum gleichen Hashwert führt.

Ist unser MITM-Angreifer harmlos? Wir sind noch nicht über den Berg. Leider wurde bei der Kryptowährung, die ich überprüft habe, die Transaktion gehasht, indem einfach die einzelnen Felder miteinander verkettet wurden:

```
$ echo -n "Alice""Bob""100""15" | openssl dgst -sha3-256
34d6b397c7f2e8a303fc8e39d283771c0397dad74cef08376e27483efc29bb02
```

Was als völlig in Ordnung erschien, hat in Wirklichkeit das Zahlungssystem der Kryptowährung komplett ad absurdum geführt. Ein Angreifer kann nämlich auf triviale Weise die 2. Urbildresistenz der Hashfunktion knacken. Denken Sie einen Moment darüber nach, wie Sie eine andere Transaktion finden könnten, die den gleichen Hashwert `34d6...` ergibt.

Was passiert, wenn wir eine Ziffer aus dem Gebührenfeld (*fee*) in das Kontenfeld (*amount*) verschieben? Wie Sie sich selbst überzeugen können, liefert die folgende Transaktion den gleichen Hashwert, den Alice signiert hat:

```
$ echo -n "Alice""Bob""1001""5" | openssl dgst -sha3-256
34d6b397c7f2e8a303fc8e39d283771c0397dad74cef08376e27483efc29bb02
```

Und somit könnte ein MITM-Angreifer, der Bob etwas mehr Geld zukommen lassen möchte, die Transaktion modifizieren, ohne die Signatur ungültig zu machen. Wie Sie vielleicht schon erraten haben, ist dies das Problem, das TupleHash löst. Diese Funktion ermöglicht Ihnen nämlich, eine Liste von Feldern eindeutig zu hashen, indem sie eine nicht eindeutige Codierung verwendet. In der Realität sieht das Ganze etwa so aus (wobei || der Operator für eine Stringverkettung ist):

```
cSHAKE(input="5"||"Alice"||"3"||"Bob"||"3"||"100"||"2"||"10",
  ➥ output_length=256, custom_string="TupleHash"+"anything you want")
```

Dieses Mal wird die Eingabe konstruiert, indem jedem Feld der Transaktion seine Länge vorangestellt wird. Überlegen Sie, warum dies unser Problem löst. Im Allgemeinen kann man jede Hashfunktion sicher verwenden, wenn man darauf achtet, die Eingabe zu *serialisieren*, bevor man sie hasht. Serialisieren der Eingabe bedeutet, dass es immer einen Weg gibt, sie zu deserialisieren (d. h. die ursprüngliche Eingabe wiederherzustellen). Wenn sich die Daten serialisieren lassen, gibt es keine Unklarheiten über die Feldbegrenzung.

2.6 Hashing von Kennwörtern

In diesem Kapitel haben Sie mehrere nützliche Funktionen kennengelernt, die entweder Hashfunktionen sind oder Hashfunktionen erweitern. Doch bevor es mit dem nächsten Kapitel weitergeht, muss ich noch etwas über das *Hashing von Kennwörtern* erwähnen.

Stellen Sie sich folgendes Szenario vor: Sie haben eine Website (was Sie zu einem Webmaster machen würde) und möchten, dass sich Ihre Benutzer auf der Site registrieren. Also erstellen Sie Webseiten für die jeweiligen zwei Features. Plötzlich fragen Sie sich: Wie bewahren Sie die Kennwörter der Benutzer auf? Speichern Sie sie im Klartext in einer Datenbank? Auf den ersten Blick scheint das kein Problem zu sein, denken Sie. Aber perfekt ist es nicht. Die Leute neigen dazu, überall das gleiche Kennwort zu verwenden, und wenn es Angreifern gelingt, alle Kennwörter Ihrer Benutzer auszuspionieren, ist das nicht nur schlecht für Ihre Benutzer, sondern auch für den Ruf Ihrer Plattform. Wenn Sie sich etwas näher mit der Problematik beschäftigen, wird Ihnen klar, dass ein Angreifer, der in der Lage ist, diese Datenbank zu stehlen, sich als beliebiger Benutzer anmelden könnte. Kennwörter im Klartext zu speichern, ist nun keineswegs mehr ideal und Sie würden hierfür gern auf eine bessere Lösung zurückgreifen können.

Eine Lösung könnte darin bestehen, die Kennwörter zu hashen und nur die Hashwerte zu speichern. Wenn sich jemand bei Ihrer Website anmeldet, könnte der Ablauf etwa folgendermaßen aussehen:

1. Sie empfangen das Kennwort des Benutzers.
2. Sie hashen das Kennwort, das der Benutzer Ihnen gegeben hat, und löschen es dann.
3. Sie vergleichen den eben ermittelten Hashwert mit dem, den Sie vorher gespeichert haben. Stimmen die Werte überein, wird der Benutzer angemeldet.

Dieser Ablauf ermöglicht es Ihnen, die Kennwörter der Benutzer für eine begrenzte Zeit zu verarbeiten. Dennoch kann ein Angreifer, der sich Zugang zu Ihren Servern verschafft, bei diesem Ablauf weiterhin heimlich Kennwörter protokollieren, bis Sie seine Anwesenheit entdecken. Zugegebenermaßen ist dies immer noch keine perfekte Situation, dennoch haben wir die Sicherheit der Site verbessert. Sicherheitstechnisch bezeichnet man dieses Vorgehen als *Defense in Depth* (»Verteidigung in der Tiefe«), wobei man mehrere Ebenen von unvollkommenen Sicherheitsvorkehrungen übereinanderlegt in der Hoffnung, dass ein Angreifer nicht alle diese Ebenen überwinden kann. Auch darum geht es in der praktischen Kryptografie. Allerdings birgt diese Lösung noch weitere Probleme:

- *Wenn ein Angreifer gehashte Kennwörter abruft, kann er einen Brute-Force-Angriff oder eine erschöpfende Suche (Ausprobieren aller möglichen Kennwörter) durchführen.* Dabei würde jeder Versuch gegen die gesamte Datenbank getestet. Im Idealfall sollte ein Angreifer nur ein gehashtes Kennwort auf einmal angreifen können.
- *Hashfunktionen sollten möglichst schnell sein.* Angreifer können dies für Brute-Force-Angriffe ausnutzen (sehr viele Kennwörter pro Sekunde ausprobieren). Idealerweise hätten wir einen Mechanismus, um solche Angriffe zu verlangsamen.

Das erste Problem löst man in der Regel mit *Salts*, d. h. mit Zufallswerten, die öffentlich und für jeden Benutzer unterschiedlich sind. Das Kennwort eines Benutzers hashen wir zusammen mit einem angefügten Salt, was in gewissem Sinne wie ein benutzerspezifischer Anpassungsstring bei cSHAKE ist: Praktisch wird für jeden Benutzer eine andere Hashfunktion erzeugt. Da jeder Benutzer eine andere Hashfunktion verwendet, kann ein Angreifer nicht im Voraus große Tabellen von Kennwörtern (sogenannte *Rainbow Tables* oder *Regenbogentabellen*) berechnen in der Hoffnung, die gesamte Datenbank von gestohlenen Kennwort-Hashwerten dagegen testen zu können.

Die Lösung für das zweite Problem sind *Kennwort-Hashes*, die konzeptionell langsam sind. Der aktuelle Stand der Technik ist *Argon2*, der Gewinner des Password-Hashing-Wettbewerbs (*https://password-hashing.net*), der 2013–2015 lief. Als dieses Buch entstanden ist (2021), befindet sich Argon2 auf dem Weg, als RFC standardisiert zu werden (*https://datatracker.ietf.org/doc/draft-irtf-cfrg-argon2*). In der Praxis sind auch andere nicht standardisierte Algorithmen wie PBKDF2, bcrypt und scrypt gebräuchlich. Problematisch dabei ist, dass sich diese mit unsicheren Parametern verwenden lassen und daher in der Praxis nicht einfach zu konfigurieren sind.

Darüber hinaus schützen nur Argon2 und scrypt gegen starke Optimierungen von Angreifern und andere Verfahren sind nicht speicherhart. Mit *speicherhart* ist gemeint, dass der Algorithmus nur über die Optimierung des Speicherzugriffs optimiert werden kann. Mit anderen Worten bringt es nicht viel, den Rest zu optimieren. Da die Optimierung des Speicherzugriffs selbst bei dedizierter Hardware nur begrenzt möglich ist (es gibt nur so viel Cache, wie man um eine CPU herum installieren kann), laufen speicherfeste Funktionen auf jeder anderen Art von Gerät nur langsam. Diese Eigenschaft ist erwünscht, wenn Sie Angreifer daran hindern wollen, einen nicht zu vernachlässigenden Geschwindigkeitsvorteil bei der Auswertung einer Funktion zu erhalten. Abbildung 2–18 stellt die verschiedenen Arten von Hashfunktionen gegenüber, die Sie in diesem Kapitel kennengelernt haben.

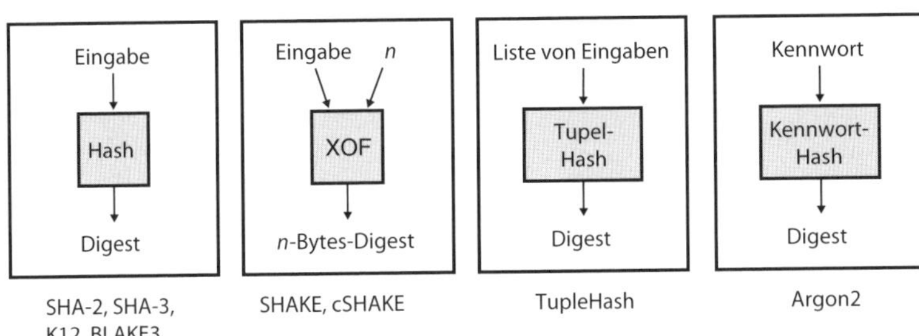

Abb. 2–18 *Dieses Kapitel hat vier Arten von Hashfunktionen vorgestellt: (1) die normale Art, die eine eindeutige, zufällig aussehende Kennung für Eingaben beliebiger Länge liefert; (2) Funktionen mit erweiterbarer Ausgabe, die ähnlich sind, aber eine Ausgabe beliebiger Länge liefern; (3) Tupel-Hashfunktionen, die Hashwerte eindeutig auflisten und (4) Kennwort-Hashfunktionen, die sich nicht so einfach optimieren lassen, um Kennwörter sicher zu speichern.*

Zusammenfassung

- Eine Hashfunktion bietet Kollisionsresistenz, Urbildresistenz und 2. Urbildresistenz.
  - Urbildresistenz bedeutet, dass man nicht in der Lage sein sollte, die Eingabe zu finden, die einen Digest erzeugt hat.
  - 2. Urbildresistenz heißt, dass man von einer Eingabe und ihrem Digest ausgehend keine andere Eingabe finden sollte, die den gleichen Hashwert ergibt.
  - Kollisionsresistenz bedeutet, dass man nicht in der Lage sein sollte, zwei zufällige Eingaben zu finden, die den gleichen Hashwert ergeben.
- SHA-2 ist die am weitesten verbreitete Hashfunktion, während SHA-3 als Hashfunktion empfohlen wird, da SHA-2 nicht gegen Length-Extension-Angriffe resistent ist.
- SHAKE ist eine Funktion mit erweiterbarer Ausgabe (Extendable Output Function, XOF), die sich wie eine Hashfunktion verhält, aber einen Hashwert beliebiger Länge liefert.
- cSHAKE (für customizable SHAKE) ermöglicht es, auf einfache Weise SHAKE-Instanzen zu erstellen, die sich wie verschiedene XOFs verhalten. Dies wird als Domänentrennung bezeichnet.

- Objekte sollten erst serialisiert und dann gehasht werden, um eine Verletzung der 2. Urbildresistenz der Hashfunktion zu vermeiden. Algorithmen wie Tuple-Hash übernehmen dies automatisch.
- Das Hashing von Kennwörtern verwendet langsamere Hashfunktionen, die speziell für diesen Zweck konzipiert sind. Stand der Technik ist Argon2.

3 Message Authentication Codes (MACs)

In diesem Kapitel:

- Message Authentication Codes (MACs, Nachrichtenauthentifizierungscodes)
- Sicherheitseigenschaften und Fallstricke von MACs
- Die etablierten Standards für MACs

Mischt man eine Hashfunktion mit einem geheimen Schlüssel, erhält man einen sogenannten *Nachrichtenauthentifizierungscode* (MAC, Message Authentication Code), ein kryptografisches Primitiv, mit dem sich die Integrität von Daten schützen lässt. Das Hinzufügen eines geheimen Schlüssels ist Grundlage für jede Art von Sicherheit: Ohne Schlüssel gibt es weder Vertraulichkeit noch Authentifizierung. Hashfunktionen können zwar Authentifizierung oder Integrität für beliebige Daten gewährleisten, doch geschieht dies in der Regel über einen zusätzlichen vertrauenswürdigen Kanal, der nicht manipuliert werden kann. In diesem Kapitel erfahren Sie, wie sich mit einem MAC ein derartiger vertrauenswürdiger Kanal einrichten lässt und was sonst noch damit möglich ist.

HINWEIS

Für dieses Kapitel sollten Sie Kapitel 2 zum Thema Hashfunktionen gelesen haben.

3.1 Zustandslose Cookies, ein motivierendes Beispiel für MACs

Stellen Sie sich das folgende Szenario vor: Sie sind eine Webseite. Sie sind hell, farbenfroh und vor allem stolz darauf, eine Gemeinschaft treuer Nutzer zu bedienen. Um mit Ihnen zu interagieren, müssen sich Besucher zunächst anmelden, indem sie Ihnen ihre Anmeldeinformationen schicken, die Sie dann überprüfen müssen. Handelt es sich bei den Anmeldeinformationen um diejenigen, die der Benutzer bei seiner ersten Anmeldung bzw. Registrierung hinterlegt hat, haben Sie den Benutzer erfolgreich authentifiziert.

Natürlich besteht eine Webbrowsing-Sitzung nicht nur aus einer, sondern aus vielen Anfragen. Um zu vermeiden, dass sich der Benutzer bei jeder Anfrage erneut authentifizieren muss, können Sie seinen Browser veranlassen, die Anmeldedaten zu speichern und sie bei jeder Anfrage automatisch erneut zu senden. Browser besitzen hierfür ein Feature, das genau das ermöglicht – Cookies! Allerdings sind Cookies nicht nur für Anmeldeinformationen gedacht. Sie können alles speichern, was der Benutzer mit jeder seiner Anfragen an Sie senden soll.

Obwohl dieser naive Ansatz gut funktioniert, werden Sie im Browser keine vertraulichen Informationen wie Benutzerkennwörter im Klartext speichern wollen. Stattdessen enthält ein Sitzungscookie meist eine zufällige Zeichenfolge, die unmittelbar nach der Anmeldung des Benutzers erzeugt wird. Der Webserver speichert die zufällige Zeichenfolge in einer temporären Datenbank unter dem Kontonamen des Benutzers. Wenn der Browser das Sitzungscookie auf irgendeine Weise veröffentlicht, werden keine Informationen über das Kennwort des Benutzers bekannt (obwohl es verwendet werden kann, um sich als der Benutzer auszugeben). Der Webserver hat auch die Möglichkeit, die Sitzung zu beenden, indem er das Cookie auf der Benutzerseite löscht, was sehr praktisch ist.

Gegen diesen Ansatz ist zwar nichts einzuwenden, doch in manchen Fällen lässt er sich möglicherweise nicht gut skalieren. Wenn Sie viele Server betreiben, könnte es lästig sein, die Zuordnung zwischen Ihren Benutzern und den Zufallszeichenfolgen auf allen Servern einzurichten. Stattdessen könnten Sie mehr Informationen auf der Browserseite speichern. Sehen Sie sich an, wie man das realisieren kann.

Naiverweise kann das Cookie einen Benutzernamen statt einer Zufallszeichenfolge enthalten. Allerdings ist dies offensichtlich ein Problem, da ich mich jetzt als ein beliebiger Benutzer ausgeben kann, indem ich den im Cookie enthaltenen Benutzernamen manuell ändere. Vielleicht können hier die Hashfunktionen weiterhelfen, die Kapitel 2 beschrieben hat. Nehmen Sie sich ein paar Minuten Zeit und überlegen Sie, wie Hashfunktionen einen Benutzer davon abhalten können, seine eigenen Cookies zu manipulieren.

Ein zweiter naiver Ansatz wäre es, nicht nur einen Benutzernamen im Cookie zu speichern, sondern auch noch einen Digest dieses Benutzernamens. Mit einer

Hashfunktion wie SHA-3 können Sie den Benutzernamen hashen. Abbildung 3–1 veranschaulicht dies. Glauben Sie, dass dies funktionieren kann?

Bei diesem Ansatz gibt es ein großes Problem. Wie Sie wissen, ist die Hashfunktion ein öffentlicher Algorithmus und kann von einem böswilligen Benutzer mit neuen Daten neu berechnet werden. Wenn man dem Ursprung des Hashwerts nicht vertrauen kann, bietet er keine Datenintegrität! Abbildung 3–2 zeigt, dass ein böswilliger Benutzer, der den Benutzernamen in seinem Cookie ändert, auch den Digest-Teil des Cookies einfach neu berechnen kann.

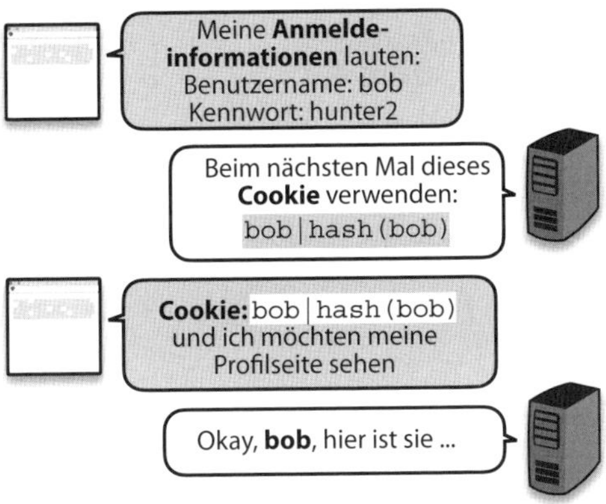

Abb. 3–1 *Um die Anfragen für einen Browser zu authentifizieren, verlangt ein Webserver vom Browser, einen Benutzernamen und einen Hashwert dieses Benutzernamens zu speichern und diese Informationen bei jeder darauf folgenden Anfrage zu senden.*

Abb. 3–2 *Ein böswilliger Benutzer kann die in seinen Cookies enthaltenen Informationen modifizieren. Wenn ein Cookie einen Benutzernamen und einen Hash enthält, lassen sich beide modifizieren, um sich als anderer Benutzer auszugeben.*

Dennoch ist es keineswegs töricht, einen Hashwert zu verwenden. Was könnten wir sonst tun? Es zeigt sich, dass es ein ähnliches Primitiv zur Hashfunktion gibt, einen MAC, der genau das tut, was wir brauchen.

Ein *MAC* (Message Authentication Code, Nachrichtenauthentifizierungscode) ist ein geheimer Schlüsselalgorithmus. Er übernimmt wie eine Hashfunktion eine Eingabe, aber auch einen geheimen Schlüssel (wer hätte das gedacht?). Dann erzeugt er eine eindeutige Ausgabe, die als *Authentifizierungstag* bezeichnet wird. Dieser Prozess ist deterministisch. Für den gleichen geheimen Schlüssel und dieselbe Nachricht erzeugt ein MAC das gleiche Authentifizierungstag. Abbildung 3–3 veranschaulicht dies.

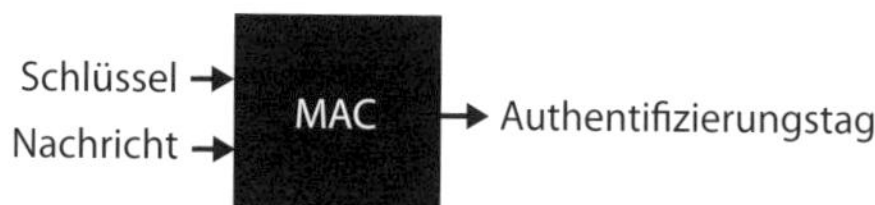

Abb. 3–3 *Die Schnittstelle eines Nachrichtenauthentifizierungscodes (MAC). Der Algorithmus übernimmt einen geheimen Schlüssel und eine Nachricht und erzeugt deterministisch ein eindeutiges Authentifizierungstag. Ohne den Schlüssel sollte es nicht möglich sein, dieses Authentifizierungstag zu reproduzieren.*

Um sicherzustellen, dass ein Benutzer sein Cookie nicht manipulieren kann, greifen wir nun auf dieses neue Primitiv zurück. Meldet sich der Benutzer zum ersten Mal an, erzeugen Sie aus Ihrem geheimen Schlüssel und seinem Benutzernamen ein Authentifizierungstag und lassen ihn seinen Benutzernamen und das Authentifizierungstag in einem *Cookie* speichern. Da der Benutzer den geheimen Schlüssel nicht kennt, ist er nicht in der Lage, ein gültiges Authentifizierungstag für einen anderen Benutzernamen zu fälschen.

Um das Cookie zu validieren, gehen Sie genauso vor: Sie erzeugen ein Authentifizierungstag aus Ihrem geheimen Schlüssel und dem Benutzernamen, der im Cookie enthalten ist, und überprüfen, ob dies mit dem im Cookie enthaltenen Authentifizierungstag übereinstimmt. Wenn dies der Fall ist, muss es von Ihnen stammen, da Sie der Einzige waren, der ein gültiges Authentifizierungstag (mit Ihrem geheimen Schlüssel) hätte erzeugen können. Abbildung 3–4 veranschaulicht dies.

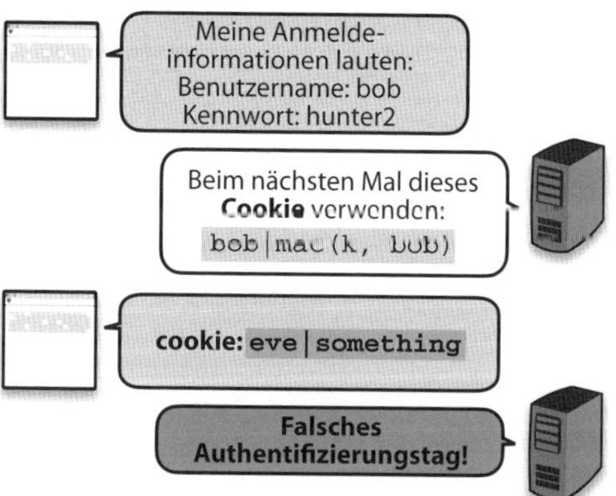

Abb. 3–4 *Ein böswilliger Benutzer manipuliert sein Cookie, kann aber kein gültiges Authentifizierungstag für das neue Cookie fälschen. Infolgedessen kann die Webseite die Authentizität und Integrität des Cookies nicht verifizieren und verwirft daher die Anfrage.*

Ein MAC ist wie eine private Hashfunktion, die nur Sie berechnen können, weil Sie den Schlüssel kennen. In gewisser Weise personalisieren Sie eine Hashfunktion mit einem Schlüssel. Die Beziehung zu Hashfunktionen hört damit aber nicht auf. Später in diesem Kapitel werden Sie sehen, dass MACs oftmals aus Hashfunktionen aufgebaut sind. Als Nächstes sehen wir uns ein anderes Beispiel mit praktischem Code an.

3.2 Ein Beispiel in Code

Bis jetzt waren Sie der Einzige, der einen MAC verwendet hat. Wir wollen nun etwas Code schreiben, um zu sehen, wie man MACs in der Praxis verwendet. Stellen Sie sich vor, Sie wollen mit jemandem kommunizieren und es ist Ihnen egal, ob andere Ihre Nachrichten lesen. Allerdings legen Sie Wert auf die Integrität der Nachrichten – sie dürfen nicht verändert werden! Eine Lösung besteht darin, dass sowohl Sie als auch Ihr Kommunikationspartner die Integrität Ihrer Kommunikation mit demselben Schlüssel und einem MAC schützen.

Für dieses Beispiel verwenden wir eine der beliebtesten MAC-Funktionen – den *hashbasierten Nachrichtenauthentifizierungscode* (HMAC) – mit der Programmiersprache Rust. HMAC ist ein Nachrichtenauthentifizierungscode, der im Kern eine Hashfunktion verwendet. Er ist mit verschiedenen Hashfunktionen kompatibel, wird aber meist mit SHA-2 verwendet. Wie Listing 3–1 zeigt, nimmt der sendende Teil einfach einen Schlüssel sowie eine Nachricht entgegen und gibt ein Authentifizierungstag zurück.

```
use sha2::Sha256;
use hmac::{Hmac, Mac, NewMac};

fn send_message(key: &[u8], message: &[u8]) -> Vec<u8> {
    let mut mac = Hmac::<Sha256>::new(key.into());   <-- Instanziiert HMAC mit einem geheimen Schlüssel und der Hashfunktion SHA-256.

    mac.update(message);   <-- Puffert weitere Eingaben für HMAC

    mac.finalize().into_bytes().to_vec()   <-- Gibt das Authentifizierungstag zurück
}
```

Listing 3–1 *Eine authentifizierte Nachricht in Rust senden*

Auf der anderen Seite sieht der Ablauf ähnlich aus. Nachdem Ihr Freund sowohl die Nachricht als auch das Authentifizierungstag empfangen hat, kann er sein eigenes Tag mit demselben geheimen Schlüssel generieren und dann diese vergleichen. Ähnlich wie bei der Verschlüsselung müssen beide Seiten denselben geheimen Schlüssel verwenden, damit dies funktioniert. Listing 3–2 zeigt die Arbeitsweise.

```
use sha2::Sha256;
use hmac::{Hmac, Mac, NewMac};

fn receive_message(key: &[u8], message: &[u8],
  authentication_tag: &[u8]) -> bool {
    let mut mac = Hmac::<Sha256>::new(key);
    mac.update(message);

    mac.verify(&authentication_tag).is_ok()
}
```

Der Empfänger muss das Authentifizierungstag mit demselben Schlüssel und derselben Nachricht neu erstellen.

Prüft, ob das reproduzierte Authentifizierungstag mit dem empfangenen übereinstimmt.

Listing 3–2 *Eine authentifizierte Nachricht in Rust empfangen*

Beachten Sie, dass dieses Protokoll nicht perfekt ist: Es lässt Wiederholungen zu. Wenn eine Nachricht und ihr Authentifizierungstag zu einem späteren Zeitpunkt erneut abgespielt werden, sind sie immer noch authentisch, doch Sie haben keine Möglichkeit, zu erkennen, dass es sich um eine ältere Nachricht handelt, die Ihnen erneut gesendet wird. Später in diesem Kapitel stelle ich Ihnen eine Lösung vor. Nachdem Sie nun wissen, wofür ein MAC verwendet werden kann, gehe ich im nächsten Abschnitt auf einige »Fallstricke« von MACs ein.

3.3 Sicherheitseigenschaften eines MAC

Wie alle kryptografischen Primitive besitzen auch MACs ihre Eigenheiten und Fallstricke. Bevor ich näher darauf eingehe, möchte ich erläutern, welche Sicherheitseigenschaften MACs bieten und wie man sie richtig einsetzt. Dabei lernen Sie (in der angegebenen Reihenfolge), dass

- MACs gegen das Fälschen von Authentifizierungstags resistent sind,
- ein Authentifizierungstag eine Mindestlänge haben muss, um sicher zu sein,
- Nachrichten erneut wiedergegeben werden können, wenn sie naiv authentifiziert werden,
- das Verifizieren eines Authentifizierungstags fehleranfällig ist.

3.3.1 Fälschen eines Authentifizierungstags

Mit einem MAC will man im Allgemeinen verhindern, dass ein *Authentifizierungstag* für eine neue Nachricht *gefälscht* wird. Dieses Sicherheitsziel bedeutet, das jemand ohne Kenntnis des geheimen Schlüssels k das Authentifizierungstag $t = MAC(k, m)$ für beliebige Nachrichten m nicht berechnen kann. Das klingt fair, oder? Wir können eine Funktion nicht berechnen, wenn uns ein Argument fehlt.

MACs bieten jedoch viel mehr Sicherheit als das. In praktischen Anwendungen ist es Angreifern oftmals möglich, Authentifizierungstags für einige eingeschränkte Nachrichten zu erhalten. Dies war zum Beispiel in unserem einführenden Szenario der Fall, in dem ein Benutzer nahezu willkürliche Authentifizierungstags bekommen konnte, indem er sich mit einem verfügbaren Kontonamen anmeldete. Daher müssen MACs auch gegen diese stärkeren Angreifer sicher sein. Ein MAC enthält normalerweise einen Beweis dafür, dass ein Angreifer selbst nicht in der Lage ist, ein Authentifizierungstag für eine noch nie zuvor gesehene Nachricht zu fälschen, auch wenn der Angreifer Sie auffordern kann, die Authentifizierungstags für eine große Anzahl beliebiger Nachrichten zu erstellen.

HINWEIS

Man könnte sich fragen, wie sinnvoll der Nachweis einer solch extremen Eigenschaft ist. Wenn der Angreifer Authentifizierungstags für beliebige Nachrichten direkt anfordern kann, was bleibt dann noch zu schützen? Aber so funktionieren Sicherheitsbeweise in der Kryptografie: Sie nehmen den stärksten Angreifer und zeigen, dass selbst sein Angriff aussichtslos ist. Da der Angreifer in der Praxis normalerweise weniger mächtig ist, können wir darauf vertrauen, dass er erst recht nicht zum Zuge kommt, wenn schon ein stärkerer Angreifer nichts Böses ausrichten kann.

Gegen solche Fälschungen sollten Sie also geschützt sein, *solange der mit dem MAC verwendete geheime Schlüssel geheim bleibt*. Das impliziert, dass der geheime Schlüssel genügend zufällig (mehr dazu in Kapitel 8) und groß genug (üblicherweise 16 Byte) sein muss. Zudem ist ein MAC anfällig für die gleiche Art von mehrdeutigen Angriffen, wie sie Kapitel 2 gezeigt hat. Wenn Sie Strukturen authentifizieren wollen, müssen Sie sie serialisieren, bevor Sie sie mit einem MAC authentifizieren. Andernfalls könnte es trivial sein, die Struktur zu fälschen.

3.3.2 Längen des Authentifizierungstags

Ein weiterer möglicher Angriff gegen die Verwendung von MACs sind *Kollisionen*. Zur Erinnerung: Eine Kollision für eine Hashfunktion zu finden, bedeutet, zwei verschiedene Eingaben *X* und *Y* zu finden, sodass *HASH(X) = HASH(Y)* ist. Wir können diese Definition auf MACs erweitern, indem wir eine Kollision definieren, wenn *MAC(k, X) = MAC(k, Y)* für Eingaben *X* und *Y*.

Wie Sie in Kapitel 2 mit der Geburtstagsschranke gelernt haben, können Kollisionen mit hoher Wahrscheinlichkeit gefunden werden, wenn die Ausgabelänge unseres Algorithmus klein ist. Bei MACs kann zum Beispiel ein Angreifer, der Zugang zu einem Dienst hat, der 64-Bit-Authentifizierungstags produziert, mit hoher Wahrscheinlichkeit eine Kollision finden, indem er eine viel geringere Anzahl von Tags (2^{32}) anfordert. In der Praxis lässt sich eine derartige Kollision selten ausnutzen, doch es gibt Szenarios, in denen Kollisionsresistenz eine Rolle spielt. Aus diesem Grund wählen wir eine Größe für Authentifizierungstags, die solche Angriffe beschränkt. Im Allgemeinen werden 128-Bit-Authentifizierungstags verwendet, da sie genügend Resistenz bieten.

> *[2^{64} Authentifizierungstags anzufordern,] würde 250.000 Jahre bei einer kontinuierlichen 1-Gbps-Verbindung dauern, ohne dass der geheime Schlüssel K in der gesamten Zeit geändert würde.*
>
> – RFC 2104 (»HMAC: Keyed-Hashing for Message Authentication«, 1997)

Es mag kontraintuitiv erscheinen, ein 128-Bit-Authentifizierungstag zu verwenden, da wir 256-Bit-Ausgaben für Hashfunktionen benötigen. Allerdings sind Hashfunktionen öffentliche Algorithmen, die man *offline* berechnen kann, was einen Angreifer in die Lage versetzt, einen Angriff zu optimieren und in hohem Maße zu parallelisieren. Mit einer Verschlüsselungsfunktion wie einem MAC kann ein Angreifer den Angriff nicht effizient offline optimieren und ist gezwungen, Authentifizierungstags direkt von Ihnen anzufordern, wodurch der Angriff normalerweise wesentlich langsamer wird. Ein 128-Bit-Authentifizierungstag erfordert 2^{64} *Online*-Anfragen vom Angreifer, um Kollisionen mit einer 50-prozentigen Chance zu finden, was als ausreichend angesehen wird. Nichtsdestotrotz wird man ein Authentifizierungstag auf 256 Bit erhöhen, was ebenfalls möglich ist.

3.3.3 Replay-Angriffe

Was ich bisher noch nicht erwähnt habe, sind *Replay-Angriffe*. Schauen wir uns ein Szenario an, das für solche Angriffe anfällig ist. Stellen Sie sich vor, Alice und Bob kommunizieren offen über eine unsichere Verbindung. Um die Nachrichten vor Manipulationen zu schützen, hängen sie an jede ihrer Nachrichten ein Authentifizierungstag an. Genauer ausgedrückt, verwenden beide zwei verschiedene geheime Schlüssel, um verschiedene Seiten der Verbindung zu schützen (mit den bewährten Verfahrensweisen). Abbildung 3–5 veranschaulicht dies.

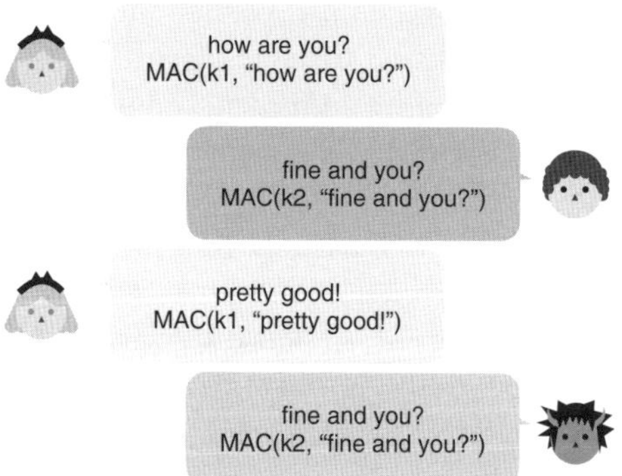

Abb. 3–5 *Zwei Benutzer, die die beiden Schlüssel k1 und k2 gemeinsam nutzen, tauschen Nachrichten mit Authentifizierungstags aus. Diese Tags werden von k1 oder k2 berechnet, abhängig von der Richtung der Nachrichten. Ein böswilliger Beobachter spielt eine der Nachrichten an den Benutzer zurück.*

In diesem Szenario hindert nichts einen böswilligen Beobachter daran, eine der Nachrichten an den Empfänger zurückzuspielen. Ein Protokoll, das sich auf einen

MAC stützt, muss dies aber berücksichtigen und Schutzmechanismen dagegen einrichten. Eine Möglichkeit ist es, einen inkrementierenden Zähler zum Eingang des MAC hinzuzufügen, wie Abbildung 3–6 zeigt.

In der Praxis sind die Zähler oftmals für eine feste Länge von 64 Bit ausgelegt. Damit lassen sich 2^{64} Nachrichten senden, bevor die Zählkapazität erreicht ist (und das Risiko besteht, dass der Zähler überläuft und von vorn beginnt).

Abb. 3–6 *Zwei Benutzer, die die Schlüssel k1 und k2 gemeinsam nutzen, tauschen Nachrichten zusammen mit Authentifizierungstags aus. Diese Tags werden von k1 oder k2 je nach Richtung der Nachrichten berechnet. Ein böswilliger Beobachter spielt eine der Nachrichten an den Benutzer zurück. Da das Opfer seinen Zähler inkrementiert hat, wird das Tag über* `2, fine and you?` *berechnet und stimmt nicht mit dem vom Angreifer gesendeten Tag überein. Somit kann das Opfer die wiederholte Nachricht erfolgreich zurückweisen.*

Wenn natürlich das gemeinsame Geheimnis häufig gewechselt wird (das heißt, die Teilnehmer einigen sich darauf, nach X Nachrichten ein neues gemeinsames Geheimnis zu verwenden), lässt sich die Größe des Zählers reduzieren und nach einer Schlüsselrotation auf 0 zurücksetzen. (Überzeugen Sie sich selbst davon, dass die Wiederverwendung desselben Zählers mit zwei verschiedenen Schlüsseln in Ordnung ist.) Auch hier gilt, dass Zähler aufgrund von zweideutigen Angriffen *niemals eine variable Länge* haben.

ÜBUNG

Können Sie herausfinden, wie ein Zähler mit variabler Länge es einem Angreifer ermöglichen könnte, ein Authentifizierungstag zu fälschen?

3.3.4 Authentifizierungstags in konstanter Zeit verifizieren

Dieses letzte Problem liegt mir sehr am Herzen, da ich diese Schwachstelle in vielen von mir kontrollierten Anwendungen gefunden habe. Beim Verifizieren eines Authentifizierungstags muss der Vergleich zwischen dem empfangenen Authentifizierungstag und dem von Ihnen berechneten Tag in konstanter Zeit erfolgen. Das bedeutet, dass der Vergleich immer die gleiche Zeit in Anspruch nehmen sollte, sofern das empfangene Tag die richtige Größe hat. Werden die beiden Authentifizierungstags nicht in konstanter Zeit verglichen, liegt das wahrscheinlich daran, dass der Vergleich schon in dem Moment zurückkehrt, in dem sich die beiden Tags unterscheiden. Dies liefert in der Regel genügend Informationen, um Angriffe zu ermöglichen, die ein gültiges Authentifizierungstag Byte für Byte nachbilden können, indem sie messen, wie lange die eigentliche Verifizierung dauert. Ich erkläre dies mit dem folgenden Comicstrip. Diese Art von Angriffen bezeichnet man als *Timing-Angriffe* oder *Rechenzeitangriffe*.

Erfreulicherweise bieten die kryptografischen Bibliotheken, die MACs implementieren, auch Komfortfunktionen, um ein Authentifizierungstag in konstanter Zeit zu verifizieren. Wenn Sie sich fragen, wie sich das realisieren lässt, zeigt Listing 3–3, wie Golang einen Vergleich von Authentifizierungstags in konstanter Zeit implementiert.

```
for i := 0; i < len(x); i++ {
    v |= x[i] ^ y[i]
}
```

Listing 3–3 *Vergleich in konstanter Zeit in Golang*

Der Trick dabei ist, dass niemals verzweigt wird. Wie dies genau funktioniert, bleibt dem Leser als Übung überlassen.

3.4 MAC im wahren Leben

Nachdem ich das Wesen von MACs und deren Sicherheitseigenschaften erläutert habe, werfen wir einen Blick darauf, wie man sie in der Praxis einsetzt. Die folgenden Abschnitte befassen sich mit diesem Thema.

3.4.1 Authentifizierung von Nachrichten

MACs sind an vielen Stellen gebräuchlich, um zu gewährleisten, dass die Kommunikation zwischen zwei Computern oder zwei Benutzern nicht manipuliert wird. Dies ist sowohl erforderlich, wenn die Kommunikation im Klartext erfolgt, als auch in den Fällen, in denen die Kommunikation verschlüsselt abläuft. Ich habe bereits erklärt, wie dies geschieht, wenn die Nachrichten im Klartext übertragen werden, und in Kapitel 4 erläutere ich, wie dies bei verschlüsselter Kommunikation realisiert wird.

3.4.2 Schlüssel ableiten

Das Besondere bei MACs ist, dass sie oftmals vom Konzept her Bytes erzeugen sollen, die zufällig aussehen (wie Hashfunktionen). Basierend auf dieser Eigenschaft können Sie einen einzelnen Schlüssel implementieren, um Zufallszahlen zu erzeugen oder weitere Schlüssel zu generieren. In Kapitel 8 zu Geheimnissen und Zufälligkeit stelle ich die HMAC-basierte Schlüsselableitungsfunktion (HKDF) vor, die genau das tut, und zwar mit HMAC, einem der MAC-Algorithmen, um die es in diesem Kapitel geht.

Die pseudozufällige Funktion (PRF)

Stellen Sie sich die Menge aller Funktionen vor, die eine Eingabe variabler Länge übernehmen und eine zufällige Ausgabe mit fester Größe erzeugen. Wenn wir eine Funktion aus dieser Menge zufällig auswählen und sie als MAC (ohne Schlüssel) verwenden könnten, wäre das prima. Wir müssten uns nur darauf einigen, welche Funktion das sein soll (ähnlich wie bei der Einigung auf einen Schlüssel). Leider können wir nicht auf eine derartige Menge zurückgreifen, da sie viel zu groß ist. Allerdings können wir das Auswählen einer solchen zufälligen Funktion emulieren, indem wir etwas entwerfen, das dem nahekommt: Derartige Konstruktionen nennen wir *pseudozufällige Funktionen* (Pseudorandom Functions, *PRFs*). HMAC und die meisten praktischen MACs sind solche Konstruktionen. Allerdings werden sie durch ein Schlüsselargument randomisiert. Einen anderen Schlüssel auszuwählen, ist wie das Auswählen einer zufälligen Funktion.

ÜBUNG

Vorsicht: Nicht alle MACs sind PRFs. Können Sie erkennen, warum?

3.4.3 Integrität von Cookies

Um die Browser-Sitzungen Ihrer Benutzer zu verfolgen, können Sie ihnen einen zufälligen String (der ihren Metadaten zugeordnet ist) senden. Oder Sie senden die Metadaten direkt, wobei Sie sie mit einem Authentifizierungstag versehen, damit sie sich nicht verändern lassen. Dies habe ich im Einführungsbeispiel erläutert.

3.4.4 Hashtabellen

Programmiersprachen stellen in der Regel Datenstrukturen bereit, die sogenannten *Hashtabellen* (auch als Hashmaps, Dictionaries, assoziative Arrays usw. bezeichnet), die nicht-kryptografische Hashfunktionen verwenden. Wenn ein Dienst diese Datenstruktur in einer Weise zugänglich macht, dass sich die Eingabe der nicht-kryptografischen Hashfunktion von Angreifern steuern lässt, kann dies zu *DoS-(Denial of Service-)Angriffen* führen, das heißt, ein Angreifer kann den Dienst unbrauchbar machen. Um dies zu vermeiden, wird die nicht-kryptografische Hashfunktion normalerweise beim Start des Programms randomisiert.

Viele wichtige Anwendungen verwenden einen MAC mit einem zufälligen Schlüssel anstelle der nicht-kryptografischen Hashfunktion. Dies ist bei zahlreichen Programmiersprachen (wie Rust, Python und Ruby) oder bedeutenden Anwendungen (wie dem Linux-Kernel) der Fall. Alle verwenden sie *SipHash*, einen unpassend benannten MAC, der für kurze Authentifizierungstags optimiert ist, mit einem zufälligen Schlüssel, der beim Programmstart generiert wird.

3.5 MACs in der Praxis

Wie Sie gelernt haben, sind Nachrichtenauthentifizierungscodes (MACs) kryptografische Algorithmen, die zwischen einer oder mehreren Parteien verwendet werden können, um die Integrität und Authentizität von Informationen zu schützen. Da gängige MACs auch eine gute Zufälligkeit bieten, setzt man sie oftmals auch in verschiedenen Arten von Algorithmen ein, um deterministische Zufallszahlen zu erzeugen (zum Beispiel im TOTP-Algorithmus zur Erzeugung von zeitlich limitierten Einmalkennwörtern, den Sie in Kapitel 11 kennenlernen werden). In diesem Abschnitt sehen wir uns zwei standardisierte MAC-Algorithmen an, die man heutzutage verwenden kann – HMAC und KMAC.

3.5.1 HMAC, ein Hash-basierter MAC

Der am weitesten verbreitete MAC ist HMAC (für Hash-basierter MAC), den M. Bellare, R. Canetti und H. Krawczyk 1996 erfunden haben und der in RFC 2104, FIPS Publication 198 und ANSI X9.71 spezifiziert ist. Wie sein Name verrät, bietet HMAC eine Möglichkeit, Hashfunktionen mit einem Schlüssel zu verwenden. MACs mithilfe von Hashfunktionen zu erstellen, ist ein beliebtes Konzept, da Hashfunktionen in zahlreichen Implementierungen existieren, in Software schnell sind und auf den meisten Systemen auch von der Hardwareunterstützung profitieren. Wie ich in Kapitel 2 erläutert hatte, sollte SHA-2 aufgrund von *Length-Extension-Angriffen* nicht direkt verwendet werden, um Geheimnisse zu hashen (mehr dazu am Ende dieses Kapitels). Wie kann man herausfinden, wie man eine Hashfunktion in eine Verschlüsselungsfunktion umwandelt? HMAC löst diese Frage für uns. Hinter den Kulissen folgt HMAC den Schritten, die in Abbildung 3–7 visuell dargestellt sind:

1. Zuerst werden aus dem Hauptschlüssel zwei Schlüssel erzeugt: $k1 = k \oplus ipad$ und $k2 = k \oplus opad$, wobei *ipad* (innere Auffüllung) und *opad* (äußere Auffüllung) Konstanten sind und ⊕ die XOR-Operation symbolisiert.

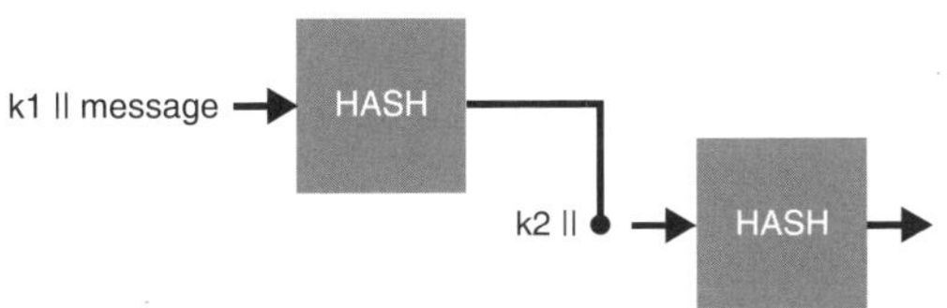

Abb. 3–7 *HMAC bildet einen Hashwert aus der Verkettung (||) eines Schlüssels* k1 *mit der Eingabenachricht und hasht dann die Verkettung eines Schlüssels* k2 *mit der Ausgabe der ersten Operation. Die Schlüssel* k1 *und* k2 *werden beide deterministisch aus einem geheimen Schlüssel* k *abgeleitet.*

2. Dann verkettet die Funktion einen Schlüssel `k1` mit der Nachricht und erzeugt dafür einen Hashwert.
3. Das Ergebnis wird mit dem Schlüssel `k2` verkettet und wieder gehasht.
4. Daraufhin entsteht das endgültige Authentifizierungstag.

Da HMAC anpassbar ist, ergibt sich die Größe des Authentifizierungstags aus der verwendeten Hashfunktion. Zum Beispiel verwendet HMAC-SHA256 die Hashfunktion SHA-256 und erzeugt ein Authentifizierungstag von 256 Bit, während HMAC-SHA512 ein Authentifizierungstag von 512 Bit erzeugt usw.

ACHTUNG

Man kann zwar die Ausgabe von HMAC beschneiden, um die Größe zu reduzieren, doch sollte ein Authentifizierungstag mindestens 128 Bit lang sein, wie ich weiter vorn erläutert habe. Dies wird allerdings nicht immer eingehalten und manche Anwendungen gehen bis zu 64 Bit herunter, weil sie ausdrücklich nur eine begrenzte Anzahl von Anfragen verarbeiten. Dieser Ansatz lebt mit Kompromissen und es ist wichtig, das Kleingedruckte zu lesen, bevor Sie etwas tun, das nicht dem Standard entspricht.

HMAC wurde im Hinblick darauf konstruiert, Beweise zu erleichtern. In mehreren Papern wird HMAC als sicher gegen Fälschungen bewiesen, solange die darunter liegende Hashfunktion einige gute Eigenschaften aufweist, wie es bei allen kryptografisch sicheren Hashfunktionen der Fall sein sollte. Infolgedessen können wir HMAC in Kombination mit einer großen Anzahl von Hashfunktionen nutzen. Heutzutage wird HMAC meistens mit SHA-2 eingesetzt.

3.5.2 KMAC – ein MAC, der auf cSHAKE basiert

Da SHA-3 nicht anfällig für Length-Extension-Angriffe ist (was sogar eine Anforderung für den SHA-3-Wettbewerb war), macht es wenig Sinn, SHA-3 mit HMAC zu verwenden, anstatt etwas wie `SHA-3-256(key || message)` zu senden, was in der Praxis gut funktioniert. Genau das ist es, was *KMAC* tut.

KMAC stützt sich auf cSHAKE, die anpassbare Version der erweiterbaren Ausgabefunktion SHAKE, die Sie in Kapitel 2 kennengelernt haben. KMAC codiert eindeutig den MAC-Schlüssel, die Eingabe und die angeforderte Ausgabelänge (KMAC ist eine Art von MAC mit erweiterbarer Ausgabe) und übergibt dieses an cSHAKE als zu absorbierende Eingabe (siehe Abb. 3–8). Zudem verwendet KMAC die Zeichenfolge »KMAC« als Funktionsname (um cSHAKE anzupassen) und kann darüber hinaus einen benutzerdefinierten Anpassungsstring übernehmen.

Da KMAC auch die angeforderte Ausgabelänge absorbiert, liefern mehrere Aufrufe mit verschiedenen Ausgabelängen interessanterweise vollkommen unterschiedliche Ergebnisse, was bei XOFs im Allgemeinen selten der Fall ist. Dies macht KMAC in der Praxis zu einer recht vielseitigen Funktion.

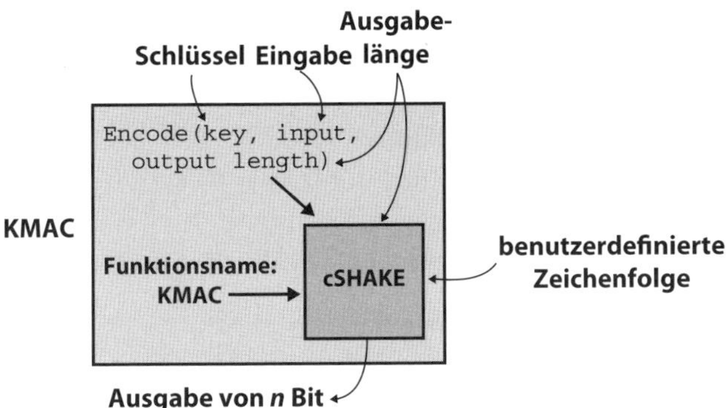

Abb. 3–8 *KMAC ist einfach ein Wrapper um cSHAKE. Um einen Schlüssel zu verwenden, codiert der Algorithmus (auf eindeutige Weise) den Schlüssel, die Eingabe und die Ausgabelänge als Eingabe für cSHAKE.*

3.6 SHA-2- und Length-Extension-Angriffe

Ich habe bereits mehrfach erwähnt, dass man Geheimnisse nicht mit SHA-2 hashen sollte, da diese Funktion gegenüber *Length-Extension-Angriffen* nicht resistent ist. In diesem Abschnitt möchte ich eine einfache Erklärung für derartige Angriffe geben.

Kehren wir zu unserem Einführungsszenario zurück, und zwar zu dem Schritt, bei dem wir versucht haben, die Integrität des Cookies einfach per SHA-2 zu schützen. Das hat sich aber als nicht gut genug herausgestellt, da der Benutzer die Möglichkeit hat, das Cookie zu manipulieren (indem er zum Beispiel ein Feld `admin=true` hinzufügt) und den Hash über dem Cookie neu zu berechnen. Denn SHA-2 ist eine öffentliche Funktion und niemand hindert den Benutzer daran, solche Manipulationen auszuführen. Abbildung 3–9 veranschaulicht dies.

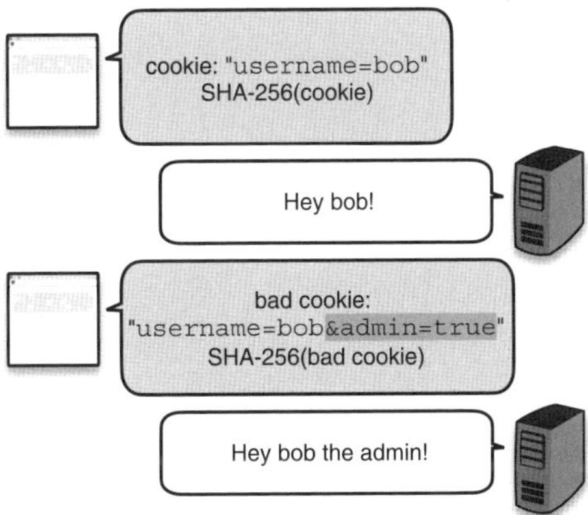

Abb. 3–9 *Eine Webseite sendet ein Cookie gefolgt von einem Hash dieses Cookies an einen Benutzer. Der Benutzer muss dann das Cookie in jeder darauf folgenden Anfrage senden, um sich selbst zu authentifizieren. Leider kann ein böswilliger Benutzer das Cookie manipulieren und den Hash neu berechnen, wodurch die Integritätsprüfung ausgehebelt wird. Die Webseite akzeptiert dann das Cookie als gültig.*

Die nächstbeste Idee war, einen geheimen Schlüssel hinzuzufügen und darüber den Hash zu bilden. Auf diese Weise kann der Benutzer den Digest nicht neu berechnen, da der geheime Schlüssel erforderlich ist, ähnlich wie bei einem MAC. Beim Empfang des manipulierten Cookies berechnet die Seite `SHA-256(key || tampered_cookie)`, wobei `||` die Verkettung der beiden Werte darstellt, sodass das Ergebnis wahrscheinlich nicht mit dem übereinstimmt, was der böswillige Benutzer gesendet hat. Abbildung 3–10 veranschaulicht diesen Ansatz.

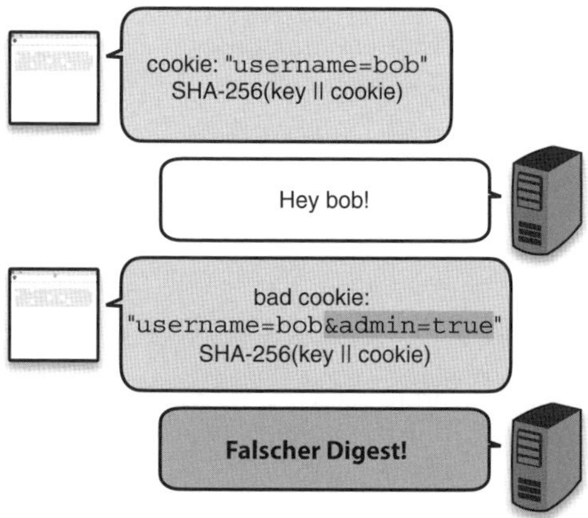

Abb. 3–10 *Da der Hash des Cookies mit dem Schlüssel gebildet wird, könnte man meinen, dass ein böswilliger Benutzer, der sein eigenes Cookie manipulieren will, nicht in der Lage wäre, den korrekten Digest über dem neuen Cookie zu berechnen. Später werden Sie sehen, dass dies bei SHA-256 nicht der Fall ist.*

Leider weist SHA-2 eine störende Eigenheit auf: Von einem Digest über einer Eingabe kann man den Digest einer Eingabe und weitere Informationen berechnen. Was bedeutet das? Sehen Sie sich Abbildung 3–11 an, wo jemand SHA-256 als `SHA-256(secret||input1)` verwendet.

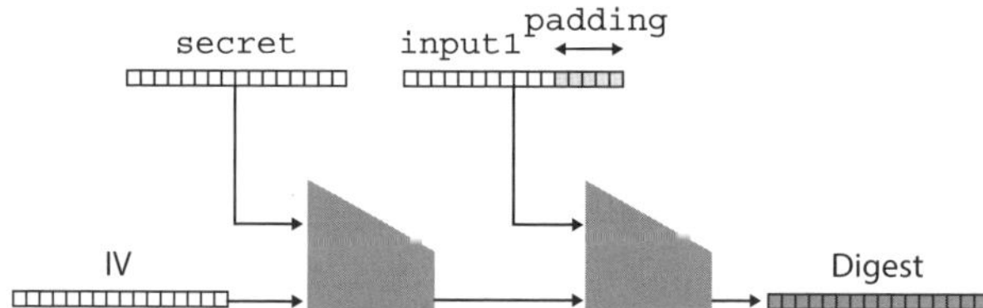

Abb. 3–11 *SHA-256 bildet den Hashwert eines Geheimnisses, das mit einem Cookie (hier* `input1` *genannt) verkettet ist. Wie Sie wissen, arbeitet SHA-256 mithilfe der Merkle-Damgård-Konstruktion, um iterativ eine Komprimierungsfunktion über Blöcke der Eingabe aufzurufen, ausgehend von einem Initialisierungsvektor (IV).*

Abbildung 3–11 ist zwar stark vereinfacht, aber stellen Sie sich vor, dass `input1` der String `user=bob` ist. Beachten Sie, dass der erhaltene Digest effektiv der vollständige Zwischenzustand der Hashfunktion an diesem Punkt ist. Nichts hindert uns daran, so zu tun, als sei der Padding-Abschnitt Teil der Eingabe, um den Merkle-Damgård-Tanz fortzusetzen. Abbildung 3–12 veranschaulicht diesen Angriff, bei dem jemand den Digest nimmt und den Hash von `input1 || padding || input2` berechnet. In unserem Beispiel hat `input2` den Wert `&admin=true`.

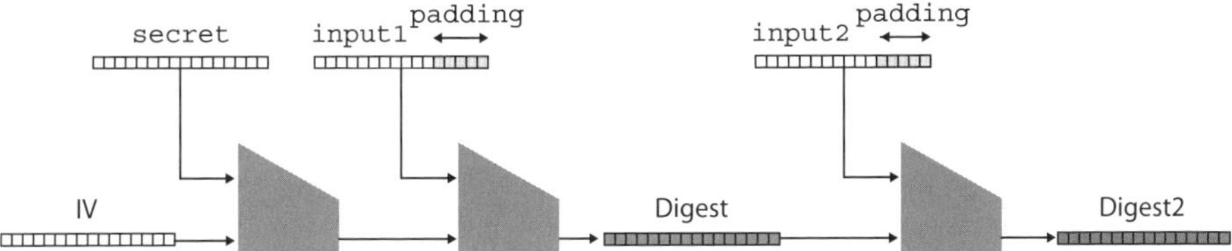

Abb. 3–12 *Die Ausgabe der Hashfunktion SHA-256 für ein Cookie (der mittlere Digest) wird verwendet, um den Hash auf weitere Daten zu erweitern und einen Hash (den rechten Digest) des Geheimnisses, das mit `input1`, den ersten Auffüllungsbytes (`padding`) und `input2` verkettet ist, zu erzeugen.*

Diese Schwachstelle ermöglicht es, das Hashing ausgehend von einem gegebenen Digest fortzusetzen, als ob die Operation nicht beendet worden wäre. Dies verletzt unser vorheriges Protokoll, wie Abbildung 3–13 verdeutlicht.

Abb. 3–13 *Ein Angreifer verwendet erfolgreich einen Length-Extension-Angriff, um sein Cookie zu manipulieren, und berechnet den richtigen Hashwert mithilfe des vorherigen Hashwerts.*

Die Tatsache, dass die erste Auffüllung nun Teil der Eingabe sein muss, könnte bedeuten, dass sich einige Protokolle nicht nutzen lassen. Dennoch kann die kleinste Änderung erneut eine Schwachstelle einführen. Aus diesem Grund sollte man niemals Geheimnisse mit SHA-2 hashen. Natürlich gibt es verschiedene andere Möglichkeiten, dies korrekt zu tun (zum Beispiel funktioniert `SHA-256(k||message||k)`). Und genau das bietet HMAC. Verwenden Sie also HMAC, wenn Sie mit SHA-2 arbeiten, und KMAC, wenn Sie SHA-3 bevorzugen.

Zusammenfassung

- Message Authentication Codes (MACs, Nachrichtenauthentifizierungscodes) sind symmetrische kryptografische Algorithmen, die es einer oder mehreren Parteien, die sich denselben Schlüssel teilen, ermöglichen, die Integrität und Authentizität von Nachrichten zu verifizieren.
  - Um die Authentizität einer Nachricht und ihres zugeordneten Authentifizierungstags zu verifizieren, kann man das Authentifizierungstag der Nachricht und einen geheimen Schlüssel neu berechnen und dann die beiden Authentifizierungstags vergleichen. Unterscheiden sie sich, wurde die Nachricht manipuliert.
  - Vergleichen Sie immer ein empfangenes Authentifizierungstag mit einem berechneten Tag in konstanter Zeit.
- MACs schützen zwar standardmäßig die Integrität von Nachrichten, doch sie erkennen nicht, wenn Nachrichten erneut abgespielt werden.
- Standardisierte und etablierte MACs sind die HMAC- und die KMAC-Standards.
- HMAC kann man mit verschiedenen Hashfunktionen verwenden. In der Praxis wird HMAC oftmals mit der Hashfunktion SHA-2 verwendet.
- Authentifizierungstags sollten eine minimale Länge von 128 Bit haben, um Kollisionen und Fälschungen von Authentifizierungstags zu verhindern.
- Verwenden Sie SHA-256 niemals direkt, um einen MAC zu erstellen, da dies fehlerhaft geschehen kann. Nehmen Sie dazu immer eine Funktion wie HMAC.

4 Authentifizierte Verschlüsselung

In diesem Kapitel:

- Symmetrische Verschlüsselung vs. authentifizierte Verschlüsselung
- Gängige Algorithmen für authentifizierte Verschlüsselung
- Andere Arten symmetrischer Verschlüsselung

Bei Vertraulichkeit geht es darum, Daten vor unerwünschten Blicken zu verbergen, und Verschlüsselung ist der Weg, dies zu erreichen. Verschlüsselung ist das, wofür die Wissenschaft der Kryptografie ursprünglich erfunden wurde. Sie ist das, was die meisten der frühen Kryptografen beschäftigte. Sie fragten sich: »Wie können wir verhindern, dass Beobachter unsere Konversationen verstehen?« Während die Wissenschaft und ihre Fortschritte sich zunächst hinter verschlossenen Türen entwickelten und nur den Regierungen und ihren Militärs zugutekamen, sind sie heute überall in der Welt anzutreffen. Heutzutage wird Verschlüsselung überall verwendet, um Datenschutz und Sicherheit in den verschiedenen Aspekten unseres modernen Lebens zu erhöhen. In diesem Kapitel erfahren Sie, was Verschlüsselung wirklich ist, welche Arten von Problemen sie löst und wie massiv heutige Anwendungen auf dieses kryptografische Primitiv zurückgreifen.

> **HINWEIS**
>
> Für dieses Kapitel sollten Sie Kapitel 3 zu Message Authentication Codes gelesen haben.

4.1 Was ist eine Chiffre?

It's like when you use slang to talk to your siblings about what you'll do after school so your mom doesn't know what you're up to.

(Es ist etwa so, wie wenn du mit deinen Geschwistern in deiner Jugendsprache darüber sprichst, was du nach der Schule machen wirst, damit deine Mutter nicht weiß, was du vorhast.)

– Natanael L. (2020, *https://twitter.com/Natanael_L*)

Stellen wir uns vor, dass unsere beiden Protagonisten, Alice und Bob, privat einige Nachrichten austauschen möchten. In der Praxis stehen ihnen viele Medien zur Verfügung (Post, Telefon, Internet usw.) und jedes dieser Medien ist von Haus aus unsicher. Der Postbote könnte ihre Briefe öffnen, die Telekommunikationsmitarbeiter können ihre Anrufe und Textnachrichten ausspionieren, Internetdienstanbieter oder beliebige Server im Netz, die zwischen Alice und Bob liegen, können auf den Inhalt der ausgetauschten Pakete zugreifen.

Führen wir nun kurzerhand den Retter von Alice und Bob ein: den *Verschlüsselungsalgorithmus* (auch *Chiffre* genannt). Fürs Erste stellen wir uns diesen neuen Algorithmus als Blackbox vor, mit der Alice ihre Nachrichten an Bob verschlüsseln kann. Indem sie eine Nachricht *verschlüsselt*, verwandelt Alice sie in etwas, das zufällig aussieht. Der Verschlüsselungsalgorithmus benötigt hierfür:

- einen *geheimen Schlüssel* – Entscheidend ist, dass dieses Element unvorhersehbar, zufällig und gut geschützt ist, da sich die Sicherheit des Verschlüsselungsalgorithmus direkt auf die Geheimhaltung des Schlüssels stützt. Mehr dazu in Kapitel 8 zum Thema Geheimnisse und Zufälligkeit.
- einen *Klartext* – Das ist das, was Sie verschlüsseln wollen. Dabei kann es sich um einen Text, ein Bild, ein Video oder etwas anderes handeln, das sich in Bits übersetzen lässt.

Dieser Verschlüsselungsprozess erzeugt einen *Chiffretext*, der den verschlüsselten Inhalt darstellt. Alice kann diesen Chiffretext über eines der oben genannten Medien sicher an Bob senden. Der Chiffretext sieht für jeden, der den geheimen Schlüssel nicht kennt, zufällig aus und es sickern keine Informationen über den Inhalt der Nachricht (den Klartext) durch. Wenn Bob diesen Chiffretext empfängt, kann er ihn mit einem *Entschlüsselungsalgorithmus* in den ursprünglichen Klartext zurückverwandeln. Der Entschlüsselungsalgorithmus benötigt hierfür:

- einen *geheimen Schlüssel* – Dies ist derselbe geheime Schlüssel, mit dem Alice den Chiffretext erzeugt hat. Da für beide Algorithmen derselbe Schlüssel verwendet wird, spricht man auch von einem symmetrischen Schlüssel. Deshalb geben wir manchmal auch an, dass wir *symmetrische Verschlüsselung* und nicht einfach *Verschlüsselung* verwenden.

- einen *Chiffretext* – Dies ist die verschlüsselte Nachricht, die Bob von Alice erhält. Der Prozess legt dann den ursprünglichen Klartext offen. Abbildung 4–1 veranschaulicht diesen Ablauf.

Durch die Verschlüsselung kann Alice ihre Nachricht in etwas umwandeln, das zufällig aussieht und das sich sicher an Bob übermitteln lässt. Die Entschlüsselung ermöglicht es Bob, die verschlüsselte Nachricht wieder in die ursprüngliche Nachricht zurückzuverwandeln. Dieses neue kryptografische Primitiv gewährleistet die Vertraulichkeit (oder Geheimhaltung oder Privatsphäre) ihrer Nachrichten.

> **HINWEIS**
>
> Wie verständigen sich Alice und Bob darauf, denselben symmetrischen Schlüssel zu verwenden? Für den Moment nehmen wir an, dass einer von ihnen Zugang zu einem Algorithmus hat, der unvorhersagbare Schlüssel generiert, und dass sie sich persönlich getroffen haben, um den Schlüssel auszutauschen. In der Praxis gehört es oftmals zu den großen Herausforderungen, die Firmen zu lösen haben, wie sich derartige Protokolle mit gemeinsamen Geheimnissen aus der Taufe heben lassen. In diesem Buch werden Sie viele verschiedene Lösungen für dieses Problem kennenlernen.

1. Alice und Bob treffen sich im echten Leben, um sich auf einen Schlüssel zu einigen.

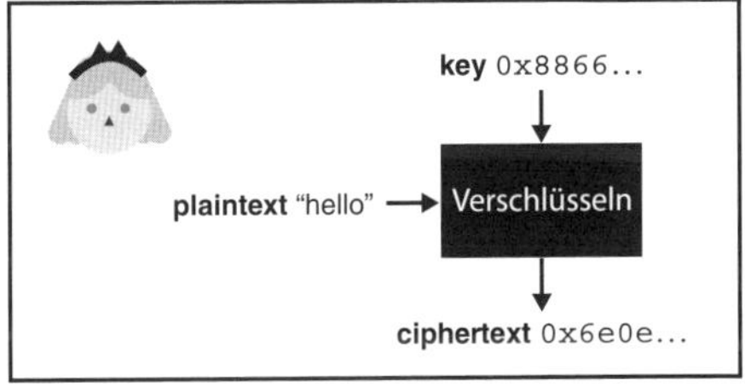

2. Alice kann nun diesen Schlüssel verwenden, um Nachrichten mit einem Verschlüsselungsalgorithmus und dem symmetrischen Schlüssel zu verschlüsseln.

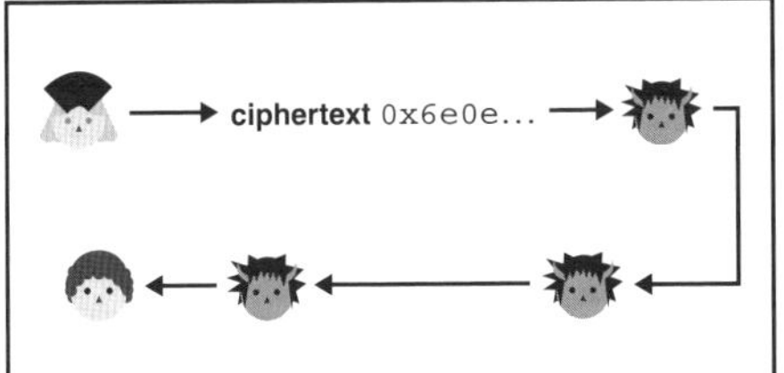

3. Der Chiffretext wird an Bob gesendet. Beobachter an der Übertragungsstrecke können nichts über die Nachricht herausbekommen.

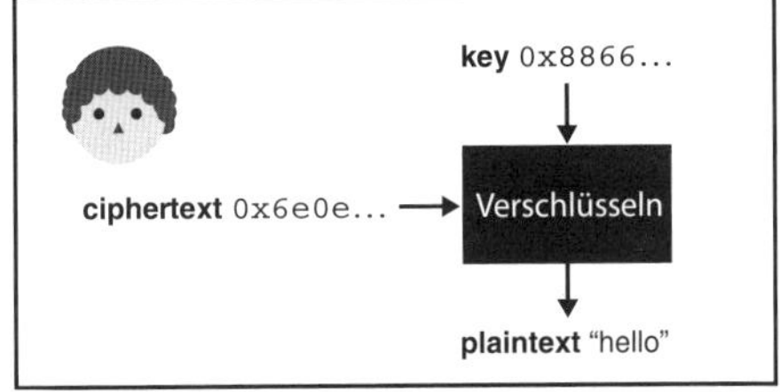

4. Schließlich kann Bob die Nachricht mit einem Entschlüsselungsalgorithmus und demselben symmetrischen Schlüssel entschlüsseln.

Abb. 4–1 *Alice (rechts oben) verschlüsselt* plaintext hello *mit dem Schlüssel* **0x8866...** *(ein abgekürzter Hexadezimalwert). Dann sendet Alice den Chiffretext an Bob. Bob (rechts unten) entschlüsselt den empfangenen Chiffretext mit demselben Schlüssel und einem Entschlüsselungsalgorithmus.*

Bisher bin ich noch gar nicht auf das eingegangen, worauf die Überschrift »Authentifizierte Verschlüsselung« dieses Kapitels verweist. Es ging nur um Verschlüsselung an sich. Zwar ist Verschlüsselung für sich genommen nicht sicher (mehr dazu später), aber ich muss erst erläutern, wie sie funktioniert, bevor ich das Primitiv der authentifizierten Verschlüsselung einführen kann. Daher möchte ich zunächst auf den wichtigsten Standard für Verschlüsselung eingehen: den *Advanced Encryption Standard (AES)*.

4.2 Die Blockchiffre AES (Advanced Encryption Standard)

Im Jahr 1997 startete das NIST einen offenen Wettbewerb für einen fortschrittlichen Verschlüsselungsstandard (Advanced Encryption Standard, AES), der den in die Jahre gekommenen Algorithmus Data Encryption Standard (DES) ersetzen sollte. Der Wettbewerb dauerte drei Jahre, in denen 15 verschiedene Entwürfe von Kryptografenteams aus verschiedenen Ländern eingereicht wurden. Am Ende des Wettbewerbs wurde nur ein Entwurf als Gewinner gekürt, Rijndael von Vincent Rijmen und Joan Daemen. Im Jahr 2001 machte das NIST AES als Teil der FIPS-(Federal-Information-Processing-Standards-)197-Veröffentlichung bekannt. Der im FIPS-Standard beschriebene Algorithmus AES ist immer noch die am häufigsten verwendete Chiffre. Dieser Abschnitt erläutert, wie AES funktioniert.

4.2.1 Wie viel Sicherheit bietet AES?

AES gibt es in drei verschiedenen Versionen: AES-128 übernimmt einen Schlüssel von 128 Bit (16 Byte), AES-192 einen Schlüssel von 192 Bit (24 Byte) und AES-256 einen Schlüssel von 256 Bit (32 Byte). Die Länge des Schlüssels bestimmt den Grad der Sicherheit – *je größer, desto stärker.* Nichtsdestotrotz verwenden die meisten Anwendungen AES-128, da er genügend Sicherheit bietet (128-Bit-Sicherheit).

Der Begriff *Bitsicherheit* wird allgemein verwendet, um die Sicherheit von kryptografischen Algorithmen anzugeben. Zum Beispiel gibt AES-128 an, dass der beste uns bekannte Angriff etwa 2^{128} Operationen erfordern würde. Diese Zahl ist gigantisch und es ist das Sicherheitsniveau, das die meisten Anwendungen anstreben.

Bitsicherheit ist eine obere Schranke

Die Tatsache, dass ein 128-Bit-Schlüssel eine Sicherheit von 128 Bit bietet, ist spezifisch für AES und keine goldene Regel. Ein 128-Bit-Schlüssel, der in einem anderen Algorithmus verwendet wird, könnte theoretisch weniger als 128-Bit-Sicherheit bieten. Zwar kann ein 128-Bit-Schlüssel weniger als 128-Bit-Sicherheit bieten, aber niemals mehr (es gibt immer noch den Brute-Force-Angriff). Um alle möglichen Schlüssel auszuprobieren, sind höchstens 2^{128} Operationen erforderlich, was die Sicherheit auf mindestens 128 Bit reduzieren würde.

Wie groß ist 2^{128}? Bekanntlich verdoppelt sich der Wert zwischen zwei Potenzen von 2. Zum Beispiel ist 2^3 doppelt so viel wie 2^2. Wenn 2^{100} Operationen kaum noch zu bewältigen sind, wie schwer ist es dann, das Doppelte (2^{101}) zu erreichen? Um 2^{128} zu erreichen, müssen Sie den anfänglichen Wert 128-mal verdoppeln! Die Zweierpotenz 2^{128} lautet in Dezimaldarstellung 340 Sextillionen 282 Quintilliarden 366 Quintillionen 920 Quadrilliarden 938 Quadrillionen 463 Trilliarden 463 Trillionen 374 Billiarden 607 Billionen 431 Milliarden 768 Millionen 211 Tausend 456. Es ist schwer vorstellbar, wie groß diese Zahl ist, aber Sie können getrost davon ausgehen, dass wir in der Praxis niemals in der Lage sein werden, eine so große Zahl zu erreichen. Zudem haben wir den Platzbedarf nicht berücksichtigt, damit ein so großer und komplexer Angriff funktioniert, der in der Praxis gleichermaßen enorm ist.

Es ist absehbar, dass AES-128 auf lange Sicht sicher bleiben wird. Es sei denn, die Fortschritte in der Kryptoanalyse finden eine noch unentdeckte Schwachstelle, die die Anzahl der für einen Angriff auf den Algorithmus erforderlichen Operationen verringern würde.

4.2.2 Die Schnittstelle von AES

Ein Blick auf die Schnittstelle von AES zur Verschlüsselung zeigt Folgendes:

- Der Algorithmus übernimmt einen Schlüssel variabler Länge, wie zuvor beschrieben.
- Er übernimmt auch einen Klartext von genau 128 Bit.
- Er gibt einen Chiffretext von genau 128 Bit zurück.

Da AES einen Klartext fester Größe verschlüsselt, sprechen wir von einer *Blockchiffre*. Andere Chiffren können Klartexte beliebiger Länge verschlüsseln, wie dieses Kapitel später noch zeigt.

Der Entschlüsselungsvorgang läuft genau umgekehrt ab: Er übernimmt denselben Schlüssel, einen Chiffretext von 128 Bit und gibt den ursprünglichen 128-Bit-Klartext zurück. Die Entschlüsselung kehrt praktisch die Verschlüsselung um. Dies ist möglich, weil die Verschlüsselungs- und Entschlüsselungsoperationen *deterministisch* sind: Sie erzeugen die gleichen Ergebnisse, egal wie oft Sie diese Operationen aufrufen.

Unter technischen Gesichtspunkten ist eine Blockchiffre mit einem Schlüssel eine *Permutation*: Sie bildet alle möglichen Klartexte auf alle möglichen Chiffretexte ab (siehe das Beispiel in Abb. 4–2). Ändert man den Schlüssel, ändert sich diese Abbildung ebenfalls. Eine Permutation ist auch umkehrbar. Von einem Chiffretext gibt es eine Abbildung zurück auf den entsprechenden Klartext (andernfalls würde die Entschlüsselung nicht funktionieren).

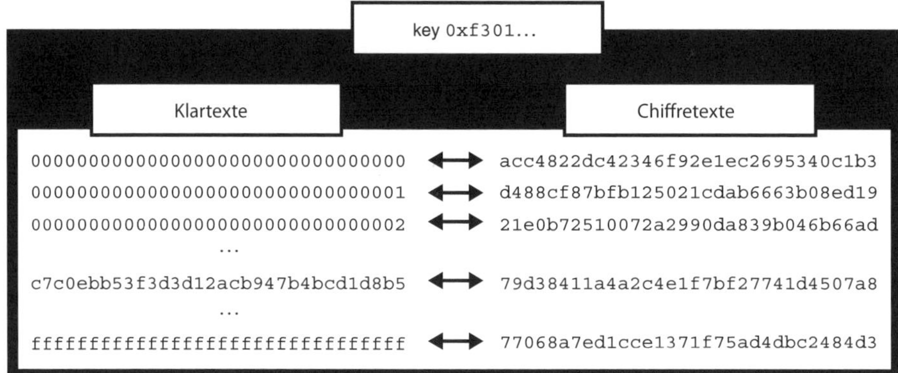

Abb. 4–2 *Eine Chiffre mit einem Schlüssel kann als Permutation aufgefasst werden: Sie bildet alle möglichen Klartexte auf alle möglichen Chiffretexte ab.*

Natürlich können wir aus Platzgründen nicht alle möglichen Klartexte und die dazugehörigen Chiffretexte auflisten. Das wären 2^{128} Abbildungen für eine 128-Bit-Blockchiffre. Stattdessen entwerfen wir Konstruktionen wie AES, die sich wie Permutationen verhalten und durch einen Schlüssel randomisiert werden. Wir sagen, dass es sich dabei um *pseudozufällige Permutationen* (PRPs) handelt.

4.2.3 Die Interna von AES

Dringen wir etwas tiefer in die inneren Abläufe von AES ein. AES sieht den *Zustand* des Klartextes während des Verschlüsselungsvorgangs als 4x4-Byte-Matrix (wie Abb. 4–3 zeigt).

Für die Praxis spielt das keine Rolle, aber so ist AES definiert. Hinter den Kulissen funktioniert AES wie viele ähnliche symmetrische kryptografische Primitive, die zur Kategorie der *Blockchiffren* gehören, d. h. Chiffren, die Blöcke fester Länge verschlüsseln. AES besitzt auch eine *Rundenfunktion*, die mehrmals durchlaufen wird, wobei es mit der ursprünglichen Eingabe (dem Klartext) losgeht. Das wird in Abbildung 4–4 veranschaulicht.

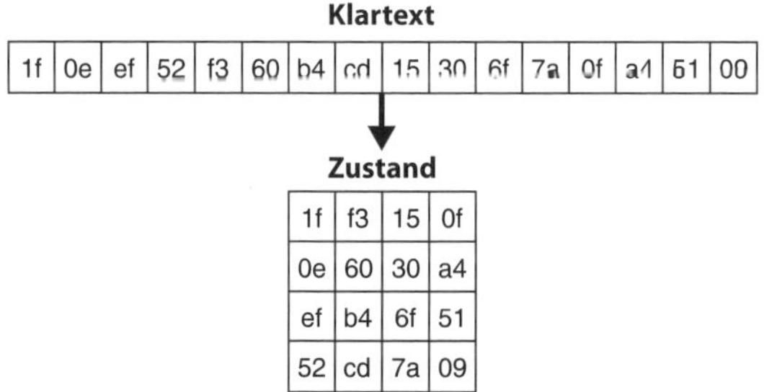

Abb. 4–3 *Beim Eintritt in den AES-Algorithmus wird ein Klartext von 16 Byte in eine 4x4-Matrix umgewandelt. Dieser Zustand wird dann verschlüsselt und schließlich in einen 16-Byte-Chiffretext überführt.*

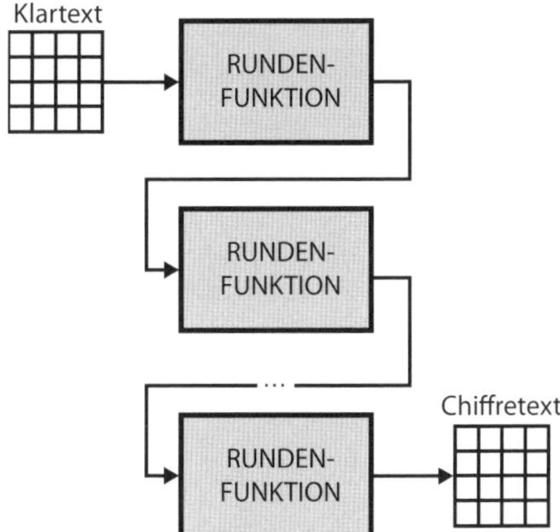

Abb. 4–4 *AES durchläuft eine Rundenfunktion über einem Zustand, um ihn zu verschlüsseln. Die Rundenfunktion übernimmt mehrere Argumente, drunter einen geheimen Schlüssel. (Der Einfachheit halber sind diese in der Zeichnung nicht dargestellt.)*

Jeder Aufruf der Rundenfunktion transformiert den Zustand weiter und erzeugt schließlich den Chiffretext. Jede Runde verwendet einen anderen *Rundenschlüssel*, der aus dem symmetrischen Hauptschlüssel (während einer sogenannten *Schlüsselplanung*) abgeleitet wird. Die Kombination aus Schlüsselplan und Runden stellt sicher, dass die geringste Änderung in den Bits des Schlüssels oder der Nachricht zu einer völlig anderen Verschlüsselung führt (ein als *Diffusion* bezeichnetes Prinzip).

Die Rundenfunktion besteht aus mehreren Operationen, die die Bytes des Zustands mischen und transformieren. Insbesondere bedient sich die Rundenfunktion von AES vier verschiedener Unterfunktionen. Auch wenn ich hier nicht weiter darauf eingehe, wie die Unterfunktionen arbeiten (diese Informationen finden Sie in jedem Buch über AES), seien sie zumindest genannt: `SubBytes`, `ShiftRows`, `MixColumns` und `AddRoundKey`. Die ersten drei sind leicht umkehrbar (man kann die Eingabe aus der Ausgabe der Operation ableiten), die letzte jedoch nicht. Sie führt eine Exklusiv-Oder-(XOR-)Verknüpfung mit dem Rundenschlüssel und dem Zustand aus und muss folglich den Rundenschlüssel kennen, um die Umkehrung zu ermöglichen. Abbildung 4–5 veranschaulicht, was in einer Runde vor sich geht.

Die Anzahl der Iterationen der Rundenfunktion in AES, die in der Regel mit einer reduzierten Anzahl von Runden praktikabel ist, wurde gewählt, um eine Kryptoanalyse zu vereiteln. Zum Beispiel gibt es äußerst effiziente *Total Breaks* (Angriffe, die den Schlüssel wiederherstellen) für AES-128-Varianten mit drei Runden. In mehreren Iterationen transformiert die Chiffre den Klartext in etwas, das keinerlei Ähnlichkeit mehr mit dem ursprünglichen Klartext hat. Die geringste Änderung im Klartext ergibt auch einen völlig anderen Chiffretext. Dieses Prinzip nennt man den *Lawineneffekt* (Avalanche Effect).

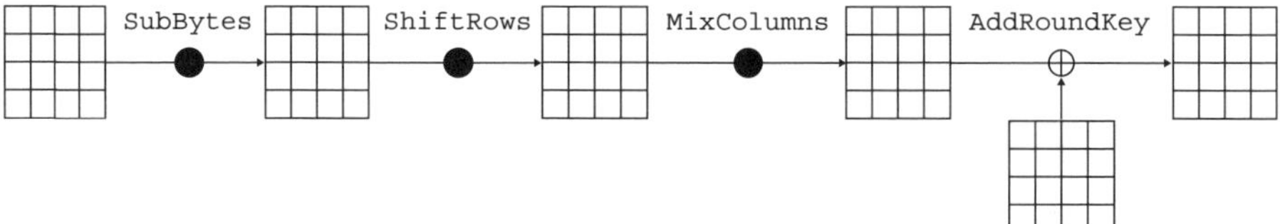

Abb. 4–5 *Eine typische Runde von AES. (In der ersten und letzten Runde werden einige Operationen ausgelassen.) Vier verschiedene Funktionen transformieren den Zustand. Jede Funktion ist umkehrbar, da die Entschlüsselung sonst nicht funktionieren würde. Das Pluszeichen in einem Kreis (⊕) ist das Symbol für die XOR-Operation.*

HINWEIS

Praktische kryptografische Algorithmen werden in der Regel nach ihrer Sicherheit, Größe und Geschwindigkeit verglichen. Über die Sicherheit und Größe von AES habe ich bereits geschrieben; die Sicherheit dieses Algorithmus hängt von der Schlüsselgröße ab und er kann Datenblöcke von 128 Bit auf einmal verschlüsseln. Was die Geschwindigkeit angeht, haben viele CPU-Hersteller AES in Hardware implementiert. Zum Beispiel ist *AES New Instructions* (AES-NI) ein Befehlssatz in CPUs von Intel und AMD, mit dem sich Verschlüsselung und Entschlüsselung für AES effizient implementieren lassen. Diese speziellen Befehle machen AES in der Praxis äußerst schnell.

Vielleicht stellt sich bei Ihnen noch die Frage, wie man mit AES mehr oder weniger als 128 Bit verschlüsseln kann. Diese Frage werde ich als Nächstes beantworten.

4.3 Der verschlüsselte Pinguin und die Betriebsart CBC

Nachdem ich die AES-Blockchiffre vorgestellt habe und ein wenig auf ihre Interna eingegangen bin, wollen wir uns ansehen, wie man sie in der Praxis einsetzen kann. Das Problem mit einer Blockchiffre ist, dass sie immer nur blockweise verschlüsseln kann. Um etwas zu verschlüsseln, das nicht genau 128 Bit umfasst, müssen wir sowohl eine *Auffüllung* (Padding) als auch eine *Betriebsart* verwenden. Sehen wir uns an, was es mit diesen beiden Konzepten auf sich hat.

Stellen Sie sich vor, Sie wollen eine lange Nachricht verschlüsseln. Naiverweise könnten Sie die Nachricht in Blöcke von 16 Byte (die Blockgröße von AES) unterteilen. Wenn dann der letzte Klartextblock kleiner als 16 Byte ist, könnten Sie am Ende noch einige Bytes anhängen, um den Klartext auf eine Länge von 16 Byte zu bringen. Genau darum geht es beim Auffüllen!

Es gibt mehrere Möglichkeiten festzulegen, wie diese *Auffüllungsbytes* auszuwählen sind, doch der wichtigste Aspekt beim Auffüllen ist, dass der Vorgang reversibel sein muss. Nachdem wir den Chiffretext entschlüsselt haben, sollten wir die Auffüllung wieder entfernen können, um die ursprüngliche, nicht aufgefüllte Nachricht wiederherzustellen. Beispielsweise würde es nicht funktionieren, einfach zufällige Bytes hinzuzufügen, da man nicht erkennen könnte, ob die Zufallsbytes Teil der ursprünglichen Nachricht waren oder nicht.

Der bekannteste Auffüllungsmechanismus wird oft als *PKCS#7-Padding* bezeichnet und erschien zuerst im Standard PKCS#7, der von RSA (einem Unternehmen) Ende der 1990er-Jahre veröffentlicht wurde. PKCS#7-Padding legt eine Regel fest: Der Wert des Auffüllungsbytes muss auf die Länge der erforderlichen Auffüllung gesetzt werden. Was ist, wenn der Klartext bereits 16 Byte lang ist? Dann ergänzen wir einen ganzen Block von Auffüllungsbytes, die auf den Wert 16 gesetzt sind. Abbildung 4–6 veranschaulicht dies. Um die Auffüllung zu entfernen, kann man einfach den Wert des letzten Klartextbytes prüfen und als Länge der zu entfernenden Auffüllung interpretieren.

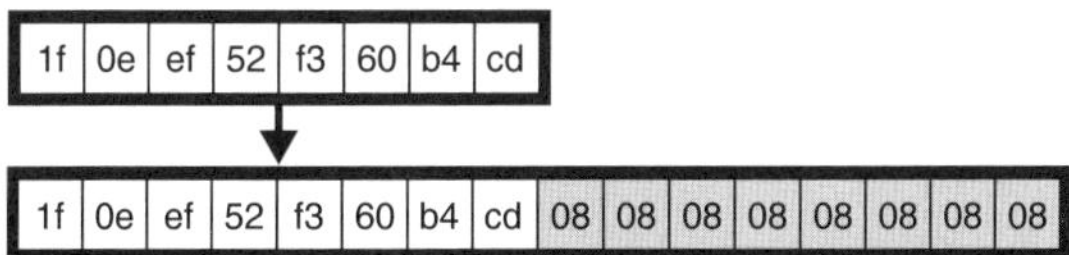

Abb. 4–6 *Wenn die Länge des Klartextes kein Vielfaches der Blockgröße ist, wird der Klartext mit der erforderlichen Länge aufgefüllt, um ein Vielfaches der Blockgröße zu erreichen. Da der Klartext in der Abbildung acht Byte umfasst, füllen wir ihn mit acht weiteren Bytes (die den Wert 8 enthalten) auf, um ihn auf die für AES erforderliche Länge von 16 Byte zu bringen.*

Nun muss ich auf ein großes Problem kommen. Um eine lange Nachricht zu verschlüsseln, hat man sie bisher einfach in Blöcke von 16 Byte unterteilt (und gegebenenfalls den letzten Block aufgefüllt). Diese naive Methode ist die sogenannte *ECB-(Electronic-Code-Book-)*Betriebsart. Wie Sie gelernt haben, ist die Verschlüsselung deterministisch. Wenn man also denselben Klartextblock zweimal verschlüsselt, erhält man den gleichen Chiffretext. Das bedeutet: Verschlüsselt man jeden Block einzeln, könnte der resultierende Chiffretext sich wiederholende Muster aufweisen.

Das scheint in Ordnung zu gehen, doch lässt man diese Wiederholungen zu, führt dies zu vielen Problemen. Es liegt auf der Hand, dass sie Informationen über den Klartext preisgeben. Das berühmteste Beispiel hierfür ist der *ECB-Pinguin*, der in Abbildung 4–7 dargestellt ist.

Abb. 4–7 *Der berühmte ECB-Pinguin ist eine Verschlüsselung des Bildes eines Pinguins in der ECB-(Electronic Code Book-)Betriebsart. Da ECB keine sich wiederholenden Muster verbirgt, kann man allein durch einen Blick auf den Chiffretext erraten, was ursprünglich verschlüsselt wurde. (Das Bild wurde aus Wikipedia übernommen.)*

Um mehr als 128 Bit Klartext sicher zu verschlüsseln, gibt es bessere Betriebsarten, die die Verschlüsselung »randomisieren«. Eine der bekanntesten Betriebsarten für AES ist *CBC (Cipher Block Chaining)*. CBC funktioniert für jede deterministische Blockchiffre (nicht nur AES), indem mit dem sogenannten *Initialisierungsvektor* (IV) ein zusätzlicher Wert übernommen wird, um die Verschlüsselung zu randomisieren. Aus diesem Grund entspricht die Länge des Initialisierungsvektors der Blockgröße (16 Byte für AES) und der Vektor muss zufällig und unvorhersehbar sein.

Um ihn in der CBC-Betriebsart zu verschlüsseln, erzeugen Sie zunächst einen zufälligen Initialisierungsvektor (IV) von 16 Byte (Kapitel 8 erläutert, wie das geht) und verknüpfen dann den generierten IV mit den ersten 16 Byte des Klartextes, bevor Sie diesen verschlüsseln. Praktisch wird die Verschlüsselung dadurch zufällig. Denn wenn derselbe Klartext zweimal, aber mit verschiedenen Initialisierungsvektoren verschlüsselt wird, liefert die Betriebsart zwei verschiedene Chiffretexte.

Wenn mehr Klartext zu verschlüsseln ist, verwenden Sie den vorherigen Chiffretext (wie wir zuvor den IV verwendet haben), um ihn per XOR mit dem nächsten Klartextblock zu verknüpfen, bevor Sie ihn verschlüsseln. Dadurch wird auch der nächste Verschlüsselungsblock randomisiert. Denken Sie daran, dass die Verschlüsselung von etwas nicht vorhersehbar ist und so gut sein sollte wie die Zufälligkeit, die wir verwendet haben, um unseren echten Initialisierungsvektor zu erzeugen. Abbildung 4–8 veranschaulicht die CBC-Verschlüsselung.

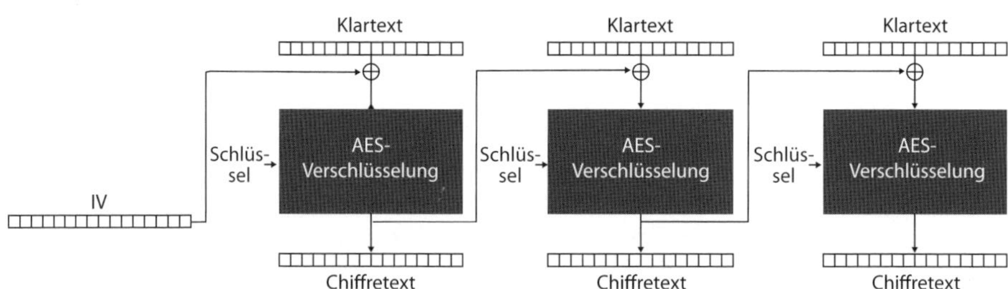

Abb. 4–8 *Die CBC-Betriebsart mit AES. Um zu verschlüsseln, verwenden wir einen zufälligen Initialisierungsvektor (IV) zusätzlich zum aufgefüllten Klartext (aufgeteilt in mehrere Blöcke von 16 Byte).*

Um im CBC-Modus zu entschlüsseln, kehren wir die Operationen um. Da der Initialisierungsvektor erforderlich ist, muss er zusammen mit dem Chiffretext als Klartext übertragen werden. Da der IV zufällig sein soll, dringen keine Informationen nach außen, wenn man seinen Wert beobachtet. Abbildung 4–9 veranschaulicht die CBC-Entschlüsselung.

Zusätzliche Parameter wie zum Beispiel Initialisierungsvektoren sind in der Kryptografie weit verbreitet. Dennoch werden sie oft nur unzureichend verstanden und stellen eine große Quelle für Sicherheitslücken dar. Bei der CBC-Betriebsart muss ein Initialisierungsvektor sowohl *eindeutig* (er darf sich nicht wiederholen) als auch *unvorhersehbar* (d. h. wirklich zufällig) sein. Diese Anforderungen können aus einer Reihe von Gründen nicht erfüllt werden. Da Entwickler mit Initialisierungsvektoren oftmals nicht klarkommen, haben einige Kryptobibliotheken die Option entfernt, einen IV anzugeben, wenn mit CBC verschlüsselt wird, und generieren stattdessen automatisch einen zufälligen Initialisierungsvektor.

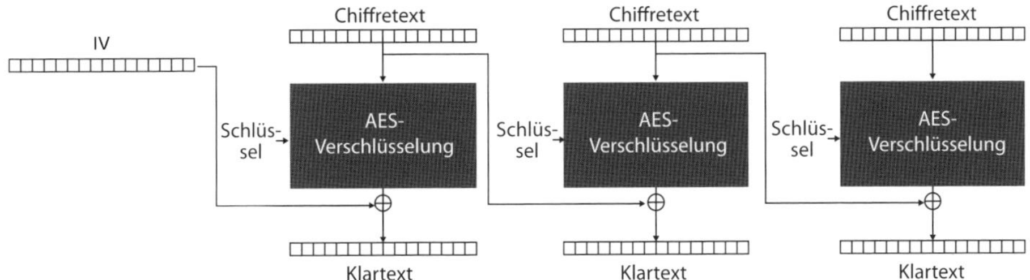

Abb. 4–9 *Die CBC-Betriebsart mit AES. Um zu entschlüsseln, ist der zugeordnete Initialisierungsvektor (IV) erforderlich.*

> **ACHTUNG**
>
> Wenn sich ein IV wiederholt oder vorhersehbar ist, wird die Verschlüsselung wieder deterministisch, und es ergeben sich verschiedene raffinierte Angriffsmöglichkeiten. Dies war der Fall bei dem berühmten BEAST-Angriff (Browser Exploit Against SSL/TLS) auf das TLS-Protokoll. Beachten Sie auch, dass andere Algorithmen möglicherweise andere Anforderungen an IVs stellen. Deshalb ist es immer wichtig, das Handbuch zu lesen. Im Kleingedruckten sind entscheidende Details enthalten.

Beachten Sie, dass eine Betriebsart und eine Auffüllung noch nicht ausreichen, um eine Chiffre nutzbar zu machen. Warum das so ist, sehen Sie im nächsten Abschnitt.

4.4 Fehlende Authentizität, deshalb AES-CBC-HMAC

Bislang haben wir es versäumt, einen grundlegenden Mangel zu beheben: Ein Angreifer kann den Chiffretext sowie den Initialisierungsvektor im Fall von CBC immer noch modifizieren. Es gibt in der Tat keinen Integritätsmechanismus, der das verhindert! Änderungen am Chiffretext oder Initialisierungsvektor könnten unerwartete Änderungen in der Entschlüsselung nach sich ziehen. Zum Beispiel kann ein Angreifer in AES-CBC (AES in der Betriebsart CBC) bestimmte Bits im Klartext kippen, indem er Bits in seinem Initialisierungsvektor und Chiffretext kippt. Abbildung 4–10 veranschaulicht diesen Angriff.

Folglich darf eine Chiffre oder eine Betriebsart nicht in der vorliegenden Form verwendet werden. Es fehlt eine Art Integritätsschutz, der sicherstellt, dass ein Chiffretext und dessen zugeordnete Parameter (hier der IV) nicht modifiziert werden können, ohne Alarm auszulösen.

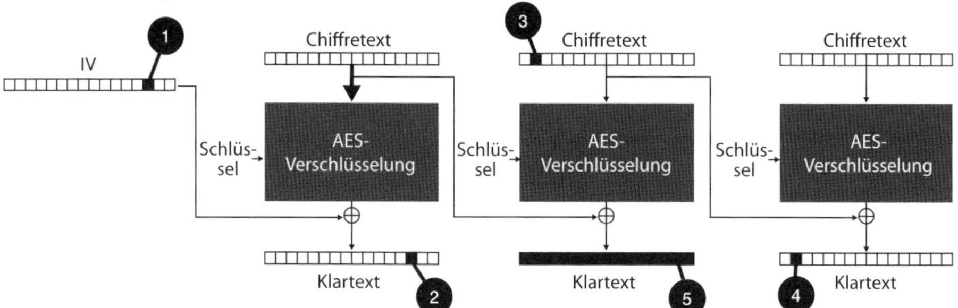

Abb. 4–10 *Ein Angreifer, der einen AES-CBC-Chiffretext abfängt, kann Folgendes tun: (1) Da der IV öffentlich ist, wird durch Kippen eines Bits (z. B. von 1 auf 0) des IV auch (2) ein Bit im ersten Block des Klartextes umgedreht. (3) Modifikationen von Bits können auch im Chiffretextblock auftreten. (4) Derartige Änderungen wirken sich auf den folgenden Block des entschlüsselten Klartextes aus. (5) Eine Manipulation der Chiffretextblöcke beeinträchtigt direkt die Entschlüsselung dieses Blocks.*

Um Modifikationen am Chiffretext zu verhindern, können wir *Message Authentication Codes* (MACs) verwenden, die Kapitel 3 beschrieben hat. Für AES-CBC verwenden wir normalerweise HMAC (für *Hash-based MAC*) in Kombination mit der Hashfunktion SHA-256, um Integrität zu gewährleisten. Dann wenden wir den MAC an, nachdem wir den Klartext aufgefüllt und ihn sowohl über den Chiffretext als auch den IV verschlüsselt haben. Andernfalls kann ein Angreifer immer noch den IV modifizieren, ohne entdeckt zu werden.

ACHTUNG

Diese Konstruktion wird *Encrypt-then-MAC* genannt. Die Alternativen (wie *MAC-then-Encrypt*) können manchmal zu raffinierten Angriffen (wie dem berühmten Vaudenay-Padding-Oracel-Angriff) führen und werden deshalb in der Praxis vermieden.

Das erzeugte Authentifizierungstag lässt sich zusammen mit dem IV und dem Chiffretext übertragen. Üblicherweise werden alle miteinander verkettet, wie Abbildung 4–11 zeigt. Zudem empfiehlt es sich, für AES-CBC und HMAC verschiedene Schlüssel zu verwenden.

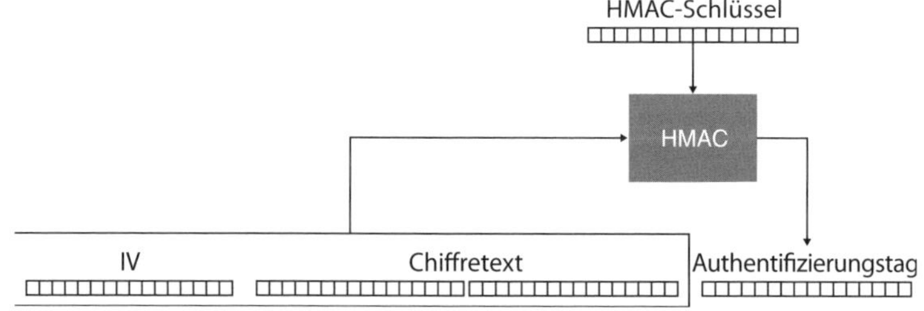

Abb. 4–11 *Die Konstruktion AES-CBC-HMAC erzeugt drei Argumente, die normalerweise in der folgenden Reihenfolge verkettet werden: öffentlicher IV, Chiffretext und Authentifizierungstag.*

Vor der Entschlüsselung muss das Tag verifiziert werden (in konstanter Zeit, wie Kapitel 3 erläutert hat). Die Kombination dieser Algorithmen, die man als *AES-CBC-HMAC* bezeichnet, war eine der gängigsten Verschlüsselungsarten, bis wir zu moderneren Komplettkonstruktionen übergegangen sind.

ACHTUNG

AES-CBC-HMAC ist nicht gerade die entwicklerfreundlichste Konstruktion. Oftmals ist sie schlecht implementiert und hat einige gefährliche Fallstricke, wenn sie nicht korrekt eingesetzt wird (zum Beispiel muss der IV jeder Verschlüsselung unvorhersehbar sein). Ich habe diesem Algorithmus einige Seiten zur Einführung gewidmet, da er immer noch weit verbreitet ist und funktioniert. Allerdings empfehle ich, diesen Algorithmus nicht mehr zu verwenden, sondern die aktuelleren Konstruktionen zu bevorzugen, auf die ich als Nächstes eingehe.

4.5 All-in-one-Konstruktionen: Authentifizierte Verschlüsselung

Die Geschichte der Verschlüsselung ist nicht schön. Man hat sich nicht nur schwer damit getan, zu erkennen, dass Verschlüsselung ohne Authentifizierung gefährlich ist, auch eine falsche Anwendung der Authentifizierung ist ein systematischer Fehler, der auf das Konto von Entwicklern geht. Aus diesem Grund ist viel geforscht worden, um All-in-one-Konstruktionen zu standardisieren, die die Verwendung von Verschlüsselung für Entwickler vereinfachen. Im Rest dieses Abschnitts stelle ich dieses neue Konzept sowie zwei weithin akzeptierte Standards vor: AES-GCM und ChaCha20-Poly1305.

4.5.1 Was ist authentifizierte Verschlüsselung mit zugehörigen Daten (AEAD)?

Die gängigste Art der Verschlüsselung von Daten ist die Verwendung einer All-in-one-Konstruktion, die man als *authentifizierte Verschlüsselung mit zugehörigen Daten* (Authenticated Encryption with Associated Data, AEAD) bezeichnet. Diese Konstruktion kommt der AES-CBC-HMAC-Konstruktion sehr nahe, da sie ebenfalls die Vertraulichkeit der Klartexte gewährleistet und gleichzeitig alle Modifikationen erkennt, die an den Chiffretexten vorgenommen worden sein könnten. Darüber hinaus bietet sie eine Möglichkeit, *zugehörige Daten* zu authentifizieren.

Das Argument für zugehörige Daten ist optional – es kann leer sein oder auch Metadaten enthalten, die für die Ver- und Entschlüsselung des Klartextes relevant sind. Diese Daten werden nicht verschlüsselt und entweder implizit oder zusammen mit dem Chiffretext übertragen. Außerdem ist der Chiffretext größer als der Klartext, weil er nun ein zusätzliches Authentifizierungstag enthält (das in der Regel am Ende des Chiffretextes angehängt wird).

Um den Chiffretext zu entschlüsseln, müssen wir dieselben impliziten oder übertragenen zugehörigen Daten verwenden. Das Ergebnis ist entweder ein Fehler, der anzeigt, dass der Chiffretext während der Übertragung verändert wurde, oder der ursprüngliche Klartext. Dieses neue Primitiv habe ich in Abbildung 4–12 veranschaulicht.

1. Alice und Bob treffen sich im wirklichen Leben, um sich auf einen Schlüssel zu einigen.

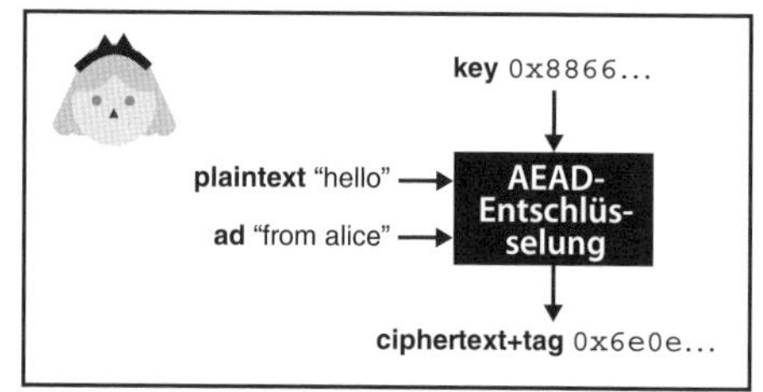

2. Alice kann ihn nun verwenden, um Nachrichten mit einem AEAD-Algorithmus und dem symmetrischen Schlüssel zu verschlüsseln. Sie kann auch einige optionale zugehörige Daten hinzufügen.

3. Der Chiffretext und das Tag werden an Bob gesendet. Ein Beobachter auf dem Weg dorthin fängt sie ab und modifiziert den Chiffretext.

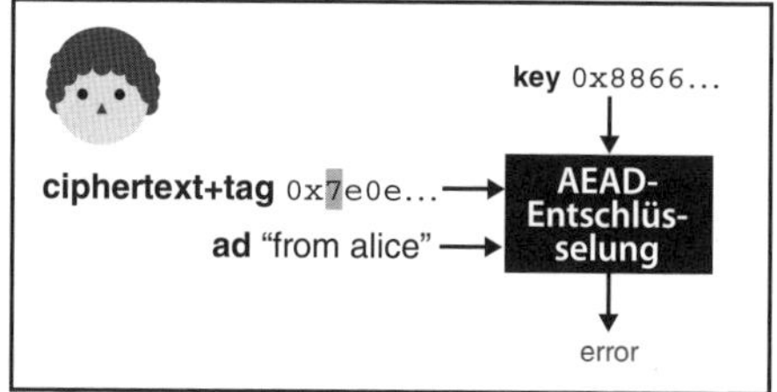

4. Bob wendet den AEAD-Entschlüsselungsalgorithmus auf den modifizierten Chiffretext mit demselben Schlüssel an. Die Entschlüsselung schlägt fehl.

Abb. 4–12 *Alice und Bob treffen sich persönlich, um sich auf einen gemeinsamen Schlüssel (`key`) zu einigen. Alice kann dann einen AEAD-Verschlüsselungsalgorithmus mit diesem Schlüssel verwenden, um ihre Nachrichten (`plaintext`) an Bob zu verschlüsseln. Optional kann sie einige zugehörige Daten (`ad`) authentifizieren, zum Beispiel den Absender der Nachricht. Nachdem Bob den Chiffretext (`ciphertext`) und das Authentifizierungstag (`tag`) empfangen hat, kann er dies mit demselben Schlüssel und den zugehörigen Daten entschlüsseln. Wenn die zugehörigen Daten falsch sind oder der Chiffretext während der Übertragung modifiziert wurde, schlägt die Entschlüsselung fehl.*

Sehen wir uns nun an, wie man eine *kryptografische Bibliothek* verwendet, um mit einem Primitiv für authentifizierte Verschlüsselung zu ver- und entschlüsseln. Wir verwenden dazu die Programmiersprache JavaScript und die Web Crypto API (eine offizielle Schnittstelle, die von den meisten Browsern unterstützt wird und die systemnahe kryptografische Funktionen bietet), wie Listing 4–1 zeigt.

```
let config = {
    name: 'AES-GCM',
    length: 128
};
let keyUsages = ['encrypt', 'decrypt'];
let key = await crypto.subtle.generateKey(config, false, keyUsages);

let iv = new Uint8Array(12);
await crypto.getRandomValues(iv);

let te = new TextEncoder();
let ad = te.encode("some associated data");
let plaintext = te.encode("hello world");

let param = {
    name: 'AES-GCM',
    iv: iv,
    additionalData: ad
};
let ciphertext = await crypto.subtle.encrypt(param, key, plaintext);

let result = await window.crypto.subtle.decrypt(
    param, key, ciphertext);
new TextDecoder("utf-8").decode(result);
```

Generiert einen 128-Bit-Schlüssel für 128 Bit Sicherheit

Generiert einen zufälligen 12-Byte-Initialisierungsvektor (IV)

Verwendet einige zugehörige Daten, um unseren Klartext zu verschlüsseln. Die Entschlüsselung muss denselben IV und dieselben zugehörigen Daten verwenden.

Entschlüsselung löst eine Ausnahme aus, wenn der IV, der Chiffretext oder die zugehörigen Daten manipuliert werden.

Listing 4–1 *Authentifizierte Verschlüsselung mit AES-GCM in JavaScript*

Bei der Web Crypto API handelt es sich um eine Low-Level-API, die als solche den Entwickler nicht dabei unterstützt, Fehler zu vermeiden. So können Sie zum Beispiel einen IV festlegen, was ein gefährliches Muster ist. In Listing 4–1 habe ich AES-GCM verwendet, den am weitesten verbreiteten AEAD-Modus. Im Folgenden gehe ich ausführlicher auf AES-GCM ein.

4.5.2 Der AEAD-Modus AES-GCM

Die am weitesten verbreitete AEAD-Betriebsart ist AES mit dem *Galois/Counter Mode* (als AES-GCM abgekürzt). Um die gewünschte hohe Performance zu erreichen, nutzt dieser Modus die Hardwareunterstützung für AES mit einem MAC (GMAC), der sich effizient implementieren lässt.

AES-GCM ist seit 2007 in der Special Publication (SP 800-38D) des NIST enthalten und die wichtigste Chiffre, die in kryptografischen Protokollen verwendet wird, einschließlich mehrerer Versionen des TLS-Protokolls, das für sichere Verbindungen zu Websites im Internet verwendet wird. Praktisch kann man also sagen, dass AES-GCM das Internet verschlüsselt.

AES-GCM kombiniert die Counter-(CTR-)Betriebsart mit dem GMAC-Nachrichtenauthentifizierungscode. Sehen wir uns zuerst an, wie der CTR-Modus mit AES funktioniert. Abbildung 4–13 zeigt, wie AES mit der CTR-Betriebsart verwendet wird.

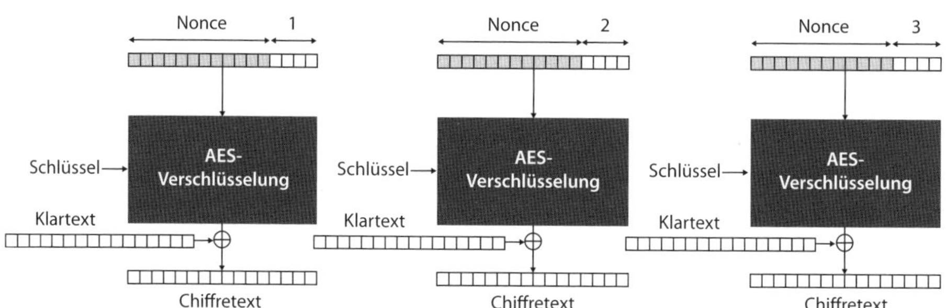

Abb. 4–13 *Der AES-CTR-Algorithmus, der die AES-Chiffre mit der Counter-Betriebsart (CTR-Modus) kombiniert. Eine eindeutige Nonce wird mit einem Zähler verkettet und verschlüsselt, um einen Schlüsselstrom zu erzeugen. Der Schüsselstrom wird dann mit den eigentlichen Bytes des Klartextes per XOR verknüpft.*

AES-CTR verschlüsselt mit AES anstelle des Klartextes eine Nonce, die mit einer Zahl (beginnend bei 1) verkettet ist. Dieses zusätzliche Argument – »eine Nonce für eine einmalige Zahl« – dient dem gleichen Zweck wie ein IV: Es ermöglicht der Betriebsart, die AES-Verschlüsselung zu randomisieren. Die Anforderungen unterscheiden sich allerdings etwas vom IV des CBC-Modus. Eine Nonce muss eindeutig, aber *nicht* unvorhersehbar sein. Sobald dieser 16-Byte-Block verschlüsselt ist, bezeichnet man das Ergebnis als *Schlüsselstrom* und es wird mit dem eigentlichen Klartext per XOR verknüpft, um die Verschlüsselung durchzuführen.

HINWEIS

Wie Initialisierungsvektoren sind Nonces gängige Begriffe in der Kryptografie und man findet sie in verschiedenen kryptografischen Primitiven. Nonces können verschiedene Anforderungen haben, obwohl der Name oftmals schon andeutet, dass sie sich nicht wiederholen sollten. Aber wie immer kommt es darauf an, was das Handbuch sagt, und nicht darauf, was der Name des Arguments nahelegt. In der Tat wird die Nonce von AES-GCM manchmal als IV bezeichnet.

Die Nonce in AES-CTR umfasst 96 Bit (12 Byte) und belegt damit den größten Teil der 16 zu verschlüsselnden Bytes. Die verbleibenden 32 Bit (4 Byte) dienen als Zähler, der bei 1 beginnt und für jede Blockverschlüsselung inkrementiert wird, bis er den Maximalwert von $2^{4 \times 8} - 1 = 4.294.967.295$ erreicht. Das bedeutet, dass höchstens 4.294.967.295 Blöcke von 128 Bit mit derselben Nonce verschlüsselt werden können (also weniger als 69 GB).

Wenn dieselbe Nonce zweimal verwendet wird, entsteht derselbe Schlüsselstrom. Indem man die beiden Chiffretexte per XOR miteinander verknüpft, wird der Schlüsselstrom abgebrochen und man kann das XOR-verknüpfte Ergebnis der beiden Klartexte wiederherstellen. Dies kann verheerend sein, insbesondere wenn man einige Informationen über den Inhalt eines der beiden Klartexte besitzt.

Abbildung 4–14 zeigt einen interessanten Aspekt des CTR-Modus: Es ist keine Auffüllung erforderlich. Wir sagen, dass er eine Blockchiffre (AES) in eine Stromchiffre umwandelt. Sie verschlüsselt den Klartext Byte für Byte.

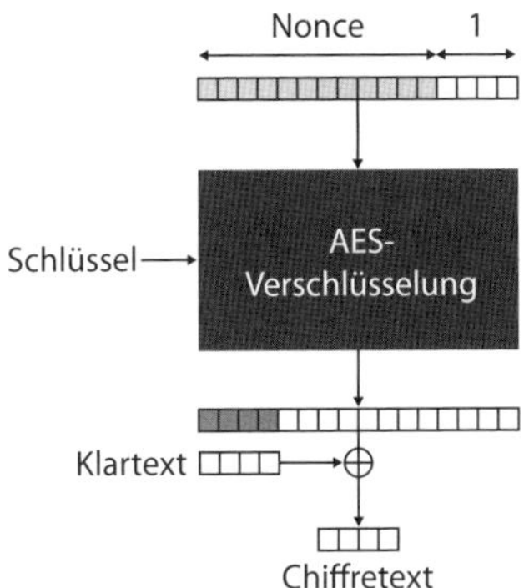

Abb. 4–14 *Wenn der Schlüsselstrom länger als der Klartext ist, wird er auf die Länge des Klartextes gekürzt, bevor er mit dem Klartext per XOR verknüpft wird. Dadurch kann AES-CTR ohne Auffüllung arbeiten.*

Stromchiffren

Stromchiffren sind eine weitere Kategorie von Chiffren. Im Unterschied zu Blockchiffren können wir sie direkt verwenden, um einen Chiffretext zu verschlüsseln, indem dieser mit einem Schlüsselstrom per XOR verknüpft wird. Da weder eine Auffüllung noch eine Betriebsart erforderlich sind, kann der Chiffretext dieselbe Länge wie der Klartext haben.

In der Praxis gibt es keinen großen Unterschied zwischen diesen beiden Chiffrekategorien, da sich Blockchiffren über die CTR-Betriebsart leicht in Stromchiffren umwandeln lassen. Theoretisch sind Blockchiffren aber im Vorteil, da sie bei der Konstruktion anderer Kategorien von Primitiven nützlich sein können (ähnlich wie in Kapitel 2 mit Hashfunktionen).

Dies ist auch ein guter Zeitpunkt anzumerken, dass die Verschlüsselung standardmäßig die Länge der verschlüsselten Daten nicht (oder nur schlecht) verbirgt. Bei einer Komprimierung vor der Verschlüsselung sind deshalb Angriffe möglich, wenn ein Angreifer Teile der verschlüsselten Daten beeinflussen kann.

Der zweite Teil von AES-GCM ist *GMAC*. Es handelt sich um einen MAC, der aus einem verschlüsselten Hash (*GHASH* genannt) konstruiert wird. Technisch gesehen ist GHASH ein fast per XOR verknüpfter universeller Hash (Almost XORed Universal Hash, AXU), der auch *Difference Unpredictable Function (DUF)* genannt wird. Die Anforderungen an eine derartige Funktion sind schwächer als bei einer Hashfunktion. Zum Beispiel muss ein AXU nicht kollisionsresistent sein. Dadurch kann GHASH wesentlich schneller sein. Abbildung 4–15 veranschaulicht den GHASH-Algorithmus.

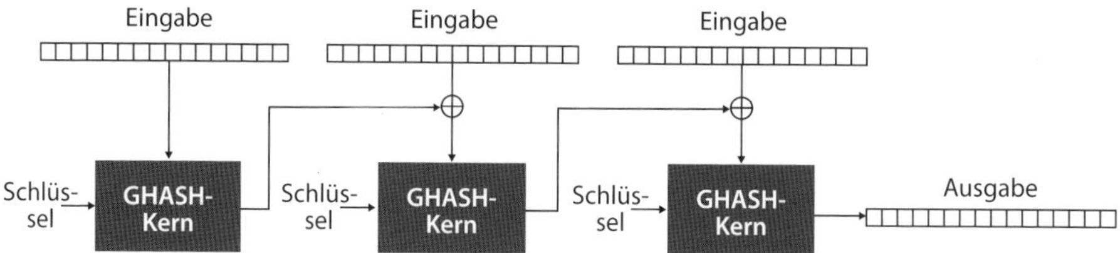

Abb. 4–15 *GHASH übernimmt einen Schlüssel und absorbiert die Eingabe blockweise, was der Verarbeitung im CBC-Modus ähnelt. Der Algorithmus produziert einen Digest von 16 Byte.*

Um etwas mit GHASH zu hashen, zerlegen wir die Eingabe in Blöcke von 16 Byte und hashen sie dann ähnlich wie im CBC-Modus. Da dieser Hash einen Schlüssel als Eingabe übernimmt, kann er theoretisch als MAC verwendet werden, allerdings nur einmal (andernfalls ist der Algorithmus angreifbar) – er ist ein *einmaliger MAC*. Da dies für uns nicht ideal ist, verwenden wir eine Technik (die auf Wegman-Carter zurückgeht), um GHASH in einen Mehrfach-MAC zu transformieren. Abbildung 4–16 veranschaulicht dies.

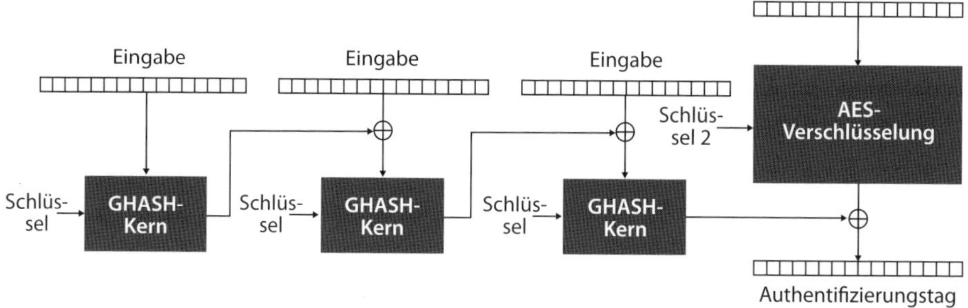

Abb. 4–16 *GMAC verwendet GHASH mit einem Schlüssel, um die Eingabe zu hashen, und verschlüsselt das Ergebnis dann mit einem anderen Schlüssel und AES-CTR, um ein Authentifizierungstag zu erzeugen.*

GMAC ist praktisch die Verschlüsselung der GHASH-Ausgabe mit AES-CTR (und einem anderen Schlüssel). Auch hier muss die Nonce eindeutig sein, andernfalls könnten clevere Angreifer den von GHASH verwendeten Authentifizierungsschlüssel wiederherstellen, was katastrophale Folgen hätte und eine einfache Fälschung von Authentifizierungstags ermöglichen würde.

Schließlich kann man AES-GCM als ineinandergreifende Kombination von CTR-Modus und GMAC betrachten, ähnlich wie die Encrypt-then-MAC-Konstruktion, die ich zuvor beschrieben habe. Abbildung 4–17 veranschaulicht den gesamten Algorithmus.

Der Zähler beginnt bei 1 für die Verschlüsselung, wobei der Zähler 0 für die Verschlüsselung des von GHASH erzeugten Authentifizierungstags bleibt. GHASH wiederum übernimmt einen unabhängigen Schlüssel H, der die Verschlüsselung des nur aus Nullen bestehenden Blocks mit einem Schlüssel K ist. Somit ist es nicht erforderlich, zwei verschiedene Schlüssel mitzuführen, da der Schlüssel *K* genügt, um den anderen Schlüssel abzuleiten.

Wie bereits erwähnt, muss die 12-Byte-Nonce des AES-GCM eindeutig sein und darf sich deshalb nicht wiederholen. Beachten Sie, dass sie nicht zufällig sein muss. Folglich wird sie manchmal als *Zähler* verwendet, der bei 1 beginnt und für jede Verschlüsselung inkrementiert wird. In diesem Fall müssen Sie eine kryptografische Bibliothek verwenden, die es dem Benutzer ermöglicht, die Nonce auszuwählen. Es lassen sich dann $2^{12\times8} - 1$ Nachrichten verschlüsseln, bevor der Maximalwert der Nonce erreicht ist. Es genügt zu sagen, dass diese Anzahl von Nachrichten in der Praxis unmöglich zu erreichen ist.

Andererseits bedeutet die Verwendung eines Zählers, dass man einen *Status* mitführen muss. Wenn ein Computer zur falschen Zeit abstürzt, kann es sein, dass eine Nonce wiederverwendet wird. Deshalb bevorzugt man manchmal eine *zufällige Nonce*. Einige Bibliotheken erlauben es dem Entwickler von Haus aus nicht, eine Nonce zu wählen, und generieren sie zufällig. Dadurch wird eine Wiederholung mit so hoher Wahrscheinlichkeit vermieden, dass diese in der Praxis nicht vorkommen sollte. Doch je mehr Nachrichten verschlüsselt werden, desto mehr Nonces werden verwendet und desto höher ist die Wahrscheinlichkeit einer Kollision. Aufgrund der in Kapitel 2 erwähnten Geburtstagsschranke wird empfohlen, nicht mehr als $2^{96/3} \approx 2^{32}$ Nachrichten mit dem gleichen Schlüssel zu verschlüsseln, wenn Nonces zufällig erzeugt werden.

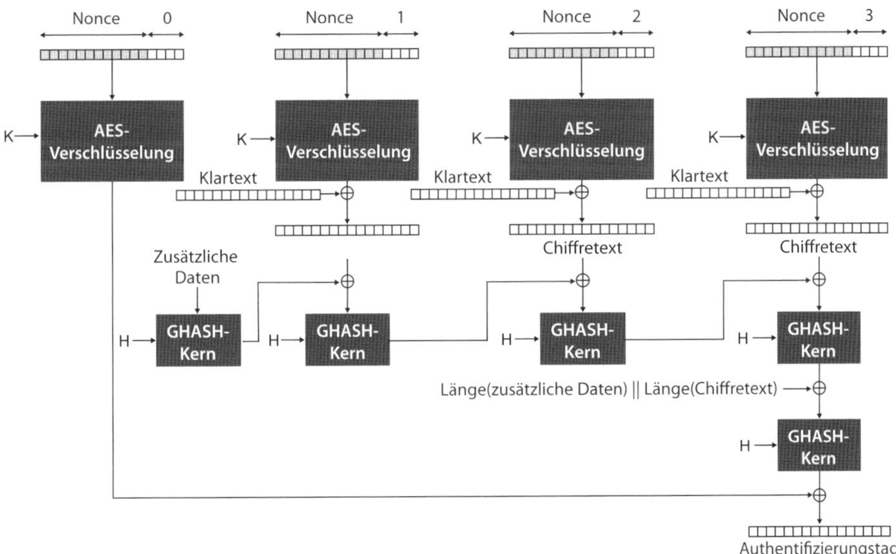

Abb. 4–17 *AES-GCM verwendet AES-CTR mit einem symmetrischen Schlüssel* K*, um den Klartext zu verschlüsseln, und GMAC, um die zugehörigen Daten und den Chiffretext mit einem Authentifizierungsschlüssel* H *zu authentifizieren.*

Über Birthday-Bound[1]-Sicherheit hinaus

2^{32} ist eine ziemlich große Anzahl von Nachrichten. In vielen Szenarios wird sie vielleicht nie erreicht, doch die praktische Kryptografie stößt oft an die Grenzen dessen, was als vernünftig angesehen wird. Manche langlebigen Systeme müssen unzählige Nachrichten pro Sekunde verschlüsseln und erreichen irgendwann diese Grenzen. Zum Beispiel verarbeitet Visa 150 Millionen Transaktionen pro Tag. Müssten diese mit einem eindeutigen Schlüssel verschlüsselt werden, würde die Grenze von 2^{32} in nur einer Woche erreicht. In diesen Extremfällen kann *Neuverschlüsseln* (Wechsel des zum Verschlüsseln verwendeten Schlüssels) eine Lösung sein. Es gibt auch ein Forschungsgebiet mit der Bezeichnung *Beyond Birthday-Bound Security*, das darauf abzielt, die maximale Anzahl von Nachrichten, die mit demselben Schlüssel verschlüsselt werden können, zu verbessern.

4.5.3 ChaCha20-Poly1305

Der zweite AEAD, über den ich hier schreiben werde, ist *ChaCha20-Poly1305*. Er kombiniert zwei Algorithmen: die Stromchiffre ChaCha20 und den MAC Poly1305. Beide wurden separat von Daniel L. Bernstein entwickelt, um in einer Softwarerealisierung schnell zu sein, im Unterschied zu AES, der bei nicht verfügbarer Hardwareunterstützung langsam ist. Google hat den AEAD ChaCha20-Poly1305 im Jahr 2013 standardisiert, um ihn in Android-Mobiltelefonen mit Low-End-Prozessoren einsetzen zu können. Heutzutage wird dieses Verschlüsselungsverfahren weithin von Internetprotokollen wie OpenSSH, TLS und Noise unterstützt.

ChaCha20 ist eine Modifikation der Stromchiffre Salsa20, die Daniel J. Bernstein um 2005 entwickelt hat. Der Algorithmus war einer der nominierten Algorithmen im ESTREAM-Wettbewerb (*https://www.ecrypt.eu.org/stream*). Wie alle Stromchiffren erzeugt der Algorithmus einen *Schlüsselstrom*, eine Folge von zufälligen Bytes in der Länge des Klartextes. Dieser wird dann per XOR mit dem Klartext verknüpft, um den Chiffretext zu erzeugen. Zum Entschlüsseln erzeugt der gleiche Algorithmus denselben Schlüsselstrom, der dann per XOR mit dem Chiffretext verknüpft wird, um den Klartext zurückzugeben. Abbildung 4–18 veranschaulicht beide Abläufe.

Unter der Haube generiert ChaCha20 einen Schlüsselstrom, indem er wiederholt eine *Blockfunktion* aufruft, um viele 64-Byte-Schlüsselstromblöcke zu erzeugen. Die Blockfunktion übernimmt

- einen 256-Bit-(32-Byte-)Schlüssel wie AES-256
- eine 96-Bit-(12-Byte-)Nonce wie AES-GCM
- einen 32-Bit-(4-Byte-)Zähler wie AES-GCM

1. Vom Geburtstagsparadoxon abgeleitet bezeichnet man mit *Birthday-Bound* die Anzahl der erforderlichen Brute-Force-Angriffe, um eine Kollision zu erzeugen. (Anm. d. Übers.)

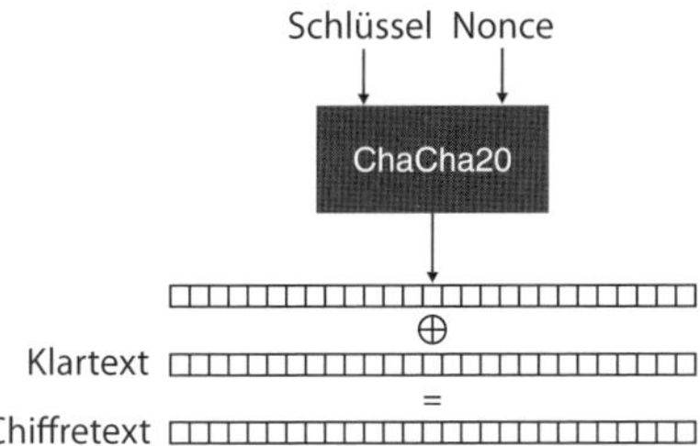

Abb. 4–18 *ChaCha20 übernimmt einen symmetrischen Schlüssel und eine eindeutige Nonce. Dann generiert der Algorithmus einen Schlüsselstrom, der per XOR mit dem Klartext (oder dem Chiffretext) verknüpft wird, um den Chiffretext (oder den Klartext) zurückzugeben. Die Verschlüsselung bewahrt die Länge, da der Chiffretext und der Klartext gleich lang sind.*

Der Verschlüsselungsvorgang ist derselbe wie bei AES-CTR (wie in Abb. 4–19 veranschaulicht):

1. Blockfunktion ausführen, dabei jedes Mal den Zähler inkrementieren, bis genügend Schlüsselstrom erzeugt wurde
2. Den Schlüsselstrom auf die Länge des Klartextes abschneiden
3. Den Schlüsselstrom per XOR mit dem Klartext verknüpfen

Wegen der Obergrenze des Zählers können Sie mit ChaCha20 genauso viele Nachrichten verschlüsseln wie mit AES-GCM (denn er übernimmt eine ähnliche Nonce als Parameter). Da diese Blockfunktion eine viel größere Ausgabe erzeugt, wirkt sich das auch auf die Größe einer Nachricht aus, die Sie verschlüsseln können, nämlich 2^{32} x 64 Byte ≈ 274 GB. Wird eine Nonce wiederverwendet, um einen Klartext zu verschlüsseln, ergeben sich ähnliche Probleme wie bei AES-GCM. Ein Beobachter kann das XOR-Ergebnis der beiden Klartexte erhalten, indem er die beiden Chiffretexte per XOR verknüpft, und er kann auch den Authentifizierungsschlüssel für die Nonce wiederherstellen. Diese schwerwiegenden Probleme können dazu führen, dass ein Angreifer in der Lage ist, Nachrichten zu fälschen!

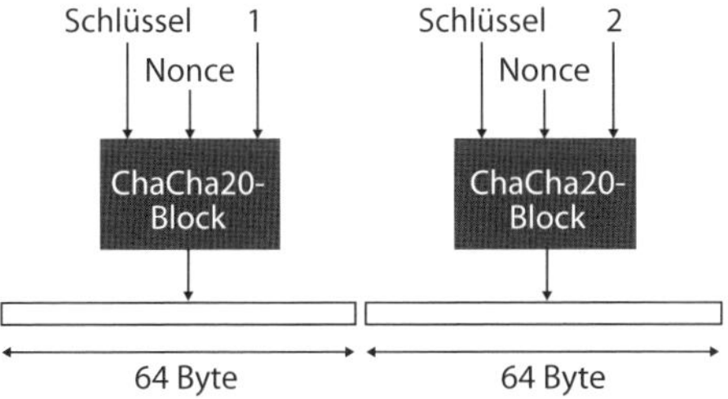

Abb. 4–19 *Der Schlüsselstrom von ChaCha20 wird durch Aufruf einer internen Blockfunktion erzeugt, bis genügend Bytes produziert sind. Ein Aufruf der Blockfunktion erzeugt 64 Byte eines zufälligen Schlüsselstroms.*

Die Größe von Nonces und Zählern

Die Größen der Nonces und Zähler sind (eigentlich) nicht überall gleich (weder bei AES-GCM noch bei ChaCha20-Poly1305), doch sie sind die empfohlenen Werte aus den etablierten Standards. Dennoch akzeptieren einige kryptografische Bibliotheken verschiedene Größen für die Nonce und manche Anwendungen erhöhen die Größe des Zählers (oder der Nonce), um die Verschlüsselung größerer Nachrichten (oder mehrerer Nachrichten) zu ermöglichen. Wenn die eine Komponente vergrößert wird, führt das zwangsläufig dazu, dass die andere verkleinert wird.

Um dies zu verhindern und gleichzeitig eine große Anzahl von Nachrichten mit einem einzigen Schlüssel verschlüsseln zu können, stehen andere Standards wie XChaCha20-Poly1305 zur Verfügung. Diese Standards erhöhen die Größe der Nonce, während der Rest intakt bleibt, was in Fällen wichtig ist, in denen die Nonce nach dem Zufallsprinzip generiert werden muss, anstatt ein Zähler zu sein, der im System verfolgt wird.

Innerhalb der ChaCha20-Blockfunktion wird ein Status gebildet, wie Sie in Abbildung 4–20 sehen.

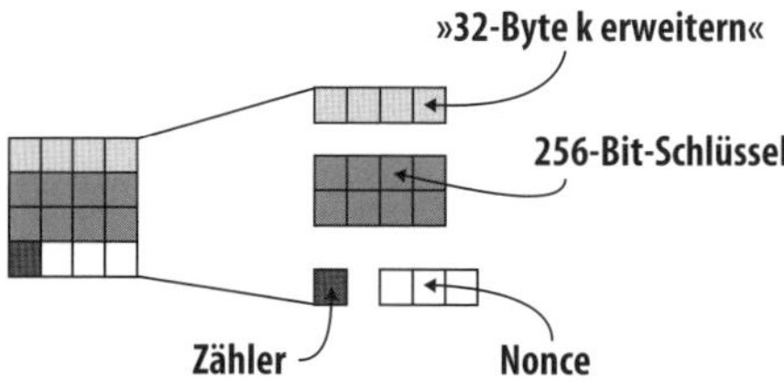

Abb. 4–20 *Der Status der ChaCha20-Blockfunktion besteht aus 16 Wörtern (als Quadrate dargestellt) von jeweils 32 Bit. Die erste Zeile speichert eine Konstante, die zweite und dritte Zeile speichern den symmetrischen 32-Byte-Schlüssel, das folgende Wort speichert einen 4-Byte-Zähler und die letzten drei Wörter speichern die 12-Byte-Nonce.*

Dieser Status wird dann in 64 Byte des Schlüsselstroms konvertiert, indem eine Rundenfunktion 20-mal durchlaufen wird (daher die 20 im Namen des Algorithmus). Dies ist ähnlich wie bei AES und dessen Rundenfunktion. Die Rundenfunktion ruft ihrerseits eine *Quarter Round-(QR-)*Funktion viermal je Runde auf, die jedes Mal auf verschiedene Wörter des internen Zustands wirkt, abhängig davon, ob die Rundenzahl ungerade oder gerade ist. Abbildung 4–21 zeigt diesen Vorgang.

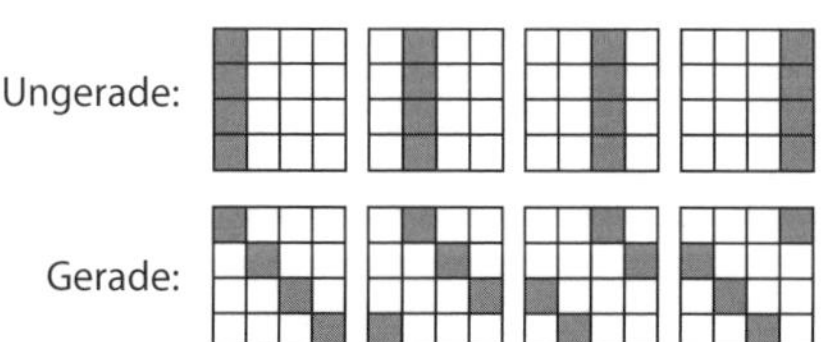

Abb. 4–21 *Eine Runde in ChaCha20 betrifft alle Wörter, die in einem Zustand enthalten sind. Da die Quarter Round-(QR-)Funktion nur vier Argumente übernimmt, muss sie mindestens vier Mal auf verschiedenen Wörtern (im Diagramm grau dargestellt) aufgerufen werden, um alle 16 Wörter des Zustands zu modifizieren.*

Die QR-Funktion übernimmt vier verschiedene Argumente und aktualisiert sie allein mit den Operationen Addieren, Rotieren und XOR. Wir sagen, dass es sich um eine *ARX*-Stromchiffre handelt. ChaCha20 ist damit äußerst einfach zu implementieren und selbst als Softwarerealisierung schnell.

Poly1305 ist ein MAC, der nach der Wegman-Carter-Technik erstellt wurde, ähnlich wie GMAC, den ich zuvor beschrieben habe. Abbildung 4–22 veranschaulicht diesen kryptografischen MAC.

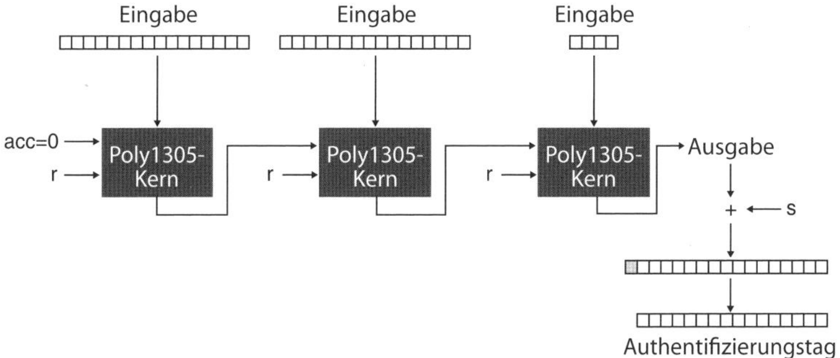

Abb. 4–22 *Die Kernfunktion von Poly1305 absorbiert eine Eingabe von jeweils einem Block, indem sie einen zusätzlichen Akkumulator (der anfänglich auf 0 gesetzt wird) und einen Authentifizierungsschlüssel* r *übernimmt. Die Ausgabe wird als Akkumulator in den nächsten Aufruf der Kernfunktion eingespeist. Schließlich wird die Ausgabe zu einem zusätzlichen Wert* s *addiert, um das Authentifizierungstag zu bilden.*

In Abbildung 4–22 kann *r* als Authentifizierungsschlüssel des Schemas angesehen werden, analog zum Authentifizierungsschlüssel *H* von GMAC. Und *s* macht den MAC sicher für mehrere Verwendungen, indem die Ergebnisse verschlüsselt werden, sodass es bei jeder Verwendung eindeutig sein muss.

Die *Poly1305-Kernfunktion* mischt den Schlüssel mit dem Akkumulator (der anfangs auf 0 gesetzt wird) und der zu authentifizierenden Nachricht. Die Operationen sind einfache Multiplikationen modulo einer Konstanten *P*.

HINWEIS

Offensichtlich fehlen in unserer Beschreibung eine Menge Details. Ich erwähne nur selten, wie die Daten zu codieren sind oder wie bestimmte Argumente aufgefüllt werden sollten, bevor sie verarbeitet werden. Dies sind alles Implementierungsdetails, die für uns keine Rolle spielen, da wir versuchen, ein Gefühl dafür zu bekommen, wie diese Dinge funktionieren.

Schließlich können wir ChaCha20 und einen auf 0 gesetzten Zähler verwenden, um einen Schlüsselstrom zu generieren und die jeweils 16 Byte großen Werte *r* und *s* abzuleiten, die wir für Poly1305 brauchen. Die resultierende AEAD-Chiffre ist in Abbildung 4–23 dargestellt.

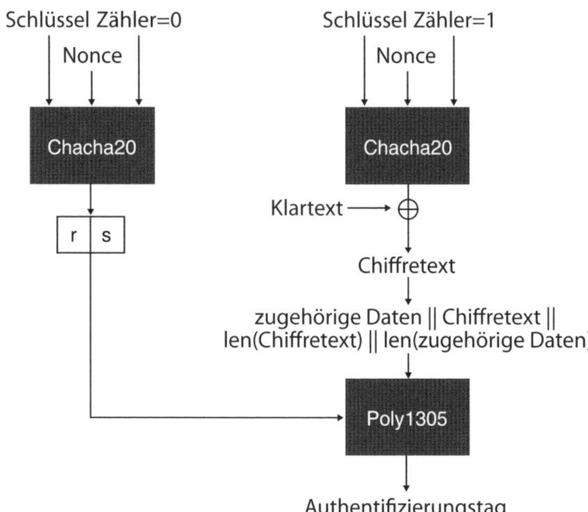

Abb. 4–23 *ChaCha20Poly1305 verwendet ChaCha20, um den Klartext zu verschlüsseln und die vom MAC Poly1305 erforderlichen Schlüssel abzuleiten. Dann wird Poly1305 verwendet, um den Chiffretext und die zugehörigen Daten zu authentifizieren.*

Zunächst werden mit dem normalen ChaCha20-Algorithmus die Authentifizierungsgeheimnisse *r* und *s* abgeleitet, die Poly1305 benötigt. Dann wird der Zähler inkrementiert und der Klartext mittels ChaCha20 verschlüsselt. Anschließend werden die zugehörigen Daten und der Chiffretext (mit ihren jeweiligen Längen) an Poly1305 übergeben, um ein Authentifizierungstag zu erzeugen.

Beim Entschlüsseln läuft genau der gleiche Vorgang ab. ChaCha20 verifiziert zunächst die Authentifizierung des Chiffretextes und der zugehörigen Daten anhand des empfangenen Tags. Dann wird der Chiffretext entschlüsselt.

4.6 Andere Arten der symmetrischen Verschlüsselung

Lassen Sie uns einen Moment innehalten und die bisher vorgestellten symmetrischen Verschlüsselungsalgorithmen Revue passieren lassen:

- *Nicht authentifizierte Verschlüsselung* – AES mit einer Betriebsart, aber ohne einen MAC. Dies ist in der Praxis unsicher, da Chiffretexte verfälscht werden können.
- *Authentifizierte Verschlüsselung* – AES-GCM und ChaCha20-Poly1305 sind die beiden am weitesten verbreiteten Verschlüsselungen.

Das Kapitel könnte an dieser Stelle enden und es wäre auch gut so. Doch in der praktischen Kryptografie geht es nicht immer um die vereinbarten Standards, sondern auch um Einschränkungen hinsichtlich Größe, Format usw. Lassen Sie mich in diesem Sinne einen kurzen Überblick über andere Arten der symmetrischen Verschlüsselung geben, die nützlich sein können, wenn AES-GCM und ChaCha20-Poly1305 nicht passen.

4.6.1 Key-Wrapping

Eines der Probleme bei Nonce-basierten AEADs ist, dass sie alle eine Nonce erfordern, die zusätzlichen Platz belegt. Beim Verschlüsseln eines Schlüssels brauchen Sie aber nicht unbedingt eine Randomisierung, weil das, was verschlüsselt ist, bereits zufällig ist und sich mit hoher Wahrscheinlichkeit nicht wiederholt (oder wenn doch, dann ist es keine große Sache). Ein bekannter Standard für das Key-Wrapping (deutsch auch Schlüsselumhüllung) ist die Special Publication 800-38F des NIST: »Recommendation for Block Cipher Modes of Operation: Methods for Key Wrapping«. Diese Key-Wrapping-Algorithmen übernehmen weder eine zusätzliche Nonce noch einen IV und randomisieren ihre Verschlüsselung basierend auf dem, was sie verschlüsseln. Deshalb müssen sie außer den Chiffretexten keine zusätzliche Nonce oder einen Initialisierungsvektor speichern.

4.6.2 Authentifizierte Verschlüsselung, die gegen Nonce-Missbrauch resistent ist

Im Jahr 2006 hat Phillip Rogaway einen neuen Key-Wrapping-Algorithmus namens *Synthetischer Initialisierungsvektor* (SIV) veröffentlicht. Im Rahmen seines Vorschlags stellt Rogaway fest, dass SIV nicht nur zur Verschlüsselung von Schlüsseln, sondern auch als allgemeines AEAD-Schema nützlich ist, das toleranter gegenüber Nonce-Wiederholungen ist. Wie Sie in diesem Kapitel gelernt haben, kann eine sich wiederholende Nonce in AES-GCM oder ChaCha20-Poly1305 katastrophale Folgen haben. Sie legt nicht nur das XOR der beiden Klartexte offen, sondern ermöglicht es auch einem Angreifer, einen Authentifizierungsschlüssel wiederherzustellen und eine gültige Verschlüsselung von Nachrichten zu fälschen.

Der Sinn eines Algorithmus, der gegen Nonce-Missbrauch resistent ist, besteht darin, dass bei der Verschlüsselung von zwei Klartexten mit derselben Nonce nur aufgedeckt wird, ob die beiden Klartexte gleich sind oder nicht, mehr nicht. Das ist nicht weltbewegend, aber natürlich nicht so schlimm wie die Preisgabe eines Authentifizierungsschlüssels. Das Schema ist auf großes Interesse gestoßen und wurde inzwischen in RFC 8432 standardisiert: »AES-GCM-SIV: Nonce Misuse-Resistant Authenticated Encryption«. Der Trick hinter SIV besteht darin, dass die im AEAD zur Verschlüsselung verwendete Nonce aus dem Klartext selbst generiert wird, was es sehr unwahrscheinlich macht, dass zwei verschiedene Klartexte am Ende unter derselben Nonce verschlüsselt werden.

4.6.3 Datenträgerverschlüsselung

Wenn man den Arbeitsspeicher eines Laptops oder eines Mobiltelefons verschlüsselt, unterliegt das erheblichen Beschränkungen: Der Algorithmus muss schnell sein (sonst bemerkt es der Benutzer) und man kann es nur an Ort und Stelle erledigen (wobei die Einsparung von Arbeitsspeicher für viele Geräte wichtig ist).

Da sich eine Verschlüsselung nicht erweitern lässt, sind AEADs, die eine Nonce und ein Authentifizierungstag benötigen, nicht gut geeignet und sie kann nur an Ort und Stelle erfolgen (wobei die Einsparung von Speicherplatz wichtig für eine große Anzahl von Geräten ist). Stattdessen wird nicht authentifizierte Verschlüsselung verwendet.

Zum Schutz vor *Bitflip-Angriffen* werden große Datenblöcke (etwa Tausende von Bytes) in einer Weise verschlüsselt, dass ein einziges gekipptes Bit die Entschlüsselung des ganzen Blocks durcheinanderwürfelt. Auf diese Weise bringt ein Angriff eher das Gerät zum Absturz, als sein Ziel zu erreichen. Diese Konstruktionen nennt man *Wide-Block-Chiffren*, auch wenn dieser Ansatz als *Authentifizierung des armen Mannes* bezeichnet worden ist.

Linux-Systeme und einige Android-Geräte haben diesen Ansatz übernommen und verwenden mit Adiantum eine Wide-Block-Konstruktion, die die ChaCha-Chiffre einhüllt und von Google 2019 standardisiert wurde. Dennoch verwenden die meisten Geräte nicht ideale Lösungen: Sowohl Microsoft als auch Apple verwenden AES-XTS, das nicht authentifiziert ist und keine Wide-Block-Chiffre darstellt.

4.6.4 Datenbankverschlüsselung

Das Verschlüsseln von Daten in einer Datenbank ist knifflig. Da es im Grunde darum geht, bei Angriffen auf die Datenbank zu verhindern, dass Daten preisgegeben werden, muss der zum Ver- und Entschlüsseln der Daten verwendete Schlüssel außerhalb des Datenbankservers gespeichert werden. Da die Clients nicht über die Daten selbst verfügen, sind sie in der Art und Weise, wie sie die Daten abfragen können, stark eingeschränkt.

Die einfachste Lösung ist die sogenannte *transparente Datenverschlüsselung* (Transparent Data Encryption, TDE), die einfach ausgewählte Spalten verschlüsselt. In einigen Szenarios funktioniert das gut, obwohl man darauf achten muss, die zugehörigen Daten – die die verschlüsselte Zeile und Spalte identifizieren – zu authentifizieren. Andernfalls kann der verschlüsselte Inhalt ausgetauscht werden. Dennoch kann man die verschlüsselten Daten nicht durchsuchen, sodass Abfragen auf die unverschlüsselten Spalten zugreifen müssen.

Die *durchsuchbare Verschlüsselung* ist das Forschungsgebiet, das dieses Problem zu lösen versucht. Viele Verfahren sind schon vorgeschlagen worden, doch es scheint kein Patentrezept zu geben. Verschiedene Schemas schlagen verschiedene Ebenen der »Durchsuchbarkeit« vor sowie verschiedene Herabstufungen der Sicherheit. Zum Beispiel können Sie bei blinder Indizierung lediglich nach genauen Übereinstimmungen suchen, während Verschlüsselungen mit Bewahrung der Reihenfolge und Verschlüsselungen mit Offenlegung der Reihenfolge es ermöglichen, die Ergebnisse zu sortieren. Unterm Strich muss die Sicherheit dieser Lösungen sorgfältig geprüft werden, da es sich wirklich nur um Kompromisse handelt.

Zusammenfassung

- Verschlüsselung (oder symmetrische Verschlüsselung) ist ein kryptografisches Primitiv, mit dem sich die Vertraulichkeit von Daten schützen lässt. Die Sicherheit beruht auf einem symmetrischen Schlüssel, der geheim bleiben muss.
- Um sicher zu sein, muss die symmetrische Verschlüsselung authentifiziert werden (weshalb wir von authentifizierter Verschlüsselung sprechen), da die Chiffretexte sonst manipuliert werden können.
- Eine authentifizierte Verschlüsselung lässt sich aus einem symmetrischen Verschlüsselungsalgorithmus mithilfe eines Nachrichtenauthentifizierungscodes (MAC) konstruieren. Es empfiehlt sich aber, einen Algorithmus zur authentifizierten Verschlüsselung mit zugehörigen Daten (AEAD) zu verwenden, da es sich um All-in-one-Konstruktionen handelt, die eine missbräuchliche Verwendung erschweren.
- Zwei Teilnehmer können mit authentifizierter Verschlüsselung ihre Kommunikation verbergen, solange sie beide denselben symmetrischen Schlüssel kennen.
- AES-GCM und ChaCha20-Poly1305 sind die beiden am weitesten verbreiteten AEADs. Die meisten Anwendungen setzen heutzutage eines dieser beiden Verfahren ein.
- Die Wiederverwendung von Nonces verletzt die Authentifizierung von AES-GCM und ChaCha20-Poly1305. Schemas wie AES-GCM-SIV sind resistent gegen die missbräuchliche Verwendung von Nonces, während die Verschlüsselung von Schlüsseln dieses Problem vermeiden kann, da Nonces nicht notwendig sind.
- Bei der praktischen Kryptografie geht es um Einschränkungen und AEADs können nicht immer für jedes Szenario geeignet sein. Dies gilt zum Beispiel für die Verschlüsselung von Datenbanken oder Datenträgern, die die Entwicklung neuer Konstruktionen verlangen.

5 Schlüsselaustausch

In diesem Kapitel:

- Schlüsselvereinbarungen und ihre Nützlichkeit
- die Schlüsselvereinbarungen Diffie-Hellman und Elliptic Curve Diffie-Hellman
- Sicherheitsüberlegungen bei Verwendung von Schlüsselvereinbarungen

Wir treten nun ein in das Reich der *asymmetrischen Kryptografie* (auch *Kryptografie mit öffentlichen Schlüsseln* oder *Public-Key-Kryptografie* genannt) mit unserem ersten asymmetrischen kryptografischen Primitiv: dem *Schlüsselaustausch* oder der *Schlüsselvereinbarung*. Wie diese Namen vermuten lassen, trifft man beim Schlüsselaustausch eine Vereinbarung über (gemeinsame) Schlüssel. Zum Beispiel sendet Alice einen Schlüssel an Bob und Bob sendet einen Schlüssel an Alice. Auf diese Weise können sich die beiden Peers auf ein gemeinsames Geheimnis einigen und es dann zur Verschlüsselung der Kommunikation mit einem authentifizierten Verschlüsselungsalgorithmus verwenden.

ACHTUNG

Wie ich in der Einführung zu diesem Buch angedeutet habe, stützt sich die asymmetrische Kryptografie wesentlich stärker auf Mathematik. Daher werden die nächsten Kapitel für einige Leser etwas schwieriger sein. Lassen Sie sich nicht entmutigen! Was Sie in diesem Kapitel lernen, hilft Ihnen, viele andere Primitive zu verstehen, die auf den gleichen Grundlagen beruhen.

HINWEIS

Dieses Kapitel baut auf Kapitel 3 zum Thema Nachrichtenauthentifizierungscodes und Kapitel 4 zum Thema authentifizierter Verschlüsselung auf.

5.1 Was sind Schlüsselvereinbarungen?

Betrachten wir zunächst ein Szenario, in dem sowohl Alice als auch Bob privat kommunizieren wollen, aber noch nie miteinander gesprochen haben. Dies zeigt schon, was Schlüsselvereinbarungen in der einfachsten Situation bewirken können.

Um eine Kommunikation zu verschlüsseln, kann Alice das Primitiv der authentifizierten Verschlüsselung verwenden, das Kapitel 4 beschrieben hat. Dazu muss Bob denselben symmetrischen Schlüssel kennen, sodass Alice einen Schlüssel generieren und an Bob senden kann. Danach können sie einfach ihre Kommunikation mit diesem Schlüssel verschlüsseln. Doch was passiert, wenn ein Gegner ihre Konversation passiv belauscht? Der Gegner besitzt dann den symmetrischen Schlüssel und kann sämtliche verschlüsselte Inhalte, die sich Alice und Bob schicken, entschlüsseln! An dieser Stelle kann es für Alice und Bob (und in Zukunft für uns) interessant werden, auf eine Schlüsselvereinbarung zu setzen. Mithilfe eines Schlüsselaustauschs können Sie einen symmetrischen Schlüssel erhalten, den ein passiver Beobachter nicht reproduzieren kann.

Ein *Schlüsselaustausch* beginnt damit, dass sowohl Alice als auch Bob einige Schlüssel generieren. Dazu verwenden beide einen Algorithmus zur Schlüsselgenerierung, der ein *Schlüsselpaar* erzeugt: einen privaten Schlüssel (oder geheimen Schlüssel) und einen öffentlichen Schlüssel. Alice und Bob senden sich dann ihre jeweiligen öffentlichen Schlüssel. Hier bedeutet *öffentlich*, dass Angreifer diese Schlüssel ohne Konsequenzen einsehen können. Alice verwendet dann den öffentlichen Schlüssel von Bob zusammen mit ihrem eigenen privaten Schlüssel, um das gemeinsame Geheimnis zu berechnen. Auf ähnliche Weise kann Bob mit seinem privaten Schlüssel und mit dem öffentlichen Schlüssel von Alice dasselbe gemeinsame Geheimnis erhalten. Abbildung 5–1 veranschaulicht dies.

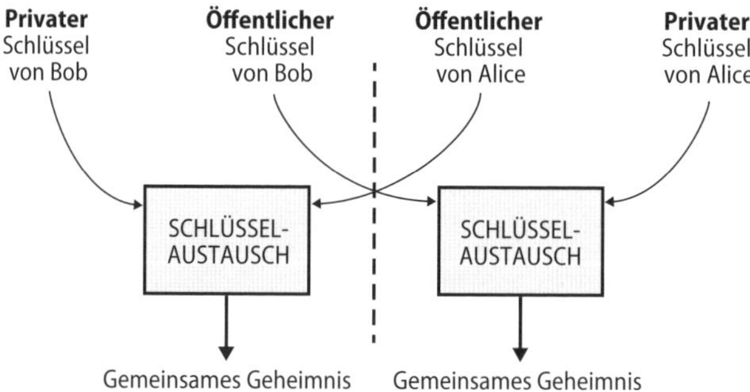

Abb. 5–1 *Ein Schlüsselaustausch bietet die folgende Schnittstelle: Mit dem öffentlichen Schlüssel Ihres Peers und dem eigenen privaten Schlüssel erzeugen Sie ein gemeinsames Geheimnis. Das gleiche Geheimnis kann Ihr Peer erhalten, indem er Ihren öffentlichen Schlüssel und seinen privaten Schlüssel verwendet.*

Da wir nun wissen, wie ein Schlüsselaustausch prinzipiell funktioniert, können wir zu unserem ursprünglichen Szenario zurückkehren und sehen, wie der Schlüsselaustausch hilft. Indem sie ihre Kommunikation mit einem Schlüsselaustausch beginnen, erzeugen Alice und Bob ein gemeinsames Geheimnis, das sie als Schlüssel für ein Primitiv der authentifizierten Verschlüsselung verwenden können. Da jeder Man-in-the-Middle-(MITM-)Angreifer, der den Austausch beobachtet, nicht das gleiche gemeinsame Geheimnis ableiten kann, ist er nicht in der Lage, die Kommunikation zu entschlüsseln. Abbildung 5–2 zeigt dies.

Abb. 5–2 *Ein Schlüsselaustausch zwischen zwei Teilnehmern ermöglicht es ihnen, sich auf einen geheimen Schlüssel zu einigen, während ein Man-in-the-Middle-(MITM-)Angreifer denselben geheimen Schlüssel nicht durch passives Beobachten des Schlüsselaustauschs ableiten kann.*

Beachten Sie, dass der MITM hier passiv ist. Ein aktiver MITM hätte kein Problem, den Schlüsselaustausch abzufangen und sich als beide Seiten auszugeben. Bei diesem Angriff würden Alice und Bob tatsächlich einen Schlüsselaustausch mit dem MITM durchführen und dabei davon ausgehen, dass sie sich untereinander auf einen Schlüssel geeinigt haben. Das ist deshalb möglich, weil keiner unserer Teilnehmer eine Möglichkeit hat zu überprüfen, wem der öffentliche Schlüssel, den sie empfangen, tatsächlich gehört. Der Schlüsselaustausch läuft *nicht authentifiziert* ab! Abbildung 5–3 veranschaulicht den Angriff.

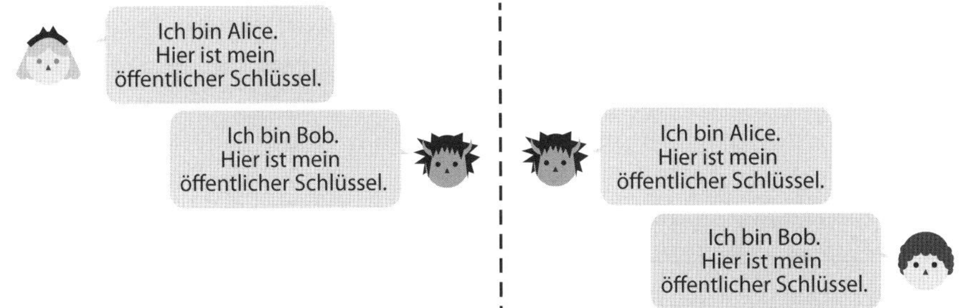

Abb. 5–3 *Ein nicht authentifizierter Schlüsselaustausch ist anfällig für einen aktiven MITM-Angriff. Der Angreifer kann sich nämlich einfach als beide Seiten der Verbindung ausgeben und zwei separate Schlüsselvereinbarungen durchführen.*

Sehen wir uns nun ein anderes Szenario an, um den *authentifizierten Schlüsselaustausch* zu motivieren. Stellen Sie sich vor, Sie möchten einen Dienst ausführen, der Ihnen die Tageszeit mitteilt. Allerdings möchten Sie nicht, dass ein MITM-

Angreifer diese Informationen verfälscht. Am besten ist es, wenn Sie Ihre Antworten mithilfe von Nachrichtenauthentifizierungscodes (MACs) authentifizieren, wie Kapitel 3 erläutert hat. Da MACs einen Schlüssel erfordern, könnten Sie einfach einen generieren und ihn manuell mit allen Ihren Benutzern teilen. Dann ist aber jeder Benutzer im Besitz des MAC-Schlüssels, den Sie mit den anderen verwenden, und könnte ihn eines Tages nutzen, um den zuvor beschriebenen MITM-Angriff auf jemand anderen durchzuführen. Zwar könnten Sie für jeden Benutzer einen anderen Schlüssel einrichten, aber auch das ist nicht ideal. Für jeden neuen Benutzer, der sich mit Ihrem Dienst verbinden möchte, müssen Sie sowohl Ihrem Dienst als auch dem Benutzer manuell einen neuen MAC-Schlüssel zuweisen. Es wäre doch viel besser, wenn Sie auf der Serverseite nichts zu tun hätten, oder?

Hier können Schlüsselvereinbarungen helfen! Dabei könnten Sie Ihren Dienst ein Schlüsselpaar für den Schlüsselaustausch erzeugen lassen und jedem neuen Benutzer den öffentlichen Schlüssel des Dienstes zur Verfügung stellen. Dies wird als *authentifizierter Schlüsselaustausch* bezeichnet. Ihre Benutzer kennen den öffentlichen Schlüssel des Servers, sodass sich ein aktiver MITM-Angreifer nicht als diese Seite des Schlüsselaustauschs ausgeben kann. Allerdings kann eine böswillige Person ihren eigenen Schlüsselaustausch durchführen (da die Clientseite der Verbindung nicht authentifiziert wird). Übrigens sprechen wir von einem *wechselseitigen authentifizierten Schlüsselaustausch*, wenn beide Seiten authentifiziert werden.

Dieses Szenario kommt sehr häufig vor und das Primitiv des Schlüsselaustauschs ermöglicht eine gute Skalierung bei steigender Anzahl von Benutzern. Aber dieses Szenario lässt sich nicht gut skalieren, wenn die Anzahl der Dienste ebenfalls zunimmt! Ein gutes Beispiel dafür ist das Internet. Viele Browser versuchen, mit vielen Websites sicher zu kommunizieren. Stellen Sie sich vor, Sie müssten den öffentlichen Schlüssel aller Websites, die Sie irgendwann besuchen, in Ihrem Browser fest codieren. Und was passiert, wenn mehr Websites online gehen?

Zwar ist der Austausch von Schlüsseln nützlich, doch ohne sein Schwester-Primitiv – die *digitale Signatur* – lässt er sich nicht in allen Szenarios gut skalieren. Dies ist jedoch nur ein Vorgeschmack. In Kapitel 7 lernen Sie mehr über dieses neue kryptografische Primitiv und wie es dabei hilft, Vertrauen in einem System zu skalieren. Schlüsselvereinbarungen werden aber in der Praxis nur selten direkt verwendet. Oftmals sind es lediglich Bausteine eines komplexeren Protokolls. Abgesehen davon können sie auch für sich genommen nützlich sein (wie Sie beispielsweise bereits bei passiven Gegnern gesehen haben).

Sehen Sie sich nun an, wie Sie das kryptografische Primitiv für einen Schlüsselaustausch in der Praxis einsetzen *würden*. Bei `libsodium` handelt es sich um eine der bekanntesten und am häufigsten verwendeten C/C++-Bibliotheken. Listing 5–1 zeigt, wie Sie `libsodium` in der Praxis einsetzen würden, um einen Schlüsselaustausch durchzuführen.

```
unsigned char client_pk[crypto_kx_PUBLICKEYBYTES];
unsigned char client_sk[crypto_kx_SECRETKEYBYTES];
crypto_kx_keypair(client_pk, client_sk);

unsigned char server_pk[crypto_kx_PUBLICKEYBYTES];
obtain(server_pk);

unsigned char decrypt_key[crypto_kx_SESSIONKEYBYTES];
unsigned char encrypt_key[crypto_kx_SESSIONKEYBYTES];

if (crypto_kx_client_session_keys(decrypt_key, encrypt_key,
    client_pk, client_sk, server_pk) != 0) {
    abort_session();
}
```

Erzeugt das Schlüsselpaar des Clients

Wir nehmen an, dass wir eine Möglichkeit haben, den öffentlichen Schlüssel des Servers zu bekommen.

Die Bibliothek libsodium leitet zwei symmetrische Schlüssel ab (und nicht nur einen, wie es in der Praxis üblich ist). Mit jedem Schlüssel werden die Daten in nur jeweils einer Richtung verschlüsselt.

Wir führen einen Schlüsselaustausch mit unserem geheimen Schlüssel und dem öffentlichen Schlüssel des Servers durch.

Wenn der öffentliche Schlüssel fehlerhaft ist, gibt die Funktion einen Fehler zurück.

Listing 5–1 *Ein Schlüsselaustausch in C*

Die Bibliothek `libsodium` verbirgt viele Details vor dem Entwickler, legt aber gleichzeitig sicher zu verwendende Schnittstellen offen. In diesem Fall verwendet `libsodium` den *Schlüsselaustauschalgorithmus X25519*, den Sie später in diesem Kapitel ausführlich kennenlernen werden. Im restlichen Teil dieses Kapitels lernen Sie die verschiedenen Standards für den Schlüsselaustausch kennen und erfahren, wie sie hinter den Kulissen arbeiten.

5.2 Der Diffie-Hellman-(DH-)Schlüsselaustausch

Whitfield Diffie und Martin E. Hellman schrieben 1976 ihre bahnbrechende Arbeit über den Diffie-Hellman-(DH-)Schlüsselaustauschalgorithmus mit dem Titel »New Direction in Cryptography«. Was für ein Titel! DH war der erste Schlüsselaustauschalgorithmus, der erfunden wurde, und eine der ersten Formalisierungen eines kryptografischen Algorithmus für öffentliche Schlüssel. In diesem Abschnitt lege ich die mathematischen Grundlagen dieses Algorithmus dar, erläutere seine Funktionsweise und gehe schließlich auf die Standards ein, die festlegen, wie der Algorithmus in einer kryptografischen Anwendung zu verwenden ist.

5.2.1 Gruppentheorie

Der DH-Schlüsselaustausch stützt sich auf ein mathematisches Gebiet namens *Gruppentheorie*, auf dem die meisten Kryptografieverfahren mit öffentlichen Schlüsseln beruhen. Deshalb werde ich in diesem Kapitel einige Zeit darauf verwenden, Ihnen die Grundlagen der Gruppentheorie zu vermitteln. Ich werde mein Bestes tun, um Ihnen einen guten Einblick in die Funktionsweise dieser Algorithmen zu geben, aber es führt kein Weg an der Mathematik vorbei.

Beginnen wir mit der nahe liegenden Frage: Was ist eine *Gruppe*? Da sind zwei Dinge zu nennen:

- eine Menge von Elementen
- eine spezielle binäre Operation (wie + oder ×), die auf diesen Elementen definiert ist

Wenn die Menge und die Operation bestimmten Eigenschaften genügen, dann haben wir eine Gruppe. Und wenn wir eine Gruppe haben, können wir magische Dinge tun ... (mehr dazu später). Beachten Sie, dass DH in einer *multiplikativen Gruppe* funktioniert: einer Gruppe, in der die Multiplikation als definierte binäre Operation verwendet wird. Deshalb wird in den weiteren Erläuterungen eine multiplikative Gruppe für die Beispiele verwendet. Außerdem lasse ich oftmals das Symbol × weg (und schreibe zum Beispiel *ab* statt $a \times b$).

Ich muss hier etwas konkreter werden. Damit die Menge und ihre Operation eine Gruppe sind, müssen sie die folgenden Eigenschaften haben. (Ich veranschauliche diese Eigenschaften in Abbildung 5–4, um dieses neue Konzept verständlicher zu machen.)

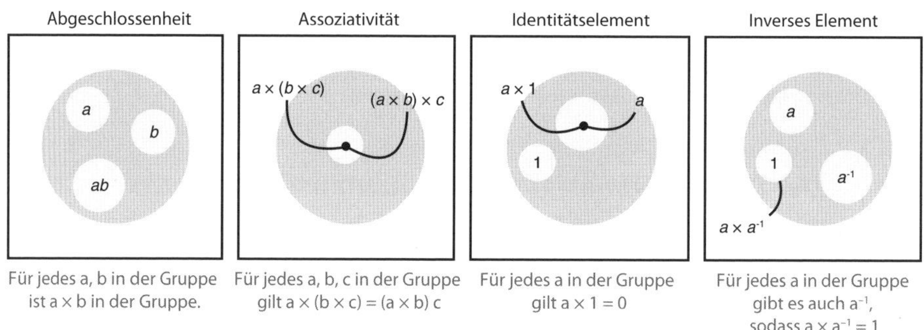

Abb. 5–4 *Die vier Eigenschaften einer Gruppe: Abgeschlossenheit, Assoziativität, Identitätselement und inverses Element*

- *Abgeschlossenheit* – Die Verknüpfung zweier Elemente ergibt wiederum ein Element in derselben Menge. Zum Beispiel ergibt $a \times b$ für zwei Elemente a und b der Gruppe ein anderes Gruppenelement.
- *Assoziativität* – Verknüpfungen mit mehreren Elementen können in beliebiger Reihenfolge durchgeführt werden. Zum Beispiel ergeben für die drei Elemente a, b und c einer Gruppe die Operationen $a(bc)$ und $(ab)c$ dasselbe Gruppenelement.
- *Identitätselement* – Eine Verknüpfung mit diesem Element verändert nicht das Ergebnis des anderen Operanden. Zum Beispiel können wir das Identitätselement in unserer multiplikativen Gruppe als *1* definieren. Für jedes Gruppenelement a haben wir $a \times 1 = a$.

- *Inverses Element* – Existiert als Umkehrung zu allen Gruppenelementen. Zum Beispiel gibt es für jedes Gruppenelement a ein inverses Element a^{-1} (auch als $1/a$ geschrieben), sodass $a \times a^{-1} = 1$ (auch als $a \times 1/a = 1$ geschrieben).

Da ich mir vorstellen kann, dass meine Erklärung einer Gruppe etwas abstrakt erscheinen mag, sehen wir uns an, was DH in der Praxis als Gruppe verwendet. Zunächst einmal verwendet DH eine Gruppe, die aus einer Menge der natürlichen Zahlen besteht: $1, 2, 3, 4, \cdots, p - 1$, wobei p eine Primzahl und 1 das Identitätselement ist. Verschiedene Standards geben andere Zahlen für p an, aber intuitiv muss p eine große Primzahl sein, damit die Gruppe sicher ist.

Primzahlen

Eine *Primzahl* ist eine Zahl, die ausschließlich durch sich selbst und durch 1 teilbar ist. Die Folge der Primzahlen beginnt mit 2, 3, 5, 7, 11 usw. Primzahlen sind in der asymmetrischen Kryptografie allgegenwärtig! Und erfreulicherweise verfügen wir über effiziente Algorithmen, um große Primzahlen zu finden. Um den Ablauf zu beschleunigen, suchen die meisten kryptografischen Bibliotheken stattdessen nach *Pseudoprimzahlen* (Zahlen, die mit hoher Wahrscheinlichkeit Primzahlen sein können). Interessanterweise sind derartige Optimierungen in der Vergangenheit mehrmals geknackt worden. Der berüchtigtste Vorfall war 2017, als die ROCA-Schwachstelle mehr als eine Million Geräte zutage förderte, die falsche Primzahlen für ihre kryptografischen Anwendungen generierten.

Zweitens verwendet DH die *modulare Multiplikation* als spezielle Operation. Bevor ich erklären kann, was modulare Multiplikation ist, muss ich erklären, was *modulare Arithmetik* ist. Bei modularer Arithmetik denkt man unwillkürlich an Zahlen, die nach einer bestimmten Zahl – dem sogenannten *Modulus* – »umschlagen«. Wenn wir zum Beispiel den Modulus auf 5 setzen, sagen wir, dass Zahlen nach 5 auf 1 zurückgehen. So wird 6 zu 1, 7 zu 2 usw. (Wir notieren auch 5 als 0, doch da wir diese Zahl nicht in unserer multiplikativen Gruppe haben, kümmern wir uns nicht weiter darum.)

Modulare Arithmetik drückt man mathematisch so aus, dass man den *Rest* der *euklidischen (ganzzahligen) Division* einer Zahl durch den Modulus nimmt. Nehmen wir zum Beispiel die Zahl 7 und schreiben wir ihre euklidische Division durch 5 als $7 = 5 \times 1 + 2$. Der Rest ist also 2. Dann sagen wir, dass $7 = 2 \bmod 5$ (auch als $7 \equiv 2 \pmod 5$ geschrieben) ist. Diese Gleichung kann gelesen werden als »7 ist kongruent zu 2 modulo 5«. Ähnliche Beispiele sind:

- $8 = 1 \bmod 7$
- $54 = 2 \bmod 13$
- $170 = 0 \bmod 17$
- und so weiter

Ein derartiges Konzept stellt man auf klassische Art mit einer Uhr dar. Dieses Konzept veranschauliche ich in Abbildung 5–5.

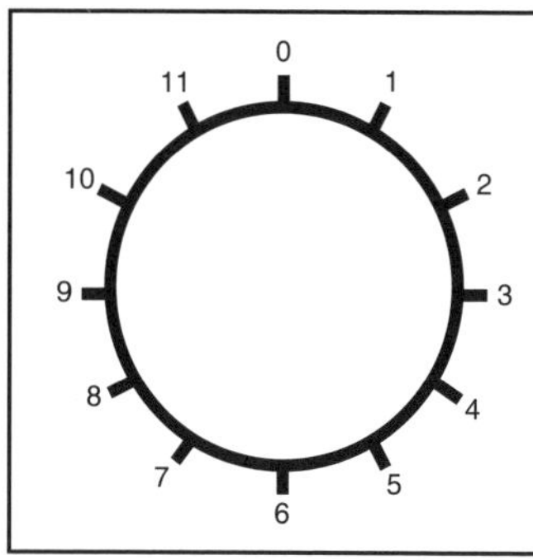

Die normale Uhr beginnt um 12 von vorn.
12 ist 0, 13 ist 1, 14 ist 2 usw.

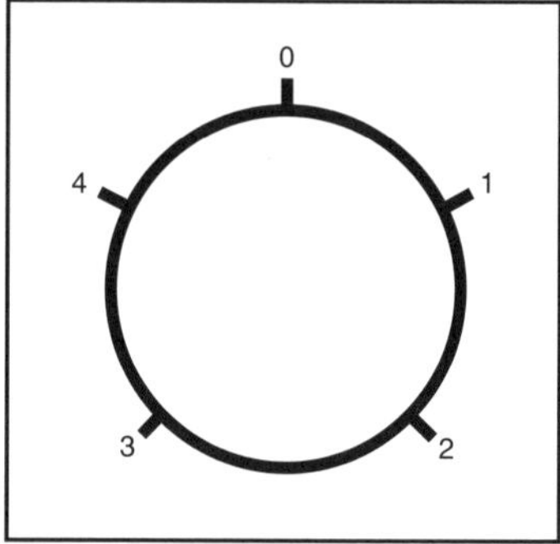

Ganzzahlen modulo 5.
5 ist 0, 6 ist 1 usw.

Abb. 5-5 *Die Gruppe der Ganzzahlen modulo der Primzahl 5 kann man sich als Uhr vorstellen, die nach der Zahl 4 auf 0 zurückspringt. Somit wird 5 als 0 dargestellt, 6 als 1, 7 als 2, 8 als 3, 9 als 4, 10 als 0 usw.*

Eine modulare Multiplikation lässt sich ganz natürlich über einer solchen Menge von Zahlen definieren. Nehmen Sie die folgende Multiplikation als Beispiel:

$$3 \times 2 = 6$$

Mit dem, was Sie zuvor gelernt haben, wissen Sie, dass 6 kongruent zu 1 modulo 5 ist. Somit lässt sich die Gleichung wie folgt neu schreiben:

$$3 \times 2 = 1 \bmod 5$$

Ziemlich einfach, nicht wahr? Aus der vorherigen Gleichung geht hervor, dass 3 die Umkehrung von 2 ist und umgekehrt. Wir könnten auch Folgendes schreiben:

$$3^{-1} = 2 \bmod 5$$

Wenn der Kontext klar ist, wird der Modulus-Teil (hier *mod 5*) oftmals in Gleichungen weggelassen. Wundern Sie sich also nicht, wenn ich ihn in diesem Buch manchmal weglasse.

HINWEIS

Wenn wir die positiven Zahlen modulo einer Primzahl verwenden, kommt es vor, dass nur das Nullelement keine Umkehrung hat. (Können Sie zum Beispiel ein Element b finden, sodass $0 \times b = 1 \bmod 5$?) Das ist der Grund, warum wir die Null nicht als eines unserer Elemente in die Gruppe aufnehmen.

Okay. Wir haben jetzt eine Gruppe, die die Menge der natürlichen Zahlen $1, 2, ..., p - 1$ umfasst (wobei p eine Primzahl angibt), zusammen mit modularer Multiplikation. Die so gebildete Gruppe hat auch noch die folgenden zwei Eigenschaften:

- Sie ist *kommutativ* – Die Reihenfolge der Operationen spielt keine Rolle. Sind zum Beispiel zwei Gruppenelemente a und b gegeben, dann ist $ab = ba$. Eine Gruppe, die diese Eigenschaft besitzt, wird oft als *abelsche Gruppe* bezeichnet.

- Sie besitzt einen *endlichen Körper* (engl. finite field) – Eine abelsche Gruppe, die weitere Eigenschaften sowie eine zusätzliche Operation aufweist (in unserem Beispiel können wir auch Zahlen addieren).

Wegen des letzten Punkts wird ein DH-Schlüsselaustausch, der über diese Art von Gruppe definiert ist, auch als Finite Field Diffie-Hellman (FFDH) bezeichnet. Wenn Sie wissen, was eine Gruppe ist (und das sollten Sie wissen, bevor Sie weiterlesen), dann ist eine *Untergruppe* einfach eine Gruppe, die in der ursprünglichen Gruppe enthalten ist. Das heißt, sie ist eine Teilmenge der Gruppenelemente. Verknüpft man Elemente der Untergruppe, ergibt sich ein anderes Untergruppenelement, und jedes Untergruppenelement hat ein Umkehrelement in der Untergruppe usw.

Eine *zyklische Untergruppe* ist eine Untergruppe, die sich aus einem einzigen *Generator* (oder einer Basis) erzeugen lässt. Ein Generator erzeugt eine zyklische Untergruppe, indem er sich selbst immer wieder multipliziert. Zum Beispiel definiert der Generator 4 eine Untergruppe, die aus den Zahlen 1 und 4 besteht:

- $4 \bmod 5 = 4$
- $4 \times 4 \bmod 5 = 1$
- $4 \times 4 \times 4 \bmod 5 = 4$ (wir beginnen wieder von vorn)
- $4 \times 4 \times 4 \times 4 \bmod 5 = 1$
- und so weiter

HINWEIS

Der Ausdruck $4 \times 4 \times 4$ lässt sich auch als 4^3 schreiben.

Sollte der Modulus eine Primzahl sein, ist jedes Element der Gruppe ein Generator einer Untergruppe. Diese verschiedenen Untergruppen können unterschiedliche Größen haben, die wir Ordnungen nennen. Ich veranschauliche dies in Abbildung 5–6.

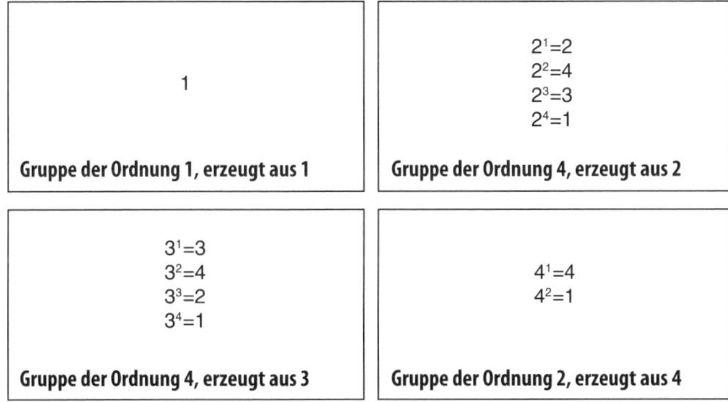

Abb. 5–6 *Die verschiedenen Untergruppen der multiplikativen Gruppe modulo 5. Diese enthalten alle die Zahl 1 (das sogenannte* Identitätselement*) und haben verschiedene Ordnungen (Anzahl von Elementen).*

Unterm Strich sollten Sie jetzt Folgendes verstanden haben:

- Eine Gruppe ist eine Menge von Zahlen mit einer binären Operation, die bestimmte Eigenschaften erfüllt (Abgeschlossenheit, Assoziativität, Identitätselement, inverses Element).
- DH arbeitet in der abelschen Gruppe (einer Gruppe, die kommutativ ist), die von der Menge der natürlichen Zahlen bis zu einer (nicht eingeschlossenen) Primzahl und der modularen Multiplikation gebildet wird.
- In einer DH-Gruppe ist jedes Element ein Generator einer Untergruppe.

Gruppen stehen im Mittelpunkt einer großen Anzahl verschiedener kryptografischer Primitive. Wichtig ist, eine gute Intuition für die Gruppentheorie zu haben, wenn man verstehen will, wie andere kryptografische Primitive funktionieren.

5.2.2 Das Problem des diskreten Logarithmus: Die Basis von Diffie-Hellman

Die Sicherheit des DH-Schlüsselaustauschs stützt sich auf das *Problem des diskreten Logarithmus* in einer Gruppe – ein Problem, das als schwer zu lösen gilt. Dieser Abschnitt führt Sie kurz in dieses Problem ein.

Stellen Sie sich vor, ich nehme einen Generator, sagen wir 3, und gebe Ihnen ein Zufallselement unter den Elementen, die er generieren kann – sagen wir $2 = 3^x \ mod\ 5$ für einige x, die Ihnen unbekannt sind. Die Frage, »Was ist x?«, ist die gleiche Frage, wie den diskreten Logarithmus von 2 zur Basis 3 zu ermitteln. Somit geht es beim Problem des diskreten Logarithmus in unserer Gruppe darum, herauszufinden, wie oft wir den Generator mit sich selbst multiplizieren, um ein gegebenes Gruppenelement zu erzeugen. Dies ist ein wichtiges Konzept! Denken Sie einen Moment darüber nach, bevor Sie fortfahren.

In unserem Beispiel lässt sich schnell ermitteln, dass die Antwort 3 ist (denn $3^3 = 2\ mod\ 5$). Doch wenn wir eine wesentlich größere Primzahl als 5 ausgewählt hätten, wird die Sache viel komplizierter. Die Aufgabe lässt sich nur schwer lösen. Das ist die »geheime Zutat« von Diffie-Hellman. Sie wissen nun genug, um zu verstehen, wie ein Schlüsselpaar in DH generiert wird:

1. Alle Teilnehmer müssen sich auf eine große Primzahl p und einen Generator g einigen.
2. Jeder Teilnehmer generiert eine Zufallszahl x, die sein privater Schlüssel wird.
3. Jeder Teilnehmer leitet seinen öffentlichen Schlüssel als $g^x\ mod\ p$ ab.

Die Tatsache, dass das Problem des diskreten Logarithmus schwer ist, bedeutet, dass niemand in der Lage sein sollte, den privaten Schlüssel aus dem öffentlichen Schlüssel wiederherzustellen. Abbildung 5–7 veranschaulicht dies.

$g, g^2, g^3, \ldots, g^{340282366920938463463374607431768211456}, \ldots \bmod p$

öffentlicher Schlüssel in DH

Abb. 5–7 *Einen privaten Schlüssel in Diffie-Hellman zu wählen, ähnelt der Auswahl eines Index in einer Liste von Zahlen, die ein Generator* g *erzeugt hat. Das Problem des diskreten Logarithmus besteht darin, den Index allein aus der Zahl zu finden.*

Es gibt zwar Algorithmen, um diskrete Logarithmen zu berechnen, doch sind sie in der Praxis nicht effizient. Wenn ich Ihnen andererseits die Lösung x für das Problem gebe, stehen Ihnen äußerst effiziente Algorithmen zur Verfügung, mit denen Sie überprüfen können, ob ich Ihnen tatsächlich die richtige Lösung gegeben habe: $g^x \bmod p$. Moderne Verfahren berechnen die modulare Potenzierung durch *Quadrieren und Multiplizieren*. Dabei entsteht das Ergebnis auf effiziente Weise, indem x bitweise durchlaufen wird.

HINWEIS

Wie bei allem in der Kryptografie ist es *nicht unmöglich*, eine Lösung zu finden, indem man einfach versucht zu raten. Durch die Wahl ausreichend großer Parameter (hier einer großen Primzahl) ist es jedoch möglich, die Effizienz einer solchen Lösungssuche auf vernachlässigbare Quoten zu reduzieren. Das heißt, dass selbst nach Hunderten von Jahren zufälliger Versuche die Wahrscheinlichkeit, eine Lösung zu finden, statistisch gesehen nahe bei null liegt.

Großartig! Wie setzen wir diese mathematischen Berechnungen für unseren DH-Schlüsselaustauschalgorithmus ein? Stellen Sie sich vor, dass

- Alice einen privaten Schlüssel a und einen öffentlichen Schlüssel $A = g^a \bmod p$ besitzt,
- Bob einen privaten Schlüssel b und einen öffentlichen Schlüssel $B = g^b \bmod p$ besitzt.

Da Alice den öffentlichen Schlüssel von Bob kennt, kann sie das gemeinsame Geheimnis als $B^a \bmod p$ berechnen. In ähnlicher Weise kann Bob mit dem öffentlichen Schlüssel von Alice und seinem eigenen privaten Schlüssel $A^b \bmod p$ berechnen. Es liegt auf der Hand, dass diese beiden Berechnungen am Ende die gleiche Zahl ergeben:

$$B^a = (g^b)^a = g^{ab} = (g^a)^b = A^b \bmod p$$

Und das ist die Magie von DH. Aus Sicht eines Außenstehenden genügt die bloße Beobachtung der Schlüssel A und B in keiner Weise, um das Ergebnis des Schlüsselaustauschs $g^{ab} \bmod p$ zu berechnen. Als Nächstes lernen Sie, wie praktische Anwendungen diesen Algorithmus umsetzen und welche verschiedenen Standards es gibt.

Computational- und Decisional-Diffie-Hellman-Annahme

Übrigens wird in der theoretischen Kryptografie die Idee, dass die Beobachtung von g^a *mod p* und g^b *mod p* nicht dabei hilft, g^{ab} *mod p* zu berechnen, als *Computational-Diffie-Hellman-Annahme (CDH)* bezeichnet. Oftmals wird sie mit der stärkeren *Decisional-Diffie-Hellman-Annahme (DDH)* verwechselt, die intuitiv besagt, dass bei gegebenen g^a *mod p*, g^b *mod p* und *z mod p* niemand in der Lage sein sollte, zuverlässig zu erraten, ob das letzte Element das Ergebnis eines Schlüsselaustauschs zwischen den beiden öffentlichen Schlüsseln (g^{ab} *mod p*) oder nur ein Zufallselement der Gruppe ist. Beides sind nützliche theoretische Annahmen, die zur Entwicklung vieler verschiedener Algorithmen in der Kryptografie verwendet wurden.

5.2.3 Die Diffie-Hellman-Standards

Nachdem Sie nun wissen, wie DH funktioniert, können Sie verstehen, dass sich die Teilnehmer auf eine Reihe von Parametern einigen müssen, insbesondere auf eine Primzahl p und einen Generator g. In diesem Abschnitt erfahren Sie, wie praktische Anwendungen diese Parameter wählen und welche verschiedenen Standards es gibt.

Das Wichtigste ist die Primzahl p. Wie bereits erwähnt: je größer, desto besser. Da DH auf dem Problem des diskreten Logarithmus basiert, steht die Sicherheit des Algorithmus in direktem Zusammenhang mit den besten bekannten Angriffen auf dieses Problem. Jeder Fortschritt in diesem Bereich kann den Algorithmus schwächen. Mit der Zeit ist es uns gelungen, eine ziemlich gute Vorstellung davon zu bekommen, wie schnell (oder langsam) diese Fortschritte sind und wie viel Sicherheit ausreichend ist. Derzeit sieht man es als optimal an, eine Primzahl von 2048 Bit zu verwenden.

HINWEIS

Im Allgemeinen fasst *https://keylength.com* Empfehlungen zu Parameterlängen für gängige kryptografische Algorithmen zusammen. Die Ergebnisse stammen aus maßgeblichen Dokumenten, die von Forschungsgruppen oder staatlichen Stellen wie der ANSSI (Frankreich), dem NIST (USA) und dem BSI (Deutschland) erstellt wurden. Zwar stimmen sie nicht immer überein, nähern sich aber oft ähnlichen Größenordnungen an.

In der Vergangenheit haben viele Bibliotheken und Anwendungen oftmals eigene Parameter generiert und fest codiert. Leider hat sich manchmal herausgestellt, dass sie entweder schwach oder, was noch schlimmer ist, völlig fehlerhaft waren. Im Jahr 2016 hat man herausgefunden, dass Socat, ein bekanntes Befehlszeilentool, die standardmäßige DH-Gruppe ein Jahr zuvor durch eine gebrochene Gruppe ersetzt hatte, was die Frage aufwarf, ob es sich dabei um einen Fehler oder eine absichtlich eingebaute Hintertür handelte. Die Verwendung standardisierter DH-Gruppen mag wie eine bessere Idee erscheinen, doch ist DH eines der unglücklichen Gegenbeispiele. Nur wenige Monate nach dem Socat-Problem stellte Antonio Sanso beim Lesen von RFC 5114 fest, dass der Standard ebenfalls fehlerhafte DH-Gruppen spezifiziert hatte.

Aufgrund dieser Probleme sind neuere Protokolle und Bibliotheken dazu übergegangen, DH entweder zugunsten von Elliptic Curve Diffie-Hellman (ECDH) zu verwerfen oder die Gruppen zu verwenden, die im besseren Standard RFC 7919 (*https://www.rfc-editor.org/info/rfc7919*) definiert sind. Deshalb empfiehlt es sich heutzutage, RFC 7919 zu verwenden, der mehrere Gruppen verschiedener Größe und Sicherheit definiert. Zum Beispiel ist `ffdhe2048` die Gruppe, die durch den 2048-Bit-Primzahlmodulus definiert ist:

```
p = 323170060713110073001535134778251633624880571334 89075174588434139269
80683413621000279205636264016468545855635793533081692882902308057347262
52735547424612457410262025279165729728627063003252634282131457669314142
23654220941111348629991657478268034230553086349050635557712219187890332
72956969612974385624174123623722519734640269185579776797682301462539793
30580152268587307611975324364674758554607150438968449403661304976978128
54295958659597567051283852132784468522925504568272879113720098931873959
14337417583782600027803497319855206060753323412260325468408812003110590
7484281003994966956119696956248629032338072839127039
```

und mit Generator $g = 2$.

HINWEIS

Es ist üblich, die Zahl 2 als Generator zu wählen, da sich dann die Multiplikation im Computer mit einer einfachen Linksverschiebung (<<) realisieren lässt.

Die Gruppengröße (oder *Ordnung*) wird auch als $q = (p - 1)/2$ angegeben. Daraus ergibt sich, dass sowohl private als auch öffentliche Schlüssel etwa 2048 Bit groß sind. In der Praxis sind dies recht große Schlüssel (verglichen zum Beispiel mit symmetrischen Schlüsseln, die normalerweise 128 Bit lang sind). Wie der nächste Abschnitt zeigt, kommt man für das gleiche Maß an Sicherheit mit wesentlich kleineren Schlüsseln aus, wenn man eine Gruppe über elliptischen Kurven definiert.

5.3 Der Elliptic Curve Diffie-Hellman-(ECDH-)Schlüsselaustausch

Der eben beschriebene DH-Algorithmus lässt sich in verschiedenen Arten von Gruppen implementieren, nicht nur in den multiplikativen Gruppen modulo einer Primzahl. Es zeigt sich auch, dass eine Gruppe, aus elliptischen Kurven gebildet werden kann – einer Art von Kurven, die in der Mathematik untersucht wird. Diese Idee haben Neal Koblitz und Victor S. Miller 1985 unabhängig voneinander vorgeschlagen und erst viel später, im Jahr 2000, wurde sie akzeptiert, als kryptografische Algorithmen basierend auf elliptischen Kurven standardisiert wurden.

Die Welt der angewandten Kryptografie hat die Kryptografie mit elliptischen Kurven schnell übernommen, da sie viel kleinere Schlüssel als die vorherige Generation der Kryptografie mit öffentlichen Schlüsseln zulässt. Verglichen mit den empfohlenen 2048-Bit-Parametern in DH sind Parameter von 256 Bit mit der auf elliptischen Kurven basierenden Variante des Algorithmus möglich geworden.

5.3.1 Was ist eine elliptische Kurve?

Dieser Abschnitt erläutert, wie elliptische Kurven funktionieren. Zuallererst dürfte es verständlich sein, dass elliptische Kurven einfach nur Kurven sind! Das bedeutet, dass sie durch alle Koordinaten x und y definiert sind, die eine Gleichung lösen, und zwar konkret diese Gleichung

$$y^2 + a_1xy + a_3y = x^3 + a_2x^2 + a_4x + a_6$$

für einige a_1, a_2, a_3, a_4 und a_6. Beachten Sie, dass sich diese Gleichung für die meisten praktischen Kurven heutzutage als die *kurze Weierstraß-Gleichung* vereinfachen lässt:

$$y^2 = x^3 + ax + b \text{ (wobei } 4a^3 + 27b^2 \neq 0)$$

Die Vereinfachung ist zwar für zwei Arten von Kurven (sogenannte *binäre Kurven* und *Kurven der Charakteristik 3*) nicht möglich, doch werden diese ohnehin nur sehr selten verwendet, sodass wir die Weierstraß-Form im Rest dieses Kapitels verwenden. Abbildung 5–8 zeigt ein Beispiel für eine elliptische Kurve mit zwei zufällig ausgewählten Punkten.

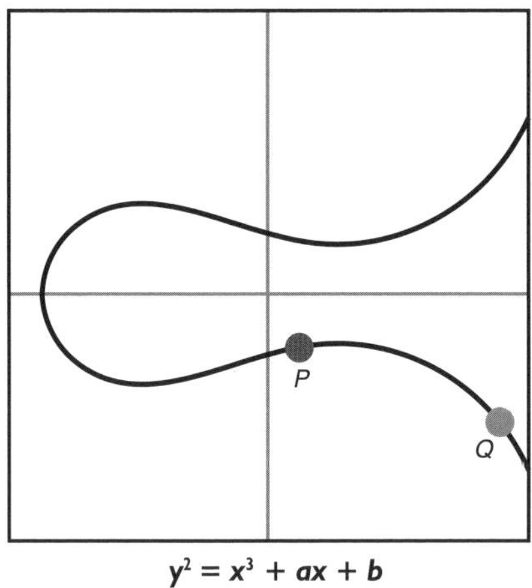

Abb. 5–8 *Ein Beispiel einer elliptischen Kurve, die durch eine Gleichung definiert wird*

Irgendwann in der Geschichte der elliptischen Kurven hat man festgestellt, dass man über ihnen eine *Gruppe* konstruieren kann. Von da an war die Implementierung von DH auf diesen Gruppen recht einfach. In diesem Abschnitt werde ich die Intuition hinter der Kryptografie mit elliptischen Kurven erklären.

Gruppen über elliptischen Kurven werden oft als *additive Gruppen* definiert. Im Unterschied zu multiplikativen Gruppen, die ich im vorherigen Abschnitt beschrieben habe, verwendet man hier stattdessen das Pluszeichen (+).

HINWEIS

Ob man eine Addition oder eine Multiplikation verwendet, spielt in der Praxis keine große Rolle, es ist lediglich eine Frage der Vorliebe. Während man in der Kryptografie meistens eine multiplikative Notation verwendet, hat sich in der Literatur über elliptische Kurven die additive Schreibweise durchgesetzt, und ich schließe mich dieser Gepflogenheit an, wenn ich mich in diesem Buch auf Gruppen über elliptischen Kurven beziehe.

Dieses Mal definiere ich die Operation, bevor ich die Elemente der Gruppe definiere. Unsere Additionsoperation wird in der folgenden Weise definiert. Abbildung 5–9 veranschaulicht diesen Vorgang.

1. Zeichnen Sie eine Linie, die durch zwei Punkte verläuft, die Sie hinzufügen möchten. Die Linie schneidet die Kurve in einem anderen Punkt.

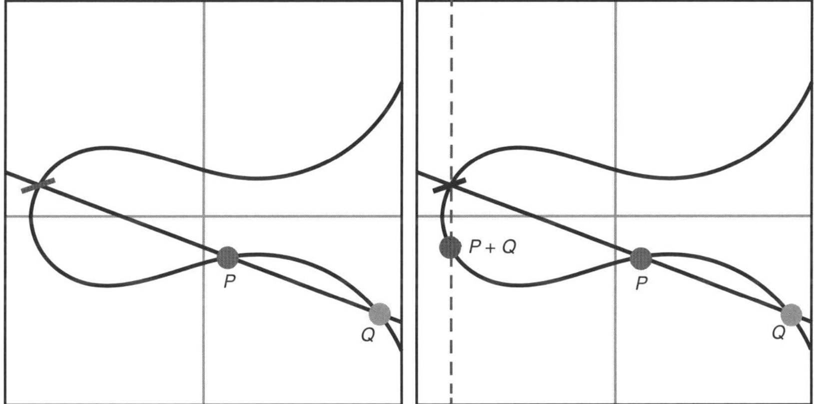

Abb. 5–9 *Eine Additionsoperation kann mithilfe der Geometrie über Punkten einer elliptischen Kurve definiert werden.*

2. Zeichnen Sie eine senkrechte Linie von diesem neu gefundenen Punkt. Die senkrechte Linie schneidet die Kurve in einem weiteren Punkt.
3. Dieser Punkt ist das Ergebnis der Addition der beiden ursprünglichen Punkte.

Es gibt zwei Sonderfälle, in denen diese Regel nicht funktioniert. Auch diese wollen wir definieren:

- *Wie addieren wir einen Punkt zu sich selbst?* Die Antwort lautet: Zeichne die Tangente zu diesem Punkt (anstatt eine Linie zwischen den beiden Punkten zu ziehen).

- *Was passiert, wenn die in Schritt 1 (oder Schritt 2) gezogene Linie die Kurve nicht in irgendeinem anderen Punkt schneidet?* Das ist unangenehm und wir müssen diesen Spezialfall verarbeiten und ein Ergebnis erzeugen. Die Lösung besteht darin, das Ergebnis als einen erfundenen Punkt zu definieren (etwas, das wir uns ausdenken). Dieser neu erfundene Punkt wird als *Unendlichkeitspunkt* bezeichnet (den wir gewöhnlich mit einem großen O schreiben). Abbildung 5–10 veranschaulicht diese Sonderfälle.

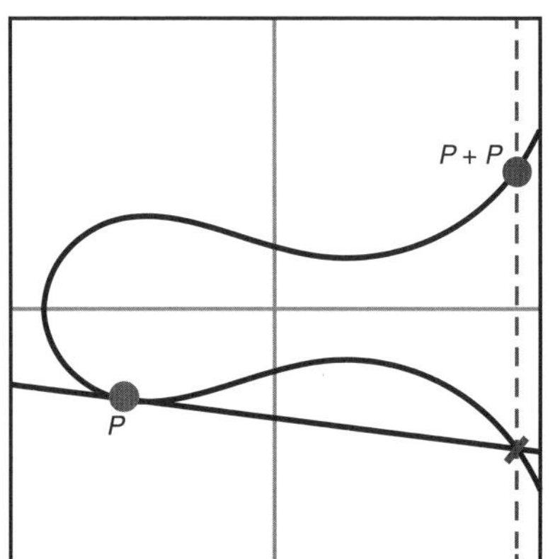

Um einen Punkt zu sich selbst zu addieren, zeichnet man die Tangente und folgt der vorherigen Methode.

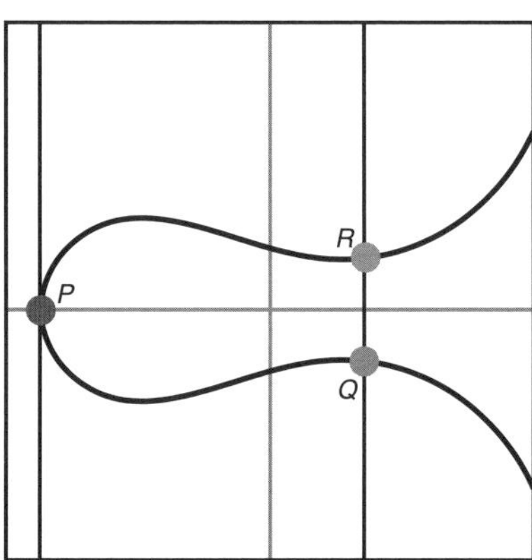

Manchmal resultiert die Addition von Punkten im Unendlichkeitspunkt: *P* + *P* = *O* und *R* + *Q* = *O*.

Abb. 5–10 *Aufbauend auf Abbildung 5–9 wird die Addition einer elliptischen Kurve auch definiert, wenn ein Punkt zu sich selbst hinzugefügt wird oder wenn zwei Punkte sich gegenseitig aufheben, um den Unendlichkeitspunkt (O) zu ergeben.*

Mir ist klar, dass dieser Unendlichkeitspunkt eine Verrücktheit der nächsten Stufe ist, aber machen Sie sich nicht zu viele Gedanken darüber. Wir haben ihn uns eigentlich nur ausgedacht, damit die Addition funktioniert. Übrigens verhält er sich wie eine Null, und er ist unser Identitätselement:

$$O + O = O$$

und für jeden Punkt *P* auf der Kurve

$$P + O = P$$

Alles gut. Bisher haben Sie gesehen, dass Sie Folgendes benötigen, um eine Gruppe auf einer elliptischen Kurve zu bilden:

- eine elliptische Kurvengleichung, die eine Menge von gültigen Punkten definiert,
- eine Definition, was Addition in dieser Menge bedeutet,
- einen imaginären Punkt, den sogenannten Unendlichkeitspunkt.

Dies sind zweifellos viele Informationen, die man auspacken muss, aber eine letzte Sache fehlt noch. Die Kryptografie mit elliptischen Kurven nutzt die zuvor erläuterte Art von Gruppe, die über einem endlichen Körper definiert ist. In der Praxis bedeutet dies, das unsere Koordinaten die Zahlen *1, 2, ..., p – 1* sind, wobei *p* für eine große Primzahl steht. Dies sollte Ihnen bekannt vorkommen! Bei Kryptografie mit elliptischen Kurven sollten Sie sich also einen Graphen vorstellen, der eher wie der im rechten Teil von Abbildung 5–11 aussieht.

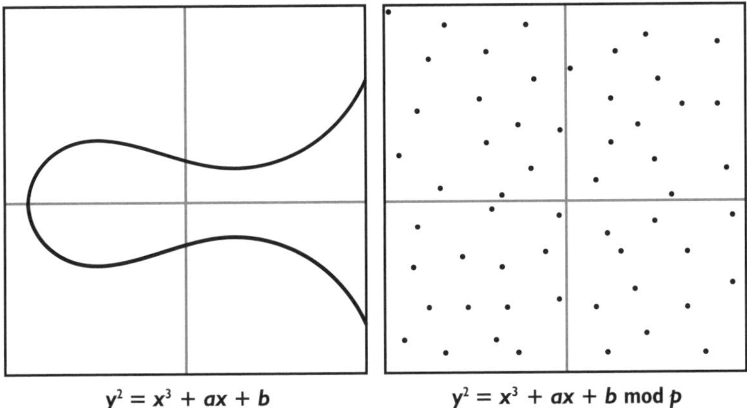

Abb. 5–11 *Kryptografie mit elliptischen Kurven (ECC) wird in der Praxis meist mit elliptischen Kurven in Koordinaten modulo einer großen Primzahl p spezifiziert. Was wir in der Kryptografie verwenden, ähnelt also mehr dem rechten Graphen als dem linken.*

Und das war's! Wir haben jetzt eine Gruppe, mit der wir Kryptografie betreiben können, und zwar auf die gleiche Weise, wie wir sie für Diffie-Hellman bei einer Gruppe mit den Zahlen (außer 0) modulo einer Primzahl und einer Multiplikationsoperation hatten. Wie können wir Diffie-Hellman mit dieser Gruppe, die auf elliptischen Kurven definiert ist, durchführen? Sehen Sie sich an, wie der *diskrete Logarithmus* jetzt in dieser Gruppe funktioniert.

Nehmen wir einen Punkt *G* und addieren ihn *x*-mal zu sich selbst, um einen weiteren Punkt *P* über die von uns definierte Additionsoperation zu erzeugen. Dies können wir als $P = G + \cdots + G$ *(x-mal)* schreiben oder mit etwas mathematisch-syntaktischem Zucker als $P = [x]G$, was als *x-mal G* zu lesen ist. Das Problem des diskreten Logarithmus mit elliptischen Kurven (ECDLP) besteht darin, die Zahl *x* zu finden, wenn man nur *P* und *G* kennt.

HINWEIS

Wir nennen *[x]G* eine Skalarmultiplikation, da x in solchen Gruppen gewöhnlich als Skalar bezeichnet wird.

5.3.2 Wie funktioniert der Elliptic Curve Diffie-Hellman-(ECDH-)Schlüsselaustausch?

Nachdem wir nun eine Gruppe auf elliptischen Kurven erstellt haben, können wir den gleichen Diffie-Hellman-Schlüsselaustauschalgorithmus auf ihr instanziieren. Ein Schlüsselpaar generieren Sie in ECDH in folgenden Schritten:

1. Alle Teilnehmer einigen sich auf eine elliptische Kurvengleichung, einen endlichen Körper (höchstwahrscheinlich eine Primzahl) und einen Generator G (in der Kryptografie mit elliptischen Kurven gewöhnlich Basispunkt genannt).
2. Jeder Teilnehmer generiert eine Zufallszahl x, die sein privater Schlüssel wird.
3. Jeder Teilnehmer leitet seinen öffentlichen Schlüssel als $[x]G$ ab.

Da das Problem des diskreten Logarithmus auf elliptischen Kurven schwer ist, sollte niemand in der Lage sein, Ihren privaten Schlüssel allein durch einen Blick auf Ihren öffentlichen Schlüssel wiederherzustellen. Ich veranschauliche dies in Abbildung 5–12.

G, $[2]G$, $[3]G$, … , $[340282366920938463463374607431768211456]G$, …

öffentlicher Schlüssel in ECDH

Abb. 5–12 *Einen privaten Schlüssel in ECDH zu wählen, ist wie die Auswahl eines Index in einer Liste von Zahlen, die von einem Generator (oder Basispunkt) G erzeugt werden. Das Problem des diskreten Logarithmus mit elliptischen Kurven (ECDLP) besteht darin, den Index allein aus der Zahl zu finden.*

All dies mag ein wenig verwirrend sein, da wir als Operation für unsere DH-Gruppe die Multiplikation definiert haben und nun für eine elliptische Kurve die Addition verwenden. Auch hier sind diese Unterscheidungen nicht von Bedeutung, da sie alle gleichwertig sind. Einen Vergleich sehen Sie in Abbildung 5–13.

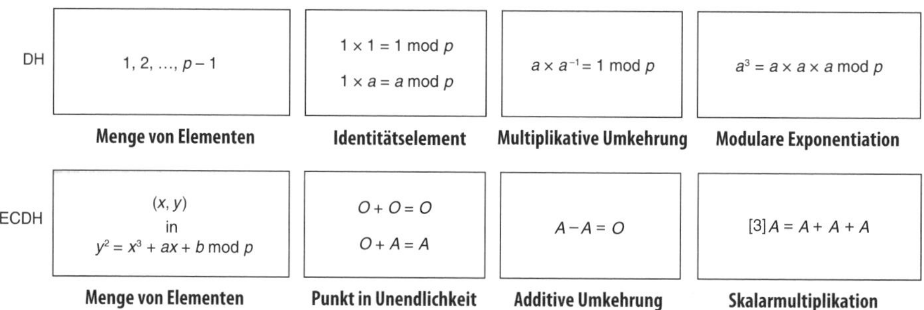

Abb. 5–13 *Einige Vergleiche zwischen der in Diffie-Hellman (DH) verwendeten Gruppe und der in Elliptic Curve Diffie-Hellman (ECDH) verwendeten Gruppe*

Damit sollten Sie nun überzeugt sein, dass es für die Kryptografie einzig und allein darauf ankommt, eine Gruppe mit ihrer Operation zu definieren, und dass der diskrete Logarithmus für diese Gruppe schwierig ist. Zur Vervollständigung zeigt Abbildung 5–14 den Unterschied zwischen dem Problem des diskreten Logarithmus für die beiden Gruppen, die Sie gesehen haben.

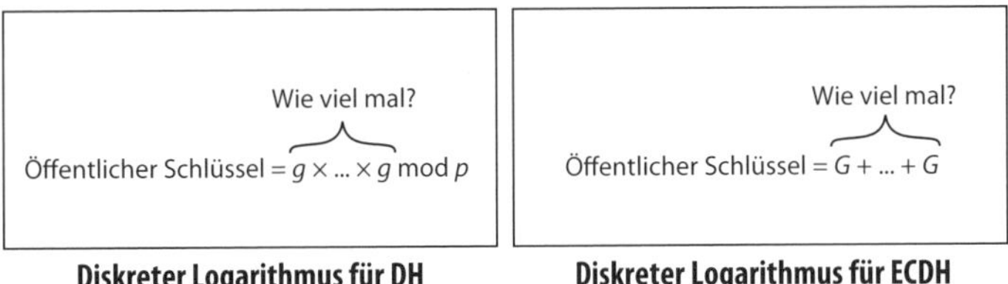

Abb. 5–14 *Ein Vergleich zwischen dem Problem des diskreten Logarithmus modulo großer Primzahlen und dem Problem des diskreten Logarithmus in der Kryptografie mit elliptischen Kurven (ECC). Beide beziehen sich auf den DH-Schlüsselaustausch, da das Problem darin besteht, den privaten Schlüssel aus einem öffentlichen Schlüssel zu finden.*

Eine letzte Anmerkung zur Theorie: Die Gruppe, die wir über elliptischen Kurven gebildet haben, unterscheidet sich von der Gruppe, die wir mit den natürlichen Zahlen modulo einer Primzahl gebildet haben. Aufgrund einiger dieser Unterschiede funktionieren die stärksten bekannten Angriffe gegen DH (bekannt als *Index-Calculus-* oder *Zahlkörpersieb*-Angriffe) nicht gut bei Gruppen auf elliptischen Kurven. Dies ist der Hauptgrund, warum Parameter für ECDH wesentlich langsamer sein können als die Parameter für DH bei gleichem Sicherheitsniveau.

Okay, genug der Theorie. Gehen wir zurück zur Definition von ECDH. Stellen Sie sich vor, dass

- Alice einen privaten Schlüssel a und einen öffentlichen Schlüssel $A = [a]G$ hat,
- Bob einen privaten Schlüssel b und einen öffentlichen Schlüssel $B = [b]G$ hat.

Wenn Alice den öffentlichen Schlüssel von Bob kennt, kann sie das gemeinsame Geheimnis als $[a]B$ berechnen. Bob kann eine ähnliche Berechnung mit dem öffentlichen Schlüssel von Alice und seinem privaten Schlüssel ausführen: $[b]A$. Es ist klar, dass diese beiden Berechnungen am Ende dieselbe Zahl ergeben:

$$[a]B = [a][b]G = [ab]G = [b][a]G = [b]A$$

Kein passiver Angreifer sollte in der Lage sein, den gemeinsamen Punkt allein aus der Beobachtung der öffentlichen Schlüssel abzuleiten. Das kommt Ihnen doch bekannt vor, oder? Als Nächstes geht es um Standards.

5.3.3 Die Standards für Elliptic Curve Diffie-Hellman

> *Die Kryptografie mit elliptischen Kurven hat ihre volle Stärke bewahrt, seit sie 1985 erstmalig vorgestellt wurde. [...] Die Vereinigten Staaten, das Vereinigte Königreich, Kanada und einige andere NATO-Staaten haben alle irgendeine Form der Kryptografie auf elliptischen Kurven für künftige Systeme zum Schutz von Verschlusssachen in und zwischen ihren Regierungen eingeführt.*
>
> – NSA (»The Case for Elliptic Curve Cryptography«, 2005)

Die Standardisierung von ECDH ist ziemlich chaotisch verlaufen. Viele Standardisierungsgremien haben daran gearbeitet, eine große Anzahl verschiedener Kurven zu spezifizieren, woraufhin es zu vielen Flame-Wars gekommen ist, welche Kurve sichererer und effizienter sei. Umfangreiche Forschungsarbeiten, hauptsächlich unter der Leitung von Daniel J. Bernstein, haben auf den Umstand hingewiesen, dass eine Reihe von Kurven, die das NIST standardisiert hat, möglicherweise zu einer schwächeren Klasse von Kurven gehören, die nur der NSA bekannt sind.

> *Ich traue den Konstanten nicht mehr. Ich glaube, die NSA hat sie durch ihre Beziehungen zur Industrie manipuliert.*
>
> – Bruce Schneier (»The NSA Is Breaking Most Encryption on the Internet«, 2013)

Heutzutage stammen die meisten der verwendeten Kurven von ein paar Standards und die meisten Anwendungen haben sich auf zwei Kurven eingeschossen: P-256 und Curve25519. Im weiteren Verlauf dieses Abschnitts werde ich auf diese Kurven eingehen.

NIST FIPS 186-4, »Digital Signature Standard«, der ursprünglich im Jahr 2000 als Standard für Signaturen veröffentlicht wurde, enthält einen Anhang, in dem 15 Kurven für die Verwendung in ECDH spezifiziert sind. Eine dieser Kurven ist die im Internet am häufigsten verwendete Kurve: P-256. Die Kurve wurde auch in den *Standards for Efficient Cryptography (SEC) 2, v2, »Recommended Elliptic Curve Domain Parameters«* spezifiziert, die 2019 unter einem anderen Namen, secp256r1, veröffentlicht wurden. P-256 ist durch die kurze Weierstraß-Gleichung definiert:

$$y^2 = x^3 + ax + b \ mod \ p$$

wobei $a = -3$ und

```
b = 41058363725152142129326129780047268409114441015993725554835256314039
467401291
```

und

$$p = 2^{256} - 2^{224} + 2^{192} + 2^{96} - 1$$

Dies definiert eine Kurve der Primzahlordnung:

```
n = 115792089210356248762697446949407573529996955224135760342422259061068512044369
```

was bedeutet, dass es genau n Punkte auf der Kurve gibt (einschließlich des Unendlichkeitspunkts). Der Basispunkt wird angegeben als

```
G = (48439561293906451759052585252797914202762949526041747995844080717082404635286, 36134250956749795798585127919587881956611106672985015071877198253568414405109)
```

Die Kurve bietet eine 128-Bit-Sicherheit. Für Anwendungen, die andere kryptografische Algorithmen verwenden und eine Sicherheit von 256 Bit statt 128 Bit bieten (zum Beispiel AES mit einem 256-Bit-Schlüssel), ist P-521 im selben Standard verfügbar, um dem Sicherheitsniveau zu entsprechen.

Können wir P-256 vertrauen?

Interessanterweise wird von P-256 und anderen in FIPS 186-4 definierten Kurven gesagt, dass sie aus einem *Startwert* (Seed) erzeugt werden. Für P-256 ist der Startwert bekannt als Bytestring

```
0xc49d360886e704936a6678e1139d26b7819f7e90
```

Dieses Konzept der »unverdächtigen« Zahlen habe ich weiter oben vorgestellt – Konstanten, die beweisen sollen, dass das Design des Algorithmus keinen Spielraum für Hintertüren lässt. Leider gibt es nicht viel mehr Erklärung zum Startwert des P-256 außer der Tatsache, dass er zusammen mit dem Parameter der Kurve angegeben wird.

RFC 7748, »Elliptic Curves for Security«, der 2016 veröffentlicht wurde, spezifiziert zwei Kurven Curve25519 und Curve448. Dabei bietet Curve25519 eine Sicherheit von etwa 128 Bit und Curve448 eine Sicherheit um die 224 Bit für Protokolle, die sich gegen potenzielle Fortschritte bei Angriffen gegen elliptische Kurven absichern wollen. Ich werde hier nur Curve25519 erläutern, eine Montgomery-Kurve, die durch die Gleichung

$$y^2 = x^3 + 486662\, x^2 + x \bmod p, \text{ wobei } p = 2^{255} - 19$$

definiert ist. Curve25519 ist eine Ordnung von

$$n = 2^{252} + 27742317777372353535851937790883648493$$

und der verwendete Basispunkt lautet:

```
G = (9, 147816194475895447910205935684099868872646061346164752889648818377555862374 01)
```

Die Kombination von ECDH mit Curve25519 wird oft als X25519 bezeichnet.

5.4 Angriffe auf kleine Untergruppen und andere Sicherheitsüberlegungen

Heutzutage *würde ich Ihnen zu ECDH statt DH raten*, und zwar wegen der Größe der Schlüssel, dem Fehlen bekannter starker Angriffe, der Qualität der verfügbaren Implementierungen und der Tatsache, dass elliptische Kurven festgeschrieben und gut standardisiert sind (im Unterschied zu DH-Gruppen, die überall zu finden sind). Gerade der letzte Punkt ist sehr wichtig! Die Verwendung von DH bedeutet potenziell die Verwendung von gebrochenen Standards (wie der bereits erwähnte RFC 5114), von Protokollen, die zu zwanglos sind (viele Protokolle wie ältere Versionen von TLS schreiben nicht vor, welche DH-Gruppen zu verwenden sind), von Software, die gebrochene benutzerdefinierte DH-Gruppen verwendet (das bereits weiter vorn erwähnte Socat-Problem), usw.

Wenn Sie auf Diffie-Hellman angewiesen sind, sollten Sie sich *unbedingt an die Standards halten*. Die weiter oben erwähnten Standards verwenden sichere Primzahlen als Modulus: Primzahlen der Form $p = 2q + 1$, wobei q eine andere Primzahl ist. Es geht darum, dass Gruppen dieser Form nur zwei Untergruppen enthalten: eine kleine Untergruppe der Größe 2 (die von –1 erzeugt wird) und eine große der Größe q. (Das ist übrigens das Beste, was man bekommen kann; es gibt keine Gruppen der Primzahlordnung in DH.) Die Knappheit von kleinen Untergruppen verhindert eine Angriffsart, die als *Angriff auf eine kleine Untergruppe* bekannt ist (mehr dazu später). Sichere Primzahlen führen zu sicheren Gruppen aufgrund von zwei Dingen:

- Die Ordnung einer multiplikativen Gruppe modulo einer Primzahl p wird berechnet als $p - 1$.
- Die Ordnung einer Untergruppe der Gruppe sind die Faktoren der Ordnung der Gruppe (dies ist das Lagrange-Theorem).

Die Ordnung unserer multiplikativen Gruppe modulo einer sicheren Primzahl ist also $p - 1 = (2q + 1) - 1 = 2q$, die die Faktoren 2 und q hat, was bedeutet, dass ihre Untergruppen nur von der Ordnung 2 oder q sein können. In derartigen Gruppen sind Angriffe auf kleine Untergruppen nicht möglich, weil es nicht genügend kleine Untergruppen gibt. Ein *Angriff auf eine kleine Untergruppe* ist ein Angriff auf Schlüsselvereinbarungen, wobei ein Angreifer mehrere ungültige öffentliche Schlüssel sendet, um nach und nach Bits Ihres privaten Schlüssels auszuspionieren, und bei dem die ungültigen öffentlichen Schlüssel Generatoren von kleinen Untergruppen sind.

Zum Beispiel könnte ein Angreifer -1 (den Generator einer Untergruppe der Größe 2) als öffentlichen Schlüssel auswählen und an Sie schicken. Indem Sie Ihren Teil des Schlüsselaustauschs durchführen, ist das resultierende gemeinsame Geheimnis ein Element der kleinen Untergruppe (–1 oder 1). Das hängt damit zusammen, dass Sie soeben den Generator der kleinen Untergruppe (den öffentlichen Schlüssel des Angreifers) zur Potenz Ihres privaten Schlüssels erhoben haben. Je nachdem, was Sie mit diesem gemeinsamen Geheimnis anstellen, könnte der Angreifer es erraten und einige Informationen über Ihren privaten Schlüssel preisgeben.

In unserem Beispiel mit dem bösartigen öffentlichen Schlüssel wäre das gemeinsame Geheimnis 1, wenn Ihr privater Schlüssel gerade war, und wenn Ihr privater Schlüssel ungerade war, wäre das gemeinsame Geheimnis –1. Folglich hat der Angreifer ein Bit an Informationen erfahren: das niedrigstwertige Bit Ihres privaten Schlüssels. Viele Untergruppen verschiedener Größen können dem Angreifer mehr Gelegenheiten schaffen, mehr über Ihren privaten Schlüssel zu erfahren, bis der gesamte Schlüssel wiederhergestellt ist. Abbildung 5–15 veranschaulicht dieses Problem.

Am besten überprüfen Sie immer, ob der öffentliche Schlüssel, den Sie empfangen haben, in der korrekten Untergruppe erscheint – nicht alle Implementierungen tun dies. So hat im Jahr 2016 eine Gruppe von Forschern 20 verschiedene DH-Implementierungen analysiert und gefunden, dass keine Implementierung öffentliche Schlüssel validiert (siehe »Measuring small subgroup attacks against Diffie-Hellman« von Valenta et al.). Achten Sie darauf, dass die von Ihnen verwendeten DH-Implementierungen dies auch tun! Hierfür können Sie den öffentlichen Schlüssel zur Ordnung der Untergruppe erheben, was Ihnen das Identitätselement zurückgibt, wenn es ein Element dieser Untergruppe ist.

Andererseits lassen elliptische Kurven Gruppen mit Primzahlordnung zu. Das heißt, sie haben keine kleinen Untergruppen (abgesehen von der Untergruppe der Größe 1, die das Identitätselement erzeugt hat), und somit sind sie sicher gegen Angriffe kleiner Untergruppen. Nun, nicht so schnell ... Im Jahr 2000 fanden Biehl, Meyer und Müller heraus, dass Angriffe auf kleine Untergruppen sogar in solchen Gruppen elliptischer Kurven der Primärzahlordnung möglich sind, und zwar durch einen Angriff, der als *ungültiger Kurvenangriff* bezeichnet wird.

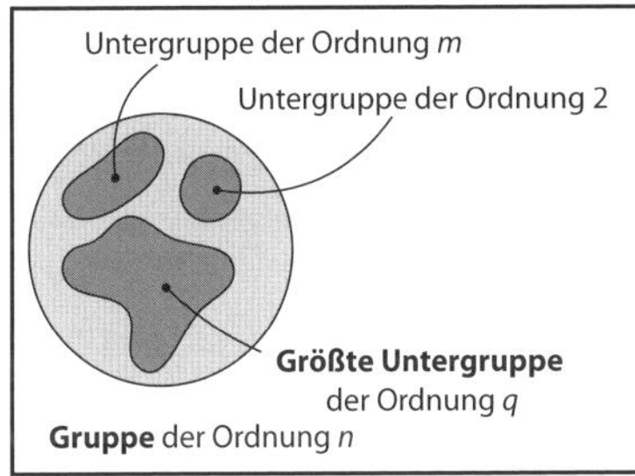

1. Eine Gruppe der Ordnung *n* kann viele Untergruppen verschiedener Ordnungen enthalten.

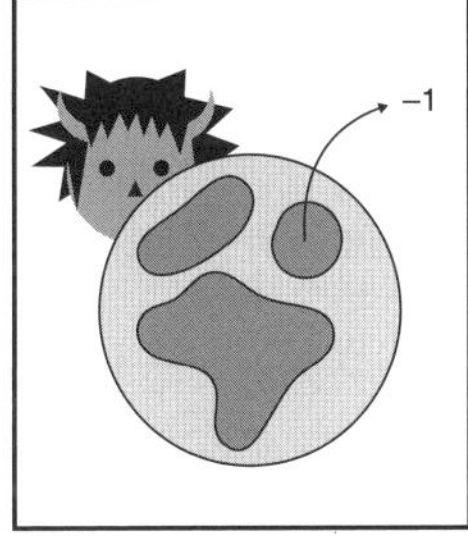

2. Ein Angreifer verwendet den Generator einer Untergruppe als seinen öffentlichen Schlüssel.

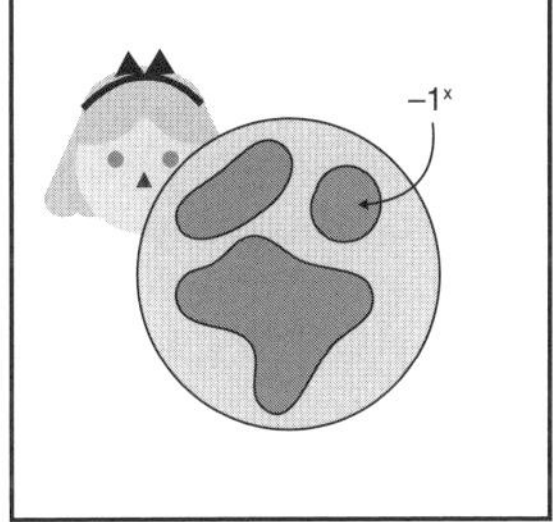

3. Der Schlüsselaustausch mit dem privaten Schlüssel *x* von Alice und dem böswillig manipulierten öffentlichen Schlüssel führt zu einem kleinen Untergruppenelement.

Abb. 5-15 *Ein Angriff mit kleinen Untergruppen wirkt sich auf DH-Gruppen mit vielen Untergruppen aus. Wenn Generatoren kleiner Untergruppen als öffentliche Schlüssel ausgewählt werden, kann ein Angreifer nach und nach die Bits des privaten Schlüssels einer Person ausspähen.*

Hinter Angriffen mit ungültigen Kurven steckt folgende Idee: Zunächst einmal sind die Formeln, mit denen die Skalarmultiplikation für elliptische Kurven, die die kurze Weierstraß-Gleichung $y^2 = x^3 + ax + b$ (wie P-256 des NIST) verwenden, unabhängig von der Variablen b. Das heißt, ein Angreifer kann verschiedene Kurven mit derselben Gleichung außer dem Wert b finden, und einige dieser Kurven werden viele kleine Untergruppen haben. Wahrscheinlich wissen Sie schon, worauf das hinausläuft: Der Angreifer wählt einen Punkt in einer anderen Kurve aus, die kleine Untergruppen offenlegt, und sendet ihn an einen Zielserver. Der Server fährt mit dem Schlüsselaustausch fort, indem er eine Skalarmultiplikation mit dem gegebenen Punkt ausführt und somit einen Schlüsselaustausch auf einer anderen Kurve vornimmt. Am Ende ist durch diesen Trick wieder ein Angriff auf kleine Untergruppen möglich, selbst auf Kurven erster Ordnung.

Der nahe liegende Weg, um dies zu beheben, besteht darin, erneut öffentliche Schlüssel zu validieren. Dies lässt sich leicht bewerkstelligen, indem man überprüft, ob der öffentliche Schlüssel nicht der Unendlichkeitspunkt ist, und indem man die empfangenen Koordinaten in die Kurvengleichung einsetzt, um zu sehen, ob sie einen Punkt auf der definierten Kurve beschreiben. Leider haben Jage, Schwenk und Somorovsky 2015 in »Practical Invalid Curve Attacks on TLS-ECDH« gezeigt, dass mehrere bekannte Implementierungen diese Tests nicht durchführen. Wenn Sie ECDH verwenden, empfehle ich Ihnen aufgrund der Qualität des Entwurfs (der mehrere ungültige Kurvenangriffe berücksichtigt), der Qualität der verfügbaren Implementierungen und der konstruktionsbestimmten Resistenz gegen Timing-Angriffe, den X25519-Schlüsselaustausch zu verwenden.

Curve25519 hat allerdings einen Nachteil – sie ist keine Gruppe erster Ordnung. Die Kurve hat zwei Untergruppen: eine kleine Untergruppe der Größe 8 und eine große Untergruppe, die für ECDH verwendet wird. Darüber hinaus sah der ursprüngliche Entwurf keine Validierung von empfangenen Punkten vor, und die Bibliotheken wiederum haben diese Tests nicht implementiert. Dies führte zu Problemen in verschiedenen Arten von Protokollen, die das Primitiv auf exotischere Weise nutzen. (Eines davon habe ich im Matrix-Nachrichtenprotokoll gefunden, über das ich in Kapitel 11 schreibe.)

Werden öffentliche Schlüssel nicht verifiziert, kann dies zu unerwartetem Verhalten bei X25519 führen. Denn der Schlüsselaustauschalgorithmus hat kein *mitwirkendes Verhalten*: Er erlaubt nicht, dass beide Parteien zum Endergebnis des Schlüsselaustauschs beitragen. Insbesondere kann einer der Teilnehmer erzwingen, dass das Ergebnis des Schlüsselaustauschs ausschließlich aus Nullen besteht, indem er einen Punkt in der kleinen Untergruppe als öffentlichen Schlüssel sendet. RFC 7748 erwähnt dieses Problem und schlägt vor, zu prüfen, ob es sich bei dem resultierenden gemeinsamen Geheimnis nicht um die ausschließlich aus Nullen bestehende Ausgabe handelt, überlässt es jedoch dem Implementierer, ob er diesen Test vornimmt oder nicht! Meiner Meinung nach sollten Sie sicherstellen, dass Ihre Implementierung diesen Test ausführt, außer wenn Sie X25519 auf nicht standardisierte Weise verwenden.

Da viele Protokolle auf Curve25519 beruhen, ist dies nicht nur ein Problem für Schlüsselvereinbarungen. *Ristretto*, der Internet-Entwurf, der bald als RFC gefasst wird, ist eine Konstruktion, die eine zusätzliche Codeschicht zu Curve25519 hinzufügt und effektiv eine Kurve erster Ordnung simuliert (siehe *https:// tools.ietf.org/html/draft-hdevalence-cfrg-ristretto-01*). Die Konstruktion hat an Zugkraft gewonnen, da sie die von anderen Arten kryptografischer Primitive getroffenen Sicherheitsannahmen vereinfacht, die zwar von Curve25519 profitieren, aber einen Primkörper haben wollen.

Zusammenfassung

- Ein nicht authentifizierter Schlüsselaustausch erlaubt es zwei Parteien, sich auf ein gemeinsames Geheimnis zu einigen und gleichzeitig zu verhindern, dass ein Man-in-the-Middle-(MITM-)Angreifer in der Lage ist, es ebenfalls abzuleiten.
- Ein authentifizierter Schlüsselaustausch verhindert, dass sich ein aktiver MITM als eine Seite der Verbindung ausgeben kann, während ein gegenseitig authentifizierter Schlüsselaustausch verhindert, dass ein aktiver MITM sich als beide Seiten ausgeben kann.
- Man kann einen authentifizierten Schlüsselaustausch durchführen, wenn man den öffentlichen Schlüssel der anderen Partei kennt, aber dies lässt sich nicht immer skalieren und Signaturen werden komplexere Szenarios entsperren (siehe Kapitel 7).
- Diffie-Hellman (DH) ist der erste Schlüsselaustauschalgorithmus, der erfunden wurde und immer noch weit verbreitet ist.
- Der empfohlene Standard für DH ist RFC 7919. Er umfasst mehrere Parameter, aus denen ausgewählt werden kann. Die kleinste Option ist der empfohlene 2048-Bit-Primzahlparameter.
- Elliptic Curve Diffie-Hellman (ECDH) hat viel kleinere Schlüsselgrößen als DH. Für eine 128-Bit-Sicherheit benötigt DH 2048-Bit-Parameter, während ECDH 256-Bit-Parameter benötigt.
- Die am häufigsten verwendeten Kurven für ECDH sind P-256 und Curve25519. Beide bieten eine 128-Bit-Sicherheit. Für eine 256-Bit-Sicherheit steht P-521 und Curve448 in denselben Standards zur Verfügung.
- Vergewissern Sie sich, dass die Implementierungen die Gültigkeit von öffentlichen Schlüsseln, die Sie erhalten, verifizieren, da ungültige Schlüssel die Ursache vieler Bugs sind.

6 Asymmetrische und hybride Verschlüsselung

In diesem Kapitel:

- Asymmetrische Verschlüsselung, um Geheimnisse mit einem öffentlichen Schlüssel zu verschlüsseln
- Hybride Verschlüsselung, um Daten mit einem öffentlichen Schlüssel zu verschlüsseln
- Die Standards für asymmetrische und hybride Verschlüsselung

In Kapitel 4 haben Sie die authentifizierte Verschlüsselung kennengelernt, ein kryptografisches Primitiv, um Daten zu verschlüsseln, das aber durch seine Symmetrie eingeschränkt ist (beide Seiten einer Verbindung müssen denselben Schlüssel verwenden). In diesem Kapitel zeige ich Ihnen, wie sich diese Beschränkung mithilfe asymmetrischer Verschlüsselung aufheben lässt, d. h. mit einem Primitiv, um den Schlüssel eines Partners zu entschlüsseln, ohne den Schlüssel zu kennen. Es dürfte nicht überraschen, dass asymmetrische Verschlüsselung mit Schlüsselpaaren arbeitet und die Verschlüsselung öffentliche Schlüssel anstelle von symmetrischen Schlüsseln verwendet.

Auf halbem Weg durch dieses Kapitel werden Sie sehen, dass asymmetrische Verschlüsselung durch die Größe der Daten, die sie verschlüsseln kann, und durch die Geschwindigkeit der Verschlüsselung begrenzt ist. Um dieses Hindernis aus dem Weg zu räumen, zeige ich Ihnen, wie Sie die asymmetrische Verschlüsselung mit authentifizierter Verschlüsselung zu einer sogenannten *hybriden Verschlüsselung* kombinieren können. Fangen wir an!

HINWEIS

Dieses Kapitel baut auf Kapitel 4 zum Thema authentifizierte Verschlüsselung und Kapitel 5 zum Thema Schlüsselaustausch auf.

6.1 Was ist asymmetrische Verschlüsselung?

Wenn es darum geht, Nachrichten zu verschlüsseln, muss man zunächst einmal verstehen, wie *asymmetrische Verschlüsselung* (auch *Public-Key-Verschlüsselung* genannt) funktioniert. In diesem Abschnitt erfahren Sie mehr über dieses kryptografische Primitiv und seine Eigenschaften. Sehen wir uns dazu ein reales Szenario an: *verschlüsselte E-Mails*.

Wahrscheinlich wissen Sie, dass alle von Ihnen gesendeten E-Mails »im Klartext« gesendet werden und sie somit jeder lesen kann, der zwischen Ihnen und dem E-Mail-Provider Ihres Empfängers sitzt. Das ist nicht gut. Wie lässt sich dies beheben? Man könnte ein kryptografisches Primitiv wie AES-GCM verwenden, das Sie in Kapitel 4 kennengelernt haben. Dazu müssten Sie für jede Person, die Ihnen Nachrichten senden möchte, ein anderes gemeinsames, symmetrisches Geheimnis einrichten.

> **ÜBUNG**
>
> Erkennen Sie, warum es sehr schlecht wäre, dasselbe gemeinsame Geheimnis für alle zu verwenden?

Allerdings können Sie nicht erwarten, dass Sie im Voraus wissen, wer Ihnen Nachrichten schicken will. Der Austausch neuer symmetrischer Schlüssel wird mühsam, wenn immer mehr Leute Nachrichten an Sie verschlüsseln wollen. Hier hilft die asymmetrische Verschlüsselung, die es jedem, der im Besitz Ihres öffentlichen Schlüssels ist, ermöglicht, Nachrichten an Sie zu verschlüsseln. Außerdem sind Sie der Einzige, der diese Nachrichten mit dem zugehörigen privaten Schlüssel, den nur Sie besitzen, entschlüsseln kann. Abbildung 6–1 soll die asymmetrische Verschlüsselung veranschaulichen.

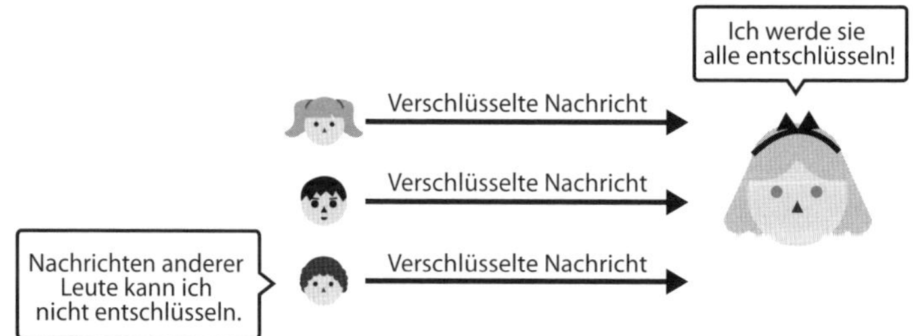

Abb. 6–1 *Bei asymmetrischer Verschlüsselung kann jeder mit dem öffentlichen Schlüssel von Alice Nachrichten verschlüsseln und an sie senden. Nur Alice, die den zugehörigen privaten Schlüssel besitzt, kann diese Nachrichten entschlüsseln.*

Um eine asymmetrische Verschlüsselung einzurichten, müssen Sie zuerst ein Schlüsselpaar über einen entsprechenden Algorithmus generieren. Wie bei jeder Setup-Funktion für kryptografische Algorithmen übernimmt der Algorithmus zur Schlüsselgenerierung einen Sicherheitsparameter. Dieser Sicherheitsparameter lässt sich in der Regel als »Wie groß sollen Ihre Schlüssel sein?« interpretieren, wobei »größer« auch »sicherer« bedeutet. Abbildung 6–2 veranschaulicht diesen Schritt.

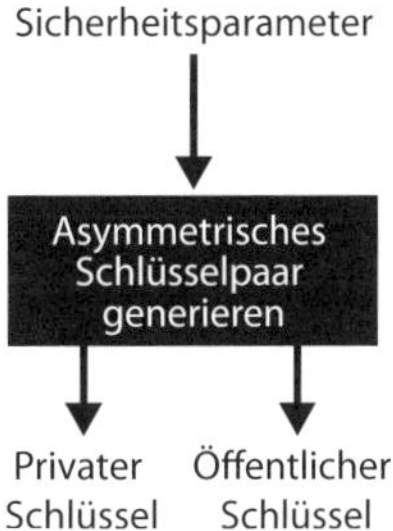

Abb. 6–2 *Um asymmetrische Verschlüsselung zu verwenden, müssen Sie zuerst ein Schlüsselpaar erzeugen. Je nach den bereitgestellten Sicherheitsparametern können Sie Schlüssel unterschiedlicher Sicherheitsstärken erzeugen.*

Der *Algorithmus zur Schlüsselgenerierung* erzeugt ein Schlüsselpaar, das aus zwei verschiedenen Teilen besteht: Der öffentliche Schlüsselteil (wie der Name andeutet) kann veröffentlicht und ohne große Bedenken geteilt werden, während der private Schlüssel geheim bleiben muss. Ähnlich wie bei Schlüsselgenerierungsalgorithmen anderer kryptografischer Primitive ist ein Sicherheitsparameter erforderlich, um die Bitsicherheit des Algorithmus festzulegen. Jeder kann dann den Teil mit dem öffentlichen Schlüssel verwenden, um Nachrichten zu versenden, und Sie können mit dem privaten Teil des Schlüssels die Nachricht wieder entschlüsseln, wie Abbildung 6–3 veranschaulicht. Ähnlich wie bei der authentifizierten Entschlüsselung kann die Entschlüsselung scheitern, wenn der Chiffretext inkohärent ist.

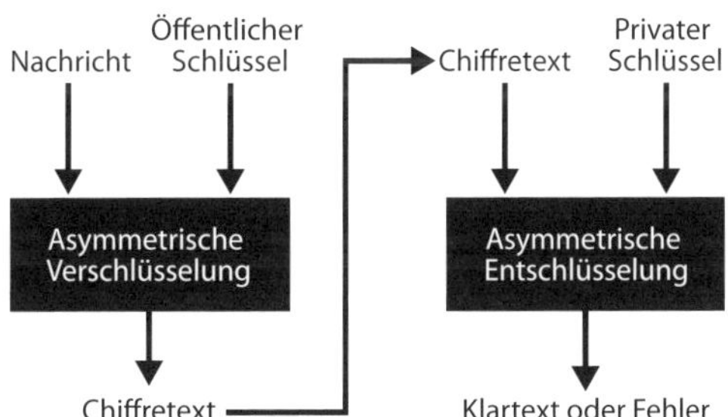

Abb. 6–3 *Bei der asymmetrischen Verschlüsselung wird eine Nachricht (*Klartext*) mit dem öffentlichen Schlüssel eines Empfängers verschlüsselt. Der Empfänger kann dann mit einem anderen Algorithmus die verschlüsselte Nachricht (*Chiffretext*) entschlüsseln, und zwar mit einem privaten Schlüssel, der mit dem zuvor verwendeten öffentlichen Schlüssel verknüpft ist.*

Bisher habe ich noch nicht über Authentifizierung geschrieben. Betrachten Sie beide Seiten der Leitung:

- Sie verschlüsseln einen öffentlichen Schlüssel, von dem Sie annehmen, er gehöre Alice.
- Alice weiß nicht mit Sicherheit, wer diese Nachricht gesendet hat.

Wir stellen uns zunächst einmal vor, dass wir den öffentlichen Schlüssel von Alice in einer wirklich sicheren Weise erhalten haben. In Kapitel 7 werden Sie beim Thema »digitale Signaturen« lernen, wie Protokolle dieses Bootstrapping-Problem in der Praxis lösen. Außerdem erfahren Sie in Kapitel 7, wie Sie Alice auf kryptografische Weise mitteilen können, wer Sie wirklich sind. Spoiler-Alarm: Sie werden Ihre Nachrichten signieren.

Im nächsten Abschnitt geht es darum, wie asymmetrische Verschlüsselung in der Praxis eingesetzt wird (und auch, warum sie in der Praxis selten unverändert übernommen wird).

6.2 Asymmetrische Verschlüsselung in der Praxis und hybride Verschlüsselung

Vielleicht denken Sie, dass asymmetrische Verschlüsselung möglicherweise genügt, um Ihre E-Mails zu verschlüsseln. In Wirklichkeit ist die asymmetrische Verschlüsselung aufgrund der begrenzten Länge der Nachrichten, die sie verschlüsseln kann, ziemlich eingeschränkt. Auch die Geschwindigkeit der asymmetrischen Verschlüsselung und Entschlüsselung ist langsam im Vergleich zur symmetrischen Verschlüsselung. Dies liegt an den asymmetrischen Konstruktionen, die mathematische Operationen implementieren, im Unterschied zu symmetrischen Primitiven, die oft nur Bits manipulieren.

Jetzt lernen Sie diese Begrenzungen kennen, erfahren, welche asymmetrische Verschlüsselung in der Praxis tatsächlich verwendet wird, und lernen schließlich, wie die Kryptografie die genannten Hindernisse überwindet. Dieser Abschnitt ist in zwei Teile gegliedert, die die beiden Hauptanwendungsfälle der asymmetrischen Verschlüsselung beschreiben:

- *Schlüsselvereinbarungen* – Hier erfahren Sie, dass es ganz natürlich ist, einen Schlüsselaustausch (oder eine Schlüsselvereinbarung) mit einem asymmetrischen Verschlüsselungsprimitiv durchzuführen.
- *Hybride Verschlüsselung* – Die Anwendungsfälle für asymmetrische Verschlüsselung sind aufgrund der maximalen Größe der zu verschlüsselnden Daten recht begrenzt. Um größere Nachrichten zu verschlüsseln, lernen Sie ein nützlicheres Primitiv namens *hybride Verschlüsselung* kennen.

6.2.1 Schlüsselvereinbarungen und Schlüsselkapselung

Es zeigt sich, dass sich mithilfe der asymmetrischen Verschlüsselung ein Schlüsselaustausch durchführen lässt – auf die gleiche Art, die Sie in Kapitel 5 gesehen haben! Hierzu können Sie zunächst einen symmetrischen Schlüssel erzeugen und ihn mit dem öffentlichen Schlüssel von Alice verschlüsseln – was wir auch als *Schlüsselkapselung* bezeichnen. Abbildung 6–4 demonstriert dies.

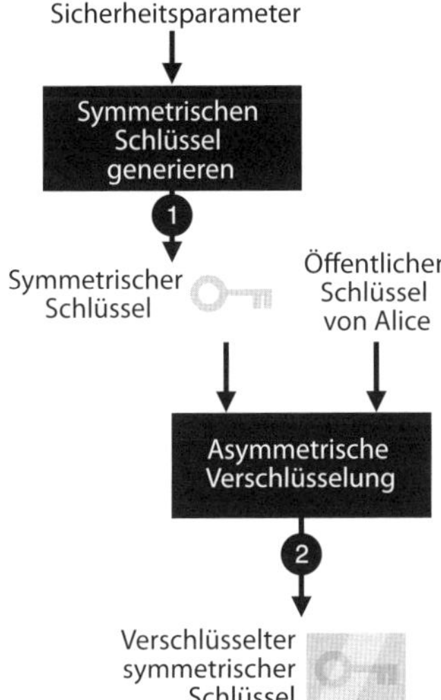

Abb. 6–4 *Um asymmetrische Verschlüsselung als Primitiv für den Schlüsselaustausch zu verwenden, (1) generieren Sie einen symmetrischen Schlüssel und (2) verschlüsseln ihn dann mit dem öffentlichen Schlüssel von Alice.*

Den Chiffretext können Sie dann an Alice senden, die ihn entschlüsseln und den symmetrischen Schlüssel erfahren kann. Anschließend haben beide ein gemeinsames Geheimnis! Abbildung 6–5 stellt den gesamten Ablauf dar.

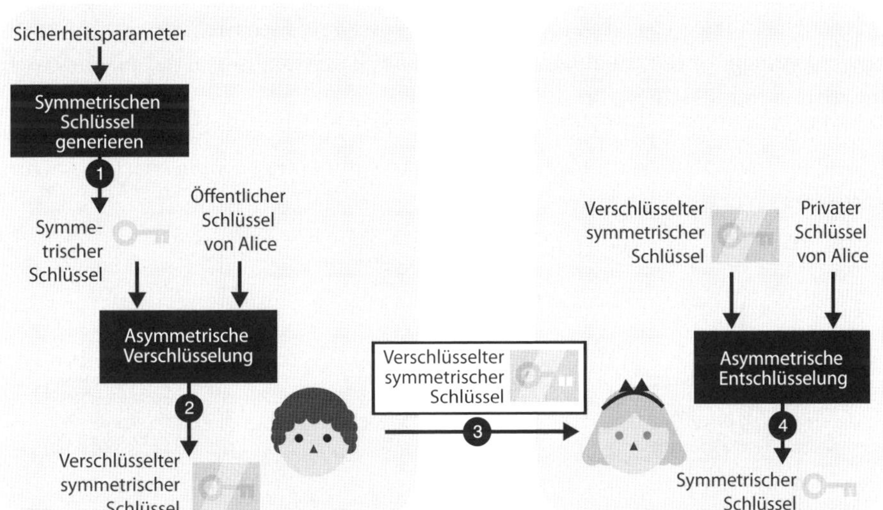

Abb. 6–5 *Um asymmetrische Verschlüsselung als Primitiv für einen Schlüsselaustausch zu verwenden, können Sie (1) einen symmetrischen Schlüssel generieren und (2) ihn mit dem öffentlichen Schlüssel von Alice verschlüsseln. Nachdem Sie ihn (3) an Alice gesendet haben, kann sie (4) ihn mit ihrem zugehörigen privaten Schlüssel entschlüsseln. Am Ende des Protokolls haben beide ein gemeinsames Geheimnis, während niemand sonst in der Lage ist, es allein anhand des verschlüsselten symmetrischen Schlüssels abzuleiten.*

Die asymmetrische Verschlüsselung bei einem Schlüsselaustausch wird in der Regel mit einem Algorithmus namens *RSA* (nach den Namen seiner Erfinder Rivest, Shamir und Adleman) abgewickelt und in vielen Internetprotokollen eingesetzt. Heutzutage ist RSA oft *nicht* mehr der bevorzugte Algorithmus für einen Schlüsselaustausch und wird in Protokollen immer seltener zugunsten von Elliptic Curve Diffie-Hellman (ECDH) verwendet. Dies hat vor allem historische Gründe (viele Schwachstellen wurden bei RSA-Implementierungen und -Standards entdeckt) und liegt an der Attraktivität der geringeren Parametergrößen bei ECDH.

6.2.2 Hybride Verschlüsselung

In der Praxis kann asymmetrische Verschlüsselung nur Nachrichten bis zu einer bestimmten Länge verschlüsseln. Zum Beispiel ist die Größe von Klartextnachrichten, die sich mit RSA verschlüsseln lassen, durch die Sicherheitsparameter begrenzt, die beim Generieren des Schlüsselpaars verwendet wurden (genauer durch die Größe des Modulus). Mit den heute verwendeten Sicherheitsparametern (4096-Bit-Modulus) liegt die Grenze bei etwa 500 ASCII-Zeichen – also ziemlich niedrig. Demzufolge nutzen die meisten Anwendungen eine hybride Verschlüsselung, deren Begrenzung an die Verschlüsselungsgrenzen des verwendeten Algorithmus für authentifizierte Verschlüsselung gebunden ist.

Hybride Verschlüsselung hat in der Praxis die gleiche Schnittstelle wie symmetrische Verschlüsselung (siehe Abb. 6–6). Personen können Nachrichten mit einem öffentlichen Schlüssel verschlüsseln, und derjenige, der den zugehörigen privaten Schlüssel besitzt, kann die verschlüsselten Nachrichten entschlüsseln. Der eigentliche Unterschied liegt in den Größenbeschränkungen der Nachrichten, die man verschlüsseln kann.

Hinter den Kulissen ist hybride Verschlüsselung einfach die Kombination eines *asymmetrischen* kryptografischen Primitivs mit einem *symmetrischen* kryptografischen Primitiv (daher der Name).

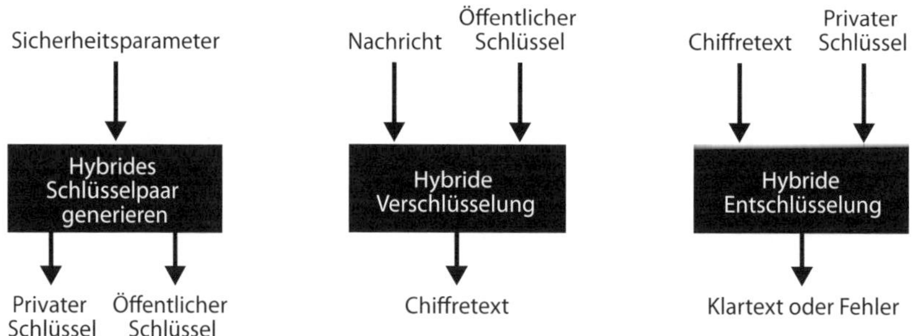

Abb. 6–6 *Hybride Verschlüsselung hat die gleiche Schnittstelle wie symmetrische Verschlüsselung, außer dass Nachrichten, die verschlüsselt werden können, viel größer sind.*

Im Einzelnen handelt es sich um einen nicht-interaktiven Schlüsselaustausch mit dem Empfänger, gefolgt von der Verschlüsselung einer Nachricht mit einem Algorithmus zur authentifizierten Verschlüsselung.

ACHTUNG

Sie könnten auch ein einfaches Primitiv für symmetrische Verschlüsselung verwenden anstelle eines Primitivs für authentifizierte Verschlüsselung. Allerdings schützt symmetrische Verschlüsselung nicht davor, dass jemand Ihre verschlüsselten Nachrichten manipuliert. Aus diesem Grund verwenden wir in der Praxis niemals symmetrische Verschlüsselung allein (wie in Kapitel 4 beschrieben).

Lernen Sie nun, wie hybride Verschlüsselung funktioniert! Wenn Sie eine Nachricht an Alice verschlüsseln möchten, generieren Sie zuerst einen symmetrischen Schlüssel. Verschlüsseln Sie Ihre Nachricht damit und verwenden Sie dann einen Algorithmus für authentifizierte Verschlüsselung wie Abbildung 6–7 veranschaulicht.

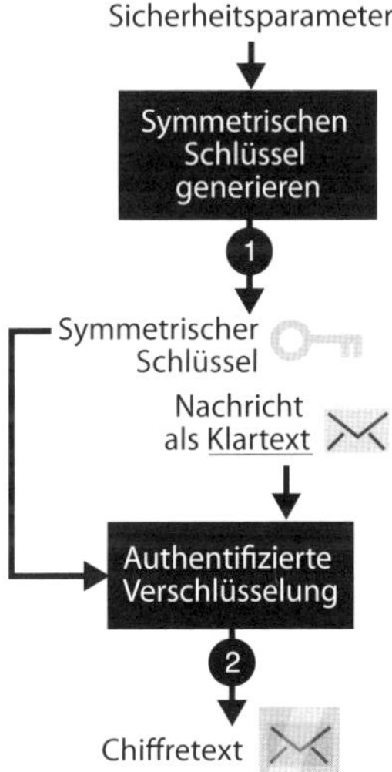

Abb. 6–7 *Um eine Nachricht an Alice mit hybrider Verschlüsselung mit asymmetrischer Verschlüsselung zu verschlüsseln, (1) generieren Sie einen symmetrischen Schlüssel für einen Algorithmus zur authentifizierten Verschlüsselung und (2) verwenden dann den symmetrischen Schlüssel, um Ihre Nachricht an Alice zu verschlüsseln.*

Nachdem Sie Ihre Nachricht verschlüsselt haben, kann Alice sie ohne die Kenntnis des symmetrischen Schlüssels noch nicht entschlüsseln. Wie können wir Alice diesen symmetrischen Schlüssel zukommen lassen? Verschlüsseln Sie den symmetrischen Schlüssel asymmetrisch mit dem öffentlichen Schlüssel von Alice, wie Abbildung 6–8 zeigt.

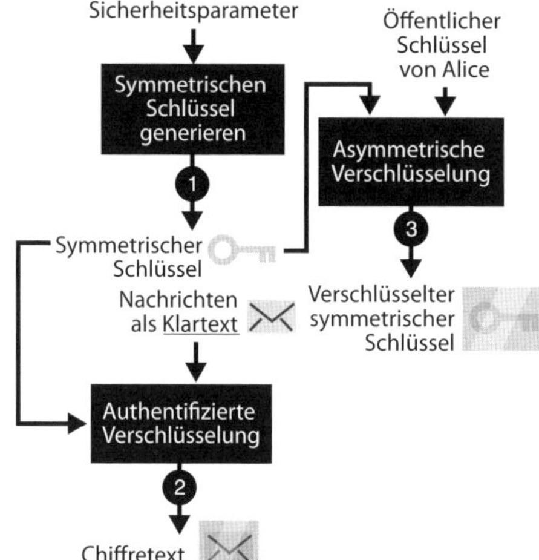

Abb. 6–8 *Aufbauend auf Abbildung 6–7 verschlüsseln Sie (3) den symmetrischen Schlüssel selbst mit dem öffentlichen Schlüssel von Alice und einem Algorithmus zur asymmetrischen Verschlüsselung.*

Schließlich können Sie beide Ergebnisse an Alice senden. Diese umfassen

- den asymmetrisch verschlüsselten symmetrischen Schlüssel
- die symmetrisch verschlüsselte Nachricht

Alice besitzt damit genügend Informationen, um die Nachricht zu entschlüsseln. Abbildung 6–9 zeigt den gesamten Ablauf.

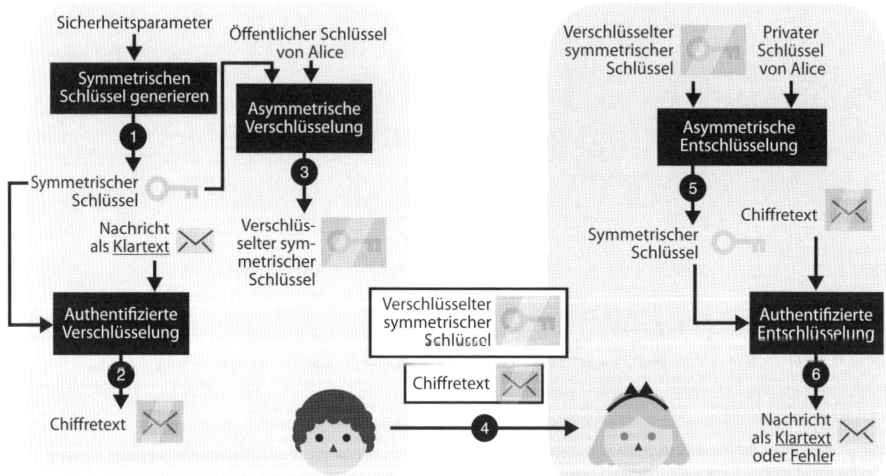

Abb. 6–9 *Aufbauend auf Abbildung 6–8, (4) nachdem Sie sowohl den verschlüsselten symmetrischen Schlüssel als auch die verschlüsselte Nachricht an Alice gesendet haben, (5) entschlüsselt Alice den symmetrischen Schlüssel mit ihrem privaten Schlüssel. (6) Dann verwendet sie den symmetrischen Schlüssel, um die verschlüsselte Nachricht zu entschlüsseln. (Beachten Sie, dass die Schritte 5 und 6 beide fehlschlagen und Fehler zurückgeben können, wenn die Kommunikation in Schritt 4 von einem MITM-Angreifer manipuliert wird.)*

Auf diese Weise bekommen wir das Beste aus beiden Welten: Wir mischen asymmetrische Verschlüsselung und symmetrische Verschlüsselung, um große Datenmengen mit einem öffentlichen Schlüssel zu verschlüsseln. Den ersten, asymmetrischem Teil des Algorithmus nennt man auch *Schlüsselkapselungsmechanismus* (Key Encapsulation Mechanism, KEM) und den zweiten, symmetrischen Teil einen *Datenkapselungsmechanismus* (Data Encapsulation Mechanism, DEM).

Bevor wir uns im nächsten Abschnitt mit den verschiedenen Algorithmen und Standards befassen, die sowohl für die asymmetrische als auch die hybride Verschlüsselung existieren, wollen wir uns (in der Praxis) ansehen, wie man eine kryptografische Bibliothek für die hybride Verschlüsselung einsetzen kann (siehe Listing 6–1). Hierfür wähle ich die kryptografische Bibliothek Tink, die ein Team von Kryptografen bei Google entwickelt hat, um große Teams innerhalb und außerhalb des Unternehmens zu unterstützen. Aufgrund des Projektumfangs wurden bewusste Designentscheidungen getroffen und vernünftige Funktionen zugänglich gemacht, um zu verhindern, dass Entwickler kryptografische Primitive missbrauchen. Darüber hinaus ist Tink in mehreren Programmiersprachen verfügbar (Java, C++, Obj-C und Golang).

```
import com.google.crypto.tink.HybridDecrypt;
import com.google.crypto.tink.HybridEncrypt;
import com.google.crypto.tink.hybrid.HybridKeyTemplates
➥ .ECIES_P256_HKDF_HMAC_SHA256_AES128_GCM;
import com.google.crypto.tink.KeysetHandle;

KeysetHandle privkey = KeysetHandle.generateNew(
    ECIES_P256_HKDF_HMAC_SHA256_AES128_GCM);

KeysetHandle publicKeysetHandle =
    privkey.getPublicKeysetHandle();

HybridEncrypt hybridEncrypt =
    publicKeysetHandle.getPrimitive(
        HybridEncrypt.class);
byte[] ciphertext = hybridEncrypt.encrypt(
    plaintext, associatedData);

HybridDecrypt hybridDecrypt =
    privkey.getPrimitive(HybridDecrypt.class);
byte[] plaintext = hybridDecrypt.decrypt(
    ciphertext, associatedData);
```

Erzeugt Schlüssel für ein bestimmtes Schema mit hybrider Verschlüsselung

Erhält den Teil des öffentlichen Schlüssels, den wir veröffentlichen oder gemeinsam nutzen können

Jeder, der diesen öffentlichen Schlüssel kennt, kann damit Klartext verschlüsseln und zugehörige Daten authentifizieren.

Entschlüsselt eine verschlüsselte Nachricht mit den gleichen zugehörigen Daten. Wenn die Entschlüsselung scheitert, wird eine Ausnahme ausgelöst.

Listing 6–1 *Hybride Verschlüsselung in Java*

Ein Hinweis zum besseren Verständnis der Zeichenfolge `ECIES_P256_HKDF_HMAC_SHA256_AES128_GCM`: ECIES (für Elliptic Curve Integrated Encryption Scheme) ist der zu verwendende Standard für hybride Verschlüsselung. Mehr dazu erfahren Sie später in diesem Kapitel. Der restliche String listet die Algorithmen auf, die zur Instanziierung von ECIES verwendet werden:

- P256 ist die vom NIST standardisierte elliptische Kurve, die Sie in Kapitel 5 kennengelernt haben.
- HKDF ist eine Funktion zur Schlüsselableitung, um die es in Kapitel 8 geht.
- HMAC ist der Nachrichtenauthentifizierungscode, der in Kapitel 3 beschrieben wurde.
- SHA-256 ist die Hashfunktion, die Sie in Kapitel 2 kennengelernt haben.
- AES-128-GCM ist der in Kapitel 4 beschriebene Algorithmus für authentifizierte Verschlüsselung im AES-GCM-Modus mit einem 128-Bit-Schlüssel.

Sehen Sie, wie alles langsam zusammenkommt? Im nächsten Abschnitt erfahren Sie mehr über RSA und ECIES, die beiden weitverbreiteten Standards für asymmetrische und hybride Verschlüsselung.

6.3 Asymmetrische Verschlüsselung mit RSA: Das Schlechte und das weniger Schlechte

Es ist an der Zeit, die Standards anzusehen, die asymmetrische und hybride Verschlüsselung in der Praxis definieren. In der Vergangenheit wurden beide Primitive von Kryptoanalytikern nicht verschont und sowohl in den Standards als auch in den Implementierungen wurden zahlreiche Schwachstellen und Fehler gefunden. Deshalb beginne ich diesen Abschnitt mit einer Einführung in den RSA-Algorithmus zur asymmetrischen Verschlüsselung und zeige auf, wie man ihn nicht verwenden sollte. Im restlichen Kapitel gehe ich die eigentlichen Standards durch, die Sie für asymmetrische und hybride Verschlüsselungen heranziehen können:

- *RSA-OAEP* – Der Hauptstandard für asymmetrische Verschlüsselung mit RSA
- *ECIES* – Der Hauptstandard für hybride Verschlüsselung mit Elliptic Curve Diffie-Hellman (ECDH)

6.3.1 RSA nach Lehrbuch

Dieser Abschnitt beschreibt den RSA-Verschlüsselungsalgorithmus mit öffentlichem Schlüssel und wie er über die Jahre standardisiert wurde. Dies ist nützlich, um andere Sicherheitsverfahren zu verstehen, die auf RSA basieren.

Leider hat RSA seit seiner ersten Veröffentlichung im Jahre 1977 einen ziemlich schlechten Ruf bekommen. Eine der gängigen Theorien besagt, dass RSA zu einfach zu verstehen und zu implementieren ist, sodass viele Leute es selbst in die Hand nehmen, was zu einer Vielzahl von anfälligen Implementierungen führt. Es ist eine interessante Idee, aber sie geht am Kern der Sache vorbei. Zwar ist das Konzept von RSA (oftmals als *Textbook-RSA* bezeichnet) unsicher, wenn es naiv implementiert wird, doch es gibt sogar Standards, die geknackt wurden! Doch der Reihe nach. Um diese Probleme zu verstehen, müssen Sie zunächst lernen, wie RSA funktioniert. Erinnern Sie sich an die multiplikative Gruppe der Zahlen modulo einer Primzahl p? (Ich habe darüber in Kapitel 5 geschrieben.) Es ist die Menge der natürlichen Zahlen:

$$1, 2, 3, 4, \cdots, p - 1$$

Stellen Sie sich vor, dass eine dieser Zahlen unsere Nachricht ist. Wenn p groß genug ist, sagen wir 4096 Bit, kann unsere Nachricht etwa 500 Zeichen enthalten.

HINWEIS

Für Computer ist eine Nachricht lediglich eine Folge von Bytes, die sich auch als Zahl interpretieren lässt.

Sie haben gesehen, dass Sie durch Potenzieren einer Zahl (zum Beispiel unserer Nachricht) andere Zahlen erzeugen können, die eine *Untergruppe* bilden. Abbildung 6–10 veranschaulicht dies.

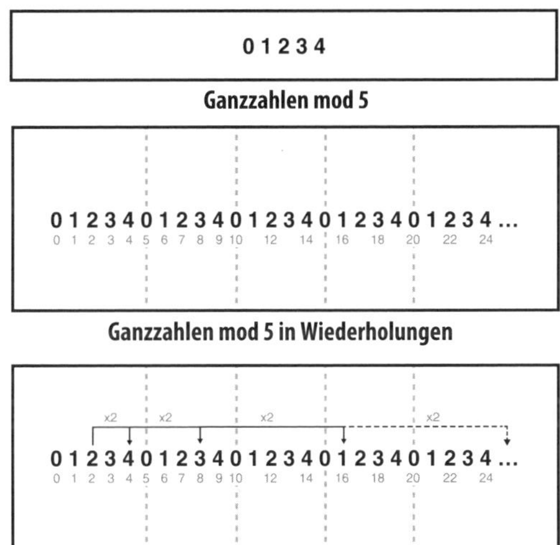

Abb. 6–10 *Ganzzahlen modulo einer Primzahl (hier 5) werden auf verschiedene Untergruppen aufgeteilt. Indem man ein Element als Generator auswählt (z. B. die Zahl 2) und es potenziert, können wir eine Untergruppe erzeugen. Bei RSA ist der Generator die Nachricht.*

Dies kommt uns entgegen, wenn wir definieren, wie mit RSA verschlüsselt werden soll. Dazu veröffentlichen wir einen öffentlichen Exponenten e (für Encryption = Verschlüsselung) und eine Primzahl p. (In Wirklichkeit kann p nicht prim sein, doch wir ignorieren das erst einmal.) Um eine Nachricht m zu verschlüsseln, berechnen wir

$$ciphertext = m^e \bmod p$$

Um etwa die Nachricht $m = 2$ mit $e = 2$ und $p = 5$ zu verschlüsseln, rechnen wir:

$$ciphertext = 2^2 \ mod\ 5 = 4$$

Und diesem Prinzip liegt die Verschlüsselung mit RSA zugrunde!

HINWEIS

Normalerweise wählt man eine kleine Zahl als öffentlichen Exponenten *e*, damit die Verschlüsselung schnell abläuft. Historisch gesehen, scheinen sich Standards und Implementierungen auf die Primzahl 65.537 für den öffentlichen Exponenten geeinigt zu haben.

Das ist großartig! Nunmehr ist es anderen möglich, Nachrichten an Sie zu verschlüsseln. Doch wie entschlüsseln Sie diese? Wie Sie bereits wissen, kommen Sie tatsächlich zur ursprünglichen Zahl zurück, wenn Sie einen Generator weiter potenzieren (siehe Abb. 6–11).

Damit sollten Sie eine Vorstellung davon haben, wie Sie eine Entschlüsselung implementieren können: Finden Sie heraus, wie oft Sie einen Chiffretext potenzieren müssen, um den ursprünglichen Generator (der die Nachricht darstellt) wiederherzustellen. Angenommen, Sie kennen eine solche Zahl, die wir den *privaten Exponenten d* nennen (*d* für Decryption = Entschlüsselung). Wenn Sie

$$Chiffretext = Nachricht^e \ mod\ p$$

empfangen, sollten Sie in der Lage sein, dies zur Potenz *d* zu erheben, um die Nachricht wiederherzustellen:

$$Chiffretext^d = (Nachricht^e)^d = Nachricht^{e \times d} = Nachricht \ mod\ p$$

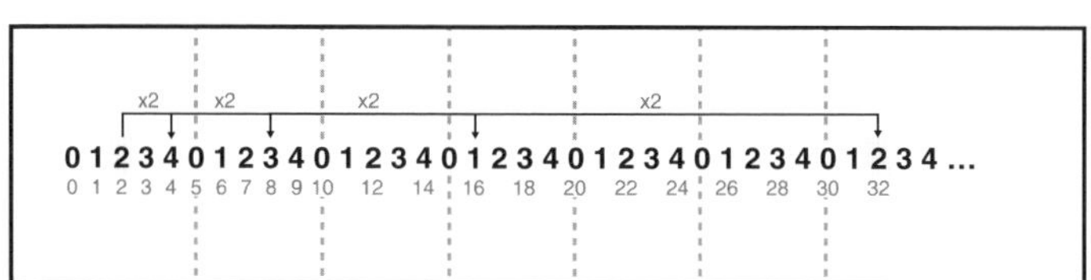

Abb. 6–11 *Angenommen, unsere Nachricht ist die Zahl 2. Indem wir sie potenzieren, können wir die anderen Zahlen in unserer Gruppe erhalten. Wenn wir sie oft genug potenzieren, kommen wir zu unserer ursprünglichen Nachricht, 2, zurück. Diese Eigenschaft lässt sich nutzen, um eine Nachricht wiederherzustellen, nachdem sie zu einer bestimmten Potenz erhoben wurde.*

Die eigentliche Mathematik, die dahintersteckt, diesen privaten Exponenten *d* zu finden, ist ein wenig kompliziert. Einfach ausgedrückt, berechnen Sie die Umkehrung des öffentlichen Exponenten modulo der Ordnung (Anzahl der Elemente) der Gruppe:

$$d = e^{-1} \ mod\ Ordnung$$

Wir verfügen über einen effizienten Algorithmus, um modulare Inverse zu berechnen (wie den erweiterten euklidischen Algorithmus), sodass dies kein Problem darstellt. Allerdings haben wir ein anderes Problem! Für eine Primzahl p ist die Ordnung einfach $p - 1$. Und somit *ist es für jedermann leicht möglich, den privaten Exponenten zu berechnen*. Das liegt daran, dass jedes Element in dieser Gleichung außer d öffentlich ist.

Euler-Theorem

Wie sind wir zu der vorherigen Gleichung gekommen, um den privaten Exponenten d zu berechnen? Das Euler-Theorem besagt, dass für m teilerfremd mit p (das heißt, sie haben keine gemeinsamen Faktoren) gilt:

$$m^{\text{Ordnung}} = 1 \bmod p$$

Wobei *Ordnung* die Anzahl der Elemente in der multiplikativen Gruppe ist, die von den Ganzzahlen modulo p erzeugt wird. Dies bedeutet wiederum, dass für jedes ganzzahlige *Vielfache*

$$m^{1+\text{Vielfaches} \times \text{Ordnung}} = m \times (m^{\text{Ordnung}})^{\text{Vielfaches}} \bmod p = m \bmod p$$

Daraus ergibt sich, dass sich die Gleichung, die wir zu lösen versuchen

$$m^{e \times d} = m \bmod p$$

auf

$$e \times d = 1 + \text{Vielfaches} \times \text{Ordnung}$$

reduzieren lässt, was man auch wie folgt schreiben kann:

$$e \times d = 1 \bmod \text{Ordnung}$$

Dies bedeutet per Definition, dass d die Inverse von *e modulo Ordnung* ist.

Eine Möglichkeit, andere daran zu hindern, den privaten Exponenten aus dem öffentlichen Exponenten zu berechnen, besteht darin, die Ordnung unserer Gruppe zu verbergen. Das ist die geniale Idee hinter RSA: Wenn unser Modulus keine Primzahl mehr ist, sondern ein Produkt einer Primzahl $N = p \times q$ (wobei p und q große Primzahlen sind, die nur Sie kennen), dann ist die Ordnung unserer multiplikativen Gruppe nicht leicht zu berechnen, solange wir p und q nicht kennen!

Die Ordnung einer RSA-Gruppe

Die Ordnung der multiplikativen Gruppe modulo einer Zahl N lässt sich mit der eulerschen Phi-Funktion $\phi(N)$ berechnen, die die Anzahl der Zahlen zurückgibt, die *teilerfremd* für N sind. Zum Beispiel sind 5 und 6 teilerfremd, weil es außer der 1 keine natürliche Zahl gibt, die beide Zahlen teilt. Dagegen sind 10 und 15 nicht teilerfremd, weil sie sich jeweils durch 1 und 5 teilen lassen. Die Ordnung einer multiplikativen Gruppe modulo eines RSA-Modulus $N = p \times q$ ist

$$\phi(N) = (p - 1) \times (q - 1)$$

was zu schwer zu berechnen ist, wenn man die Faktorisierung von N nicht kennt.

Wir sind fertig! Alles in allem funktioniert RSA wie folgt:

- Zur Schlüsselgenerierung
  1. Erzeugen Sie zwei große Primzahlen p und q.
  2. Wählen Sie einen zufälligen öffentlichen Exponenten e oder einen festen wie $e = 65537$.
  3. Ihr öffentlicher Schlüssel ist der öffentliche Exponent e und der öffentliche Modulus $N = p \times q$.
  4. Leiten Sie Ihren privaten Exponenten $d = e^{-1}\ mod\ (p - 1)\ (q - 1)$ ab.
  5. Ihr privater Schlüssel ist der private Exponent d.
- Zur Verschlüsselung berechnen Sie $Nachricht^{e}\ mod\ N$.
- Zur Entschlüsselung des Chiffretextes berechnen Sie $Chiffretext^{d}\ mod\ N$.

Abbildung 6–12 fasst zusammen, wie RSA in der Praxis funktioniert.

Potenzieren mit *e* mod *N* Potenzieren mit *d* mod *N*

0 1 2 3 4 ... 5490349040 ... 10398090934820 ... 5490349040 ...

Abb. 6–12 *Die RSA-Verschlüsselung potenziert eine Zahl (unsere Nachricht) mit dem öffentlichen Exponenten e modulo dem öffentlichen Modulus N = p × q. Die RSA-Entschlüsselung potenziert die verschlüsselte Zahl mit dem privaten Exponenten d modulo dem öffentlichen Modulus N.*

Wir sagen, dass sich RSA auf das *Faktorisierungsproblem* stützt. Ohne Kenntnis von p und q kann niemand die Ordnung berechnen und somit ist niemand in der Lage, den privaten Exponenten aus dem öffentlichen Exponenten zu berechnen. Dies ist vergleichbar mit dem Diffie-Hellman-Algorithmus, der auf dem Problem des diskreten Logarithmus beruht (siehe Abb. 6–13).

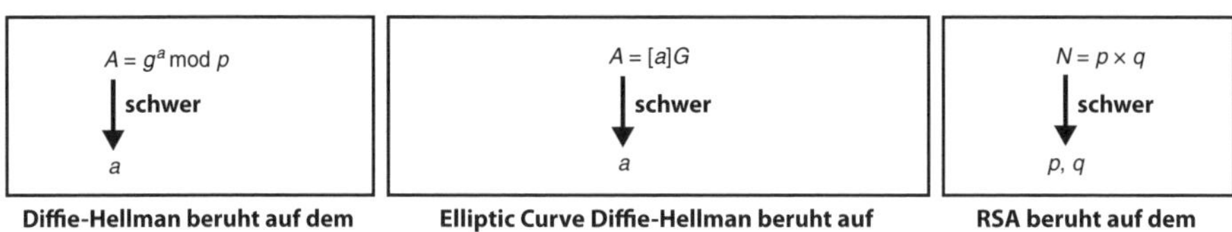

Abb. 6–13 *Diffie-Hellman (DH), Elliptic Curve Diffie-Hellman (ECDH) und RSA sind asymmetrische Algorithmen, die auf drei verschiedenen mathematischen Problemen basieren, die wir für schwer halten. Dabei bedeutet schwer, dass wir keine effizienten Algorithmen kennen, um sie zu lösen, wenn sie mit großen Zahlen instanziiert werden.*

Somit funktioniert Textbook-RSA modulo einer zusammengesetzten Zahl $N = p \times q$, wobei p und q zwei große Primzahlen sind, die geheim bleiben müssen. Nachdem Sie nun die Funktionsweise von RSA kennen, sehen wir uns an, wie unsicher der Algorithmus in der Praxis ist und was Standards tun, um ihn sicher zu machen.

6.3.2 Warum man RSA PKCS#1 v1.5 nicht verwenden sollte

Sie haben den »Textbook-RSA« kennengelernt, der standardmäßig aus vielen Gründen unsicher ist. Bevor Sie sich mit der sicheren Version von RSA befassen können, wollen wir uns zunächst ansehen, was Sie vermeiden müssen.

Es gibt viele Gründe, warum Sie Textbook-RSA nicht direkt verwenden können. Ein Beispiel: Wenn Sie kleine Nachrichten verschlüsseln (zum Beispiel $m = 2$), kann ein böswilliger Angreifer alle kleinen Zahlen zwischen 0 und 100 verschlüsseln und schnell feststellen, ob eine der verschlüsselten Zahlen mit Ihrem Chiffretext übereinstimmt. Wenn dies der Fall ist, weiß er, was Sie verschlüsselt haben.

Standards beheben dieses Problem, indem sie Ihre Nachrichten zu groß machen, um auf diese Weise mit einem Brute-Force-Angriff geknackt zu werden. Insbesondere maximieren sie die Größe einer Nachricht (vor der Verschlüsselung) mit einer *nichtdeterministischen* Auffüllung. Der Standard RSA PKCS#1 v1.5 definiert so eine Auffüllung, die eine Anzahl zufälliger Bytes zur Nachricht hinzufügt. Abbildung 6–14 veranschaulicht dies.

Der Standard PKCS#1 ist eigentlich der erste Standard, der auf RSA basiert. Veröffentlicht wurde er als Teil einer Reihe von *Public Key Cryptography Standard*-(PKCS-)Dokumenten, die von der Firma RSA in den frühen 1990er-Jahren verfasst wurden. Zwar behebt der Standard PKCS#1 einige bekannte Probleme, doch hat Bleichenbacher 1998 einen praktischen Angriff auf PKCS#1 v1.5 gefunden, der es einem Angreifer ermöglichte, Nachrichten zu entschlüsseln, die mit der vom Standard vorgegebenen Auffüllung verschlüsselt waren. Da hierfür eine Million Nachrichten erforderlich waren, wird dieser Angriff auch als *Million Message Attack* bezeichnet. Später wurden Abhilfemaßnahmen gefunden, doch interessanterweise wurde der Angriff im Laufe der Jahre immer wieder neu entdeckt, da Forscher feststellten, dass die Abhilfemaßnahmen nur schwer (wenn überhaupt) sicher zu implementieren waren.

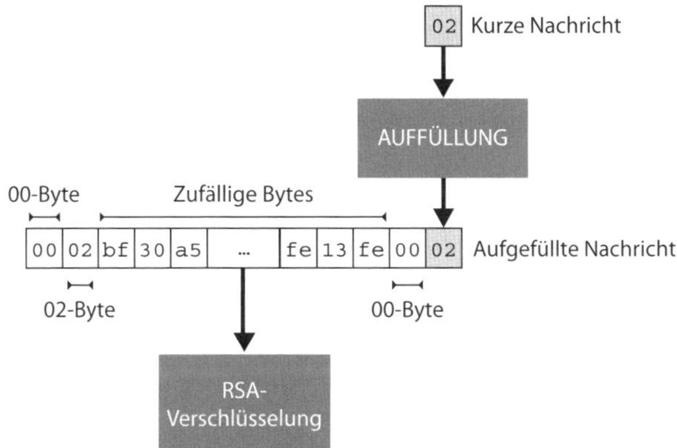

Abb. 6–14 *Der Standard RSA PKCS#1 v1.5 legt fest, dass die Nachricht vor der Verschlüsselung mit einer Auffüllung versehen wird. Die Auffüllung muss reversibel sein (damit sie sich bei der Entschlüsselung entfernen lässt) und sie muss genügend zufällige Bytes zur Nachricht hinzufügen, um Brute-Force-Angriffe zu vereiteln.*

Adaptive Chosen-Ciphertext-Angriffe

Der Millionen-Nachrichten-Angriff von Bleichenbacher zählt in der theoretischen Kryptografie zu den *adaptiven Chosen-Ciphertext-Angriffen (CCA2)*. Dabei bedeutet CCA2, dass ein Angreifer beliebige RSA-verschlüsselte Nachrichten (gewählter Chiffretext) übermittelt, beobachtet, wie dies die Entschlüsselung beeinflusst, und den Angriff basierend auf vorherigen Beobachtungen (dem adaptiven Teil) fortsetzt. CCA2 dient oft dazu, Angreifer in kryptografischen Sicherheitsbeweisen zu modellieren.

Um zu verstehen, warum der Angriff möglich war, muss man wissen, dass RSA-Chiffretexte formbar sind: Man kann einen RSA-Chiffretext manipulieren, ohne seine Entschlüsselung ungültig zu machen. Wenn ich den Chiffretext $c = m^e \ mod \ N$ beobachte, kann ich dann den folgenden Chiffretext übermitteln:

$$3^e \times m^e = (3m)^e \ mod \ N$$

was als

$$((3m)^e)^d = (3m)^{e \times d} = 3m \ mod \ N$$

entschlüsselt wird. Als Beispiel dient hier die Zahl 3. Doch man kann auch die ursprüngliche Nachricht mit jeder gewünschten Zahl multiplizieren. In der Praxis muss eine Nachricht wohlgeformt sein (infolge der Auffüllung) und somit scheitert die Entschlüsselung, wenn ein Chiffretext manipuliert wird. Dennoch kommt es manchmal vor, selbst nach der böswilligen Modifikation, dass die Auffüllung nach der Entschlüsselung akzeptiert wird.

Bleichenbacher hat diese Eigenschaft in seinem Millionen-Nachrichten-Angriff auf RSA PKCS#1 v1.5 ausgenutzt. Sein Angriff funktioniert, indem man eine verschlüsselte Nachricht abfängt, sie modifiziert und an die Person schickt, die für die Entschlüsselung zuständig ist. Indem man beobachtet, ob diese Person die Nachricht entschlüsseln kann (die Auffüllung ist gültig geblieben), erhalten wir einige Informationen über den Nachrichtenbereich. Da die ersten beiden Bytes 0x0002 lauten, wissen wir, dass die Entschlüsselung kleiner als ein bestimmter Wert ist. Indem wir dies iterativ tun, können wir diesen Bereich bis auf die ursprüngliche Nachricht selbst eingrenzen.

Obwohl der Bleichenbacher-Angriff bekannt ist, gibt es auch heute noch viele Systeme, die RSA PKCS#1 v1.5 zur Verschlüsselung implementieren. Im Rahmen meiner Arbeit als Sicherheitsberater habe ich viele Anwendungen gefunden, die für diesen Angriff anfällig waren – seien Sie also vorsichtig!

6.3.3 Asymmetrische Verschlüsselung mit RSA-OAEP

Der gleiche Standard PKCS#1 wurde 1998 in der Version 2.0 veröffentlicht, und zwar mit einem neuen Auffüllungsschema für RSA namens *Optimal Asymmetric Encryption Padding* (OAEP). Da PKCS#1 v1.5, OAEP im Gegensatz zu seinem

Vorgänger nicht anfällig für den Bleichenbacher-Angriff ist, haben wir es mit einem starken Standard zu tun, der heutzutage für die RSA-Verschlüsselung verwendet wird. Sehen Sie sich nun an, wie OAEP funktioniert und die zuvor diskutierten Angriffe verhindert.

Zuerst sei erwähnt, dass OAEP wie die meisten kryptografischen Algorithmen einen Algorithmus zur Schlüsselgenerierung mitbringt. Dieser benötigt einen Sicherheitsparameter, wie Abbildung 6–15 veranschaulicht.

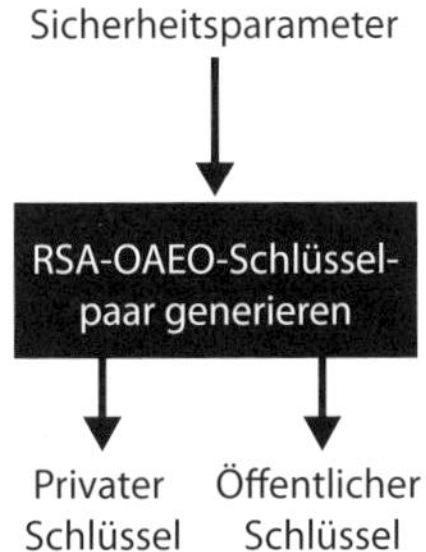

Abb. 6–15 *Wie bei vielen Algorithmen mit öffentlichen Schlüsseln muss man auch bei RSA-OAEP zuerst ein Schlüsselpaar erzeugen, das sich später in den anderen Algorithmen des kryptografischen Primitivs verwenden lässt.*

Dieser Algorithmus übernimmt einen Sicherheitsparameter, der eine Anzahl von Bits angibt. Wie bei Diffie-Hellman finden die Operationen in der Menge der Zahlen modulo einer großen Zahl statt. Wenn wir über die Sicherheit einer Instanziierung von RSA sprechen, beziehen wir uns gewöhnlich auf die Größe dieses großen Modulus. Das ist ähnlich wie bei Diffie-Hellman, wie Sie sich erinnern.

Derzeit schätzen die meisten Richtlinien (siehe *https://keylength.com*), dass ein Modulus zwischen 2048 und 4096 Bit eine Sicherheit von 128 Bit bietet. Da diese Schätzungen recht unterschiedlich ausfallen, scheinen die meisten Anwendungen konservativ auf 4096-Bit-Parameter zu setzen.

HINWEIS

Wir haben gesehen, dass der große Modulus von RSA keine Primzahl ist, sondern ein Produkt $N = p \times q$ aus zwei großen Primzahlen p und q. Für einen 4096-Bit-Modulus teilt der Schlüsselgenerierungsalgorithmus diesen Wert normalerweise in der Mitte und generiert sowohl p als auch q mit einer Größe von etwa 2048 Bit.

Zum Verschlüsseln füllt der Algorithmus zuerst die Nachricht auf und mischt sie mit einer Zufallszahl, die pro Verschlüsselung generiert wird. Das Ergebnis wird dann mit RSA verschlüsselt. Beim Entschlüsseln des Chiffretextes läuft der umgekehrte Vorgang an, wie Abbildung 6–16 zeigt.

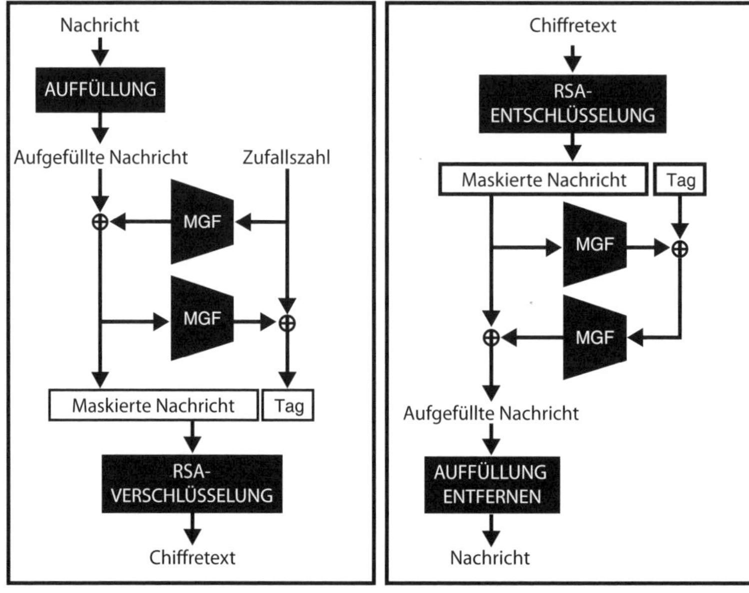

Abb. 6–16 *Der RSA-OAEP-Algorithmus mischt die Nachricht vor der Verschlüsselung mit einer Zufallszahl. Die Mischung kann nach der Entschlüsselung rückgängig gemacht werden. Im Kern des Algorithmus dient eine Maskengenerierungsfunktion (MGF) dazu, eine Eingabe zu randomisieren und zu vergrößern bzw. zu verkleinern.*

RSA-OAEP stellt mithilfe dieser Vermischung sicher, dass keine Informationen über den Klartext erlangt werden können, sollten einige Bits der mit RSA verschlüsselten Daten durchsickern. Um die OAEP-Auffüllung rückgängig zu machen, müssen Sie nämlich (fast) alle Bytes des mit OAEP aufgefüllten Klartextes erhalten! Darüber hinaus sollte der Bleichenbacher-Angriff nicht mehr funktionieren, weil das Schema es unmöglich macht, einen ordnungsgemäßen Klartext aus einem modifizierten Chiffretext zu erhalten.

HINWEIS

Plaintext-Awareness (Klartext-Kenntnis) ist die Eigenschaft, die es einem Angreifer zu schwer macht, einen Chiffretext zu erzeugen, der sich erfolgreich entschlüsseln lässt (natürlich ohne die Hilfe von Verschlüsselung). Aufgrund der von OAEP gebotenen Plaintext-Awareness funktioniert der Bleichenbacher-Angriff auf das Schema nicht.

Innerhalb von OAEP steht MGF für die *Maskenerzeugungsfunktion* (engl. Mask Generation Function). In der Praxis ist MGF eine erweiterbare Ausgabefunktion (XOF), die Sie zum Thema XOFs in Kapitel 2 kennengelernt haben. Da MGFs vor XOFs erfunden wurden, werden sie mit einer Hashfunktion realisiert, die die Eingabe wiederholt mit einem Zähler hasht (siehe Abb. 6–17). Und genauso funktioniert OAEP!

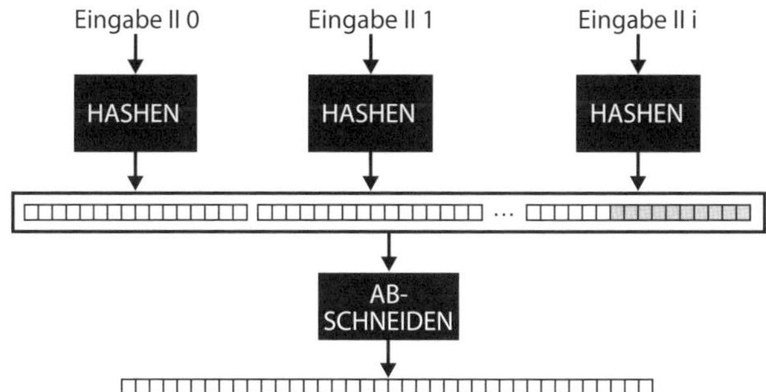

Abb. 6–17 *Eine Maskenerzeugungsfunktion (MGF) ist einfach eine Funktion, die eine Eingabe beliebiger Länge übernimmt und eine zufällig aussehende Ausgabe beliebiger Länge erzeugt. Dazu hasht die Funktion eine Eingabe und einen Zähler, verkettet die Digests miteinander und schneidet das Ergebnis auf die gewünschte Länge ab.*

Padding-Orakel-Angriffe nach Manger

Nur drei Jahre nach der Veröffentlichung des OAEP-Standards entdeckte James Manger einen Timing-Angriff. Er ähnelt dem Millionen-Nachrichten-Angriff nach Bleichenbacher (ist aber viel praktischer) auf OAEP, wenn der Algorithmus nicht korrekt implementiert wird. Verglichen mit PKCS#1 v1.5 ist es erfreulicherweise viel einfacher, OAEP sicher zu implementieren, und Schwachstellen in der Implementierung dieses Schemas sind viel seltener.

Außerdem ist das Design von OAEP nicht perfekt; im Laufe der Jahre wurden bessere Konstruktionen vorgeschlagen und standardisiert. Ein Beispiel ist das Schema RSA-KEM, das stärkere Sicherheitsnachweise hat und viel einfacher sicher zu implementieren ist. In Abbildung 6–18 können Sie sehen, wie viel eleganter der Entwurf ist.

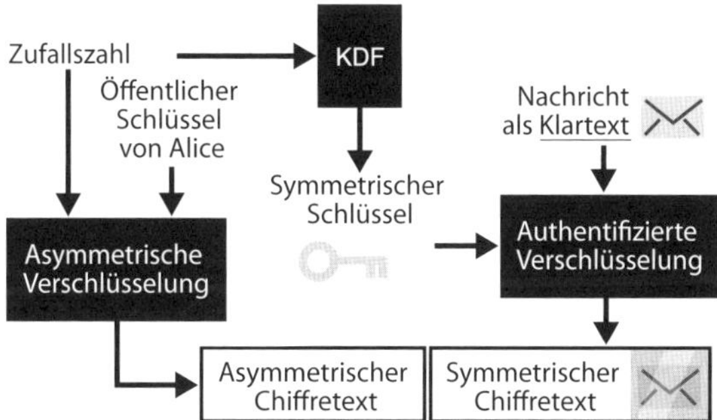

Abb. 6–18 *RSA-KEM ist ein Verschlüsselungsschema, das einfach eine Zufallszahl mit RSA verschlüsselt. Eine Auffüllung ist nicht erforderlich. Die Zufallszahl können wir über eine Schlüsselableitungsfunktion (KDF, Key Derivation Function) ableiten, um einen symmetrischen Schlüssel zu erhalten. Dann verschlüsseln wir eine Nachricht mit dem symmetrischen Schlüssel über einen Algorithmus zur authentifizierten Verschlüsselung.*

Beachten Sie die Schlüsselableitungsfunktion (KDF), die hier verwendet wird. Dabei handelt es sich um ein anderes kryptografisches Primitiv, das sich durch eine MGF oder eine XOF ersetzen lässt. In Kapitel 8 zum Thema Zufälligkeit und Geheimnisse erfahren Sie mehr darüber, was KDFs sind.

Heutzutage implementieren die meisten Protokolle und Anwendungen, die mit RSA arbeiten, entweder noch den unsicheren Standard PKCS#1 v1.5 oder OAEP. Andererseits gehen immer mehr Protokolle weg von der RSA-Verschlüsselung zugunsten von Elliptic Curve Diffie-Hellman (ECDH) sowohl für Schlüsselvereinbarungen als auch für hybride Verschlüsselung. Dies ist verständlich, da ECDH kürzere öffentliche Schlüssel bietet und im Allgemeinen von wesentlich besseren Standards und sicheren Implementierungen profitiert.

6.4 Hybride Verschlüsselung mit ECIES

Es gibt zwar viele hybride Verschlüsselungsverfahren, doch der am weitesten verbreitete Standard ist *Elliptic Curve Integrated Encryption Scheme* (ECIES). Das Verfahren ist für die Verwendung mit ECDH spezifiziert worden und in vielen Standards wie ANSI X9.63, ISO/IEC 18033-2, IEEE 1363a und SECG SEC 1 enthalten. Leider scheint jeder Standard eine andere Variante zu implementieren. Zum Teil ist das auch darauf zurückzuführen, dass verschiedene kryptografische Bibliotheken hybride Verschlüsselung unterschiedlich implementieren.

Aus diesem Grund sehe ich in freier Wildbahn selten zwei ähnliche Implementierungen der hybriden Verschlüsselung. Zwar ist dies ärgerlich, doch wenn alle Teilnehmer des Protokolls die gleiche Implementierung verwenden oder die Details des von ihnen implementierten hybriden Verschlüsselungsschemas dokumentieren, dann dürfte es keine Probleme geben.

ECIES funktioniert ähnlich wie das hybride Verschlüsselungsschema, das der Abschnitt 6.2 erklärt hat. Der Unterschied besteht darin, dass wir den KEM-Teil mit einem ECDH-Schlüsselaustausch statt mit einem asymmetrischen Verschlüsselungsprimitiv implementieren. Lassen Sie mich das Schritt für Schritt erklären.

Wenn Sie eine Nachricht an Alice verschlüsseln wollen, verwenden Sie zunächst einen (EC)DH-basierten Schlüsselaustausch mit dem öffentlichen Schlüssel von Alice und einem Schlüsselpaar, das Sie bei dieser Gelegenheit erzeugen (das sogenannte *ephemere Schlüsselpaar*). Dann können Sie das erhaltene gemeinsame Geheimnis mit einem authentifizierten symmetrischen Verschlüsselungsalgorithmus wie AES-GCM verwenden, um eine längere Nachricht an sie zu verschlüsseln. Abbildung 6–19 veranschaulicht dies.

Danach können Sie den ephemeren öffentlichen Schlüssel und den Chiffretext an Alice schicken. Alice kann mit Ihrem ephemeren öffentlichen Schlüssel einen Schlüsselaustausch mit ihrem eigenen Schlüsselpaar durchführen. Dann kann sie mit dem Ergebnis den Chiffretext entschlüsseln und die ursprüngliche Nachricht abrufen. Das Ergebnis ist entweder die ursprüngliche Nachricht oder ein Fehler, wenn der öffentliche Schlüssel oder die verschlüsselte Nachricht während der Übertragung verfälscht wurden. Abbildung 6–20 veranschaulicht den vollständigen Ablauf.

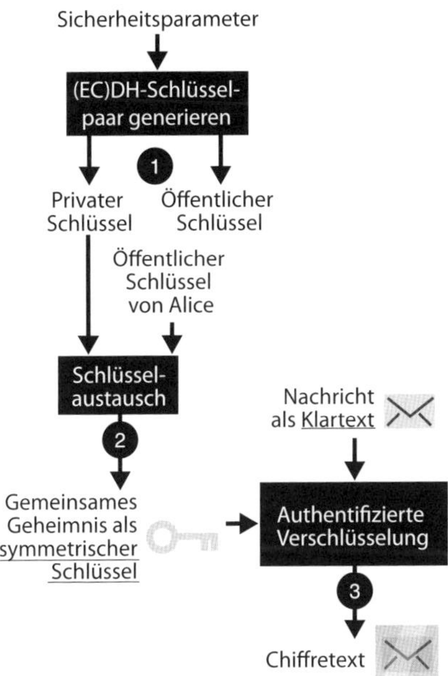

Abb. 6–19 *Um eine Nachricht an Alice mit (EC)DH zu verschlüsseln, (1) erzeugen Sie ein ephemeres (Elliptic Curve) DH-Schlüsselpaar. (2) Dann führen Sie einen Schlüsselaustausch mit Ihrem ephemeren privaten Schlüssel und dem öffentlichen Schlüssel von Alice durch. (3) Das resultierende gemeinsame Geheimnis verwenden Sie als symmetrischen Schlüssel für einen authentifizierten Verschlüsselungsalgorithmus, um Ihre Nachricht zu verschlüsseln.*

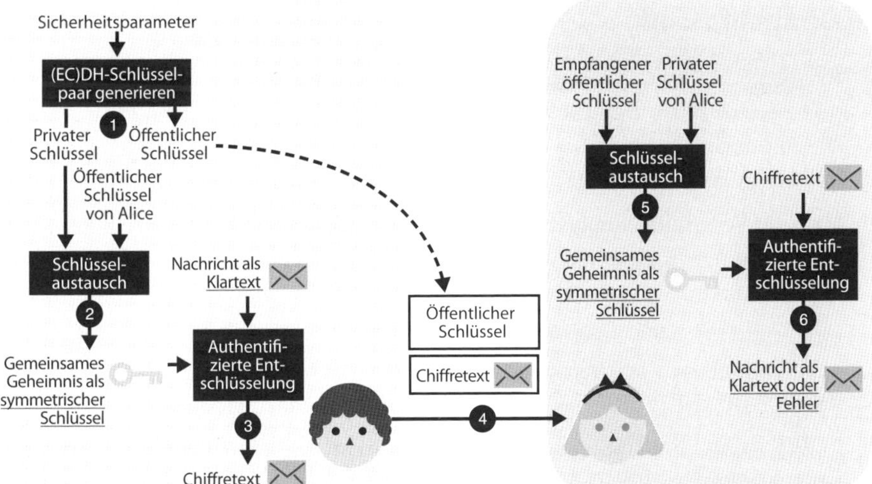

Abb. 6–20 *(Aufbauend auf Abb. 6–19) – (4) Nachdem Sie Ihren ephemeren öffentlichen Schlüssel und Ihre verschlüsselte Nachricht an Alice gesendet haben, (5) kann Alice einen Schlüsselaustausch mit ihrem privaten Schlüssel und Ihrem ephemeren öffentlichen Schlüssel durchführen. (6) Schließlich verwendet sie das resultierende gemeinsame Geheimnis als symmetrischen Schlüssel, um die verschlüsselte Nachricht mit demselben authentifizierten Verschlüsselungsalgorithmus zu entschlüsseln.*

Und das ist so ziemlich die Funktionsweise von ECIES. Unter dem Namen IES gibt es auch eine Variante von ECIES mit Diffie-Hellman, die fast genauso funktioniert, die offenbar aber kaum gebräuchlich ist.

Verzerrungen in der Ausgabe eines Schlüsselaustauschs beseitigen

Beachten Sie, dass ich die Darstellung in Abbildung 6–20 vereinfacht habe. Die meisten authentifizierten Verschlüsselungsprimitive erwarten einen gleichförmig zufälligen symmetrischen Schlüssel. Da die Ausgabe eines Schlüsselaustauschs im Allgemeinen *nicht* gleichförmig zufällig ist, müssen wir das gemeinsame Geheimnis zuvor durch eine KDF oder eine XOF (wie in Kapitel 2 beschrieben) leiten. Mehr dazu erfahren Sie in Kapitel 8.

Hier bedeutet *nicht gleichförmig zufällig*, dass einige der Bits im Ergebnis des Schlüsselaustauschs statistisch gesehen häufiger 0 als 1 (oder umgekehrt) sein können. Zum Beispiel ist es möglich, dass die ersten Bits immer auf 0 gesetzt sind.

ÜBUNG

Können Sie erklären, warum Sie das Ergebnis des Schlüsselaustauschs nicht direkt verwenden können?

Und das war es mit den verschiedenen Standards, die Sie verwenden können. Im nächsten Kapitel lernen Sie mit Signaturen den letzten und vielleicht wichtigsten Verschlüsselungsalgorithmus für öffentliche Schlüssel in Teil 1 kennen.

Zusammenfassung

- Asymmetrische Verschlüsselung verwenden wir nur selten, um Nachrichten direkt zu verschlüsseln. Das hängt mit der Beschränkung auf die relativ geringen Datenmengen zusammen, die sich mit asymmetrischer Verschlüsselung verschlüsseln lassen.
- Hybride Verschlüsselung ist für wesentlich größere Nachrichten geeignet, indem man asymmetrische Verschlüsselung (oder einen Schlüsselaustausch) mit einem Algorithmus zur symmetrischen authentifizierten Verschlüsselung kombiniert.
- Der Standard RSA PKCS#1 Version 1.5 für asymmetrische Verschlüsselung ist in den meisten Settings geknackt worden. Bevorzugen Sie den Algorithmus RSA-OAEP, der in RSA PKCS#1 Version 2.2 standardisiert wurde.
- ECIES ist das am häufigsten verwendete hybride Verschlüsselungsverfahren. Es ist gegenüber den RSA-basierten Verfahren aufgrund seiner Parametergrößen und seiner Orientierung auf solide Standards zu bevorzugen.
- Verschiedene kryptografische Bibliotheken können hybride Verschlüsselung unterschiedlich implementieren. In der Praxis ist das kein Problem, wenn interoperable Anwendungen die gleichen Implementierungen verwenden.

7 Signaturen und Null-Wissen-Beweise

In diesem Kapitel:

- Null-Wissen-Beweise und kryptografische Signaturen
- Bestehende Standards für kryptografische Signaturen
- Die subtilen Verhaltensweisen von Signaturen und das Vermeiden ihrer Fallstricke

In diesem Kapitel lernen Sie eines der allgegenwärtigsten und leistungsfähigsten kryptografischen Primitive kennen – digitale Signaturen. Um es einfach auszudrücken: Digitale Signaturen ähneln den Unterschriften, die Sie aus dem Alltag kennen, die Sie auf Schecks und Verträge schreiben. Allerdings sind digitale Signaturen kryptografisch und bieten daher viel mehr Sicherheit als ihre Pendants mit Stift und Papier.

In der Welt der Protokolle eröffnen digitale Signaturen so viele verschiedene Möglichkeiten, dass Sie im zweiten Teil dieses Buches immer wieder auf sie stoßen werden. In diesem Kapitel zeige ich, was dieses neue Primitiv ist, wie es in der Praxis verwendet werden kann und welche modernen Standards für digitale Signaturen existieren. Abschließend werde ich auf Sicherheitsfragen und die Gefahren bei der Verwendung digitaler Signaturen eingehen.

HINWEIS

Signaturen in der Kryptografie bezeichnet man oft als *digitale Signaturen* oder *digitale Schemas*. In diesem Buch verwende ich diese Begriffe gleichberechtigt nebeneinander.

Vor diesem Kapitel sollten Sie folgende Kapitel gelesen haben:

- Kapitel 2 über Hashfunktionen
- Kapitel 5 über den Austausch von Schlüsseln
- Kapitel 6 über asymmetrische Verschlüsselung

7.1 Was ist eine Signatur?

In Kapitel 1 habe ich erklärt, dass kryptografische Signaturen ziemlich genau wie Unterschriften im wirklichen Leben sind. Aus diesem Grund sind sie in der Regel eines der am einfachsten zu verstehenden kryptografischen Primitive:

- Nur Sie können Ihre Signatur verwenden, um beliebige Nachrichten zu unterschreiben.
- Jeder kann Ihre Unterschrift auf einer Nachricht überprüfen.

Da wir uns im Bereich der asymmetrischen Kryptografie bewegen, können Sie sich wahrscheinlich denken, wie diese Asymmetrie zustande kommt. Ein *Signaturschema* besteht in der Regel aus drei verschiedenen Algorithmen:

- einem Algorithmus zum Erzeugen eines Schlüsselpaars, mit dem ein Unterzeichner einen neuen privaten und öffentlichen Schlüssel erzeugt (der öffentliche Schlüssel kann dann mit jedem geteilt werden)
- einem Signieralgorithmus, der einen privaten Schlüssel und eine Nachricht übernimmt, um eine Signatur zu erstellen
- einem Überprüfungsalgorithmus, der einen öffentlichen Schlüssel, eine Nachricht und eine Signatur übernimmt und eine Erfolgs- oder Fehlermeldung zurückgibt

Manchmal wird der private Schlüssel auch als *Signierungsschlüssel* und der öffentliche Schlüssel als *Verifizierungsschlüssel* bezeichnet. Klingt logisch, oder? Abbildung 7–1 fasst diese drei Algorithmen zusammen.

Wozu sind Signaturen gut? Sie bieten sich an für die Authentifizierung des Ursprungs einer Nachricht sowie für die Integrität einer Nachricht:

- *Ursprung* – Wenn sich meine Signatur darauf befindet, dann kommt die Nachricht von mir.
- *Integrität* – Wenn jemand die Nachricht modifiziert, wird die Signatur ungültig.

> **HINWEIS**
>
> Obwohl diese beiden Eigenschaften mit Authentifizierung verknüpft sind, werden sie oft als zwei separate Eigenschaften unterschieden: *Authentifizierung des Ursprungs* und *Authentifizierung der Nachricht* (oder Integrität).

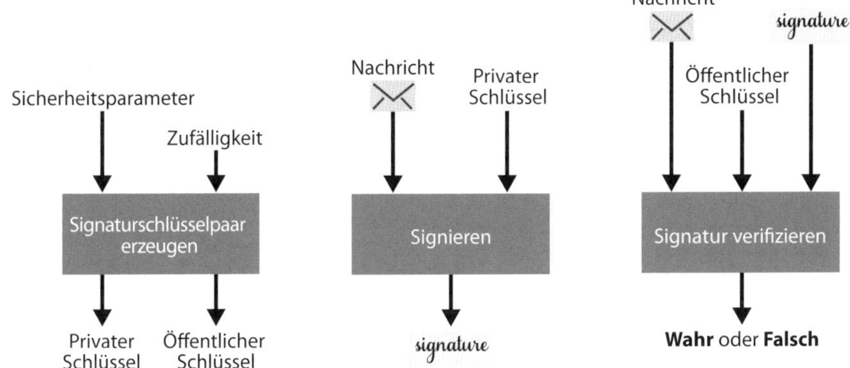

Abb. 7–1 *Die Schnittstelle einer digitalen Signatur. Wie bei anderen kryptografischen Algorithmen mit öffentlichen Schlüsseln müssen Sie zunächst ein Schlüsselpaar erzeugen, und zwar mit einem Algorithmus zur Schlüsselerzeugung, der einen Sicherheitsparameter und einige zufällige Daten übernimmt. Anschließend können Sie mit einem Signierungsalgorithmus und dem privaten Schlüssel eine Nachricht signieren und mit einem Verifizierungsalgorithmus und dem öffentlichen Schlüssel eine Signatur über einer Nachricht validieren. Eine Signatur, die einen öffentlichen Schlüssel verifiziert, können Sie nicht fälschen, wenn Sie keinen Zugriff auf den zugehörigen privaten Schlüssel haben.*

In gewisser Weise ähneln Signaturen den Nachrichtenauthentifizierungscodes (MACs), die Sie in Kapitel 3 kennengelernt haben. Aber im Gegensatz zu MACs erlauben sie uns, Nachrichten asymmetrisch zu authentifizieren: Ein Teilnehmer kann verifizieren, ob eine Nachricht unverfälscht ist, ohne den privaten oder Signierungsschlüssel zu kennen. Als Nächstes zeige ich Ihnen, wie sich diese Algorithmen in der Praxis einsetzen lassen.

ÜBUNG

Wie Kapitel 3 gezeigt hat, müssen sich die von MACs erzeugten Authentifizierungstags in konstanter Zeit verifizieren lassen, um Timing-Angriffe zu vermeiden. Meinen Sie, dass wir das Gleiche für die Verifizierung von Signaturen tun müssen?

7.1.1 Signieren und Verifizieren in der Praxis

Sehen wir uns ein praktisches Beispiel an. Ich verwende hierfür *pyca/cryptography* (*https://cryptography.io*), eine angesehene Python-Bibliothek. Der Code in Listing 7–1 erzeugt einfach ein Schlüsselpaar, signiert eine Nachricht mithilfe des privaten Schlüsselteils und verifiziert dann die Signatur mit dem öffentlichen Schlüsselteil.

```
from cryptography.hazmat.primitives.asymmetric.ed25519 import (
    Ed25519PrivateKey
)

private_key = Ed25519PrivateKey.generate()
public_key = private_key.public_key()

message = b"example.com has the public key 0xab70..."
signature = private_key.sign(message)

try:
    public_key.verify(signature, message)
    print("valid signature")
except InvalidSignature:
    print("invalid signature")
```

Verwendet den Ed25519-Signierungsalgorithmus, ein beliebtes Signaturverfahren

Erzeugt zuerst den privaten Schlüssel und dann den öffentlichen Schlüssel

Signiert mit dem privaten Schlüssel eine Nachricht und ruft eine Signatur ab

Verifiziert mit dem öffentlichen Schlüssel die Signatur über der Nachricht

Listing 7–1 *Signieren und Verifizieren von Signaturen in Python*

Wie bereits erwähnt, erschließen digitale Signaturen viele Anwendungsfälle in der Praxis. Der nächste Abschnitt zeigt ein Beispiel.

7.1.2 DER Anwendungsfall von Signaturen: Authentifizierter Schlüsselaustausch

Die Kapitel 5 und 6 haben verschiedene Möglichkeiten für den Schlüsselaustausch zwischen zwei Teilnehmern vorgestellt. In denselben Kapiteln haben Sie gelernt, dass diese Schlüsselvereinbarungen nützlich sind, um ein gemeinsames Geheimnis auszuhandeln, das sich dann einsetzen lässt, um die Kommunikation mit einem Algorithmus zur authentifizierten Verschlüsselung zu sichern. Allerdings löst der Schlüsselaustausch nicht vollständig das Problem, eine sichere Verbindung zwischen zwei Teilnehmern aufzubauen, da ein aktiver Man-in-the-Middle-Angreifer ganz trivial beide Seiten eines Schlüsselaustauschs nachahmen kann. An dieser Stelle betreten Signaturen die Bühne.

Stellen Sie sich vor, dass Alice und Bob versuchen, einen sicheren Kommunikationskanal zwischen sich einzurichten, und dass Bob den Verifizierungsschlüssel von Alice kennt. Daher kann Alice mit ihrem Signierungsschlüssel ihre Seite des Schlüsselaustauschs authentifizieren: Sie erzeugt ein Schlüsselpaar für den Schlüsselaustausch, signiert den öffentlichen Schlüsselteil mit ihrem Signierungsschlüssel und sendet dann den öffentlichen Schlüssel für den Schlüsselaustausch zusammen mit der Signatur. Bob kann mit dem zugehörigen Verifizierungsschlüssel, den er bereits kennt, die Signatur verifizieren und dann mit dem öffentlichen Schlüssel für den Schlüsselaustausch einen Schlüsselaustausch durchführen.

Einen derartigen Schlüsselaustausch nennen wir *authentifizierten Schlüsselaustausch*. Wenn die Signatur ungültig ist, kann Bob erkennen, dass jemand aktiv als MITM den Schlüsselaustausch manipuliert hat. Abbildung 7–2 veranschaulicht den authentifizierten Schlüsselaustausch.

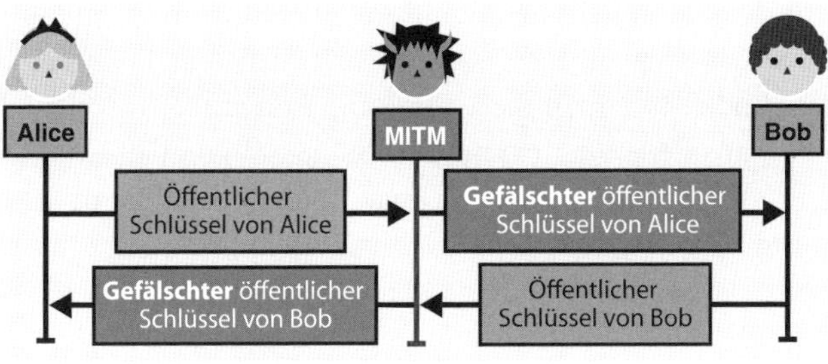

Nicht authentifizierter Schlüsselaustausch

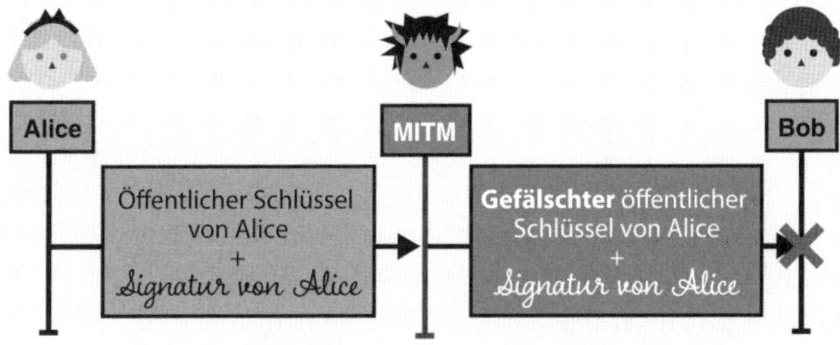

Authentifizierter Schlüsselaustausch

Abb. 7–2 *Das obere Bild stellt einen nicht authentifizierten Schlüsselaustausch dar, der unsicher ist, weil sich ein aktiver MITM-Angreifer auf triviale Weise als beide Seiten des Austauschs ausgeben kann, indem er ihre öffentlichen Schlüssel durch seine eigenen ersetzt. Das untere Bild zeigt den Beginn eines Schlüsselaustauschs, der durch die Signatur von Alice über ihren öffentlichen Schlüssel authentifiziert wird. Da Bob (der den Verifizierungsschlüssel von Alice kennt) nicht in der Lage ist, die Signatur zu verifizieren, nachdem die Nachricht durch den MITM-Angreifer verfälscht wurde, bricht er den Schlüsselaustausch ab.*

In diesem Beispiel wird der Schlüsselaustausch nur auf einer Seite authentifiziert: Für Alice kann sich niemand anderes ausgeben, für Bob schon. Wenn beide Seiten authentifiziert werden (Bob würde seinen Teil des Schlüsselaustauschs signieren), sprechen wir von einem *gegenseitig authentifizierten Schlüsselaustausch*. Es mag noch nicht besonders nützlich erscheinen, Schlüsselvereinbarungen zu signieren. Es sieht eher so aus, als hätten wir das Problem, den öffentlichen Schlüssel von Alice nicht im Voraus zu kennen, auf das Problem verlagert, ihren Verifizierungsschlüssel nicht im Voraus zu kennen. Der nächste Abschnitt stellt eine praktische Anwendung des authentifizierten Schlüsselaustauschs vor, die viel mehr Sinn macht.

7.1.3 Eine praktische Anwendung: Infrastrukturen für öffentliche Schlüssel

Signaturen werden sehr viel leistungsfähiger, wenn man davon ausgeht, dass Vertrauen *transitiv* ist. Das heißt, wenn Sie mir vertrauen und ich Alice vertraue, dann können Sie auch Alice vertrauen. Sie ist cool.

Transitivität des Vertrauens ermöglicht es, Vertrauen in Systeme auf extreme Weise zu skalieren. Stellen Sie sich vor, Sie vertrauen einer Autorität und deren Verifizierungsschlüssel. Nehmen Sie weiter an, dass diese Autorität Nachrichten unterzeichnet hat, aus denen der öffentliche Schlüssel von Charles, der öffentliche Schlüssel von David usw. hervorgeht. Dann können Sie sich dafür entscheiden, dieser Zuordnung zu vertrauen! Eine solche Zuordnung nennt man eine *Public-Key-Infrastruktur.* Wenn Sie zum Beispiel versuchen, einen Schlüsselaustausch mit Charles vorzunehmen, und er behauptet, dass sein öffentlicher Schlüssel eine große Zahl ist, die wie 3848... aussieht, können Sie dies verifizieren, indem Sie überprüfen, ob Ihre »geliebte« Autorität eine Nachricht signiert hat, die wie »der öffentliche Schlüssel von Charles ist 3848...« aussieht.

Eine praktische Anwendung dieses Konzepts ist die *Web-Publik-Key-Infrastruktur* (Web-PKI). Denn mithilfe der Web-PKI authentifiziert Ihr Webbrowser den Schlüsselaustausch, den er mit den verschiedensten Websites durchführt, die Sie tagtäglich besuchen. Vereinfacht lässt sich die Web-PKI wie folgt erklären (siehe Abb. 7–3): Wenn Sie einen Browser herunterladen, ist ein Verifizierungsschlüssel dabei, der in das Programm integriert ist. Dieser Verifizierungsschlüssel ist mit einer Autorität verknüpft, die dafür zuständig ist, Tausende und Abertausende öffentlicher Schlüssel von Websites zu signieren, sodass Sie diesen vertrauen können, ohne sie zu kennen. Was Sie nicht sehen, ist, dass diese Websites der Autorität nachweisen müssen, dass sie tatsächlich der Besitzer ihres Domänennamens sind, bevor sie eine Signatur für ihren öffentlichen Schlüssel erhalten können. (In Wahrheit vertraut Ihr Browser nicht nur einer einzigen Autorität, sondern vielen Autoritäten, um diese Aufgabe zu erfüllen.)

In diesem Abschnitt haben Sie einen allgemeinen Überblick über Signaturen erhalten. Jetzt wollen wir uns genauer ansehen, wie Signaturen funktionieren. Dazu müssen wir jedoch zunächst einen Umweg machen und uns einen sogenannten Zero-Knowledge-Proof (ZKP) ansehen.

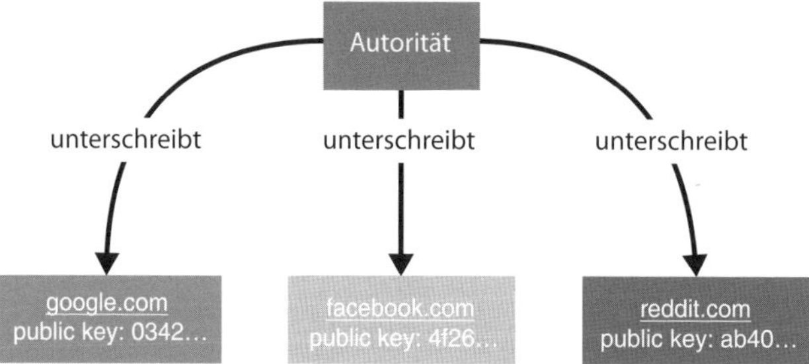

Abb. 7–3 *In der Web-PKI vertrauen Browser einer Autorität, die bescheinigt, dass bestimmte Domains mit bestimmten öffentlichen Schlüsseln verknüpft sind. Wenn Sie eine Website über eine gesicherte Verbindung besuchen, kann Ihr Browser überprüfen, ob der öffentliche Schlüssel der Website tatsächlich von ihr (und nicht von einem MITM) stammt, indem er eine Signatur der Autorität verifiziert.*

7.2 Null-Wissen-Beweise (ZKPs): Der Ursprung der Signaturen

Wie Signaturen in der Kryptografie funktionieren, lässt sich am besten verstehen, wenn man ihre Herkunft kennt. Nehmen wir uns also einen Moment Zeit, um ZKPs kurz vorzustellen. Dann komme ich wieder auf Signaturen zurück.

Stellen Sie sich vor, dass Peggy Victor etwas beweisen möchte. Vielleicht möchte sie beweisen, dass sie den diskreten Logarithmus zur Basis eines bestimmten Gruppenelements kennt. Mit anderen Worten will sie beweisen, dass sie x für $Y = g^x$ kennt, wobei g der Generator einer bestimmten Gruppe ist.

Natürlich ist die einfachste Lösung, dass Peggy den Wert x (den sogenannten *Zeugen*) schickt. Diese Lösung wäre ein einfacher *Wissensbeweis* und dies wäre in Ordnung, es sei denn, Peggy möchte nicht, dass Victor es erfährt.

HINWEIS

Theoretisch gesehen ist das Protokoll zum Erzeugen eines Beweises *vollständig*, wenn Peggy damit Viktor beweisen kann, dass sie den Zeugen kennt. Kann sie damit nicht beweisen, was sie weiß, dann ist das Schema nutzlos, richtig?

In der Kryptografie sind wir vor allem an Wissensbeweisen interessiert, bei denen der Zeuge dem Verifizierer nicht bekannt gemacht wird. Derartige Beweise nennt man *Null-Wissen-Beweise* (Zero-Knowledge-Proofs, ZKPs).

7.2.1 Schnorr-Identifikationsprotokoll: Ein interaktiver Null-Wissen-Beweis

Auf den nächsten Seiten werde ich einen ZKP schrittweise aus gebrochenen Protokollen aufbauen, um Ihnen zu zeigen, wie Alice beweisen kann, dass sie x kennt, ohne x preiszugeben.

Derartige Probleme löst man in der Kryptografie typischerweise dadurch, dass man den Wert mit einer gewissen Zufälligkeit »versteckt« (etwa durch Verschlüsselung). Doch wir verbergen ihn nicht einfach: Wie möchten auch beweisen, dass es ihn gibt. Hierfür brauchen wir eine algebraische Methode, um ihn zu verbergen. Eine einfache Lösung fügt einen zufällig erzeugten Wert k zum Zeugen hinzu:

$$s = k + x$$

Peggy kann dann den versteckten Zeugen s zusammen mit dem Zufallswert k an Victor senden. Zu diesem Zeitpunkt hat Victor keinen Grund, darauf zu vertrauen, dass Peggy den Zeugen tatsächlich in s versteckt hat. Wenn sie den Zeugen x nicht kennt, dann ist s wahrscheinlich nur ein Zufallswert. Was Victor weiß, ist, dass der Zeuge x im Exponenten von g versteckt ist, denn er weiß, dass $Y = g^x$ ist.

Um herauszufinden, ob Peggy den Zeugen wirklich kennt, kann Victor prüfen, ob das, was sie ihm übermittelt hat, mit dem übereinstimmt, was er weiß, und das muss im Exponenten von g geschehen (denn dort befindet sich der Zeuge). Mit anderen Worten: Victor prüft, ob diese beiden Zahlen gleich sind:

- g^s $(= g^{k+x})$
- $Y \times g^k$ $(= g^x \times g^k = g^{x+k})$

Hinter dem steckt die Überlegung, dass nur jemand, der den Zeugen x kennt, einen »verblendeten« Zeugen s konstruieren kann, der diese Gleichung erfüllt. Und als solches ist es ein Wissensbeweis. Dieses ZKP-System ist in Abbildung 7–4 zusammenfassend dargestellt.

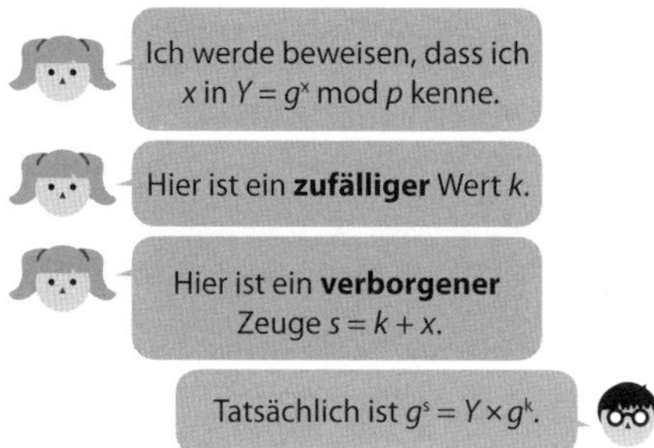

Abb. 7–4 *Um Victor zu beweisen, dass sie einen Zeugen x kennt, versteckt Peggy ihn (indem sie ihn zu einem Zufallswert k addiert) und sendet stattdessen den versteckten Zeugen s.*

Nicht so schnell! Mit diesem Schema gibt es ein Problem – es ist offensichtlich nicht sicher! Denn da die Gleichung, die den Zeugen x versteckt, nur eine Unbekannte (x selbst) enthält, kann Victor einfach die Gleichung umstellen, um den Zeugen zu ermitteln:

$$x = s - k$$

Um diese Schwachstelle zu beseitigen, kann Peggy den Zufallswert k selbst verstecken! Dieses Mal muss sie ihn im Exponenten unterbringen (anstatt ihn zu einem anderen Zufallswert zu addieren), um sicherzustellen, dass Victors Gleichung weiterhin funktioniert:

$$R = g^k$$

Auf diese Weise erfährt Victor den Wert k nicht (dies ist das Problem des diskreten Logarithmus, das in Kapitel 5 beschrieben wurde) und kann somit den Zeugen x nicht wiederherstellen. Er hat jedoch immer noch genügend Informationen, um zu überprüfen, ob Peggy x kennt! Victor muss einfach überprüfen, ob g^s $(= g^{k+x} = g^k \times g^x)$ gleich $Y \times R$ $(= g^x \times g^k)$ ist. Abbildung 7–5 zeigt diesen zweiten Versuch eines ZKP-Protokolls.

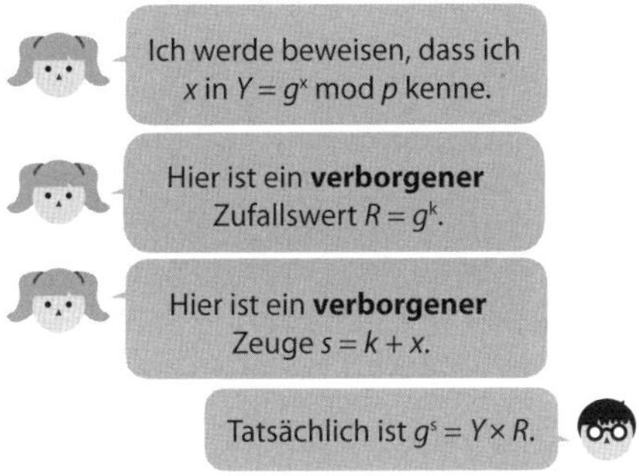

Abb. 7–5 *Um einen Wissensbeweis zu einem kenntnisfreien Beweis zu machen, kann der Beweiser den Zeugen x mit einem Zufallswert k verbergen und dann den Zufallswert selbst verstecken.*

In unserem Schema gibt es noch ein letztes Problem: Peggy kann betrügen. Sie kann Victor davon überzeugen, dass sie x kennt, ohne x zu kennen! Dazu muss sie lediglich den Schritt umkehren, in dem sie ihren Beweis berechnet. Zuerst erzeugt sie einen Zufallswert s und berechnet dann den Wert R basierend auf s:

$$R = g^s \times Y^{-1}$$

Victor berechnet dann $Y \times R = Y \times g^s \times Y^{-1}$, was in der Tat mit g^s übereinstimmt. (Peggys Trick, eine Umkehrung zu verwenden, um einen Wert zu berechnen, wird bei vielen Angriffen in der Kryptografie verwendet.)

> **HINWEIS**
>
> Theoretisch ausgedrückt: Das Schema ist »zuverlässig«, wenn Peggy nicht tricksen kann (wenn sie x nicht kennt, kann sie Victor nicht täuschen).

Um das ZKP-Protokoll zuverlässig zu machen, muss Victor sicherstellen, dass Peggy s aus R und nicht die Umkehrung berechnet. Dazu macht Victor das Protokoll *interaktiv*:

1. Peggy muss sich auf ihren Zufallswert k festlegen, sodass sie ihn später nicht mehr ändern kann.
2. Nachdem Victor Peggys Bestätigung erhalten hat, fügt Victor seinerseits etwas Zufälligkeit in das Protokoll ein. Er erzeugt einen Zufallswert c (eine sogenannte *Challenge*, auch als *Frage* bezeichnet) und sendet ihn an Peggy.
3. Peggy kann dann ihre versteckte Bestätigung basierend auf dem Zufallswert k und der Challenge c berechnen.

HINWEIS

Bei den in Kapitel 2 beschriebenen Commitment-Schemas haben wir uns mithilfe einer Hashfunktion auf einen Wert festgelegt, den wir später offenlegen können. Commitment-Schemas, die auf Hashfunktionen basieren, erlauben es uns jedoch nicht, interessierende arithmetische Berechnungen auf dem versteckten Wert durchzuführen. Stattdessen können wir einfach unseren Generator mit dem Wert potenzieren (g^k), was wir bereits tun.

Da Peggy den letzten Schritt ohne die Challenge c von Victor nicht ausführen kann und Victor ihr diese nicht senden wird, ohne eine Zusage für den Zufallswert k zu sehen, ist Peggy gezwungen, s basierend auf k zu berechnen. Das daraus resultierende Protokoll, das in Abbildung 7–6 dargestellt ist, wird oft als *Schnorr-Identifikationsprotokoll* bezeichnet.

Sogenannte *interaktive ZKP-Systeme*, die einem Muster mit drei Schritten (Commitment, Challenge und Beweis) folgen, werden in der Literatur oft als *Sigma-Protokolle* bezeichnet und manchmal als S-Protokolle geschrieben (wegen der anschaulichen Form des griechischen Buchstabens). Aber was hat das mit digitalen Signaturen zu tun?

Abb. 7–6 *Das Schnorr-Identifikationsprotokoll ist ein interaktiver ZKP, der* vollständig *ist (Peggy kann beweisen, dass sie einen Zeugen kennt),* zuverlässig *arbeitet (Peggy kann nichts beweisen, wenn sie den Zeugen nicht kennt) und die* Zero-Knowledge-Eigenschaft *besitzt (Victor erfährt nichts über den Zeugen).*

HINWEIS

Das Schnorr-Identifikationsprotokoll arbeitet im *HVZK-(Honest Verifier Zeroknowledge-)Modell*: Wenn der Verifizierer (Victor) unehrlich handelt und eine Challenge nicht zufällig auswählt, kann er etwas über den Zeugen erfahren. Einige stärkere ZKP-Schemas haben die Zero-Knowledge-Eigenschaft, selbst wenn der Verifizierer böswillig ist.

7.2.2 Signaturen als nicht interaktive Null-Wissen-Beweise

Das Problem mit dem vorherigen interaktiven ZKP besteht darin, dass es eben *interaktiv* ist und praktische Protokolle im Allgemeinen nicht gerade auf Interaktivität ausgelegt sind. Bei interaktiven Protokollen kommt ein nicht zu vernachlässigender Overhead hinzu, da sie mehrere Nachrichten (möglicherweise über das Netzwerk) benötigen und nicht kalkulierbare Verzögerungen verursachen, außer wenn die beiden Teilnehmer zur selben Zeit online sind. Infolgedessen sind interaktive ZKPs in der Welt der angewandten Kryptografie kaum anzutreffen.

Dennoch ist diese ganze Diskussion nicht umsonst! Im Jahre 1986 haben Amos Fiat und Adi Shamir eine Technik veröffentlicht, mit der sich ein interaktiver ZKP leicht in einen nicht interaktiven ZKP umwandeln lässt. Der von den Autoren eingeführte Trick (der auch als *Fiat-Shamir-Heuristik* oder *Fiat-Shamir-Transformation* bekannt ist) bestand darin, den Beweiser die Aufgabe selbst berechnen zu lassen, und zwar auf eine Weise, die sie nicht kontrollieren können.

Der Trick funktioniert folgendermaßen: Berechne die Challenge als Hash aller Nachrichten, die im Rahmen des Protokolls bis zu diesem Zeitpunkt gesendet und empfangen wurden (was wir als *Transkript* bezeichnen). Wenn wir davon ausgehen, dass die Hashfunktion Ausgaben liefert, die von echten Zufallszahlen nicht zu unterscheiden sind (d. h. zufällig aussehen), dann kann sie erfolgreich die Rolle des Verifizierers nachbilden.

Schnorr ging noch einen Schritt weiter. Er stellte fest, dass sich in diesen Hash alles Mögliche einschließen ließ! Wie wäre es beispielsweise, wenn wir eine Nachricht einbinden würden? Wir erhalten nicht nur einen Beweis, dass wir einen Zeugen x kennen, sondern auch ein Commitment zu einer Nachricht, die kryptografisch mit dem Beweis verknüpft ist. Mit anderen Worten: Wenn der Beweis richtig ist, dann könnte nur jemand mit Kenntnis des Zeugen (welcher zum Signierungsschlüssel wird) diese Nachricht committet haben.

Das ist eine Signatur! Digitale Signaturen sind einfach nicht-interaktive ZKPs. Wendet man die Fiat-Shamir-Transformation auf das Schnorr-Identifikationsprotokoll an, erhält man das *Schnorr-Signaturschema*, das Abbildung 7–7 veranschaulicht.

Unterm Strich besteht eine Schnorr-Signatur im Wesentlichen aus zwei Werten, R und s, wobei R ein Commitment für einen geheimen Zufallswert ist (oft als *Nonce* bezeichnet, da er pro Signatur eindeutig sein muss) und s ein Wert, der mithilfe des Commitments R, des privaten Schlüssels (dem Zeugen x) und einer

Nachricht berechnet wird. Als Nächstes sehen wir uns die modernen Standards für Signaturalgorithmen an.

Abb. 7–7 *Das linke Protokoll ist das zuvor beschriebene Schnorr-Identifikationsprotokoll – ein interaktives Protokoll. Das rechte Protokoll ist eine Schnorr-Signatur – eine nicht interaktive Version des linken Protokolls (bei der die Verifizierernachricht durch einen Aufruf einer Hashfunktion auf dem Transkript ersetzt wird).*

7.3 Die Signaturalgorithmen, die Sie verwenden sollten (oder nicht)

Wie in anderen Bereichen der Kryptografie gibt es auch für digitale Signaturen viele Standards, und manchmal ist es nicht leicht, zu entscheiden, welchen man verwenden sollte. Dafür bin ich ja da! Erfreulicherweise sind die Arten von Algorithmen für Signaturen ähnlich denen für Schlüsselvereinbarungen: Es gibt Algorithmen, die auf dem arithmetischen Modulus einer großen Zahl basieren, wie zum Beispiel Diffie-Hellman (DH) und RSA, und es gibt Algorithmen, die wie Elliptic Curve Diffie-Hellman (ECDH) auf elliptischen Kurven beruhen.

Mit den in Kapitel 5 und 6 beschriebenen Algorithmen sollten Sie ausreichend vertraut sein, da wir nun darauf aufbauen. Interessanterweise hat das Paper, in dem der DH-Schlüsselaustausch eingeführt wurde, auch das Konzept der digitalen Signaturen vorgeschlagen (ohne eine Lösung anzugeben):

> *Um ein System zu entwickeln, das in der Lage ist, den derzeitigen schriftlichen Vertrag durch eine rein elektronische Form der Kommunikation zu ersetzen, müssen wir ein digitales Phänomen finden, das die gleichen Eigenschaften wie eine handschriftliche Unterschrift besitzt. Es muss für jeden leicht sein, die Unterschrift als authentisch zu erkennen, aber es muss für jeden anderen als den rechtmäßigen Unterzeichner unmöglich sein, sie zu erzeugen. Eine derartige Technik nennen wir Einweg-Authentifizierung. Da sich jedes digitale Signal exakt kopieren lässt, muss eine echte digitale Signatur erkennbar sein, ohne dass man sie kennt.*
>
> – Diffie und Hellman (»New Directions in Cryptography«, 1976)

Ein Jahr später (1977) wurde der erste Signaturalgorithmus (namens RSA) zusammen mit dem asymmetrischen Verschlüsselungsalgorithmus RSA (den Sie in Kapitel 6 kennengelernt haben) eingeführt. Und RSA zum Signieren ist auch der erste Algorithmus, mit dem sich dieses Kapitel beschäftigt.

Im Jahre 1991 schlug das NIST den *Digital Signature Algorithm* (DSA) vor, um die Patente auf Schnorr-Signaturen zu umgehen. Aus diesem Grund ist DSA eine sonderbare Variante der Schnorr-Signaturen, die ohne Sicherheitsnachweis veröffentlicht wurde (obwohl man bisher keine Angriffe gefunden hat). Der Algorithmus wurde von vielen übernommen, aber schnell durch eine Version mit elliptischen Kurven namens *ECDSA* (für Elliptic Curve Digital Signature Algorithm) ersetzt, genauso wie Elliptic Curve Diffie-Hellman (ECDH) dank seiner kleineren Schlüssel Diffie-Hellman (DH) ersetzt hat (siehe Kapitel 5). ECDSA ist der zweite Signaturalgorithmus, über den ich in diesem Abschnitt schreiben werde.

Nachdem die Patente auf Schnorr-Signaturen 2008 ausgelaufen waren, führte Daniel J. Bernstein, der Erfinder von ChaCha20-Poly1305 (siehe Kapitel 4) und X25519 (siehe Kapitel 5), ein neues Signaturschema namens *EdDSA* (für Edwards-curve Digital Signature Algorithm) ein, das auf Schnorr-Signaturen basierte. Seit seiner Erfindung hat sich EdDSA schnell durchgesetzt und gilt heute als Stand der Technik in Bezug auf digitale Signaturen für praktische Anwendungen. EdDSA ist der dritte und letzte Signaturalgorithmus, der in diesem Abschnitt zur Sprache kommt.

7.3.1 RSA PKCS#1 v1.5: Ein schlechter Standard

RSA-Signaturen werden derzeit überall verwendet, obwohl sie das nicht sollten (da sie viele Probleme aufweisen, wie dieser Abschnitt noch zeigt). Dies ist darauf zurückzuführen, dass der Algorithmus das erste standardisierte Signaturschema war und dass praktische Anwendungen nur zögerlich auf neuere und bessere Algorithmen umsteigen. Aus diesem Grund werden Sie bei Ihrer Arbeit höchstwahrscheinlich auf RSA-Signaturen stoßen und ich komme nicht umhin zu erläutern, wie sie funktionieren und welche Standards sich durchgesetzt haben. Wenn Sie verstanden haben, wie RSA-Verschlüsselung funktioniert, wie Kapitel 6 erläutert hat, dann sollte dieser Abschnitt für Sie einfach sein, denn das Signieren mit RSA ist das Gegenstück zur Verschlüsselung mit RSA:

- Um zu unterzeichnen, *verschlüsseln* Sie die Nachricht mit dem privaten Schlüssel (statt mit dem öffentlichen Schlüssel), was eine Signatur (ein Zufallselement in der Gruppe) erzeugt.
- Um eine Signatur zu verifizieren, *entschlüsseln* Sie sie mit dem öffentlichen Schlüssel (statt mit dem privaten Schlüssel). Wenn Sie die ursprüngliche Nachricht zurückbekommen, ist die Signatur gültig.

HINWEIS

In der Praxis wird eine Nachricht oft noch vor dem Signieren gehasht, da dies weniger Platz benötigt. (RSA kann nur Nachrichten signieren, die kleiner als ihr Modulus sind.) Das Ergebnis wird außerdem als große Zahl interpretiert, sodass es in mathematischen Operationen verwendet werden kann.

Wenn Ihr privater Schlüssel der private Exponent *d* sowie Ihr öffentlicher Schlüssel der öffentliche Exponent *e* und der öffentliche Modulus *N* ist, können Sie

- eine Nachricht signieren, indem Sie $signatur = nachricht^d \bmod N$ berechnen,
- eine Signatur verifizieren, indem Sie $signatur^e \bmod N$ berechnen und prüfen, ob das Ergebnis gleich der Nachricht ist.

Abbildung 7–8 veranschaulicht dieses Verfahren.

Verschlüsselung mit RSA

Signatur mit RSA

Abb. 7–8 *Um mit RSA zu signieren, kehren wir einfach den RSA-Verschlüsselungsalgorithmus um: Wir potenzieren mit dem privaten Exponenten. Um dann die Signatur zu verifizieren, potenzieren wir die Signatur mit dem öffentlichen Exponenten, was zur Nachricht zurückführt.*

Dies funktioniert, weil nur derjenige, der den privaten Exponenten *d* kennt, eine Signatur über einer Nachricht erzeugen kann. Und wie bei der RSA-Verschlüsselung ist die Sicherheit eng mit der Schwierigkeit des Faktorisierungsproblems verknüpft.

Wie sieht es mit den Standards aus, die RSA für Signaturen verwenden? Erfreulicherweise folgen sie demselben Muster wie die RSA-Verschlüsselung:

- *RSA zur Verschlüsselung wurde im Dokument PKCS#1 v1.5 lose standardisiert.* Dasselbe Dokument enthielt eine Spezifikation für das Signieren mit RSA (ohne Sicherheitsbeweis).
- *RSA wurde dann im Dokument PKCS#1 v2 mit einer besseren Konstruktion (namens RSA-OAEP) erneut standardisiert.* Das Gleiche geschah für RSA-Signaturen mit RSA-PSS, das im selben Dokument (mit einem Sicherheitsbeweis) standardisiert wurde.

RSA PKCS#1 v1.5 habe ich in Kapitel 6 beim Thema asymmetrische Verschlüsselung vorgestellt. Das in diesem Dokument standardisierte Signaturschema ist so ziemlich das gleiche wie das Verschlüsselungsschema. Zum Signieren wird die Nachricht zunächst mit einer Hashfunktion Ihrer Wahl gehasht und dann entsprechend der Auffüllung für Signaturen von PKCS#1 v1.5 aufgefüllt (was der Auffüllung für die Verschlüsselung im selben Standard ähnelt). Als Nächstes verschlüsseln Sie die aufgefüllte und gehashte Nachricht mit Ihrem privaten Exponenten. Abbildung 7–9 veranschaulicht dieses Schema.

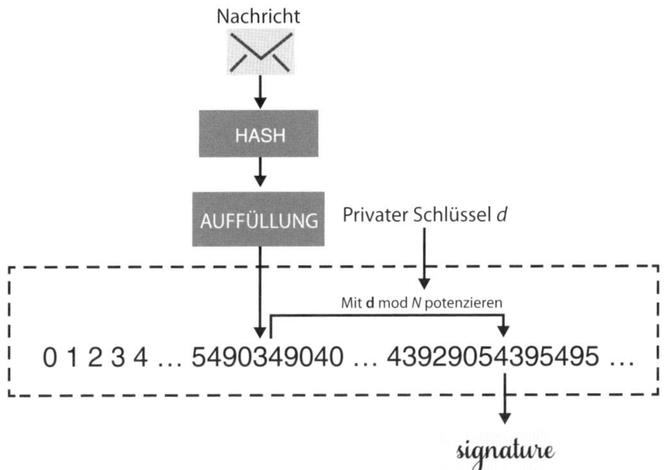

Abb. 7–9 *RSA PKCS#1 v1.5 für Signaturen. Um zu signieren, wird die Nachricht gehasht und dann mit dem Auffüllungsschema gemäß PKCS#1 v1.5 aufgefüllt. Der letzte Schritt potenziert die aufgefüllte und gehashte Nachricht mit dem privaten Schlüssel d modulo N. Um dies zu verifizieren, potenzieren Sie einfach die Signatur mit öffentlichen Exponenten modulo N und überprüfen, ob dies mit der aufgefüllten und gehashten Nachricht übereinstimmt.*

Die vielen RSAs

Übrigens sollten Sie sich nicht von den verschiedenen Begriffen rund um RSA verwirren lassen. Es gibt RSA (das asymmetrische Verschlüsselungsprimitiv) und RSA (das Signaturprimitiv). Darüber hinaus gibt es RSA (das Unternehmen), das die Erfinder von RSA gegründet haben. Wenn es um Verschlüsselung mit RSA geht, sind meistens die Schemas RSA PKCS#1 v1.5 und RSAOAEP gemeint. Ist von Signaturen mit RSA die Rede, beziehen sich die meisten Leute auf die Schemas RSA PKCS#1 v1.5 und RSA-PSS.

Mir ist klar, dass dies verwirrend sein kann, insbesondere für den Standard PKCS#1 v1.5. In PKCS#1 v1.5 gibt es zwar offizielle Namen, um die Verschlüsselung vom Signieralgorithmus zu unterscheiden (RSAES-PKCS1-v1_5 für Verschlüsselung und RSASSA-PKCS1-v1_5 für Signaturen), doch werden sie kaum verwendet.

In Kapitel 6 habe ich erwähnt, dass es schädliche Angriffe auf RSA PKCS#1 v1.5 zur Verschlüsselung gab; das Gleiche gilt leider auch für RSA PKCS#1 v1.5 für Signaturen. Nachdem Bleichenbacher 1998 einen verheerenden Angriff auf RSA PKCS#1 v1.5 zur Verschlüsselung gefunden hatte, beschloss er, sich den Signaturstandard anzusehen. Bleichenbacher meldete sich 2006 mit einem *Signaturfälschungsangriff* auf RSA PKCS#1 v1.5, einen der katastrophalsten Arten von Angriffen auf Signaturen – Angreifer können Signaturen ohne Kenntnis des privaten Schlüssels fälschen! Im Unterschied zum ersten Angriff, der den Verschlüsselungsalgorithmus direkt gebrochen hat, war der zweite Angriff ein Implementierungsangriff. Das heißt, dass der Angriff nicht funktioniert, wenn das Signaturschema korrekt (gemäß der Spezifikation) implementiert wurde.

Ein Implementierungsfehler klingt nicht so schlimm wie ein Algorithmusfehler. Das gilt aber nur, wenn er leichter zu vermeiden ist und sich nicht auf viele Implementierungen auswirkt. Leider zeigte sich 2019, dass eine peinliche Anzahl von Open-Source-Implementierungen von RSA PKCS#1 v1.5 für Signaturen tatsächlich in diese Falle tappte und den Standard falsch implementierte (siehe »Analyzing Semantic Correctness with Symbolic Execution: A Case Study on PKCS#1 v1.5 Signature Verification« von Chau et al.). Die verschiedenen Implementierungsfehler ermöglichten schließlich verschiedene Varianten von Bleichenbachers Fälschungsangriff.

Leider ist RSA PKCS#1 v1.5 für Signaturen immer noch weit verbreitet. Seien Sie sich dieser Probleme bewusst, wenn Sie diesen Algorithmus aus Gründen der Abwärtskompatibilität unbedingt verwenden müssen. Das bedeutet jedoch nicht, dass RSA für Signaturen unsicher ist. Denn die Geschichte ist hier noch nicht zu Ende.

7.3.2 RSA-PSS: Ein besserer Standard

RSA-PSS wurde im aktualisierten PKCS#1 v2.1 standardisiert und enthält einen Sicherheitsbeweis (im Unterschied zum Signaturschema, das in der vorherigen Version PKCS#1 v1.5 standardisiert wurde). Die neuere Spezifikation funktioniert wie folgt:

- Codieren der Nachricht mit dem PSS-Codierungsalgorithmus
- Die codierte Nachricht mittels RSA unterzeichnen (wie es der Standard PKCS#1 v1.5 vorschreibt)

Die PSS-Codierung ist etwas anspruchsvoller und ähnelt dem OAEP (Optimal Asymmetric Encryption Padding). Abbildung 7–10 veranschaulicht dieses Verfahren.

Um eine mit RSA-PSS erzeugte Signatur zu verifizieren, muss man lediglich die Codierung umkehren, nachdem die Signatur mit dem öffentlichen Exponenten modulo dem öffentlichen Modulus potenziert wurde.

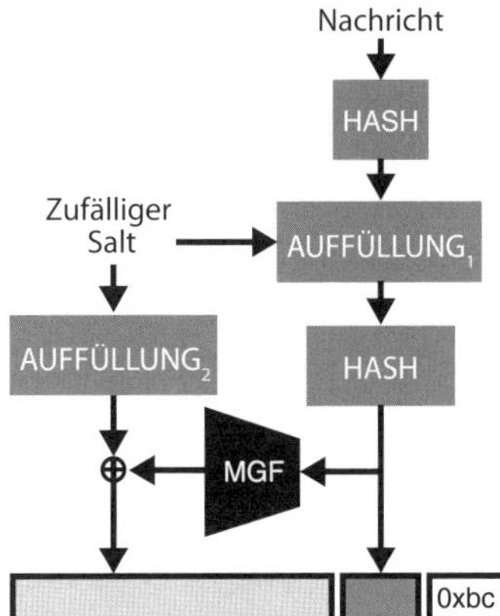

Abb. 7–10 *Das RSA-PSS-Signaturverfahren codiert eine Nachricht mit einer Maskenerzeugungsfunktion (Mask Generation Function, MGF) wie dem RSA-OAEP-Algorithmus, den Sie in Kapitel 6 kennengelernt haben, bevor sie in der üblichen RSA-Weise unterschrieben wird.*

Beweisbare Sicherheit für PSS

PSS (für *Probabilistic Signature Scheme* oder *probabilistisches Signaturverfahren*) ist nachweislich sicher, was bedeutet, dass niemand in der Lage sein sollte, eine Signatur ohne Kenntnis des privaten Schlüssels zu fälschen. Anstatt zu beweisen, dass RSA-PSS sicher ist, wenn RSA sicher ist, beweist RSA-PSS die Kontraposition: Wenn jemand RSA-PSS brechen kann, kann er auch RSA brechen. Das ist eine gängige Methode, um Dinge in der Kryptografie zu beweisen. Natürlich funktioniert das nur, wenn RSA sicher ist, wovon wir in diesem Beweis ausgehen.

In Kapitel 6 habe ich einen dritten Algorithmus für die RSA-Verschlüsselung beschrieben, nämlich RSA-KEM – einen einfacheren Algorithmus, den niemand verwendet und der sich ebenfalls als sicher erwiesen hat. Interessanterweise spiegelt RSA für Signaturen auch diesen Teil der RSA-Verschlüsselungsgeschichte wider und hat einen viel einfacheren Algorithmus, den so gut wie niemand verwendet: *Full Domain Hash* (FDH). FDH hasht eine Nachricht und signiert sie dann mit RSA (indem der Digest als Zahl interpretiert wird).

Trotz der Tatsache, dass sowohl RSA-PSS als auch FDH Sicherheitsbeweise enthalten und viel einfacher korrekt zu implementieren sind, verwenden die meisten Protokolle heute immer noch RSA PKCS#1 v1.5 für Signaturen. Dies ist nur ein weiteres Beispiel für die Langsamkeit, die typischerweise bei veraltenden kryptografischen Algorithmen zu verzeichnen ist. Da ältere Implementierungen immer noch mit neueren Implementierungen zusammenarbeiten müssen, ist es schwierig, Algorithmen zu entfernen oder zu ersetzen. Denken Sie an Benutzer, die Anwendungen nicht aktualisieren, an Anbieter, die keine neuen Versionen ihrer Software bereitstellen, an Hardware, die sich nicht aktualisieren lässt, usw. Sehen Sie sich als Nächstes einen moderneren Algorithmus an.

7.3.3 Der Elliptic Curve Digital Signature-Algorithmus (ECDSA)

Dieser Abschnitt befasst sich mit dem ECDSA, einer Variante des DSA mit elliptischen Kurven, der selbst nur erfunden wurde, um Patente auf Schnorr-Signaturen zu umgehen. Das Signaturverfahren ist in vielen Standards spezifiziert, darunter ISO 14888-3, ANSI X9.62, FIPS 186-2 des NIST, IEEE P1363 usw. Nicht alle Standards sind kompatibel, und Anwendungen, die zusammenarbeiten wollen, müssen gewährleisten, dass sie denselben Standard verwenden.

Wie bei DSA gibt es leider auch bei ECDSA keinen Sicherheitsbeweis, während dies bei Schnorr-Signaturen der Fall war. Nichtsdestotrotz hat sich ECDSA weit verbreitet und ist eines der am häufigsten verwendeten Signaturverfahren. In diesem Abschnitt werde ich erklären, wie ECDSA funktioniert und wie das Verfahren verwendet werden kann. Wie bei allen derartigen Schemas wird der öffentliche Schlüssel so gut wie immer nach der gleichen Formel erzeugt:

- Der private Schlüssel ist eine große Zahl x, die zufällig generiert wird.
- Der öffentliche Schlüssel wird erhalten, indem man x als Index in einer Gruppe betrachtet, die von einem Generator (in der Elliptischen-Kurven-Kryptografie als Basispunkt bezeichnet) erzeugt wird.

Genauer ausgedrückt, wird in ECDSA der öffentliche Schlüssel mit $[x]G$ berechnet, d. h. durch eine Skalarmultiplikation des Skalars x mit dem Basispunkt G.

Additive oder multiplikative Notation?

Beachten Sie, dass ich die *additive Notation* verwende (bei der die Syntax für elliptische Kurven den Skalar in eckige Klammern einschließt). Ich hätte aber auch $public\_key = G^x$ schreiben können, wenn ich die *multiplikative Notation* verwenden möchte. In der Praxis spielen diese Unterschiede keine Rolle. Protokolle, die sich nicht um die zugrunde liegende Art der Gruppe kümmern, werden meistens in der multiplikativen Notation geschrieben, während Protokolle, die speziell in Gruppen auf Grundlage elliptischer Kurven definiert sind, eher in der additiven Notation geschrieben werden.

Um eine ECDSA-Signatur zu berechnen, benötigen Sie die gleichen Eingaben wie für eine Schnorr-Signatur: einen Hash der zu signierenden Nachricht ($H(m)$), Ihren privaten Schlüssel x und eine Zufallszahl k, die für jede Signatur eindeutig ist. Eine ECDSA-Signatur besteht aus zwei ganzen Zahlen, r und s, die wie folgt berechnet werden:

- r ist die x-Koordinate von $[k]\,G$.
- s ist gleich $k^{-1}\,(H(m) + xr) \bmod p$.

Um eine ECDSA-Signatur zu verifizieren, muss ein Verifizierer die gleiche gehashte Nachricht H(m), den öffentlichen Schlüssel des Unterzeichners und die Signaturwerte r und s verwenden. Dann führt der Verifizierer folgende Schritte aus:

1. Er berechnet $[H(m)\ s^{-1}]G + [rs^{-1}]public\_key$.
2. Er prüft, ob die x-Koordinate des erhaltenen Punkts mit dem Wert r der Signatur übereinstimmt.

Sicherlich können Sie einige Ähnlichkeiten mit Schnorr-Signaturen erkennen. Die Zufallszahl k wird manchmal als *Nonce* bezeichnet, weil sie nur einmal verwendet werden darf, und manchmal als *ephemerer Schlüssel*, weil sie geheim bleiben muss.

ACHTUNG

Noch einmal: *k* darf sich weder wiederholen noch vorhersagbar sein! Andernfalls ist es trivial, den privaten Schlüssel wiederherzustellen.

Kryptografische Bibliotheken erzeugen im Allgemeinen diese Nonce (den k-Wert) hinter den Kulissen. Manchmal aber tun sie das nicht und lassen sie vom Aufrufer bereitstellen. Das ist natürlich ein Rezept für eine Katastrophe. Zum Beispiel hat man 2010 festgestellt, dass die Playstation 3 von Sony einen ECDSA mit sich wiederholenden Nonces verwendet (wodurch die privaten Schlüssel zugänglich gemacht wurden).

ACHTUNG

Noch subtiler ist es, wenn die Nonce *k* nicht gleichförmig und zufällig gewählt wird (insbesondere, wenn man die ersten paar Bits vorhersagen kann), denn dann gibt es immer noch mächtige Angriffe, die den privaten Schlüssel in kürzester Zeit wiederherstellen können (sogenannte *Lattice-Angriffe*). In der Theorie nennt man diese Art von Angriffen, die den geheimen Schlüssel ableiten, *Total Breaks* (weil sie alles aufbrechen können!). Da solche Total Breaks in der Praxis recht selten sind, wird ECDSA zu einem Algorithmus, der auf spektakuläre Weise versagen kann.

Es gibt Versuche, Probleme mit Nonces zu vermeiden. Zum Beispiel spezifiziert RFC 6979 ein *deterministisches ECDSA*-Verfahren, das eine Nonce basierend auf der Nachricht und dem privaten Schlüssel erzeugt. Das heißt, dass dieselbe Nachricht zweimal mit derselben Nonce signiert wird und somit zweimal die gleiche Signatur entsteht (was natürlich kein Problem darstellt).

Die elliptischen Kurven, die in der Regel mit ECDSA verwendet werden, sind so ziemlich die gleichen Kurven, die beim Algorithmus Elliptic Curve Diffie-Hellman (ECDH) gebräuchlich sind (siehe Kapitel 5), mit einer bemerkenswerten Ausnahme: *Secp256k1*. Die Secp256k1-Kurve ist in »SEC 2: Recommended Elliptic Curve Domain Parameters« (*https://secg.org/sec2-v2.pdf*) definiert, verfasst von der Standards for Efficient Cryptography Group (SECG). Große Popularität erlangte sie, nachdem Bitcoin beschlossen hatte, sie anstelle der beliebteren NIST-Kurven zu verwenden, da den NIST-Kurven (die Kapitel 5 erwähnt hat) nicht vertraut wurde.

Secp256k1 ist eine elliptische Kurve vom Typ einer *Koblitz-Kurve*. Bei dieser handelt es sich einfach um eine elliptische Kurve mit einigen Einschränkungen in ihren Parametern, die es Implementierungen ermöglicht, einige Operationen auf der Kurve zu optimieren. Die elliptische Kurve wird durch folgende Gleichung beschrieben:

$$y^2 = x^3 + ax + b$$

Hier sind $a = 0$ und $b = 7$ Konstanten, während x und y über den Zahlen modulo der Primzahl p definiert sind:

$$p = 2^{192} - 2^{32} - 2^{12} - 2^8 - 2^7 - 2^6 - 2^3 - 1$$

Diese Folge definiert eine Gruppe der Primzahlordnung, wie die NIST-Kurven. Heute verfügen wir über effiziente Formeln, um die Anzahl der Punkte auf einer elliptischen Kurve zu berechnen. Hier ist die Primzahl, die der Anzahl der Punkte in der Kurve Secp256k1 (einschließlich des Unendlichkeitspunkts) entspricht:

```
115792089237316195423570985008687907852837564279074904382605163141518161494337
```

Und als Generator (oder Basispunkt) verwenden wir den Fixpunkt G der Koordinaten

```
x = 55066263022277343669578718895168534326250603453777594175500187360389116729240
```

und

```
y = 32670510020758816978083085130507043184471273380659243275938904335757337482424
```

Nichtsdestotrotz wird ECDSA heute meistens mit der NIST-Kurve P-256 (manchmal auch als Secp256r1 bezeichnet; man beachte den Unterschied) verwendet. Als Nächstes sehen wir uns ein anderes weitverbreitetes Signaturverfahren an.

7.3.4 Der Edwards-curve Digital Signature Algorithm (EdDSA)

Als letzten Signaturalgorithmus in diesem Kapitel möchte ich den *Edwards-curve Digital Signature Algorithm* (EdDSA) vorstellen. Veröffentlicht wurde er 2011 von Daniel J. Bernstein als Reaktion auf das mangelnde Vertrauen in NIST- und andere Kurven, die von Regierungsbehörden erstellt wurden. Der Name EdDSA scheint darauf hinzuweisen, dass er wie ECDSA auf dem DSA-Algorithmus basiert, doch das ist irreführend. Tatsächlich beruht EdDSA auf Schnorr-Signaturen, was möglich ist, weil das Patent auf Schnorr-Signaturen Anfang 2008 ausgelaufen ist.

Eine Besonderheit von EdDSA ist, dass das Verfahren keine neue Zufälligkeit für jeden Signiervorgang erfordert. EdDSA erzeugt Signaturen *deterministisch*. Dies hat den Algorithmus sehr attraktiv gemacht und er ist inzwischen in viele Protokolle und Standards übernommen worden.

EdDSA ist auf dem besten Weg, in die bevorstehende Aktualisierung des FIPS-186-6-Standards des NIST aufgenommen zu werden (Anfang 2021 noch ein Entwurf). Der derzeitige offizielle Standard ist RFC 8032, der zwei Kurven mit unterschiedlichen Sicherheitsniveaus für die Verwendung mit EdDSA definiert. Bei den beiden definierten Kurven handelt es sich um *verdrehte Edwards-Kurven* (eine Art elliptischer Kurve, die interessante Optimierungen in der Implementierung erlaubt):

- *Edwards25519 basiert auf Curve25519 von Daniel J. Bernstein.* Die Operationen auf der Kurve lassen sich dank der Optimierungen durch den Typ der elliptischen Kurve schneller implementieren als die von Curve25519. Da er nach Curve25519 entwickelt wurde, konnte der auf Curve25519 basierende Schlüsselaustausch X25519 nicht von diesen Geschwindigkeitsverbesserungen profitieren. Wie Curve25519 bietet Edwards25519 eine 128-Bit-Sicherheit.
- *Edwards448 basiert auf der Ed448-Goldilocks-Kurve von Mike Hamburg.* Er bietet eine 224-Bit-Sicherheit.

In der Praxis wird EdDSA meist mit der Kurve Edwards25519 instanziiert. Diese Kombination nennt man Ed25519 (wobei EdDSA mit Edwards448 als Ed448 abgekürzt wird). Die Schlüsselerzeugung mit EdDSA unterscheidet sich ein wenig von anderen bestehenden Verfahren. Anstatt einen Signierschlüssel direkt zu erzeugen, generiert EdDSA einen geheimen Schlüssel, von dem dann der eigentliche Signierschlüssel und ein anderer Schlüssel, der Nonce-Schlüssel, abgeleitet werden. Dieser Nonce-Schlüssel ist wichtig! Denn aus diesem wird die pro Signatur erforderliche Nonce deterministisch erzeugt.

HINWEIS

Je nachdem, welche kryptografische Bibliothek Sie verwenden, speichern Sie entweder den geheimen Schlüssel oder die beiden abgeleiteten Schlüssel: den Signierschlüssel und den Nonce-Schlüssel. Zwar spielt das keine wesentliche Rolle, doch wenn Sie dies nicht wissen, könnten Sie verwirrt sein, wenn Sie auf Ed25519-Geheimschlüssel stoßen, die je nach verwendeter Implementierung mit 32 Byte oder 64 Byte gespeichert sind.

Zum Signieren erzeugt EdDSA zunächst deterministisch die Nonce, indem der Nonce-Schlüssel mit der zu signierenden Nachricht gehasht wird. Daran schließt sich ein ähnlicher Prozess wie bei Schnorr-Signaturen an:

1. Berechnen der Nonce als *HASH(nonce key || message)*
2. Berechnen des Commitments *R* als *[nonce]G*, wobei G der Basispunkt der Gruppe ist
3. Berechnen der Challenge als *HASH(commitment || public key || message)*
4. Berechnen des Beweises *S* als *nonce + challenge × signing key*

Die Signatur lautet *(R, S)*. Abbildung 7–11 veranschaulicht die entscheidenden Teile von EdDSA.

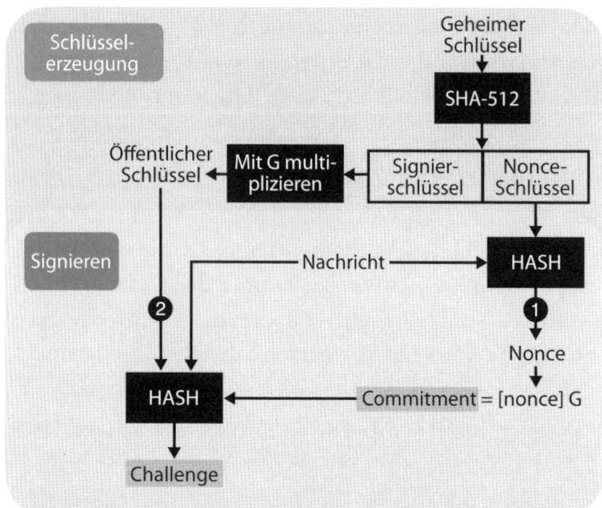

Abb. 7–11 *Die EdDSA-Schlüsselerzeugung liefert einen geheimen Schlüssel, von dem dann zwei andere Schlüssel abgeleitet werden. Der erste abgeleitete Schlüssel ist der eigentliche Signierschlüssel, von dem man den öffentlichen Schlüssel ableiten kann. Der andere abgeleitete Schlüssel ist der Nonce-Schlüssel, der dazu dient, die Nonce bei Signiervorgängen deterministisch abzuleiten. EdDSA-Signaturen ähneln dann Schnorr-Signaturen, außer dass (1) die Nonce deterministisch aus dem Nonce-Schlüssel und der Nachricht erzeugt wird und (2) der öffentliche Schlüssel des Unterzeichners als Teil der Challenge enthalten ist.*

Beachten Sie, wie die Nonce (oder der ephemere Schlüssel) deterministisch und nicht probabilistisch aus dem Nonce-Schlüssel und der gegebenen Nachricht abgeleitet wird. Das heißt, dass das Signieren von zwei verschiedenen Nachrichten zwei verschiedene Nonces erfordert, was auf geniale Weise verhindert, dass der Unterzeichner Nonces wiederverwendet und damit den Schlüssel preisgibt (wie es bei ECDSA passieren kann). Wenn man dieselbe Nachricht zweimal signiert, erhält man zweimal dieselbe Nonce, wodurch dann auch zweimal die gleiche Signatur entsteht. Offenkundig ist dies kein Problem. Eine Signatur lässt sich verifizieren, indem man die beiden folgenden Gleichungen löst:

$$[S]G$$

$$R + [HASH(R \parallel public\ key \parallel message)]\ public\ key$$

Die Signatur ist gültig, wenn die beiden Werte übereinstimmen. Dies entspricht der Funktionsweise von Schnorr-Signaturen, außer dass wir es jetzt mit einer elliptischen Kurvengruppe zu tun haben und ich die additive Notation verwende.

Die am weitesten verbreitete Instanziierung von EdDSA, nämlich Ed25519, ist mit der Kurve Edwards25519 und der Hashfunktion SHA-512 definiert. Die Edwards25519-Kurve ist für alle Punkte definiert, die die folgende Gleichung erfüllen:

$$-x^2 + y^2 = 1 + d \times x^2 \times y^2 \bmod p$$

Hier ist der Wert *d* die große Zahl

```
37095705934669439343138083508754565189542113879843219016388785533085940283555
```

Die Variablen *x* und *y* werden modulo *p* der großen Zahl $2^{255} - 19$ genommen (die gleiche Primzahl wie für Curve25519). Der Basispunkt ist G mit den Koordinaten

```
x = 151122213495354007725011514095885315114540126930418572060461132839498
47762202
```

und

```
y = 463168356949264781694283940034751631413079938662562256157830336031652
51855960
```

RFC 8032 definiert eigentlich drei Varianten von EdDSA mit der Kurve Edwards25519. Alle drei Varianten folgen demselben Algorithmus zur Schlüsselerzeugung, aber mit verschiedenen Signier- und Verifizierungsalgorithmen:

- *Ed25519* (oder *pureEd25519*) – Das ist der Algorithmus, den ich oben erklärt habe.
- *Ed25519ctx* – Dieser Algorithmus führt einen obligatorischen Anpassungsstring ein und wird in der Praxis selten implementiert, wenn er denn überhaupt verwendet wird. Der einzige Unterschied besteht darin, dass bei jedem Aufruf der Hashfunktion ein vom Benutzer gewähltes Präfix hinzugefügt wird.
- *Ed25519ph (oder HashEd25519)* – Hiermit können Anwendungen die Nachricht vor dem Signieren vorab hashen (das »ph« im Namen steht für pre-hash). Der Algorithmus baut auf Ed25519ctx auf und ermöglicht dem Aufrufer, einen optionalen benutzerdefinierten String hinzuzufügen.

In der Kryptografie ist es durchaus üblich, einen benutzerdefinierten String hinzuzufügen, wie Sie es auch bei einigen Hashfunktionen in Kapitel 2 gesehen haben oder in Kapitel 8 bei Funktionen zur Schlüsselableitung noch sehen werden. Der Zusatz ist nützlich, wenn ein Teilnehmer in einem Protokoll Nachrichten mit demselben Schlüssel in verschiedenen Kontexten signiert. Stellen Sie sich beispielsweise eine Anwendung vor, die es Ihnen erlaubt, sowohl Transaktionen als auch private Nachrichten an Personen, mit denen Sie sprechen, mit Ihrem privaten Schlüssel zu signieren. Wenn Sie versehentlich eine Nachricht, die wie eine Transaktion an Ihre ungeliebte Freundin Eve aussieht, signieren und senden, könnte diese versuchen, die Nachricht erneut als gültige Transaktion zu veröffentlichen, wenn sich die beiden Arten von Nutzdaten, die Sie unterzeichnet haben, nicht unterscheiden ließen.

Ed25519ph wurde nur eingeführt, um Aufrufer zufriedenzustellen, die große Nachrichten unterzeichnen müssen. Wie Kapitel 2 gezeigt hat, bieten Hashfunktionen oft eine »init-update-finalize«-Schnittstelle, die es Ihnen ermöglicht, einen Datenstrom kontinuierlich zu hashen, ohne die gesamte Eingabe im Arbeitsspeicher halten zu müssen.

Damit besitzen Sie einen Überblick über die in praktischen Anwendungen eingesetzten Signaturverfahren. Als Nächstes sehen wir uns an, wie Sie sich bei der Verwendung dieser Signaturalgorithmen selbst ins Bein schießen können. Doch zunächst eine Zusammenfassung:

- RSA PKCS#1 v1.5 ist immer noch weit verbreitet, lässt sich aber schwer korrekt implementieren, und viele Implementierungen haben sich als fehlerhaft erwiesen.
- RSA-PSS bringt einen Sicherheitsbeweis mit, ist einfacher zu implementieren, wird aber aufgrund neuerer Verfahren, die auf elliptischen Kurven basieren, kaum noch verwendet.
- ECDSA ist der Hauptkonkurrent von RSA PKCS#1 v1.5 und wird meist mit der Kurve P-256 des NIST verwendet, außer in der Welt der Kryptowährungen, wo Secp256k1 zu dominieren scheint.
- Ed25519 basiert auf Schnorr-Signaturen, ist weit verbreitet und lässt sich im Vergleich zu ECDSA einfacher implementieren. Er erfordert keine neue Zufälligkeit für jeden Signiervorgang. Diesen Algorithmus sollten Sie verwenden, wenn Sie können.

7.4 Subtiles Verhalten von Signaturverfahren

Es gibt eine Reihe von subtilen Eigenschaften, die Signaturverfahren an den Tag legen können. Auch wenn sie bei den meisten Protokollen keine Rolle spielen, kann es bei der Arbeit an komplexeren und unkonventionellen Protokollen zum Verhängnis werden, wenn man sich dieser »Tücken« nicht bewusst ist. Im restlichen Teil dieses Kapitels soll es deshalb um bekannte Probleme mit digitalen Signaturen gehen.

7.4.1 Substitutionsangriffe auf Signaturen

> *Eine digitale Signatur identifiziert einen Schlüssel oder eine Nachricht nicht eindeutig.*
>
> – Andrew Ayer (»Duplicate Signature Key Selection Attack in Let's Encrypt«, 2015)

Substitutionsangriffe, die auch als *Duplicate Signature Key Selection* (DSKS) bezeichnet werden, sind sowohl bei RSA PKCS#1 v1.5 als auch bei RSA-PSS möglich.

Es gibt zwei DSKS-Varianten:

- *Schlüsselsubstitutionsangriffe* – Ein anderes Schlüsselpaar oder ein anderer öffentlicher Schlüssel wird verwendet, um eine bestimmte Signatur für eine bestimmte Nachricht zu validieren.
- *Nachrichtenschlüsselsubstitutionsangriffe* – Ein anderes Schlüsselpaar oder ein anderer öffentlicher Schlüssel wird verwendet, um eine gegebene Signatur für eine neue Nachricht zu validieren.

Noch einmal: Beim ersten Angriff werden sowohl die Nachricht als auch die Signatur korrigiert, der zweite Angriff korrigiert nur die Signatur. Abbildung 7–12 stellt dies im Überblick dar.

Existenzielle Unfälschbarkeit bei adaptiven Angriffen auf ausgewählte Nachrichten (EUF-CMA)

Substitutionsangriffe sind ein Phänomen für eine Lücke zwischen theoretischer und angewandter Kryptografie. Signaturen in der Kryptografie werden üblicherweise mit dem *EUF-CMA-Modell* analysiert, das für Existential Unforgeability Under Adaptive Chosen Message Attack (Existenzielle Unfälschbarkeit bei adaptiven Angriffen auf ausgewählte Nachrichten) steht. In diesem Modell erzeugen Sie ein Schlüsselpaar und dann fordere ich Sie auf, eine Reihe beliebiger Nachrichten zu signieren. Ich beobachte die von Ihnen erstellten Signaturen und gewinne, wenn ich zu einem bestimmten Zeitpunkt eine gültige Signatur für eine Nachricht erstellen kann, die ich zuvor nicht angefordert hatte. Leider scheint dieses EUF-CMA-Modell nicht jeden Grenzfall zu erfassen, und gefährliche Feinheiten wie die Substitution bleiben unberücksichtigt.

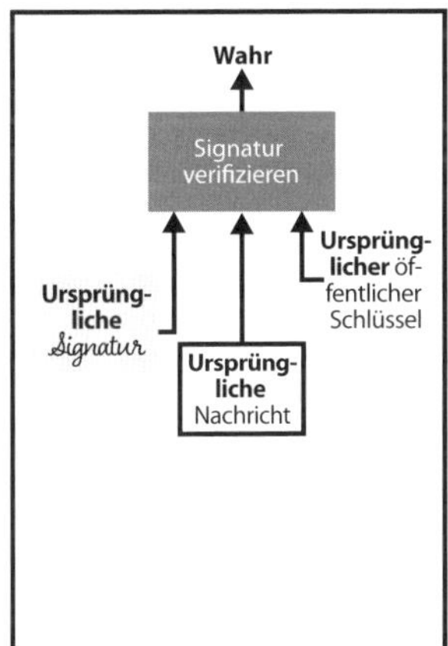

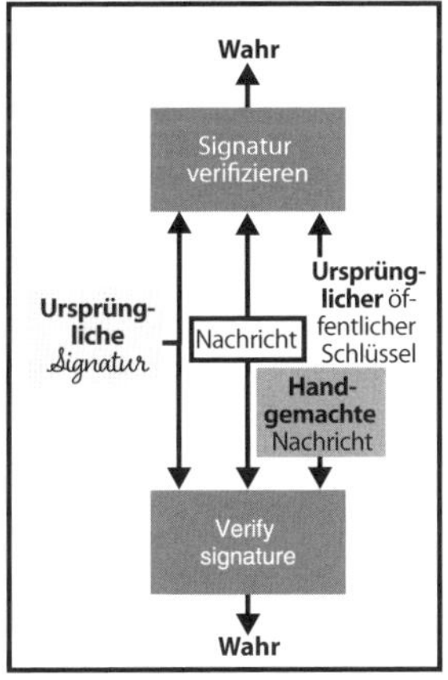

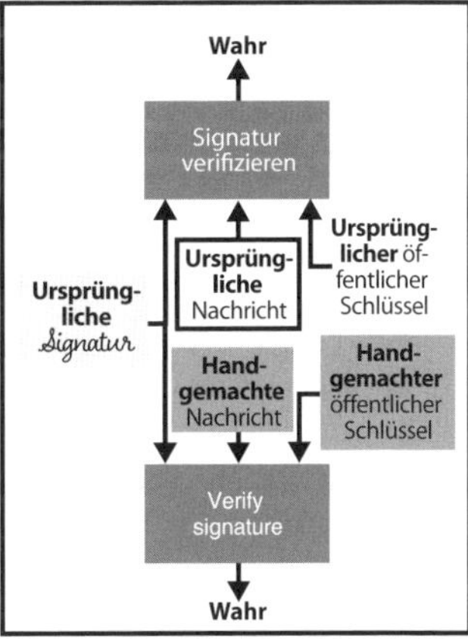

Abb. 7–12 *Signaturalgorithmen wie RSA sind anfällig für Schlüsselsubstitutionsangriffe, die für die meisten Benutzer von Kryptografie überraschend und unerwartet sind. Ein* Schlüsselsubstitutionsangriff *ermöglicht es, eine Signatur über eine Nachricht zu nehmen und ein neues Schlüsselpaar zu erstellen, das die ursprüngliche Signatur validiert. Eine als* Nachrichtenschlüsselsubstitution *bezeichnete Variante ermöglicht es einem Angreifer, ein neues Schlüsselpaar und eine neue Nachricht zu erstellen, die unter der ursprünglichen Signatur gültig ist.*

7.4.2 Malleability von Signaturen

> *Im Februar 2014 schloss MtGox, die einst größte Bitcoin-Börse, und meldete Konkurs an, weil Angreifer ihre Konten mithilfe von Malleability-Angriffen geleert hatten.*
>
> – Christian Decker und Roger Wattenhofer (»Bitcoin Transaction Malleability and MtGox«, 2014)

Die meisten Signaturverfahren sind *malleable* (engl. formbar): Wenn Sie mir eine gültige Signatur geben, kann ich die Signatur so modifizieren, dass sie zu einer anderen, aber immer noch gültigen Signatur wird. Ich habe keine Ahnung, wie der Signierschlüssel ausgesehen hat, dennoch habe ich es geschafft, eine neue gültige Signatur zu erstellen.

Non-Malleability bedeutet nicht unbedingt, dass Signaturen eindeutig sind: Wenn ich der Unterzeichner bin, kann ich normalerweise verschiedene Signaturen für dieselbe Nachricht erstellen, und das ist normalerweise in Ordnung. Einige Konstruktionen, wie zum Beispiel verifizierbare Zufallsfunktionen (mit denen sich Kapitel 8 befasst), stützen sich auf die Eindeutigkeit von Signaturen. Daher müssen Sie damit klarkommen oder Signaturverfahren verwenden, die eindeutige Signaturen haben (wie zum Beispiel die Boneh-Lynn-Shacham- oder BLS-Signaturen).

Was können Sie mit all diesen Informationen anfangen? Seien Sie versichert, dass Signaturverfahren definitiv nicht gebrochen wurden, und Sie sollten sich wahrscheinlich keine Sorgen machen, wenn Ihre Verwendung von Signaturen nicht zu ausgefallen ist. Wenn Sie aber kryptografische Protokolle entwerfen oder wenn Sie ein Protokoll implementieren, das komplizierter ist als gewöhnliche Kryptografie, sollten Sie diese subtilen Eigenschaften im Hinterkopf behalten.

Das starke EUF-CMA-Modell

Ein neueres Sicherheitsmodell namens SUF-CMA (für strong EUF-CMA) versucht, die Non-Malleability (oder die Resistenz gegen Malleability) in die Sicherheitsdefinition von Signaturverfahren einzubauen. Einige neuere Standards wie RFC 8032, der Ed25519 spezifiziert, enthalten Abschwächungen gegen Formbarkeitsangriffe. Da diese Abschwächungen nicht immer vorhanden oder üblich sind, sollten Sie sich nie darauf verlassen, dass Signaturen in Ihren Protokollen nicht malleable sind.

Zusammenfassung

- Digitale Signaturen ähneln Unterschriften mit Stift auf Papier, sind aber kryptografisch gesichert, sodass sie niemand fälschen kann, der keinen Zugriff auf den (privaten) Schlüssel für die Unterschrift hat.
- Digitale Signaturen können nützlich sein, um die Herkunft zu authentifizieren (zum Beispiel eine Seite eines Schlüsselaustauschs) und um transitives Vertrauen zu schaffen (wenn ich Alice vertraue und sie Bob vertraut, kann ich auch Bob vertrauen).
- Null-Wissen-Beweise (Zero-Knowledge-Proofs, ZKPs) erlauben es einem Prüfer, die Kenntnis eines bestimmten Informationselements (eines sogenannten Zeugen) zu beweisen, ohne diese Informationen preiszugeben. Signaturen können als nicht-interaktive ZKPs angesehen werden, da sie nicht verlangen, dass der Verifizierer während des Signiervorgangs online ist.
- Zum Signieren stehen Ihnen viele Standards zur Auswahl:
  - RSA PKCS#1 v1.5 ist heutzutage weit verbreitet, wird aber nicht empfohlen, da er nur schwer korrekt zu implementieren ist.
  - RSA-PSS ist ein besseres Signaturverfahren, da es einfacher zu implementieren ist und über einen Sicherheitsbeweis verfügt. Leider ist es heute nicht mehr so beliebt, da es Varianten mit elliptischen Kurven gibt, die kürzere Schlüssel unterstützen und somit für Netzwerkprotokolle attraktiver sind.
  - Die derzeit beliebtesten Signaturverfahren basieren auf elliptischen Kurven: ECDSA und EdDSA. ECDSA wird häufig mit der Kurve P-256 des NIST verwendet und EdDSA oft mit der Kurve Edwards25519 (diese Kombination wird als Ed25519 bezeichnet).
- Einige subtile Eigenschaften können gefährlich sein, wenn Signaturen auf unkonventionelle Weise verwendet werden:
  - Vermeiden Sie immer Mehrdeutigkeiten in Bezug darauf, wer eine Nachricht signiert hat, da manche Signaturverfahren anfällig gegen Schlüsselsubstitutionsangriffe sind. Externe Akteure können ein neues Schlüsselpaar erzeugen, das eine bereits vorhandene Signatur über einer Nachricht validiert, oder erzeugen ein neues Schlüsselpaar und eine neue Nachricht, die sich mit einer gegebenen Signatur validieren lässt.
  - Verlassen Sie sich nicht auf die Eindeutigkeit von Signaturen. Erstens kann der Unterzeichner bei den meisten Signaturverfahren eine beliebige Anzahl von Signaturen für dieselbe Nachricht erstellen. Zweitens sind die meisten Signaturverfahren *malleable* (formbar), das heißt, externe Akteure können eine Signatur nehmen und eine andere gültige Signatur für dieselbe Nachricht erzeugen.

8 Zufälligkeit und Geheimnisse

In diesem Kapitel:

- Was ist Zufälligkeit und warum ist sie wichtig?
- Starke Zufallszahlen erhalten und Geheimnisse erzeugen
- Die Fallstricke der Zufälligkeit

Dies ist das letzte Kapitel im ersten Teil dieses Buches und ich muss Ihnen noch eine letzte Sache mitteilen, bevor wir zum zweiten Teil übergehen und uns mit tatsächlichen Protokollen, die in der Praxis zum Einsatz kommen, beschäftigen. Es ist etwas, das ich bisher grob vernachlässigt habe – Zufälligkeit.

Sicherlich haben Sie bemerkt, dass Sie in jedem kryptografischen Algorithmus, den Sie kennengelernt haben (mit Ausnahme von Hashfunktionen), an irgendeiner Stelle Zufälligkeit einbringen mussten: bei Geheimschlüsseln, Nonces, IVs, Primzahlen, Challenges usw. Als ich diese verschiedenen Konzepte durchgegangen bin, kam Zufälligkeit immer aus einer magischen Blackbox. Dies ist nicht atypisch. In White Papers der Kryptografie wird Zufälligkeit oftmals dargestellt, indem man einen Pfeil mit einem Dollarzeichen darüber zeichnet. Doch an einem gewissen Punkt müssen wir uns selbst die Frage stellen: »Woher kommt diese Zufälligkeit eigentlich?«

In diesem Kapitel liefere ich Ihnen eine Antwort darauf, was Kryptografie bedeutet, wenn es um Zufälligkeit geht. Ich gebe Ihnen auch Hinweise auf bestehende praktische Verfahren, um Zufälligkeit für echte kryptografische Anwendungen zu bekommen.

HINWEIS

In diesem Kapitel gehe ich davon aus, dass Sie Kapitel 2 zu Hashfunktionen und Kapitel 3 zu Nachrichtenauthentifizierungscodes gelesen haben.

8.1 Was ist Zufälligkeit?

Jeder versteht bis zu einem gewissen Grad das Konzept des Zufalls. Ob wir nun würfeln oder ein paar Lotterielose kaufen, wir sind alle damit schon konfrontiert worden. Meine erste Begegnung mit dem Zufall hatte ich in sehr jungen Jahren, als ich feststellte, dass die RAND-Taste auf meinem Taschenrechner bei jeder Betätigung eine andere Zahl lieferte. Das hat mich zutiefst beunruhigt. Ich hatte wenig Ahnung von Elektronik, aber ich dachte, ich könnte einige ihrer Grenzen verstehen. Wenn ich 4 und 5 addierte, würden sicherlich einige Schaltkreis die mathematische Operation ausführen und mir das Ergebnis liefern. Aber eine Zufallstaste? Woher sollten die Zufallszahlen kommen? Ich konnte das nicht begreifen.

Ich brauchte einige Zeit, um die richtigen Fragen zu stellen und zu verstehen, dass Taschenrechner tatsächlich schummeln! In ihnen sind große Listen von Zufallszahlen fest einprogrammiert, die sie nacheinander durchgehen. Diese Listen wiesen eine gute Zufälligkeit auf, d. h., wenn man sich die ausgegebenen Zufallszahlen ansah, gab es ebenso viele Einsen wie Neunen, ebenso viele Einsen wie Zweien usw. Diese Listen würden eine *gleichförmige Verteilung* simulieren: Die Zahlen würden zu gleichen Anteilen (gleichförmig) verteilt.

Wenn Zufallszahlen für Sicherheits- und Kryptografiezwecke benötigt werden, muss der Zufall *unvorhersehbar* sein. Natürlich hätte damals niemand die »Zufälligkeit« dieser Rechner für irgendetwas verwendet, das mit Sicherheit zu tun hatte. Stattdessen wird bei kryptografischen Anwendungen die Zufälligkeit aus der Beobachtung schwer vorhersehbarer physikalischer Phänomene gewonnen.

Zum Beispiel ist es schwer, das Ergebnis eines Würfelwurfs vorherzusagen, obwohl das Werfen eines Würfels ein deterministischer Prozess ist. Wenn man alle Anfangsbedingungen kennt (wie man den Würfel wirft, wie der Würfel selbst aussieht, welche Luftreibung wirkt, welche Griffigkeit die Tischplatte hat usw.), sollte man in der Lage sein, das Ergebnis vorherzusagen. Allerdings wirken sich all diese Faktoren so stark auf das Endergebnis aus, dass sich kleine Ungenauigkeiten in den Ausgangsbedingungen störend auf unsere Vorhersagen auswirken werden. Die extreme Empfindlichkeit eines Ergebnisses gegenüber den Ausgangsbedingungen ist Gegenstand der *Chaostheorie* und der Grund dafür, warum Dinge wie das Wetter nach einer bestimmten Anzahl von Tagen kaum noch genau vorherzusagen sind.

Die folgende Abbildung zeigt ein Foto, das ich bei einem meiner Besuche in der Zentrale von Cloudflare in San Francisco aufgenommen habe. LavaRand ist eine Wand von Lava-Lampen, d. h. Lampen, die schwer vorhersehbare Formen aus Wachs erzeugen. Eine Kamera ist vor der Wand angebracht, um die Bilder zu extrahieren und in Zufallsbytes umzuwandeln.

Anwendungen verlassen sich in der Regel auf das Betriebssystem, um eine brauchbare Zufälligkeit bereitzustellen, die wiederum mit verschiedenen Tricks gesammelt wird, je nach Art des Geräts, auf dem sie ausgeführt wird. Gängige Zufallsquellen (auch als Entropiequellen bezeichnet) können das Timing von Hardwareinterrupts (beispielsweise durch Bewegungen der Maus ausgelöst), Softwareinterrupts, Festplattensuchzeiten usw. sein.

Entropie

In der Informationstheorie beurteilt man mit der sogenannten *Entropie*, wie viel Zufälligkeit eine Zeichenfolge enthält. Der Begriff wurde von Claude Shannon geprägt, der eine Entropieformel entwickelt hat, die immer größere Zahlen ausgibt, je mehr Unvorhersehbarkeit eine Zeichenfolge aufweist (beginnend bei 0 für vollkommen vorhersehbar). Die Formel oder die Zahl selbst ist für uns nicht so interessant, aber in der Kryptografie hört man oft »diese Zeichenfolge hat eine niedrige Entropie« (was heißt, dass sie vorhersehbar ist) oder »diese Zeichenfolge hat eine hohe Entropie« (was bedeutet, dass sie weniger vorhersehbar ist).

Die Beobachtung von Interrupts und anderer Ereignisse, um Zufälligkeit zu erzeugen, ist nicht sehr sinnvoll. Wenn ein Gerät hochfährt, sind solche Ereignisse in der Regel sehr vorhersehbar und sie können auch durch externe Faktoren böswillig beeinflusst werden. Heutzutage haben immer mehr Geräte Zugang zu zusätzlichen Sensoren und Hardware-Hilfsmitteln, die bessere Quellen für Entropie bieten. Bei diesen per Hardware realisierten Zufallszahlengeneratoren spricht man auch von *echten Zufallszahlengeneratoren* (True Random Number Generators, TRNGs), da sie externe unvorhersehbare physikalische Phänomene wie thermisches Rauschen nutzen, um Zufälligkeit zu gewinnen.

Das Rauschen, das aus all diesen verschiedenen Eingabearten erhalten wird, ist normalerweise nicht »sauber« und bietet manchmal nicht genügend Entropie (wenn überhaupt). Zum Beispiel könnte das erste Bit aus einer bestimmten Entropiequelle häufiger 0 sein als 1 oder aufeinanderfolgende Bits könnten (wahrscheinlicher als der Zufall) gleich sein. Deshalb müssen Zufallsgeneratoren mehrere Rauschquellen bereinigen und zusammenfassen, bevor sie sich für kryptografische Anwendungen eignen. Dies lässt sich beispielsweise bewerkstelligen, indem man eine Hashfunktion auf die verschiedenen Quellen anwendet und die Digests per XOR miteinander verknüpft.

Ist das alles, was Zufälligkeit ausmacht? Leider nicht. Zufälligkeit aus Rauschen zu gewinnen, ist ein Vorgang, der langsam sein kann. Bei manchen Anwendungen, die schnell viele Zufallszahlen benötigen, kann dies zu einem Engpass werden. Der nächste Abschnitt beschreibt, wie Betriebssysteme und praktische Anwendungen das Erzeugen von Zufallszahlen beschleunigt haben.

8.2 Langsame Zufälligkeit? Verwenden Sie einen Pseudozufallszahlengenerator (PRNG)

Zufälligkeit wird überall verwendet. An dieser Stelle sollten Sie davon überzeugt sein, dass dies zumindest für die Kryptografie gilt. Überraschenderweise ist die Kryptografie aber nicht der einzige Bereich, in dem Zufallszahlen intensiv genutzt werden. So erfordern selbst einfache Unix-Programme wie `ls` ebenfalls Zufälligkeit! Da ein Bug in einem Programm verheerende Folgen haben kann, wenn er ausgenutzt wird, versuchen Binärprogramme, sich mit einer Vielzahl von Tricks gegen Angriffe auf systemnaher Ebene zu schützen. Einer davon ist die sogenannte *Adressverwürfelung* ASLR (Address Space Layout Randomization), die den Speicheraufbau eines Prozesses bei jeder Ausführung zufällig verändert und daher Zufallszahlen benötigt. Ein weiteres Beispiel ist das Netzwerkprotokoll TCP, das bei jedem Verbindungsaufbau mithilfe von Zufallszahlen eine unvorhersehbare Zahlenfolge erzeugt, um Angriffe zu vereiteln, die versuchen, Verbindungen zu kapern. Dies alles gehört zwar nicht zu den Themen dieses Buches, doch ist es gut, eine Vorstellung davon zu haben, wie viel Zufälligkeit in der realen Welt aus Sicherheitsgründen verwendet wird.

Im letzten Abschnitt habe ich angedeutet, dass es leider ein recht langsamer Prozess ist, unvorhersehbare Zufallszahlen zu erhalten. Manchmal ist dies darauf zurückzuführen, dass die Entropiequelle »Rauschen« nur langsam erzeugt. Deshalb optimieren Betriebssysteme die Erzeugung von Zufallszahlen, indem sie Pseudozufallszahlengeneratoren einsetzen (Pseudorandom Number Generators, PRNGs).

> **HINWEIS**
>
> Um sich von Zufallszahlengeneratoren abzugrenzen, die nicht mehr auf Sicherheit ausgelegt sind (und die für verschiedene Typen von Anwendungen, beispielsweise Videospiele, nützlich sind), werden PRNGs manchmal als CSPRNGs für *kryptografisch sichere* PRNGs bezeichnet. Das NIST, das die Dinge (wie üblich) anders angehen möchte, nennt seine PRNGs oft *deterministische Zufallsbitgeneratoren* (DRBGs).

Ein PRNG benötigt ein anfängliches Geheimnis, das üblicherweise als *Seed* bezeichnet wird und das wir durch Mischen verschiedener Entropiequellen erhalten, und kann dann Unmengen von Zufallszahlen schnell erzeugen. Abbildung 8–1 veranschaulicht einen PRNG.

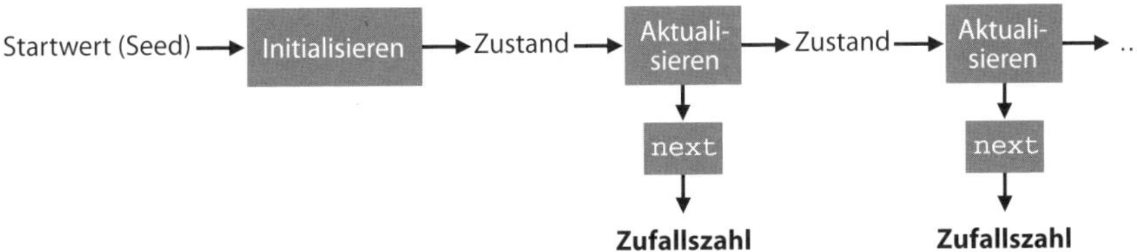

Abb. 8–1 *Ein Pseudozufallszahlengenerator (PRNG) erzeugt eine Folge von Zufallszahlen basierend auf einem Startwert (Seed). Wenn der gleiche Seed verwendet wird, erzeugt der PRNG die gleiche Folge von Zufallszahlen. Es sollte unmöglich sein, den Zustand wiederherzustellen, wenn die Zufallsausgaben bekannt sind (die Funktion* `next` *wäre dazu in der Lage). Folglich sollte es auch unmöglich sein, allein durch Beobachtung der erzeugten Zufallszahlen zukünftige Zufallszahlen vorherzusagen oder zuvor erzeugte Zufallszahlen wiederherzustellen.*

Kryptografisch sichere PRNGs weisen in der Regel folgende Eigenschaften auf:

- *Deterministisch* – Wenn man denselben Seed zweimal verwendet, entsteht die gleiche Folge von Zufallszahlen. Dies widerspricht der unvorhersehbaren Zufallserzeugung, die ich zuvor beschrieben habe: Wenn man den von einem PRNG verwendeten Seed kennt, sollte der PRNG vollständig vorhersehbar sein. Deshalb heißt die Konstruktion auch *pseudo*zufällig und das ist auch der Grund, warum ein PRNG extrem schnell sein kann.
- *Ununterscheidbar vom Zufall* – In der Praxis sollte es nicht möglich sein, zwischen einem PRNG, der eine Zufallszahl aus einer Menge möglicher Zahlen ausgibt, und einer kleinen Fee, die unparteiisch eine Zufallszahl aus derselben Menge auswählt, zu unterscheiden (vorausgesetzt, die Fee kennt einen magischen Weg, eine Zahl so auszuwählen, dass jede mögliche Zahl mit gleicher Wahrscheinlichkeit ausgewählt werden kann). Folglich sollte die Beobachtung der erzeugten Zufallszahlen allein niemanden in die Lage versetzen, den internen Zustand des PRNG wiederherzustellen.

Der letzte Punkt ist wichtig! Ein PRNG simuliert das gleichförmige Auswählen einer Zahl nach dem Zufallsprinzip, was bedeutet, dass jede Zahl in der Menge eine gleiche Chance hat, gezogen zu werden. Wenn zum Beispiel Ihr PRNG Zufallszahlen von acht Byte erzeugt, besteht die Menge aus allen möglichen Folgen von acht Bytes und jeder 8-Byte-Wert sollte die gleiche Wahrscheinlichkeit haben, der nächste Wert zu sein, den Ihr PRNG ausgeben kann. Dies schließt auch Werte ein, die der PRNG bereits zu einem früheren Zeitpunkt erzeugt hat.

Darüber hinaus weisen viele PRNGs zusätzliche Sicherheitseigenschaften auf. Ein PRNG hat eine Forward-Secrecy-Eigenschaft (vorwärts gerichtete Geheimhaltung), wenn ein Angreifer, der den Zustand erfährt (indem er etwa zu einem bestimmten Zeitpunkt in Ihren Computer eindringt), dem PRNG nicht erlaubt, zuvor erzeugte Zufallszahlen abzurufen. Abbildung 8–2 veranschaulicht dies.

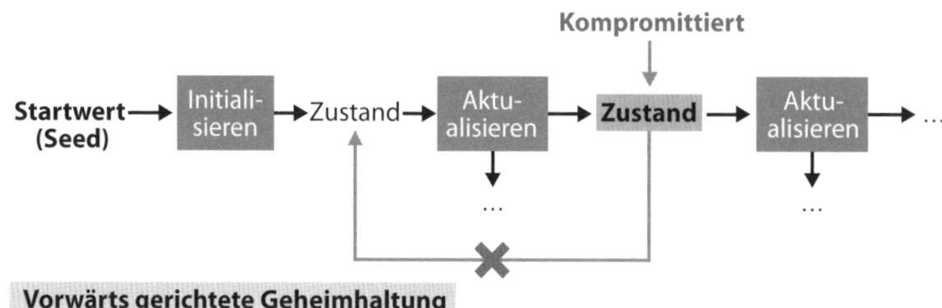

Abb. 8–2 *Ein PRNG hat die Forward-Secrecy-Eigenschaft, wenn es die Kompromittierung eines Zustands nicht ermöglicht, zuvor erzeugte Zufallszahlen wiederherzustellen.*

Den Zustand eines PRNG abzurufen, bedeutet, dass man alle zukünftigen pseudozufälligen Zahlen, die er generieren wird, vorab bestimmen kann. Um dies zu verhindern, haben PRNGs Mechanismen, um sich selbst periodisch zu »heilen« (falls eine Kompromittierung stattgefunden hat). Diese Heilung lässt sich anstoßen, indem man neue Entropie einspeist, nachdem ein PRNG bereits gekeimt (oder erneut gesät) wurde. Diese Eigenschaft heißt *Backward Secrecy.* Abbildung 8–3 verdeutlicht dies.

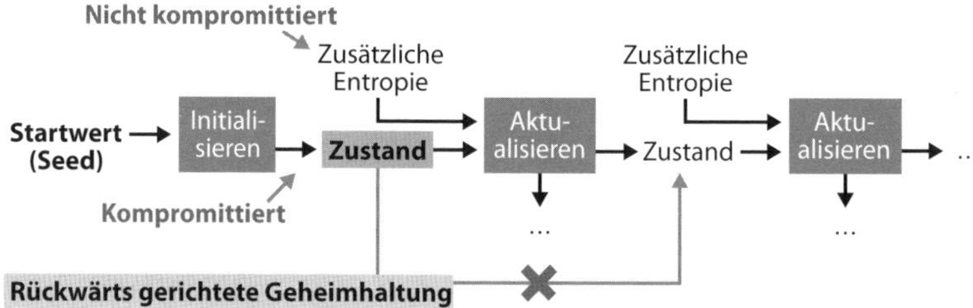

Abb. 8–3 *Ein PRNG hat Backward Secrecy, wenn es die Kompromittierung eines Zustands nicht ermöglicht, zukünftige, vom PRNG erzeugte Zufallszahlen vorherzusagen. Dies gilt nur, wenn nach der Kompromittierung neue Entropie erzeugt und in die Aktualisierungsfunktion eingespeist wird.*

HINWEIS

Die Begriffe *Forward* und *Backward Secrecy* sorgen oft für Verwirrung. Wenn Sie diesen Abschnitt lesen und denken, dass Forward Secrecy eigentlich Backward Secrecy sein sollte und Backward Secrecy stattdessen Forward Secrecy, dann sind Sie nicht verrückt. Aus diesem Grund wird Backward Secrecy manchmal als *Future Secrecy* oder sogar *Post-Compromise Security* (PCS) genannt.

PRNGs können äußerst schnell sein und gelten als sichere Methode, um eine große Anzahl von Zufallswerten für kryptografische Zwecke zu erzeugen, wenn sie mit einem geeigneten Startwert (Seed) gespeist werden. Wenn man als Startwert eine vorhersehbare Zahl oder eine zu kleine Zahl verwendet, ist das offensichtlich keine sichere Methode, um einen PRNG zu initialisieren. Letztlich bedeutet das, dass wir über sichere kryptografische Methoden verfügen, um ein Geheimnis von angemessener Größe auf Milliarden anderer geheimer Schlüssel zu übertragen. Ziemlich cool, oder? Aus diesem Grund verwenden die meisten (wenn nicht sogar alle) kryptografischen Anwendungen keine direkt aus dem Rauschen erzeugten Zufallszahlen, sondern verwenden sie in einem ersten Schritt als Startwert für einen PRNG und wechseln dann bei Bedarf zur Erzeugung von Zufallszahlen aus dem PRNG.

Die Dual-EC-Hintertür

PRNGs sind heutzutage meist Konstruktionen, die auf Heuristiken basieren. Denn Konstruktionen, die auf schwierigen mathematischen Problemen beruhen (wie dem diskreten Logarithmus) sind zu langsam, um praktikabel zu sein. Ein berüchtigtes Beispiel ist der von der NSA erfundene *Dual EC*, der auf elliptischen Kurven beruht. Der Dual-EC-PRNG wurde 2006 in verschiedene Standards aufgenommen, darunter auch einige NIST-Veröffentlichungen. Doch kurz darauf entdeckten mehrere Forscher unabhängig voneinander eine potenzielle Hintertür im Algorithmus. Dies wurde später durch die Snowden-Enthüllungen im Jahr 2013 bestätigt, und ein Jahr später wurde der Algorithmus aus mehreren Standards zurückgezogen.

Um sicher zu sein, muss ein PRNG mit einem *unvorhersehbaren* Geheimnis als Startwert gespeist werden. Genauer nimmt der PRNG einen Schlüssel von n Bytes, der zufällig als Stichprobe aus einer Gleichverteilung entnommen wird. Das bedeutet, dass wir den Schlüssel zufällig aus der Menge aller möglichen n-Byte-Strings auswählen sollten, wobei jeder Byte-String die gleiche Chance hat, ausgewählt zu werden.

In diesem Buch habe ich viele kryptografische Algorithmen beschrieben, deren Ausgaben von Zufallswerten nicht zu unterscheiden sind (von Werten, die gleichmäßig nach dem Zufallsprinzip ausgewählt werden). Intuitiv sollte bei Ihnen nun die Frage auftauchen: Können wir denn diese Algorithmen überhaupt zur Erzeugung von Zufallszahlen einsetzen? Gute Frage! Mit Hashfunktionen, XOFs, Blockchiffren, Stromchiffren und MACs lassen sich Zufallszahlen erzeugen. Theoretisch sind Hashfunktionen und MACs nicht so definiert, dass ihre Ausgaben von Zufallszahlen nicht zu unterscheiden sind, aber in der Praxis sind sie es oft. Asymmetrische Algorithmen wie Schlüsselaustausch und Signaturen sind hingegen (fast immer) von Zufallszahlen zu unterscheiden. Aus diesem Grund hasht man ihre Ausgabe oft, bevor sie als Zufallszahlen genutzt werden.

Da die meisten Computer AES hardwareseitig unterstützen, geht man üblicherweise davon aus, dass sich AES-CTR für die Erzeugung von Zufallszahlen eignet. Der symmetrische Schlüssel wird zum Seed und die Chiffretexte werden zu Zufallszahlen (etwa für die Verschlüsselung eines unendlich langen Strings von

Nullen). In der Praxis sind diese Konstruktionen etwas komplizierter, um Forward und Backward Secrecy zu gewährleisten. Damit besitzen Sie nun genügend Hintergrundwissen, um zum nächsten Abschnitt überzugehen, der einen Überblick über die praktische Realisierung von Zufälligkeit bietet.

8.3 Zufälligkeit in der Praxis erzeugen

Sie haben die drei Bestandteile kennengelernt, die ein Betriebssystem benötigt, um seinen Programmen kryptografisch sichere Zufallszahlen bereitzustellen:

- *Rauschquellen* – Dies sind Möglichkeiten für das Betriebssystem, rohe Zufallszahlen aus unvorhersehbaren physikalischen Phänomenen wie der Temperatur eines Geräts oder Ihren Mausbewegungen abzuleiten.
- *Bereinigen und Mischen* – Rohe Zufallszahlen können von geringer Qualität sein (wenn beispielsweise Nullen häufiger auftreten als Einsen). Daher bereinigen und mischen Betriebssysteme mehrere Quellen, um eine gute Zufallszahl zu erzeugen.
- *PRNGs* – Da die beiden ersten Schritte langsam sind, kann ein einziger, gleichverteilt zufällig erzeugter Wert als Seed für einen PRNG verwendet werden, der Zufallszahlen schnell erzeugen kann.

In diesem Abschnitt erläutere ich, wie Systeme die drei Konzepte bündeln, um Entwicklern vereinfachte Schnittstellen zur Verfügung zu stellen. Diese vom Betriebssystem bereitgestellten Funktionen ermöglichen es normalerweise, eine Zufallszahl durch einen Systemaufruf zu erzeugen. Hinter diesen Systemaufrufen steht in der Tat ein System, das Rauschquellen, einen Mischalgorithmus und einen PRNG zusammenbringt (in Abb. 8–4 im Überblick dargestellt).

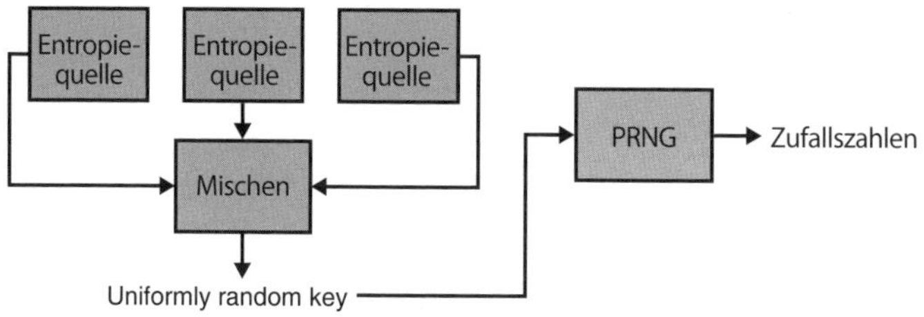

Abb. 8–4 *Das Erzeugen von Zufallszahlen auf einem System bedeutet in der Regel, dass Entropie aus verschiedenen Rauschquellen zusammengemischt und als Startwert (Seed) eines Langzeit-PRNG verwendet wird.*

Je nach Betriebssystem und verfügbarer Hardware können diese drei Konzepte unterschiedlich implementiert werden. Im Jahr 2021 verwendet Linux einen PRNG, der auf der Stromchiffre ChaCha20 basiert, während macOS einen PRNG einsetzt, der auf der Hashfunktion SHA-1 beruht. Außerdem wird die Schnittstelle für den Zufallszahlengenerator, die Entwicklern zugänglich ist, je nach Betriebssystem unterschiedlich sein. Unter Windows kann man mit dem Systemaufruf `BCryptGenRandom` Zufallszahlen erzeugen, während auf anderen Plattformen eine spezielle Datei (üblicherweise `/dev/urandom` genannt) offengelegt und verwendet werden kann, um Zufallszahlen bereitzustellen. Zum Beispiel können Sie unter Linux oder macOS mit dem Befehlszeilentool `dd` 16 Byte vom Terminal lesen:

```
$ dd if=/dev/urandom bs=16 count=1 2> /dev/null | xxd -p
40b1654b12320e2e0105f0b1d61e77b1
```

Ein Problem mit `/dev/urandom` ist, dass es nicht genügend Entropie bietet (die Zahlen sind nicht zufällig), wenn es zu früh nach dem Booten des Geräts aufgerufen wird. Betriebssysteme wie Linux und FreeBSD bieten mit dem Systemaufruf `getrandom` eine Lösung, die so ziemlich die gleiche Funktionalität bietet wie das Lesen von `/dev/urandom`. In seltenen Fällen, in denen nicht genügend Entropie verfügbar ist, um den PRNG zu initialisieren, blockiert `getrandom` die Fortsetzung des Programms und wartet, bis wieder genügend Entropie angesammelt wurde. Aus diesem Grund empfehle ich Ihnen, `getrandom` zu verwenden, wenn die Funktion auf Ihrem System verfügbar ist. Listing 8–1 zeigt, wie man `getrandom` in C sicher verwenden kann.

```
#include <sys/random.h>

uint8_t secret[16];
int len = getrandom(secret, sizeof(secret), 0);

if (len != sizeof(secret)) {
    abort();
}
```

Füllt einen Puffer mit Zufallsbytes (wobei zu beachten ist, dass getrandom auf 256 Bytes pro Aufruf beschränkt ist).

Der Standardwert (0) bedeutet: Nicht blockieren, falls kein geeigneter Startwert eingespeist wurde.

Es ist möglich, dass die Funktion scheitert oder weniger als die gewünschte Anzahl von Zufallsbytes zurückgibt. In diesem Fall ist das System beschädigt und ein Abbruch könnte die beste Lösung sein.

Listing 8–1 *Zufallszahlen in C erzeugen*

In Anbetracht dieses Beispiels ist es auch sinnvoll, darauf hinzuweisen, dass viele Programmiersprachen über Standardbibliotheken und kryptografische Bibliotheken verfügen, die bessere Abstraktionen bieten. Zum Beispiel kann man leicht vergessen, dass `getrandom` pro Aufruf nur bis zu 256 Byte zurückgibt. Aus diesem Grund sollten Sie immer versuchen, Zufallszahlen über die Standardbibliothek der verwendeten Programmiersprache zu erzeugen.

ACHTUNG

Viele Programmiersprachen bieten Funktionen und Bibliotheken, die vorhersehbare Zufallszahlen erzeugen. Diese sind für kryptografische Zwecke nicht geeignet! Achten Sie darauf, dass Sie Zufallsbibliotheken verwenden, die *kryptografisch starke* Zufallszahlen erzeugen. Normalerweise bietet schon der Name der Bibliothek einen Anhaltspunkt (so können Sie wahrscheinlich erraten, für welche der beiden Bibliotheken `math/rand` und `crypto/randpackages` in Golang Sie sich entscheiden sollten), doch nichts ersetzt ein Studium des Handbuchs!

Listing 8–2 zeigt, wie man mit PHP 7 einige Zufallbytes erzeugt. Jeder kryptografische Algorithmus kann diese Zufallsbytes verwenden – zum Beispiel als geheimen Schlüssel zum Verschlüsseln mit einem Algorithmus zur authentifizierten Verschlüsselung. Da jede Programmiersprache die Dinge auf andere Weise umsetzt, sollten Sie die Dokumentation Ihrer Programmiersprache zurate ziehen, um das Standardverfahren zum Erzeugen von Zufallszahlen für kryptografische Zwecke zu finden.

```
<?php
$bad_random_number = rand(0, 10);

$secret_key = random_bytes(16);
?>
```

Erzeugt eine zufällige Ganzzahl zwischen 0 und 10. Die Funktion rand() ist zwar schnell, erzeugt aber keine kryptografisch sicheren Zufallszahlen. Daher ist sie nicht für kryptografische Algorithmen und Protokolle geeignet.

Die Funktion random_bytes erzeugt und füllt einen Puffer mit 16 Zufallsbytes. Das Ergebnis ist für kryptografische Algorithmen und Prokolle geeignet.

Listing 8–2 *Zufallszahlen in PHP erzeugen*

Nachdem Sie nun wissen, wie Sie kryptografisch sichere Zufallszahlen in Ihren Programmen erzeugen können, ist es zweckmäßig, Überlegungen zu Sicherheitsaspekten anzustellen, die Sie beachten müssen, wenn Sie Zufallszahlen erzeugen.

8.4 Zufallszahlenerzeugung und Sicherheitsüberlegungen

An dieser Stelle ist es angebracht, daran zu erinnern, dass jedes nützliche Protokoll, das auf Kryptografie basiert, eine gute Zufälligkeit benötigt und dass ein defekter PRNG dazu führen kann, dass das gesamte kryptografische Protokoll oder der Algorithmus unsicher ist. Es sollte Ihnen klar sein, dass ein MAC nur so sicher ist wie der Schlüssel, der mit ihm verwendet wird, oder dass das kleinste Quäntchen Vorhersagbarkeit normalerweise Signaturschemas wie ECDSA usw. zerstört.

Bislang hat dieses Kapitel den Anschein erweckt, dass die Erzeugung von Zufälligkeit ein einfacher Bestandteil der angewandten Kryptografie sein sollte, doch in der Praxis ist das nicht so. Zufälligkeit ist tatsächlich die Quelle vieler, vieler Bugs in der praktischen Kryptografie, und zwar aufgrund einer Vielzahl von Problemen: Verwendung eines nicht kryptografischen PRNG, ungeeignete Startwerte für einen PRNG (etwa die aktuelle Uhrzeit, die vorhersehbar ist) usw.

Dazu gehören Programme, die *Userland-PRNGs* im Gegensatz zu *Kernel-PRNGs* verwenden, die über Systemaufrufe erreichbar sind. Userland-PRNGs verursachen üblicherweise Reibungsverluste und können im Missbrauchsfall das gesamte System brechen. Dies war insbesondere bei dem von der OpenSSL-Bibliothek bereitgestellten PRNG der Fall, der 2006 in einige Betriebssysteme gepatcht wurde, wodurch unbeabsichtigt alle SSL- und SSH-Schlüssel betroffen waren, die den anfälligen PRNG verwendet haben.

> *Wird dieser Code entfernt, hat das den Nebeneffekt, dass das Einspeisen des Startwerts für den OpenSSL PRNG lahmgelegt wird. Anstatt Zufallsdaten für den anfänglichen Seed zu mischen, wurde als einziger Zufallswert die aktuelle Prozess-ID verwendet. Auf der Linux-Plattform hat die Prozess-ID standardmäßig einen Maximalwert von 32.768, woraus eine sehr kleine Anzahl von Startwerten für alle PRNG-Operationen resultiert.*
>
> – H. D. Moore (»Debian OpenSSL Predictable PRNG Toys«, 2008)

Aus diesem und anderen Gründen werde ich später in diesem Kapitel darauf hinweisen, dass es ratsam ist, Userland-PRNG zu vermeiden und bei der Zufälligkeit zu bleiben, die das Betriebssystem bereitstellt, sofern diese verfügbar ist. In den meisten Situationen sollte es genügen, sich an die Standardbibliothek der Programmiersprache oder eine gute Kryptografie-Bibliothek zu halten.

> *Wir können nicht ständig eine »Best Practice« nach der anderen zu dem hinzufügen, was Entwickler im Hinterkopf behalten müssen, wenn sie alltäglichen Code schreiben.*
>
> – Martin Boßlet (»OpenSSL PRNG Is Not (Really) Fork-safe«, 2013)

Leider kann kein noch so guter Ratschlag Sie wirklich auf die vielen Fallstricke vorbereiten, die auftreten können, wenn Sie gute Zufälligkeit anstreben. Da Zufälligkeit im Mittelpunkt jedes kryptografischen Algorithmus steht, können selbst kleine Fehler zu verheerenden Ergebnissen führen. Auf jeden Fall sollten Sie die folgenden Grenzfälle im Auge behalten, falls Sie auf sie stoßen:

- *Forking-Prozesse* – Wenn Sie einen Userland-PRNG verwenden (einige Anwendungen mit äußerst hohen Leistungsanforderungen haben möglicherweise keine andere Wahl), sollten Sie unbedingt berücksichtigen, dass ein Forking-Programm einen neuen untergeordneten Prozess erzeugt, der den gleichen PRNG-Zustand wie sein übergeordneter Prozess besitzt. Folglich erzeugen beide PRNGs von da an die gleiche Folge von Zufallszahlen. Wenn Sie also wirklich einen Userland-PRNG einsetzen wollen, müssen Sie darauf achten, dass die Forks verschiedene Startwerte für ihre PRNGs verwenden.
- *Virtuelle Maschinen (VMs)* – Das Klonen des PRNG-Zustands kann ebenfalls zu einem Problem werden, wenn Sie den PRNG des Betriebssystems verwenden. Überlegen Sie, was bei virtuellen Maschinen passiert. Wenn der gesamte Zustand einer virtuellen Maschine gespeichert und dann mehrere Male von diesem Punkt an gestartet wird, könnte jede Instanz exakt die gleiche Sequenz von Zufallszahlen erzeugen. Zwar lässt sich dies manchmal mithilfe von Hypervisoren und Betriebssystemen korrigieren, doch es empfiehlt sich, sich darüber zu informieren, was der Hypervisor, den Sie verwenden, tut, bevor Sie Anwendungen ausführen, die Zufallszahlen in VMs anfragen.
- *Entropie in der frühen Boot-Phase* – Während Betriebssysteme mit dem Rauschen, das von Interaktionen des Benutzers mit Geräten entsteht, keine Probleme haben sollten, sind bei eingebetteten Geräten und Headless-Systemen

wesentlich größere Herausforderungen zu bewältigen, um eine gute Entropie zur Boot-Zeit zu erzeugen. In der Vergangenheit hat sich gezeigt, dass einige Geräte in ähnlicher Weise booten und am Ende das gleiche anfängliche Rauschen aus dem System ansammeln, was zum gleichen Seed für die internen PRNGs und zur gleichen Folge der erzeugten Zufallszahlen führt.

> *Es gibt ein Fenster der Verwundbarkeit – ein Entropieloch zur Boot-Zeit –, in dem die Linux-Funktion urandom vollständig vorhersagbar ist, zumindest für Ein-Kern-Systeme. [...] Als wir Entropiequellen deaktiviert haben, die auf einem Headless- oder Embedded-Gerät möglicherweise nicht zur Verfügung stehen, hat die Linux-Funktion RNG bei jedem Boot den gleichen vorhersagbaren Stream produziert.*
>
> – Heninger et al. (»Mining Your Ps and Qs: Detection of Widespread Weak Keys in Network Devices«, 2012)

In diesen seltenen Fällen, in denen Sie wirklich darauf angewiesen sind, sehr früh beim Booten Zufallszahlen zu erzeugen, können Sie dem System unter die Arme greifen und eine Anfangsentropie bereitstellen, die Sie auf einem anderen Computer mittels `getrandom` oder `/dev/urandom` gesammelt haben. Verschiedene Betriebssysteme bieten dieses Feature möglicherweise und Sie sollten (wie üblich) in den entsprechenden Handbüchern nachschlagen, wenn Sie sich in dieser Situation befinden.

Falls vorhanden, bietet ein TRNG eine einfache Lösung für das Problem: Zum Beispiel betten moderne Intel-CPUs einen speziellen Hardwarechip ein, der Zufallszahlen aus thermischem Rauschen extrahiert. Diese Zufälligkeit ist über den Befehl `RDRAND` zugänglich.

Die RDRAND-Kontroverse

Interessanterweise ist Intels `RDRAND` wegen der Angst vor Hintertüren recht umstritten gewesen. Die meisten Betriebssysteme, die `RDRAND` als Entropiequelle integriert haben, mischen das Ergebnis mit anderen Entropiequellen in *mitwirkender* Weise. Dabei bedeutet mitwirkend, dass eine Entropiequelle das Ergebnis der Zufallserzeugung nicht erzwingen kann.

ÜBUNG

Nehmen Sie an, dass die verschiedenen Entropiequellen gemischt werden, indem man sie einfach per XOR verknüpft. Können Sie erklären, wieso dies nicht mitwirkend sein kann?

Schließlich möchte ich erwähnen, dass sich die Fallstricke in Bezug auf Zufälligkeit auch dadurch vermeiden lassen, dass man Algorithmen verwendet, die auf *weniger* Zufälligkeit setzen. So hat Kapitel 7 gezeigt, dass Sie bei ECDSA jedes Mal eine zufällige Nonce erzeugen müssen, wenn Sie unterzeichnen, was bei EdDSA nicht erforderlich ist. In Kapitel 4 haben Sie mit AES-GCM-SIV ein weiteres Beispiel kennengelernt. Dieser Algorithmus bricht nicht katastrophal zusammen, wenn Sie dieselbe Nonce zweimal verwenden, im Gegensatz zu AES-GCM, der den Authentifizierungsschlüssel preisgibt und dann die Integrität des Chiffretextes verliert.

8.5 Öffentliche Zufälligkeit

Bis jetzt ging es hauptsächlich um private Zufälligkeit. Das ist die Art von Zufälligkeit, die Sie für Ihre privaten Schlüssel benötigen. Manchmal ist die Geheimhaltung nicht erforderlich und öffentliche Zufälligkeit ist gefragt. In diesem Abschnitt gebe ich einen kurzen Überblick über Methoden, um derartige öffentliche Zufälligkeit zu erhalten. Ich unterscheide zwei Szenarios:

- *1:n* – Sie möchten Zufälligkeit für andere erzeugen.
- *n:n* – Eine Gruppe von Teilnehmern möchte Zufälligkeit gemeinsam erzeugen.

Stellen Sie sich zunächst vor, Sie möchten einen Strom von Zufallszahlen in einer Weise erzeugen, dass viele Teilnehmer ihn verifizieren können. Der Stream sollte also unvorhersagbar sein, aber aus Ihrer Sicht nicht verändert werden können. Stellen Sie sich nun ein Signaturschema vor, das eindeutige Signaturen basierend auf einem Schlüsselpaar und einer Nachricht bereitstellt. Mit einem derartigen Signaturschema gibt es eine Konstruktion, die man *verifizierbare Zufallsfunktion* (Verifiable Random Function, VRF) nennt, um Zufallszahlen auf verifizierbare Weise zu erhalten (Abb. 8–5 veranschaulicht dieses Konzept). Dies funktioniert wie folgt:

1. Sie erzeugen ein Schlüsselpaar und veröffentlichen den Verifizierungsschlüssel. Außerdem veröffentlichen Sie einen öffentlichen Seed.

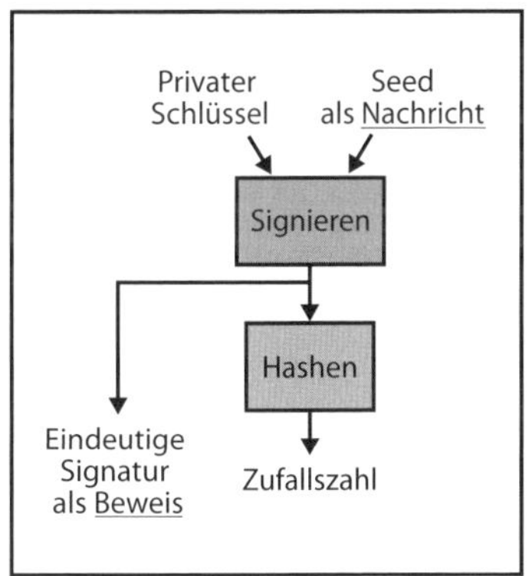

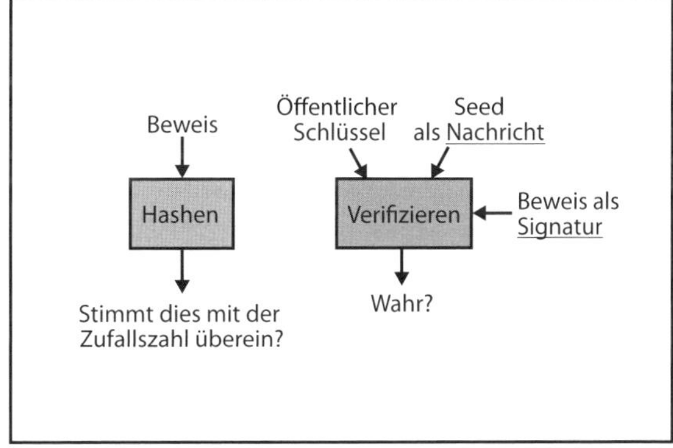

VRF-Erzeugung **VRF-Verifizierung**

Abb. 8–5 *Eine verifizierbare Zufallsfunktion (VRF) erzeugt verifizierbare Zufälligkeit mittels Public-Key-Kryptografie. Um eine Zufallszahl zu erzeugen, verwenden Sie einfach ein Signaturschema, das eindeutige Signaturen produziert (wie BLS), um einen Seed zu signieren. Dann hashen Sie die Signatur, um die öffentliche Zufallszahl zu generieren. Um die resultierende Zufälligkeit zu validieren, vergewissern Sie sich, dass der Hash der Signatur tatsächlich die Zufallszahl ist, und verifizieren die Signatur über dem Seed.*

2. Um Zufallszahlen zu erzeugen, signieren Sie den öffentlichen Seed und hashen die Signatur. Der Digest ist Ihre Zufallszahl und die Signatur wird ebenfalls als Beweis veröffentlicht.
3. Um die Zufallszahl zu verifizieren, kann jeder die Signatur hashen, um zu prüfen, ob sie mit der Zufallszahl übereinstimmt, und mit dem öffentlichen Seed und dem Verifizierungsschlüssel verifizieren, ob die Signatur korrekt ist.

Diese Konstruktion lässt sich erweitern, um viele Zufallszahlen zu erzeugen, indem man den öffentlichen Seed wie einen Zähler verwendet. Da die Signatur eindeutig und der öffentliche Seed feststehend ist, gibt es für den Unterzeichner keine Möglichkeit, eine andere Zufallszahl zu erzeugen.

ÜBUNG

Signaturschemas wie BLS (in Abb. 8–5 und in Kapitel 7 erwähnt) erzeugen eindeutige Signaturen. Dies gilt nicht für ECDSA und EdDSA. Können Sie erklären, warum?

Um dieses Problem zu lösen, spezifiziert der Internet Draft (ein Dokument, das zu einem RFC werden soll) *https://tools.ietf.org/html/draft-irtf-cfrg-vrf-08*, wie man eine VRF mit ECDSA implementiert. In einigen Szenarios (etwa bei einem Lotteriespiel) möchten vielleicht mehrere Teilnehmer nach dem Zufallsprinzip einen Gewinner ermitteln. Wir sprechen hier von *dezentralisierten Zufalls-Beacons*, da ihre Aufgabe darin besteht, die gleiche verifizierbare Zufälligkeit zu erzeugen, selbst wenn einige Teilnehmer beschließen, nicht am Protokoll teilzunehmen. Eine gängige Lösung ist es, die oben beschriebenen VRFs zu verwenden, und zwar nicht mit einem einzelnen Schlüssel, sondern mit einem verteilten Schlüssel in einem Schwellenwert-Kryptosystem, d. h. einem Schlüssel, der auf viele Teilnehmer aufgeteilt ist und der eine eindeutige gültige Signatur für eine bestimmte Nachricht erst dann erzeugt, wenn eine Mindestanzahl von Teilnehmern die Nachricht unterzeichnet hat. Dies mag etwas verwirrend klingen, da es hier zum ersten Mal um verteilte Schlüssel geht. Mehr darüber erfahren Sie später in diesem Kapitel.

Ein bekannter dezentralisierter Zufalls-Beacon heißt *Drand*, der von mehreren Organisationen und Universitäten gemeinsam betrieben wird. Verfügbar ist er unter *https://leagueofentropy.com*.

> *Die größte Herausforderung bei der Erzeugung guter Zufallszahlen besteht darin, dass keine am Zufallserzeugungsprozess beteiligte Partei in der Lage sein sollte, die endgültige Ausgabe vorherzusagen oder zu verzerren. Ein Drand-Netzwerk wird von keinem seiner Mitglieder kontrolliert. Es gibt keinen Single Point of Failure und keiner der Drand-Serverbetreiber kann die vom Netzwerk erzeugte Zufälligkeit verfälschen.*
>
> – *https://drand.love* (»How drand works«, 2021)

Nachdem ich nun ausführlich Zufälligkeit und die Art und Weise, wie Programme sie heutzutage erzeugen, beschrieben habe, wollen wir uns die Rolle von Geheimnissen in der Kryptografie ansehen und die Frage klären, wie man diese verwalten kann.

8.6 Schlüsselableitung mit HKDF

PRNGs sind nicht die einzigen Konstruktionen, um mehrere Geheimnisse aus einem Geheimnis abzuleiten (oder anders ausgedrückt: um einen Schlüssel zu strecken). Das Ableiten mehrerer Geheimnisse aus einem Geheimnis ist sogar ein so häufiges Muster in der Kryptografie, dass dieses Konzept einen eigenen Namen bekommen hat: *Schlüsselableitung*. Was hat es damit auf sich?

Eine *Schlüsselableitungsfunktion* (Key Derivation Function, KDF) ist in vielerlei Hinsicht mit einem PRNG vergleichbar, außer dass verschiedene Feinheiten zu beachten sind, wie sie die folgende Liste beschreibt. Abbildung 8–6 fasst die Unterschiede zusammen.

- *Eine KDF erwartet nicht unbedingt ein gleichverteilt zufälliges Geheimnis (solange die Entropie genügend groß ist).* Dadurch lassen sich mit einer KDF Geheimnisse von Schlüsselaustauschausgaben ableiten, die zwar eine hohe Entropie, aber verzerrte Ergebnisse liefern (siehe Kapitel 5). Die resultierenden Geheimnisse sind wiederum gleichverteilt zufällig, sodass Sie diese in Konstruktionen verwenden können, die gleichverteilt zufällige Schlüssel erwarten.

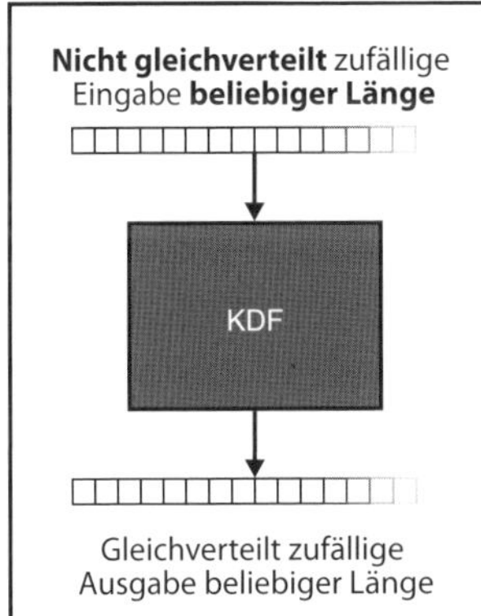

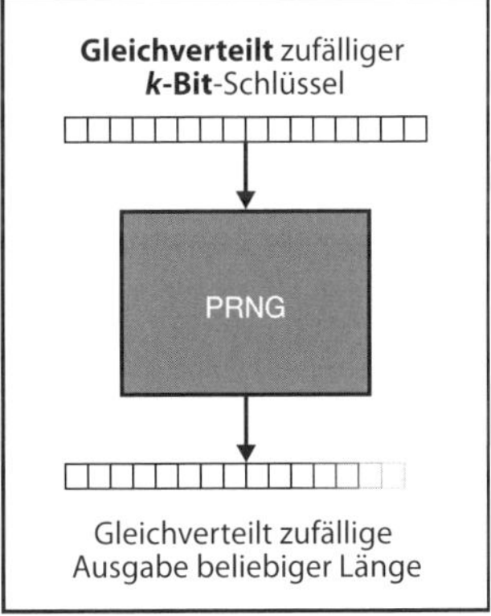

Abb. 8–6 *Eine Schlüsselableitungsfunktion (KDF) und ein PRNG sind zwei ähnliche Konstruktionen. Die Unterschiede bestehen vor allem darin, dass eine KDF kein völlig gleichverteilt zufälliges Geheimnis als Eingabe erwartet (solange sie genügend Entropie hat) und normalerweise nicht dazu verwendet wird, zu viele Ausgaben zu erzeugen.*

- *Eine KDF wird im Allgemeinen in Protokollen verwendet, bei denen die Teilnehmer die gleichen Schlüssel mehrmals erneut ableiten müssen.* In diesem Sinne wird von einer KDF erwartet, dass sie deterministisch ist, während PRNGs manchmal Backward Secrecy bieten, indem sie sich häufig selbst erneut mit mehr Entropie versorgen.

- *Eine KDF ist in der Regel nicht darauf ausgelegt, VIELE Zufallszahlen zu erzeugen.* Stattdessen verwendet man sie normalerweise, um eine begrenzte Anzahl von Schlüsseln abzuleiten.

Die bekannteste KDF ist die *HMAC-basierte Schlüsselableitungsfunktion* (HKDF). HMAC (ein MAC, der auf Hashfunktionen basiert) haben Sie bereits in Kapitel 3 kennengelernt. HKDF ist eine leichte KDF, die auf HMAC aufsetzt und in RFC 5869 definiert ist. Aus diesem Grund kann man HKDF mit verschiedenen Hashfunktionen verwenden, wenn auch meist die Wahl auf SHA-2 fällt. HKDF ist in zwei verschiedenen Funktionen spezifiziert:

- *HKDF-Extract* – Entfernt Verzerrungen aus einer geheimen Eingabe und erzeugt ein gleichverteilt zufälliges Geheimnis.
- *HKDF-Expand* – Erzeugt eine Ausgabe beliebiger Länge und gleichverteilt zufällig. Wie PRNGs *erwartet die Funktion ein gleichverteilt zufälliges Geheimnis als Eingabe* und wird daher normalerweise nach HKDF-Extract ausgeführt.

Sehen wir uns zunähst HKDF-Extract an, die in Abbildung 8–7 dargestellt ist. Technisch gesehen genügt eine Hashfunktion, um die Zufälligkeit eines Eingabe-Byte-Strings zu vereinheitlichen (wie Sie wissen, soll die Ausgabe einer Hashfunktion nicht vom Zufall unterscheidbar sein), aber HKDF geht noch weiter und akzeptiert eine zusätzliche Eingabe: ein *Salt*. Wie beim Hashen von Kennwörtern unterscheidet ein Salt die verschiedenen Verwendungen von HKDF-Extract im selben Protokoll. Dieses Salt ist zwar optional und wird auf einen String aus lauter Null-Bytes gesetzt, wenn es nicht explizit angegeben ist, dennoch wird empfohlen, es zu verwenden. Außerdem erwartet HKDF nicht, dass das Salt ein Geheimnis ist; es darf jedem bekannt sein, einschließlich den Angreifern. Anstelle einer Hashfunktion verwendet HKDF-Extract einen MAC (genauer einen HMAC), der zufälligerweise eine Schnittstelle besitzt, die zwei Argumente übernimmt.

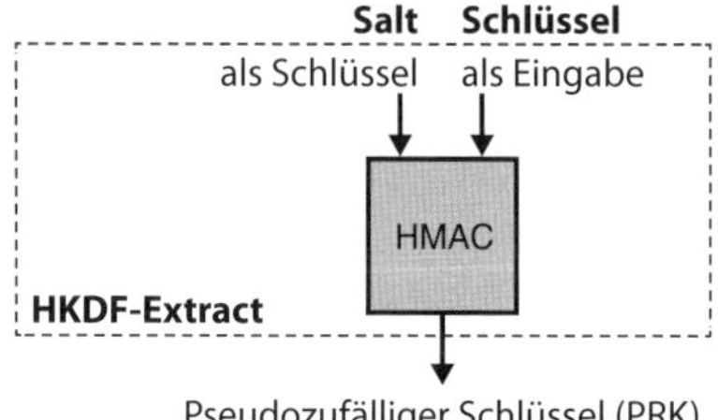

Abb. 8–7 *HKDF-Extract ist die erste von HKDF spezifizierte Funktion. Sie übernimmt einen optionalen Salt-Wert, der als Schlüssel in HMAC dient, und das Eingabegeheimnis, das nicht gleichverteilt zufällig sein muss. Verschiedene Salts liefern beim gleichen Eingabegeheimnis verschiedene Ausgaben.*

Sehen Sie sich nun HKDF-Expand an, die in Abbildung 8–8 dargestellt ist. Wenn Ihr Eingabegeheimnis bereits gleichverteilt zufällig ist, können Sie HKDF-Extract überspringen und gleich HKDF-Expand aufrufen.

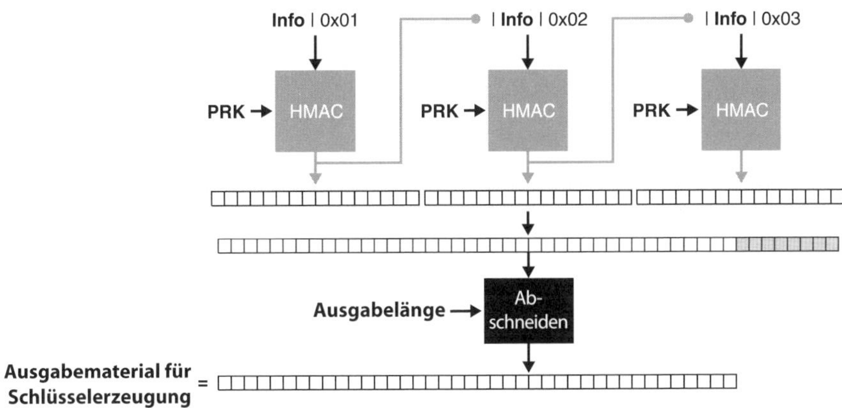

Abb. 8–8 *HKDF-Expand ist die zweite der beiden Funktionen, die in HKDF spezifiziert sind. Sie übernimmt einen optionalen Info-Byte-String und ein Eingabegeheimnis, das gleichverteilt zufällig sein muss. Wenn man verschiedene Info-Byte-Strings auf die gleiche Eingabe anwendet, entstehen verschiedene Ausgaben. Die Länge der Ausgabe lässt sich durch ein Längenargument steuern.*

Ähnlich wie HKDF-Extract akzeptiert HKDF-Expand auch ein zusätzliches und optionales Anpassungsargument namens `info`. Während ein Salt dazu gedacht ist, eine gewisse Domänentrennung zwischen Aufrufen innerhalb desselben Protokolls für HKDF (oder HKDF-Extract) zu gewährleisten, soll `info` Ihre Version von HKDF (oder HKDF-Expand) gegenüber anderen Protokollen unterscheiden. Außerdem können Sie angeben, wie viel Sie ausgeben möchten. Dabei sollten Sie aber bedenken, dass HKDF weder ein PRNG noch dafür ausgelegt ist, eine große Anzahl von Geheimnissen abzuleiten. HKDF ist durch die Größe der von Ihnen verwendeten Hashfunktion begrenzt, genauer ausgedrückt, wenn Sie SHA-512 (der Ausgaben von 512 Bit erzeugt) mit HKDF verwenden, sind Sie auf 512 × 255 Bit = 16.320 Ausgabebytes für einen bestimmten Schlüssel und einen `info`-Byte-String beschränkt.

Wenn Sie HKDF oder HKDF-Expand mehrmals mit den gleichen Argumenten – mit Ausnahme der Ausgabelänge – aufrufen, entsteht die gleiche Ausgabe, die allerdings auf die angeforderte abweichende Länge abgeschnitten ist (siehe Abb. 8–9). Diese Eigenschaft nennt sich *verwandte Ausgaben* und kann in seltenen Szenarios Protokolldesigner überraschen. Es ist gut, dies im Hinterkopf zu behalten.

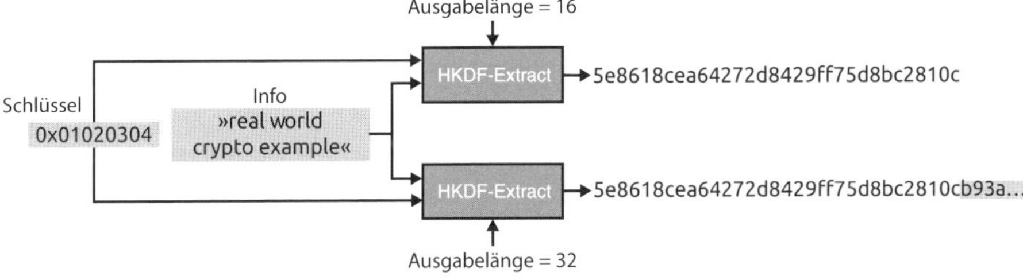

Abb. 8–9 *HKDF und HKDF-Expand bieten verwandte Ausgaben, d. h., dass der Aufruf der Funktion mit verschiedenen Ausgabelängen das gleiche Ergebnis auf die angeforderte Länge abschneidet.*

Die meisten kryptografischen Bibliotheken kombinieren HKDF-Extract und HKDF-Expand zu einem einzigen Aufruf, wie Abbildung 8–10 veranschaulicht. Wie üblich sollten Sie das Handbuch (in diesem Fall RFC 5869) lesen, bevor Sie HKDF verwenden.

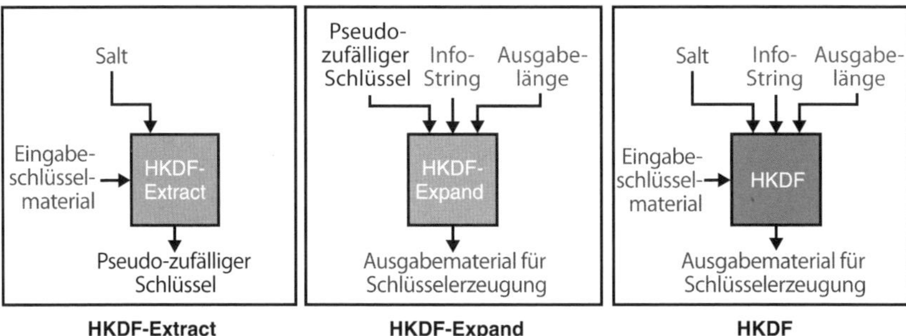

Abb. 8–10 *Es ist üblich, HKDF als einen einzigen Funktionsaufruf zu implementieren. Dieser kombiniert sowohl HKDF-Extract (um gleichverteilte Zufälligkeit aus einem Eingabeschlüssel zu extrahieren) als auch HKDF-Expand (um eine Ausgabe beliebiger Länge zu erzeugen).*

HKDF ist nicht der einzige Weg, um mehrere Geheimnisse von einem Geheimnis abzuleiten. Ein eher naiver Ansatz verwendet *Hashfunktionen*. Da Hashfunktionen keine gleichverteilt zufällige Eingabe erwarten und gleichverteilt zufällige Ausgaben erzeugen, sind sie für diese Aufgabe geeignet. Allerdings sind Hashfunktionen nicht perfekt, da ihre Schnittstelle keine *Domänentrennung* berücksichtigt (kein Argument für einen Anpassungsstring) und die Ausgabelänge fest ist. Es empfiehlt sich, Hashfunktionen zu vermeiden, wenn Sie stattdessen KDF verwenden können. Nichtsdestotrotz verwenden einige etablierte Algorithmen Hashfunktionen für diesen Zweck. Zum Beispiel hat Kapitel 7 das Signaturschema Ed25519 vorgestellt, das einen 256-Bit-Schlüssel mit SHA-512 hasht, um zwei 256-Bit-Schlüssel zu erzeugen.

Erzeugen diese Funktionen wirklich zufällige Ausgaben?

Theoretisch sagen die Eigenschaften einer Hashfunktion nichts darüber aus, ob die Ausgabe gleichverteilt zufällig ist. Die Eigenschaften schreiben nur vor, dass eine Hashfunktion Kollisionsresistenz, Urbildresistenz und 2. Urbildresistenz aufweisen sollte. Allerdings verwenden wir in der Praxis überall Hashfunktionen, um Zufallsorakel zu implementieren (wie Kapitel 2 beschrieben hat). Daher gehen wir davon aus, dass deren Ausgaben gleichverteilt zufällig sind. Das Gleiche gilt für MACs, von denen man theoretisch nicht erwartetet, dass sie gleichverteilt zufällige Ausgaben erzeugen (im Unterschied zu PRFs, wie Kapitel 3 gezeigt hat), dies in der Praxis aber größtenteils tun. Aus diesem Grund wird HMAC in HKDF verwendet. Im weiteren Verlauf dieses Buches gehe ich davon aus, dass gängige Hashfunktionen (wie SHA-2 und SHA-3) und gängige MACs (wie HMACC und KMAC) zufällige Ausgaben liefern.

Die erweiterten Ausgabefunktionen (XOFs), die Kapitel 2 vorgestellt hat (SHAKE und cSHAKE), können ebenfalls als KDF verwendet werden! Wie Sie wissen, zeichnet sich eine XOF dadurch aus, dass sie

- keine gleichverteilt zufällige Eingabe erwartet
- eine praktisch unendlich lange gleichverteilt zufällige Ausgabe erzeugen kann.

Außerdem weist KMAC (ein MAC, den Kapitel 3 beschrieben hat) nicht das Problem der verwandten Ausgaben auf, das ich weiter vorn erwähnt habe. In der Tat randomisiert das Längenargument von KMAC die Ausgabe des Algorithmus und wirkt damit praktisch wie ein zusätzlicher Anpassungsstring.

Schließlich gibt es einen Sonderfall für Eingaben mit geringer Entropie. Denken Sie nur an Kennwörter, die im Vergleich zu einem 128-Bit-Schlüssel relativ leicht zu erraten sind. Die kennwortbasierten Schlüsselableitungsfunktionen, die für das Hashen von Kennwörtern eingesetzt werden (in Kapitel 2 behandelt), lassen sich verwenden, um Schlüssel abzuleiten.

8.7 Schlüssel und Geheimnisse verwalten

Nun gut, Sie wissen, wie sich kryptografische Zufallszahlen generieren lassen, und Sie wissen, wie Sie Geheimnisse in verschiedenen Arten von Situationen ableiten. Aber wir sind noch nicht über den Berg.

Da wir nun all diese kryptografischen Algorithmen verwenden, müssen wir letztlich eine ganze Menge geheimer Schlüssel verwalten. Aber wie speichern wir diese Schlüssel? Und wie verhindern wir, dass diese extrem sensiblen Geheimnisse kompromittiert werden? Und was tun wir, wenn ein Geheimnis kompromittiert wird? Dieses Problem ist allgemein als Schlüsselverwaltung bekannt.

> *Crypto ist ein Tool, mit dem sich eine ganze Reihe von Problemen in Schlüsselverwaltungsprobleme verwandeln lässt.*
>
> – Lea Kissner (2019, *http://mng.bz/eMrJ*)

Während sich viele Systeme dafür entscheiden, Schlüssel in der Nähe der Anwendung, die sie verwendet, zu belassen, bedeutet das nicht unbedingt, dass Anwendungen keinen Rückgriff haben, wenn Schlimmes passiert. Um sich auf einen möglichen Einbruch oder einen Fehler vorzubereiten, nutzen die meisten ernsthaften Anwendungen zwei Defense-in-Depth-Techniken (Verteidigung in der Tiefe):

- *Schlüsselrotation* – Indem Sie einem Schlüssel (in der Regel einem öffentlichen Schlüssel) ein Verfallsdatum zuweisen und Ihren Schlüssel durch einen neuen Schlüssel ersetzen, können Sie sich von einer eventuellen Kompromittierung »heilen«. Je kürzer die Verfallsdauer und je größer die Rotationshäufigkeit, desto schneller können Sie einen Schlüssel ersetzen, der einem Angreifer bekannt sein könnte.

- *Schlüsselwiderruf* – Schlüsselrotation genügt nicht immer, und Sie werden einen Schlüssel sofort löschen wollen, sobald Sie mitbekommen haben, dass er kompromittiert wurde. Aus diesem Grund erlauben manche Systeme eine Abfrage, ob ein Schlüssel zurückgezogen wurde, bevor Sie ihn verwenden. (Mehr dazu lernen Sie im nächsten Kapitel zum Thema »sicherer Transport« kennen.)

Automatisierung ist für den erfolgreichen Einsatz dieser Techniken oft unabdingbar, da eine gut geölte Maschine in schwierigen Zeiten viel eher korrekt läuft. Darüber hinaus können Sie auch einem Schlüssel eine spezielle Rolle zuweisen, um die Konsequenzen einer Kompromittierung zu begrenzen. Zum Beispiel könnten Sie in einer fingierten Anwendung zwischen zwei öffentlichen Schlüsseln unterscheiden, nämlich zwischen dem öffentlichen Schlüssel 1, der nur für das Signieren von Transaktionen vorgesehen ist, und dem öffentlichen Schlüssel 2, der nur für Schlüsselvereinbarungen verwendet wird. Würde dann der private Schlüssel, der dem öffentlichen Schlüssel 2 zugeordnet ist, kompromittiert, hätte das keine Auswirkungen auf das Signieren von Transaktionen.

Will man keine Schlüssel auf den Speichermedien der Geräte herumliegen lassen, kann man auf Hardwarelösungen zurückgreifen, die verhindern sollen, dass die Schlüssel extrahiert werden. Mehr darüber erfahren Sie in Kapitel 13 zum Thema Hardware-Kryptografie.

Schließlich haben Anwendungen viele Möglichkeiten, um die Schlüsselverwaltung zu delegieren. Dies ist häufig bei mobilen Betriebssystemen der Fall, die *Schlüsselspeicher* oder *Schlüsselketten* anbieten, die die Schlüssel für Sie aufbewahren und sogar kryptografische Operationen durchführen.

Anwendungen, die in der Cloud residieren, haben manchmal Zugriff auf Cloud-Schlüsselverwaltungsdienste. Diese Dienste ermöglichen es einer Anwendung, das Erstellen von geheimen Schlüsseln und kryptografischen Operationen zu delegieren und sich keine Gedanken über die vielen Angriffsmöglichkeiten machen zu müssen. Wie bei Hardware-Lösungen ist eine Anwendung jedoch auch im Falle einer Kompromittierung in der Lage, jede Art von Anfrage an den delegierten Dienst zu stellen.

HINWEIS

Es gibt keine Patentrezepte und Sie sollten immer überlegen, wie Sie eine Kompromittierung erkennen und darauf reagieren können.

Die Schlüsselverwaltung ist ein schwieriges Problem, das den Rahmen dieses Buches sprengen würde. Deshalb gehe ich nicht weiter auf dieses Thema ein. Im nächsten Abschnitt stelle ich kryptografische Techniken vor, die darauf abzielen, das Problem der Schlüsselverwaltung zu umgehen.

8.8 Dezentralisiertes Vertrauen mit Schwellenwertkryptografie

Die Schlüsselverwaltung ist ein weiter Forschungsbereich, in den zu investieren ziemlich lästig sein kann, da Benutzer oftmals weder über die Ressourcen verfügen, um bewährte Verfahren zu implementieren, noch die Tools in diesem Bereich vorhanden sind. Zum Glück hat die Kryptografie etwas zu bieten für diejenigen, die die Belastung durch die Schlüsselverwaltung verringern möchten. Die erste Möglichkeit, die ich Ihnen vermitteln werde, ist das *geteilte Geheimnis* (oder die *Geheimnisteilung*). Bei der Geheimnisteilung können Sie ein Geheimnis in mehrere Teile zerlegen und diese Teile dann an mehrere Teilnehmer verteilen. Hier kann ein Geheimnis alles Mögliche sein: ein symmetrischer Schlüssel, ein privater Signierschlüssel usw.

In der Regel erzeugt eine Person, der sogenannte *Dealer*, das Geheimnis, teilt es dann auf und verteilt die verschiedenen Instanzen an alle Teilnehmer, bevor er das Geheimnis löscht. Das bekannteste Verfahren zur Aufteilung von Geheimnissen stammt von Adi Shamir (einem der Miterfinder von RSA) und wird *Shamir's Secret Sharing* (SSS) genannt. Abbildung 8–11 veranschaulicht das Verfahren.

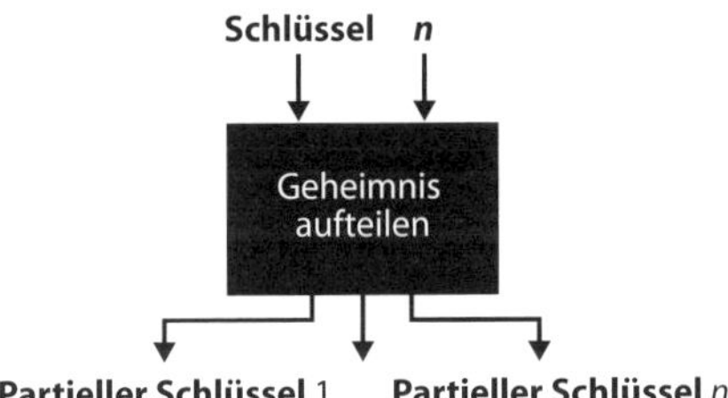

Abb. 8–11 *Für einen Schlüssel und eine Anzahl von Anteilen n erzeugt das Schema Shamir's Secret Sharing n partielle Schlüssel der gleichen Größe wie der Originalschlüssel.*

Wird das Geheimnis später benötigt, um eine kryptografische Operation auszuführen (verschlüsseln, unterzeichnen usw.), müssen alle Anteilseigner ihren privaten Anteil an den Dealer zurückgeben, der für die Rekonstruktion des ursprünglichen Geheimnisses verantwortlich ist. Ein derartiges Schema verhindert Angriffe auf einen einzelnen Benutzer, da jeder Anteil für sich genommen nutzlos ist, und zwingt Angreifer stattdessen, alle Teilnehmer zu kompromittieren, bevor sie einen Schlüssel verwerten können! Abbildung 8–12 veranschaulicht dies.

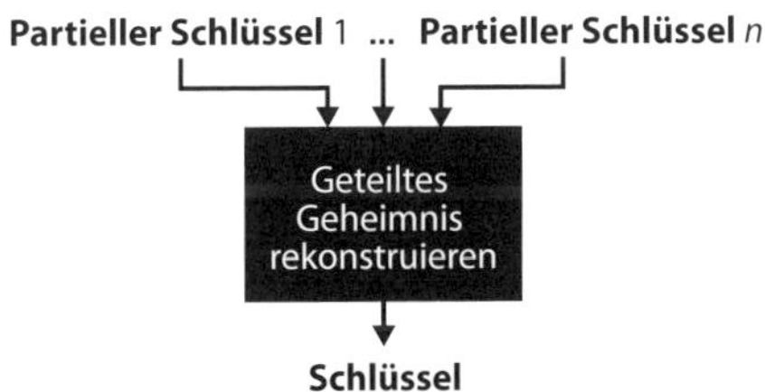

Abb. 8–12 *Das zur Aufteilung in* n *partielle Schlüssel verwendete Schema Shamir's Secret Sharing benötigt alle* n *Teilschlüssel, um den ursprünglichen Schlüssel zu rekonstruieren.*

Die Mathematik hinter dem Algorithmus des Schemas ist eigentlich nicht allzu schwer zu verstehen. Deshalb möchte ich Ihnen in den folgenden Absätzen eine vereinfachte Vorstellung des Verfahrens vermitteln.

Stellen Sie sich eine zufällige Gerade in einem zweidimensionalen Raum vor und nehmen wir an, dass deren Gleichung $y = ax + b$ das Geheimnis ist. Wenn zwei Teilnehmer zwei zufällige Punkte auf der Geraden besitzen, können sie zusammenarbeiten, um die Geradengleichung wiederherzustellen. Dieses Schema lässt sich auf Polynome beliebigen Grades verallgemeinern und kann folglich verwendet werden, um ein Geheimnis in eine beliebige Anzahl von Anteilen aufzuteilen (siehe Abb. 8–13).

Die Geheimnisteilung ist eine Technik, die wegen ihrer Einfachheit häufig eingesetzt wird. Allerdings setzt sie voraus, dass die Schlüsselanteile an einem Ort gesammelt werden, um den Schlüssel jedes Mal neu zu erzeugen, wenn er in einer kryptografischen Operation verwendet wird. Dadurch entsteht ein Zeitfenster, in dem das Geheimnis anfällig für Diebstähle ist oder ungewollt preisgegeben werden kann. Letztlich sind wir wieder bei einem *Single-Point-of-Failure*-Modell angelangt. Um dieses Single-Point-of-Failure-Problem zu vermeiden, gibt es mehrere kryptografische Techniken, die sich in verschiedenen Szenarios als nützlich erweisen.

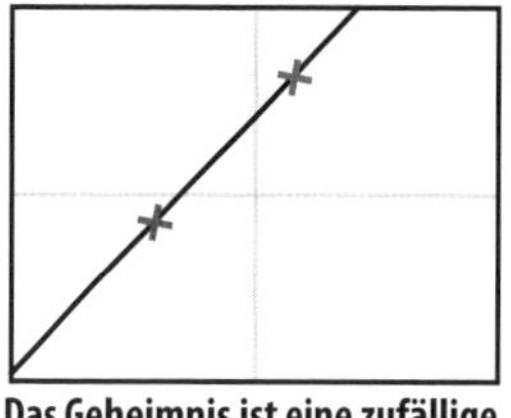

Das Geheimnis ist eine zufällige Gerade. Wählen Sie zwei zufällige Punkte auf der Geraden als partielle Schlüssel aus.

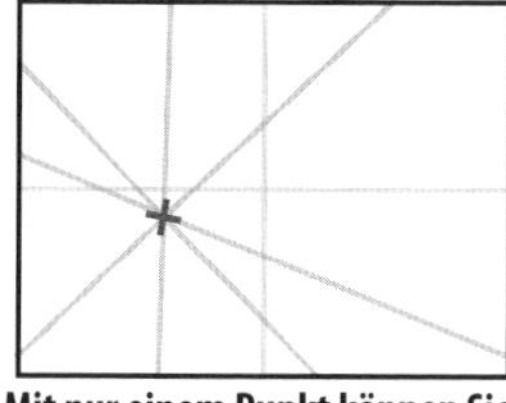

Mit nur einem Punkt können Sie eine unendliche Anzahl von Geraden zeichnen, die durch diesen Punkt verlaufen.

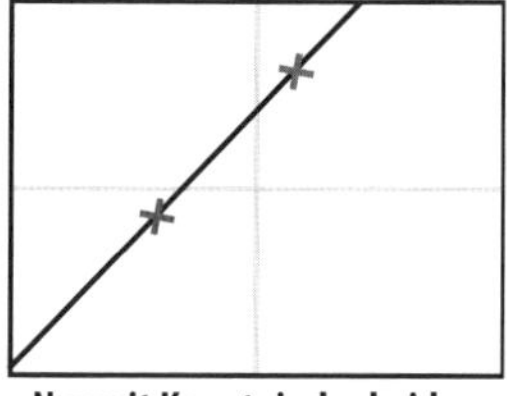

Nur mit Kenntnis der beiden Punkte lässt sich die Kurve rekonstruieren.

Abb. 8–13 *In dem Schema Shamir's Secret Sharing betrachtet man ein Polynom, das eine Kurve definiert, als das Geheimnis und zufällige Punkte auf der Kurve als partielle Schlüssel. Um ein Polynom vom Grad n zu ermitteln, das eine Kurve definiert, muss man n + 1 Punkte auf der Kurve kennen. Zum Beispiel ist f(x) = 3x + 5 vom Grad 1, sodass Sie zwei beliebige Punkte (x, f(x)) benötigen, um das Polynom wiederherzustellen, und f(x) = 5x2 + 2x + 3 ist vom Grad 2, sodass Sie drei beliebige Punkte brauchen, um das Polynom zu bestimmen.*

Stellen Sie sich zum Beispiel ein Protokoll vor, das eine Finanztransaktion nur dann akzeptiert, wenn sie von Alice signiert wurde. Dies bedeutet eine Belastung für Alice, die befürchten muss, ins Visier von Angreifern zu geraten. Um den Einfluss eines Angriffs auf Alice zu verringern, können wir stattdessen das Protokoll dahingehend ändern, das es (für dieselbe Transaktion) n Signaturen von n verschiedenen öffentlichen Schlüsseln einschließlich dem von Alice akzeptiert. Ein Angreifer müsste nun alle n Signaturen kompromittieren, um eine gültige Transaktion zu fälschen! Diese sogenannten *Multi-Signatur-Systeme* (oft als *Multisig* abgekürzt) sind im Bereich der Kryptowährungen weit verbreitet.

Naive Multi-Signatur-Schemas können allerdings einen störenden Overhead hinzufügen. Tatsächlich wächst die Größe einer Transaktion in unserem Beispiel linear mit der Anzahl der erforderlichen Signaturen. Um dieses Problem zu lösen, können manche Signaturschemas (wie das BLS-Signaturschema) mehrere Signaturen zu einer einzigen komprimieren. Dies wird als Signatur-Aggregation bezeichnet. Einige Multi-Signatur-Schemas gehen bei der Komprimierung sogar noch weiter und ermöglichen es, dass die n öffentlichen Schlüssel zu einem einzigen öffentlichen Schlüssel zusammengefasst werden. Diese sogenannte *verteilte Schlüsselerzeugung* (Distributed Key Generation, DKG) gehört zu einem Bereich der Kryptografie, der als *sichere Mehrparteienberechnung* bezeichnet wird, womit sich Kapitel 15 beschäftigt.

DKG ermöglicht es n Teilnehmern, gemeinsam einen öffentlichen Schlüssel zu berechnen, ohne dass der zugehörige private Schlüssel während des Vorgangs bekannt ist (im Gegensatz zu SSS gibt es keinen Dealer). Wenn die Teilnehmer eine Nachricht signieren möchten, können sie dann gemeinsam eine Signatur mit den privaten Anteilen jedes Teilnehmers erstellen, die sich mit dem zuvor erstellten öffentlichen Schlüssel verifizieren lässt. Auch hier ist der private Schlüssel physisch nie vorhanden, was das Problem des Single-Point-of-Failure, das bei SSS vorhanden ist, vermeidet. Da Sie in Kapitel 7 die Schnorr-Signaturen kennengelernt haben, zeigt Abbildung 8–14 die Intuition hinter einem vereinfachten Schnorr-DKG-Schema.

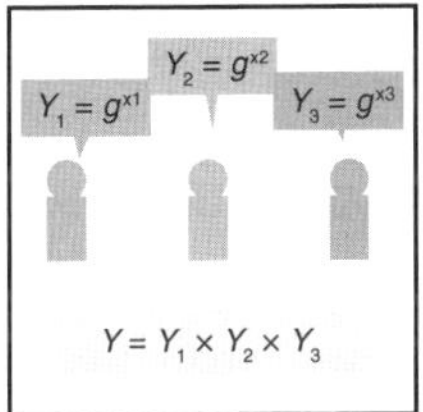

Y ist der aggregierte öffentliche Schlüssel.

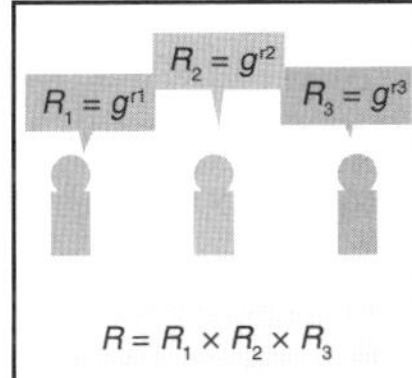

R wird verteilt erzeugt.

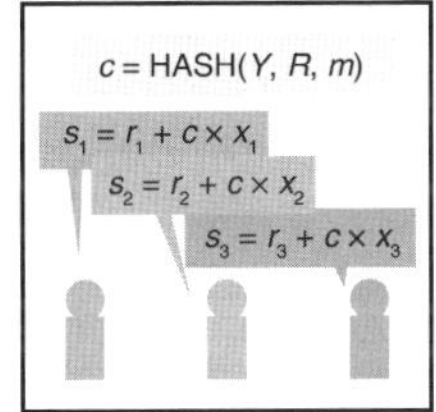

Unabhängige Signaturen

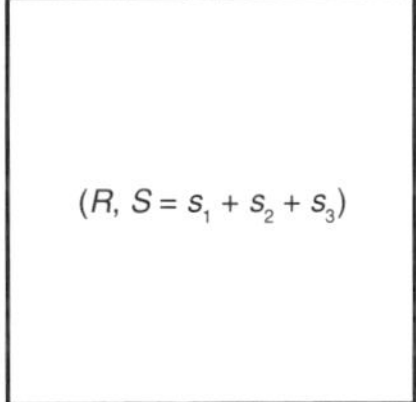

Aggregierte Signatur

Abb. 8–14 *Das Schnorr-Signaturschema lässt sich in ein verteiltes Schlüsselerzeugungsschema dezentralisieren.*

Abschließend ist zu beachten, dass

- jedes der erwähnten Schemas auch dann funktionieren kann, wenn mindestens m der n Teilnehmer am Protokoll beteiligt sind (wobei m der Schwellenwert ist). Dies ist sehr wichtig, da die meisten praktischen Systeme eine Anzahl von böswilligen oder inaktiven Teilnehmern tolerieren müssen.
- derartige Schemas mit anderen asymmetrischen kryptografischen Algorithmen zusammenarbeiten. So kann bei der Schwellenwertverschlüsselung eine Gruppe von Teilnehmern gemeinsam eine Nachricht asymmetrisch verschlüsseln.

Abbildung 8–15 zeigt alle diese Beispiele im Überblick.

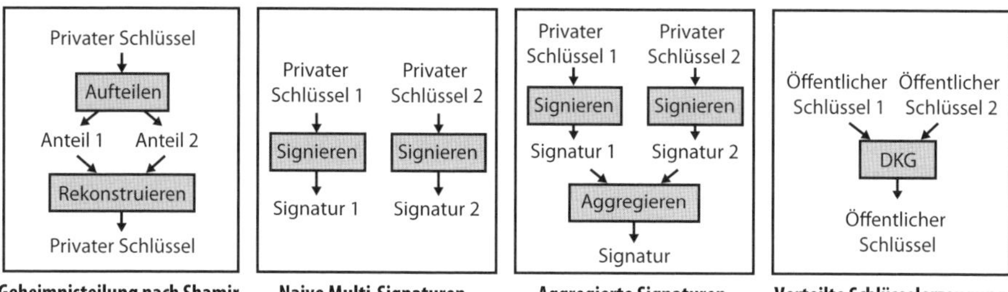

Abb. 8–15 *Eine Zusammenfassung bestehender Techniken, um das Vertrauen, das wir einem Teilnehmer entgegenbringen, auf mehrere Teilnehmer aufzuteilen*

Schwellenwertschemas verkörpern ein wichtiges neues Paradigma in der Welt der Schlüsselverwaltung. Es empfiehlt sich, ihre Entwicklung zu verfolgen. Das NIST hat eine Gruppe für Schwellenwertkryptografie gebildet, die Workshops organisiert und die Absicht hat, Primitive und Protokolle langfristig zu standardisieren.

Zusammenfassung

- Eine Zahl wird gleichverteilt und zufällig aus einer Menge gezogen, wenn sie mit gleicher Wahrscheinlichkeit im Vergleich zu allen anderen Zahlen aus dieser Menge ausgewählt wurde.
- Entropie ist ein Maß für den Grad der Zufälligkeit einer Bytefolge. Hohe Entropie bezieht sich auf Byte-Strings, die gleichverteilt zufällig sind, während Byte-Strings, die leicht zu erraten oder vorherzusagen sind, eine niedrige Entropie aufweisen.
- Pseudozufallszahlengeneratoren (Pseudorandom Number Generators, PRNGs) sind Algorithmen, die einen gleichverteilt zufälligen Startwert (Seed) übernehmen und (in der Praxis) eine nahezu unendliche Menge an Zufallszahlen erzeugen, die für kryptografische Zwecke (zum Beispiel als kryptografische Schlüssel) verwendet werden können, wenn der Seed groß genug ist.
- Um Zufallszahlen zu erhalten, sollten Sie sich auf die Standardbibliothek der jeweiligen Programmiersprache oder auf deren bekannte kryptografische Bibliotheken stützen. Wenn diese nicht zur Verfügung stehen, bieten die Betriebssysteme in der Regel Schnittstellen, um Zufallszahlen zu erzeugen:
  - Windows bietet den Systemaufruf `BCryptGenRandom`.
  - Linux und FreeBSD bieten den Systemaufruf `getrandom`.
  - Andere Unix-artige Betriebssysteme verfügen in der Regel über eine spezielle Datei namens `/dev/urandom`, die Zufallszahlen bereitstellt.

- Schlüsselableitungsfunktionen (Key Derivation Functions, KDFs) sind in Szenarios nützlich, in denen man Geheimnisse von einem Geheimnis ableiten möchte, das zwar aus einer verzerrten Verteilung stammt, aber eine hohe Entropie aufweist.
- Die auf HMAC basierende Schlüsselableitungsfunktion HKDF (HMAC-based Key Derivation Function) ist die am häufigsten verwendete KDF.
- Bei der Schlüsselverwaltung geht es darum, Geheimnisse geheim zu halten. Dabei fallen unter anderem folgende Aufgaben an: Herausfinden, wo die Geheimnisse gespeichert werden sollen, Geheimnisse proaktiv verfallen lassen und rotieren, herausfinden, was zu tun ist, wenn Geheimnisse kompromittiert werden, usw.
- Um die Belastung für die Schlüsselverwaltung zu verringern, kann man das Vertrauen von einem Teilnehmer auf mehrere Teilnehmer aufteilen.

Teil B
Protokolle: Die Rezepte der Kryptografie

Sie sind nun im zweiten Teil dieses Buches angelangt, in dem das meiste, was Sie im ersten Teil gelernt haben, angewendet wird. Stellen Sie sich das so vor: Wenn die kryptografischen Primitive, die Sie kennengelernt haben, die Grundzutaten der Kryptografie waren, werden Sie jetzt mit einigen Rezepten bekannt gemacht. Und da gibt es eine Menge zu kochen! Während Cäsar vielleicht nur daran interessiert war, seine Kommunikation zu verschlüsseln, ist die heutige Kryptografie so umfangreich, dass sich nur schwer der Überblick behalten lässt.

In den Kapiteln 9, 10 und 11 zeige ich Ihnen, wo Sie am ehesten auf Kryptografie stoßen und wie Kryptografie eingesetzt wird, um praktische Probleme zu lösen – das heißt, wie Kryptografie die Kommunikation verschlüsselt und wie sie die Teilnehmer in den Protokollen authentifiziert. Darum geht es bei der Kryptografie im Großen und Ganzen. Die Teilnehmer können zahlreich sein oder nur wenige Personen umfassen, aus Bits bestehen oder aus Fleisch und Blut. Wie Sie schnell feststellen werden, ist die praktische Kryptografie von Kompromissen geprägt, und je nach Kontext unterscheiden sich die Lösungen.

Kapitel 12 und 13 führen Sie in zwei sich schnell entwickelnde Bereiche der Kryptografie ein: Kryptowährungen und Hardwarekryptografie. In den meisten Büchern über Kryptografie wird das erstgenannte Thema ignoriert. (Ich glaube, dass dieses Buch – *Kryptografie in der Praxis* – das erste Kryptografiebuch ist, das ein Kapitel über Kryptowährungen enthält.) Das zweite Thema, die Hardwarekryptografie, wird ebenfalls gern übersehen. Kryptografen gehen oft davon aus, dass ihre Primitive und Protokolle in einer vertrauten Umgebung laufen, was immer seltener der Fall ist. Bei der Hardwarekryptografie geht es darum, die Grenzen der Kryptografie zu erweitern und Sicherheitsgarantien zu bieten, wenn Angreifer immer näher an Sie herankommen.

In den Kapiteln 14 und 15 gehe ich auf die neuesten Entwicklungen ein: was noch nicht da ist, aber bald da sein wird, und was schon so gut wie da ist. Hier erfahren Sie etwas über Post-Quanten-Kryptografie, einen Bereich der Kryptografie, der nützlich sein könnte, je nachdem, ob wir als menschliche Spezies skalierbare Quantencomputer erfinden. Diese Quantencomputer, die auf neuartigen Paradigmen aus dem Bereich der Quantenphysik basieren, könnten die Forschung revolutionieren und vielleicht sogar unsere Kryptografie brechen ... Des Weiteren werden

Sie etwas über das erfahren, was ich als »Kryptografie der nächsten Generation« bezeichne, d. h. Kryptografie-Primitive, die bisher nur selten das Licht der Welt erblickt haben, die Sie aber höchstwahrscheinlich häufiger sehen werden, sobald sie erforscht sind und effizientere Versionen von Anwendungsentwicklern übernommen werden. Am Ende dieses Buches bringe ich in Kapitel 16 einige abschließende Bemerkungen zur praktischen Kryptografie und einige Worte zur Ethik.

9 Sicherer Transport

In diesem Kapitel:

- Sichere Transportprotokolle
- Das TLS-(Transport Layer Security-)Protokoll
- Das Noise-Protokoll-Framework

Kryptografie wird heutzutage wahrscheinlich am häufigsten eingesetzt, um Kommunikation zu verschlüsseln. Schließlich wurde die Kryptografie für diesen Zweck erfunden. Anwendungen greifen hierfür im Allgemeinen nicht direkt auf kryptografische Primitive wie authentifizierte Verschlüsselung zurück, sondern bedienen sich stattdessen komplexerer Protokolle, die die Verwendung der kryptografischen Primitive abstrahieren. In Ermangelung eines besseren Begriffs nenne ich sie *sichere Transportprotokolle*.

In diesem Kapitel lernen Sie das am weitesten verbreitete sichere Transportprotokoll kennen: das TLS-(Transport Layer Security-)Protokoll. Außerdem gehe ich kurz auf andere sichere Transportprotokolle ein und darauf, wie sie sich von TLS unterscheiden.

9.1 Die Protokolle für sicheren Transport – SSL und TLS

Um zu verstehen, warum *Transportprotokolle* (Protokolle, die dazu dienen, die Kommunikation zwischen Computern zu verschlüsseln) etwas Besonderes sind, gehen wir ein motivierendes Szenario durch. Wenn Sie etwa `http://example.com` in Ihren Webbrowser eingeben, verwendet Ihr Browser eine Reihe von Protokollen, um sich mit einem Webserver zu verbinden und die von Ihnen angeforderte Seite abzurufen. Eines davon ist das *Hypertext Transfer Protocol* (HTTP), mit dem Ihr Browser seiner Gegenstelle, dem Webserver sagt, an welcher Seite er interessiert ist. HTTP verwendet ein Format, das für den Menschen ohne Weiteres verständlich ist. Das heißt, Sie können sich die HTTP-Nachrichten ansehen, die über die Leitung gesendet und empfangen werden, und sie ohne Hilfe eines anderen Tools lesen. Doch dies reicht nicht aus, damit Ihr Browser mit dem Webserver kommunizieren kann.

HTTP-Nachrichten sind in andere Arten von Nachrichten eingekapselt, und zwar in *TCP-Frames*, die im Transmission Control Protocol (TCP) definiert sind. TCP ist ein binäres Protokoll und daher nicht für Menschen lesbar: Um die Felder eines TCP-Frames zu verstehen, ist ein Tool erforderlich. TCP-Nachrichten werden durch das Internet Protocol (IP) weiter gekapselt und IP-Nachrichten ihrerseits durch etwas anderes gekapselt. Und da diese sogenannte *Internet-Protokollsuite* Thema in vielen Büchern ist, gehe ich hier nicht weiter darauf ein.

Doch zurück zu unserem Szenario, denn es gibt ein Problem mit der Vertraulichkeit, das ich erwähnen muss. Jeder, der in der Leitung zwischen Ihrem Browser und dem Webserver von *example.com* sitzt, hat eine interessante Position: Er kann Ihre Anfragen wie auch die Antworten des Servers passiv beobachten und mitlesen. Schlimmer ist aber, dass MITM-Angreifer die Nachrichten auch aktiv manipulieren und neu anordnen können. Keine gute Vorstellung!

Stellen Sie sich vor, dass Ihre Kreditkartendaten bei jedem Kauf im Internet durchsickern, Ihre Kennwörter gestohlen werden, wenn Sie sich auf einer Website anmelden, Ihre Bilder und privaten Nachrichten stibitzt werden, wenn Sie diese an Ihre Freunde schicken, usw. Das hat so viele Menschen verunsichert, dass in den 1990er-Jahren der Vorgänger von TLS, das *SSL-(Secure Sockets Layer-)Protokoll* geboren wurde. Auch wenn SSL für verschiedene Situationen geeignet ist, wurde es zuerst für Webbrowser entwickelt. Als solches wurde es zunächst in Kombination mit HTTP verwendet und zum *Hypertext Transfer Protocol Secure* (HTTPS) erweitert. Heute ist es Browsern mit HTTPS möglich, die Kommunikation mit den verschiedenen Websites zu sichern, die Sie besuchen.

9.1.1 Von SSL zu TLS

Obwohl SSL nicht das einzige Protokoll war, mit dem versucht wurde, einen Teil des Webs sicher zu machen, hat es die meiste Aufmerksamkeit auf sich gezogen und ist mit der Zeit zum De-facto-Standard geworden. Aber das ist nicht die ganze Geschichte. Zwischen der ersten Version von SSL und der Version, die wir derzeit verwenden, ist eine ganze Menge passiert. Alle Versionen von SSL (bis zur aktuellen Version SSL v3.0) wurden durch eine Kombination von schlechtem Design und schlechten kryptografischen Algorithmen gebrochen. (Viele der Angriffe wurden in RFC 7457 zusammengefasst.)

Nach SSL 3.0 wurde das Protokoll offiziell der Internet Engineering Task Force (IETF) übertragen, der Organisation, die für die Veröffentlichung der RFC-(*Request For Comments*-)Standards zuständig ist. Der Name SSL wurde zugunsten von TLS fallen gelassen und TLS 1.0 wurde 1999 als RFC 2246 veröffentlicht. Die neueste Version von TLS ist TLS 1.3, das in RFC 8446 spezifiziert und 2018 veröffentlicht wurde. Im Unterschied zu seinem Vorgänger ist TLS 1.3 das Ergebnis einer soliden Zusammenarbeit zwischen Industrie und Wissenschaft. Dennoch ist das Internet heute immer noch zwischen vielen verschiedenen Versionen von SSL und TLS geteilt, da die Aktualisierung bei Servern nur langsam voranschreitet.

HINWEIS

Die beiden Namen SSL und TLS sorgen für viel Verwirrung. Das Protokoll heißt jetzt *TLS*, doch in vielen Artikeln und sogar Bibliotheken findet man immer noch den Begriff *SSL*.

TLS ist mehr als nur das Protokoll, das das Web sichert; es wird heute in vielen verschiedenen Szenarios und zwischen vielen verschiedenen Arten von Anwendungen und Geräten als Protokoll für sichere Kommunikation verwendet. Daher ist das, was Sie in diesem Kapitel über TLS lernen werden, nicht nur für das Web nützlich, sondern auch für jedes Szenario, in dem die Kommunikation zwischen zwei Anwendungen sicher sein muss.

9.1.2 TLS in der Praxis verwenden

Wie verwendet man nun TLS? Definieren wir zuerst einige Begriffe. In TLS bezeichnet man die beiden Teilnehmer, die sicher kommunizieren möchten, als *Client* und *Server*. Die Funktionsweise ist die gleiche wie bei anderen Netzwerkprotokollen wie TCP oder IP: Der Client ist derjenige, der die Verbindung initiiert, und der Server ist derjenige, der darauf wartet, dass eine Verbindung initialisiert wird. Ein TLS-Client umfasst normalerweise

- *eine Konfiguration* – Ein Client wird konfiguriert mit den Versionen von SSL und TLS, die er unterstützen will; kryptografischen Algorithmen, mit denen die Verbindung gesichert werden soll; Methoden, mit denen er Server authentifizieren kann, usw.
- *Informationen über den Server, mit dem eine Verbindung hergestellt werden soll* – Dazu gehören mindestens eine IP-Adresse und ein Port, wobei aber für das Web stattdessen oftmals ein vollständig qualifizierter Domainname (wie *example.com*) angegeben wird.

Mit diesen beiden Argumenten kann ein Client eine Verbindung mit einem Server einrichten, um eine sichere Sitzung aufzubauen, d. h. einen Kanal, den sowohl der Client als auch der Server nutzen kann, um verschlüsselte Nachrichten auszutauschen. In einigen Fällen ist es nicht möglich, eine sichere Sitzung aufzubauen, und der Aufbau scheitert auf halbem Wege. Wenn zum Beispiel ein Angreifer versucht, die Verbindung zu manipulieren oder wenn die Konfiguration des Servers nicht mit der des Clients kompatibel ist (mehr dazu später), ist der Client nicht in der Lage, eine sichere Verbindung zu etablieren.

Ein TLS-Server ist oftmals wesentlich einfacher, da er nur eine Konfiguration übernimmt, die der Konfiguration des Clients ähnlich ist. Ein Server wartet dann darauf, dass sich Clients mit ihm verbinden, um eine sichere Sitzung aufzubauen. In der Praxis kann die Verwendung von TLS auf der Clientseite so einfach sein, wie Listing 9–1 zeigt (d. h., wenn Sie eine Programmiersprache wie Golang verwenden).

```
import "crypto/tls"

func main() {
    destination := "google.com:443"
    TLSconfig := &tls.Config{}
    conn, err := tls.Dial("tcp", destination, TLSconfig)
    if err != nil {
        panic("failed to connect: " + err.Error())
    }
    conn.Close()
}
```

Der vollständig Domainname (FQDN) und der Port des Servers (443 ist der Standardport für HTTPS).

Eine leere config-Datei dient als Standardkonfiguration.

Listing 9–1 *Ein TLS-Client in Golang*

Woher weiß der Client, dass die von ihm aufgebaute Verbindung tatsächlich mit *google.com* und nicht mit einem Imitator besteht? Standardmäßig ermittelt die TLS-Implementierung von Golang aus der Konfiguration Ihres Betriebssystems, wie TLS-Server zu authentifizieren sind. (Später in diesem Kapitel lernen Sie, wie die Authentifizierung in TLS genau funktioniert.) Auf der Serverseite lässt sich TLS ebenfalls recht einfach verwenden. Listing 9–2 zeigt, wie einfach dies ist.

```
import (
    "crypto/tls"
    "net/http"
)

func hello(rw http.ResponseWriter, req *http.Request) {
    rw.Write([]byte("Hello, world\n"))
}

func main() {
    config := &tls.Config{
        MinVersion: tls.VersionTLS13,
    }

    http.HandleFunc("/", hello)

    server := &http.Server{
         Addr:      ":8080",
         TLSConfig: config,
    }

    cert := "cert.pem"
    key := "key.pem"
    err := server.ListenAndServeTLS(cert, key)
        if err != nil {
            panic(err)
        }
}
```

Eine solide Minimalkonfiguration für einen TLS-1.3-Server

Bedient eine einfache Seite, die "Hello, world" anzeigt.

Ein HTTPS-Server startet auf Port 8080.

Einige .pem-Dateien, die ein Zertifikat und einen geheimen Schlüssel enthalten (mehr dazu später in diesem Kapitel)

Listing 9–2 *Ein TLS-Server in Golang*

Golang und seine Standardbibliothek leisten hier eine Menge für uns. Leider bieten nicht alle Standardbibliotheken der einzelnen Programmiersprachen leicht zu verwendende TLS-Implementierungen, wenn sie überhaupt eine TLS-Implementierung bereitstellen. Und nicht alle TLS-Bibliotheken bringen Implementierungen mit, die standardmäßig sicher sind! Aus diesem Grund ist es je nach Bibliothek nicht immer einfach, einen TLS-Server zu konfigurieren. Im nächsten Abschnitt erfahren Sie mehr über das Innenleben von TLS und seine verschiedenen Feinheiten.

HINWEIS

TLS ist ein Protokoll, das auf TCP aufsetzt. Um UDP-Verbindungen zu sichern, können wir *DTLS* verwenden (D für *Datagramm*, die Bezeichnung für UDP-Nachrichten), was TLS ziemlich ähnlich ist. Deshalb gehe ich in diesem Kapitel nicht auf DTLS ein.

9.2 Wie funktioniert das TLS-Protokoll?

Wie bereits erwähnt, ist TLS heute der De-facto-Standard für die sichere Kommunikation zwischen Anwendungen. In diesem Abschnitt erfahren Sie mehr darüber, wie TLS hinter den Kulissen arbeitet und wie es in der Praxis eingesetzt wird. Dieser Abschnitt ist nützlich, um zu lernen, wie man TLS richtig einsetzt, und um zu verstehen, wie die meisten (wenn nicht sogar alle) sicheren Transportprotokolle arbeiten. Außerdem werden Sie erfahren, warum es schwer ist (und dringend davon abgeraten wird), derartige Protokolle umzugestalten oder neu zu implementieren. Im Großen und Ganzen ist TLS in zwei Phasen aufgeteilt:

- *eine Handshake-Phase* – Eine sichere Kommunikation wird zwischen zwei Teilnehmern ausgehandelt und aufgebaut.
- *eine Post-Handshake-Phase* – Die Kommunikation wird zwischen den beiden Parteien verschlüsselt.

Abbildung 9–1 veranschaulicht diesen Gedanken.

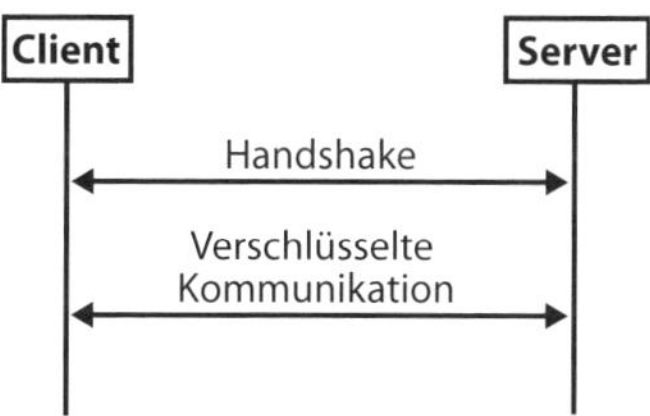

Abb. 9–1 *Sichere Transportprotokolle richten zuerst in einer Handshake-Phase eine sichere Verbindung ein. Danach können Anwendungen auf beiden Seiten der sicheren Verbindung sicher kommunizieren.*

Da Sie in Kapitel 6 etwas über hybride Verschlüsselung gelernt haben, sollten Sie nun die folgende (richtige) Intuition davon haben, wie diese beiden Schritte funktionieren:

- Der Handshake ist im Grunde genommen einfach ein Schlüsselaustausch. Der Handshake endet damit, dass sich die beiden Teilnehmer auf einen Satz symmetrischer Schlüssel einigen.
- In der Post-Handshake-Phase geht es ausschließlich um die Verschlüsselung von Nachrichten zwischen den Teilnehmern. Diese Phase verwendet einen authentifizierten Verschlüsselungsalgorithmus und den am Ende des Handshakes erzeugten Satz von Schlüsseln.

Die meisten Sicherheitsprotokolle arbeiten auf diese Weise, und die interessanten Teile dieses Protokolls liegen immer in der Handshake-Phase. Werfen wir nun einen Blick auf die Handshake-Phase.

9.2.1 Der TLS-Handshake

Wie Sie gesehen haben, ist TLS (wie die meisten Transportsicherheitsprotokolle) in zwei Teile unterteilt: eine *Handshake*-Phase und eine *Post-Handshake*-Phase. In diesem Abschnitt lernen Sie zunächst den Handshake kennen. Der Handshake selbst ist durch vier Aspekte gekennzeichnet:

- *Aushandlung* – TLS ist in hohem Maße konfigurierbar. Man kann sowohl einen Client als auch einen Server konfigurieren, um einen Bereich von SSL- und TLS-Versionen sowie ein Menü von akzeptablen kryptografischen Algorithmen auszuhandeln. Die Aushandlungsphase des Handshakes zielt darauf ab, eine gemeinsame Basis zwischen den Konfigurationen des Clients und des Servers zu finden, um eine sichere Verbindung zwischen den beiden Peers herzustellen.
- *Schlüsselaustausch* – Der Sinn des Handshakes besteht darin, einen Schlüsselaustausch zwischen zwei Teilnehmern durchzuführen. Welcher Schlüsselaustauschalgorithmus soll verwendet werden? Dies ist eine der Entscheidungen, die im Rahmen des Client-Server-Aushandlungsprozesses getroffen werden.
- *Authentifizierung* – Wie Kapitel 5 zum Thema Schlüsselaustausch erläutert hat, ist es für MITM-Angreifer trivial, sich als eine beliebige Seite eines Schlüsselaustauschs auszugeben. Deshalb ist es notwendig, Schlüsselvereinbarungen zu authentifizieren. Ihr Browser muss sicherstellen können, dass er zum Beispiel mit google.com und nicht mit Ihrem Internetdienstanbieter (Internet Service Provider, ISP) kommuniziert.
- *Fortsetzen der Sitzung* – Da Browser oftmals immer wieder eine Verbindung zu denselben Websites herstellen, können Schlüsselvereinbarungen kostspielig sein und die Benutzerfreundlichkeit beeinträchtigen. Aus diesem Grund sind in TLS Mechanismen integriert, um sichere Sitzungen ohne erneuten Schlüsselaustausch schnell wiederaufnehmen zu können.

Das ist eine umfangreiche Liste! Beginnen wir gleich mit dem ersten Punkt.

Aushandlung in TLS: Welche Version und welche Algorithmen?

Die Komplexität von TLS entsteht vor allem durch die Aushandlung der verschiedenen beweglichen Teile des Protokolls. Diese Aushandlung ist auch die Quelle für viele Probleme in der Geschichte von TLS gewesen. Angriffe wie FREAK, LOGJAM, DROWN und andere haben die Schwachstellen in älteren Versionen ausgenutzt, um neuere Versionen des Protokolls zu brechen (manchmal sogar, wenn der Server ältere Versionen nicht unterstützt hat!). Zwar verfügen nicht alle Protokolle über eine Versionskontrolle oder erlauben es, dass verschiedene Algorithmen ausgehandelt werden, doch SSL/TLS wurde für das Web konzipiert. Daher musste SSL/TLS eine Möglichkeit bieten, Abwärtskompatibilität mit älteren Clients und Servern aufrechtzuerhalten, die gegebenenfalls nur langsam aktualisiert werden.

Im heutigen Web sieht es deshalb so aus: Ihr Browser ist vielleicht neu, befindet sich auf dem aktuellsten Stand und unterstützt TLS in der Version 1.3, doch wenn eine alte Webseite besucht wird, kann es durchaus sein, dass der dahinter stehende Server nur die TLS-Versionen bis 1.2 oder (schlimmer noch) 1.1 beherrscht. Umgekehrt müssen viele Websites ältere Browser unterstützen, was die Unterstützung älterer Versionen von TLS nach sich zieht (da manche Benutzer immer noch in der Vergangenheit feststecken).

Sind ältere Versionen von SSL und TLS sicher?

Die meisten Versionen von SSL und TLS haben Sicherheitsprobleme, mit Ausnahme der TLS-Versionen 1.2 und 1.3. Weshalb unterstützt man nicht einfach die neueste Version (1.3) und lässt es damit genug sein? Der Grund dafür ist, dass einige Unternehmen immer noch ältere Clients unterstützen, die sich nicht ohne Weiteres aktualisieren lassen. Aufgrund dieser Anforderungen ist es nicht ungewöhnlich, dass Bibliotheken Abhilfemaßnahmen gegen bekannte Angriffe implementieren, um ältere Versionen sicher zu unterstützen. Leider sind diese Abhilfemaßnahmen oft zu komplex, um sie korrekt zu implementieren.

Zum Beispiel sind Sicherheitsforscher immer wieder auf bekannte Angriffe wie Lucky13 und Bleichenbacher98 gestoßen, und zwar in verschiedenen TLS-Implementierungen, bei denen man zuvor versucht hatte, die Probleme zu beseitigen. Obwohl es möglich ist, eine Reihe von Angriffen auf ältere TLS-Versionen zu entschärfen, würde ich davon abraten, und ich bin nicht der Einzige, der Ihnen das sagt. Im März 2021 hat die IETF das RFC 8996 veröffentlicht: »Deprecating TLS 1.0 and TLS 1.1« (TLS 1.0 und TLS 1.1 verworfen), was letztlich die Abkündigung offiziell macht.

Die Aushandlung beginnt damit, dass der Client eine erste Anfrage (ein *ClientHello*) an den Server sendet. Das *ClientHello* enthält einen Bereich von unterstützten SSL- und TLS-Versionen, eine Suite kryptografischer Algorithmen, die der Client zu verwenden bereit ist, und einige Informationen, die für den restlichen Handshake oder für die Anwendung relevant sind. Zur Suite der kryptografischen Algorithmen gehören:

- *Ein oder mehrere Algorithmen für den Schlüsselaustausch* – TLS 1.3 definiert die folgenden Algorithmen, die für Aushandlungen zulässig sind: ECDH mit

P-256, P-384, P-521, X25519, X448 und FFDH mit den in RFC 7919 definierten Gruppen. Alle diese Algorithmen wurden in Kapitel 5 beschrieben. Vorherige Versionen von TLS haben auch RSA-Schlüsselvereinbarungen geboten (in Kapitel 6 behandelt), aber diese wurden in der letzten Version entfernt.

- *Zwei (für verschiedene Teile des Handshakes) oder mehr digitale Signaturalgorithmen* – TLS 1.3 spezifiziert RSA PKCS#1 Version 1.5 und das neuere RSA-PSS sowie neuere Algorithmen mit elliptischen Kurven wie ECDSA und EdDSA. Damit hat sich Kapitel 7 beschäftigt. Beachten Sie, dass digitale Signaturen mit einer Hashfunktion spezifiziert werden, sodass Sie zum Beispiel RSA-PSS entweder mit SHA-256 oder mit SHA-512 aushandeln können.
- *Eine oder mehrere Hashfunktionen, die mit HMAC und HKDF verwendet werden* – TLS 1.3 spezifiziert SHA-256 und SHA-384, zwei Instanzen der Hashfunktion SHA-2 (die Sie in Kapitel 2 kennengelernt haben). Die Wahl der Hashfunktion ist unabhängig von derjenigen, die der Algorithmus für digitale Signaturen verwendet. Zur Erinnerung: HMAC ist der Nachrichtenauthentifizierungscode (siehe Kapitel 3) und HKDF ist die Schlüsselableitungsfunktion (die Kapitel 8 vorgestellt hat).
- *Ein oder mehrere Verschlüsselungsalgorithmen* – Das können AES-GCM mit Schlüsseln von 128 oder 256 Bit, ChaCha20-Poly1305 und AES-CCM sein. Mit allen diesen hat sich Kapitel 4 beschäftigt.

Der Server antwortet mit einer *ServerHello*-Nachricht, die jeweils einen kryptografischen Algorithmus enthält, der aus der Auswahl des Clients als bester herausgegriffen wurde. Die folgende Abbildung stellt diese Antwort dar.

Kann der Server keinen Algorithmus finden, den er unterstützt, bricht er die Verbindung ab. Allerdings muss der Server in manchen Fällen die Verbindung nicht abbrechen und kann den Client bitten, stattdessen weitere Informationen zu liefern. Zu diesem Zweck antwortet der Server mit einer *HelloRetryRequest* genannten Nachricht, in der er nach den fehlenden Informationen fragt. Der Client kann dann sein *ClientHello* erneut senden, diesmal mit den angeforderten Informationen.

TLS und Forward Secrecy bei Schlüsselvereinbarungen

Der Schlüsselaustausch ist der wichtigste Teil des TLS-Handshakes! Ohne ihn gibt es offensichtlich keinen symmetrischen Schlüssel, der auszuhandeln wäre. Damit aber ein Schlüsselaustausch stattfinden kann, müssen der Client und der Server zunächst ihre jeweiligen öffentlichen Schlüssel austauschen.

In TLS 1.2 und vorherigen Versionen beginnen der Client und der Server einen Schlüsselaustausch erst dann, wenn sich beide Teilnehmer darauf geeinigt haben, welchen Schlüsselaustauschalgorithmus sie verwenden wollen. Das geschieht während einer Aushandlungsphase. TLS 1.3 optimiert diesen Ablauf, indem es versucht, sowohl die Aushandlung als auch den Schlüsselaustausch gleichzeitig durchzuführen: Der Client wählt spekulativ einen Schlüsselaustauschalgorithmus und sendet einen öffentlichen Schlüssel in der ersten Nachricht (dem *ClientHello*). Wenn es dem Client nicht gelingt, den vom Server gewählten Schlüsselaustauschalgorithmus vorherzusagen, fällt der Client auf das Ergebnis der Aushandlung zurück und sendet ein neues *ClientHello*, das den richtigen öffentlichen Schlüssel enthält. Die folgenden Schritte beschreiben, wie dies aussehen könnte. Abbildung 9–2 veranschaulicht den Unterschied.

1. Der Client kündigt mit einer TLS 1.3-*ClientHello*-Nachricht an, dass er einen Schlüsselaustausch entweder mit X25519 oder mit X448 durchführen kann. Er sendet auch einen öffentlichen X25519-Schlüssel.
2. Der Server unterstützt kein X25519, aber X448. Mit einem *HelloRetryRequest* kündigt er dem Client an, dass er nur X448 unterstützt.
3. Der Client sendet das gleiche *ClientHello*, jedoch mit einem öffentlichen X448-Schlüssel.
4. Der Handshake wird fortgesetzt.

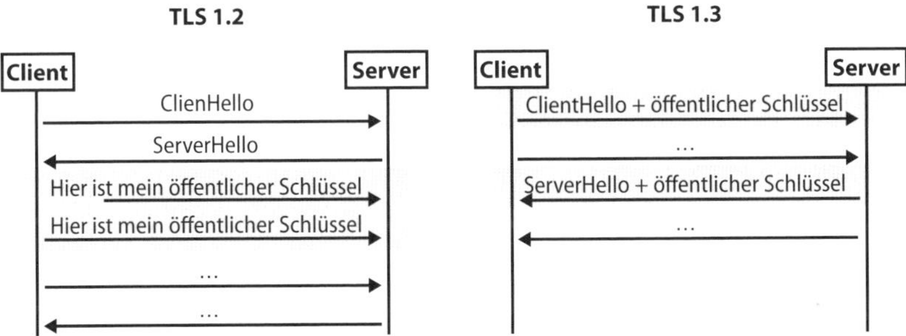

Abb. 9–2 *In TLS 1.2 wartet der Client, bis der Server den zu verwendenden Schlüsselaustauschalgorithmus ausgewählt hat, bevor er einen öffentlichen Schlüssel sendet. In TLS 1.3 spekuliert der Client, auf welchen Algorithmus bzw. welche Algorithmen für den Schlüsselaustausch sich der Server festlegt, und sendet in der ersten Nachricht präemptiv einen öffentlichen Schlüssel (oder mehrere), wodurch ein zusätzlicher Round Trip vermieden werden kann.*

TLS 1.3 ist voll von solchen Optimierungen, die für das Internet wichtig sind. In der Tat haben viele Menschen weltweit instabile oder langsame Verbindungen, und deshalb ist es erforderlich, die Kommunikation außerhalb von Anwendungen auf das erforderliche Minimum zu beschränken. Außerdem sind in TLS 1.3 (im Gegensatz zu früheren Versionen von TLS) alle Schlüsselvereinbarungen *ephemer.* Das heißt, dass der Client und der Server für jede neue Sitzung neue Schlüsselpaare erzeugen und sie dann wieder verwerfen, sobald der Schlüsselaustausch abgeschlossen ist. Dies bietet *Forward Secrecy* für den Schlüsselaustausch: Eine Kompromittierung der langfristigen Schlüssel des Clients oder des Servers ermöglicht es einem Angreifer nicht, diese Sitzung zu entschlüsseln, solange die ephemeren privaten Schlüssel sicher gelöscht wurden.

Stellen Sie sich vor, was passieren würde, wenn ein TLS-Server stattdessen einen einzelnen privaten Schlüssel für jeden Schlüsselaustausch erzeugen würde, den er mit seinen Clients durchführt. Indem der Schlüsselaustausch mit ephemeren Schlüsseln erfolgt und die privaten Schlüssel gelöscht werden, sobald ein Handshake endet, schützt sich der Server vor solchen Angreifern. Abbildung 9–3 veranschaulicht dies.

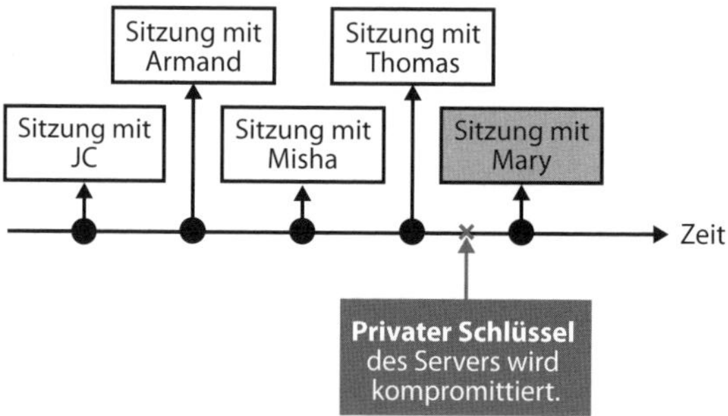

Abb. 9–3 *In TLS 1.3 beginnt jede Sitzung mit einem ephemeren Schlüsselaustausch. Wenn ein Server zu irgendeinem Zeitpunkt kompromittiert wird, sind keine vorherigen Sitzungen betroffen.*

ÜBUNG

Wird der private Schlüssel des Servers zu einem beliebigen Zeitpunkt kompromittiert, wäre das katastrophal, da MITM-Angreifer dann in der Lage wären, alle vorher aufgezeichneten Konversationen zu entschlüsseln. Können Sie erklären, wie dies passieren kann?

Sobald ephemere öffentliche Schlüssel ausgetauscht werden, findet ein Schlüsselaustausch statt und Schlüssel lassen sich ableiten. TLS 1.3 leitet verschiedene Schlüssel zu verschiedenen Zeitpunkten ab, um verschiedene Phasen mit unabhängigen Schlüsseln zu verschlüsseln.

Die ersten beiden Nachrichten – das *ClientHello* und das *ServerHello* – können nicht verschlüsselt werden, weil zu diesem Zeitpunkt keine öffentlichen Schlüssel ausgetauscht werden. Aber danach, sobald der Schlüsselaustausch stattgefunden hat, verschlüsselt TLS 1.3 den restlichen Handshake. (Vorherige Versionen von TLS haben dagegen keinerlei Handshake-Nachrichten verschlüsselt.)

Um die verschiedenen Schlüssel abzuleiten, verwendet TLS 1.3 HKDF mit der ausgehandelten Hashfunktion. Auf die Ausgabe des Schlüsselaustauschs wird HKDF-Extract angewendet, um etwaige Verzerrungen zu beseitigen, während HKDF-Expand mit verschiedenen `info`-Parametern dazu dient, die Verschlüsselungsschlüssel abzuleiten. So werden zum Beispiel mit `tls13 c hs traffic` (für »client handshake traffic«) symmetrische Schlüssel für den Client abgeleitet, um sie während des Handshakes an den Server zu verschlüsseln, und mit `tls13 s ap traffic` (für »server application traffic«) werden symmetrische Schlüssel für den Server abgeleitet, die dieser nach dem Handshake zur Verschlüsselung an den Client verwendet. Denken Sie aber daran, dass nicht authentifizierte Schlüsselvereinbarungen unsicher sind! Der nächste Abschnitt zeigt, wie TLS dieses Problem angeht.

TLS-Authentifizierung und die Public-Key-Infrastruktur des Webs

Nach einigen Aushandlungen und dem Schlüsselaustausch muss der Handshake weitergehen. Was als Nächstes passiert, ist der andere sehr wichtige Teil von TLS – die *Authentifizierung*. In Kapitel 5 haben Sie bei Schlüsselvereinbarungen gesehen, dass es trivial ist, einen Schlüsselaustausch abzufangen und sich als eine oder beide Seiten des Schlüsselaustauschs auszugeben. In diesem Abschnitt erkläre ich, wie Ihr Browser kryptografisch validiert, ob er mit der richtigen Website und nicht mit einem Imitator kommuniziert. Doch zuerst muss ich noch einen Schritt zurückgehen. Es gibt etwas, das ich Ihnen noch nicht vermittelt habe. Ein TLS-1.3-Handshake ist eigentlich in drei verschiedene Phasen unterteilt (wie Abb. 9–4 zeigt):

1. *Schlüsselaustausch* – Diese Phase enthält die *ClientHello*- und *ServerHello*-Nachrichten, die einige Aushandlungen ermöglichen und den Schlüsselaustausch durchführen. Alle Nachrichten einschließlich der Handshake-Nachrichten nach dieser Phase werden verschlüsselt.

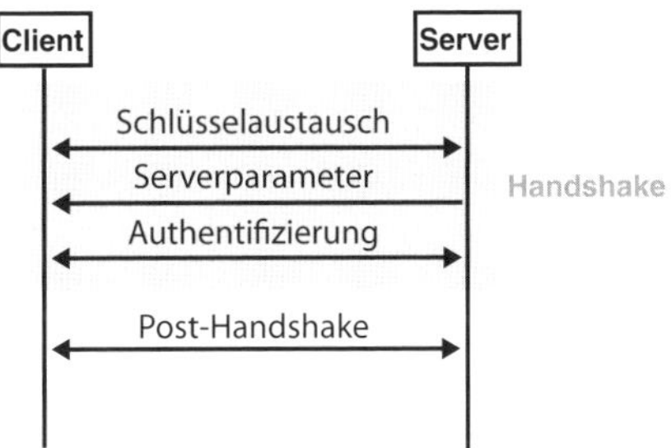

Abb. 9–4 *Ein TLS-1.3-Handshake gliedert sich in drei Phasen: die Phase des Schlüsselaustauschs, die Phase der Serverparameter und (schließlich) die Authentifizierungsphase.*

2. *Serverparameter* – Nachrichten in dieser Phase enthalten zusätzliche Aushandlungsdaten vom Server. Dabei handelt es sich um Aushandlungsdaten, die in der ersten Nachricht des Servers nicht enthalten sein müssen und die von einer Verschlüsselung profitieren können.

3. *Authentifizierung* – Diese Phase enthält Authentifizierungsinformationen sowohl vom Server als auch vom Client.

Im Web ist die Authentifizierung in TLS normalerweise einseitig. Nur der Browser verifiziert, ob es sich zum Beispiel bei *google.com* tatsächlich um *google.com* handelt, aber *google.com* überprüft nicht, wer Sie sind (zumindest nicht im Rahmen von TLS).

Mutually-authenticated TLS

Die Clientauthentifizierung für das Web wird oftmals an die Anwendungsschicht delegiert, meist über ein Formular, in dem Sie nach Ihren Anmeldeinformationen gefragt werden. Natürlich kann die Clientauthentifizierung auch in TLS erfolgen, wenn sie der Server während der Serverparameterphase anfordert. Wenn beide Seiten der Verbindung authentifiziert sind, spricht man von einer *gegenseitig authentifizierten* TLS (manchmal als mTLS für mutually-authenticated TLS).

Die Clientauthentifizierung geschieht auf die gleiche Weise wie die Serverauthentifizierung. Dies kann zu jedem Zeitpunkt nach der Authentifizierung des Servers erfolgen (zum Beispiel während der Handshake-Phase oder in der Post-Handshake-Phase.)

Beantworten wir nun die Frage: »Wenn Sie sich mit *google.com* verbinden wollen, wie überprüft dann Ihr Browser, ob Sie tatsächlich einen Handshake mit *google.com* abwickeln?« Dies geschieht mithilfe der *Web-Public-Key-Infrastruktur (Web-PKI)*.

Das Konzept der Public-Key-Infrastruktur haben Sie in Kapitel 7 beim Thema digitale Signaturen kennengelernt. Lassen Sie mich dieses Konzept noch einmal kurz erläutern, da es ziemlich wichtig ist, um die Funktionsweise des Webs zu verstehen. Bei der Web-PKI sind zwei Seiten zu unterscheiden. Erstens müssen die Browser einer Reihe von öffentlichen Root-Schlüsseln vertrauen, die wir als *Zertifizierungsstellen* (Certificate Authorities, CAs) bezeichnen. In der Regel verwenden Browser entweder einen fest programmierten Satz von vertrauenswürdigen öffentlichen Schlüsseln oder sie verlassen sich darauf, dass das Betriebssystem diese bereitstellt.

Die Web-PKI

Für das Web gibt es Hunderte dieser Zertifizierungsstellen, die unabhängig voneinander von verschiedenen Unternehmen und Organisationen auf der ganzen Welt betrieben werden. Es handelt sich dabei um ein recht komplexes System und diese Zertifizierungsstellen können manchmal auch die öffentlichen Schlüssel von Zwischenzertifizierungsstellen signieren, die ihrerseits ebenfalls befugt sind, die öffentlichen Schlüssel von Websites zu signieren. Aus diesem Grund setzen Organisationen wie das *Certification Authority Browser Forum* (CA/Browser Forum) Regeln durch und entscheiden, wann neue Organisationen in die Gruppe der vertrauenswürdigen öffentlichen Schlüssel aufgenommen werden können oder wann eine Zertifizierungsstelle nicht mehr vertrauenswürdig ist und aus dieser Gruppe entfernt werden muss.

Zweitens benötigen Websites, die HTTPS verwenden wollen, eine Möglichkeit, von diesen Zertifizierungsstellen eine Zertifizierung (eine Signatur ihres signierenden öffentlichen Schlüssels) zu erhalten. Hierzu muss ein Website-Besitzer (oder ein Webmaster, wie wir früher gesagt haben) gegenüber einer Zertifizierungsstelle nachweisen, dass er eine bestimmte Domain besitzt.

> **HINWEIS**
>
> Früher war eine Gebühr fällig, wenn Sie ein Zertifikat für Ihre eigene Website haben wollten. Dies ist nicht mehr der Fall, da Zertifizierungsstellen wie Let's Encrypt kostenlose Zertifikate anbieten.

Um zu beweisen, dass Sie zum Beispiel *example.com* besitzen, könnte eine Zertifizierungsstelle Sie bitten, eine Datei unter *example.com/some_path/file.txt* mit einigen für Ihre Anfrage generierten Zufallszahlen zu hosten. Der folgende Comic zeigt diesen Austausch.

Danach kann eine Zertifizierungsstelle eine Signatur über den öffentlichen Schlüssel der Website bereitstellen. Da die Signatur der Zertifizierungsstelle in der Regel mehrere Jahre lang gültig ist, spricht man von einem langfristig signierenden öffentlichen Schlüssel (im Gegensatz zu einem ephemeren öffentlichen Schlüssel). Genauer ausgedrückt signieren Zertifizierungsstellen keine öffentlichen Schlüssel, sondern *Zertifikate* (dazu später mehr). Ein Zertifikat enthält den langfristigen öffentlichen Schlüssel zusammen mit einigen zusätzlichen wichtigen Metadaten wie dem Domainnamen der Webseite.

Um Ihrem Browser zu beweisen, dass es sich bei dem Server, mit dem er kommuniziert, tatsächlich um *google.com* handelt, sendet der Server eine *Zertifikatskette* im Rahmen des TLS-Handshakes. Diese Kette umfasst

- ihr eigenes untergeordnetes Zertifikat, das (unter anderem) den Domainnamen (zum Beispiel *google.com*), den langfristig signierenden öffentlichen Schlüssel von Google sowie die Signatur der Zertifizierungsstelle enthält,
- eine Kette mit Zertifikaten der Zwischenzertifizierungsstelle – von derjenigen, die das Zertifikat von Google signiert hat, bis zur Stammzertifizierungsstelle, die das Zertifikat der letzten Zwischenzertifizierungsstelle signiert hat.

Abbildung 9–5 veranschaulicht diese recht wortreiche Aussage.

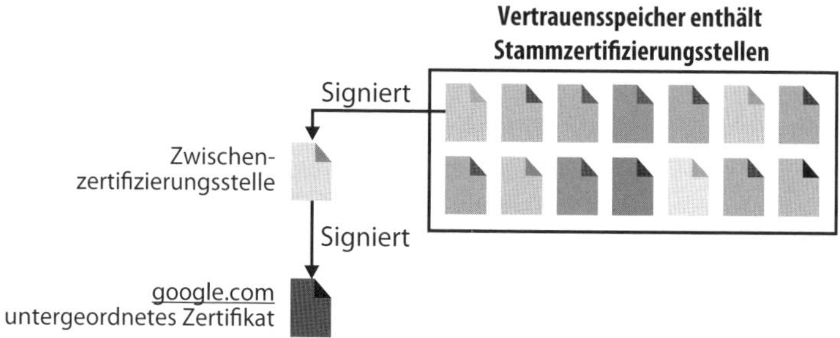

Abb. 9–5 *Webbrowser müssen nur einer relativ kleinen Gruppe von Stammzertifizierungsstellen vertrauen, um dem gesamten Web zu vertrauen. Diese Zertifizierungsstellen sind in einem sogenannten Vertrauensspeicher hinterlegt. Damit eine Website von einem Browser als vertrauenswürdig eingestuft werden kann, muss sie ihr untergeordnetes Zertifikat von einer dieser Zertifizierungsstellen signieren lassen. Manchmal signieren Stammzertifizierungsstellen nur Zwischenzertifizierungsstellen, die ihrerseits andere Zwischenzertifizierungsstellen oder untergeordnete Zertifikate signieren. Dies ist die sogenannte Web-PKI.*

Die Zertifikatskette wird in einer TLS-Zertifikatsnachricht vom Server und vom Client gesendet, als ob der Client zur Authentifizierung aufgefordert worden wäre. Anschließend kann der Server mit seinem zertifizierten Langzeitschlüsselpaar alle empfangenen und zuvor gesendeten Handshake-Nachrichten in einer sogenannten *CertificateVerify*-Nachricht signieren. Abbildung 9–6 zeigt diesen Ablauf, bei dem sich nur der Server selbst authentifiziert.

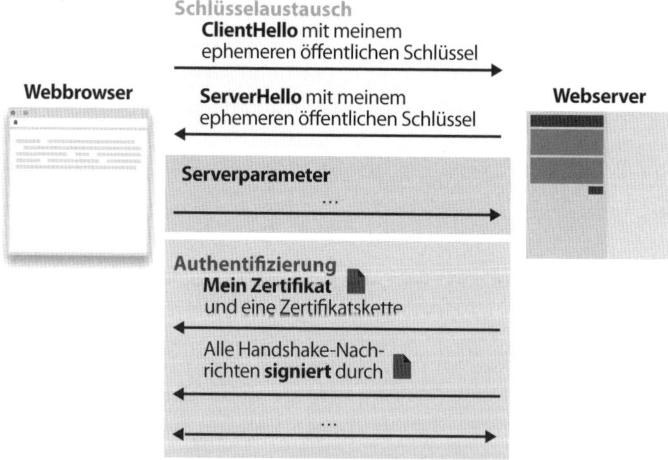

Abb. 9–6 *Im Authentifizierungsteil eines Handshakes sendet der Server zuerst eine Zertifikatskette an den Client. Die Zertifikatskette beginnt mit dem untergeordneten Zertifikat (dem Zertifikat, das den öffentlichen Schlüssel und zusätzliche Metadaten wie den Domainnamen enthält) und endet mit einem Stammzertifikat, dem der Browser vertraut. Jedes Zertifikat enthält eine Signatur vom Zertifikat, das über ihm in der Kette liegt.*

Die Signatur in der *CertificateVerify*-Nachricht beweist dem Client, was der Server bisher gesehen hat. Ohne diese Signatur könnte ein MITM-Angreifer die Handshake-Nachrichten des Servers abfangen und den ephemeren öffentlichen Schlüssel des Servers, der in der *ServerHello*-Nachricht enthalten ist, ersetzen, sodass sich der Angreifer erfolgreich als der Server ausgeben könnte. Nehmen Sie sich einen Moment Zeit, um zu verstehen, warum ein Angreifer den ephemeren öffentlichen Schlüssel des Servers nicht ersetzen kann, wenn die *CertificateVerify*-Signatur vorhanden ist.

Geschichtsstunde

Vor einigen Jahren wurde ich beauftragt, ein benutzerdefiniertes TLS-Protokoll zu überprüfen, das von einem großen Unternehmen entwickelt worden ist. Es stellte sich heraus, dass das Protokoll den Server dazu veranlasste, eine Signatur zu erstellen, die den ephemeren Schlüssel nicht berücksichtigte. Als ich das Problem schilderte, verstummte der ganze Raum für eine volle Minute. Es war natürlich ein unverzeihlicher Fehler: Wäre ein Angreifer in der Lage gewesen, den benutzerdefinierten Handshake abzufangen und den ephemeren Schlüssel durch seinen eigenen Schlüssel zu ersetzen, hätte er sich erfolgreich als Server ausgeben können.

Wir lernen hieraus, dass es wichtig ist, das Rad nicht noch mal neu zu erfinden. Sichere Transportprotokolle sind schwer in den Griff zu bekommen. Und die Vergangenheit hat gezeigt, dass sie auf viele unerwartete Arten versagen können. Stattdessen sollten Sie sich auf ausgereifte Protokolle wie TLS verlassen und sicherstellen, dass Sie eine populäre Implementierung verwenden, die in der Öffentlichkeit viel Beachtung gefunden hat.

Um schließlich den Handshake offiziell zu beenden, müssen beide Seiten der Verbindung als Teil der Authentifizierungsphase eine *Finished*-Nachricht senden. Eine Finished-Nachricht enthält ein Authentifizierungstag, das durch HMAC authentifiziert wurde, das mit der für die Sitzung ausgehandelten Hashfunktion instanziiert wird. Dies ermöglicht es sowohl dem Client als auch dem Server, der anderen Seite mitzuteilen: »Das sind alle Nachrichten, die ich während dieses Handshakes in der Reihenfolge gesendet und empfangen habe.« Wenn der Handshake durch MITM-Angreifer unterbrochen und manipuliert wird, erlaubt dieser Integritätscheck den Teilnehmern, die Verbindung zu erkennen und abzubrechen. Dies ist besonders nützlich, da manche Handshake-Modi *nicht* signiert sind (mehr dazu später).

Bevor wir uns einem anderen Aspekt des Handshakes widmen, sehen wir uns X.509-Zertifikate an. Sie sind ein wichtiges Detail vieler kryptografischer Protokolle.

Authentifizierung über X.509-Zertifikate

Obwohl Zertifikate in TLS 1.3 optional sind (Sie können immer einfache Schlüssel verwenden), machen viele Anwendungen und Protokolle – nicht nur das Web – ausgiebig Gebrauch davon, um zusätzliche Metadaten zu zertifizieren. Konkret wird der Zertifikatstandard X.509 in der Version 3 verwendet.

X.509 ist ein ziemlich alter Standard, der ausreichend flexibel sein sollte, damit er sich in einer Vielzahl von Szenarios einsetzen lässt: von E-Mail bis zu Webseiten.

Der X.509-Standard verwendet eine Beschreibungssprache namens *Abstract Syntax Notation One* (ASN.1), um die in einem Zertifikat enthaltenen Informationen festzulegen. Eine in ASN.1 beschriebene Datenstruktur sieht folgendermaßen aus:

```
Certificate  ::=   SEQUENCE  {
    tbsCertificate          TBSCertificate,
    signatureAlgorithm      AlgorithmIdentifier,
    signatureValue          BIT STRING  }
```

Dies können Sie buchstäblich als Struktur mit drei Feldern lesen:

- `tbsCertificate` – Das zu signierende Zertifikat. Dieses Feld enthält alle Informationen, die man zertifizieren möchte. Für das Web können das ein Domainname (zum Beispiel *google.com*), ein öffentlicher Schlüssel, ein Ablaufdatum usw. sein.
- `signatureAlgorithm` – Der Algorithmus, der für das Signieren des Zertifikats verwendet wird.
- `signatureValue` – Die Signatur von einer Zertifizierungsstelle.

ÜBUNG

Die Werte `signatureAlgorithm` und `signatureValue` sind im eigentlichen Zertifikat, `tbsCertificate`, nicht enthalten. Wissen Sie, warum?

Was ein X.509-Zertifikat enthält, können Sie leicht überprüfen, wenn Sie sich mittels HTTPS zu einer beliebigen Website verbinden und dann die Funktionen Ihres Browsers nutzen, um die vom Server gesendete Zertifikatskette zu beobachten. Abbildung 9–7 zeigt ein Beispiel.

X.509-Zertifikate liegen in Form von *.pem*-Dateien vor, d. h. als base64-codierter Inhalt, mit einem im Klartext angegebenen Hinweis, um welche base64-codierten Daten es sich handelt (hier: ein Zertifikat). Der folgende Ausschnitt zeigt den Inhalt eines Zertifikats in einem *.pem*-Format:


```
-----BEGIN CERTIFICATE----
MIIJQzCCCCugAwIBAgIQC1QW6WUXJ9ICAAAAAEbPdjANBgkqhkiG9w0BAQsFADBC
MQswCQYDVQQGEwJVUzEeMBwGA1UEChMVR29vZ2xlIFRydXN0IFNlcnZpY2VzMRMw
EQYDVQQDEwpHVFMgQ0EgMU8xMB4XDTE5MTAwMzE3MDk0NVoXDTE5MTIyNjE3MDk0
NVowZjELMAkGA1UEBhMCVVMxEzARBgNVBAgTCkNhbGlmb3JuaWExFjAUBgNVBAcT
[...]
vaoUqelfNJJvQjJbMQbSQEp9y8EIi4BnWGZjU6Q+q/3VZ7ybR3cOzhnaLGmqiwFv
4PNBdnVVfVbQ9CxRiplKVzZSnUvypgBLryYnl6kquh1AJS5gnJhzogrz98IiXCQZ
c7mkvTKgCNIR9fedIus+LPHCSD7zUQTgRoOmcB+kwY7jrFqKn6thTjwPnfB5aVNK
dlOnq4fcF8PN+ppgNFbwC2JxXO8L1wEFk2LvDOQgKqHR1TRJOU3A2gkuMtf6Q6au
3KBzGW6l/vt3coyyDkQKDmT61tjwy5k=
-----END CERTIFICATE-----
```

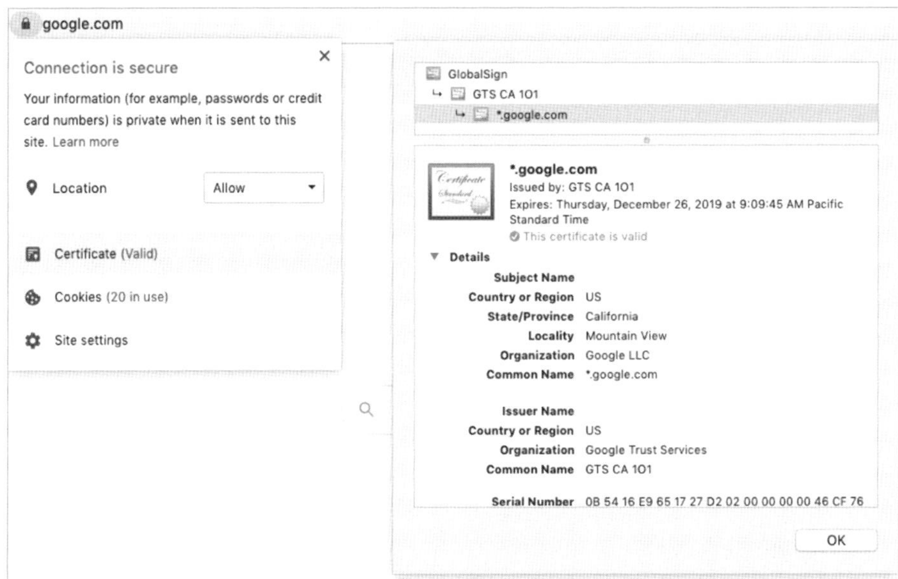

Abb. 9–7 *Mit der Zertifikatsanzeige von Chrom können Sie die vom Google-Server gesendete Zertifikatskette inspizieren. Die Stammzertifizierungsstelle ist Global Sign, der Ihr Browser vertraut. In der weiteren Kette wird einer Zwischenzertifizierungsstelle GTS CA 101 aufgrund ihres Zertifikats, das eine Signatur von Global Sign enthält, vertraut. Das untergeordnete Zertifikat von Google, das für* *.google.com (google.com, mail.google.com *usw.) gültig ist, enthält wiederum eine Signatur von GTS CA 101.*

Wenn Sie den in `BEGINCERTIFICATE` und `ENDCERTIFICATE` eingeschlossenen base64-Inhalt decodieren, erhalten Sie ein nach *Distinguished Encoding Rules* (DER) codiertes Zertifikat. DER ist eine deterministische (nur eine Möglichkeit der Verschlüsselung) binäre Codierung, mit der sich X.509-Zertifikate in Bytes übersetzen lassen. Alle diese Codierungen sind für Neueinsteiger oft recht verwirrend! In Abbildung 9–8 habe ich das alles zusammengefasst.

DER codiert Informationen nur als »hier ist eine Ganzzahl« oder »dies ist ein Bytearray«. Feldnamen, die in ASN.1 beschrieben sind (wie `tbsCertificate`) gehen nach der Codierung verloren. Daher ist es sinnlos, DER zu decodieren, ohne die ursprüngliche ASN.1-Beschreibung zu kennen, die angibt, was jedes Feld wirklich bedeutet. Praktische Befehlszeilentools wie OpenSSL ermöglichen es Ihnen, den Inhalt eines DER-codierten Zertifikats zu decodieren und in verständliche Begriffe zu übersetzen. Wenn Sie zum Beispiel ein Zertifikat von google.com heruntergeladen haben, können Sie dessen Inhalt mit dem folgenden Codefragment in Ihrem Terminal anzeigen:

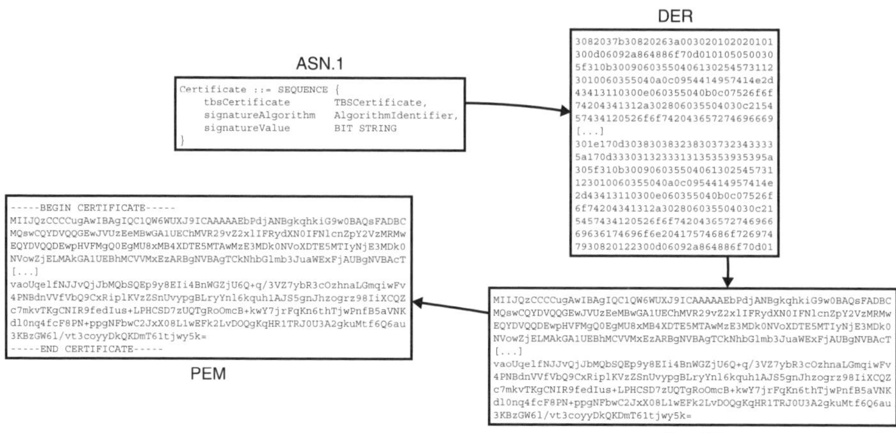

Abb. 9–8 *Das X.509-Zertifikat links oben ist in der ASN.1-Notation geschrieben. Es wird dann in Bytes transformiert, die sich mit der DER-Codierung signieren lassen. Da es sich nicht um Text handelt, der leicht kopiert oder vom Menschen erkannt werden kann, werden die Bytes base64-codiert. Der letzte Schritt verpackt die base64-Daten mit einigen praktischen Kontextinformationen im PEM-Format.*

```
$ openssl x509 -in google.pem -text
Certificate:
    Data:
        Version: 3 (0x2)
        Serial Number:
            0b:54:16:e9:65:17:27:d2:02:00:00:00:00:46:cf:76
        Signature Algorithm: sha256WithRSAEncryption
        Issuer: C = US, O = Google Trust Services, CN = GTS CA 1O1
        Validity
            Not Before: Oct  3 17:09:45 2019 GMT
            Not After : Dec 26 17:09:45 2019 GMT
        Subject: C = US, ST = California, L = Mountain View, O = Google LLC,
CN = *.google.com
        Subject Public Key Info:
            Public Key Algorithm: id-ecPublicKey
                Public-Key: (256 bit)
                pub:
                    04:74:25:79:7d:6f:77:e4:7e:af:fb:1a:eb:4d:41:
                    b5:27:10:4a:9e:b8:a2:8c:83:cc:d2:0f:12:7f:d1:
                    77:a7:0f:79:fe:4b:cb:b7:ed:c6:94:4a:b2:6d:40:
                    5c:31:68:18:b6:df:ba:35:e7:f3:7e:af:39:2d:5b:
                    43:2d:48:0a:54
                ASN1 OID: prime256v1
                NIST CURVE: P-256
    [...]
```

Trotz alledem sind X.509-Zertifikate ziemlich umstritten. Die Validierung von X.509-Zertifikaten wurde von einem Forscherteam im Jahr 2012 scherzhaft als »der gefährlichste Code der Welt« bezeichnet. Das liegt daran, dass die DER-

Codierung ein nur schwer korrekt zu parsendes Protokoll ist, und die Komplexität von X.509-Zertifikaten führt dazu, dass viele Fehler potenziell verheerend sind. Aus diesem Grund empfehle ich keiner modernen Anwendung, X.509-Zertifikate zu verwenden, sofern dies nicht unumgänglich ist.

Pre-Shared Schlüssel und Sitzungswiederaufnahme in TLS oder wie sich Schlüsselaustausch vermeiden lässt

Schlüsselvereinbarungen können teuer sein, sind aber manchmal nicht erforderlich. Nehmen Sie zum Beispiel zwei Computer an, die sich nur miteinander verbinden, und Sie möchten sich nicht mit einer Public-Key-Infrastruktur befassen müssen, um deren Kommunikation zu sichern. TLS 1.3 bietet eine Möglichkeit, mit *Pre-Shared Keys* (PSKs, engl. für »vorher vereinbarte Schlüssel«) diesen Overhead zu vermeiden. Ein PSK ist einfach ein Geheimnis, das sowohl der Client als auch der Server kennen und von dem sich symmetrische Schlüssel für die Sitzung ableiten lassen.

Bei einem PSK-Handshake in TLS 1.3 gibt der Client in seiner *ClientHello*-Nachricht bekannt, dass er eine Liste von PSK-Kennungen unterstützt. Wenn der Server eine der PSK-IDs erkennt, kann er das in seiner Antwort (der ServerHello-Nachricht) feststellen und beide können dann einen Schlüsselaustausch vermeiden (wenn sie dies wollen). Damit wird die Authentifizierungsphase übersprungen, sodass die *Finished*-Nachricht am Ende des Handshakes wichtig wird, um MITM-Angriffe zu verhindern.

Client random und Server random

Als aufmerksamer Leser haben Sie sicherlich schon bemerkt, dass ephemere öffentliche Schlüssel Zufälligkeit in die Sitzung eingebracht haben, und ohne sie könnten die symmetrischen Sitzungsschlüssel am Ende des Handshakes letztlich immer gleich sein. Die Verwendung verschiedener symmetrischer Schlüssel für verschiedene Sitzungen ist äußerst wichtig, da Sie nicht wollen, dass diese Sitzungen miteinander verknüpft werden. Schlimmer noch: Weil verschlüsselte Nachrichten zwischen den Sitzungen unterschiedlich sein können, könnte dies zu Wiederverwendungen von Nonces und deren katastrophalen Auswirkungen führen (siehe Kapitel 4).

Um dies abzumildern, enthalten sowohl die *ClientHello*- als auch die *ServerHello*-Nachrichten ein `random`-Feld, das für jede neue Sitzung zufällig erzeugt wird (und oftmals als *Client random* und *Server random* bezeichnet wird). Da TLS diese Zufallswerte verwendet, um symmetrische Schlüssel abzuleiten, werden die symmetrischen Sitzungsschlüssel für jede neue Verbindung effektiv randomisiert.

Ein weiterer Anwendungsfall für PSKs ist die *Wiederaufnahme von Sitzungen*. Dabei geht es um die Wiederverwendung von Geheimnissen, die in einer früheren Sitzung oder Verbindung erzeugt wurden. Wenn Sie bereits mit *google.com* verbunden sind sowie deren Zertifikatskette verifiziert, einen Schlüsselaustausch durchgeführt, sich auf ein gemeinsames Geheimnis geeinigt haben usw., weshalb sollten Sie nach einigen Minuten oder Stunden später diesen Tanz erneut aufführen, wenn Sie die Seite erneut besuchen? TLS 1.3 bietet eine Möglichkeit, einen

PSK zu erzeugen, nachdem ein Handshake erfolgreich abgeschlossen wurde. Dieser Schlüssel kann dann in nachfolgenden Verbindungen verwendet werden, um einen vollständigen Handshake zu vermeiden.

Wenn der Server dieses Feature anbieten möchte, kann er jederzeit während der Post-Handshake-Phase eine New-Session-Ticket-Nachricht senden. Der Server kann sogenannte *Sitzungstickets* nach verschiedenen Methoden erzeugen. Zum Beispiel kann der Server einen Bezeichner senden, der den relevanten Informationen in einer Datenbank zugeordnet ist. Dies ist nicht der einzige Weg, doch da dieser Mechanismus ziemlich komplex und meistens nicht notwendig ist, gehe ich in diesem Kapitel nicht weiter darauf ein. Als Nächstes sehen wir uns den einfachsten Teil von TLS an – wie die Kommunikation letztlich verschlüsselt wird.

9.2.2 Wie TLS 1.3 Anwendungsdaten verschlüsselt

Sobald ein Handshake stattgefunden hat und symmetrische Schlüssel abgeleitet wurden, können sowohl der Client als auch der Server einander verschlüsselte Anwendungsdaten senden. Das ist aber noch nicht alles. TLS stellt auch sicher, dass derartige Nachrichten weder erneut abgespielt noch neu geordnet werden können! Zu diesem Zweck beginnt die Nonce, auf die der authentifizierte Verschlüsselungsalgorithmus zurückgreift, bei einem festen Wert und wird für jede neue Nachricht inkrementiert. Wird eine Nachricht erneut abgespielt oder umgeordnet, weicht die Nonce vom erwarteten Ergebnis ab und die Entschlüsselung scheitert. In diesem Fall wird die Verbindung getrennt.

Die Länge des Klartextes verbergen

Wie Sie in Kapitel 4 gelernt haben, verbirgt die Verschlüsselung nicht immer die Länge der zu verschlüsselnden Daten. TLS 1.3 bringt ein *Record Padding* mit, das Sie konfigurieren können, um Anwendungsdaten vor der Verschlüsselung mit einer zufälligen Anzahl von Null-Bytes aufzufüllen, was die wahre Länge der Nachricht effektiv verbirgt. Trotzdem kann es statistische Angriffe geben, die das hinzugefügte Rauschen entfernen, und es ist nicht einfach, diese Situation zu entschärfen. Wenn Sie diese Sicherheitseigenschaft wirklich benötigen, sollten Sie sich auf die TLS-1.3-Spezifikation beziehen.

Sofern ein Server dies zulässt, haben Clients ab TLS 1.3 die Möglichkeit, verschlüsselte Daten als Teil ihrer ersten Folge von Nachrichten zu senden, und zwar unmittelbar nach der *ClientHello*-Nachricht. Browser müssen also nicht unbedingt das Ende des Handshakes abwarten, um mit dem Senden von Anwendungsdaten an den Server zu beginnen. Diesen Mechanismus bezeichnet man als *Early Data* (dt. frühe Daten) oder *0-RTT* (für Zero Round Trip Time, dt. Paketumlaufzeit). Er kann nur in Verbindung mit einem PSK verwendet werden, da es damit möglich ist, symmetrische Schlüssel während der *ClientHello*-Nachricht abzuleiten.

HINWEIS

Dieses Feature war während der Entwicklung des TLS-1.3-Standards sehr umstritten, da ein passiver Angreifer in der Lage ist, eine *ClientHello*-Nachricht und die darauf folgenden verschlüsselten 0-RTT-Daten abzufangen und erneut abzuspielen. Deshalb darf 0-RTT nur mit Anwendungsdaten verwendet werden, die sicher erneut abgespielt werden können.

Im Web behandeln Browser jede GET-Anfrage als idempotent, d. h., GET-Anfragen sollten den Zustand auf der Serverseite nicht verändern und sind nur dazu gedacht, Daten abzurufen (im Unterschied zum Beispiel zu POST-Anfragen). Dies ist natürlich nicht immer der Fall und es sind Anwendungen bekannt, die tun, was immer sie tun wollen. Daher ist es einfacher, auf 0-RTT zu verzichten, wenn Sie entscheiden müssen, ob Sie dieses Feature verwenden sollten oder nicht.

9.3 Der Stand der Dinge im verschlüsselten Web heute

Heutzutage drängen Standards darauf, alle Versionen von SSL und TLS zu verwerfen, die älter als die Versionen TLS 1.2 oder TLS 1.3 sind. Wegen veralteter Clients und Server unterstützen dennoch viele Bibliotheken und Anwendungen weiterhin ältere Versionen des Protokolls (manchmal bis zur SSL-Version 3!). Dies birgt Konflikte in sich, da aufgrund der vielen Schwachstellen, gegen die Sie Vorkehrungen treffen müssen, viele schwer zu implementierende Abhilfemaßnahmen notwendig sind.

ACHTUNG

TLS 1.3 (und TLS 1.2) zu verwenden, gilt als sicher und wird empfohlen. Ältere Versionen zu verwenden, bedeutet, dass Sie Experten zurate ziehen und herausfinden müssen, wie Sie bekannte Sicherheitslücken vermeiden können.

Browser verbinden sich mit Webservern standardmäßig immer noch per HTTP und Websites müssen immer noch manuell bei einer Zertifizierungsstelle um ein Zertifikat bitten. Das heißt, dass das Internet mit den aktuellen Protokollen niemals vollständig verschlüsselt ist, auch wenn Schätzungen zufolge der weltweite Internetverkehr mit dem Stand von 2019 zu 90 % verschlüsselt erfolgt.

Die Tatsache, dass Ihr Browser standardmäßig immer eine unsichere Verbindung verwendet, ist ebenfalls ein Problem. Webserver leiten Benutzer, die auf ihre Seiten per HTTP zugreifen, heutzutage in der Regel auf HTTPS um. Außerdem können Webserver (und sie tun es auch oft) die Browser anweisen, HTTPS für darauf folgende Verbindungen zu verwenden. Dies geschieht über einen HTTPS-Antwortheader namens *HTTP Strict Transport Security* (HSTS). Dennoch ist die erste Verbindung zu einer Website immer noch ungeschützt (es sei denn, der Benutzer denkt daran, `https` in die Adressleiste einzugeben) und kann abgefangen werden, um die Umleitung zu HTTPS zu entfernen.

Darüber hinaus sind andere Webprotokolle wie *NTP* (um die aktuelle Uhrzeit abzurufen) und *DNS* (um die IP zu einem Domainnamen zu ermitteln) derzeit weitgehend unverschlüsselt und anfällig für MITM-Angriffe. Zwar forscht man weiter daran, den Status quo zu verbessern, aber man muss sich dieser Angriffsmethoden bewusst sein.

Es gibt noch eine andere Bedrohung für TLS-Benutzer – sich falsch verhaltende Zertifizierungsstellen. Was wäre, wenn eine Zertifizierungsstelle beschließt, ein Zertifikat für Ihre Domain und einen öffentlichen Schlüssel, der sie kontrolliert, zu signieren? Wenn sie sich eine MITM-Position verschaffen kann, könnte sie sich gegenüber Ihren Benutzern als Ihre Website ausgeben. Wenn Sie die Clientseite der Verbindung kontrollieren, besteht die nahe liegende Lösung darin, entweder auf die Web-PKI zu verzichten (und sich auf Ihre eigene PKI zu verlassen) oder ein spezielles Zertifikat oder einen öffentlichen Schlüssel zu *pinnen*.

Certificate oder Public Key Pinning sind Techniken, die das Zertifikat (normalerweise eher einen Hash davon) oder den öffentlichen Schlüssel direkt im Clientcode codieren. Wenn der Server das erwartete Zertifikat nicht präsentiert oder das Zertifikat nicht den erwarteten langfristigen öffentlichen Schlüssel enthält, bricht der Client die Verbindung während der Authentifizierungsphase des Handshakes ab. Diese Praxis wird häufig in mobilen Anwendungen angewendet, da sie genau wissen, wie der öffentliche Schlüssel oder das Zertifikat des Servers aussehen sollte (im Gegensatz zu Browsern, die sich mit einer unendlichen Anzahl von Servern verbinden müssen). Zertifikat und öffentliche Schlüssel lassen sich nicht immer fest codieren, doch es gibt noch zwei andere Mechanismen, um mit falschen Zertifikaten umzugehen:

- *Zertifikatsperrung* – Wie der Name andeutet, kann eine Zertifizierungsstelle ein Zertifikat widerrufen und die Browser darüber warnen.
- *Zertifikatüberwachung* – Dies ist ein relativ neues System, das Zertifizierungsstellen dazu zwingt, jedes signierte Zertifikat öffentlich zu protokollieren.

Die Geschichte der Zertifikatsperrung ist recht holprig verlaufen. Die erste vorgeschlagene Lösung waren *Zertifikatsperrlisten* (Certificate Revocation Lists, CRLs), die es den Zertifizierungsstellen ermöglichten, eine Liste der zurückgezogenen Zertifikate zu verwalten, d. h. derjenigen, die nicht mehr als gültig angesehen wurden. Problematisch bei Zertifikatsperrlisten ist, dass sie ziemlich groß werden können und man sie ständig überprüfen muss.

CRLs wurden zugunsten des *Online Certificate Status Protocol* (OCSP) »abgekündigt« (deprecated). Diese einfachen Web-Schnittstellen können Sie abfragen, um festzustellen, ob ein Zertifikat zurückgezogen wurde oder nicht. OCSP bringt eigene Probleme mit: Es verlangt von den Zertifizierungsstellen einen hochverfügbaren Dienst, der OCSP-Anfragen beantworten kann, er lässt Informationen über den Webverkehr an die Zertifizierungsstellen durchsickern. Zudem entscheiden Browser oft, OCSP-Anfragen zu ignorieren, wenn ein Zeitlimit überschritten ist (um die Benutzererfahrung nicht zu stören). Die aktuelle Lösung besteht darin,

OCSP durch *OCSP Stapling* zu erweitern: Die Website ist dafür zuständig, die Zertifizierungsstelle nach einem signierten Status ihres Zertifikats abzufragen, und fügt (»stapelt«) die Antwort während des TLS-Handshakes an ihr Zertifikat an. Abbildung 9–9 veranschaulicht die drei Lösungen.

Abb. 9–9 *Für eine Zertifikatsperre im Web gibt es drei gängige Lösungen: Zertifikatsperrlisten (Certificate Revocation Lists, CRLs), Online Certificate Status Protocol (OCSP) und OCSP-Stapling.*

Eine Zertifikatsperre scheint nicht unbedingt eine erstrangige Funktion zu sein (insbesondere für kleinere Systeme verglichen mit dem World Wide Web), bis ein Zertifikat kompromittiert wird. Wie ein Sicherheitsgurt im Auto ist eine Zertifikatsperre ein Sicherheitsfeature, das die meiste Zeit nutzlos ist, in seltenen Fällen aber ein Lebensretter sein kann. In der Sicherheitsbranche nennen wir dies »Verteidigung in der Tiefe«.

HINWEIS

Für das Web hat sich die Zertifikatsperre als gute Entscheidung erwiesen. Im Jahr 2014 hat sich der Heartbleed-Bug als einer der verheerendsten Bugs in der Geschichte von SSL und TLS entpuppt. Bei der am weitesten verbreiteten SSL/TLS-Implementierung (OpenSSL) wurde ein *Pufferlesefehler* (Lesen über die Grenzen eines Arrays hinaus) festgestellt, sodass jeder eine speziell zugeschnittene Nachricht an einen beliebigen OpenSSL-Server schicken und einen Speicherauszug (Dump) des Servers abrufen konnte, wodurch oftmals die langfristigen privaten Schlüssel preisgegeben wurden.

Wenn sich jedoch eine Zertifizierungsstelle wirklich falsch verhält, kann sie entscheiden, bösartige Zertifikate nicht zurückzuziehen oder nicht zu melden. Das Problem dabei ist, dass wir einer nicht zu vernachlässigenden Anzahl von Akteuren (den Zertifizierungsstellen) blind vertrauen, dass sie das Richtige tun. Um dieses Problem in großem Maßstab zu lösen, wurde 2012 von Google die *Certificate Transparency* vorgeschlagen. Die Idee hinter Certificate Transparency besteht darin, die Zertifizierungsstelle zu zwingen, jedes ausgestellte Zertifikat in ein riesiges

Zertifikatsprotokoll aufzunehmen, das für jeden einsehbar ist. Zu diesem Zweck lehnen Browser wie Chrome jetzt Zertifikate ab, wenn sie keine Nachweise für die Aufnahme in ein öffentliches Protokoll enthalten. Durch diese Transparenz können Sie überprüfen, ob ein Zertifikat für eine Domain, die Sie besitzen, fälschlicherweise ausgestellt wurde (es sollte keine anderen Zertifikate geben als die, die Sie in der Vergangenheit angefordert haben).

Zu beachten ist, dass Certificate Transparency davon abhängt, dass Personen die Protokolle für ihre eigene Domain überwachen, um falsche Zertifikate *im Nachhinein* zu erkennen. Außerdem müssen Zertifizierungsstellen schnell reagieren und falsch ausgestellte Zertifikate zurückziehen, sobald sie entdeckt werden. In extremen Fällen entfernen Browser manchmal falsch agierende Zertifizierungsstellen aus ihren Vertrauensspeichern. Certificate Transparency ist daher nicht so leistungsfähig wie das Pinning von Zertifikaten oder öffentlichen Schlüsseln, was das Fehlverhalten von Zertifizierungsstellen abschwächt.

9.4 Andere sichere Transportprotokolle

Mit TLS haben Sie nun das am weitesten verbreitete Protokoll für die Verschlüsselung der Kommunikation kennengelernt. Damit sind Sie aber noch nicht fertig. Denn TLS ist nicht das einzige Protokoll in der Klasse der sicheren Transportprotokolle. Es gibt noch viele andere Protokolle, die Sie höchstwahrscheinlich auch schon benutzen. Allerdings sind die meisten von ihnen TLS-ähnliche Protokolle, die für einen bestimmten Anwendungsfall angepasst wurden. Das gilt zum Beispiel für die folgenden Protokolle:

- *Secure Shell (SSH)* – Das am weitesten verbreitete Protokoll und die am häufigsten verwendete Anwendung, um eine sichere Verbindung zu einem entfernten Terminal auf einem anderen Computer herzustellen.
- *Wi-Fi Protected Access (WPA)* – Das am weitesten verbreitete Protokoll, um Geräte mit Access Points im privaten Netzwerk oder mit dem Internet zu verbinden.
- *IPSec* – Eines der beliebtesten Protokolle für virtuelle Netzwerke (VPNs), um verschiedene private Netzwerke miteinander zu verbinden. Vor allem Unternehmen verknüpfen damit verschiedene Büronetzwerke miteinander. Wie aus dem Namen hervorgeht, fungiert es als IP-Schicht und ist häufig in Routern, Firewalls und anderen Netzwerkeinrichtungen zu finden. Ein weiteres bekanntes VPN ist OpenVPN, das direkt auf TLS zurückgreift.

Alle diese Protokolle implementieren in der Regel das Handshake/Post-Handshake-Paradigma neu und reichern es mit einigen eigenen Elementen an. Es ist nicht ganz unproblematisch, das Rad neu zu erfinden, da zum Beispiel mehrere Wi-Fi-Protokolle gebrochen wurden. Zum Abschluss dieses Kapitels möchte ich Ihnen das *Noise-Protokoll-Framework* vorstellen. Noise ist eine wesentlich modernere Alternative zu TLS.

9.5 Das Noise-Protokoll-Framework: Eine moderne Alternative zu TLS

TLS ist inzwischen recht ausgereift und wird aufgrund der Aufmerksamkeit, die es bekommt, in den meisten Fällen als solide Lösung angesehen. Allerdings verursacht TLS eine ganze Menge Overhead für Anwendungen, die es einsetzen, was auf historische Gründe, Abwärtskompatibilität und Gesamtkomplexität zurückzuführen ist.

Tatsächlich benötigen Sie in vielen Szenarios, in denen Sie alle Endpunkte kontrollieren, möglicherweise nicht sämtliche Features, die TLS zu bieten hat. Die nächstbeste Lösung ist das sogenannte *Noise-Protokoll-Framework*.

Das Noise-Protokoll-Framework beseitigt die Laufzeitkomplexität von TLS, indem es jegliche Aushandlung im Handshake vermeidet. Ein Client und ein Server, auf denen Noise läuft, folgen einem linearen Protokoll, das nicht verzweigt. Vergleichen Sie das mit TLS, das je nach den in den verschiedenen Handshake-Nachrichten enthaltenen Informationen viele verschiedene Pfade einschlagen kann. Noise verlagert die gesamte Komplexität in die Entwurfsphase.

Entwickler, die das Noise-Protokoll-Framework verwenden möchten, müssen entscheiden, welche Ad-hoc-Instanziierung des Frameworks sie für ihre Anwendung nutzen wollen. (Deswegen spricht man ja auch von einem Protokoll-*Framework* und nicht von einem Protokoll.) Sie müssen also zunächst entscheiden, welche kryptografischen Algorithmen verwendet werden, welche Seite der Verbindung authentifiziert wird, ob ein Pre-Shared Key verwendet wird usw. Danach wird das Protokoll implementiert und verwandelt sich in eine starre Abfolge von Nachrichten, was ein Problem darstellen kann, wenn man das Protokoll später aktualisieren und gleichzeitig die Abwärtskompatibilität mit nicht aktualisierungsfähigen Geräten aufrechterhalten muss.

9.5.1 Die vielen Handshakes von Noise

Im Noise-Protokoll-Framework können Sie aus verschiedenen *Handshake-Mustern* wählen. Die Namen der Handshake-Muster lassen erkennen, was vor sich geht. So zeigt das Handshake-Muster *IK* an, dass der öffentliche Schlüssel des Clients als Teil des Handshakes gesendet wird (wobei das *I* für *immediate* [sofort] steht) und dass der öffentliche Schlüssel des Servers dem Client im Voraus bekannt ist (*K* für *known* [bekannt]). Sobald ein Handshake-Muster gewählt wurde, werden Anwendungen, die dieses Muster verwenden, niemals versuchen, auf eines der anderen möglichen Handshake-Muster zu wechseln. Im Gegensatz zu TLS wird Noise damit in der Praxis zu einem einfachen und linearen Protokoll.

Im Rest dieses Abschnitts werde ich die Funktionsweise von Noise anhand des Handshake-Musters *NN* erläutern. Dieses Muster ist für Erklärungen einfach genug, aber unsicher, denn die beiden *N* weisen darauf hin, dass auf beiden Seiten keine (*No*) Authentifizierung stattfindet. Im Jargon von Noise schreibt man das Muster wie folgt:

```
NN:
  -> e
  <e, ee
```

Jede Zeile stellt ein Nachrichtenmuster dar und der Pfeil gibt die Richtung der Nachricht an. Jedes Nachrichtenmuster ist eine Folge von Token (hier gibt es nur zwei: `e` und `ee`), die vorschreiben, was beide Seiten der Verbindung tun müssen:

- `->e` – Bedeutet, dass der Client ein ephemeres Schlüsselpaar erzeugen und den öffentlichen Schlüssel an den Server senden muss. Der Server interpretiert diese Nachricht anders: Er muss einen emphemeren öffentlichen Schlüssel empfangen und ihn speichern.
- `<-e, ee` – Bedeutet, dass der Server ein ephemeres Schlüsselpaar erzeugen und den öffentlichen Schlüssel an den Client senden muss. Dann muss er einen Diffie-Hellman-(DH-)Schlüsselaustausch mit dem ephemeren Schlüssel des Clients (dem ersten `e`) und seinem eigenen ephemeren Schlüssel (dem zweiten `e`) abwickeln. Auf der anderen Seite muss der Client einen ephemeren öffentlichen Schlüssel vom Server empfangen und ihn verwenden, um ebenfalls einen DH-Schlüsselaustausch durchzuführen.

HINWEIS

Noise verwendet eine Kombination definierter Tokens, um verschiedene Arten von Handshakes zu spezifizieren. Zum Beispiel bedeutet das Token `s` einen *statischen Schlüssel* (ein anderer Ausdruck für *langfristiger Schlüssel*) im Gegensatz zu einem ephemeren Schlüssel, und das Token `es` bedeutet, dass beide Teilnehmer einen DH-Schlüsselaustausch mit dem ephemeren Schlüssel des Clients und dem statischen Schlüssel des Servers durchführen müssen.

Das ist noch nicht alles: Am Ende jedes Nachrichtenmusters (`->e` und `<-e, ee`) darf der Absender auch die Nutzdaten übertragen. Wenn zuvor ein DH-Schlüsselaustausch stattgefunden hat, was beim ersten Nachrichtenmuster `->e` nicht der Fall ist, werden die Nutzdaten verschlüsselt und authentifiziert. Am Ende des Handshakes leiten beide Teilnehmer einen Satz symmetrischer Schlüssel ab und beginnen, die Kommunikation ähnlich wie bei TLS zu verschlüsseln.

9.5.2 Ein Handshake mit Noise

Noise weist die Besonderheit auf, dass es sein Handshake-Transkript ständig authentifiziert. Um dies zu erreichen, verwalten beide Seiten zwei Variablen: einen Hash (`h`) und einen Verkettungsschlüssel (`ck`). Jede gesendete oder empfangene Handshake-Nachricht wird mit dem vorherigen `h`-Wert gehasht (siehe Abb. 9–10).

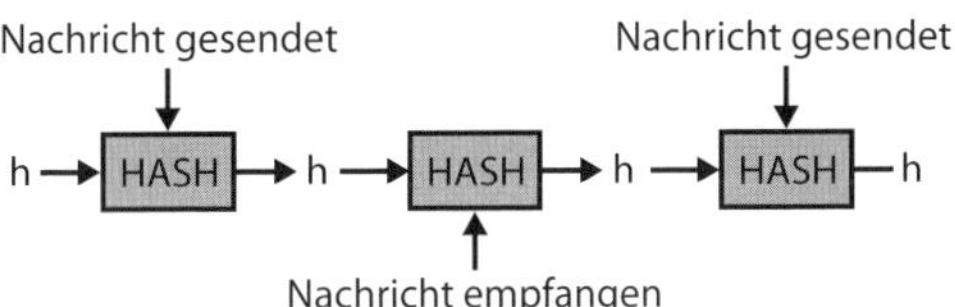

Abb. 9–10 *Im Noise-Protokoll-Framework verfolgt jede Seite der Verbindung einen Digest* h *aller Nachrichten, die während des Handshakes gesendet und empfangen wurden. Wenn eine Nachricht gesendet und mit einem AEAD-Algorithmus verschlüsselt wird, dient der aktuelle h-Wert als zugeordnete Daten, um den Handshake bis zu diesem Punkt zu authentifizieren.*

Am Ende jedes Nachrichtenmusters werden (potenziell leere) Nutzdaten mit einem AEAD-Algorithmus (siehe Kapitel 4) verschlüsselt. Dabei wird der h-Wert durch das zugeordnete Datenfeld des AEAD-Algorithmus authentifiziert. Dadurch kann Noise kontinuierlich überprüfen, ob beide Seiten der Verbindung genau die gleiche Folge von Nachrichten in derselben Reihenfolge erhalten.

Außerdem wird immer, wenn ein DH-Schlüsselaustausch stattfindet (während eines Handshakes können mehrere stattfinden), dessen Ausgabe zusammen mit dem vorherigen Verkettungsschlüssel (ck) an HKDF übergeben, die einen neuen Verkettungsschlüssel und einen neuen Satz von symmetrischen Schlüsseln ableitet, um damit nachfolgende Nachrichten zu authentifizieren und zu verschlüsseln. Abbildung 9–11 veranschaulicht dies.

Dies macht Noise zu einem einfachen Protokoll zur Laufzeit; es gibt keine Verzweigungen und beide Seiten der Verbindung tun einfach, was sie tun müssen. Bibliotheken, die Noise implementieren, sind ebenso einfach und bestehen nur aus ein paar Hundert Zeilen im Vergleich zu Hunderttausenden von Zeilen für TLS-Bibliotheken. Noise ist zwar komplexer in der Anwendung und setzt Entwickler voraus, die verstehen, wie Noise arbeitet, um es in eine Anwendung zu integrieren, aber es ist eine starke Alternative zu TLS.

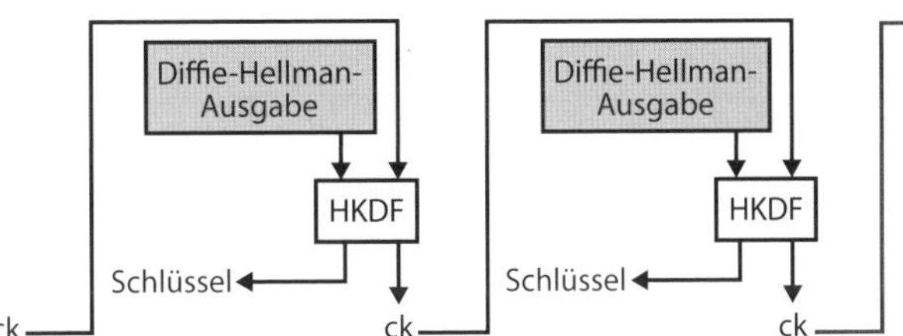

Abb. 9–11 *Im Noise-Protokoll-Framework verfolgt jede Seite der Verbindung einen Verkettungsschlüssel* ck. *Dieser Wert wird verwendet, um einen neuen Verkettungsschlüssel und neue Verschlüsselungsschlüssel abzuleiten, die im Protokoll jedes Mal verwendet werden, wenn ein DH-Schlüsselaustausch durchgeführt wird.*

Zusammenfassung

- TLS (Transport Layer Security) ist ein sicheres Transportprotokoll, um die Kommunikation zwischen Computern zu verschlüsseln. Manchmal nimmt man immer noch unter dem Namen seines Vorgängers SSL darauf Bezug.
- TLS setzt auf TCP auf und wird tagtäglich verwendet, um Verbindungen zwischen Browsern, Webservern, mobilen Anwendungen usw. zu schützen.
- Um Sitzungen zu schützen, die auf dem UDP (User Datagram Protocol) aufsetzen, verfügt TLS über eine Variante namens DTLS (Datagram Transport Layer Security), die mit UDP zusammenarbeitet.
- TLS und die meisten anderen Protokolle für Transportsicherheit verfügen über eine Handshake-Phase (in der die sichere Aushandlung erzeugt wird) und eine Post-Handshake-Phase (in der die Kommunikation mit Schlüsseln, die aus der ersten Phase abgeleitet wurden, verschlüsselt wird).
- Um zu vermeiden, dass der Infrastruktur für öffentliche Schlüssel im Web zu viel Vertrauen entgegengebracht wird, können Anwendungen, die TLS verwenden, Zertifikate und öffentliche Schlüssel pinnen, um nur sichere Kommunikation mit bestimmten Zertifikaten oder öffentlichen Schlüsseln zuzulassen.
- Als Verteidigung-in-der-Tiefe-Maßnahme können Systeme eine Zertifikatssperre implementieren (um kompromittierte Zertifikate zu entfernen) und überwachen (um kompromittierte Zertifikate oder CAs zu erkennen).
- Um die Komplexität und den Umfang von TLS zu beschränken und festzulegen, ob Sie beide Seiten der Verbindung steuern, können Sie das Noise-Protokoll-Framework verwenden.
- Um Noise zu verwenden, müssen Sie sich für eine Variante eines Handshakes entscheiden, wenn Sie das Protokoll entwerfen. Dadurch ist es wesentlich einfacher und sicherer als TLS, allerdings auch weniger flexibel.

10 Ende-zu-Ende-Verschlüsselung

In diesem Kapitel:

- Ende-zu-Ende-Verschlüsselung und ihre Wichtigkeit
- Verschiedene Lösungsansätze zur E-Mail-Verschlüsselung
- Wie Ende-zu-Ende-Verschlüsselung die Landschaft des Messaging verändert

Kapitel 9 hat Transportsicherheit mithilfe von Protokollen wie TLS und Noise erläutert. Gleichzeitig habe ich recht ausführlich erklärt, wo Vertrauen im Web verwurzelt ist: in Hunderten von Zertifizierungsstellen (Certificate Authorities, CAs), denen Ihr Browser und Ihr Betriebssystem vertrauen. Dieses System ist zwar nicht perfekt, hat aber bislang für das Web funktioniert, d. h. für ein komplexes Netz von Teilnehmern, die nichts voneinander wissen.

Dieses Problem, Wege zu finden, um anderen (und ihren öffentlichen Schlüsseln) zu vertrauen und das System skalierbar zu machen, steht im Fokus der praktischen Kryptografie. Ein berühmter Kryptograf hat einmal gesagt: »Symmetrische Kryptografie ist gelöst«, um ein Forschungsgebiet zu beschreiben, das nicht mehr zeitgemäß war. Und im Großen und Ganzen stimmte diese Aussage auch. Mit der Verschlüsselung von Kommunikation haben wir nur selten Probleme, und wir haben großes Vertrauen in die derzeit von uns verwendeten Verschlüsselungsalgorithmen. Im Hinblick auf die Verschlüsselung geht es bei den meisten technischen Herausforderungen nicht mehr um die Algorithmen selbst, sondern darum, wer Alice und Bob sind und wie sich das beweisen lässt.

Kryptografie bietet nicht die eine Lösung, um zu vertrauen, sondern viele verschiedene, die je nach Kontext mehr oder weniger praktikabel sind. In diesem Kapitel gebe ich einen Überblick über einige der verschiedenen Techniken, die Menschen und Anwendungen nutzen, um Vertrauen zwischen Benutzern zu schaffen.

10.1 Warum Ende-zu-Ende-Verschlüsselung?

Dieses Kapitel beginnt mit einem »Warum« statt mit einem »Was«. Das hängt damit zusammen, dass eine Ende-zu-Ende-Verschlüsselung eher ein Konzept ist als ein kryptografisches Protokoll, und zwar ein Konzept zur Sicherung der Kommunikation zwischen zwei (oder mehreren) Teilnehmern über einen angreifbaren Weg. Ich habe dieses Buch mit einem einfachen Beispiel begonnen: Königin Alice wollte eine Nachricht an Lord Bob senden, ohne dass jemand auf dem Übertragungsweg die Nachricht sehen konnte. Heutzutage gibt es viele Anwendungen wie E-Mail und Messaging, um Benutzer miteinander zu verbinden, und die meisten davon verschlüsseln Nachrichten von Anfang bis Ende.

Vielleicht taucht bei Ihnen die Frage auf: »Ist TLS nicht genug?« Theoretisch könnte das sein. In Kapitel 9 haben Sie gelernt, dass TLS an vielen Stellen verwendet wird, um die Kommunikation zu sichern. Aber die Ende-zu-Ende-Verschlüsselung ist ein Konzept, an dem Menschen aus Fleisch und Blut beteiligt sind. Im Gegensatz dazu wird TLS oftmals von Systemen verwendet, die auf »Man-in-the-Middle« ausgelegt sind (siehe Abb. 10–1). In diesen Systemen wird TLS nur verwendet, um die Kommunikation zwischen einem zentralen Server und dessen Benutzern zu schützen, sodass der Server alles sehen kann. Praktisch sitzen diese MITM-Server zwischen den Benutzern, sind für das Funktionieren der Anwendung notwendig und stellen *vertrauenswürdige Dritte* des Protokolls dar. Das heißt, wir müssen diesen Teilen des Systems vertrauen, damit das Protokoll als sicher gelten kann. (Spoiler-Alarm: Das ist ein großartiges Protokoll.)

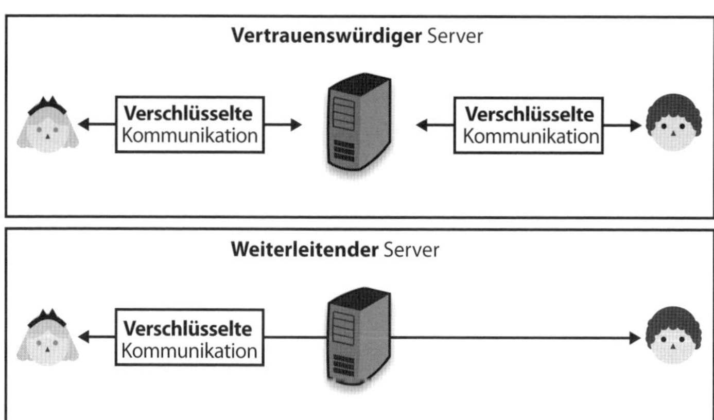

Abb. 10–1 *In den meisten Systemen leitet ein zentraler Server (obere Zeichnung) die Nachrichten zwischen den Benutzern weiter. Üblicherweise wird eine sichere Verbindung eingerichtet zwischen einem Benutzer und dem zentralen Server, der somit alle Benutzernachrichten sehen kann. Ein Protokoll, das eine Ende-zu-Ende-Verschlüsselung bietet (untere Zeichnung), verschlüsselt die Kommunikation von einem Benutzer bis zu seinem vorgesehenen Empfänger und verhindert damit, dass ein zwischengeschalteter Server die Nachrichten im Klartext beobachten kann.*

In der Praxis gibt es viel schlimmere Topologien. Die Kommunikation zwischen einem Benutzer und einem Server kann über viele Netzwerk-Hops laufen und einige dieser Hops könnten Computer sein, die den Datenverkehr inspizieren (oftmals als *Middleboxen* bezeichnet). Selbst wenn dieser Verkehr verschlüsselt ist, sind einige Middleboxen so eingerichtet, dass sie die TLS-Verbindung beenden (wir sagen, dass sie *TLS terminieren*) und den Verkehr entweder in Klartextform weiterleiten oder von diesem Punkt aus eine andere TLS-Verbindung mit dem nächsten Hop beginnen. Die TLS-Terminierung wird manchmal aus »guten« Gründen vorgenommen: um den Datenverkehr besser zu filtern, Verbindungen geografisch oder innerhalb eines Rechenzentrums auszugleichen usw. Dadurch vergrößert sich die Angriffsfläche, da der Datenverkehr nun an mehreren Stellen unbemerkt sichtbar ist. Manchmal nimmt man TLS-Terminierung aus »schlechten« Gründen vor: um den Datenverkehr abzufangen, aufzuzeichnen und auszuspionieren.

Im Jahr 2015 wurde Lenovo dabei ertappt, Laptops mit vorinstallierten benutzerdefinierten Zertifizierungsstellen (siehe Kapitel 9) und spezieller Software zu verkaufen. Die Software nutzte die Zertifizierungsstellen von Lenovo, um HTTPS-Verbindungen als MITM zu manipulieren und Werbung in Webseiten einzublenden. Noch besorgniserregender ist, dass große Länder wie China und Russland dabei ertappt wurden, wie sie den Datenverkehr im Internet umleiten und ihn durch ihre Netzwerke führen, um Verbindungen abzufangen und zu beobachten. Edward Snowden veröffentlichte 2013 eine große Anzahl von NSA-Dokumenten, die den Missbrauch vieler Regierungen (nicht nur der USA) zeigten, indem sie die Kommunikation der Menschen durch das Abhören der Internetkabel, die die Welt miteinander vernetzen, ausspioniert haben.

Benutzerdaten zu besitzen und einzusehen, ist für Unternehmen auch eine Belastung im Sinne von Verantwortung. Wie ich in diesem Buch bereits mehrfach erwähnt habe, kommt es viel zu oft zu Datenschutzverletzungen und Hacks, die für die Glaubwürdigkeit eines Unternehmens verheerend sein können. Aus rechtlicher Sicht können Gesetze wie die Datenschutzgrundverordnung (DSGVO) Unternehmen eine Menge Geld kosten. Regierungsanfragen wie die berüchtigten National Security Letters (NSLs, dt. »Briefe zur Nationalen Sicherheit«), die Unternehmen und betroffene Personen manchmal daran hindern, auch nur zu erwähnen, dass sie die Briefe erhalten haben (quasi ein Maulkorberlass), können ebenfalls als zusätzliche Kosten und Stress für eine Organisation gesehen werden, es sei denn, Sie haben nicht viel zu erzählen.

Fazit: Wenn Sie eine beliebte Online-Anwendung verwenden, ist die Wahrscheinlichkeit groß, dass eine oder mehrere Regierungen auf das, was Sie dort geschrieben oder hochgeladen haben, bereits zugreifen können oder die Möglichkeit haben, sich Zugang zu verschaffen. Je nach dem *Bedrohungsmodell* einer Anwendung (d. h., wovor die Anwendung geschützt werden soll) oder dem Bedrohungsmodell der am meisten gefährdeten Benutzer einer Anwendung spielt die Ende-zu-Ende-Verschlüsselung eine wichtige Rolle, um Vertraulichkeit und Datenschutz der Endbenutzer zu gewährleisten.

Dieses Kapitel befasst sich mit verschiedenen Techniken und Protokollen, die darauf abzielen, Vertrauen zwischen Menschen zu schaffen. Insbesondere erfahren Sie, wie E-Mail-Verschlüsselung heutzutage funktioniert und wie sicheres Messaging die Landschaft der Ende-zu-Ende verschlüsselten Kommunikation verändert.

10.2 Eine Vertrauensbasis, die nirgendwo zu finden ist

Eines der einfachsten Szenarios für die Ende-zu-Ende-Verschlüsselung sieht so aus: Alice möchte eine verschlüsselte Datei über das Internet an Bob senden. Wahrscheinlich können Sie sich eine Möglichkeit vorstellen, wie sich dies mit den kryptografischen Algorithmen realisieren lässt, die Sie in den ersten Kapiteln dieses Buches kennengelernt haben, zum Beispiel:

1. Bob sendet Alice seinen öffentlichen Schlüssel.
2. Alice verschlüsselt die Datei mit Bobs öffentlichem Schlüssel und sendet sie an Bob.

Vielleicht können sich Alice und Bob im wirklichen Leben treffen oder einen anderen sicheren Kanal verwenden, den sie bereits nutzen, um den öffentlichen Schlüssel in der ersten Nachricht auszutauschen. Wenn dies möglich ist, sagen wir, dass sie Vertrauen über einen »externen« Weg schaffen. Dies ist allerdings nicht immer der Fall. Stellen Sie sich vor, dass ich meinen eigenen öffentlichen Schlüssel in diesem Buch angebe und Sie bitte, diesen Schlüssel zu verwenden, um mir eine verschlüsselte Nachricht an eine E-Mail-Adresse zu schicken. Wer weiß denn, ob mein Lektor den öffentlichen Schlüssel nicht durch seinen eigenen ersetzt hat?

Das Gleiche gilt für Alice: Wie kann sie herausfinden, ob der öffentliche Schlüssel, den sie erhalten hat, wirklich der öffentliche Schlüssel von Bob ist? Es ist möglich, dass jemand in der Mitte die erste Nachricht verfälscht hat. Wie dieses Kapitel noch zeigt, hat die Kryptografie keine wirkliche Antwort auf diese Vertrauensfrage. Stattdessen bietet sie verschiedene Lösungen an, die in unterschiedlichen Szenarios helfen sollen. Eine wirkliche Lösung gibt es deshalb nicht, weil wir versuchen, die Realität (echte Menschen) mit einem theoretischen kryptografischen Protokoll zu verbinden.

> *Der Schutz öffentlicher Schlüssel vor Manipulationen ist das schwierigste Einzelproblem in praktischen Public-Key-Anwendungen. Es ist die »Achillesferse« der Public-Key-Kryptografie, und ein Großteil der Softwarekomplexität ist mit der Lösung dieses einen Problems verbunden.*
>
> – Zimmermann et al. (»PGP User's Guide Volume I: Essential Topics«, 1992)

Kommen wir zurück zu unserem einfachen Szenario, in dem Alice eine Datei an Bob schicken möchte. Wenn wir annehmen, dass ihre nicht vertrauenswürdige Verbindung alles ist, was sie haben, dann sind sie mit einer Art unmöglichen Vertrauensproblems konfrontiert. Alice kann nicht mit Sicherheit feststellen, was

Bobs öffentlicher Schlüssel wirklich ist. Es ist eine Art Henne-Ei-Szenario. Ich möchte jedoch darauf hinweisen, dass das Protokoll sicher ist, wenn kein böswilliger aktiver MITM-Angreifer den öffentlichen Schlüssel von Bob in der ersten Nachricht ersetzt. Selbst wenn die Nachrichten passiv aufgezeichnet werden, ist es für einen Angreifer zu spät, die zweite Nachricht im Nachhinein zu entschlüsseln.

Natürlich ist es nicht die beste Art, Kryptografie zu betreiben, wenn man sich darauf verlässt, dass die Wahrscheinlichkeit für aktive MITM-Angriffe *nicht zu hoch* liegt. Doch leider gibt es oftmals keine Möglichkeit, dies zu vermeiden. Zum Beispiel wird Google Chrome mit einer Reihe von Zertifizierungsstellen (CAs) ausgeliefert, denen der Browser von Haus aus vertraut, doch wie sind Sie überhaupt an Chrome gekommen? Vielleicht haben Sie ihn über den Standardbrowser Ihres Betriebssystems heruntergeladen, der sich auf seinen eigenen Satz von Zertifizierungsstellen verlässt. Doch woher stammt dieser? Von dem Laptop, den Sie gekauft haben? Und woher kommt dieser Laptop? Wie Sie schnell sehen können, windet sich der Weg immer weiter nach unten. Irgendwann müssen Sie darauf vertrauen, dass etwas richtig gemacht wurde.

Ein Bedrohungsmodell hört in der Regel nach einer bestimmten Windung auf, sich mit Problemen zu befassen, und geht davon aus, dass jede weitere Windung nach unten außerhalb des überblickbaren Bereichs liegt. Aus diesem Grund nehmen wir im weiteren Verlauf dieses Kapitels an, dass Sie über einen sicheren Weg verfügen, um eine gewisse *Vertrauensbasis* zu schaffen. Alle Systeme, die auf Kryptografie basieren, beruhen auf einer Vertrauensbasis, auf der ein Protokoll seine Sicherheit gründen kann. Eine Vertrauensbasis kann ein Geheimnis oder ein öffentlicher Wert sein, mit dem wir das Protokoll beginnen, oder ein externer Kanal, über den wir sie bekommen können.

10.3 Das Scheitern der verschlüsselten E-Mail

E-Mail wurde (und wird auch heute noch) nach einem *unverschlüsselten* Protokoll erstellt. Die Schuld dafür können wir nur der Zeit zuschreiben, in der Sicherheit zweitrangig war. Die E-Mail-Verschlüsselung wurde erst dann zu mehr als einer Idee, nachdem 1991 ein als *PGP (Pretty Good Privacy)* bezeichnetes Tool veröffentlicht wurde. Damals beschloss der Schöpfer von PGP, Phil Zimmermann, PGP als Reaktion auf einen Gesetzentwurf herauszubringen, der im selben Jahr fast zum Gesetz wurde. Laut diesem Gesetzentwurf wäre es der US-Regierung möglich gewesen, die gesamte Sprach- und Telekommunikation aller Unternehmen und Hersteller elektronischer Kommunikationsmittel zu erfassen. In seinem Aufsatz »Why Do You Need PGP?« (Warum brauchen Sie PGP?) von 1994 schließt Philip Zimmermann mit den Worten: »PGP befähigt die Menschen, ihre Privatsphäre selbst in die Hand zu nehmen. Der gesellschaftliche Bedarf dafür wächst stetig. Deshalb habe ich es geschrieben.«

Schließlich wurde das Protokoll in RFC 2440 als *OpenPGP* im Jahr 1998 standardisiert, und gewann mit der Veröffentlichung der Open-Source-Implementierung *GNU Privacy Guard (GPG)* an Zugkraft. Heute ist GPG immer noch die vorrangige Implementierung und die Begriffe GPG und PGP verwendet man austauschbar, wobei man so ziemlich das Gleiche meint.

10.3.1 PGP oder GPG? Und wie funktionieren sie?

PGP – oder OpenPGP – nutzt einfach hybride Verschlüsselung (siehe Kapitel 6). Die Details sind in RFC 4880 nachzulesen, der letzten Version von OpenPGP, und lassen sich mit den folgenden Schritten vereinfacht darstellen:

1. Der Absender erzeugt eine E-Mail. Der Inhalt der E-Mail wird jetzt zuerst komprimiert und dann verschlüsselt.
2. Die OpenPGP-Implementierung erzeugt einen zufälligen symmetrischen Schlüssel und verschlüsselt die E-Mail symmetrisch mit dem symmetrischen Schlüssel.
3. Der symmetrische Schlüssel wird asymmetrisch mit dem öffentlichen Schlüssel jedes Empfängers verschlüsselt (mit den Techniken, die Kapitel 6 beschrieben hat).
4. Alle verschlüsselten Versionen des symmetrischen Schlüssels der vorgesehenen Empfänger werden mit der verschlüsselten Nachricht verkettet. Der E-Mail-Body wird durch diesen Daten-Blob ersetzt und an alle Empfänger gesendet.
5. Um eine E-Mail zu entschlüsseln, verwendet der Empfänger seinen privaten Schlüssel, um den symmetrischen Schlüssel zu entschlüsseln, und entschlüsselt dann den Inhalt der E-Mail mit dem verschlüsselten symmetrischen Schlüssel.

Beachten Sie, dass OpenPGP auch definiert, wie eine E-Mail verschlüsselt werden kann, um den Absender zu authentifizieren. Hierfür wird der Klartext der E-Mail gehasht und dann mit dem privaten Schlüssel des Absenders signiert. Die Signatur wird dann der Nachricht hinzugefügt, bevor sie in Schritt 2 verschlüsselt wird. Damit der Empfänger feststellen kann, welcher öffentliche Schlüssel zu verwenden ist, um die Signatur zu verifizieren, wird der öffentliche Schlüssel des Absenders in Schritt 4 zusammen mit der verschlüsselten E-Mail übermittelt. Abbildung 10–2 veranschaulicht den Ablauf bei PGP.

ÜBUNG

Wissen Sie, warum der Inhalt der E-Mail erst komprimiert und dann verschlüsselt wird statt umgekehrt?

Auf den ersten Blick ist an diesem Design nichts auszusetzen. Es scheint MITM-Angreifer daran zu hindern, den Inhalt Ihrer E-Mail einzusehen, obwohl der Betreff und andere E-Mail-Header unverschlüsselt bleiben.

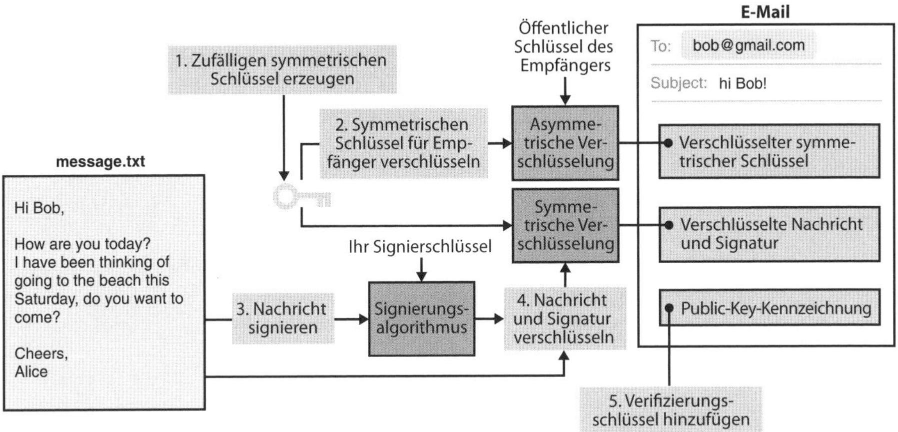

Abb. 10–2 *PGP ist dazu da, Nachrichten zu verschlüsseln und zu signieren. Wenn es in E-Mail-Clients integriert wird, verbirgt es weder den Betreff noch andere Metadaten.*

HINWEIS

Wichtig ist anzumerken, dass Kryptografie nicht immer alle Metadaten verbergen kann. In datenschutzfreundlichen Anwendungen sind Metadaten ein großes Problem und können im schlimmsten Fall Ihre Anonymität aufheben! Zum Beispiel könnten Sie in Ende-zu-Ende verschlüsselten Protokollen nicht in der Lage sein, Nachrichten zwischen Benutzern zu entschlüsseln, doch Sie können wahrscheinlich feststellen, wie deren IP-Adressen lauten, wie lang die Nachrichten sind, die sie senden und empfangen, mit wem sie üblicherweise kommunizieren (ihre sozialen Graphen) usw. Um derartige Metadaten zu verbergen, wird jede Menge technischer Aufwand betrieben.

Im Detail betrachtet, ist PGP eigentlich ziemlich schlecht. Der OpenPGP-Standard und seine Hauptimplementierung GPG verwenden alte Algorithmen und wegen der Abwärtskompatibilität ist auch keine Verbesserung der Situation in Sicht. Am kritischsten ist das Problem, dass Verschlüsselung nicht authentifiziert ist, was bedeutet, dass jeder, der eine nicht signierte E-Mail abfangen kann, in der Lage sein könnte, den verschlüsselten Inhalt bis zu einem gewissen Grad zu manipulieren, abhängig vom konkreten Verschlüsselungsalgorithmus, der verwendet wird. Allein aus diesem Grund würde ich heute niemandem mehr empfehlen, PGP einzusetzen.

Ein überraschender Schwachpunkt von PGP ist die Tatsache, dass die Signier- und Verschlüsselungsvorgänge nicht gerade sorgfältig zusammengesetzt sind. Don Davis hat 2001 darauf hingewiesen, dass man aufgrund dieser naiven Komposition von kryptografischen Algorithmen eine signierte E-Mail, die er erhalten hat, erneut verschlüsseln und sie an einen anderen Empfänger senden kann. Praktisch ist Bob dadurch in der Lage, Ihnen die E-Mail zu senden, die Alice ihm zuvor gesendet hat, so als ob Sie der beabsichtigte Empfänger wären!

Falls Sie sich fragen: Es ist immer noch fehlerhaft, wenn man den Chiffretext statt des Klartextes signiert, da man dann einfach die mit dem Chiffretext gelieferte Nachricht entfernen und stattdessen die eigene Signatur hinzufügen könnte. Praktisch könnte Bob dann vorgeben, er hätte Ihnen eine E-Mail geschickt, die tatsächlich von Alice stammt. Abbildung 10–3 fasst diese beiden Probleme beim Signieren zusammen.

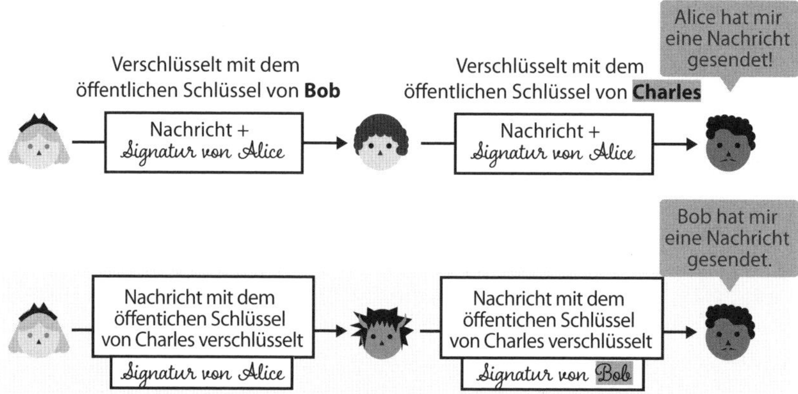

Abb. 10–3 *In der oberen Darstellung verschlüsselt Alice eine Nachricht und eine Signatur über der Nachricht mit dem öffentlichen Schlüssel von Bob. Diese Nachricht kann Bob erneut an Charles verschlüsseln, der glauben könnte, dass sie ursprünglich für ihn bestimmt war. Dies ist der PGP-Ablauf. In der unteren Darstellung verschlüsselt Alice dieses Mal eine Nachricht an Charles. Außerdem signiert sie die verschlüsselte Nachricht anstelle des Klartextes. Bob, der die verschlüsselte Nachricht abfängt, kann die Signatur durch seine eigene ersetzen und Charles damit vorgaukeln, er habe den Inhalt der Nachricht geschrieben.*

ÜBUNG

Können Sie eine eindeutige Methode beschreiben, eine Nachricht zu signieren?

Das Sahnehäubchen auf dem Kuchen ist, dass der Algorithmus standardmäßig keine *Forward Secrecy* bietet. Zur Erinnerung: Ohne Forward Secrecy bedeutet eine Kompromittierung Ihres privaten Schlüssels, dass sich alle zuvor an Sie gesendeten E-Mails, die mit diesem Schlüssel verschlüsselt wurden, nun entschlüsseln lassen. Forward Secrecy können Sie immer noch erzwingen, indem Sie Ihren PGP-Schlüssel ändern. Allerdings ist dieser Prozess nicht ganz einfach (zum Beispiel können Sie Ihren neuen Schlüssel mit Ihrem alten Schlüssel signieren) und die meisten Benutzer machen sich darüber einfach keine Gedanken. Alles in allem sollten Sie folgende Punkte berücksichtigen:

- PGP verwendet alte kryptografische Algorithmen.
- PGP kennt keine authentifizierte Verschlüsselung und ist daher nicht sicher, wenn es ohne Signaturen verwendet wird.

- Aufgrund des schlechten Designs bedeutet der Empfang einer signierten Nachricht nicht unbedingt, dass die Empfänger wirklich die beabsichtigten Empfänger sind.
- Standardmäßig gibt es keine Forward Secrecy.

10.3.2 Vertrauen zwischen Benutzern mit dem Netz des Vertrauens skalieren

Weshalb geht es hier eigentlich um PGP? Nun, es gibt etwas Interessantes an PGP, das ich bisher noch nicht erwähnt habe: Wie kommen Sie an die Schlüssel anderer Benutzer und wie können Sie ihnen vertrauen? Die Antwort ist, dass Sie in PGP das Vertrauen selbst schaffen!

Okay. Was bedeutet das? Stellen Sie sich vor, Sie installieren GPG und wollen einige Nachrichten an Ihre Freunde verschlüsseln. Dafür müssen Sie zunächst einen sicheren Weg finden, um die öffentlichen PGP-Schlüssel Ihrer Freunde zu erhalten. Ein sicherer Weg ist es, sich im wirklichen Leben mit ihnen zu treffen. Sie treffen sich, kopieren die öffentlichen Schlüssel auf ein Stück Papier und tippen dann diese Schlüssel zu Hause auf dem eigenen Laptop ein. Jetzt können Sie Ihren Freunden signierte und verschlüsselte Nachrichten mit OpenPGP schicken. Allerdings ist das mühsam. Müssen Sie das für jede Person tun, der Sie eine E-Mail schicken wollen? Nein, natürlich nicht. Nehmen wir das folgende Szenario an:

- Sie haben den öffentlichen Schlüssel von Bob im wirklichen Leben erhalten und vertrauen ihm daher.
- Den öffentlichen Schlüssel von Mark haben Sie zwar nicht, aber Bob hat ihn und er vertraut ihm.

Überlegen Sie einmal, wie Sie Marks öffentlichem Schlüssel vertrauen könnten. Bob kann den Schlüssel von Mark einfach signieren und Ihnen damit zeigen, dass er der Verbindung zwischen dem öffentlichen Schlüssel und Marks E-Mail vertraut. Wenn Sie Bob vertrauen, können Sie nun Marks öffentlichem Schlüssel vertrauen und ihn in Ihr Repertoire aufnehmen. Dies ist die Hauptidee hinter dem PGP-Konzept des *dezentralen* Vertrauens. Abbildung 10–4 veranschaulicht dieses als *Netz des Vertrauens* (Web of Trust, WOT) bezeichnete Konzept.

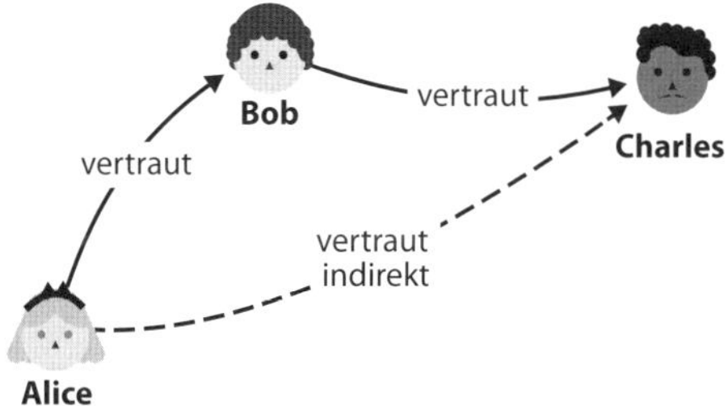

Abb. 10–4 *Das Netz des Vertrauens (Web of Trust, WOT) ist das Konzept, dass Benutzer anderen Benutzern vertrauen können, indem sie sich auf Signaturen verlassen. Wie aus der Abbildung hervorgeht, vertraut Alice Bob, der wiederum Charles vertraut. Alice kann Bobs Signatur für die Identität von Charles und den öffentlichen Schlüssel verwenden, um auch Charles zu vertrauen.*

Manchmal werden auf Konferenzen »Schlüsselpartys« veranstaltet, wo sich Menschen im wirklichen Leben treffen und ihre jeweiligen öffentlichen Schlüssel signieren. Doch das meiste davon ist ein Rollenspiel und in der Praxis verlassen sich nur wenige Leute auf WOT, um ihren PGP-Kreis zu erweitern.

10.3.3 Schlüsselermittlung ist ein echtes Problem

PGP hat einen anderen Weg ausprobiert, um das Problem der Entdeckung öffentlicher Schlüssel zu lösen – Schlüsselverzeichnisse. Das Konzept ist ziemlich einfach: Veröffentlichen Sie Ihren öffentlichen PGP-Schlüssel und die zugehörigen Signaturen von anderen, die Ihre Identität bestätigen, auf einer öffentlichen Liste, sodass andere sie finden können. In der Praxis funktioniert das nicht, da jeder einen Schlüssel und eine zugehörige Signatur veröffentlichen kann, die angeblich zu Ihrer E-Mail passen. Tatsächlich haben einige Angreifer absichtlich Schlüssel auf Schlüsselservern gefälscht, allerdings wohl eher, um Chaos zu stiften, als um E-Mails auszuspähen. In manchen Umgebungen können wir unser Bedrohungsmodell lockern und eine vertrauenswürdige Instanz zulassen, die Identitäten und öffentliche Schlüssel bestätigt. Denken Sie zum Beispiel an ein Unternehmen, das die E-Mails seiner Mitarbeiter verwaltet.

Die Firma RSA hat 1995 die *Secure/Multipurpose Internet Mail Extensions* (S/MIME) als Erweiterung des MIME-Formats (das selbst eine Erweiterung des E-Mail-Standards ist) und als Alternative zu PGP vorgeschlagen. Die in RFC 5751 standardisierte Erweiterung S/MIME weicht auf interessante Weise vom WOT ab, indem es Vertrauen mithilfe einer Public-Key-Infrastruktur aufbaut. Das ist so ziemlich der einzige konzeptionelle Unterschied, den S/MIME zu PGP aufweist. Da Firmen über Prozesse verfügen, um Mitarbeiter einzustellen und zu entlassen, ist es für sie sinnvoll, Protokolle wie S/MIME einzusetzen, um das Vertrauen in ihr internes E-Mail-Ökosystemen zu begründen.

Eine wichtige Anmerkung: Sowohl PGP als auch S/MIME werden über dem *Simple Mail Transfer Protocol* (SMTP) verwendet, d. h. über dem Protokoll, das heute zum Senden und Empfangen von E-Mails üblich ist. Und da PGP und S/MIME erst später erfunden wurden, ist ihre Integration mit SMTP und E-Mail-Clients alles andere als perfekt. So wird zum Beispiel nur der eigentliche Nachrichtentext (der Body) einer E-Mail verschlüsselt und weder der Betreff noch die anderen Felder im Header der E-Mail. Wie PGP ist auch S/MIME ein recht altes Protokoll, das überholte Kryptografie und Praktiken verwendet. Zudem bietet es wie PGP keine authentifizierte Verschlüsselung.

Neuere Forschungen (Efail: »Breaking S/MIME and OpenPGP Email Encryption using Exfiltration Channels«) zur Integration beider Protokolle in E-Mail-Clients haben gezeigt, dass die meisten von ihnen für *Exfiltrationsangriffe* anfällig sind, bei denen ein Angreifer, der verschlüsselte E-Mails beobachtet, den Inhalt abrufen kann, indem er manipulierte Versionen an die Empfänger sendet.

Letztlich spielen diese Unzulänglichkeiten nur eine untergeordnete Rolle, denn weltweit wandern die meisten E-Mails unverschlüsselt durch das globale Netz. Sowohl für technische Laien als auch für fortgeschrittene Benutzer hat sich PGP als ziemlich schwierig erwiesen, da sie die vielen Feinheiten und Abläufe von PGP verstehen müssen, um ihre E-Mails zu verschlüsseln. So ist es zum Beispiel nicht ungewöhnlich, dass Benutzer auf eine verschlüsselte E-Mail antworten, ohne die Antwort zu verschlüsseln und dabei die gesamte empfangene Nachricht im Klartext zitieren. Hinzu kommt, dass die schlechte (oder nicht vorhandene) Unterstützung für PGP durch die gängigen E-Mail-Clients nicht gerade hilfreich ist.

> *In den 1990er-Jahren war ich von der Zukunft begeistert und träumte von einer Welt, in der jeder GPG installieren würde. Jetzt bin ich immer noch begeistert von der Zukunft, aber ich träume von einer Welt, in der ich es deinstallieren kann.*
>
> – Moxie Marlinspike (»GPG and Me«, 2015)

Aus diesen Gründen hat der Support für PGP weiter nachgelassen (zum Beispiel hat Golang 2019 die PGP-Unterstützung aus der Standardbibliothek entfernt), während immer mehr praktische Kryptografieanwendungen darauf abzielen, PGP zu ersetzen und seine Probleme mit der Benutzerfreundlichkeit zu lösen. Heute lässt sich kaum behaupten, dass E-Mail-Verschlüsselung jemals den gleichen Erfolg und die gleiche Akzeptanz haben wird wie beispielsweise HTTPS.

> *Wenn Nachrichten im Klartext gesendet werden können, dann werden sie auch im Klartext gesendet. E-Mail ist standardmäßig Ende-zu-Ende unverschlüsselt. Die elektronische Post beruht auf Klartext. Jede gängige E-Mail-Software erwartet Klartext. Das Internet-E-Mail-System ist schlicht und ergreifend auf unverschlüsselte Daten ausgerichtet.*
>
> – Thomas Ptacek (»Stop Using Encrypted Email«, 2020)

10.3.4 Wenn nicht PGP, was dann?

Auf den letzten Seiten habe ich ausführlich erläutert, wie ein einfaches Design à la PGP in der Praxis auf viele verschiedene und überraschende Arten versagen kann. Ja, ich würde davon abraten, PGP zu verwenden. Auch wenn die E-Mail-Verschlüsselung immer noch ein ungelöstes Problem ist, so werden doch Alternativen entwickelt, um verschiedene PGP-Anwendungsfälle zu ersetzen.

Ein ähnliches Protokoll- und Nachrichtenformat wie PGP ist *saltpack*. Es soll einige der beschriebenen Mängel von PGP beheben. Die wichtigsten Implementierungen von *saltpack* waren im Jahr 2021 *keybase* (*https://keybase.io*) und *keys.pub* (*https://keys.pub*). Abbildung 10–5 zeigt das Tool *keys.pub*.

Diese Implementierungen haben sich alle vom WOT entfernt und erlauben es den Benutzern, ihre öffentlichen Schlüssel in verschiedenen sozialen Netzwerken zu verbreiten, um ihre Identität in ihre öffentlichen Schlüssel einfließen zu lassen (wie Abb. 10–6 zeigt). PGP konnte diesen Schlüsselerkennungsmechanismus offenbar nicht vorhersehen, da das Tool vor dem Boom der sozialen Netzwerke entstanden ist.

Abb. 10–5 *keys.pub ist eine native Desktop-Anwendung, die das saltpack-Protokoll implementiert. Damit können Sie die öffentlichen Schlüssel anderer Personen importieren und Nachrichten an sie verschlüsseln und signieren.*

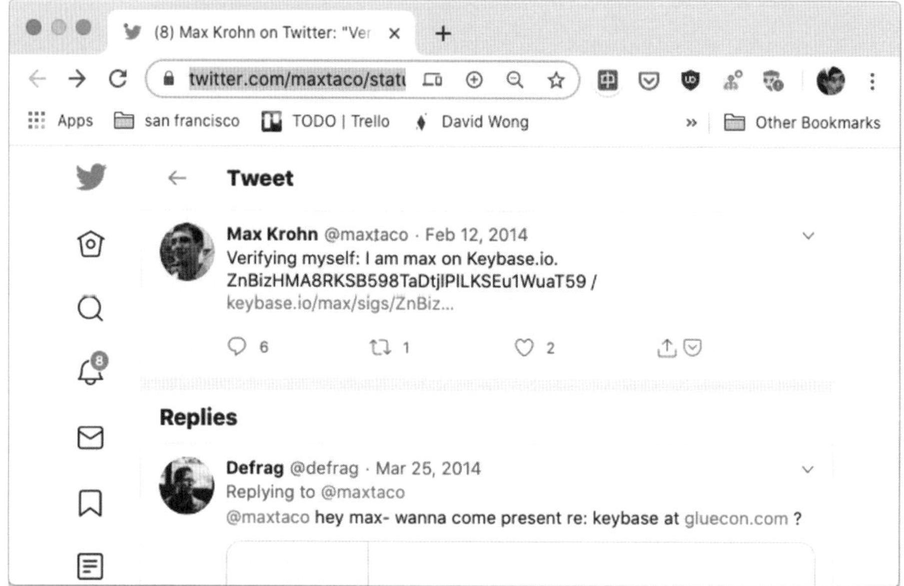

Abb. 10–6 *Ein keybase-Benutzer, der seinen öffentlichen Schlüssel im sozialen Netzwerk Twitter verbreitet. Dadurch können andere Benutzer einen zusätzlichen Beweis dafür erhalten, dass seine Identität mit einem bestimmten öffentlichen Schlüssel verknüpft ist.*

Andererseits ist der größte Teil der sicheren Kommunikation heutzutage weit entfernt von einer einmaligen Nachricht, und die Verwendung dieser Tools ist immer weniger relevant. Der nächste Abschnitt befasst sich mit sicherem Messaging, einem der Gebiete, das den Kommunikationsaspekt von PGP ersetzen soll.

10.4 Sicheres Messaging: Ein moderner Blick auf die Ende-zu-Ende-Verschlüsselung mit Signal

2004 wurde *Off-The-Record* (OTR) in einem White Paper mit dem Titel »Off-the-Record Communication, or, Why Not To Use PGP« vorgestellt. Im Gegensatz zu PGP oder S/MIME wird OTR nicht zur Verschlüsselung von E-Mails, sondern von Chat-Nachrichten eingesetzt, und zwar als Erweiterung eines Chat-Protokolls namens *Extensible Messaging and Presence Protocol* (XMPP).

Zu den herausragenden Features von OTR gehört die *Abstreitbarkeit* – eine Forderung, dass Empfänger Ihrer Nachrichten und passive Beobachter die von Ihnen gesendeten Nachrichten nicht vor Gericht verwenden können. Da die von Ihnen gesendeten Nachrichten authentifiziert und symmetrisch mit einem Schlüssel verschlüsselt werden, den der Empfänger mit Ihnen teilt, hätte er diese Nachrichten leicht selbst fälschen können. Im Gegensatz dazu werden bei PGP die Nachrichten signiert und sind somit das Gegenteil von abstreitbar – die Nachrichten sind *verbindlich*. Meines Wissens wurde keine dieser Eigenschaften bisher vor Gericht getestet.

2010 wurde die App für Mobiltelefone *Signal* (damals *TextSecure* genannt) veröffentlicht, die das neu entwickelte *Signal-Protokoll* verwendete. Zu dieser Zeit basierten die meisten sicheren Kommunikationsprotokolle wie PGP, S/MIME und OTR auf *föderierten Protokollen*, bei denen keine zentrale Instanz für das Funktionieren des Netzes erforderlich war. Die Mobile App Signal weicht weitgehend von dieser Tradition ab, indem ein zentraler Dienst ausgeführt und eine einzige offizielle Signal-Clientanwendung angeboten wird.

Signal verhindert zwar die Interoperabilität mit anderen Servern, doch ist das Signal-Protokoll ein offener Standard und wurde von vielen anderen Messaging-Anwendungen übernommen, darunter Google Allo (inzwischen eingestellt), WhatsApp, Facebook Messenger, Skype und vielen anderen. Das Signal-Protokoll ist eine echte Erfolgsgeschichte und wird von Milliarden Menschen genutzt, darunter Journalisten, Überwachungsbehörden und selbst meine 92-jährige Großmutter (ich schwöre, dass ich sie nicht zur Installation gezwungen habe).

Es ist interessant zu sehen, wie Signal funktioniert, denn das Protokoll soll viele der oben bei PGP erwähnten Mängel beheben. Insbesondere gehe ich in diesem Abschnitt auf die folgenden Punkte ein:

- Wie können wir es besser machen als das WOT? Gibt es eine Möglichkeit, die bestehenden sozialen Graphen mit Ende-zu-Ende-Verschlüsselung aufzurüsten? Die Antwort von Signal ist die Verwendung eines TOFU-Ansatzes (*Trust On First Use*, dt. Vertrauen bei erster Verwendung). TOFU erlaubt es Benutzern, anderen Benutzern bei der ersten Kommunikation blind zu vertrauen und sich darauf zu verlassen, dass dieser erste, unsichere Austausch einen dauerhaften, sicheren Kommunikationskanal etabliert. Den Benutzern steht es dann frei zu überprüfen, ob der erste Austausch von einem MITM-Angriff verfälscht wurde, indem sie ihr Sitzungsgeheimnis Out-of-Band und zu einem beliebigen Zeitpunkt in der Zukunft abgleichen.

- Wie können wir PGP upgraden, um jedes Mal Forward Secrecy zu erhalten, wenn wir eine Konversation mit jemandem beginnen? Der erste Teil des Signal-Protokolls sieht wie bei den meisten sicheren Transportprotokollen aus: Es ist ein Schlüsselaustausch, aber ein besonderer, der *Extended Triple Diffie-Hellman* (X3DH) genannt wird. Mehr dazu später.
- Wie können wir PGP so upgraden, dass es Forward Secrecy für jede einzelne Nachricht erhält? Dies ist wichtig, da sich Konversationen zwischen Benutzern über Jahre erstrecken können, und eine Kompromittierung zu irgendeinem Zeitpunkt nicht die jahrelange Kommunikation offenbaren sollte. Signal löst dieses Problem mit einer sogenannten *symmetrischen Sperrklinke* (engl. Ratchet).
- Was passiert, wenn die Sitzungsgeheimnisse zweier Benutzer zu irgendeinem Zeitpunkt kompromittiert werden? Ist das Spiel dann vorbei? Können wir uns auch davon erholen? Signal führt eine neue Sicherheitseigenschaft ein, die sogenannte *Post-Compromise Security* (PCS), und geht dieses Problem mit einer *Diffie-Hellman-(DH-)Ratchet* an.

Fangen wir an! Zuerst sehen wir uns an, wie die TOFU-Variante von Signal funktioniert.

10.4.1 Benutzerfreundlicher als WOT: Vertrauen, aber verifizieren

Einer der größten Fehler bei der Verschlüsselung von E-Mail war, dass man sich auf PGP und das WOT-Modell verlassen hat, um soziale Graphen in sichere soziale Graphen zu überführen. Das ursprüngliche Design von PGP zielte darauf ab, dass sich Menschen persönlich treffen, um eine *Schlüssel-Signier-Zeremonie* (auch *Schlüssel-Signier-Party* genannt) durchzuführen und die Schlüssel anderer zu bestätigen, doch war dies in vielerlei Hinsicht umständlich und unbequem. Heutzutage treffen sich Leute wirklich nur noch selten, um sich gegenseitig PGP-Schlüssel zu signieren.

Anwendungen wie PGP, OTR, Signal usw. verwenden die meisten Leute so, dass sie blind einem Schlüssel vertrauen, den sie das erste Mal sehen, und zukünftige Änderungen ablehnen (wie Abb. 10–7 veranschaulicht). Auf diese Weise lässt sich nur die erste Verbindung angreifen (und dies auch nur von einem aktiven MITM-Angreifer).

TOFU ist zwar nicht das beste Sicherheitsmodell, aber oft das beste, was wir haben, und es hat sich als äußerst nützlich erwiesen. Zum Beispiel wird häufig das Protokoll SSH (Secure Shell) verwendet, indem man dem öffentlichen Schlüssel des Servers bei der ersten Verbindung vertraut (siehe Abb. 10–8) und jede spätere Änderung ablehnt.

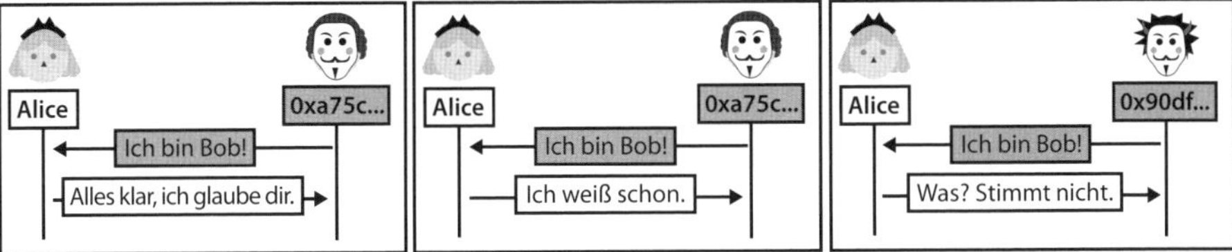

Abb. 10–7 *Vertrauen bei der ersten Verwendung (Trust On First Use, TOFU) erlaubt es Alice, ihrer ersten Verbindung zu vertrauen, nicht aber nachfolgenden Verbindungen, wenn diese nicht den gleichen öffentlichen Schlüssel mitbringen. TOFU ist ein einfacher Mechanismus, um Vertrauen aufzubauen, wenn die Wahrscheinlichkeit gering ist, dass die erste Verbindung von einem aktiven MITM-Angreifer bedroht wird. Die Zuordnung zwischen einem öffentlichen Schlüssel und der Identität (hier Bob) lässt sich auch im Nachhinein über einen anderen Kanal verifizieren.*

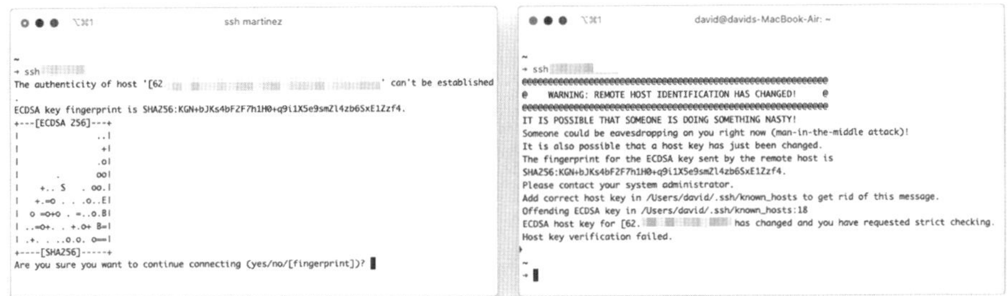

Abb. 10–8 *SSH-Clients setzen auf Vertrauen bei der ersten Verwendung. Wenn Sie sich zum ersten Mal mit einem SSH-Server verbinden (linkes Bild), haben Sie die Möglichkeit, der Verbindung zwischen dem SSH-Server und dem angezeigten öffentlichen Schlüssel blind zu vertrauen. Ändert sich später der öffentliche Schlüssel des SSH-Servers (rechtes Bild), verhindert Ihr SSH-Client, dass Sie sich mit ihm verbinden.*

TOFU-Systeme vertrauen zwar dem ersten Schlüssel, den sie sehen, erlauben es aber dem Benutzer, später zu verifizieren, ob es sich tatsächlich um den richtigen Schlüssel handelt, und etwaige Identitätsdiebstahlsversuche zu erkennen. In praktischen Anwendungen vergleichen Benutzer in der Regel *Fingerprints* (Fingerabdrücke), bei denen es sich meist um Hexadezimaldarstellungen oder Hashes öffentlicher Schlüssel handelt. Diese Verifizierung erfolgt natürlich separat. (Wenn die SSH-Verbindung gefährdet ist, dann ist es die Verifizierung ebenfalls.)

HINWEIS

Wenn Benutzer ihre Fingerprints nicht verifizieren, können sie natürlich Opfer eines MITM-Angriffs werden, ohne es zu wissen. Aber das ist die Art von Kompromissen, mit dem praktische Anwendungen klarkommen müssen, wenn sie Ende-zu-Ende-Verschlüsselung in großem Umfang einsetzen. Das Scheitern des WOT zeigt, dass sicherheitsorientierte Anwendungen die Benutzerfreundlichkeit im Auge behalten werden müssen, um auf breiter Basis akzeptiert zu werden.

In der Signal-App wird ein Fingerprint zwischen Alice und Bob wie folgt berechnet:

1. Den Identitätsschlüssel von Alice mit vorangestelltem Benutzernamen (in Signal eine Telefonnummer) hashen, diesen Digest kürzen und als Zahlenreihe interpretieren
2. Das Gleiche für Bob tun
3. Die Verkettung der beiden Zahlenreihen für den Benutzer anzeigen

Anwendungen wie Signal erleichtern es den Benutzern mit *QR-Codes*, die Fingerprints zu verifizieren, denn diese Codes können sehr lang sein. Abbildung 10–9 zeigt einen solchen Anwendungsfall.

Abb. 10–9 *Bei Signal können Sie die Authentizität und Vertraulichkeit der Verbindung, die zu einem Freund besteht, über einen anderen Kanal (wie im echten Leben) verifizieren, um zu kontrollieren, ob die beiden Fingerprints (Signal nennt sie* Sicherheitsnummern*) von Ihnen und Ihrem Freund übereinstimmen. Dieser Vergleich lässt sich einfacher bewerkstelligen, wenn Sie den QR-Code scannen, der die relevanten Informationen enthält. Zudem hasht Signal das Sitzungsgeheimnis anstelle der öffentlichen Schlüssel der beiden Benutzer, sodass sie eine große Zeichenfolge statt zwei verifizieren können.*

Als Nächstes sehen wir uns an, wie das Signal-Protokoll hinter den Kulissen funktioniert – insbesondere wie es Signal schafft, Forward Secrecy zu bieten.

10.4.2 X3DH: Der Handshake des Signal-Protokolls

Die meisten sicheren Messaging-Apps vor Signal haben *synchron* gearbeitet. Das heißt zum Beispiel, dass Alice eine Ende-zu-Ende verschlüsselte Konversation mit Bob nicht beginnen (oder fortsetzen) konnte, wenn Bob nicht online war. Hingegen ist das Signal-Protokoll *asynchron* (wie E-Mail). Das bedeutet, dass Alice eine Unterhaltung mit Personen, die offline sind, beginnen (und fortsetzen) kann.

Wie Sie wissen, bedeutet *Forward Secrecy* (siehe Kapitel 9), dass eine Kompromittierung von Schlüsseln keine früheren Sitzungen gefährdet und dass Forward Secrecy üblicherweise heißt, dass die Schlüsselvereinbarungen interaktiv sind, da beide Seiten ephemere DH-(Diffie-Hellman-)Schlüsselpaare erzeugen müssen. In diesem Abschnitt erfahren Sie, wie Signal *nicht-interaktive* Schlüsselvereinbarungen verwendet (Schlüsselvereinbarungen, bei denen eine Seite potenziell offline ist) und dennoch Forward Secrecy bietet. Okay, los geht's.

Um eine Konversation mit Bob zu beginnen, initiiert Alice einen Schlüsselaustausch mit ihm. Der Schlüsselaustausch von Signal, X3DH, kombiniert drei (oder mehr) DH-Schlüsselvereinbarungen zu einem einzigen Schlüsselaustausch. Doch bevor Sie erfahren, wie dies funktioniert, müssen Sie die drei verschiedenen Arten von DH-Schlüsseln verstehen, die Signal verwendet:

- *Identitätsschlüssel* – Dies sind Langzeitschlüssel, die die Benutzer repräsentieren. Würde Signal nur Identitätsschlüssel verwenden, wäre das Schema dem von PGP ziemlich ähnlich und es gäbe keine Forward Secrecy.
- *Einmal-Vorschlüssel* – Um selbst dann Forward Secrecy in den Schlüsselaustausch einzubringen, wenn der Empfänger einer neuen Konversation nicht online ist, lässt Signal die Benutzer mehrere öffentliche Schlüssel zur einmaligen Verwendung hochladen. Das sind lediglich emphemere Schlüssel, die im Voraus hochgeladen und nach der Verwendung gelöscht werden.
- *Signierte Vorschlüssel* – Wir könnten hier aufhören, aber es fehlt ein Sonderfall. Da die Einmal-Vorschlüssel, die ein Benutzer hochlädt, irgendwann aufgebraucht sein können, müssen Benutzer auch einen *mittelfristigen* öffentlichen Schlüssel hochladen, den sie signieren: einen signierten Vorschlüssel. Sollten auf dem Server unter Ihrem Benutzernamen keine Einmal-Vorschlüssel verfügbar sein, kann jemand immer noch Ihren signierten Vorschlüssel verwenden, um Forward Secrecy bis zum Zeitpunkt der letzten Änderung Ihres signierten Vorschlüssels hinzuzufügen. Dies bedeutet auch, dass Sie Ihren signierten Vorschlüssel regelmäßig rotieren müssen (zum Beispiel jede Woche).

Das soll als Vorschau genügen, wie eine Konversation in Signal aufgebaut wird. Abbildung 10–10 zeigt eine Übersicht.

Sehen wir uns nun die einzelnen Schritte genauer an. Zunächst registriert sich ein Benutzer, indem er

- einen Identitätsschlüssel,
- einen signierten Vorschlüssel und seine Signatur,
- eine bestimmte Anzahl von Einmal-Vorschlüsseln

sendet.

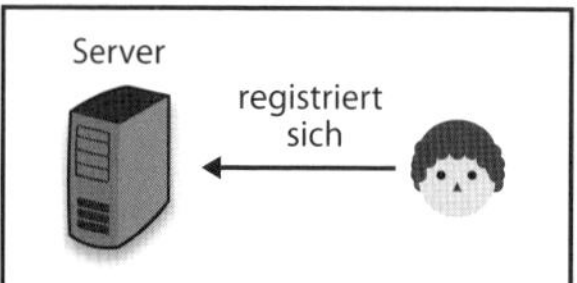

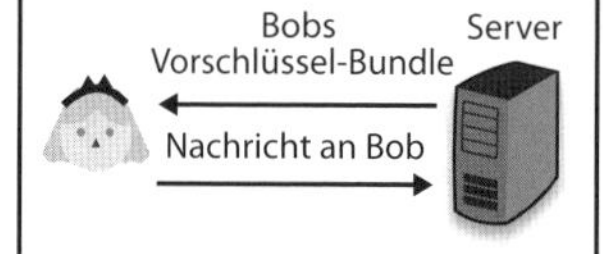

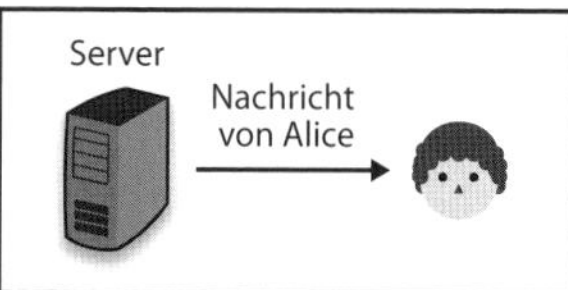

Abb. 10–10 *Der Ablauf bei Signal beginnt damit, dass sich ein Benutzer mit einer Anzahl öffentlicher Schlüssel registriert. Wenn Alice mit Bob sprechen möchte, ruft sie zuerst Bobs öffentliche Schlüssel (ein sogenanntes Vorschlüssel-Bundle) ab, führt dann einen X3DH-Schlüsselaustausch mit diesen Schlüsseln durch und verwendet dann das Ergebnis dieses Schlüsselaustauschs, um eine erste Nachricht zu erstellen. Nach dem Empfang der Nachricht kann Bob dasselbe auf seiner Seite tun, um das Gespräch zu initiieren und fortzusetzen.*

Zu diesem Zeitpunkt ist der Benutzer dafür verantwortlich, den signierten Vorschlüssel regelmäßig zu rotieren und neue Einmal-Vorschlüssel hochzuladen. In Abbildung 10–11 habe ich diesen Ablauf zusammengefasst.

HINWEIS

Signal verwendet den Identitätsschlüssel, um Signaturen über signierten Vorschlüsseln und Schlüsselvereinbarungen während des X3DH-Schlüsselaustauschs durchzuführen. Obwohl ich davor warne, denselben Schlüssel für verschiedene Zwecke zu verwenden, hat Signal gezielt daraufhin analysiert, dass es bei dieser konkreten Anwendung kein Problem geben sollte. Das heißt nicht, dass dies in Ihrem Fall und bei Ihrem Schlüsselaustauschalgorithmus funktioniert. Ich würde generell davon abraten, einen Schlüssel für verschiedene Zwecke zu verwenden.

Nach dem in Abbildung 10–11 vorgestellten Schritt würde Alice (um auf unser Beispiel zurückzukommen) ein Gespräch mit Bob beginnen, indem sie

- Bobs Identitätsschlüssel,
- Bobs aktuellen signierten Vorschlüssel und dessen zugehörige Signatur,
- einen von Bobs Einmal-Vorschlüsseln, sofern noch vorhanden (der Server löscht dann den Einmal-Vorschlüssel, der an Alice gesendet worden ist)

abruft.

Alice kann überprüfen, ob die Signatur über dem signierten Vorschlüssel korrekt ist. Dann führt sie den X3DH-Handshake mit

- allen öffentlichen Schlüsseln von Bob,
- einem ephemeren Schlüsselpaar, das sie bei dieser Gelegenheit erzeugt, um Forward Secrecy hinzuzufügen,
- ihrem eigenen Identitätsschlüssel

durch.

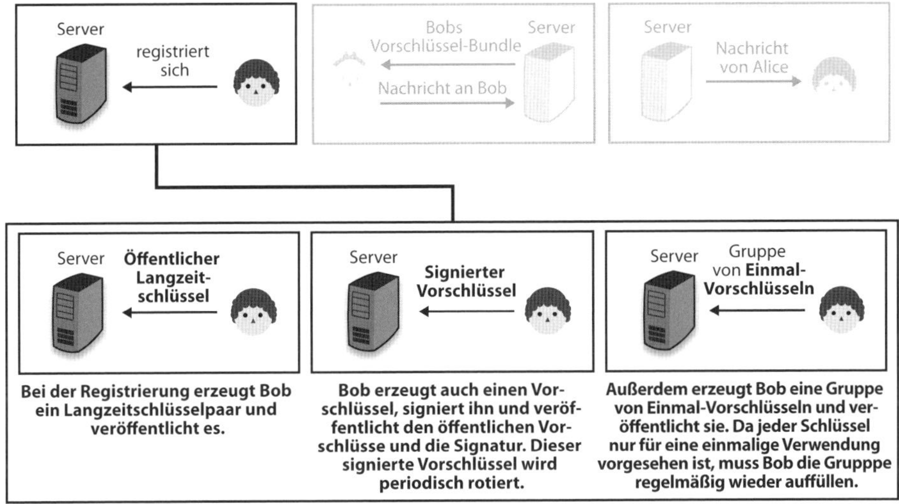

Abb. 10–11 *Ausgehend von der Darstellung in Abbildung 10–10 muss sich ein Benutzer zunächst registrieren, indem er eine Anzahl von DH-Schlüsselpaaren generiert und die öffentlichen Teile an einen zentralen Server sendet.*

Die Ausgabe von X3DH wird dann in einem Post-X3DH-Protokoll verwendet, das der Verschlüsselung ihrer Nachrichten an Bob dient (mehr dazu im nächsten Abschnitt). X3DH besteht aus drei (optional vier) DH-Schlüsselvereinbarungen, die zu einem Schlüsselaustausch gruppiert werden. Die DH-Schlüsselvereinbarungen finden zwischen

1. dem Identitätsschlüssel von Alice und dem signierten Vorschlüssel von Bob,
2. dem ephemeren Schlüssel von Alice und dem Identitätsschlüssel von Bob,
3. dem ephemeren Schlüssel von Alice und dem signierten Vorschlüssel von Bob,
4. dem Einmal-Vorschlüssel von Bob (sofern Bob noch einen Einmal-Vorschlüssel verfügbar hat) und dem ephemeren Schlüssel von Alice

statt. Das Ergebnis von X3DH – die Verkettung aller dieser DH-Schlüsselvereinbarungen – wird an eine Schlüsselableitungsfunktion (KDF) übergeben, wie sie Kapitel 8 beschrieben hat. Verschiedene Schlüsselvereinbarungen bieten verschiedene Eigenschaften. Die beiden ersten hier angegebenen dienen der gegenseitigen

Authentifizierung, die letzten beiden sind für Forward Secrecy wichtig. Alle diese Eigenschaften werden eingehender in der gut geschriebenen X3DH-Spezifikation (*https://signal. org/docs/specifications/x3dh*) analysiert, die ich Ihnen ans Herz legen möchte, wenn Sie mehr wissen wollen. Abbildung 10–12 fasst diesen Ablauf zusammen.

Alice kann Bob nun ihren öffentlichen Identitätsschlüssel, den ephemeren öffentlichen Schlüssel, den sie erzeugt hat, um die Unterhaltung zu beginnen, und andere relevante Informationen (z. B. welchen der Einmal-Vorschlüssel von Bob sie verwendet hat) senden. Bob empfängt die Nachricht und kann genau den gleichen X3DH-Schlüsselaustausch mit den darin enthaltenen öffentlichen Schlüsseln durchführen. (Aus diesem Grund verzichte ich darauf, den letzten Schritt in diesem Ablauf grafisch darzustellen.) Hätte Alice einen von Bobs Einmal-Vorschlüsseln verwendet, wäre Bob ihn los. Was passiert, nachdem X3DH abgeschlossen ist? Das sehen wir uns als Nächstes an.

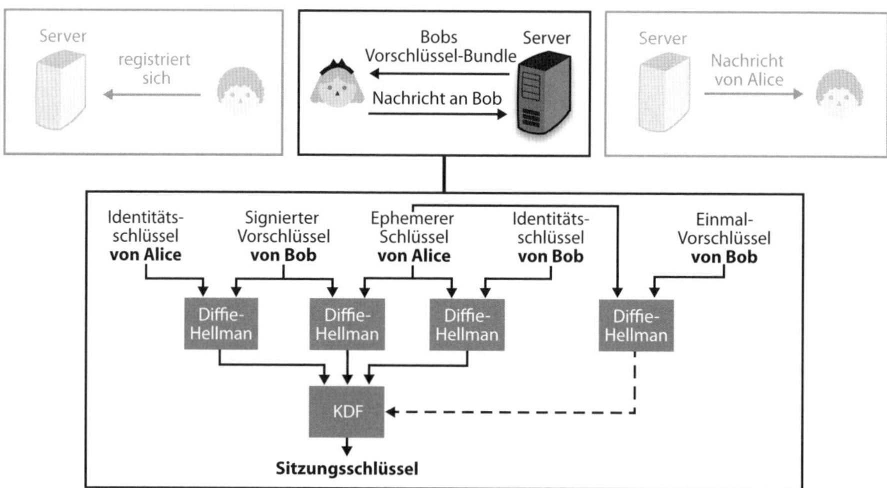

Abb. 10–12 *Wir gehen wieder von Abbildung 10–10 aus. Um eine Nachricht an Bob zu senden, ruft Alice ein Vorschlüssel-Bundle ab, das Bobs Langzeitschlüssel, seinen signierten Vorschlüssel und optional einen von seinen Einmal-Vorschlüsseln enthält. Nach verschiedenen Schlüsselvereinbarungen mit den verschiedenen Schlüsseln werden alle Ergebnisse verkettet und an eine KDF übergeben. Diese Funktion liefert eine Ausgabe, die in einem darauf folgenden Post-X3DH-Protokoll dazu dient, Nachrichten an Bob zu verschlüsseln.*

10.4.3 Double Ratchet: Das Post-Handshake-Protokoll von Signal

Die Post-X3DH-Phase dauert so lange, wie die beiden Benutzer ihre Unterhaltungen nicht löschen oder einen ihrer Schlüssel verlieren. Aus diesem Grund und weil Signal im Hinblick auf SMS-Konversationen konzipiert wurde, bei denen die Zeit zwischen zwei Nachrichten Monate betragen kann, führt Signal *Forward Secrecy* auf der Nachrichtenebene ein. Dieser Abschnitt zeigt, wie dieses Post-Handshake-Protokoll (namens *Double Ratchet*) funktioniert.

Stellen Sie sich aber zunächst ein einfaches Post-X3DH-Protokoll vor. Alice und Bob könnten die Ausgabe von X3DH als Sitzungsschlüssel verwenden, um damit Nachrichten zwischen sich zu verschlüsseln, wie Abbildung 10–13 veranschaulicht.

Abb. 10–13 *Naiverweise könnte ein Post-X3DH-Protokoll einfach die Ausgabe von X3DH als Sitzungsschlüssel verwenden, um Nachrichten zwischen Alice und Bob zu verschlüsseln.*

Normalerweise wollen wir aber die für verschiedene Zwecke verwendeten Schlüssel voneinander trennen. Hierfür können wir die Ausgabe von X3DH als *Startwert* (oder *Stammschlüssel* gemäß der Double-Ratchet-Spezifikation) an eine KDF übergeben, um zwei andere Schlüssel abzuleiten. Alice kann einen Schlüssel verwenden, um Nachrichten an Bob zu verschlüsseln, und Bob kann den anderen Schlüssel verwenden, um Nachrichten an Alice zu verschlüsseln. Abbildung 10–14 veranschaulicht dies.

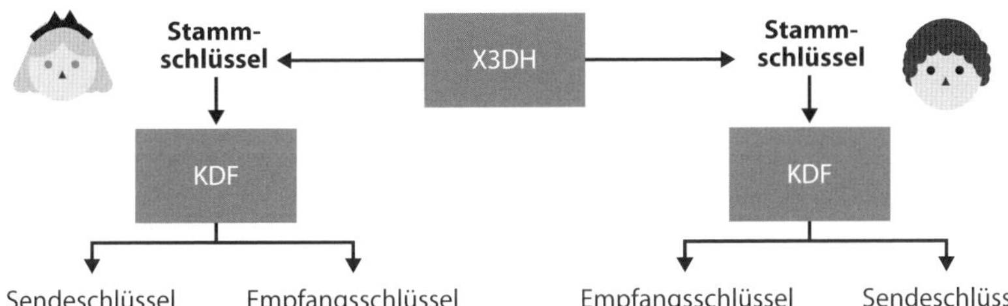

Abb. 10–14 *Ausgehend von Abbildung 10–13 würde ein besseres Post-X3DH-Protokoll die Ausgabe der Schlüsselvereinbarungen an eine Schlüsselableitungsfunktion (KDF) übergeben, um die Schlüssel zu unterscheiden, mit denen die Nachrichten von Bob und Alice verschlüsselt wurden. Hier ist der Sendeschlüssel von Alice derselbe wie der Empfangsschlüssel von Bob, und der Sendeschlüssel von Bob ist derselbe wie der Empfangsschlüssel von Alice.*

Dieser Ansatz könnte genügen, doch Signal weist darauf hin, dass Sitzungen mit Textnachrichten jahrelang dauern können. Dies steht im Gegensatz zu TLS-Sitzungen wie in Kapitel 9 beschrieben, die normalerweise nur von kurzer Dauer sein dürften. Wenn also zu irgendeinem Zeitpunkt der Sitzungsschlüssel gestohlen wird, lassen sich alle zuvor aufgezeichneten Nachrichten entschlüsseln!

Um dieses Problem anzugehen, hat Signal eine sogenannte *symmetrische Sperrklinke* (wie Abb. 10–15 zeigt) eingeführt. Der *Sendeschlüssel* heißt jetzt *Sendekettenschlüssel* und wird nicht direkt verwendet, um Nachrichten zu verschlüsseln. Beim Senden einer Nachricht übergibt Alice kontinuierlich diesen Sendekettenschlüssel an eine Einwegfunktion, die den nächsten Sendekettenschlüssel sowie die eigentlichen Sendeschlüssel zum Entschlüsseln ihrer Nachrichten erzeugt. Bob muss andererseits dasselbe tun, allerdings mit dem Empfangskettenschlüssel. Somit ist ein Angreifer nicht in der Lage, vorherige Schlüssel wiederherzustellen, wenn er einen Sendeschlüssel oder einen Sendekettenschlüssel kompromittiert. (Das Gleiche gilt für den Empfang von Nachrichten.)

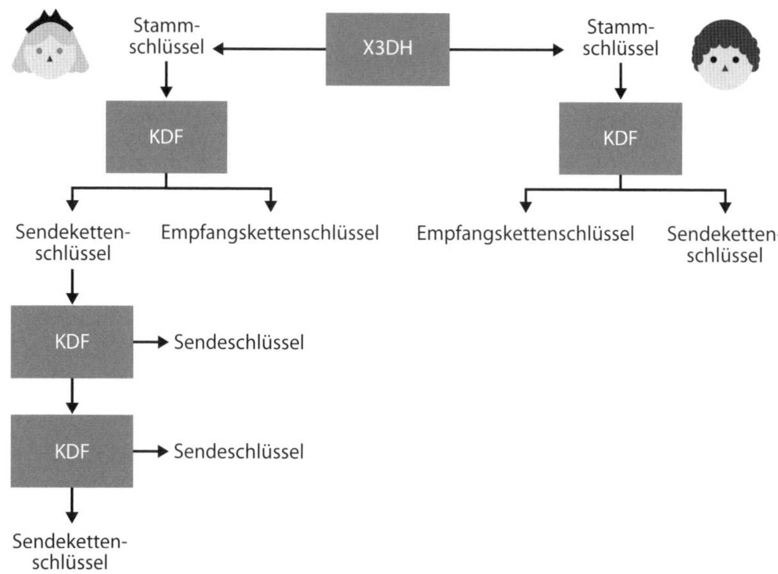

Abb. 10–15 *Ausgehend von Abbildung 10–14 lässt sich Forward Secrecy in das Post-X3DH-Protokoll einführen, indem ein Kettenschlüssel jedes Mal, wenn eine Nachricht gesendet werden muss,* eingeklinkt *(an eine KDF übergeben) wird und ein anderer Kettenschlüssel bei jedem Empfang einer Nachricht eingeklinkt wird. Somit ist es durch Kompromittieren eines Sende- oder Empfangskettenschlüssels einem Angreifer nicht möglich, vorherige Schlüssel wiederherzustellen.*

So weit, so gut. Wir haben nun Forward Secrecy in unser Protokoll und auf der Nachrichtenebene eingebaut. Jede gesendete und empfangene Nachricht schützt alle zuvor gesendeten und empfangenen Nachrichten. Allerdings ist dies etwas umstritten, da ein Angreifer, der einen Schlüssel kompromittiert, wahrscheinlich den Weg über das Smartphone eines Benutzers wählt, da hier höchstwahrscheinlich alle vorherigen Nachrichten im Klartext neben dem Schlüssel gespeichert sind. Wenn jedoch beide Benutzer in einer Unterhaltung beschließen, frühere Nachrichten zu löschen (z. B. mit dem Feature »Verschwindende Nachrichten« von Signal), wird die Eigenschaft Forward Secrecy erreicht.

Das Signal-Protokoll hat noch eine letzte interessante Eigenschaft, die ich beschreiben möchte: PCS (*Post-Compromise Security*, auch *Backward Secrecy* genannt, wie Kapitel 8 erläutert hat). PCS liegt folgende Idee zugrunde: Wenn Ihre Schlüssel irgendwann kompromittiert werden, sind Sie immer noch in der Lage, sie wiederherzustellen, da das Protokoll *selbstheilend* ist. Wenn aber der Angreifer nach einer Kompromittierung immer noch Zugriff auf das Gerät hat, bringt das natürlich nichts.

PCS kann nur funktionieren, indem eine neue Entropie eingeführt wird, auf die eine nichtpersistente Kompromittierung keinen Zugriff hätte. Die neue Entropie muss für beide Peers gleich sein. Signal findet eine derartige Entropie, indem ein ephemerer Schlüsselaustausch durchgeführt wird. Dazu führt das Signal-Protokoll kontinuierlich Schlüsselvereinbarungen durch, was als *DH-Ratchet* bezeichnet wird. Jede Nachricht, die vom Protokoll gesendet wird, enthält den aktuellen öffentlichen Ratchet-Schlüssel, wie Abbildung 10–16 veranschaulicht.

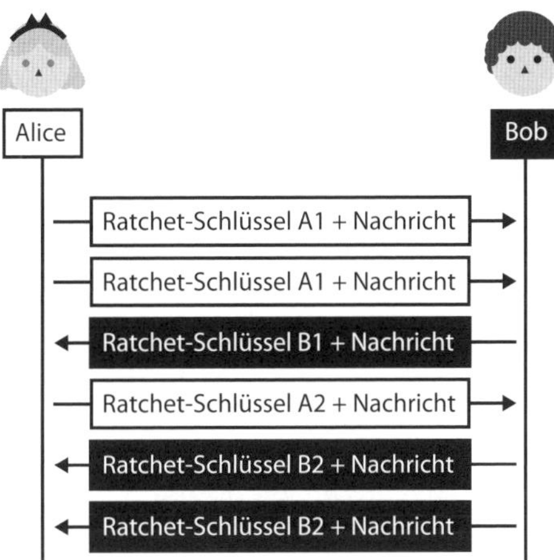

Abb. 10–16 *Die Diffie-Hellman-(DH-)Ratchet schiebt in jede gesendete Nachricht einen öffentlichen Schlüssel ein. Dieser öffentliche Ratchet-Schlüssel kann der gleiche wie der vorhergehende sein oder er kündigt einen neuen öffentlichen Ratchet-Schlüssel an, wenn ein Teilnehmer beschließt, seine Schlüssel zu aktualisieren.*

Wenn Bob einen neuen Ratchet-Schlüssel von Alice feststellt, muss er einen neuen DH-Schlüsselaustausch mit dem neuen Ratchet-Schlüssel von Alice und seinem eigenen Ratchet-Schlüssel durchführen. Die Ausgabe kann dann mit der symmetrischen Ratchet verwendet werden, um die empfangenen Nachrichten zu entschlüsseln. Abbildung 10–17 zeigt dies.

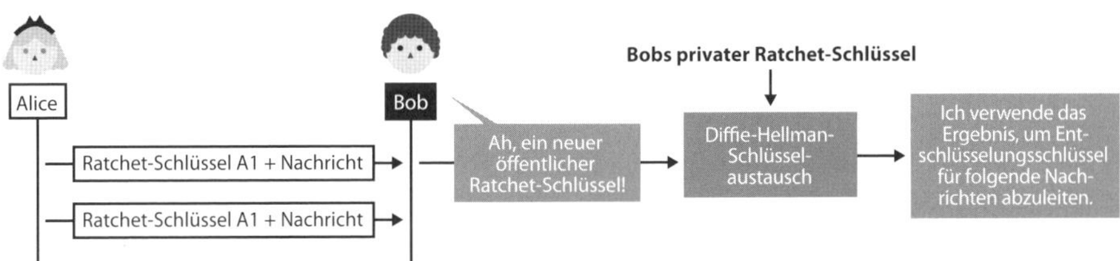

Abb. 10–17 *Wenn Bob einen neuen öffentlichen Ratchet-Schlüssel von Alice empfängt, muss er einen Schlüsselaustausch mit diesem und seinem eigenen Ratchet-Schlüssel durchführen, um Entschlüsselungsschlüssel abzuleiten. Dies geschieht mit dem symmetrischen Ratchet-Schlüssel. Dann können die Nachrichten von Alice entschlüsselt werden.*

Außerdem muss Bob beim Empfang eines neuen Ratchet-Schlüssels einen neuen zufälligen Ratchet-Schlüssel für sich selbst erzeugen. Mit diesem neuen Ratchet-Schlüssel kann er einen weiteren Schlüsselaustausch mit dem neuen Ratchet-Schlüssel von Alice durchführen, was er dann verwendet, um Nachrichten an sie zu verschlüsseln. Dies sieht dann so wie in Abbildung 10–18 aus.

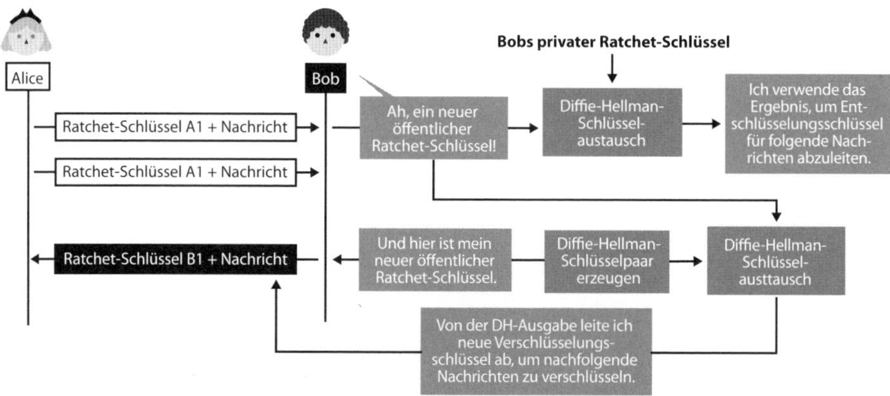

Abb. 10–18 *Wir bauen auf Abbildung 10–17 auf: Nachdem Bob einen neuen Ratchet-Schlüssel empfangen hat, muss er auch einen neuen Ratchet-Schlüssel für sich selbst erzeugen. Dieser neue Ratchet-Schlüssel dient dazu, Chiffrierschlüssel abzuleiten, und er wird Alice in seiner nächsten Folge von Nachrichten angekündigt (bis er einen neuen Ratchet-Schlüssel von Alice erhält).*

Dieses Hin- und Herwechseln von Schlüsselvereinbarungen wird in der Double-Ratchet-Spezifikation als »Ping-Pong« bezeichnet:

> *Dies führt zu einem »Ping-Pong«-Verhalten, da die Parteien abwechselnd Ratchet-Schlüsselpaare ersetzen. Ein Lauscher, der eine der Parteien kurzzeitig kompromittiert, könnte den Wert eines aktuellen privaten Ratchet-Schlüssels in Erfahrung bringen, doch würde dieser private Schlüssel letztlich durch einen nicht kompromittierten Schlüssel ersetzt. Zu diesem Zeitpunkt wird die Diffie-Hellman-Berechnung zwischen Ratchet-Schlüsselpaaren eine DH-Ausgabe definieren, die dem Angreifer unbekannt ist.*
>
> – The Double Ratchet Algorithm

Schließlich wird die Kombination von DH-Ratchet und der symmetrischen Ratchet als *Double Ratchet* bezeichnet. Es ist etwas unübersichtlich, dies in einem Diagramm zusammenzufassen, doch Abbildung 10–19 versucht es zumindest.

Mir ist bewusst, dass das letzte Diagramm eine recht gedrängte Darstellung zeigt. Deshalb empfehle ich Ihnen, einen Blick auf die Spezifikationen von Signal zu werfen, die unter *https://signal.org/docs* veröffentlicht wurden. Zudem bieten sie eine andere gut geschriebene Erläuterung des Protokolls.

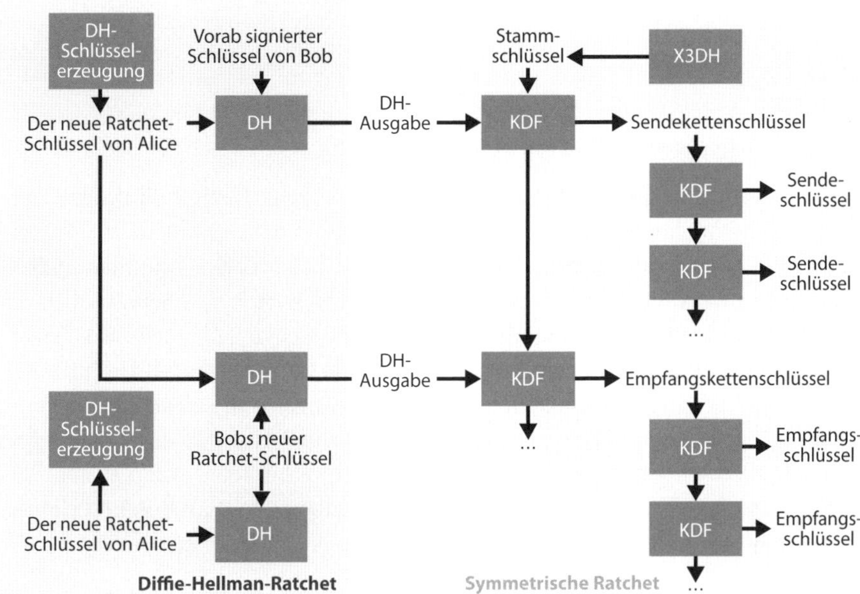

Abb. 10–19 *Die Double Ratchet (aus Sicht von Alice) kombiniert die DH-Ratchet (links) mit der symmetrischen Ratchet (rechts). Dadurch erhält das Post-X3DH-Protokoll sowohl PCS als auch Forward Secrecy. In der ersten Nachricht kennt Alice noch nicht den Ratchet-Schlüssel von Bob, sodass sie stattdessen ihren vorab signierten Schlüssel verwendet.*

10.5 Der Stand der Ende-zu-Ende-Verschlüsselung

Heute finden die meisten sicheren Kommunikationen zwischen Benutzern über sichere Messaging-Anwendungen statt über verschlüsselte E-Mails statt. Das Signal-Protokoll geht als klarer Gewinner in seiner Kategorie hervor und wird von vielen proprietären Anwendungen und auch von Open-Source-Software und föderierten Protokollen wie XMPP (über die OMEMO-Erweiterung) und Matrix (eine moderne Alternative zu IRC) übernommen. Dagegen werden PGP und S/MIME aufgegeben, da veröffentlichte Angriffe zu einem Vertrauensverlust geführt haben.

Wie sieht es aus, wenn Sie Ihre eigene Ende-zu-Ende verschlüsselte Messaging-App schreiben wollen? Leider ist vieles, was in diesem Bereich verwendet wird, ad hoc, und Sie müssten viele Details selbst ausfüllen, um ein voll funktionsfähiges und sicheres System zu erhalten. Signal hat einen großen Teil seines Codes als Open Source zur Verfügung gestellt, der aber kaum dokumentiert ist und sich nur schwer korrekt verwenden lässt. Andererseits haben Sie vielleicht mehr Glück, wenn Sie auf eine dezentralisierte Open-Source-Lösung wie Matrix setzen, die Sie leichter integrieren können. Genau das hat die französische Regierung getan.

Bevor wir dieses Kapitel abschließen, möchte ich noch auf eine Reihe offener Fragen und aktiver Forschungsprobleme eingehen.

Zum Beispiel:

- Gruppen-Messaging
- Unterstützung für mehrere Geräte
- Bessere Sicherheitsgarantieren als TOFU

Beginnen wir mit dem ersten Punkt: *Gruppen-Messaging*. Derzeit wird das Gruppen-Messaging noch aktiv erforscht, auch wenn es von den verschiedenen Anwendungen auf unterschiedliche Weise umgesetzt wird. Zum Beispiel können die Clients bei der Anwendung Signal Gruppenchats sinnvoll nutzen. Die Server sehen nur Paare von Benutzern, die miteinander sprechen – nie weniger, nie mehr. Das bedeutet, dass Clients eine Gruppenchat-Nachricht an alle Gruppenchat-Teilnehmer verschlüsseln und sie einzeln versenden müssen. Dieses sogenannte *clientseitige Fanout* (Auffächerung) ist allerdings nicht besonders gut skalierbar. Für den Server ist es auch nicht allzu schwer, die Gruppenmitglieder herauszufinden, wenn er zum Beispiel feststellt, dass Alice mehrere Nachrichten derselben Länge an Bob und Charles sendet (siehe Abb. 10–20).

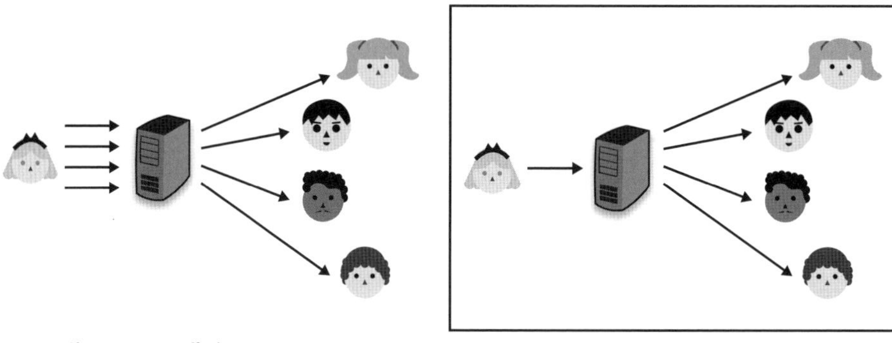

Abb. 10–20 *Es gibt zwei Möglichkeiten, Ende-zu-Ende-Verschlüsselung für Gruppenchats zu realisieren. Ein Ansatz mit clientseitigem Fanout bedeutet, dass der Client jeden Empfänger einzeln über den bereits bestehenden verschlüsselten Kanal benachrichtigen muss. Dieser Ansatz bietet sich an, um die Gruppenmitgliedschaft vor dem Server zu verbergen. Beim Ansatz mit serverseitigem Fanout leitet der Server eine Nachricht an jeden Teilnehmer des Gruppenchats weiter. Bei diesem Ansatz verringert sich die Anzahl der Nachrichten aus Sicht des Clients.*

WhatsApp hingegen verwendet eine Variante des Signal-Protokolls, bei der der Server über die Mitgliedschaft im Gruppenchat informiert ist. Diese Änderung ermöglicht es einem Teilnehmer, eine einzige verschlüsselte Nachricht an den Server zu senden, der seinerseits die Aufgabe hat, sie an die Gruppenmitglieder weiterzuleiten. Dies ist das sogenannte *serverseitige Fanout*.

Ein weiteres Problem bei Gruppenchats ist die *Skalierung* auf Gruppen mit einer großen Anzahl von Mitgliedern. Aus diesem Grund haben sich viele Akteure in der Branche kürzlich um einen Standard *Messaging Layer Security* (MLS) versammelt, um das Gruppen-Messaging in großem Umfang zu ermöglichen. Doch es scheint noch viel Arbeit zu geben und man kann sich fragen, ob ein Gruppenchat mit mehr als Hundert Teilnehmern wirklich vertraulich ist.

> **HINWEIS**
>
> In diesem Bereich wird noch immer aktiv geforscht und die verschiedenen Ansätze bringen unterschiedliche Kompromisse in Bezug auf Sicherheit und Benutzerfreundlichkeit mit sich. So scheint im Jahr 2021 kein Gruppenchat-Protokoll *Transcript Consistency* zu bieten. Diese kryptografische Eigenschaft soll sicherstellen, dass alle Teilnehmer eines Gruppenchats dieselben Nachrichten in derselben Reihenfolge sehen.

Unterstützung für mehrere Geräte ist entweder gar nicht vorhanden oder wird auf verschiedene Weise implementiert, wobei meist so getan wird, als seien die verschiedenen Geräte unterschiedliche Teilnehmer eines Gruppenchats. Das TOFU-Modell kann den Umgang mit mehreren Geräten ziemlich kompliziert gestalten, da verschiedene Identitätsschlüssel pro Gerät zu einem echten Schlüsselverwaltungsproblem werden können. Stellen Sie sich vor, Sie müssten die Fingerprints auf allen Ihren Geräten und jedem Gerät Ihrer Freunde verifizieren. Zum Beispiel lässt Matrix einen Benutzer seine eigenen Geräte signieren. Andere Benutzer können dann allen Ihren Geräten als einer Einheit vertrauen, indem sie die zugehörigen Signaturen überprüfen.

Schließlich habe ich erwähnt, dass der TOFU-Ansatz auch nicht das beste Modell ist. Denn es beruht darauf, einem öffentlichen Schlüssel zu vertrauen, wenn wir ihn zum ersten Mal sehen. Allerdings überprüfen die meisten Benutzer später nicht, ob die Fingerprints übereinstimmen. Lässt sich da etwas machen? Was ist, wenn der Server beschließt, sich nur gegenüber Alice als Bob auszugeben? Diesem Problem versucht man, mit *Key Transparency* (Schlüsseltransparenz) beizukommen. Key Transparency ist ein von Google vorgeschlagenes Protokoll, das dem in Kapitel 9 erwähnten Protokoll Certificate Transparency ähnelt. Es gibt einige Forschungsarbeiten, die die Blockchain-Technologie nutzen, um die es in Kapitel 12 zum Thema Kryptowährungen geht.

Zusammenfassung

- Bei der Ende-zu-Ende-Verschlüsselung geht es darum, die Kommunikation zwischen echten Menschen zu sichern. Ein Protokoll, das eine Ende-zu-Ende-Verschlüsselung implementiert, ist widerstandsfähiger gegen Schwachstellen, die bei Servern auftreten können, die zwischen den Benutzern liegen, und kann die rechtlichen Anforderungen für Unternehmen erheblich vereinfachen.
- Systeme mit Ende-zu-Ende-Verschlüsselung benötigen einen Weg, um Vertrauen zwischen den Benutzern zu begründen. Dieses Vertrauen kann von einem öffentlichen Schlüssel kommen, den wir bereits kennen, oder von einem Out-of-Band-Kanal, dem wir vertrauen.

- Um E-Mails zu verschlüsseln, verwendet man heute hauptsächlich die Protokolle PGP und S/MIME, die allerdings nicht als sicher gelten, da sie alte kryptografische Algorithmen und Praktiken verwenden. Zudem sind sie schlecht in E-Mail-Clients integriert, die sich in der Praxis als anfällig für verschiedene Angriffe erwiesen haben.
  - PGP verwendet ein WOT-Modell (Netz des Vertrauens), bei dem die Benutzer ihre öffentlichen Schlüssel gegenseitig signieren, um anderen zu ermöglichen, ihnen zu vertrauen.
  - S/MIME verwendet eine Infrastruktur mit öffentlichen Schlüsseln, um Vertrauen zwischen den Teilnehmern aufzubauen. Es wird am häufigsten in Unternehmen und Universitäten eingesetzt.
- Eine Alternative zu PGP ist *saltpack*, das eine Reihe von Problemen behebt und sich dabei auf soziale Netzwerke stützt, um die öffentlichen Schlüssel anderer Personen zu ermitteln.
- Bei E-Mails wird es immer Probleme mit Verschlüsselung geben, da das Protokoll nicht im Hinblick auf Verschlüsselung entwickelt wurde. Demgegenüber gelten moderne Messaging-Protokolle und -Anwendungen als bessere Alternativen zu verschlüsselten E-Mails, da sie mit einer Ende-zu-Ende-Verschlüsselung arbeiten.
  - Das Signal-Protokoll wird von den meisten Messaging-Anwendungen verwendet, um Ende-zu-Ende-Kommunikationen zwischen Benutzern zu sichern. Signal Messenger, WhatsApp, Facebook Messenger und Skype werben alle damit, dass sie die Nachrichten mithilfe des Signal-Protokolls sichern.
  - Andere Protokolle, wie zum Beispiel Matrix, versuchen, föderierte Protokolle für Ende-zu-Ende verschlüsselte Nachrichten zu standardisieren. Föderierte Protokolle sind offene Protokolle, mit denen jeder zusammenarbeiten kann (im Gegensatz zu zentralisierten Protokollen, die auf eine einzige Anwendung beschränkt sind).

11 Benutzerauthentifizierung

In diesem Kapitel:

- Unterschied zwischen Personen- und Datenauthentifizierung
- Benutzerauthentifizierung, um Benutzer anhand von Kennwörtern oder Schlüsseln zu authentifizieren
- Benutzergestützte Authentifizierung, um Verbindungen zwischen den Geräten eines Benutzers zu sichern

In der Einführung zu diesem Buch habe ich die Kryptografie auf zwei Konzepte heruntergebrochen: Vertraulichkeit und Authentifizierung. In praktischen Anwendungen ist Vertraulichkeit (normalerweise) das geringste Problem; es ist die Authentifizierung, die für den größten Teil der Komplexität verantwortlich ist. Mir ist bewusst, dass ich in diesem Buch bereits viel über Authentifizierung geschrieben habe, doch das Konzept kann verwirrend sein, da es in der Kryptografie mit unterschiedlichen Bedeutungen verwendet wird. Aus diesem Grund beginnt dieses Kapitel mit einer Einführung darüber, worum es bei der Authentifizierung eigentlich geht. Wie in der Kryptografie üblich ist kein Protokoll ein Allheilmittel, und im weiteren Verlauf des Kapitels lernen Sie eine große Anzahl von Authentifizierungsprotokollen kennen, die in praktischen Anwendungen eingesetzt werden.

11.1 Authentifizierung – eine Wiederholung

Inzwischen haben Sie schon viele Male von Authentifizierung gehört, lassen Sie uns also rekapitulieren, was Sie gelernt haben:

- Authentifizierung in kryptografischen Primitiven wie Nachrichtenauthentifizierungscodes (Message Authentication Codes, behandelt in Kapitel 3) und authentifizierte Verschlüsselung (behandelt in Kapitel 4)
- Authentifizierung in kryptografischen Protokollen wie TLS (behandelt in Kapitel 9) und Signal (behandelt in Kapitel 10), wo ein oder mehrere Teilnehmer eines Protokolls authentifiziert werden können

Im ersten Fall bezieht sich Authentifizierung auf *Authentizität* (oder *Integrität*) von Nachrichten. Im zweiten Fall bezieht sich Authentifizierung darauf, *einer anderen Person die eigene Identität nachzuweisen*. Ein und dasselbe Wort bezeichnet also zwei verschiedene Konzepte, was ziemlich verwirrend sein kann! Aber beide Verwendungen sind korrekt, wie das Oxford English Dictionary (*http://www.oed.com*) hervorhebt:

> *Authentication. The process or action of proving or showing something to be true, genuine, or valid.*
>
> *(Authentifizierung. Der Vorgang oder die Handlung, wodurch etwas als wahr, echt oder gültig bewiesen oder gezeigt wird.)*

Aus diesem Grund sollten Sie Authentifizierung als einen Begriff verstehen, der in der Kryptografie je nach Kontext zwei verschiedene Konzepte vermittelt:

- *Authentifizierung von Nachrichten/Nutzdaten* – Sie beweisen, dass eine Nachricht echt ist und seit ihrer Erstellung nicht modifiziert wurde. (Zum Beispiel: Sind diese Nachrichten authentifiziert oder kann jemand sie verfälschen?)
- *Authentifizierung von Ursprung/Entität/Identität* – Sie beweisen, dass eine Entität wirklich diejenige ist, die sie zu sein vorgibt. (Zum Beispiel: Kommuniziere ich tatsächlich mit *google.com*?)

Fazit: Authentifizierung soll beweisen, dass etwas das ist, was es sein soll, und dieses Etwas kann eine Person, eine Nachricht oder etwas anderes sein. In diesem Kapitel verwende ich den Begriff *Authentifizierung* nur, wenn es um die Identifizierung von Menschen oder Computern geht – mit anderen Worten: *Identitäts*authentifizierung. Übrigens haben Sie bereits viel über diese Art der Authentifizierung erfahren:

- In Kapitel 9 über sicheren Transport haben Sie gelernt, dass Computer andere Computer in großem Maßstab authentifizieren können, indem sie Public-Key-Infrastrukturen (PKIs) verwenden.
- In Kapitel 10 über Ende-zu-Ende-Verschlüsselung haben Sie gelernt, wie Menschen sich gegenseitig in großem Maßstab authentifizieren können, indem sie

die Techniken *TOFU* (Trust On First Use, Vertrauen bei erster Verwendung [und späterer Verifizierung]) oder *WOT* (Web Of Trust, Netz des Vertrauens) verwenden.

In diesem Kapitel lernen Sie die beiden folgenden Fälle kennen, die bisher noch nicht erwähnt wurden (zusammengefasst in Abb. 11–1):

- *Benutzerauthentifizierung* oder wie Computer Menschen authentifizieren – Beep Boop
- *Benutzergestützte Authentifizierung* oder wie Menschen Computern helfen können, sich gegenseitig zu authentifizieren

Ein weiterer Aspekt der Identitätsauthentifizierung ist der Teil der Identität. Wie definieren wir überhaupt jemanden wie Alice in einem kryptografischen Protokoll? Wie kann ein Computer Sie und mich authentifizieren? Leider (oder glücklicherweise) besteht eine inhärente Kluft zwischen Fleisch und Bits. Um eine Brücke zwischen der Realität und der digitalen Welt zu schlagen, gehen wir immer davon aus, dass Alice die einzige Person ist, die bestimmte geheime Daten kennt, und um ihre Identität zu beweisen, muss sie die Kenntnis dieser geheimen Daten nachweisen. So könnte sie ihr Kennwort senden oder eine zufällige Anforderung mit dem privaten Schlüssel unterschreiben, der ihrem öffentlichen Schlüssel zugeordnet ist.

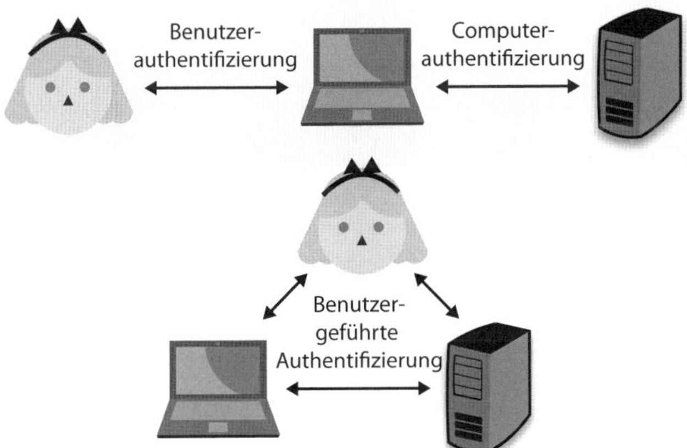

Abb. 11–1 *In diesem Buch beschreibe ich Ursprungsauthentifizierung in drei Arten von Szenarios: Benutzerauthentifizierung erfolgt, wenn ein Gerät einen Menschen authentifiziert. Computerauthentifizierung findet statt, wenn ein Computer einen anderen Computer authentifiziert. Und um benutzergestützte Authentifizierung handelt es sich, wenn ein Mensch beteiligt ist, wenn ein Computer einen anderen Computer authentifiziert.*

Das mag als Einführung genügen. Wenn dieser Abschnitt nicht aufschlussreich genug gewesen sein sollte, werden es die vielen Beispiele sein, die folgen. Werfen wir zuerst einen Blick auf die vielen Möglichkeiten, die man für Computer erdacht hat, um uns Menschen zu authentifizieren!

11.2 Benutzerauthentifizierung – oder wie wird man Kennwörter los?

Der erste Teil dieses Kapitels befasst sich damit, wie Computer Menschen authentifizieren – oder anders ausgedrückt: *Benutzerauthentifizierung*. Hierfür gibt es viele Möglichkeiten, doch keine Lösung ist ein Allheilmittel. In den meisten Szenarios der Benutzerauthentifizierung gehen wir aber davon aus, dass ...

- der Server bereits authentifiziert ist
- der Benutzer eine sichere Verbindung zum Server hat

Zum Beispiel kann man sich vorstellen, dass der Server gegenüber dem Benutzer über die Web-Public-Key-Infrastruktur (PKI) authentifiziert und die Verbindung über TLS gesichert ist (beides in Kapitel 9 behandelt). In gewisser Weise geht es in diesem Abschnitt darum, eine einseitig authentifizierte Verbindung zu einer gegenseitig authentifizierten Verbindung upzugraden, wie Abbildung 11–2 veranschaulicht.

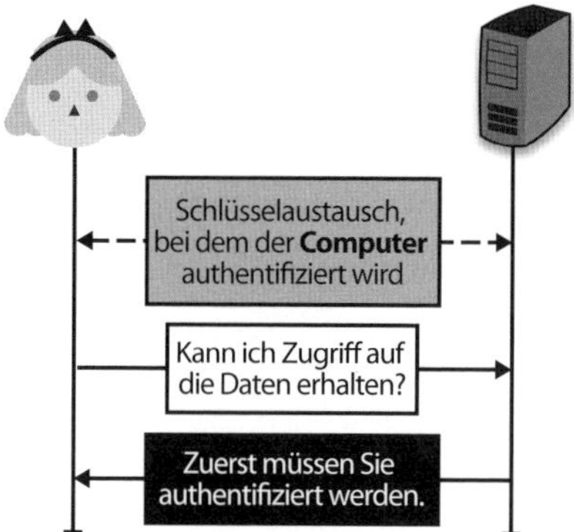

Abb. 11–2 *Eine Benutzerauthentifizierung erfolgt in der Regel über einen bereits gesicherten Kanal, bei dem aber nur der Server authentifiziert ist. Ein typisches Beispiel ist, wenn Sie über HTTPS im Internet surfen und sich bei einer Webseite mit Ihren Anmeldeinformationen anmelden.*

Ich muss Sie warnen: Benutzerauthentifizierung ist ein riesiges Gebiet von gebrochenen Versprechen. Sicherlich haben Sie schon viele Male Kennwörter verwendet, um sich bei verschiedenen Webseiten zu authentifizieren, und Ihre eigenen Erfahrungen sehen wahrscheinlich in etwa so aus:

1. Sie registrieren sich mit einem Benutzernamen und einem Kennwort auf einer Website.
2. Sie melden sich auf der Website mit Ihren neuen Anmeldeinformationen an.
3. Sie ändern Ihr Kennwort, nachdem Sie Ihr Konto wiederhergestellt haben oder weil die Website Sie dazu zwingt.
4. Wenn Sie Pech haben, wird Ihr Kennwort (oder ein Hash davon) durch eine Reihe von Datenbankverletzungen bekannt.

Kommt Ihnen das bekannt vor?

HINWEIS

Auf die Wiederherstellung von Kennwörtern und Konten werde ich in diesem Kapitel nicht eingehen, da diese Themen wenig mit Kryptografie zu tun haben. Es genügt, zu wissen, dass sie oft an die Art und Weise gebunden sind, wie Sie sich erstmalig registriert haben. Wenn Sie sich etwa bei der IT-Abteilung Ihrer Arbeitsstelle registriert haben, müssen Sie wahrscheinlich dorthin gehen, wenn Sie Ihr Kennwort nicht mehr wissen. Und diese Abteilung kann das schwächste Glied in Ihrem System sein, wenn Sie nicht vorsichtig sind. Wenn ich nämlich Ihr Konto wiederherstellen kann, indem ich eine Nummer anrufe und jemandem Ihr Geburtsdatum nenne, dann hilft keine noch so coole Kryptografie bei der Anmeldung.

Der obige Ablauf der Benutzerauthentifizierung lässt sich auf naive Art und Weise implementieren, indem man das Benutzerkennwort bei der Registrierung speichert und dann den Benutzer bei der Anmeldung danach fragt. Wie ich in Kapitel 3 erwähnt habe, erhält ein Benutzer nach erfolgreicher Authentifizierung in der Regel ein Cookie, das bei jeder nachfolgenden Anfrage anstelle eines Benutzernamens und eines Kennworts gesendet werden kann. Doch halt: Wenn der Server Ihr Kennwort im Klartext speichert, kann es bei einem Einbruch in dessen Datenbanken einem Angreifer preisgegeben werden. Dieser Angreifer kann es dann verwenden, um sich auf allen Websites anzumelden, auf denen Sie sich mit dem gleichen Kennwort registriert haben.

Um Kennwörter zu speichern, wäre es besser, einen *Kennwort-Hashing*-Algorithmus zu verwenden, wie zum Beispiel den standardisierten Argon2, den Sie in Kapitel 2 kennengelernt haben. Dies würde einen Angriff verhindern, der in der Art eines Überraschungsüberfalls auf die Datenbank Ihr Kennwort preisgeben würde, obwohl ein Eindringling, der sich ziemlich weit vorwagt, immer noch in der Lage wäre, Ihr Kennwort jedes Mal zu sehen, wenn Sie sich anmelden. Dennoch speichern viele Websites und Unternehmen die Kennwörter immer noch im Klartext.

ÜBUNG

Manchmal versuchen Anwendungen, das Problem zu lösen, dass der Server bei der Registrierung von den Benutzerkennwörtern erfährt, indem sie den Client das Kennwort hashen lassen (vielleicht mit einem Kennwort-Hash), bevor es an den Server gesendet wird. Können Sie feststellen, ob dies wirklich funktioniert?

Außerdem sind Menschen von Natur aus schlecht im Umgang mit Kennwörtern. Am bequemsten sind für uns kleine und leicht zu merkende Kennwörter. Und nach Möglichkeit würden wir am liebsten überall dasselbe Kennwort wiederverwenden.

> *81 % aller durch Hacking erfolgten Einbrüche sind auf gestohlene oder schwache Kennwörter zurückzuführen.*
>
> – Verizon Data Breach Report (2017)

Das Problem der schwachen und wiederverwendeten Kennwörter hat zu vielen albernen und lästigen Entwurfsmustern geführt, die die Benutzer versuchen zu zwingen, Kennwörter ernster zu nehmen. Zum Beispiel verlangen einige Websites, dass Sie Sonderzeichen in Ihren Kennwörtern verwenden, oder zwingen Sie, Ihr Kennwort alle sechs Monate zu ändern, usw. Darüber hinaus versuchen viele Protokolle, Kennwörter »vorzugeben« oder sie ganz abzuschaffen. Jedes Jahr scheinen neue Sicherheitsexperten zu glauben, dass das Konzept »Kennwort« tot ist. Dennoch ist es immer noch der am häufigsten verwendete Mechanismus zur Benutzerauthentifizierung.

Sie sehen also, Kennwörter werden wahrscheinlich bleiben. Dennoch gibt es viele Protokolle, die sie verbessern oder ersetzen. Werfen wir einen Blick darauf.

11.2.1 Ein Kennwort für alles: Single Sign-on (SSO) und Kennwort-Manager

Okay, Kennwörter wiederzuverwenden ist schlecht. Was können wir also dagegen tun? Naiverweise könnten Benutzer verschiedene Kennwörter für verschiedene Websites verwenden, doch gibt es bei diesem Ansatz zwei Probleme:

- Benutzer sind schlecht darin, viele verschiedene Kennwörter zu kreieren.
- Die mentale Belastung, um sich mehrere Kennwörter zu merken, ist einfach zu hoch.

Um diese Bedenken zu zerstreuen, haben sich zwei Lösungen durchgesetzt:

- *Single Sign-on* (SSO) – SSO soll es Benutzern ermöglichen, sich mit vielen verschiedenen Diensten zu verbinden, indem sie beweisen, dass sie über das Konto eines einzigen Dienstes verfügen. Somit muss sich der Benutzer nur das Kennwort für diesen einen Dienst merken, um sich mit vielen Diensten verbinden zu können. Denken Sie an Schaltflächen vom Typ »Mit Facebook verbinden«, wie Abbildung 11–3 veranschaulicht.

- *Kennwortmanager* – Der SSO-Ansatz ist praktisch, wenn alle die von Ihnen verwendeten verschiedenen Dienste diese Form unterstützen. Offensichtlich ist dies aber nicht für Szenarios wie das Internet skalierbar. In diesen Extremfällen ist es besser, die Clients aufzurüsten, anstatt zu versuchen, das Problem auf der Serverseite zu beheben. Heutzutage verfügen moderne Browser über eingebaute Kennwortmanager, die komplexe Kennwörter vorschlagen, wenn Sie sich auf neuen Websites registrieren. Und sie merken sich alle Kennwörter, solange Sie sich ein Master-Kennwort merken.

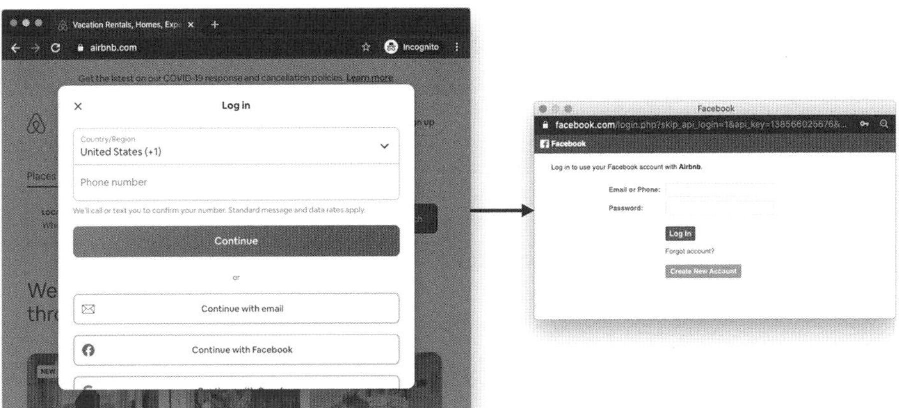

Abb. 11–3 *Ein Beispiel für Single Sign-on (SSO) im Internet. Mit einem Konto bei Facebook oder Google kann sich ein Benutzer mit neuen Diensten (in diesem Beispiel mit Airbnb) verbinden, ohne sich ein neues Kennwort ausdenken zu müssen.*

Das SSO-Konzept ist in der Unternehmenswelt schon länger bekannt, aber sein Erfolg bei normalen Endbenutzern ist relativ neu. Heute sind zwei Protokolle die Hauptkonkurrenten, wenn es um die Einrichtung von SSO geht:

- *Security Assertion Markup Language 2.0* (SAML) – Ein Protokoll, das die XML-(Extensible Markup Language-)Codierung verwendet.
- *OpenID Connect* (OIDC) – Eine Erweiterung zum Autorisierungsprotokoll OAuth 2.0 (RFC 6749), das die JSON-(JavaScript Object Notation-)Codierung verwendet.

SAML ist immer noch weit verbreitet, vor allem in Unternehmen, aber es ist (zu diesem Zeitpunkt) ein veraltetes Protokoll. Hingegen ist OIDC überall in Web- und mobilen Anwendungen anzutreffen. Höchstwahrscheinlich haben Sie es bereits verwendet!

Authentifizierungsprotokolle gelten oft als schwer zu realisieren. Das Protokoll OAuth2, auf das sich OIDC stützt, ist dafür berüchtigt, dass es leicht zu missbrauchen ist. Andererseits ist OIDC gut spezifiziert (siehe *https://openid.net*). Befolgen Sie unbedingt die Standards und orientieren Sie sich an bewährten Verfahren, denn das kann Ihnen eine Menge Ärger ersparen.

> **HINWEIS**
>
> Hier ein weiteres Beispiel für ein ziemlich großes Unternehmen, das sich entschieden hat, diesen Rat nicht zu befolgen. Im Mai 2020 wurde festgestellt, dass der Anmeldevorgang mit Apple SSO, der von OIDC abwich, angreifbar war. Jeder hätte sich ein gültiges ID-Token für ein beliebiges Apple-Konto beschaffen können, indem er einfach die Server von Apple abfragt.

SSO ist für die Benutzer vorteilhaft, da es die Anzahl der zu verwaltenden Kennwörter reduziert. Allerdings schafft es Kennwörter nicht gänzlich ab. Der Benutzer muss immer noch Kennwörter verwenden, um sich mit OIDC-Anbietern zu verbinden. Sehen wir uns als Nächstes an, wie sich Kennwörter mithilfe von Kryptografie verbergen lassen.

11.2.2 Kein Interesse an Ihren Kennwörtern? Verwenden Sie einen asymmetrischen kennwortauthentifizierten Schlüsselaustausch

Der vorherige Abschnitt hat Lösungen vorgestellt, die die Identitätsverwaltung für Benutzer vereinfachen, indem sie ihnen ermöglichen, mehrere Dienste mit nur einem einzigen Konto, das einem einzigen Dienst zugeordnet ist, zu authentifizieren. Protokolle wie OIDC verringern zwar effektiv die Anzahl der Kennwörter, die Benutzer verwalten müssen, doch sie rütteln nicht an der Tatsache, dass ein Dienst immer noch das Kennwort des Benutzers im Klartext sehen muss. Selbst wenn man das Kennwort erst hasht und dann speichert, wird es immer noch im Klartext gesendet, wenn der Benutzer sich registriert, sein Kennwort ändert oder sich anmeldet.

Kryptografische Protokolle, die als *asymmetrische (oder erweiterte) kennwortauthentifizierte Schlüsselvereinbarungen* (Password-Authenticated Key Exchanges, PAKEs) bezeichnet werden, versuchen, eine Benutzerauthentifizierung zu bieten, ohne dass die Benutzer ihre Kennwörter direkt an den Server übermitteln müssen. Dies steht im Gegensatz zu *symmetrischen oder ausgeglichenen PAKEs*-Protokollen, bei denen beide Seiten das Kennwort kennen.

Der derzeit beliebteste asymmetrische PAKE ist das Protokoll *Secure Remote Password* (SRP), das erstmals 2000 in RFC 2944 (»Telnet Authentication: SRP«) standardisiert und später via RFC 5054 (»Using the Secure Remote Password (SRP) Protocol for TLS Authentication«) in TLS integriert wurde. Es handelt sich um ein recht altes Protokoll, das eine Reihe von Schwachstellen aufweist. Wenn beispielsweise der Datenfluss bei der Registrierung durch einen MITM-Angreifer abgefangen wird, wäre der Angreifer in der Lage, sich als Opfer auszugeben und als solches anzumelden. Außerdem spielt es nicht gut mit modernen Protokollen zusammen und lässt sich nicht auf elliptischen Kurven instanziieren. Schlimmer noch: Es ist nicht mit TLS 1.3 kompatibel.

Seit der Erfindung von SRP sind viele asymmetrische PAKEs vorgeschlagen und standardisiert worden. Im Sommer 2019 startete die Crypto Forum Research

Group (CFRG) der IETF ein PAKE-Auswahlverfahren mit dem Ziel, einen Algorithmus auszuwählen, um ihn für jede Kategorie von PAKEs zu standardisieren: symmetrisch/ausgeglichen und asymmetrisch/erweitert. Im März 2020 kündigte die CFRG das Ende des PAKE-Auswahlvorgangs an und wählte:

- *CPace* – Die empfohlene symmetrische/ausgeglichene PAKE, erfunden von Haase und Benoît Labrique
- *OPAQUE* – Die empfohlene asymmetrische/augmentierte PAKE, erfunden von Stanislaw Jarecki, Hugo Krawczyk und Jiayu Xu

In diesem Abschnitt geht es um OPAQUE, das (Anfang 2021) noch in der Standardisierungsphase war. Im zweiten Abschnitt dieses Kapitels lernen Sie mehr über symmetrische PAKEs und CPace.

Der Name OPAQUE leitet sich von dem Homonym *O-PAKE* ab, wobei *O* für *oblivious* (vergesslich) steht. Denn OPAQUE beruht auf einem kryptografischen Primitiv, das ich in diesem Buch noch nicht erwähnt habe: einer *vergesslichen pseudozufälligen Funktion* (Oblivious PseudoRandom Function, OPRF).

Vergessliche pseudozufällige Funktionen (OPRFs)

Vergessliche pseudozufällige Funktionen (Oblivious Pseudorandom Functions, OPRFs) bilden ein Protokoll mit zwei Teilnehmern, das die PRFs nachahmt, die Sie in Kapitel 3 kennengelernt haben. Zur Erinnerung: Eine pseudozufällige Funktion (PRF), die in etwa dem entspricht, was man von einem Nachrichtenauthentifizierungscode (MAC) erwarten würde, übernimmt einen Schlüssel und eine Eingabe und liefert eine völlig zufällige Ausgabe fester Länge.

> **HINWEIS**
>
> In der Kryptografie bezieht sich der Begriff *vergesslich* (oblivious) im Allgemeinen auf Protokolle, bei denen eine Partei eine kryptografische Operation berechnet, ohne die von einer anderen Partei bereitgestellte Eingabe zu kennen.

Die prinzipielle Funktionsweise einer OPRF sieht so aus:

1. Alice möchte eine PRF über einer Eingabe berechnen, wobei aber die Eingabe geheim bleiben soll. Deshalb »verblendet« sie ihre Eingabe mit einem zufälligen Wert (einem sogenannten Blinding-Faktor) und sendet das Ergebnis an Bob.
2. Bob ruft die OPRFs auf diesem verblendeten Wert mit seinem geheimen Schlüssel auf, doch die Ausgabe ist immer verblendet, sodass sie für Bob nutzlos ist. Bob sendet diesen Wert dann an Alice zurück.
3. Schließlich »entblendet« Alice das Ergebnis mithilfe desselben Blinding-Faktors, den sie zuvor verwendet hat, um die reale Ausgabe zu erhalten.

Wichtig ist, zu wissen, dass Alice jedes Mal, wenn sie dieses Protokoll abarbeiten will, einen anderen Blinding-Faktor erzeugen muss. Aber egal, welchen Blinding-Faktor sie nimmt, solange sie dieselbe Eingabe verwendet, wird sie immer das gleiche Ergebnis erhalten. Ich veranschauliche dies in Abbildung 11–4.

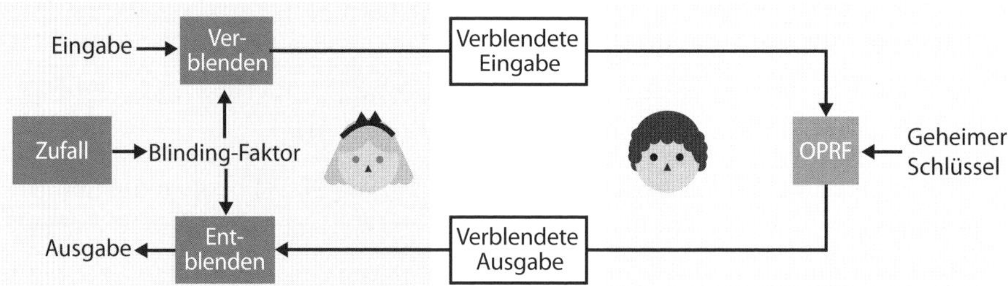

Abb. 11–4 *Eine vergessliche PRF (OPRF) ist eine Konstruktion, die einer Partei erlaubt, eine PRF über der Eingabe einer anderen Partei zu berechnen, ohne diese Eingabe zu kennen. Hierzu generiert Alice zuerst einen zufälligen Blinding-Faktor und verblendet dann ihre Eingabe mit diesem Ergebnis, bevor sie es an Bob sendet. Bob berechnet mit seinem geheimen Schlüssel die PRF über dem verblendeten Wert und sendet dann die verblendete Ausgabe an Alice, die sie entblenden kann. Das Ergebnis hängt nicht vom Wert des Blinding-Faktors ab.*

Das folgende Beispiel zeigt ein OPRF-Protokoll, das in einer Gruppe implementiert wurde, wo das Problem des diskreten Logarithmus schwierig ist:

1. Alice konvertiert ihre Eingabe in ein Gruppenelement x.
2. Alice generiert einen zufälligen Blinding-Faktor r.
3. Alice verblendet ihre Eingabe, indem sie $blinded\_input = x^r$ berechnet.
4. Alice sendet den Wert *blinded_input* an Bob.
5. Bob berechnet $blinded\_output = blinded\_input^k$, wobei k der geheime Schlüssel ist.
6. Bob sendet das Ergebnis an Alice zurück.
7. Alice kann dann das erzeugte Ergebnis entblenden, indem sie $output = blinded\_output^{1/r} = x^k$ berechnet, wobei $1/r$ der Kehrwert von r ist.

Wie OPAQUE diese interessante Konstruktion verwendet, ist der ganze Trick hinter dem asymmetrischen PAKE.

Wie funktioniert das asymmetrische PAKE OPAQUE?

Von der Idee her soll ein Client – zum Beispiel Alice – in der Lage sein, einen authentifizierten Schlüsselaustausch mit einem Server durchzuführen. Wir nehmen außerdem an, dass Alice bereits den öffentlichen Schlüssel des Servers kennt oder eine Möglichkeit hat, ihn zu authentifizieren (der Server könnte eine HTTPS-Website sein, sodass Alice auf die Web-PKI zurückgreifen kann). Sehen Sie sich nun an, wie sich dies aufbauen lässt, um nach und nach zu verstehen, wie OPAQUE funktioniert.

Erste Idee: Public-Key-Kryptografie verwenden, um Alices Seite der Verbindung zu authentifizieren. Wenn Alice ein Langzeitschlüsselpaar besitzt und der Server den öffentlichen Schlüssel kennt, kann sie einfach mit ihrem privaten Schlüssel einen gegenseitig authentifizierten Schlüsselaustausch mit dem Server durchführen oder sie kann eine vom Server gestellte Challenge signieren. Leider ist ein asymmetrischer privater Schlüssel zu lang und Alice kann sich nur ihr Kennwort merken. Zwar könnte sie auf ihrem aktuellen Gerät ein Schlüsselpaar speichern, doch sie möchte sich später auch von einem anderen Gerät aus anmelden können.

Zweite Idee: Alice kann den asymmetrischen privaten Schlüssel von ihrem Kennwort ableiten, und zwar mit einer kennwortbasierten Schlüsselableitungsfunktion (KDF) wie Argon2, die Sie in Kapitel 2 und Kapitel 8 kennengelernt haben. Der öffentliche Schlüssel von Alice könnte dann auf dem Server gespeichert werden. Wenn wir verhindern wollen, dass jemand ein Kennwort gegen die gesamte Datenbank testet, können wir jeden Benutzer mit einem anderen Salt ausstatten, das er mit der kennwortbasierten KDF verwenden muss.

Das ist schon ziemlich gut, aber es gibt einen Angriff, den OPAQUE nicht zulassen will: einen *Vorausberechnungsangriff*. Ich kann versuchen, mich als Sie anzumelden, Ihr Salt zu erhalten und dann eine große Anzahl von asymmetrischen privaten Schlüsseln und die dazugehörigen öffentlichen Schlüssel *offline* im Voraus zu berechnen. Sollte eines Tages die Datenbank kompromittiert werden, kann ich schnell sehen, ob Ihr öffentlicher Schlüssel und das dazugehörige Kennwort in meiner riesigen Liste von vorab berechneten asymmetrischen öffentlichen Schlüsseln vorkommen.

Dritte Idee: Hier kommt der eigentliche Trick von OPAQUE ins Spiel! Wir können das OPRF-Protokoll mit dem Kennwort von Alice verwenden, um den asymmetrischen privaten Schlüssel abzuleiten. Wenn der Server für jeden Benutzer einen anderen Schlüssel verwendet, ist das so gut wie die Verwendung von Salts (Angriffe können immer nur auf jeweils einen Benutzer abzielen). Wenn nun ein Angreifer asymmetrische private Schlüssel auf Basis unseres erratenen Kennworts vorab berechnen will, muss er Online-Abfragen ausführen (was Brute-Force-Angriffe im Offline-Zustand verhindert). Online-Abfragen sind gut, weil sich die Rate begrenzen lässt (zum Beispiel mehr als zehn Anmeldeversuche pro Stunde verhindern), um derartige Online-Brute-Force-Angriffe zu unterbinden.

Beachten Sie, dass OPAQUE eigentlich nicht auf diese Weise funktioniert: Anstatt den Benutzer einen asymmetrischen privaten Schlüssel ableiten zu lassen, verlangt OPAQUE vom Benutzer, dass er einen symmetrischen Schlüssel ableitet. Der symmetrische Schlüssel wird dann verwendet, um ein Backup Ihres asymmetrischen Schlüsselpaars und einiger zusätzlicher Daten (die zum Beispiel den öffentlichen Schlüssel des Servers enthalten können) zu verschlüsseln. Der Algorithmus wird in Abbildung 11–5 veranschaulicht.

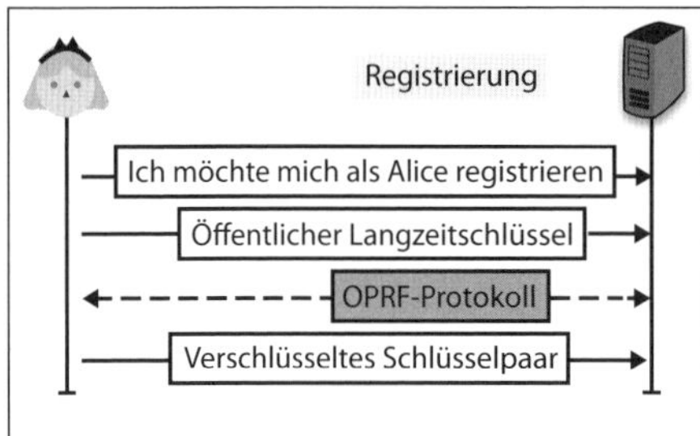

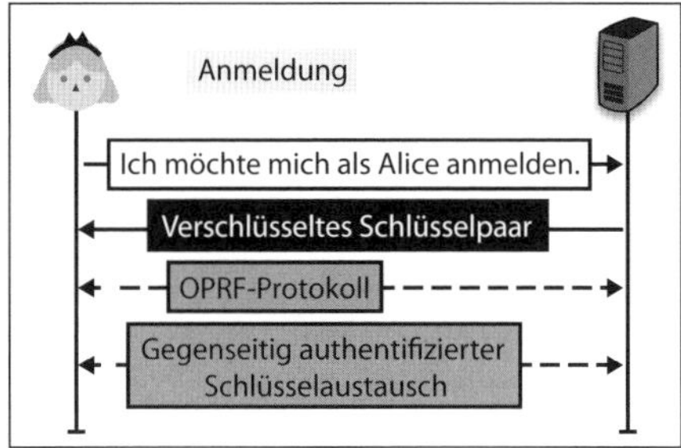

Abb. 11-5 *Um sich mit OPAQUE bei einem Server zu registrieren, erzeugt Alice ein Langzeitschlüsselpaar und sendet ihren öffentlichen Schlüssel an den Server, der es speichert und mit Alices Identität verknüpft. Dann verwendet sie das OPRF-Protokoll, um einen starken symmetrischen Schlüssel von ihrem Kennwort zu erhalten, und sendet ein verschlüsseltes Backup ihres Schlüsselpaars an den Server. Um sich anzumelden, ruft sie ihr verschlüsseltes Schlüsselpaar vom Server ab, führt dann das OPRF-Protokoll mit ihrem Kennwort aus, um einen symmetrischen Schlüssel zu erhalten, mit dem sie ihr Schlüsselpaar entschlüsseln kann. Nun muss nur noch ein gegenseitig authentifizierter Schlüsselaustausch mit diesem Schlüssel durchgeführt (oder möglicherweise eine Challenge signiert) werden.*

Bevor wir zum nächsten Abschnitt übergehen, lassen Sie uns noch einmal Revue passieren, was Sie hier gelernt haben. Abbildung 11–6 veranschaulicht dies.

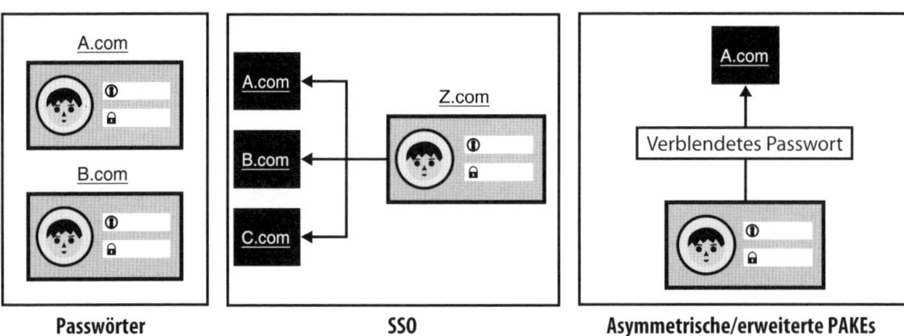

Abb. 11-6 *Kennwörter sind ein praktisches Instrument, um Benutzer zu authentifizieren, denn der Benutzer kann sie sich merken und auf jedem Gerät verwenden. Andererseits ist es für Benutzer schwierig, starke Kennwörter zu erzeugen, und da Benutzer gerne Kennwörter auch für andere Websites wiederverwenden, können Kennwortverletzungen großen Schaden anrichten. SSO erlaubt es Ihnen, sich über einen (oder einige wenige) Dienst(e) mit vielen Diensten zu verbinden, während asymmetrische (oder augmentierte) kennwortauthentifizierte Schlüsselvereinbarungen ermöglichen, dass Sie sich authentifizieren, ohne dass der Server jemals Ihr echtes Kennwort erfährt.*

11.2.3 Einmalkennwörter sind eigentlich keine Kennwörter: Mit symmetrischen Schlüsseln kennwortlos werden

So weit, so gut. Mittlerweile kennen Sie verschiedene Protokolle, die Anwendungen nutzen können, um Benutzer mit Kennwörtern zu authentifizieren. Doch wie Ihnen sicher schon zu Ohren gekommen ist, sind Kennwörter nicht der Weisheit letzter Schluss. Denn sie sind anfällig für Brute-Force-Angriffe, werden gern wiederverwendet, gestohlen usw. Was steht uns denn überhaupt zur Verfügung, wenn wir es uns leisten können, keine Kennwörter zu verwenden? Die Antwort lautet: Schlüssel! Und wie Sie wissen, gibt es in der Kryptografie zwei Arten von Schlüsseln, und beide Arten können nützlich sein:

- Symmetrische Schlüssel
- Asymmetrische Schlüssel

Dieser Abschnitt beschreibt Lösungen, die auf symmetrischen Schlüsseln beruhen, und im nächsten Abschnitt geht es um Lösungen, die mit asymmetrischen Schlüsseln zu tun haben. Stellen wir uns vor, Alice meldet sich bei einem Dienst mit einem symmetrischen Schlüssel an (der oftmals vom Server generiert und Ihnen per QR-Code mitgeteilt wird). Um Alice später zu authentifizieren, würde eine naive Methode sie einfach bitten, den symmetrischen Schlüssel zu senden. Das ist natürlich nicht gut, da ein Angreifer bei Preisgabe ihres Geheimnisses unbegrenzten Zugriff auf ihr Konto hätte. Stattdessen kann Alice aus dem symmetrischen Schlüssel sogenannte *Einmalkennwörter* (One-Time Passwords, OTPs) ableiten und diese anstelle des symmetrischen Langzeitschlüssels senden. Selbst wenn ein OTP kein Kennwort ist, weist der Name darauf hin, dass ein OTP anstelle eines Kennworts verwendet werden kann, und warnt gleichzeitig, dass es niemals erneut verwendet werden sollte.

Die Idee hinter OTP-basierter Benutzerauthentifizierung ist einfach: Ihre Sicherheit beruht auf der Kenntnis eines (in der Regel) 16 bis 32 Byte großen, zufällig gleichverteilten symmetrischen Schlüssels anstelle eines Kennworts mit geringer Entropie. Mit diesem symmetrischen Schlüssel können Sie bei Bedarf OTPs erzeugen, wie Abbildung 11–7 zeigt.

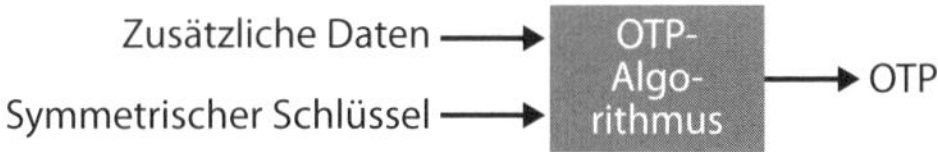

Abb. 11–7 *Ein Einmalkennwort-(One-Time Password, OTP-)Algorithmus ermöglicht es Ihnen, aus einem symmetrischen Schlüssel und einigen zusätzlichen Daten beliebig viele Einmalkennwörter zu erzeugen. Die zusätzlichen Daten sind je nach OTP-Algorithmus unterschiedlich.*

OTP-basierte Authentifizierung wird am häufigsten in mobilen Anwendungen (Abb. 11–8 zeigt ein bekanntes Beispiel) oder in Sicherheitsschlüsseln (einem kleinen Gerät, das Sie in den USB-Anschluss Ihres Computers stecken können) implementiert. Man unterscheidet zwei Hauptverfahren, mit denen Sie OTPs erzeugen können:

- Der HMAC-basierte One-Time-Password-(HOTP-)Algorithmus, der in RFC 4226 standardisiert ist und einen OTP-Algorithmus verkörpert, bei dem die zusätzlichen Daten einen Zähler darstellen

- Der Time-based-One-Time-Password-(TOTP-)Algorithmus, der in RFC 6238 standardisiert ist und einen OTP-Algorithmus verkörpert, bei dem die zusätzlichen Daten die Zeit sind

Die meisten Anwendungen setzen heutzutage auf TOTP, da es bei HOTP erforderlich ist, dass sowohl der Client als auch der Server einen Zustand (einen Zähler) speichern. Das Speichern eines Zustands kann zu Problemen führen, wenn eine Seite die Synchronisation verliert und keine legitimen OTPs mehr erzeugen (oder validieren) kann.

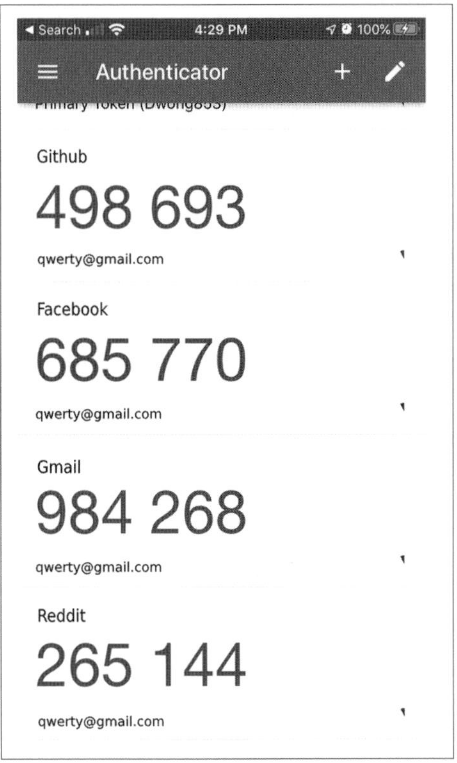

Abb. 11–8 *Ein Screenshot der mobilen App* Google Authenticator. *Die Anwendung ermöglicht es Ihnen, eindeutige symmetrische Schlüssel pro Anwendung zu speichern, die dann mit dem TOTP Schema verwendet werden können, um 6-stellige Einmalkennwörter (OTPs) zu erzeugen, die nur 30 Sekunden lang gültig sind.*

In den meisten Fällen funktioniert TOTP wie folgt:

- *Bei der Registrierung übermittelt der Dienst dem Benutzer einen symmetrischen Schlüssel (beispielsweise per QR-Code).* Der Benutzer fügt dann diesen Schlüssel einer TOTP-Anwendung hinzu.
- Bei der Anmeldung kann der Benutzer mithilfe der TOTP-Anwendung ein Einmalkennwort berechnen. Dazu wird *HMAC(symmetric_key, time)* berech-

net, wobei *time* die aktuelle Uhrzeit ist (gerundet auf die Minute, um ein Einmalkennwort für 60 Sekunden gültig zu machen). Weiter geht es wie folgt:

a) Die TOTP-Anwendung zeigt dem Benutzer das abgeleitete Einmalkennwort an, gekürzt und in einer für den Menschen verständlichen Basis (z. B. reduziert auf sechs Zeichen zur Basis 10, damit es nur aus Ziffern besteht).
b) Der Benutzer kopiert das Einmalkennwort oder gibt es in die entsprechende Anwendung ein.
c) Die Anwendung ruft den zugehörigen symmetrischen Schlüssel des Benutzers ab und berechnet das Einmalkennwort in der gleichen Weise wie der Benutzer. Wenn das Ergebnis mit dem empfangenen Einmalkennwort übereinstimmt, ist der Benutzer erfolgreich authentifiziert.

Selbstverständlich muss der Vergleich zwischen dem OTP des Benutzers und dem auf dem Server berechneten OTP in konstanter Zeit erfolgen. Dies ähnelt den Tag-Prüfungen bei MAC-Authentifizierung. Abbildung 11–9 veranschaulicht diesen Ablauf.

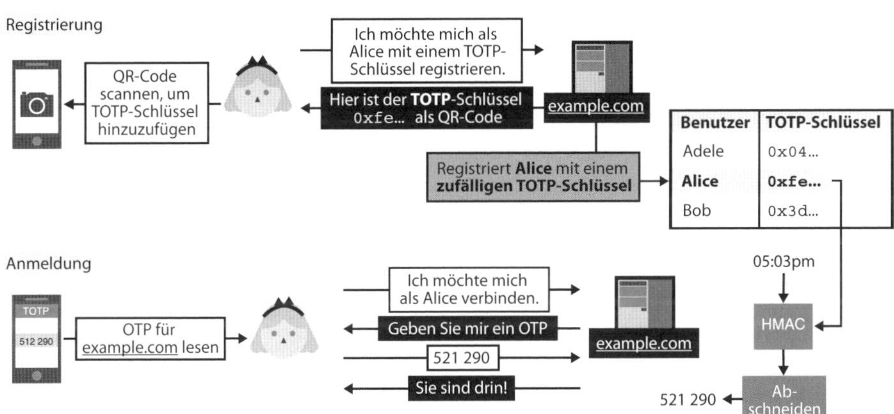

Abb. 11–9 *Alice registriert sich bei example.com mithilfe von TOTP als Authentifizierung. Sie importiert einen symmetrischen Schlüssel von der Website in ihre TOTP-Anwendung. Später kann sie die Anwendung anweisen, ein Einmalkennwort für example.com zu berechnen und es zu verwenden, um sie bei der Website zu authentifizieren. Die Website, example.com, ruft den symmetrischen Schlüssel ab, der Alice zugeordnet ist, und berechnet das Einmalkennwort mithilfe von HMAC und der aktuellen Uhrzeit. Als Nächstes vergleicht die Website das Einmalkennwort in konstanter Zeit mit dem, was Alice gesendet hat.*

Dieser TOTP-basierte Authentifizierungsablauf ist dennoch nicht ideal. Es gibt eine Reihe von Dingen, die sich verbessern ließen, wie zum Beispiel:

- Die Authentifizierung kann durch den Server gefälscht werden, da er ebenfalls den symmetrischen Schlüssel besitzt.
- Das Einmalkennwort kann durch Social Engineering herausgefunden werden.

Aus diesem Grund sind symmetrische Schlüssel ein weiterer *nicht perfekter Ersatz* für Kennwörter. Sehen wir uns als Nächstes an, wie sich mithilfe von asymmetrischen Schlüsseln diese Nachteile angehen lassen.

Phishing

Phishing (oder *Social Engineering*) ist ein Angriff, der nicht auf Schwachstellen der Software zielt, sondern menschliche Schwächen ausnutzt. Stellen Sie sich vor, eine Anwendung verlangt von Ihnen, dass Sie ein Einmalkennwort eingeben, um sich zu authentifizieren. Ein Angreifer könnte in diesem Fall versuchen, sich als Sie bei der Anwendung anzumelden, und wenn die Aufforderung erscheint, ein Einmalkennwort einzugeben, werden Sie angerufen, um Sie nach einem gültigen Kennwort zu fragen (unter dem Vorwand, dass der Anrufer für die Anwendung arbeitet).

Natürlich werden Sie jetzt sagen, dass Sie nicht darauf hereinfallen würden! Gute Social Engineers sind aber spezialisiert darauf, gute Geschichten zu erfinden und ein Gefühl der Dringlichkeit vorzutäuschen, das selbst die Besten von uns dazu bringen würde, alles auszuplaudern. Bei Lichte besehen sind letztlich alle Protokolle, um die es bisher ging, für diese Art von Angriffen anfällig.

11.2.4 Kennwörter durch asymmetrische Schlüssel ersetzen

Im Rahmen der Public-Key-Kryptografie gibt es verschiedene Methoden, asymmetrische Schlüssel zu verwenden, um sich gegenüber einem Server zu authentifizieren. So können wir unseren asymmetrischen Schlüssel

- in einem Schlüsselaustausch verwenden, um unsere Seite der Verbindung zu authentifizieren,
- in einer bereits gesicherten Verbindung mit einem authentifizierten Server verwenden.

Sehen wir uns jede Methode an:

Gegenseitige Authentifizierung in Schlüsselvereinbarungen

Die erste Methode haben Sie bereits kennengelernt: die Verwendung des asymmetrischen Schlüssels in einem Schlüsselaustausch. In Kapitel 9 habe ich erwähnt, dass ein TLS-Server den Client auffordern kann, ein *Zertifikat* als Teil des Handshakes zu verwenden. Oftmals statten Unternehmen die Geräte ihrer Mitarbeiter mit einem eindeutigen Zertifikat pro Mitarbeiter aus, damit sie sich bei internen Diensten authentifizieren können. Abbildung 11–10 vermittelt einen Eindruck dieses Konzepts aus der Sicht eines Benutzers.

Clientseitige Zertifikate sind recht einfach. Zum Beispiel kann in TLS 1.3 ein Server den Client auffordern, sich während des Handshakes durch Senden einer `CertificateRequestmessage` zu authentifizieren. Der Client antwortet dann, indem er sein Zertifikat in einer `Certificate`-Nachricht sendet, gefolgt von einer Signatur aller gesendeten und empfangenen Nachrichten in einer `CertificateVerify`-

Nachricht (die den ephemeren öffentlichen Schlüssel enthält, der im Schlüsselaustausch verwendet wird).

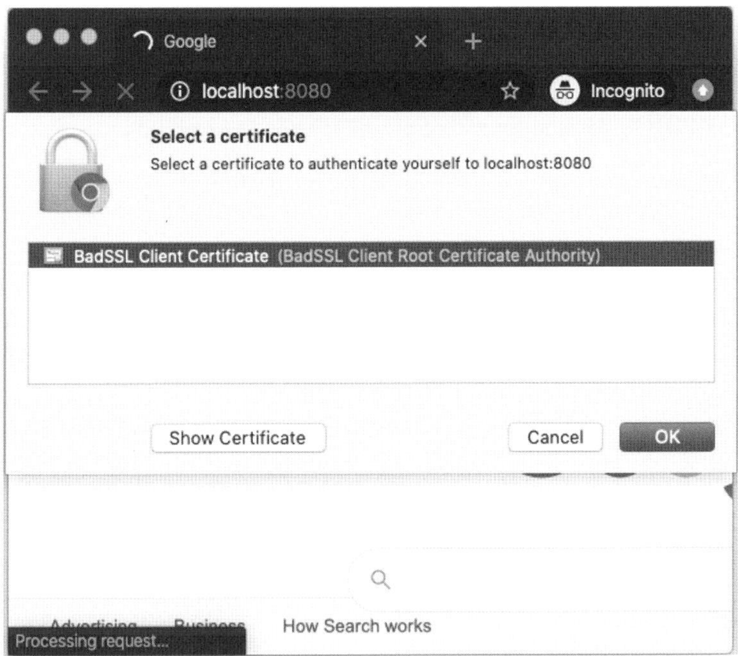

Abb. 11–10 *Eine Seite, die im Browser des Benutzers ein Clientzertifikat anfordert. Der Benutzer kann dann aus einer Liste lokal installierter Zertifikate das gewünschte Zertifikat auswählen. Im TLS-Handshake wird dann das Handshake-Transkript mit dem Schlüssel des Clientzertifikats signiert. Darin eingeschlossen ist auch der ephemere öffentliche Schlüssel des Clients, der als Teil des Handshakes verwendet wird.*

Der Client wird authentifiziert, wenn der Server das Zertifikat erkennen und erfolgreich die Signatur des Clients verifizieren kann. Ein anderes Beispiel ist das Secure Shell-(SSH-)Protokoll, das ebenfalls den Client Teile des Handshakes mit einem öffentlichen Schlüssel signieren lässt, der dem Server bekannt ist.

Beachten Sie, dass das Signieren nicht die einzige Möglichkeit ist, sich während der Handshake-Phase mit Public-Key-Kryptografie zu authentifizieren. Das Noise-Protokoll-Framework (ebenfalls in Kapitel 9 behandelt) besitzt mehrere Handshake-Muster, die eine clientseitige Authentifizierung allein mit DH-Schlüsselvereinbarungen ermöglichen.

Post-Handshake Benutzer-Authentifizierung mit FIDO2

Die zweite Art der Authentifizierung mit asymmetrischem Schlüssel verwendet bereits eine *sichere* Verbindung, bei der nur der Server authentifiziert wird. Hierzu kann ein Server einfach den Client auffordern, eine *zufällige* Nachricht zu signieren. Auf diese Weise werden Wiederholungsangriffe unterbunden.

Ein interessanter Standard auf diesem Gebiet ist *Fast IDentity Online 2* (FIDO2). FIDO2 ist ein offener Standard, der definiert, wie man mit asymmetrischen Schlüsseln Benutzer authentifizieren kann. Der Standard zielt speziell auf Phishing-Angriffe ab. Aus diesem Grund funktioniert FIDO2 nur mit *Hardware-Authentifikatoren*. Bei Hardware-Authentifikatoren handelt es sich einfach um physische Komponenten, die Signierschlüssel erzeugen und speichern sowie beliebige Challenges signieren können. FIDO2 besteht aus zwei Spezifikationen (Abb. 11–11):

- Client-to-Authenticator Protocol (CTAP) – CTAP spezifiziert ein Protokoll, über das *Roaming-Authentifikatoren* und *Clients* miteinander kommunizieren können. Roaming-Authentifikatoren sind Hardware-Authentifikatoren, die außerhalb Ihres Hauptgeräts arbeiten. Ein Client in der CTAP-Spezifikation ist definiert als die Software, die diese Authentifikatoren als Teil eines Authentifizierungsprotokolls abfragen möchte. Somit kann ein Client ein Betriebssystem, eine native Anwendung wie ein Browser usw. sein.
- *Web Authentication* (WebAuthn) – WebAuthn ist das Protokoll, das Webbrowser und Webanwendungen verwenden können, um Benutzer mit Hardware-Authentifikatoren zu authentifizieren. Daher müssen Browser dieses Protokoll implementieren, um Authentifikatoren zu unterstützen. Wenn Sie eine Webanwendung erstellen und Benutzerauthentifizierung über Hardware-Authentifikatoren unterstützen wollen, brauchen Sie WebAuthn.

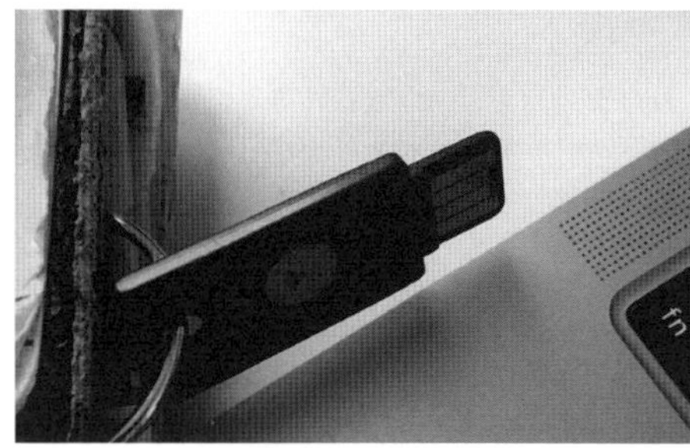

Roaming-Authentifikator **Integrierter Authentifikator**

Abb. 11–11 *Zwei Arten von Hardware-Authentifikatoren, die mit FIDO2 verwendet werden können: ein Yubikey (links) als externer (Roaming-)Authentifikator und TouchID (rechts) als integrierter Authentifikator*

Mit WebAuthn können Websites nicht nur Roaming-Authentifikatoren, sondern auch *Plattformauthentifikatoren* verwenden. Plattformauthentifikatoren sind integrierte Authentifikatoren, die von einem Gerät bereitgestellt werden. Verschiedene Plattformen implementieren sie unterschiedlich und oftmals werden sie biometrisch geschützt (zum Beispiel durch Fingerabdruckleser, Gesichtserkennung usw.)

Damit beenden wir den ersten Teil dieses Kapitels. Vorher fasst aber noch Abbildung 11–12 die vorgestellten Authentifizierungsprotokolle, die nicht auf Kennwörtern basieren, zusammen.

Nachdem Sie nun viele verschiedene Techniken und Protokolle kennengelernt haben, die Kennwörter entweder verbessern oder durch stärkere kryptografische Lösungen ersetzen, stellt sich bei Ihnen vielleicht die Frage, welche Sie verwenden sollten. Bei jeder dieser Lösungen bestehen eigene Vorbehalte und keine Lösung erfüllt alle Ansprüche. Gegebenenfalls müssen Sie mehrere Lösungen kombinieren! Dieses Konzept wird auch als *Multi-Faktor-Authentifizierung* (MFA) bezeichnet. Wahrscheinlich haben Sie bereits OTPs oder FIDO2 als zweiten Authentifizierungsfaktor zusätzlich zu (und nicht anstelle von) Kennwörtern verwendet.

Damit ist die erste Hälfte dieses Kapitels über die Authentifizierung von Benutzern abgeschlossen. Als Nächstes sehen wir uns an, wie sich Geräte gegenseitig mit menschlicher Hilfe authentifizieren können.

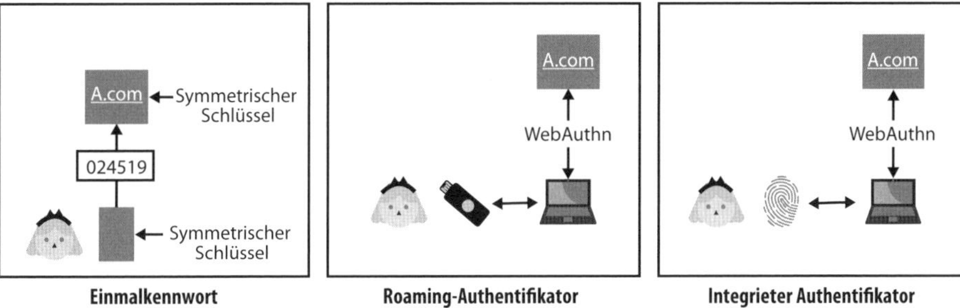

Abb. 11–12 *Um sich ohne ein Kennwort zu authentifizieren, können Anwendungen den Benutzern erlauben, entweder symmetrische Schlüssel via OTP-basierte Protokolle oder asymmetrische Schlüssel über den FIDO2-Standard zu verwenden. FIDO2 unterstützt verschiedene Arten von Authentifikatoren – Roaming-Authentifikatoren (über den CTAP-Standard) oder integrierte Authentifikatoren.*

11.3 Benutzergestützte Authentifizierung: Pairing von Geräten mit menschlicher Hilfe

Menschen helfen Computern jeden Tag dabei, sich gegenseitig zu authentifizieren – JEDEN TAG! Und zwar haben Sie es getan, indem Sie Ihre kabellosen Kopfhörer mit Ihrem Smartphone gekoppelt haben oder indem Sie Ihr Smartphone mit Ihrem Auto gekoppelt haben oder indem Sie ein Gerät mit Ihrem Heim-WLAN verbunden haben usw. Und wie bei jedem Pairing (Koppeln) steht höchstwahrscheinlich ein Schlüsselaustausch dahinter.

Die Authentifizierungsprotokolle im letzten Abschnitt liefen in bereits gesicherten Kanälen (vielleicht mit TLS) ab, wobei der Server authentifiziert wurde. Im Gegensatz dazu geht es im größten Teil dieses Abschnitts darum, einen sicheren Kanal für zwei Geräte bereitzustellen, die nicht wissen, wie sie sich gegenseitig authentifizieren können. In diesem Sinne lernen Sie in diesem Abschnitt, wie Menschen dabei helfen können, eine unsichere Verbindung in eine *gegenseitig authentifizierte Verbindung upzugraden*. Aus diesem Grund sollen die Techniken, die Sie im Folgenden kennenlernen werden, an Techniken zum Aufbau von Vertrauen in den Ende-zu-

Ende-Protokollen von Kapitel 10 erinnern, mit dem Unterschied, dass dort zwei Menschen versucht haben, sich gegenseitig zu authentifizieren.

Heutzutage werden Sie die am häufigsten unsicheren Verbindungen nicht bei denjenigen finden, die über das Internet laufen, sondern bei Protokollen, die Daten drahtlos auf kurze Distanz übertragen, beispielsweise bei Bluetooth, WLAN und Near Field Communication (NFC). NFC verwenden Sie, um mit Ihrem Smartphone oder mit der EC-Karte Ihrer Bank »kontaktlos« zu bezahlen. Die Geräte, die diese Kommunikationsprotokolle verwenden, reichen von einfachster Elektronik mit geringem Stromverbrauch bis hin zu ausgewachsenen Computern. Daraus ergeben sich bereits einige Beschränkungen:

- *Das Gerät, mit dem Sie eine Verbindung herstellen möchten, lässt möglicherweise weder die Anzeige noch die manuelle Eingabe eines Schlüssels zu.* Ich meine damit die *Provisionierung* des Geräts. Zum Beispiel bieten heute die meisten kabellosen Headsets nur wenige Tasten, mehr nicht.
- *Da ein Mensch an der Validierung beteiligt ist, wird es oft als unpraktisch und nicht benutzerfreundlich angesehen, lange Strings einzutippen oder zu vergleichen.* Aus diesem Grund wird in vielen Protokollen versucht, die Länge der sicherheitsrelevanten Strings auf 4- oder 6-stellige PINs zu verkürzen.

ÜBUNG

Stellen Sie sich ein Protokoll vor, bei dem Sie die richtige 4-stellige PIN eingeben müssen, um eine sichere Verbindung zu einem Gerät herzustellen. Wie groß sind die Chancen, die richtige PIN allein durch Erraten zu treffen?

Wahrscheinlich denken Sie an einige Ihrer Erfahrungen mit der Kopplung von Geräten zurück und stellen jetzt fest, dass viele von ihnen einfach funktioniert haben. Zum Beispiel sieht das so aus:

1. Sie drücken auf einem Gerät eine Taste.
2. Das Gerät geht in den Kopplungsmodus.
3. Dann suchen Sie das Gerät in der Bluetooth-Liste auf Ihrem Smartphone.
4. Nachdem Sie auf das Gerätesymbol geklickt haben, wird das Gerät erfolgreich mit Ihrem Telefon gekoppelt.

Aus Kapitel 10 sollte Ihnen das Konzept *Vertrauen bei der ersten Verwendung* (TOFU) bekannt sein. Dieses Mal haben wir aber noch ein paar weitere Trümpfe auf der Hand:

- *Nähe* – Beide Geräte müssen sich relativ nahe beieinander befinden, insbesondere wenn das NFC-Protokoll verwendet wird.
- *Zeit* – Das Pairing von Geräten ist nur in einem begrenzten Zeitrahmen möglich. Wenn das Pairing zum Beispiel nicht innerhalb eines 30-Sekunden-Fensters erfolgreich ist, muss der Vorgang manuell neu gestartet werden.

Anders als bei TOFU ist es in diesen praktischen Szenarios jedoch in der Regel nicht möglich, im Nachhinein zu überprüfen, ob man sich mit dem richtigen Gerät verbunden hat. Dies ist nicht ideal und man sollte nach Möglichkeit eine bessere Sicherheit anstreben.

HINWEIS

Übrigens wird das TOFU-ähnliche Protokoll in der Bluetooth-Kernspezifikation eigentlich als »Funktioniert einfach« bezeichnet. Ich sollte erwähnen, dass alle integrierten Bluetooth-Sicherheitsprotokolle derzeit aufgrund der vielen Angriffe gebrochen sind, einschließlich des neuesten KNOB-Angriffs, der 2019 veröffentlicht wurde (*https://knobattack.com*). Die in diesem Kapitel vorgestellten Techniken sind dennoch sicher – wenn sie richtig konzipiert und implementiert sind.

Was kommt als Nächstes in unserem Toolkit? In diesem Abschnitt lernen Sie Methoden kennen, wie der Mensch die Geräte dabei unterstützen kann, sich selbst zu authentifizieren. Spoiler-Alarm – Sie werden Folgendes sehen bzw. lernen:

- Sie werden sehen, dass kryptografische Schlüssel immer der sicherste Ansatz sind, aber nicht unbedingt der benutzerfreundlichste.
- Sie lernen etwas über symmetrische PAKEs und wie Sie auf zwei Geräten dasselbe Kennwort eingeben können, um sie sicher zu verbinden.
- Sie lernen Protokolle kennen, die auf kurzen authentifizierten Strings (Short Authenticated Strings, SAS) beruhen, die einen Schlüsselaustausch im Nachhinein authentifizieren, indem Sie zwei kurze Zeichenfolgen, die von den beiden Geräten angezeigt werden, vergleichen.

Los geht's!

11.3.1 Vorher vereinbarte Schlüssel (Pre-shared keys)

Um einen Benutzer mit einem Gerät zu verbinden, würde man naiverweise in einem ersten Ansatz Protokolle verwenden, die Sie in Kapitel 9 und 10 kennengelernt haben (zum Beispiel TLS oder Noise), und beide Geräte mit einem symmetrischen gemeinsamen Schlüssel oder besser mit öffentlichen Langzeitschlüsseln ausstatten, um Forward Secrecy für zukünftige Sitzungen zu bieten. Das bedeutet, dass Sie zwei Dinge benötigen, damit jedes Gerät den öffentlichen Schlüssel des anderen erfahren kann:

- eine Möglichkeit, um einen öffentlichen Schlüssel von seinem Gerät zu *exportieren*,
- eine Möglichkeit für ein Gerät, um öffentliche Schlüssel zu *importieren*.

Wie Sie sehen werden, ist dies nicht immer einfach oder benutzerfreundlich. Bedenken Sie aber, dass wir einen Menschen dabei haben, der die beiden Geräte beobachten und (vielleicht) mit ihnen spielen kann. Dieses Szenario unterscheidet sich von anderen, die wir bisher gesehen haben, und wir können dies zu unserem Vorteil nutzen!

> *Das Authentifizierungsproblem – Eines der Hauptprobleme in der Kryptografie ist die Einrichtung einer sicheren Peer-zu-Peer-(oder Gruppen-) Kommunikation über einen unsicheren Kanal. Ohne Annahmen, wie zum Beispiel die Verfügbarkeit eines zusätzlichen sicheren Kanals, ist diese Aufgabe unmöglich zu lösen. Unter bestimmten Voraussetzungen gibt es jedoch viele Möglichkeiten, eine sichere Kommunikation einzurichten.*
>
> – Sylvain Pasini (»Secure Communication Using Authenticated Channels«, 2009)

Alle folgenden Protokolle beruhen auf der Tatsache, dass Sie (der verantwortliche Mensch) über einen zusätzlichen Out-of-Band-Kanal verfügen. Damit lassen sich einige Informationen sicher übermitteln. Das Hinzufügen dieses Out-of-Band-Kanals kann so modelliert werden, dass die beiden Geräte Zugang zu zwei Arten von Kanälen haben (siehe Abb. 11–13):

- *einen unsicheren Kanal* – Denken Sie an eine Bluetooth- oder WLAN-Verbindung mit einem Gerät. Standardmäßig hat der Benutzer keine Möglichkeit, das Gerät zu authentifizieren, und ist somit der Gefahr eines MITM-Angriffs ausgesetzt.
- *einen authentifizierten Kanal* – Denken Sie an einen Bildschirm auf einem Gerät. Der Kanal bietet Integrität/Authentizität der übermittelten Informationen, aber wenig Vertraulichkeit (jemand könnte Ihnen über die Schulter schauen).

Abb. 11–13 *Benutzergestützte Authentifizierungsprotokolle, die es einem Menschen ermöglichen, zwei Geräte zu koppeln, werden mit zwei Arten von Kanälen zwischen den Geräten modelliert: einem unsicheren Kanal (zum Beispiel NFC, Bluetooth, WLAN usw.), von dem wir annehmen, dass er gegen Angriffe kontrolliert wird, und einem authentifizierten Kanal (zum Beispiel das wirkliche Leben), das zwar keine Vertraulichkeit bietet, aber verwendet werden kann, um relativ kleine Informationsmengen auszutauschen.*

Da dieser Out-of-Band-Kanal nur eine geringe Vertraulichkeit bietet, werden in der Regel darüber keine Geheimnisse exportiert, wohl aber öffentliche Daten. Zum Beispiel kann ein öffentlicher Schlüssel oder ein Digest auf dem Bildschirm des Geräts angezeigt werden. Wenn Sie jedoch einen öffentlichen Schlüssel exportiert haben, muss das andere Gerät ihn importieren. Handelt es sich bei dem Schlüssel um einen QR-Code, sollte das andere Gerät in der Lage sein, ihn zu scannen. Wenn der Schlüssel in einem für den Menschen verständlichen Format codiert ist, kann der Benutzer ihn manuell über eine Tastatur in das andere Gerät eingeben. Sobald auf beiden Geräten die Schlüssel des jeweils anderen Geräts installiert sind, können Sie alle in Kapitel 9 erwähnten Protokolle verwenden, um einen gegenseitig authentifizierten Schlüsselaustausch mit den beiden Geräten durchzuführen.

Aus diesem Abschnitt sollen Sie vor allem mitnehmen, dass die Verwendung von kryptografischen Schlüsseln in Ihrem Protokoll immer der sicherste Weg ist, etwas zu erreichen, aber nicht immer der benutzerfreundlichste. Da aber die praktische Kryptografie voller Kompromisse ist, sind die beiden nächsten Schemas nicht nur existent, sondern auch die beliebtesten Methoden, um Geräte zu authentifizieren.

Sehen Sie sich an, wie sich mit *Kennwörtern* ein gegenseitig authentifizierter Schlüsselaustausch in den Fällen aufbauen lässt, in denen Sie keine langen öffentlichen Schlüssel exportieren und importieren können. Dann sehen wir uns an, wie kurze *authentifizierte Strings* in Situationen helfen können, in denen es einfach nicht möglich ist, Daten in eines oder beide Geräte zu importieren.

11.3.2 Symmetrischer kennwortauthentifizierter Schlüsselaustausch mit CPace

Die vorherige Lösung ist die, die Sie nach Möglichkeit anwenden sollten, da sie auf starken asymmetrischen Schlüsseln als Vertrauensbasis beruht. In der Praxis stellt sich jedoch heraus, dass es mühsam ist, einen langen String, der einen Schlüssel repräsentiert, mit einer unhandlichen Kleintastatur einzutippen. Und wie sieht es mit diesen lieb gewonnenen Kennwörtern aus? Sie sind viel kürzer und daher einfacher zu handhaben. Wir lieben Kennwörter, oder? Wir vielleicht nicht, Benutzer aber doch, und die praktische Kryptografie ist voller Kompromisse. So sei es denn.

Ich habe im Abschnitt zum asymmetrisch kennwortauthentifizierten Schlüsselaustausch erwähnt, dass es eine symmetrische (oder ausgeglichene) Version gibt, bei der zwei Peers, die ein gemeinsames Kennwort kennen, einen gegenseitig authentifizierten Schlüsselaustausch durchführen können. Genau das brauchen wir.

Composable Password Authenticated Connection Establishment (CPace) wurde 2008 von Björn Haase und Benoît Labrique vorgeschlagen und Anfang 2020 als offizielle Empfehlung der CFRG (Crypto Forum Research Group) ausgewählt. Der Algorithmus wird derzeit als RFC standardisiert. Das Protokoll sieht vereinfacht wie folgt aus (Abb. 11–14 veranschaulicht den Algorithmus):

- Zwei Geräte leiten auf der Grundlage eines gemeinsamen Kennworts einen Generator (für eine bestimmte zyklische Gruppe) ab.
- Dann verwenden die beiden Geräte diesen Generator, um darauf aufsetzend einen ephemeren DH-Schlüsselaustausch durchzuführen.

Der Teufel steckt natürlich im Detail, und als moderne Spezifikation zielt CPace auf »Mankos« von elliptischen Kurven ab und definiert, wann man überprüfen muss, ob ein empfangener Punkt in der richtigen Gruppe liegt (aufgrund der angesagten Curve25519, die leider keine Primzahlgruppe umfasst). Außerdem legt sie fest, wie man einen Generator auf der Grundlage eines Kennworts ableitet, wenn er sich in einer Gruppe elliptischer Kurven befindet (mithilfe von Hash-to-Curve-Algorithmen), und wie dies zu bewerkstelligen ist (wobei nicht nur ein allgemeines Kennwort verwendet wird, sondern auch eine eindeutige Sitzungs-ID und einige zusätzliche kontextbezogene Metadaten wie IP-Adressen der Peers usw.).

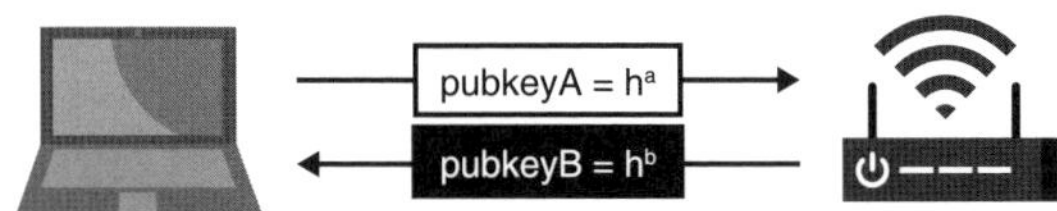

Abb. 11–14 *Beim CPace PAKE bilden zwei Geräte einen Generator auf der Grundlage eines Kennworts und nehmen diesen dann als Basis für den üblichen ephemeren DH-Schlüsselaustausch.*

Diese Schritte sind wichtig, da beide Peers einen Generator h auf eine Weise ableiten müssen, bei der sie den diskreten Logarithmus x nicht erfahren, sodass $g^x = h$. Schließlich wird der Sitzungsschlüssel von der Ausgabe des DH-Schlüsselaustauschs, dem Transkript (den ephemeren öffentlichen Schlüsseln) und der eindeutigen Sitzungs-ID abgeleitet.

Intuitiv kann man erkennen, dass das sich Ausgeben als einer der Peers und das Senden eines Gruppenelements als Teil des Handshakes bedeutet, dass man einen öffentlichen Schlüssel sendet, der mit einem privaten Schlüssel verknüpft ist, den man nicht kennen kann. Das heißt, man kann niemals einen DH-Schlüsselaustausch durchführen, wenn man das Kennwort nicht kennt. Das Transkript sieht wie ein normaler DH-Schlüsselaustausch aus, also keine Chance hier (solange DH sicher ist).

11.3.3 Gab es einen MITM-Angriff auf meinen Schlüsselaustausch? Prüfen Sie einfach einen kurzen authentifizierten String (SAS)

Im zweiten Teil dieses Kapitels haben Sie verschiedene Protokolle kennengelernt, die es erlauben, zwei Geräte mithilfe eines Menschen zu koppeln. Ich habe allerdings auch erwähnt, dass manche Geräte so eingeschränkt sind, dass sie diese Protokolle nicht nutzen können. Sehen wir uns ein Schema an, das verwendet wird, wenn die beiden Geräte keine Schlüssel importieren, aber dem Benutzer eine begrenzte Menge an Daten anzeigen können (vielleicht über einen Bildschirm, durch Einschalten bestimmter LEDs, durch Ausgabe einiger Töne usw.).

In Kapitel 10 haben Sie gelernt, wie man eine Sitzung nach dem Handshake (nach dem Schlüsselaustausch) mithilfe von *Fingerprints* (Hashes des Transkripts) authentifiziert. Wir könnten etwas Ähnliches verwenden, da wir unseren Out-of-Band-Kanal haben, um diese Fingerprints zu übermitteln. Wenn der Benutzer die von beiden Geräten empfangenen Fingerprints erfolgreich vergleichen kann, dann weiß er, dass der Schlüsselaustausch nicht von einem MITM-Angriff kompromittiert wurde.

Das Problem mit Fingerprints ist, dass es sich um lange Bytestrings handelt (in der Regel 32 Byte lang), die sich dem Benutzer nur schwer anzeigen lassen. Außerdem ist es umständlich, sie zu vergleichen. Doch für das Pairing von Geräten können wir wesentlich kürzere Bytestrings verwenden, da wir den Vergleich in Echtzeit durchführen! Wir nennen sie *Short Authenticated Strings* (SAS), d. h. kurze authentifizierte Strings. SAS werden häufig verwendet, vor allem von Bluetooth, da sie sehr benutzerfreundlich sind (Abb. 11–15 zeigt ein Beispiel).

Für SAS-basierte Schemas gibt es keine Standards, doch die meisten Protokolle (einschließlich des numerischen Vergleichs von Bluetooth) implementieren eine Variante des *Manually Authenticated Diffie-Hellman* (MA-DH). MA-DH ist ein einfacher Schlüsselaustausch mit einem zusätzlichen Trick, der es einem Angreifer schwer macht, das Protokoll aktiv als MITM zu manipulieren. Man könnte sich fragen, warum man SAS nicht einfach durch Abschneiden eines Fingerprints erzeugt. Wozu braucht man einen Trick?

Abb. 11–15 *Um ein Telefon über Bluetooth mit einem Auto zu koppeln, kann der numerische Vergleichsmodus verwendet werden, um einen kurzen authentifizierten String (SAS) der sicheren Verbindung zu erzeugen, die zwischen den beiden Geräten ausgehandelt wurde. Wie ich bereits weiter vorn in diesem Kapitel erwähnt habe, sind die Sicherheitsprotokolle von Bluetooth infolge des KNOB-Angriffs derzeit (2021) leider gebrochen. Wenn Sie beide Geräte steuern, müssen Sie Ihr eigenes SAS-Protokoll implementieren.*

Ein SAS ist in der Regel eine 6-stellige Zahl, die man erhält, wenn man einen Hash des Transkripts auf weniger als 20 Bits kürzt und diesen Binärwert in eine Dezimalzahl konvertiert. Somit ist SAS gefährlich klein, was es einem Angreifer sehr viel leichter macht, ein *zweites Urbild* des abgeschnittenen Hashs zu erhalten. Abbildung 11–16 zeigt ein Beispiel mit zwei Geräten (obwohl wir hier Alice und Bob verwenden), die einen nicht authentifizierten Schlüsselaustausch durchführen. Ein aktiver MITM-Angreifer kann in der ersten Nachricht den öffentlichen Schlüssel von Alice durch seinen eigenen öffentlichen Schlüssel ersetzen. Sobald der Angreifer Bobs öffentlichen Schlüssel an sich gebracht hat, weiß er, welchen SAS Bob berechnen wird (einen gekürzten Hash, der auf dem öffentlichen Schlüssel des Angreifers und Bobs öffentlichem Schlüssel basiert). Der Angreifer muss nur viele öffentliche Schlüssel erzeugen, um einen Schlüssel (nämlich $public\_key_{E2}$) zu finden, bei dem der SAS von Alice mit dem von Bob übereinstimmt.

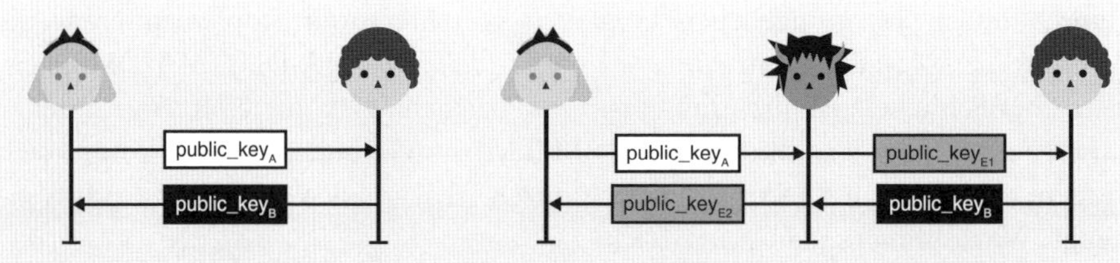

Abb. 11–16 *Ein typischer nicht authentifizierter Schlüsselaustausch (links) kann durch einen aktiven MITM-Angreifer (rechts) abgefangen werden, der dann die öffentlichen Schlüssel von Alice und Bob ersetzen kann. Ein MITM-Angriff ist erfolgreich, wenn sowohl Alice als auch Bob den gleichen kurzen authentifizierten String erzeugen, wenn also hash($public\_key_A \| public\_key_{E2}$) und hash($public\_key_{E1} \| public\_key_B$) übereinstimmen.*

Es ist eigentlich recht einfach, einen öffentlichen Schlüssel zu erzeugen, bei dem beide SAS übereinstimmen. Nimmt man an, dass der SAS 20 Bit lang ist, dann sollte man nach nur 2^{20} Berechnungen ein zweites Urbild finden, bei dem sowohl Alice als auch Bob den gleichen SAS erzeugen. Selbst auf einem billigen Smartphone sollte das ziemlich schnell zu berechnen sein.

Der Trick hinter SAS-basierten Schlüsselvereinbarungen besteht darin, den Angreifer daran zu hindern, seinen zweiten öffentlichen Schlüssel zu wählen und die beiden SAS zur Übereinstimmung zu zwingen. Zu diesem Zweck sendet Alice einfach eine *Bestätigung* ihres öffentlichen Schlüssels, bevor sie Bobs öffentlichen Schlüssel sieht (wie in Abb. 11–17).

Wie bei dem vorherigen unsicheren Schema verschafft dem Angreifer die Wahl des öffentlichen Schlüssels $public\_key_{E1}$ keinen Vorteil. Aber jetzt kann er auch keinen öffentlichen Schlüssel $public\_key_{E2}$ wählen, der ihm hilft, weil er Bobs SAS an diesem Punkt des Protokolls nicht kennt. Er muss »ins Blaue hinein raten« und hoffen, dass Alices und Bobs SAS übereinstimmen werden.

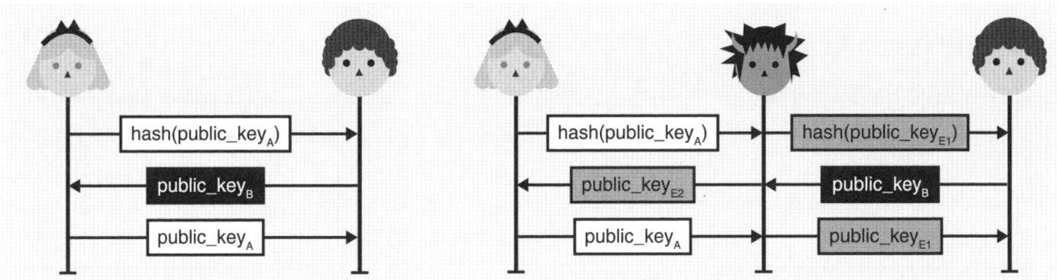

Abb. 11–17 *Die Zeichnung links zeigt ein sicheres SAS-basiertes Protokoll, in dem Alice zuerst eine Bestätigung ihres öffentlichen Schlüssels sendet. Ihren öffentlichen Schlüssel gibt sie erst dann preis, wenn sie Bobs öffentlichen Schlüssel erhalten hat. Da sie sich an den Schlüssel gebunden hat, kann sie ihr Schlüsselpaar nicht frei auf der Grundlage von Bobs Schlüssel wählen. Wenn der Austausch aktiv von einem MITM-Angriff kompromittiert wird (Zeichnung auf der rechten Seite), kann der Angreifer keines der beiden Schlüsselpaare wählen, um die Übereinstimmung von Alices und Bobs SAS zu erzwingen.*

Bei einem SAS von 20 Bit beträgt die Wahrscheinlichkeit 1 zu 1.048.576. Ein Angreifer kann seine Chancen verbessern, wenn er das Protokoll mehrmals ausführt, wobei aber zu bedenken ist, dass der Benutzer bei jeder Instanz des Protokolls manuell einen SAS vergleichen muss. Praktisch verhindern diese Verzögerungen, dass ein Angreifer zu viele Lotterielose bekommt.

Das war's! Abbildung 11–18 gibt einen Überblick über die verschiedenen Techniken, die Sie im zweiten Teil dieses Kapitels gelernt haben. In Kapitel 12 sehen wir uns wieder.

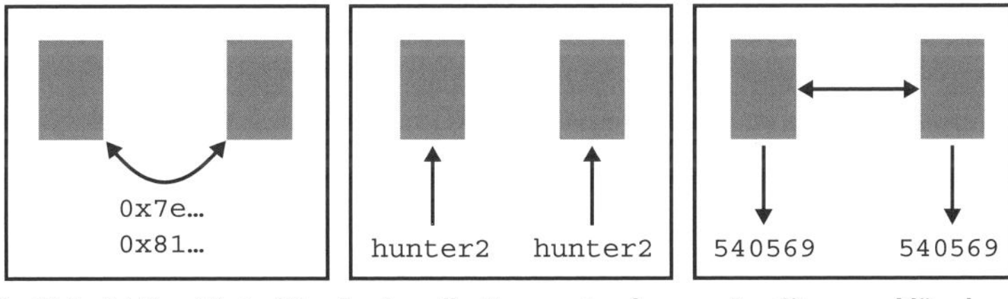

Öffentliche Schlüssel Out-of-Band austauschen, dann Schlüsselaustausch durchführen

Dasselbe Kennwort auf beiden Geräten eingeben

Den Sitzungsschlüssel Out-ob-Band verifizieren

Abb. 11–18 *Um zwei Geräte zu koppeln, haben Sie drei Techniken kennengelernt: (1) Ein Benutzer kann entweder den Geräten helfen, die öffentlichen Schlüssel des jeweils anderen zu erhalten, sodass sie einen Schlüsselaustausch durchführen können; (2) ein Benutzer kann dasselbe Kennwort auf zwei Geräten eingeben, sodass sie einen symmetrischen kennwortauthentifizierten Schlüsselaustausch durchführen können, oder (3) ein Benutzer kann einen Fingerprint des Schlüsselaustauschs im Nachhinein verifizieren, um zu bestätigen, dass kein MITM-Angreifer die Kopplung abgefangen hat.*

Geschichtsstunde

Als ich in Kapitel 10 über die Ende-zu-Ende-Verschlüsselung geschrieben habe, begann ich interessanterweise zu untersuchen, wie die Benutzer des Ende-zu-Ende verschlüsselten Chat-Protokolls von Matrix ihre Kommunikation authentifizieren. Um die Überprüfung benutzerfreundlicher zu gestalten, hat Matrix eine eigene Variante eines SAS-basierten Protokolls entwickelt. Leider hat man dabei zwar das gemeinsame Geheimnis eines X25519-Schlüsselaustauschs gehasht, aber die ausgetauschten öffentlichen Schlüssel nicht in den Hash einbezogen.

In Kapitel 5 hatte ich erwähnt, dass es wichtig ist, öffentliche X25519-Schlüssel zu validieren. Matrix hat das versäumt, was es einem MITM-Angreifer ermöglicht hat, falsche öffentliche Schlüssel an die Benutzer zu senden und sie zu zwingen, am Ende dasselbe voraussagbare gemeinsame Geheimnis und damit auch denselben SAS zu verwenden. Dadurch wurde der Anspruch des Protokolls auf eine Ende-zu-Ende-Verschlüsselung vollständig zunichtegemacht, was von Matrix schnell behoben wurde.

Zusammenfassung

- Protokolle zur Benutzerauthentifizierung (Protokolle für Computer, um Personen zu authentifizieren) laufen oft über sichere Verbindungen, wobei nur der Computer (Server) authentifiziert worden ist. In diesem Sinne wird eine einseitig authentifizierte Verbindung zu einer gegenseitig authentifizierten Verbindung upgegradet.
- Protokolle zur Benutzerauthentifizierung greifen häufig auf Kennwörter zurück. Kennwörter haben sich als eine einigermaßen praktische Lösung erwiesen, die von Benutzern weitgehend akzeptiert wird. Allerdings haben sie auch zu vielen Problemen geführt, die auf schlechte Kennworthygiene, geringe Entropie und Verletzungen der Kennwortdatenbank zurückzuführen sind.
- Es gibt zwei Möglichkeiten, um zu vermeiden, dass sich Benutzer mit mehreren Kennwörtern belasten müssen (und möglicherweise Kennwörter wiederverwenden):
  - *Kennwortmanager* – Tools, mit denen Benutzer sichere Kennwörter für jede von ihnen verwendete Anwendung erstellen und verwalten können
  - *Single Sign-on (SSO)* – Ein föderiertes Protokoll, das es einem Benutzer ermöglicht, sich mit einem einzigen Konto bei anderen Diensten zu registrieren und anzumelden
- Um zu vermeiden, dass Server die Kennwörter ihrer Benutzer erfahren und speichern, bietet sich als Lösung ein asymmetrischer kennwortauthentifizierter Schlüsselaustausch (asymmetrischer PAKE) an. Ein asymmetrischer PAKE (wie zum Beispiel OPAQUE) ermöglicht es Benutzern, sich bei einem bekannten Server mit Kennwörtern zu authentifizieren, ohne dass sie dem Server ihre Kennwörter mitteilen müssen.

- Um Kennwörter gänzlich zu vermeiden, können symmetrische Schlüssel über Algorithmen für Einmalkennwörter (One-Time Passwords, OTPs) oder asymmetrische Schlüssel über Standards wie FIDO2 verwendet werden.
- Benutzergestützte Authentifizierungsprotokolle laufen häufig über unsichere Verbindungen (WLAN, Bluetooth, NFC) und helfen zwei Geräten, sich gegenseitig zu authentifizieren. Um Verbindungen in diesen Szenarios zu sichern, gehen benutzergestützte Protokolle davon aus, dass die beiden Teilnehmer über einen zusätzlichen authentifizierten (aber nicht vertraulichen) Kanal verfügen, den sie nutzen können (zum Beispiel ein Bildschirm auf dem Gerät).
- Exportiert man den öffentlichen Schlüssel zu einem anderen Gerät, könnte ein starker gegenseitig authentifizierter Schlüsselaustausch stattfinden. Leider sind diese Abläufe nicht benutzerfreundlich und manchmal aufgrund von Gerätebeschränkungen nicht durchführbar (weil es zum Beispiel keine Möglichkeit gibt, Schlüssel zu exportieren oder zu importieren).
- Symmetrische kennwortauthentifizierte Schlüsselvereinbarungen (symmetrische PAKEs) wie CPace können den Aufwand für den Benutzer verringern, einen langen öffentlichen Schlüssel zu importieren, da er nur ein Kennwort manuell in ein Gerät eingeben muss. Symmetrische PAKEs werden bereits von den meisten Menschen verwendet, um beispielsweise eine Verbindung zu ihrem Heim-WLAN einzurichten.
- Protokolle, die auf kurzen authentifizierten Strings (Short Authenticated Strings, SASs) basieren, können Sicherheit für Geräte bieten, die keine Schlüssel oder Kennwörter importieren können, aber in der Lage sind, nach einem Schlüsselaustausch einen kurzen String anzuzeigen. Dieser kurze String muss auf beiden Geräten gleich sein, um sicherzustellen, dass der unauthentifizierte Schlüsselaustausch nicht von einem aktiven MITM-Angriff kompromittiert wird.

12 Krypto wie in Kryptowährung?

In diesem Kapitel:

- Konsensprotokolle und wie sie Kryptowährungen möglich machen
- Die verschiedenen Arten von Kryptowährungen
- Wie die Kryptowährungen Bitcoin und Diem in der Praxis funktionieren

Kann Kryptografie die Grundlage für ein neues Finanzsystem sein? Diese Frage versucht man mit Kryptowährungen zu beantworten, und zwar spätestens seit 2008, als Bitcoin von Satoshi Nakamoto vorgeschlagen wurde (der seine Identität bis heute nicht preisgegeben hat). Davor wurde der Begriff *Krypto* immer in Bezug auf das Gebiet der Kryptografie angewendet. Doch seit der Schaffung von Bitcoin hat sich die Bedeutung schnell geändert und wird nun auch für Kryptowährungen verwendet. Umgekehrt interessieren sich die Liebhaber von Kryptowährungen immer mehr für Kryptografie. Das macht auch Sinn, denn die Kryptografie ist das Herzstück von Kryptowährungen.

Was ist eine *Kryptowährung*? Hier sind zwei Dinge zu nennen:

- *Es ist eine digitale Währung.* Einfach ausgedrückt: Sie ermöglicht es den Menschen, Währungstransaktionen auf elektronischem Wege abzuwickeln. Manchmal wird eine Währung verwendet, die von einer Regierung gestützt wird (wie der US-Dollar), und manchmal verwendet man eine erfundene Währung (wie den Bitcoin). Wahrscheinlich verwenden Sie bereits digitale Währungen – wann immer Sie jemandem Geld über das Internet schicken oder ein Girokonto nutzen, haben Sie es mit einer digitalen Währung zu tun! Tatsächlich brauchen Sie kein Bargeld mehr per Post zu verschicken und die meisten Geldtransaktionen sind heutzutage nur noch Aktualisierungen von Zeilen in Datenbanken.
- Es ist eine Währung, die sich stark auf Kryptografie stützt, um eine vertrauenswürdige dritte Partei zu vermeiden und für Transparenz zu sorgen. In einer Kryptowährung gibt es keine zentrale Autorität, der man blind vertrauen muss,

wie etwa einer Regierung oder einer Bank. Wir sprechen oft von dieser Eigenschaft als *Dezentralisierung* (wie in »wir dezentralisieren das Vertrauen«). Wie Sie in diesem Kapitel sehen werden, sind Kryptowährungen so konzipiert, dass sie eine gewisse Anzahl von böswilligen Akteuren tolerieren und es den Menschen ermöglichen, zu überprüfen, ob sie richtig funktionieren.

Kryptowährungen sind relativ neu, denn das erste erfolgreiche Experiment war Bitcoin, das 2008 inmitten einer weltweiten Finanzkrise vorgeschlagen wurde. Als die Krise in den USA begann, breitete sie sich schnell auf den Rest der Welt aus, untergrub das Vertrauen der Menschen in die Finanzsysteme und bot eine Plattform für transparentere Initiativen wie Bitcoin. Zu dieser Zeit begannen viele Menschen zu erkennen, dass der Status quo bei Finanztransaktionen ineffizient, teuer und für die meisten Menschen undurchsichtig war. Der Rest ist Geschichte und ich glaube, dieses Buch ist das erste über Kryptografie, das ein Kapitel über Kryptowährungen enthält.

12.1 Eine kleine Einführung in byzantinische fehlertolerante (BFT) Konsensalgorithmen

Stellen Sie sich vor, Sie wollen eine neue digitale Währung schaffen. Es ist eigentlich nicht allzu schwer, etwas zu entwickeln, das funktioniert. So könnten Sie eine Datenbank auf einem speziellen Server einrichten, in der Sie die Benutzer und deren Kontostände erfassen. Über eine solche Schnittstelle können die Benutzer ihren Kontostand abfragen oder Zahlungsaufträge senden, wodurch sich ihr Kontostand in der Datenbank verringert und sich der Kontostand in einer anderen Zeile erhöht. Anfangs könnten Sie Ihren Freunden auch zufällig etwas von Ihrer erfundenen Währung zuteilen, damit diese anfangen können, Geld in Ihr System zu überweisen. Ein solch einfaches System hat jedoch eine Reihe von Schwachstellen.

12.1.1 Ein Problem der Stabilität: Verteilte Protokolle zur Rettung

Das System, das Sie eben gesehen haben, ist ein *Single Point of Failure* – ein einzelner Ausfallpunkt. Wenn die Stromversorgung ausfällt, können Ihre Benutzer das System nicht mehr nutzen. Schlimmer noch: Wenn eine Naturkatastrophe Ihren Server unerwartet zerstört, könnte jeder dauerhaft seinen Kontostand verlieren. Um dieses Problem anzugehen, gibt es etablierte Techniken, mit denen Sie Ihr System stabiler machen können. Auf dem Gebiet der *verteilten Systeme* untersucht man derartige Techniken.

In diesem Fall verwenden die meisten großen Anwendungen die gängige Lösung, den Inhalt der Datenbank auf andere Backup-Server in (nahezu) Echtzeit zu replizieren. Diese Server können dann über verschiedene geografische Standorte verteilt und als Backup eingesetzt werden oder sogar den Betrieb ganz übernehmen, wenn Ihr Hauptserver ausfällt. Man spricht hier von *hoher Verfügbarkeit*. Sie haben nun eine *verteilte Datenbank*.

Bei großen Systemen, die viele Abfragen bedienen, ist es oft so, dass diese Backup-Datenbanken nicht nur im Hintergrund auf ihren Einsatz warten, sondern stattdessen Auskunft über den Status geben. Es ist schwierig, mehr als eine Datenbank mit Schreibvorgängen und Aktualisierungen zu betrauen, weil dann mit Konflikten zu rechnen ist (so wie es auch gefährlich sein kann, wenn zwei Personen dasselbe Dokument bearbeiten). Daher ist es oft sinnvoll, dass eine einzige Datenbank als *Leader* (Anführer) fungiert und alle Schreibvorgänge und Aktualisierungen in der Datenbank übernimmt, während andere Datenbanken nur eingesetzt werden, um den Status zu lesen.

Die Replikation des Datenbankinhalts ist mitunter recht langsam und es ist zu erwarten, dass einige Ihrer Datenbanken hinter der führenden Datenbank zurückbleiben, bis sie aufgeholt haben. Dies gilt insbesondere, wenn sie weiter entfernt sind oder aus irgendeinem Grund Netzwerkverzögerungen auftreten. Dieser Rückstand wird zu einem Problem, wenn die replizierten Datenbanken dazu dienen, den Status zu lesen. (Stellen Sie sich vor, Sie sehen einen anderen Kontostand als Ihr Freund, weil Sie beide verschiedene Server abfragen.)

In diesen Fällen werden Anwendungen oft so geschrieben, dass sie diese Verzögerungen tolerieren. Man spricht hier von *Eventual Consistency* (auf Deutsch endgültiger Konsistenz), da die Status der Datenbanken letztlich konsistent werden. (Es existieren auch strengere Konsistenzmodelle, doch sind diese in der Regel langsam und unpraktisch.) Derartige Systeme weisen auch andere Probleme auf: Wenn die Hauptdatenbank abstürzt, welche Datenbank wird dann zur Hauptdatenbank erkoren? Ein weiteres Problem entsteht, wenn die Backup-Datenbanken zu dem Zeitpunkt im Rückstand sind, wenn die Hauptdatenbank abstürzt. Gehen dann die neuesten Änderungen verloren?

Hier kommen stärkere Algorithmen – *Konsensalgorithmen* (auch als *Log-Replikation* oder *atomare Broadcasts* bezeichnet) – ins Spiel, wenn sich das gesamte System auf eine Entscheidung einigen (oder zu einem Konsens kommen) muss. Stellen Sie sich vor, ein Konsensalgorithmus löst das Problem einer Gruppe von Personen, die sich über die zu bestellende Pizza einigen wollen. Es ist leicht, zu sehen, was die Mehrheit will, wenn sich alle im selben Raum befinden. Doch wenn jeder über das Netzwerk kommuniziert, in dem die Nachrichten verzögert, verschluckt, abgefangen und verändert werden können, ist ein komplexeres Protokoll erforderlich.

Sehen Sie sich an, wie der Konsens bei der Beantwortung der vorhergehenden beiden Fragen herangezogen werden kann. Die erste Frage, welche Datenbank im Falle eines Absturzes als nächste die Führung übernimmt, lässt sich mit einem als *Ringalgorithmus* (engl. *leader election*) bezeichneten Konsensalgorithmus beantworten. Die zweite Frage löst man häufig dadurch, dass Datenbankänderungen in zwei verschiedenen Schritten betrachtet werden: *ausstehend* (pending) und *bestätigt* (committed). Änderungen am Datenbankzustand sind zunächst immer ausstehend und können nur dann als bestätigt festgelegt werden, wenn genügend Datenbanken zustimmen (auch hier kann ein Konsensprotokoll verwendet werden). Sobald die Änderung bestätigt ist, kann die Aktualisierung des Zustands nicht mehr ohne Weiteres verloren gehen, da die meisten der teilnehmenden Datenbanken die Änderung bestätigt haben.

Zu den bekanntesten Konsensalgorithmen gehören Paxos (1989 von Lamport veröffentlicht) und dessen spätere Vereinfachung Raft (2013 von Ongaro und Ousterhout veröffentlicht). Diese Algorithmen können Sie in den meisten verteilten Datenbanksystemen verwenden, um verschiedene Probleme zu lösen. (Eine großartige interaktive Erklärung zu Raft finden Sie unter *https://thesecretlivesofdata.com/raft.*)

12.1.2 Ein Problem des Vertrauens? Dezentralisierung hilft

Verteilte Systeme bieten (aus operativer Sicht) eine stabile Alternative zu Systemen, die als Single-Point of Failure fungieren. Die von den meisten Datenbanksystemen verwendeten Konsensalgorithmen sind nicht sehr fehlertolerant. Sobald ein Computer abstürzt, sich aufgrund von Hardwareausfällen nicht mehr richtig verhält oder die Verbindung zu anderen Computern (z. B. Netzwerkpartitionen) unterbrochen wird, treten Probleme auf. Darüber hinaus gibt es keine Möglichkeit, dies aus Sicht eines Benutzers zu erkennen, was noch problematischer wird, wenn Server kompromittiert werden.

Wenn ich einen Server abfrage und er mir sagt, dass Alice fünf Milliarden Dollar auf ihrem Konto hat, muss ich ihm einfach vertrauen. Wenn der Server in seine Antwort alle Geldbewegungen einschließt, die Alice seit Kontoeröffnung empfangen und gesendet hat, und alles aufsummiert, könnte ich kontrollieren, ob das Ergebnis mit den fünf Milliarden Dollar auf ihrem Konto tatsächlich stimmt. Aber woher weiß ich, ob der Server mich nicht angelogen hat? Wenn Bob einen anderen Server fragt, gibt dieser vielleicht einen völlig anderen Kontostand zurück und/oder eine andere Historie für Alices Konto. Wir nennen dies einen *Fork* (engl. Gabelung; zwei widersprüchliche Zustände, die als gültig dargestellt werden), d. h. eine Verzweigung in der Historie, die niemals hätte passieren dürfen. Sie können sich also vorstellen, dass die Kompromittierung einer der replizierten Datenbanken zu ziemlich verheerenden Folgen führen kann.

In Kapitel 9 hatte ich die Certificate Transparency erwähnt, ein Klatschprotokoll (Gossip-Protokoll), das darauf abzielt, solche Verzweigungen in der Public-Key-Infrastruktur (PKI) des Internets zu erkennen. Das Problem beim Geld ist, dass das Erkennen allein nicht ausreicht. Man muss verhindern, dass es überhaupt zu Verzweigungen kommt! Lamport, der Autor des Konsensalgorithmus Paxos, stellte 1982 die Idee der *byzantinischen fehlertoleranten (BFT) Konsensalgorithmen* vor.

> *Wir stellen uns vor, dass mehrere Divisionen der byzantinischen Armee vor einer feindlichen Stadt lagern, wobei jede Division von ihrem eigenen General befehligt wird. Die Generäle können nur durch Boten miteinander kommunizieren. Nachdem sie den Feind beobachtet haben, müssen sie sich auf einen gemeinsamen Aktionsplan einigen. Allerdings können einige der Generäle Verräter sein und versuchen, die loyalen Generäle an einer Einigung zu hindern.*
>
> – Lamport et al. (»The Byzantine Generals Problem«, 1982)

Mit seiner byzantinischen Analogie begründete Lamport das Gebiet der BFT-Konsensalgorithmen. Diese sollen verhindern, dass missgünstige Konsensbeteiligte bei der Einigung auf eine Entscheidung verschiedene, sich widersprechende Ansichten über ein System schaffen. Diese BFT-Konsensalgorithmen ähneln stark früheren Konsensalgorithmen wie Paxos und Raft, außer dass die replizierten Datenbanken (die Teilnehmer des Protokolls) einander nicht mehr blind vertrauen. BFT-Protokolle machen ausgiebig Gebrauch von Kryptografie, um Nachrichten und Entscheidungen zu authentifizieren, die wiederum von anderen verwendet werden können, um die vom Konsensprotokoll ausgegebenen Entscheidungen kryptografisch zu validieren.

Somit sind diese BFT-Konsensprotokolle eine Lösung für unsere Probleme mit Stabilität und Vertrauen. Die verschiedenen replizierten Datenbanken können diese BFT-Algorithmen ausführen, um sich auf neue Systemzustände (beispielsweise Kontostände der Benutzer) zu einigen. Dabei kontrollieren sie sich gegenseitig, indem sie verifizieren, ob die Zustandsübergänge (Transaktionen zwischen Benutzern) gültig sind und von den meisten Teilnehmern gebilligt wurden. Das nennt man, dass das Vertrauen nun dezentralisiert ist.

Der erste praktische BFT-Konsensalgorithmus war *Practical BFT* (PBFT), der 1999 veröffentlicht wurde. PBFT ist ähnlich wie Paxos und Raft ein Ringalgorithmus, bei dem ein Leader die Aufgabe hat, Vorschläge zu unterbreiten, während die übrigen Teilnehmer versuchen, sich auf die Vorschläge zu einigen. Leider ist PBFT ziemlich komplex, langsam und über ein Dutzend Teilnehmer hinaus nicht gut skalierbar. Heue verwenden die meisten Kryptowährungen effizientere Varianten von PBFT. Zum Beispiel basiert die 2019 von Facebook eingeführte Kryptowährung Diem auf HotStuff, einem von PBFT inspirierten Protokoll.

12.1.3 Ein Problem der Größe: Erlaubnisfreie und zensurresistente Netzwerke

Diese PBFT-basierten Konsensalgorithmen sind dahingehend eingeschränkt, dass sie alle eine bekannte und feste Gruppe von Teilnehmern haben müssen. Noch problematischer ist, dass sie ab einer bestimmten Anzahl von Teilnehmern auseinanderbrechen: Die Kommunikationskomplexität nimmt drastisch zu, sie werden äußerst langsam, die Auswahl des Leaders wird kompliziert usw.

Wie entscheidet eine Kryptowährung, wer die Konsensteilnehmer sind? Es gibt mehrere Möglichkeiten, aber die beiden gängigsten sind:

- *Proof of Authority* (PoA) – Die Konsensteilnehmer werden im Voraus bestimmt.
- *Proof of Stake* (PoS) – Die Konsensteilnehmer werden dynamisch ausgewählt, je nachdem, wer den höchsten wertmäßigen Anteil im Netzwerk hat (und somit weniger daran interessiert ist, das Protokoll anzugreifen). Im Allgemeinen wählen Kryptowährungen, die auf PoS basieren, die Teilnehmer nach der Menge an digitaler Währung, die sie besitzen.

Allerdings handelt es sich nicht bei allen Konsensprotokollen um klassische BFT-Konsensprotokolle. Zum Beispiel hat Bitcoin einen anderen Ansatz gewählt, als es einen Konsensmechanismus vorschlug, bei dem keine Liste der Teilnehmer bekannt war. Dies war damals eine recht neue Idee und Bitcoin erreichte dies, indem Beschränkungen klassischer BFT-Konsensprotokolle gelockert wurden. Wie Sie später in diesem Kapitel sehen werden, kann sich Bitcoin aufgrund dieses Ansatzes verzweigen, was eine Reihe eigener Herausforderungen mit sich bringt.

Wie kann man ohne Teilnehmer überhaupt einen Anführer wählen? Man könnte ein PoS-System verwenden (zum Beispiel ist das Ouroboros-Konsensprotokoll geeignet). Stattdessen verlässt sich das Konsensprotokoll von Bitcoin auf einen probabilistischen Mechanismus namens *Proof of Work* (PoW). Auf Bitcoin übertragen heißt das, dass Menschen versuchen, Lösungen für Rätsel zu finden, um Teilnehmer und Anführer zu werden. Das Rätsel ist ein kryptografisches, wie Sie später in diesem Kapitel sehen werden.

Da es keine bekannten Teilnehmer gibt, wird Bitcoin als *erlaubnisfreies* Netzwerk bezeichnet. In einem erlaubnisfreien Netzwerk braucht man keine zusätzlichen Berechtigungen, um am Konsens teilzunehmen – jeder kann mitmachen. Dies steht im Gegensatz zu *erlaubnispflichtigen* Netzwerken, die eine feste Gruppe von Teilnehmern haben. In Abbildung 12–1 habe ich einige dieser neuen Konzepte zusammengefasst.

Bis vor Kurzem war nicht bekannt, wie die klassischen BFT-Konsensprotokolle mit einem erlaubnisfreien Netzwerk, an dem jeder teilnehmen kann, eingesetzt werden können. Heute gibt es viele Ansätze, die PoS nutzen, um dynamisch eine kleinere Teilmenge der Teilnehmer als Konsensteilnehmer herauszugreifen. Einer der bemerkenswertesten Ansätze ist der 2017 veröffentlichte Algorand, der dynamisch Teilnehmer und Anführer auf der Grundlage der bei ihnen gespeicherten Geldmenge auswählt.

Bitcoin behauptet auch, zensurresistent zu sein, weil man nicht im Voraus wissen kann, wer der nächste Anführer wird, und daher das System nicht daran hindern kann, einen neuen Anführer zu wählen. Weniger klar ist, ob dies in PoS-Systemen möglich ist, wo es einfacher sein könnte, die Identität hinter großen Geldmengen herauszufinden.

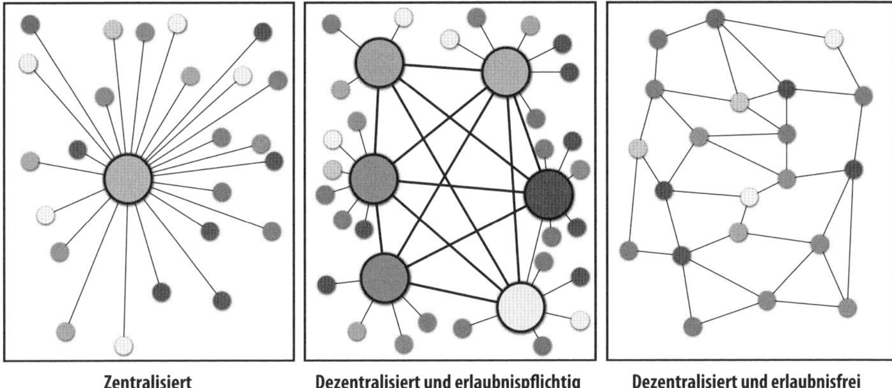

Abb. 12–1 *Ein zentralisiertes Netzwerk kann als Single Point of Failure betrachtet werden, während ein verteiltes und dezentralisiertes Netzwerk gegen den Ausfall mehrerer Server oder gegen böswilliges Verhalten gefeit ist. Ein erlaubnispflichtiges Netzwerk hat eine bekannte und feste Gruppe von Hauptakteuren, während in einem erlaubnisfreien Netzwerk jeder teilnehmen kann.*

Ich sollte erwähnen, dass nicht alle BFT-Konsensprotokolle Leader-basiert sind. Manche sind führerlos, das heißt, sie funktionieren nicht so, dass ausgewählte Anführer über die nächsten Zustandsübergänge entscheiden.

Stattdessen kann jeder Änderungen vorschlagen und das Konsensprotokoll hilft allen, sich auf den nächsten Zustand zu einigen. 2019 hat Avalanche eine solche Kryptowährung eingeführt, die es jedem erlaubt, Änderungen vorzuschlagen und am Konsens teilzunehmen.

Und wenn Sie dachten, dass Konsens für ein dezentralisiertes Zahlungssystem überhaupt notwendig war, dann liegen Sie auch nicht ganz richtig. Konsensfreie Protokolle wurden 2018 in »AT2: Asynchronous Trustworthy Transfers« von Guerraoui, Kuznetsov, Monti, Pavlovic und Seredinschi vorgeschlagen. Aus diesem Grund werde ich in diesem Kapitel keine konsensfreie Protokolle beschreiben, da sie relativ neu und bisher noch nicht kampferprobt sind. Im Rest dieses Kapitel gehe ich auf zwei verschiedene Kryptowährungen ein, um die verschiedenen Aspekte dieses Gebiets zu demonstrieren:

- *Bitcoin* – Die beliebteste Kryptowährung, basiert auf PoW und wurde 2008 eingeführt.
- *Diem* – Eine Kryptowährung, die auf dem BFT-Konsensprotokoll basiert und 2019 von Facebook und einer Gruppe anderer Unternehmen angekündigt wurde.

12.2 Wie funktioniert Bitcoin?

Am 31. Oktober 2008 veröffentliche(n) (ein) anonyme(r) Forscher »Bitcoin: A Peer-to-Peer Electronic Cash System« unter dem Pseudonym Satoshi Nakamoto. Bis zum heutigen Tag ist nicht bekannt, wer Satoshi Nakamoto ist. Kurze Zeit später veröffentlichten »sie« den Bitcoin-Kernclient, eine Software, die jeder ausführen kann, um dem Bitcoin-Netzwerk beizutreten und daran teilzunehmen. Das war das Einzige, was Bitcoin brauchte: genügend Benutzer, die die gleiche Software oder zumindest den gleichen Algorithmus verwenden. Die erste Kryptowährung überhaupt war geboren – der Bitcoin (oder BTC).

Bitcoin ist eine echte Erfolgsgeschichte. Die Kryptowährung ist seit mehr als einem Jahrzehnt in Kraft (bezogen auf den Redaktionsschluss dieses Buches) und hat es Nutzern aus aller Welt ermöglicht, Transaktionen mit der digitalen Währung zu tätigen. Einer der Entwickler, Laszlo Hanyecz, hat 2010 zwei Pizzas für 10.000 BTCs gekauft. Während ich diese Zeilen schreibe (Februar 2021), ist ein BTC fast 57.000 Dollar wert[1]. Daraus kann man schon ableiten, dass Kryptowährungen extrem volatil sein können.

12.2.1 Wie Bitcoin mit Kontoständen und Transaktionen umgeht

Tauchen wir tiefer in die Interna von Bitcoin ein und sehen uns zunächst an, wie Bitcoin mit den Kontoständen und Transaktionen umgeht. Als Nutzer von Bitcoin haben Sie es direkt mit Kryptografie zu tun. Sie haben weder Benutzername noch Kennwort, um sich wie bei jeder Bank auf deren Website anzumelden. Stattdessen verwenden Sie ein ECDSA-(Elliptic Curve Digital Signature Algorithm-)Schlüsselpaar, das Sie selbst erzeugen. Der Kontostand eines Benutzers ist lediglich eine Menge an BTC, die mit einem öffentlichen Schlüssel verknüpft ist. Um BTCs zu erhalten, teilen Sie einfach Ihren öffentlichen Schlüssel mit anderen.

Um Ihre BTCs einzusetzen, unterschreiben Sie eine Transaktion mit Ihrem privaten Schlüssel. Eine Transaktion sagt so ziemlich genau das aus, was Sie vermutlich schon denken: »Ich sende X BTC an den öffentlichen Schlüssel Y«, wobei ich hier einige Details weglasse, die ich später erkläre.

HINWEIS

In Kapitel 7 habe ich erwähnt, dass Bitcoin die Kurve secp256k1 mit ECDSA verwendet. Verwechseln Sie diese Kurve nicht mit der P-256-Kurve des NIST, die als secp256r1 bekannt ist.

Die Sicherheit Ihrer Einlagen ist direkt mit der Sicherheit Ihres privaten Schlüssels verknüpft. Und wie Sie wissen, ist die Schlüsselverwaltung schwierig. In den letzten zehn Jahren haben Probleme bei der Schlüsselverwaltung in Kryptowährungen zum versehentlichen Verlust (oder Diebstahl) von Schlüsseln im Wert von Millionen Dollar geführt. Seien Sie also vorsichtig!

1. Sein Allzeithoch erlebte der Bitcoin am 10. November 2021 mit 68.789,63 Dollar. Der Kurs ist danach schnell wieder bis auf 15.500 Dollar gesunken. Zum Zeitpunkt der Übersetzung (Januar 2023) lag der Kurs bei etwa 17.000 Dollar.

In Bitcoin gibt es verschiedene Arten von Transaktionen. Die meisten Transaktionen, die im Netzwerk zu sehen sind, verbergen den öffentlichen Schlüssel des Empfängers, indem sie ihn hashen. In diesen Fällen wird der Hash eines öffentlichen Schlüssels als die *Adresse* eines Kontos bezeichnet. (Zum Beispiel lautet meine Bitcoin-Adresse: bc1q8y6p4x3rp32dz80etpyffh6764ray9842egchy.) Eine Adresse verbirgt praktisch den eigentlichen öffentlichen Schlüssel des Kontos, bis der Kontoinhaber beschließt, die BTCs auszugeben (in diesem Fall muss das Urbild der Adressen offengelegt werden, damit andere die Signatur verifizieren können). Dadurch werden die Adressen kürzer und es wird verhindert, dass jemand Ihren privaten Schlüssel abrufen kann, falls ECDSA eines Tages gebrochen wird.

Die Tatsache, dass es verschiedene Arten von Transaktionen gibt, ist ein interessantes Detail von Bitcoin. Transaktionen sind nicht einfach nur Nutzdaten, die einige Informationen enthalten. Es handelt sich eigentlich um kurze Skripte, die in einem erfundenen und recht begrenzten Befehlssatz geschrieben sind. Wenn eine Transaktion verarbeitet wird, muss das Skript ausgeführt werden, bevor die erzeugte Ausgabe feststellen kann, ob die Transaktion gültig ist, und, wenn das zutrifft, welche Schritte zu unternehmen sind, um den Zustand aller Konten zu ändern.

Kryptowährungen wie Ethereum haben dieses Skriptkonzept auf die Spitze getrieben, indem sie die Ausführung wesentlich komplexerer Programme (sogenannter *Smart Contracts*) zulassen, wenn eine Transaktion ausgeführt wird. Es gibt noch einige Dinge, auf die ich bisher nicht eingegangen bin:

- Was enthält eine Transaktion?
- Was bedeutet es, eine Transaktion auszuführen? Und wer führt sie aus?

Mit dem zweiten Punkt beschäftigt sich der nächste Abschnitt. Zunächst aber wollen wir uns ansehen, was in einer Transaktion steckt.

Eine Besonderheit von Bitcoin ist, dass es keine echte Datenbank mit Kontoständen gibt. Stattdessen hat ein Benutzer Brieftaschen von BTCs, die er ausgeben kann und die *Unspent Transaction Outputs* (UTXOs) genannt werden. Das Konzept von UTXOs können Sie sich wie eine große Schüssel vorstellen, für alle sichtbar und gefüllt mit Münzen, die nur ihre Besitzer ausgeben können. Wenn eine Transaktion einen Teil der Münzen ausgibt, verschwinden die Münzen aus der Schüssel, und für die Zahlungsempfänger derselben Transaktion erscheinen neue Münzen. Diese neuen Münzen sind einfach die Ausgaben, die in der Transaktion aufgeführt sind.

Um zu wissen, wie viele BTCs Sie auf Ihrem Konto haben, müssten Sie alle UTXOs zählen, die Ihrer Adresse zugewiesen sind. Mit anderen Worten müssten Sie das gesamte Geld zählen, das an Sie geschickt wurde und das Sie noch nicht ausgegeben haben. Abbildung 12–2 zeigt ein Beispiel, das die Verwendung von UTXOs in Transaktionen verdeutlicht.

Nun stellt sich die Henne-Ei-Frage: Woher kamen die ersten UTXOs? Diese Frage werde ich im nächsten Abschnitt beantworten.

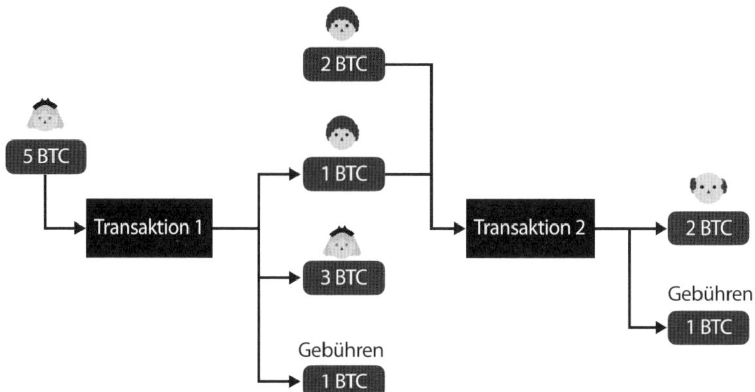

Abb. 12–2 *Transaktion 1 wird von Alice unterzeichnet und überweist einen BTC an Bob. Da sie eine UTXO von fünf BTCs verwendet, muss die Transaktion auch das Wechselgeld an Alice zurücksenden und einen Teil dieses Wechselgelds als Gebühren reservieren. Transaktion 2 wird von Bob signiert und kombiniert zwei UTXOs, um zwei BTCs an Felix zu überweisen. (Beachten Sie, dass die Gebühren in Wirklichkeit viel geringer sind.)*

12.2.2 BTCs schürfen im digitalen Goldzeitalter

Sie wissen jetzt, was eine Bitcoin-Transaktion enthält und wie Sie Ihr Konto verwalten oder den Kontostand von jemandem herausfinden können. Aber wer behält eigentlich den Überblick über all diese Transaktionen? Die Antwort lautet: jeder!

Bitcoin zu verwenden, bedeutet nämlich, dass jede Transaktion öffentlich geteilt und in der Historie aufgezeichnet werden muss. Prinzipiell handelt es sich bei Bitcoin um ein *Journal im Anfügemodus* (append-only ledger) – ein Buch von Transaktionen, bei dem jede Seite mit der vorherigen Seite verbunden ist. Ich möchte hier betonen, dass »nur anfügen« bedeutet, dass man nicht zurückgehen und eine Seite im Buch ändern kann. Und da jede Transaktion öffentlich ist, besteht der einzige Anschein von Anonymität darin, dass sich nur schwer herausfinden lässt, wer wer ist (mit anderen Worten, welcher öffentliche Schlüssel mit welcher Person im wirklichen Leben verbunden ist).

Man kann jede Transaktion, die seit der Gründung von Bitcoin stattgefunden hat, leicht inspizieren, indem man einen Bitcoin-Client herunterlädt und diesen verwendet, um die gesamte Historie herunterzuladen. Auf diese Weise wird man Teil des Netzwerks und muss jede Transaktion gemäß den im Bitcoin Client codierten Regeln erneut ausführen. Natürlich ist die Bitcoin-Historie ziemlich umfangreich: Als dieses Buch geschrieben wurde, waren es etwa 300 GB, und es kann je nach Verbindung Tage dauern, das gesamte Bitcoin-Journal herunterzuladen. Leichter lassen sich Transaktionen überprüfen, wenn Sie einen Online-Dienst nutzen, der Ihnen diese Arbeit abnimmt (sofern Sie einem Online-Dienst vertrauen). Ein Beispiel für diese sogenannten *Blockchain-Explorer* finden Sie in Abbildung 12–3.

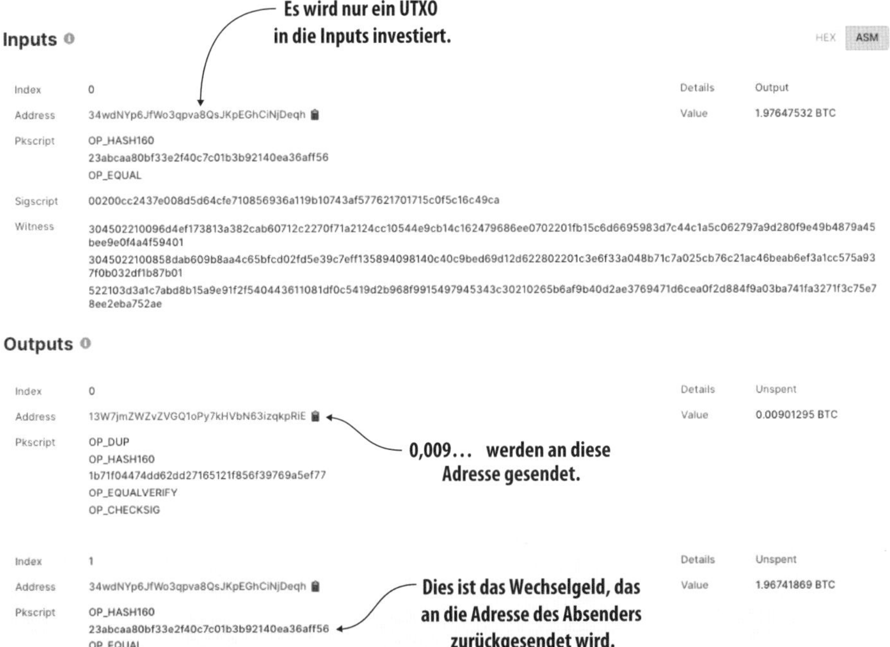

Abb. 12–3 *Eine Transaktion, die ich auf* https://blockchain.com *(*http://mng.bz/n295*) zur Analyse zufällig ausgewählt habe. Die Transaktion verwendet einen Input (von etwa 1,976 BTCs) und teilt ihn in zwei Outputs (von etwa 0,009 BTCs und 1,967 BTCs) auf. Die Differenz zwischen dem Gesamtbetrag der Eingabe und dem Gesamtbetrag der Ausgabe ist die Transaktionsgebühr (nicht als Output dargestellt). Die anderen Felder sind die Skripts, die in der Skriptsprache von Bitcoin geschrieben sind, um entweder die UTXOs in den Inputs auszugeben oder die UTXOs in den Outputs ausgabefähig zu machen.*

Bitcoin ist eigentlich nur eine Liste aller Transaktionen, die seit seiner Entstehung (wir nennen das die *Genesis*) bis heute verarbeitet wurden. Das sollte bei Ihnen die Frage aufwerfen: Wer ist für die Auswahl und die Anordnung der Transaktionen in diesem Journal zuständig?

Um sich auf eine Reihenfolge der Transaktionen zu einigen, erlaubt Bitcoin jedem (auch Ihnen), eine Liste von Transaktionen vorzuschlagen, die in die nächste Seite des Journals aufgenommen werden sollen. Dieser Vorschlag, der eine Liste von Transaktionen enthält, wird in Bitcoin als *Block* bezeichnet. Lässt man aber jeden einen Block vorschlagen, ist das ein Rezept für ein Desaster, da es Unmengen von Teilnehmern in Bitcoin gibt. Stattdessen wollen wir, dass nur eine Person einen Vorschlag für den nächsten Block von Transaktionen macht. Um dies zu erreichen, lässt Bitcoin jeden an einem probabilistischen Rätsel arbeiten und erlaubt nur demjenigen, der das Rätsel als Erster löst, seinen Block vorzuschlagen. Dies ist der weiter vorn beschriebene PoW-(Proof of Work-)Mechanismus. Der PoW von Bitcoin basiert darauf, einen Block zu finden, dessen Hashwert kleiner als ein bestimmter Wert ist. Mit anderen Worten: Der Hashwert muss eine binäre Darstellung haben, die mit einer bestimmten Anzahl von Nullen beginnt.

Zusätzlich zu den Transaktionen, die Sie aufnehmen wollen, muss der Block den Hash des vorherigen Blocks enthalten. Folglich ist das Bitcoin-Journal eine Abfolge von Blöcken, wobei sich jeder Block auf den vorherigen bezieht, bis hin zum allerersten Block, dem Genesis-Block. Genau deshalb spricht man bei Bitcoin von einer *Blockchain* (auf Deutsch Blockkette). Das Schöne an der Blockchain ist, dass die kleinste Änderung an einem Block die Kette ungültig macht, da sich auch der Digest ändert und folglich auch der Verweis gebrochen wird, den der nächste Block auf den vorhergehenden hatte.

Beachten Sie, dass Sie als Teilnehmer, der den nächsten Block vorschlagen möchte, nicht viel an Ihrem Block ändern müssen, um einen neuen Hash von ihm abzuleiten. Zuerst können Sie den größten Teil seines Inhalts festschreiben (die enthaltenen Transaktionen, den Hash des Blocks, den er erweitert, usw.) und dann nur ein Feld (die sogenannte Nonce des Blocks) modifizieren, um den Hash des Blocks zu beeinflussen. Dieses Feld können Sie wie einen Zähler behandeln und den Wert inkrementieren, bis Sie einen Digest finden, der den Spielregeln entspricht, oder Sie können einen Zufallswert generieren. Abbildung 12–4 veranschaulicht diese Idee einer Blockchain.

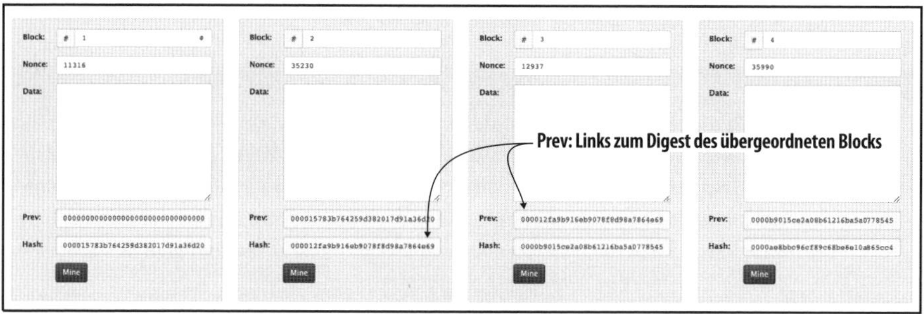

Gültige Blockchain

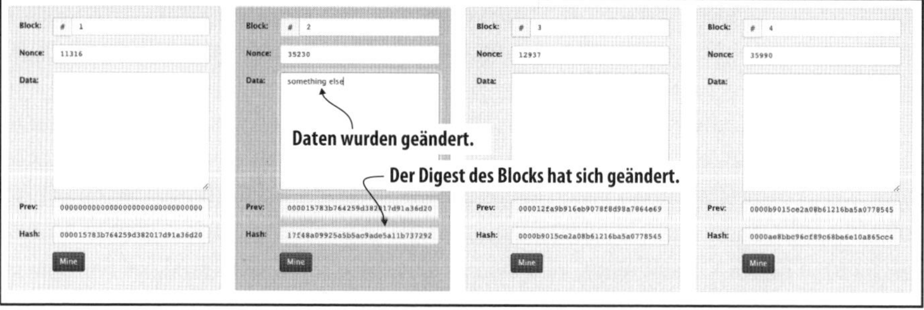

Ungültige Blockchain

Abb. 12–4 *Auf* https://andersbrownworth.com/blockchain/blockchain *kann man interaktiv mit der Spielzeugversion einer Blockchain experimentieren. Jeder Block enthält den Digest seines übergeordneten Blocks sowie eine zufällige Nonce, die dafür sorgt, dass sein Digest mit vier Nullen beginnt. Beachten Sie, dass dies für die obere Blockchain gilt, die untere aber einen Block (Nummer 2) enthält, der geändert wurde (seine Daten waren ursprünglich leer). Da die Modifikation den Digest des Blocks geändert hat, wird er von den nachfolgenden Blöcken nicht mehr authentifiziert.*

All dies funktioniert, weil jeder dasselbe Protokoll ausführt und dieselben Regeln verwendet. Wenn Sie sich mit der Blockchain synchronisieren, laden Sie jeden Block von anderen Peers herunter und verifizieren, dass:

- das Hashing jedes Blocks tatsächlich einen Digest liefert, der kleiner als ein erwarteter Wert ist,
- jeder Block zurück auf den vorherigen Block in der Historie verweist.

Nicht jeder muss Blöcke vorschlagen, aber Sie können es, wenn Sie wollen. Und wenn Sie dies tun, dann sind Sie ein sogenannter *Miner* (Schürfer). Das bedeutet, dass Sie die Hilfe eines Miners benötigen, um Ihre Transaktionen in die Blockchain zu bekommen (wie Abb. 12–5 veranschaulicht).

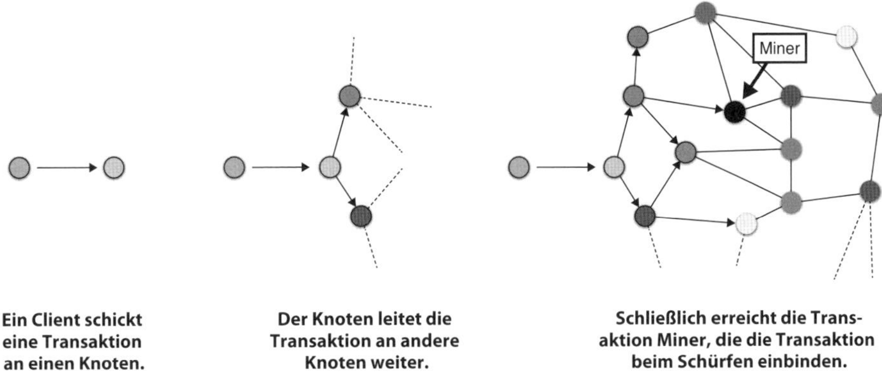

Abb. 12–5 *Das Bitcoin-Netzwerk besteht aus einer Reihe von Knoten (Miner oder nicht), die miteinander verbunden sind. Um eine Transaktion zu bestätigen, müssen Sie sie an einen Miner schicken, der sie in die Blockchain bringt (indem er sie in einen Block einfügt). Da Sie nicht wissen, welcher Miner einen Block erfolgreich schürfen wird, müssen Sie Ihre Transaktion über das Netzwerk verbreiten, um so viele Schürfer wie möglich zu erreichen.*

Miner arbeiten nicht umsonst. Wenn ein Miner einen Block findet, bekommt er:

- *eine Belohnung* – Eine festgelegte Anzahl von BTCs wird erzeugt und an Ihre Adresse gesendet. Zu Beginn erhielten die Miner 50 BTC pro Block. Der Wert der Belohnung halbiert sich jedoch alle 210.000 Blöcke und wird schließlich auf 0 reduziert, wodurch die Gesamtzahl der BTCs, die erzeugt werden können, auf 21 Millionen begrenzt wird.
- *alle Transaktionsgebühren, die im Block enthalten sind* – Deshalb erlaubt es Ihnen die Erhöhung der Gebühren in Ihren Transaktionen, dass Sie schneller akzeptiert werden, da Miner eher Transaktionen mit hohen Gebühren in die von ihnen geschürften Blöcke aufnehmen.

Auf diese Weise erhalten die Nutzer von Bitcoin einen Anreiz, das Protokoll voranzutreiben. Ein Block enthält immer eine sogenannte Coinbase, d. h. die Adresse, an der die Belohnung und die Gebühren gesammelt werden. Der Miner setzt die Coinbase normalerweise auf seine eigene Adresse.

Wir können nun die Frage beantworten, die wir zu Beginn des Abschnitts gestellt haben: Woher kamen die erste UTXOs? Die Antwort ist, dass alle BTCs in der Geschichte irgendwann als Teil der Blockbelohnung für Miner geschaffen wurden.

12.2.3 Verzweigungschaos – Konflikte beim Mining lösen

Bitcoin verteilt die Aufgabe, den nächsten Satz von zu verarbeitenden Transaktionen auszuwählen, über ein PoW-basiertes System. Ihre Chance, einen Block zu schürfen, steht in direktem Zusammenhang mit der Anzahl der Hashes, die Sie berechnen können, und somit mit der Menge an Rechenleistung, die Sie erbringen können. Ein Großteil der Rechenleistung wird heutzutage auf das Mining von Blöcken in Bitcoin oder anderen PoW-basierten Kryptowährungen aufgewendet.

> **HINWEIS**
>
> PoW kann man als die Methode von Bitcoin ansehen, gegen *Sybil-Angriffe* vorzugehen, d. h. gegen Angriffe, die die Tatsache ausnutzen, dass man so viele Konten anlegen kann, wie man will, wodurch man einen asymmetrischen Vorteil gegenüber unehrlichen Teilnehmern erlangt. In Bitcoin lässt sich einzig und allein dadurch mehr Leistung erhalten, wenn man mehr Hardware anschafft, um Hashes zu berechnen, und nicht dadurch, mehr Adressen im Netzwerk zu erstellen.

Es bleibt allerdings ein Problem: Es darf nicht zu einfach sein, einen Hash zu finden, der kleiner als ein bestimmter Wert ist. Andernfalls werden im Netzwerk zu viele Teilnehmer gleichzeitig einen gültigen Block schürfen. Und wenn dies passiert, welcher geschürfte Block ist dann der rechtmäßige nächste Block in der Kette? Dies ist im Wesentlichen das, was wir als *Verzweigung* (engl. Fork) bezeichnen.

In Bitcoin gibt es zwei Mechanismen, um Verzweigungen aufzulösen. Beim ersten wird die *Strenge von PoW aufrechterhalten*. Wenn Blöcke zu schnell oder zu langsam geschürft werden, passt sich der Bitcoin-Algorithmus, den jeder ausführt, dynamisch an die Netzwerkbedingungen an und erhöht oder verringert die *Schwierigkeit* von PoW. Vereinfacht ausgedrückt, müssen Miner einen Block-Digest finden, der mehr oder weniger Nullen enthält.

> **HINWEIS**
>
> Wenn die Schwierigkeit vorschreibt, dass ein Block-Digest mit einem 0-Byte beginnen muss, wird von Ihnen erwartet, dass Sie 2^8 verschiedene Blöcke ausprobieren (genauer, verschiedene Nonces, wie zuvor erklärt), bis Sie einen gültigen Digest finden können. Wird dies auf zwei Bytes erhöht, müssen Sie nun 2^{16} verschiedene Blöcke probieren. Wie lange Sie brauchen, um dieses Ziel zu erreichen, hängt davon ab, wie viel Energie Sie haben und ob Sie über spezialisierte Hardware verfügen, um diese Hashes schneller zu berechnen. Derzeit ändert der Bitcoin-Algorithmus die Schwierigkeit dynamisch, sodass alle zehn Minuten ein Block geschürft wird.

Unser zweiter Mechanismus soll sicherstellen, dass jeder auf die gleiche Weise weitermachen kann, wenn es zu einer Verzweigung kommt. Hierfür gilt die Regel, dass *der Kette mit der größten Menge an Arbeit zu folgen ist.* Im Bitcoin-Paper von 2008 heißt es: »Die längste Kette dient nicht nur als Beweis für die Abfolge der bezeugten Ereignisse, sondern als Beweis, dass sie aus dem größten Pool von CPU-Leistung stammt.«, was vorschreibt, dass Teilnehmer das akzeptieren sollten, was sie als die längste Kette ansehen. Das Protokoll wurde später aktualisiert, damit der Kette mit dem höchsten kumulativen Arbeitsaufwand gefolgt wird, wobei aber diese Unterscheidung hier nicht so wichtig ist. Abbildung 12–6 veranschaulicht dies.

Ich hatte bereits beschrieben, dass der Konsensalgorithmus von Bitcoin kein BFT-Protokoll ist. Das hängt damit zusammen, dass der Konsensalgorithmus keine Forks erlaubt. Wenn Sie also darauf warten, dass Ihre Transaktion bearbeitet wird, sollten Sie sich *auf keinen Fall* durch bloßes Beobachten darauf verlassen, dass Ihre Transaktion in einem Block enthalten ist! Der beobachtete Block könnte in Wirklichkeit ein Fork sein, und noch dazu ein verlierender (gegenüber einem längeren) Fork.

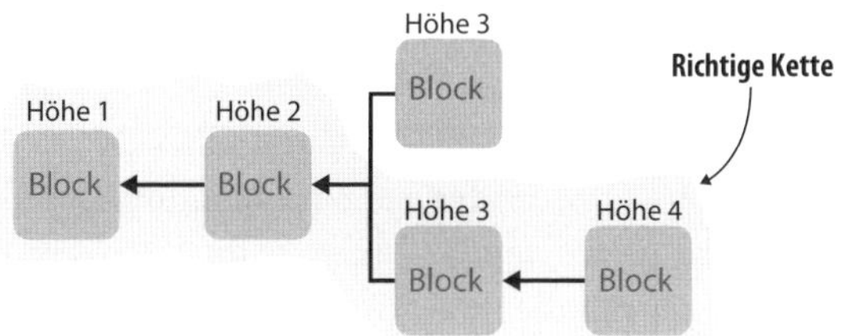

Abb. 12–6 *Ein Fork in der Blockchain: Zwei Miner veröffentlichen einen gültigen Block bei Höhe 3 (d. h. drei Blöcke nach der Genesis). Später schürft ein anderer Miner einen Block bei Höhe 4, die auf den zweiten Block bei Höhe 3 zeigt. Da der zweite Fork jetzt länger ist, wird er zum gültigen Fork, den Miner weiter ausbauen sollten. Beachten Sie, dass Pfeile, die aus einem Block herausführen, auf den übergeordneten Block zeigen (auf den Block, den sie erweitern).*

Um zu entscheiden, wann Ihre Transaktion wirklich verarbeitet wurde, brauchen Sie mehr Gewissheit. Die meisten Wallets und Exchange-Plattformen warten darauf, dass eine bestimmte Anzahl von *Bestätigungsblöcken* über dem eigenen Block geschürft wird. Je mehr Blöcke auf den Block folgen, der Ihre Transaktion enthält, desto geringer ist die Wahrscheinlichkeit, dass diese Kette aufgrund einer bestehenden längeren Fork in eine andere umorganisiert wird.

Die Anzahl der Bestätigungen ist in der Regel auf sechs Blöcke festgelegt, sodass die Bestätigungszeit für Ihre Transaktion etwa eine Stunde beträgt. Abgesehen davon bietet Bitcoin trotzdem keine 100%ige Gewissheit, dass niemals ein Fork größer als sechs Blöcke auftritt. Wenn die Mining-Schwierigkeit gut eingestellt ist, dann sollte es in Ordnung sein, und wir haben Grund zu der Annahme, dass dies für Bitcoin zutrifft.

Die PoW-Schwierigkeit von Bitcoin hat sich im Laufe der Zeit allmählich erhöht, da die Kryptowährung immer beliebter wird. Die Schwierigkeit ist jetzt so hoch, dass sich die meisten Leute die Hardware nicht mehr leisten können, die erforderlich ist, um eine Chance auf das Schürfen eines Blocks zu haben. Heute schließen sich die meisten Miner in sogenannten Mining-Pools zusammen, um die Arbeit zu verteilen, die für das Schürfen eines Blocks erforderlich ist. Die Belohnung teilen sie sich dann.

> *Mit Block 632874 [...] übertraf die erwartete kumulative Arbeit in der Bitcoin-Blockchain 2^{92} Double-SHA256 Hashes.*
>
> – Pieter Wuille (2020, *http://mng.bz/aZNJ*)

Um zu verstehen, warum Forks zerstörerisch sind, stellen wir uns das folgende Szenario vor. Alice kauft eine Flasche Wein von Ihnen und Sie warten darauf, dass sie Ihnen die fünf BTCs schickt, die sie auf ihrem Konto hat. Schließlich beobachten Sie einen neuen Block bei Höhe 10 (d. h. zehn Blöcke nach Genesis), der ihre Transaktion enthält. Als vorsichtiger Mensch wollen Sie warten, bis darauf weitere sechs Blöcke hinzugefügt wurden. Nach einiger Zeit sehen Sie schließlich einen Block auf Höhe 16, der die Kette mit Ihrem Block bei Höhe 10 erweitert. Nun schicken Sie die Flasche an Alice und machen Feierabend. Doch das ist noch nicht das Ende der Geschichte.

Später taucht wie aus dem Nichts ein Block auf Höhe 30 auf, der eine andere Blockchain erweitert, die unmittelbar vor Ihrem Block (auf Höhe 9) verzweigt ist. Da die neue Kette länger ist, wird sie letztlich von allen als die rechtmäßige Kette akzeptiert. Die vorherige Kette, in der Sie sich befanden (beginnend bei Ihrem Block auf Höhe 10), wird verworfen. Teilnehmer im Netzwerk ordnen ihre Kette einfach um, sodass sie nun auf die neue längste Kette verweist. Und wie Sie sich denken können, gibt es in dieser neuen Kette keinen Block, der Alices Transaktion enthält. Stattdessen enthält sie eine Transaktion, die alle ihre Geldmittel zu einer anderen Adresse verschiebt und Sie damit daran hindert, die ursprüngliche Transaktion, die ihre Geldmittel an Ihre Adresse verschoben hat, erneut zu veröffentlichen. Im Endeffekt hat Alice ihr Geld doppelt ausgegeben.

Dies ist ein 51-Prozent-Angriff. Der Name leitet sich von der Rechenleistung ab, die Alice benötigt, um den Angriff durchzuführen; sie brauchte nur etwas mehr als alle anderen. Unter *https://crypto51.app* finden Sie eine interessante Tabelle, die die Kosten für einen 51-Prozent-Angriff auf verschiedene Kryptowährungen, die auf PoW basieren, auflistet. Dies ist nicht nur ein theoretischer Angriff! Solche 51-Prozent-Angriffe finden in der Praxis statt. Zum Beispiel gelang es 2018 einem Angreifer, bei einem 51-Prozent-Angriff auf die Währung Vertcoin eine Reihe von Geldmitteln doppelt auszugeben.

> *Der Angreifer hat im Wesentlichen einen Teil der Journal-Historie neu geschrieben, dann mithilfe seiner dominanten Hashleistung die längste Kette erzeugt und schließlich den Rest der Miner davon überzeugt, diese neue Version der Blockchain zu validieren. Dadurch konnte er das ultimative Krypto-Verbrechen begehen: eine doppelte Ausgabe vorheriger Transaktionen, wodurch frühere Zahlungsempfänger ungültige Münzen erhielten.*
>
> – Michael J. Casey (»Vertcoin's Struggle Is Real: Why the Latest Crypto 51% Attack Matters«, 2018)

Mit Ethereum Classic (einer Variante von Ethereum) geschah 2019 das Gleiche, was damals zu Verlusten von mehr als 1 Million US-Dollar führte, wobei mehrere Umstrukturierungen von mehr als 100 Blöcken in der Tiefe stattgefunden haben. Bitcoin Gold (eine Variante von Bitcoin) litt 2020 ebenfalls unter einem 51-Prozent-Angriff, bei dem 29 Blöcke aus der Historie der Kryptowährung entfernt und in weniger als zwei Tagen mehr als 70.000 US-Dollar doppelt ausgegeben wurden.

12.2.4 Die Blockgröße mit Merkle-Bäumen reduzieren

Ein letzter interessanter Aspekt von Bitcoin, den ich beschreiben möchte, ist die Art und Weise, wie Bitcoin einige der verfügbaren Informationen komprimiert. Ein Block in Bitcoin enthält eigentlich keinerlei Transaktionen! Die Transaktionen werden separat geteilt, und stattdessen enthält ein Block einen einzelnen Digest, der eine Liste von Transaktionen authentifiziert. Der Digest könnte einfach der Hash aller im Block enthaltenen Transaktionen sein, aber das Ganze ist ein wenig cleverer gelöst. Der Digest ist stattdessen die Wurzel eines *Merkle-Baums*.

Was ist ein Merkle-Baum? Einfach ausgedrückt ist es ein Baum (Datenstruktur), dessen interne Knoten Hashes ihrer untergeordneten Elemente sind. Dies mag etwas verwirrend sein, und da ein Bild mehr als tausend Worte sagt, sehen Sie sich am besten Abbildung 12–7 an.

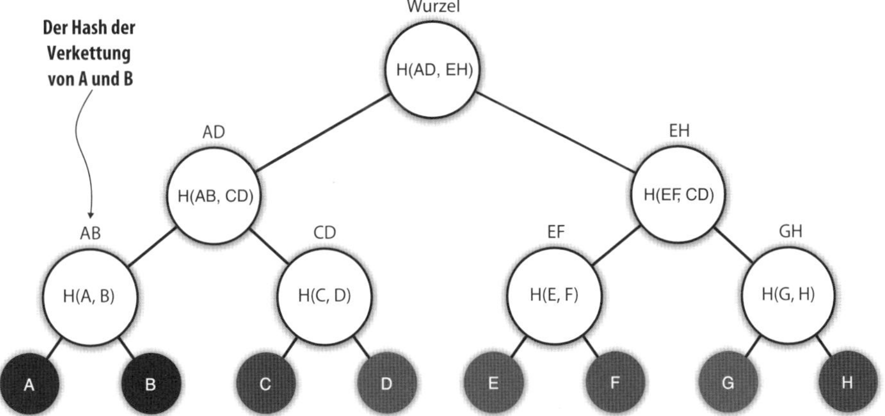

Abb. 12–7 *Ein Merkle-Baum – eine Datenstruktur, die die Elemente in ihren Blättern authentifiziert. Im Baum ist ein interner Knoten der Hash seiner untergeordneten Elemente. Mit dem Hash der Wurzel lässt sich die gesamte Struktur authentifizieren. Hier steht H() für eine Hashfunktion und die durch Komma getrennten Eingaben können als Verkettung implementiert werden (solange es keine Mehrdeutigkeiten gibt).*

Merkle-Bäume sind nützliche Strukturen, die Sie in allen Arten von praktischen Protokollen finden. Damit lassen sich große Datenmengen zu einem kleinen Wert fester Größe komprimieren – der Wurzel des Baums. Und nicht nur das: Es sind nicht unbedingt alle Blätter erforderlich, um die Wurzel zu rekonstruieren.

Stellen Sie sich zum Beispiel vor, Sie kennen die Wurzel des Merkle-Baums, weil sie in einem Bitcoin-Block enthalten ist, und Sie möchten wissen, ob eine Transaktion (ein Blatt im Baum) in dem Block enthalten ist. Wenn dies der Fall ist, kann ich mit Ihnen die Nachbarknoten im Pfad bis nach oben zur Wurzel als *Zugehörigkeitsbeweis* teilen. (Ein Beweis, der logarithmisch zur Tiefe der Baumgröße ist.) Nun müssen Sie nur noch die internen Knoten bis hoch zur Wurzel des Baums berechnen, indem Sie jedes Paar im Pfad hashen. Die Erklärung mag etwas kompliziert erscheinen, Abbildung 12–8 veranschaulicht den Beweis.

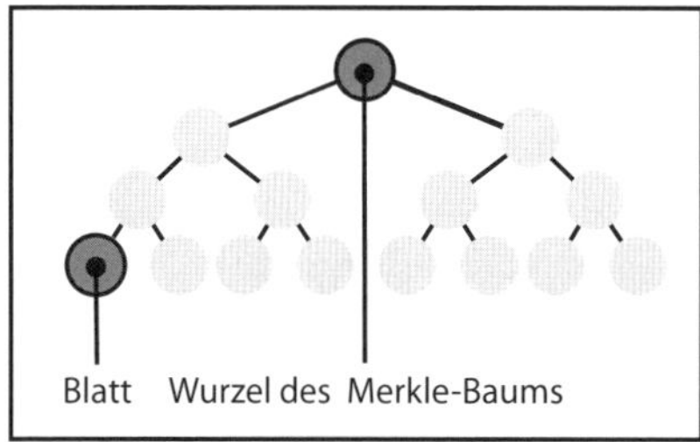

1. Zugehörigkeitsbeweis für das Blatt mit Kenntnis der Wurzel.

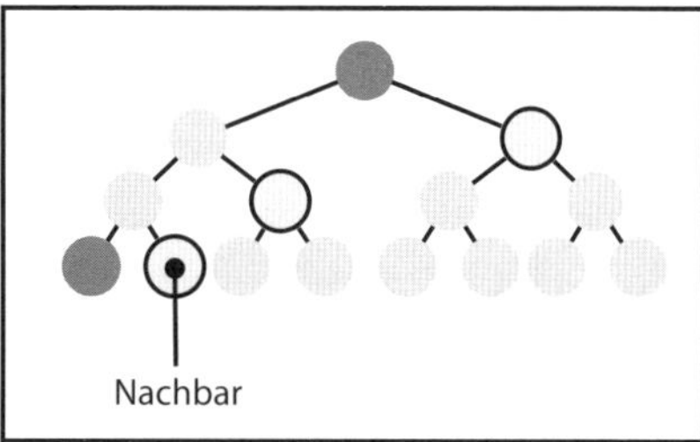

2. Mithilfe der Nachbarknoten lässt sich verifizieren, dass er zur Wurzel führt.

Abb. 12–8 *Wenn man die Wurzel eines Merkle-Baums kennt, kann man verifizieren, dass ein Blatt zum Baum gehört, indem man den Hash der Wurzel von allen Blättern rekonstruiert. Hierfür würde man zunächst einmal alle Blätter benötigen, was in der Zeichnung 8 Digests sind (unter der Annahme, dass Blätter die Hashwerte eines Objekts sind). Effizienter lässt sich ein Zugehörigkeitsbeweis konstruieren, wenn man nicht alle anderen Blätter benötigt: Es sind nur die Nachbarknoten im Pfad vom Blatt zur Wurzel erforderlich, was hier 4 Digests einschließlich Ihres Blattes sind. Ein Verifizierer kann dann mithilfe dieser Nachbarknoten den Hash aller fehlenden Knoten im Pfad bis zur Wurzel berechnen, bis er den Hash der Wurzel rekonstruiert und sieht, was er erwartet hat.*

Anstatt alle Transaktionen direkt aufzulisten, verwendet man Merkle-Bäume in einem Block, um die Datenmenge zu verringern, die heruntergeladen werden muss, damit sich einfache Abfragen in der Blockchain ausführen lassen. Stellen Sie sich zum Beispiel vor, Sie wollen überprüfen, ob Ihre letzte Transaktion in einem Block enthalten ist, ohne die gesamte Historie in der Bitcoin-Blockchain herunterladen zu müssen. So könnten Sie nur die Blockheader herunterladen, die weniger Daten umfassen, da sie die Transaktionen nicht enthalten. Und sobald Sie diese haben, bitten Sie einen Peer, Ihnen zu sagen, welcher Block Ihre Transaktion enthält. Wenn es einen derartigen Block gibt, sollte er Ihnen einen Beweis dafür liefern können, dass Ihre Transaktion in dem Baum enthalten ist, der durch den im Blockheader enthaltenen Digest authentifiziert wird.

Es gibt noch viel mehr über Bitcoin, aber der Umfang dieses Buches ist begrenzt. Stattdessen nutze ich den restlichen Platz in diesem Kapitel, um Ihnen einen Überblick über das Gebiet zu geben und zu erklären, wie die klassischen BFT-Konsensprotokolle funktionieren.

12.3 Ein Rundgang durch die Kryptowährungen

Bitcoin ist die erste erfolgreiche Kryptowährung und bis jetzt die Kryptowährung mit dem größten Marktanteil und Wert geblieben, obwohl Hunderte von anderen Kryptowährungen geschaffen wurden. Interessant dabei ist, dass Bitcoin viele Probleme hatte und immer noch hat, die man bei anderen Kryptowährungen versucht hat zu lösen (und das oftmals mit Erfolg). Noch interessanter ist, dass das Gebiet der Kryptowährungen auf viele kryptografische Primitive zurückgreift, die bislang keine praktischen Anwendungen hatten oder nicht einmal existierten! Die folgenden Abschnitte listen also kurzerhand einige der Themen auf, die seit Einführung von Bitcoin erforscht worden sind.

12.3.1 Volatilität

Die meisten Menschen nutzen Kryptowährungen derzeit als Spekulationsobjekte. Der Preis von Bitcoin trägt offensichtlich zu dieser Geschichte bei, denn er hat gezeigt, dass er ganz leicht an einem einzigen Tag den Kurs um Tausende von Dollar nach oben oder unten verschieben kann. Einige Leute behaupten, dass die Stabilität mit der Zeit kommen wird, aber es bleibt eine Tatsache, dass Bitcoin heutzutage nicht als Währung brauchbar ist. Andere Kryptowährungen haben mit dem Konzept von *Stablecoin* experimentiert, indem sie den Preis ihres Tokens an eine bestehende Fiatwährung (wie den US-Dollar) gekoppelt haben.

12.3.2 Latenz

Die Effizienz einer Kryptowährung lässt sich auf viele Arten messen. Der *Durchsatz* einer Kryptowährung ist die Anzahl der Transaktionen pro Sekunde, die sie verarbeiten kann. Zum Beispiel liegt der Durchsatz bei Bitcoin mit nur 7 Transaktionen pro Sekunde recht niedrig. Andererseits ist die *Finalität* die Zeit, die eine Transaktion benötigt, um als abgeschlossen zu gelten, sobald sie in die Blockchain aufgenommen wurde. Aufgrund von Forks wird die Finalität von Bitcoin nie vollständig erreicht. Man geht davon aus, dass mindestens eine Stunde, nachdem eine Transaktion in einen neuen Block aufgenommen wurde, die Wahrscheinlichkeit, dass die Transaktion rückgängig gemacht wird, akzeptabel wird. Beide Zahlen haben einen großen Einfluss auf die *Latenz*, d. h. die Zeit, die eine Transaktion aus Sicht des Nutzers benötigt, um finalisiert zu werden.

In Bitcoin umfasst die Latenz die erforderlichen Zeiten, um die Transaktion zu erstellen, um sie im Netzwerk zu verbreiten und um sie in einen Block aufzunehmen. Dazu kommt schließlich noch die Wartezeit, bis der Block bestätigt wird.

Diese Geschwindigkeitsprobleme lassen sich durch BFT-Protokolle lösen, die üblicherweise Finalität von nur wenigen Sekunden bieten und dabei versichern, dass keine Forks möglich sind. Der Durchsatz liegt in der Größenordnung von Tausenden Transaktionen pro Sekunde. Dennoch ist dies manchmal noch nicht genug und es werden verschiedene Technologien erforscht. Sogenannte *Layer-2-Protokolle* versuchen, zusätzliche Lösungen bereitzustellen, mit denen schnellere Zahlungen außerhalb der Kette durchgeführt werden können, während der Fortschritt regelmäßig in der Hauptblockchain (demgegenüber als Layer 1 bezeichnet) gespeichert wird.

12.3.3 Größe der Blockchain

Bitcoin und andere Kryptowährungen haben mit einem häufigen Problem zu tun, dass die Blockchain schnell auf schwer beherrschbare Größen anwachsen kann. Daraus ergeben sich Probleme mit der Brauchbarkeit, wenn Benutzer, die die Kryptowährung verwenden möchten (um zum Beispiel ihren Kontostand abzufragen), zunächst die gesamte Kette herunterladen müssen, um mit dem Netzwerk zu interagieren. Bei BFT-basierten Kryptowährungen, die eine große Anzahl von Transaktionen pro Sekunde verarbeiten, ist zu erwarten, dass sie innerhalb von Monaten oder sogar Wochen leicht Terabytes an Daten erreichen. Es gibt bereits mehrere Versuche, dieses Problem zu lösen.

Einer der interessantesten ist das Mina-Protokoll, bei dem nicht die gesamte Historie der Blockchain heruntergeladen werden muss, um auf den neuesten Stand zu kommen. Stattdessen setzt Mina auf Zero-Knowledge-Proofs (ZKPs), die bereits Kapitel 7 erwähnt hat und auf die ich ausführlich in Kapitel 15 eingehe, um die gesamte Historie in einem Beweis mit einer festen Größe von 11 KB zu komprimieren. Dies ist besonders nützlich für einfachere Clients wie Mobiltelefone, die normalerweise Servern von Drittanbietern vertrauen müssen, um die Blockchain abzufragen.

12.3.4 Vertraulichkeit

Bitcoin bietet *Pseudoanonymität*, da Konten nur an öffentliche Schlüssel gebunden sind. Solange niemand einen öffentlichen Schlüssel mit einer Person verknüpfen kann, bleibt das zugeordnete Konto anonym. Denken Sie daran, dass alle Transaktionen von und zu diesem Konto öffentlich zugänglich sind und soziale Graphen erstellt werden können, um zu verstehen, wer mit wem häufiger handelt und wer wie viel der Währung besitzt.

Viele Kryptowährungen versuchen, diese Probleme mit ZKPs oder anderen Techniken zu lösen. Eine der bekanntesten und vertrauenswürdigen Kryptowährungen ist Zcash, da ihre Transaktionen die Absenderadresse, die Empfängeradresse und den zu transferierenden Betrag verschlüsseln können. Und das alles mit ZKPs!

12.3.5 Energieeffizienz

Bitcoin ist stark kritisiert worden, weil der Strombedarf so immens hoch ist. In der Tat hat die Universität Cambridge vor Kurzem ausgewertet, dass die gesamte

Energie, die für das Mining von BTCs aufgewendet wird, Bitcoin in die Top 30 der Energieverbraucher der Welt bringt (wenn man es als Land betrachtet) und mehr Energie in einem Jahr verbraucht als ein Land wie Argentinien (Februar 2021; *https://cbeci.org*). Dagegen sind BFT-Protokolle nicht auf PoW angewiesen und vermeiden daher diesen hohen Overhead. Dies ist sicherlich der Grund, warum jede moderne Kryptowährung einen auf PoW basierenden Konsens zu vermeiden scheint, und selbst wichtige PoW-basierte Kryptowährungen wie Ethereum haben Pläne angekündigt, zu umweltfreundlicheren Konsensprotokollen überzugehen. Bevor wir zum nächsten Kapitel kommen, werfen wir einen Blick auf diese Kryptowährungen, die auf Konsensprotokollen basieren.

12.4 DiemBFT: Ein byzantinisch fehlertolerantes (BFT) Konsensprotokoll

Viele moderne Kryptowährungen haben den PoW-Aspekt von Bitcoin zugunsten umweltfreundlicher und effizienterer Konsensprotokolle aufgegeben. Die meisten dieser Konsensprotokolle basieren auf klassischen BFT-Konsensprotokollen, die oftmals Varianten des ursprünglichen PBFT-Protokolls sind. In diesem letzten Abschnitt werde ich solche BFT-Protokolle anhand von Diem veranschaulichen.

Diem (vormals Libra) ist eine digitale Währung, die ursprünglich von Facebook 2019 angekündigt wurde. Verwaltet wird sie von der Diem Association, einer Organisation von Unternehmen, Universitäten und gemeinnützigen Organisationen, die sich für ein offenes und globales Zahlungsnetzwerk einsetzen. Diem weist die Besonderheit auf, dass die Währung mit echtem Geld gedeckt ist, und zwar mit einer Reserve von Fiatwährungen. Dadurch ist die digitale Währung im Gegensatz zu ihrem älteren Verwandten Bitcoin stabil. Um das Zahlungsnetzwerk sicher und offen betreiben zu können, wird ein BFT-Konsensprotokoll namens *DiemBFT* verwendet, das eine Variante von HotStuff ist. Sehen Sie sich im nächsten Abschnitt an, wie DiemBFT funktioniert.

12.4.1 Sicherheit und Lebendigkeit: Die beiden Eigenschaften eines BFT-Konsensprotokolls

Ein BFT-Konsensprotokoll soll selbst bei einem tolerierbaren Anteil böswilliger Teilnehmer zwei Eigenschaften realisieren:

- *Sicherheit* – Es dürfen keine widersprüchlichen Zustände vereinbart werden. Dementsprechend sollten Forks nicht (oder nur mit einer vernachlässigbaren Wahrscheinlichkeit) vorkommen.
- *Lebendigkeit* – Wenn Teilnehmer Transaktionen abschicken, wird der Zustand letztlich mit ihrer Verarbeitung enden. Mit anderen Worten: Niemand kann das Protokoll davon abhalten, seine Arbeit zu tun.

Beachten Sie, dass ein Teilnehmer im Allgemeinen als böswillig (auch *byzantinisch* genannt) gilt, wenn er sich nicht dem Protokoll entsprechend verhält. Das kann bedeuten, dass er gar nichts tut, dass er die Schritte des Protokolls nicht in der richtigen Reihenfolge ausführt oder dass er eine obligatorische Regel nicht beachtet, die dazu da ist, Forks zu vermeiden, usw.

Normalerweise ist es für BFT-Konsensprotokolle recht einfach, Sicherheit zu erreichen, während Lebendigkeit bekanntermaßen schwieriger ist. Tatsächlich gibt es ein bekanntes Unmöglichkeitsergebnis von Fischer, Lync und Paterson (»Impossibility of distributed consensus with one faulty process«) aus dem Jahr 1985, das mit BFT-Protokollen zu tun hat und besagt, dass kein deterministisches Konsensprotokoll Fehler in einem *asynchronen* Netzwerk tolerieren kann (wobei Nachrichten alle Zeit der Welt haben, um anzukommen). Die meisten BFT-Protokolle vermeiden dieses Unmöglichkeitsergebnis, indem sie das Netzwerk als einigermaßen *synchron* betrachten (und in der Tat ist kein Protokoll nützlich, wenn das Netzwerk für längere Zeit ausfällt) oder Zufälligkeit in den Algorithmus einführen.

Aus diesem Grund verzweigt DiemBFT auch unter extremen Netzwerkbedingungen nie. Darüber hinaus macht es immer Fortschritte, selbst wenn es Netzwerkpartitionen gibt, bei denen verschiedene Teile des Netzwerks andere Teile des Netzwerks nicht erreichen können, solange das Netzwerk am Ende heilt und sich für einen ausreichend langen Zeitraum stabilisiert.

12.4.2 Eine Runde im DiemBFT-Protokoll

Diem läuft in einer genehmigten Umgebung, in der die Teilnehmer (*Validatoren* genannt) im Voraus bekannt sind. Das Protokoll schreitet in streng ansteigenden Runden (Runde 1, 2, 3 usw.) voran, in denen die Validatoren abwechselnd Transaktionsblöcke vorschlagen. In jeder Runde laufen folgende Schritte ab:

1. Der als Anführer (deterministisch) gewählte Validator sammelt eine Anzahl von Transaktionen, gruppiert sie zu einem neuen Block, der die Blockchain erweitert, signiert dann den Block und sendet ihn an alle anderen Validatoren.
2. Wenn die anderen Validatoren den vorgeschlagenen Block erhalten, können sie darüber abstimmen, ihn zu zertifizieren, indem sie ihn signieren und die Signatur an den Anführer der nächsten Runde schicken.
3. Wenn der Anführer der nächsten Runde genügend Stimmen für diesen Block empfängt, kann er alle in einem sogenannten *Quorumzertifikat* (QC) bündeln, das den Block zertifiziert, und das QC verwenden, um (in der nächsten Runde) einen neuen Block vorzuschlagen, der den nun zertifizierten Block erweitert.

Man kann dies auch so betrachten, dass ein Block in Bitcoin nur den Hash des Blocks enthält, den er erweitert, während ein Block in DiemBFT auch eine Anzahl von Signaturen über diesem Hash speichert. (Die Anzahl der Signaturen ist wichtig, aber dazu später mehr.)

Wenn Validatoren während einer Runde keinen Vorschlag sehen (weil zum Beispiel der Anführer AFK [away from keyboard] ist), können sie eine Zeitüberschreitung auslösen und die anderen Validatoren warnen, dass nichts passiert ist. In diesem Fall wird die nächste Runde eingeleitet und der Vorschlagende kann den höchsten zertifizierten Block, der er gesehen hat, erweitern. Abbildung 12–9 stellt dies zusammenfassend dar.

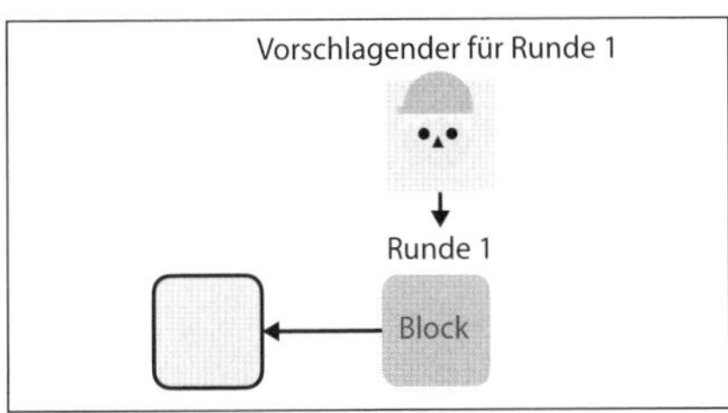

1. Ein Validator, der für eine Runde gewählt wurde, kann einen Block mit Transaktionen signieren und weiterleiten.

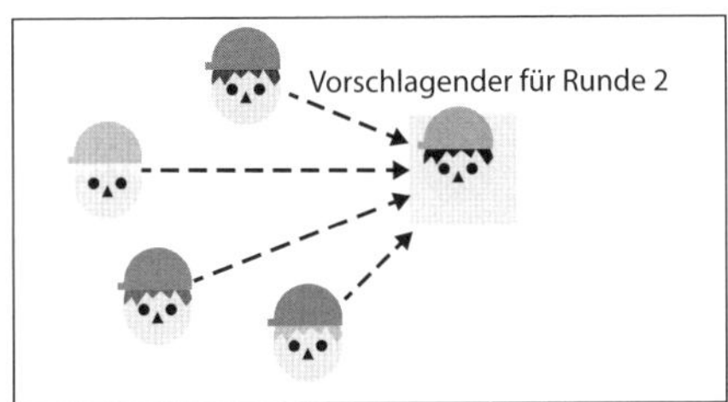

2. Andere Validatoren können dann für diesen Block stimmen, indem sie eine Nachricht signieren und an den nächsten Vorschlagenden schicken.

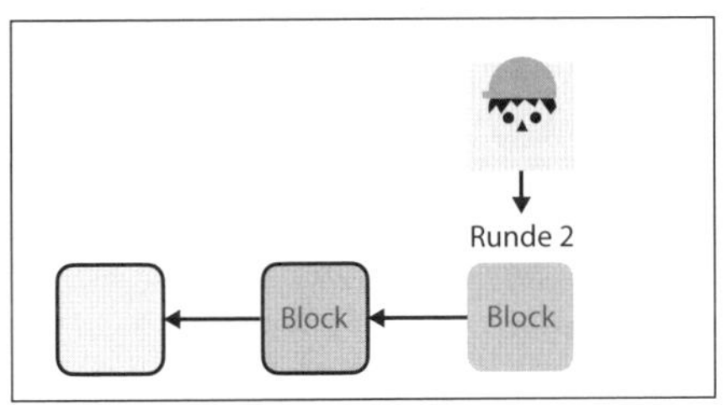

3. Wenn genügend Stimmen zusammengekommen sind, schlägt der nächste Vorschlagende einen Block vor, der diese Stimmen mitführt, und zertifiziert damit den angenommenen Block.

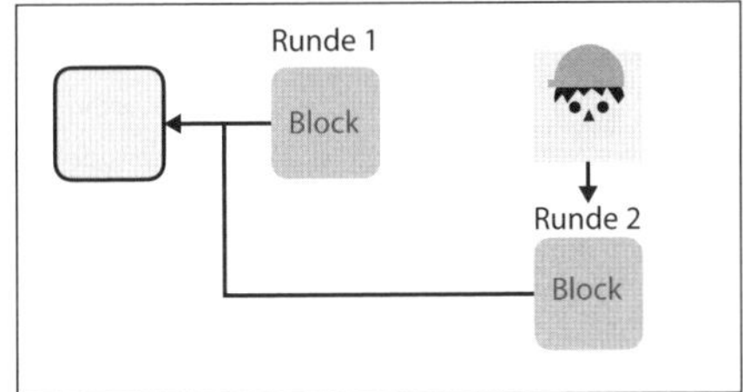

4. Wenn in einer Runde ein Timeout auftritt und nicht genügend Stimmen beobachtet wurden, erweitert der nächste Vorschlagende den zertifizierten Block in der höchsten Runde, die er gesehen hat.

Abb. 12–9 *Zu Beginn jeder Runde von DiemBFT schlägt ein designierter Anführer einen Block vor, der den letzten Block, den er gesehen hat, erweitert. Andere Validatoren können dann über diesen Block abstimmen, indem sie ihre Stimme an den Anführer der nächsten Runde schicken. Wenn der Anführer der nächsten Runde genügend Stimmen sammelt, um ein Quorumzertifikat (QC) zu bilden, kann er einen neuen Block vorschlagen, der das QC enthält, und damit effektiv den zuvor gesehenen Block erweitern.*

12.4.3 Wie viel Unehrlichkeit kann das Protokoll tolerieren?

Angenommen, wir wollen höchstens f böswillige Validatoren tolerieren können (selbst wenn sie heimlich zusammenspielen). Dann müssen gemäß DiemBFT mindestens $3f + 1$ Validatoren am Protokoll teilnehmen (mit anderen Worten muss es für f böswillige Validatoren mindestens $2f + 1$ ehrliche Validatoren geben). Solange diese Annahme wahr ist, bietet das Protokoll Sicherheit und Lebendigkeit.

QCs können nur mit der Stimmenmehrheit ehrlicher Validatoren gebildet werden, d. h. mit $2f + 1$ Signaturen bei $3f + 1$ Teilnehmern. Da es möglicherweise schwierig ist, sich diese Zahlen bildlich vorzustellen, zeigt Abbildung 12–10, wie sie sich auf das Vertrauen in die beobachteten Stimmen auswirken.

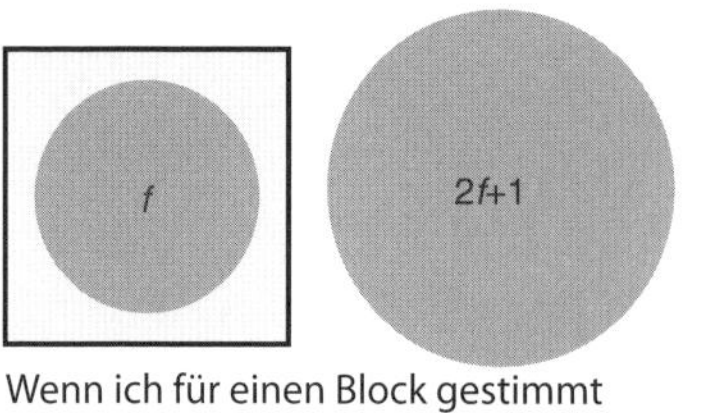

Wenn ich für einen Block gestimmt hätte, könnten das alles böswillige Stimmen sein.

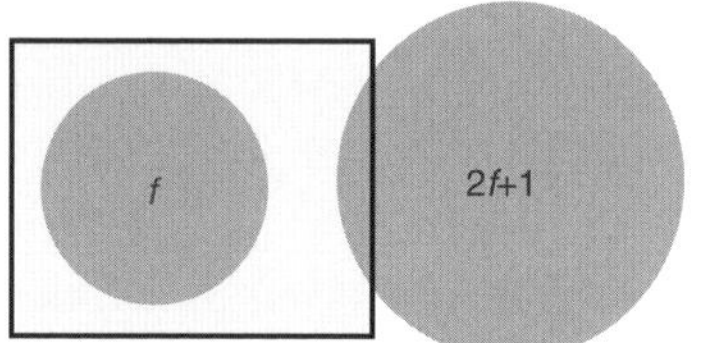

Wenn $f + 1$ für einen Block gestimmt haben, dann hat mindestens ein ehrlicher Knoten gestimmt.

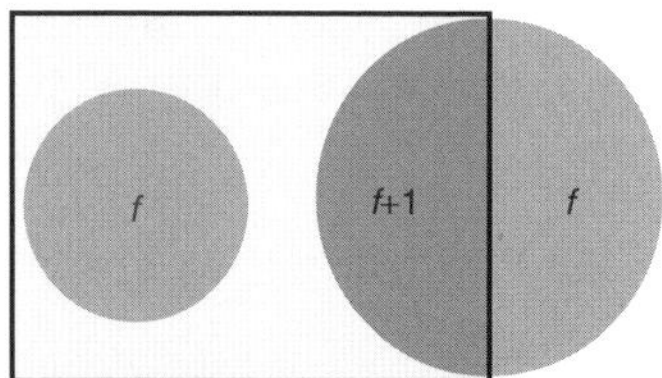

Wenn $2f + 1$ (ein Quorum) für einen Block gestimmt haben, dann haben mindestens $f + 1$ ehrliche Knoten gestimmt.

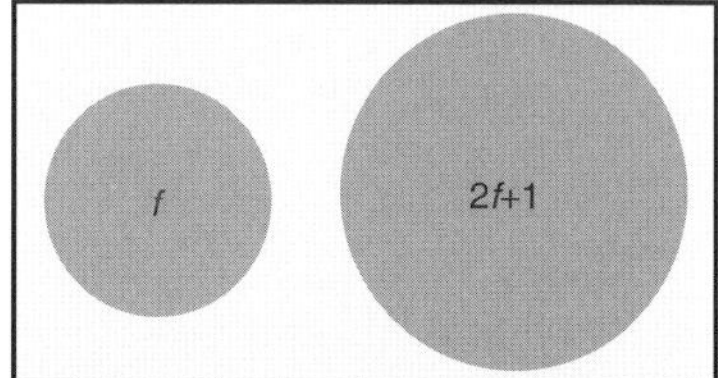

Wenn $3f + 1$ für einen Block gestimmt haben, dann hat jeder gestimmt.

Abb. 12–10 *Im DiemBFT-Protokoll müssen mindestens zwei Drittel der Validatoren ehrlich sein, damit das Protokoll sicher (es verzweigt nicht) und lebendig (es macht Fortschritte) ist. Mit anderen Worten kann das Protokoll f unehrliche Validatoren tolerieren, wenn mindestens 2f + 1 Validatoren ehrlich sind. Ein zertifizierter Block hat mindestens 2f + 1 Stimmen erhalten, da mindestens so viele Stimmen erforderlich sind, um eine Mehrheit von ehrlichen Validatoren darzustellen.*

12.4.4 Die DiemBFT-Regeln für eine Abstimmung

Validatoren müssen jederzeit zwei Regeln befolgen, ohne die eine Abstimmung als byzantinisch gelten würde:

1. Sie können nicht in der Vergangenheit abstimmen (wenn Sie zum Beispiel die Abstimmung soeben in Runde 3 beendet haben, können Sie nur in Runde 4 und darüber abstimmen).
2. Sie können nur für einen Block stimmen, der einen Block in der von Ihnen bevorzugten Runde oder höher erweitert.

Was ist eine *bevorzugte Runde*? Standardmäßig ist sie 0, doch wenn Sie für einen Block stimmen, der einen Block erweitert, der einen Block erweitert (und damit meine ich, dass Sie für einen Block gestimmt haben, der einen Großelternblock hat), dann wird die Runde dieses Blocks zu Ihrer bevorzugten Runde, es sei denn, Ihre vorherige bevorzugte Runde war höher. Kompliziert? Ich weiß, deshalb soll Abbildung 12–11 Licht in die Angelegenheit bringen.

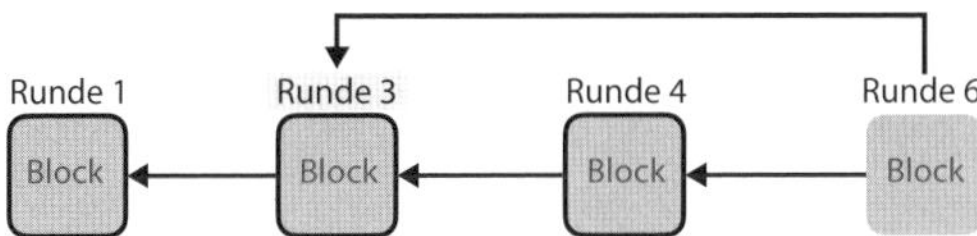

Wenn ich für den Block bei Runde 6 stimme, wird meine bevorzugte Runde zu Runde 3.

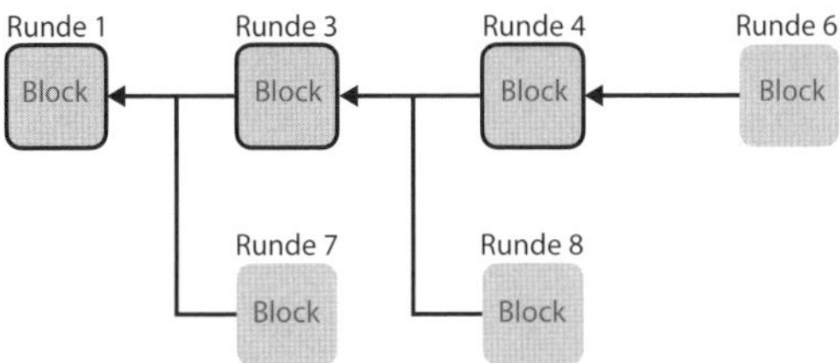

Dann kann ich nicht für den Block bei Runde 7 stimmen, aber für den Block bei Runde 8.

Abb. 12–11 *Nachdem ein Validator für einen Block gestimmt hat, setzt er seine bevorzugte Runde auf die Runde des Großelternblocks, wenn diese höher ist als seine aktuell bevorzugte Runde. Um über einen Block abstimmen zu können, muss der übergeordnete Block eine Runde haben, die größer oder gleich der bevorzugten Runde ist.*

12.4.5 Wann gelten Transaktionen als finalisiert?

Beachten Sie, dass zertifizierte Blöcke noch nicht finalisiert – oder wie wir auch sagen, bestätigt (committed) – sind. Niemand sollte davon ausgehen, dass die in den anhängigen Blöcken enthaltenen Transaktionen nicht rückgängig gemacht werden. Blöcke und die in ihnen enthaltenen Transaktionen lassen sich erst dann als finalisiert betrachten, wenn die Commit-Regel ausgelöst wird. Die Commit-Regel (siehe Abb. 12–12) besagt, dass ein Block und alle anhängigen Blöcke, die er erweitert, bestätigt werden, wenn

- der Block eine Kette von drei Blöcken beginnt, die in *aufeinanderfolgenden Runden* vorgeschlagen werden (z. B. in Runde 1, 2 und 3),
- der letzte Block der Kette aus drei Blöcken zertifiziert wird.

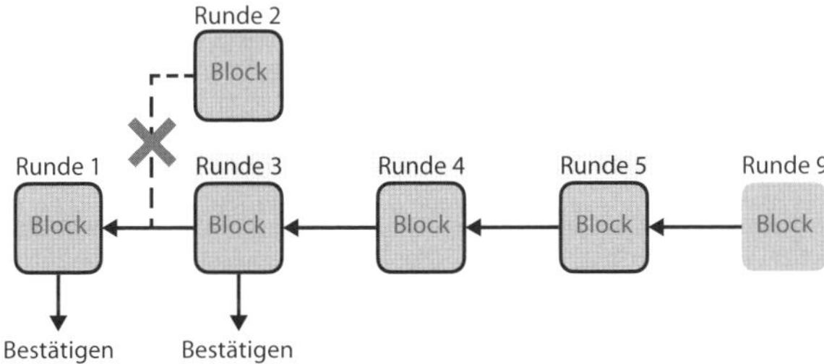

Abb. 12–12 *Drei aufeinanderfolgende Runden (3, 4, 5) ergeben zufällig eine Kette zertifizierter Blöcke. Ein Validator, der die Zertifizierung des letzten Blocks in Runde 5 durch das QC von Runde 9 beobachtet, kann den ersten Block der Kette bei Runde 3 sowie alle seine Vorgänger (hier den Block aus Runde 1) bestätigen. Alle widersprüchlichen Zweige (zum Beispiel der Block von Runde 2) werden verworfen.*

Und das ist auch schon alles, was das Protokoll vom Prinzip her zu bieten hat. Aber natürlich steckt wieder einmal der Teufel im Detail.

12.4.6 Die Intuitionen hinter der Sicherheit von DiemBFT

Ich empfehle Ihnen zwar, den einseitigen Sicherheitsbeweis im DiemBFT-Paper zu lesen, aber ich werde hier ohnehin mehrere Seiten aufwenden, um Ihnen eine Vorstellung davon zu vermitteln, warum es funktioniert. Zunächst stellen wir fest, dass zwei verschiedene Blöcke nicht in derselben Runde zertifiziert werden können. Dies ist eine wichtige Eigenschaft, die in Abbildung 12–13 anschaulich dargestellt ist.

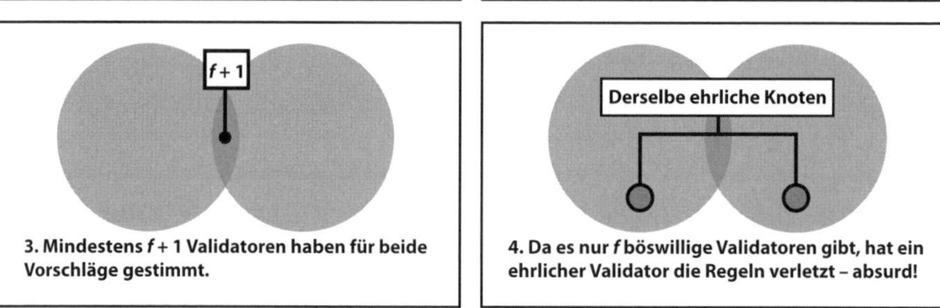

Abb. 12–13 *Unter der Annahme, dass es in einem Protokoll von 3f + 1 Validatoren nur bis zu f böswillige Validatoren geben kann und dass ein Quorumzertifikat aus 2f + 1 signierten Stimmen gebildet wird, dann kann es nur einen zertifizierten Block pro Runde geben. Die Darstellung zeigt einen Widerspruchsbeweis, d. h. einen Beweis, dass dies nicht sein kann, weil es unseren ursprünglichen Annahmen widersprechen würde.*

Ausgehend von der Eigenschaft, dass nur ein Blick in einer bestimmten Runde zertifiziert werden kann, können wir uns Blöcke vereinfachend so vorstellen: Block 3 ist in Runde 3, Block 6 ist in Runde 6 usw. Sehen Sie sich nun Abbildung 12–14 an und nehmen Sie sich einen Moment Zeit, um herauszufinden, warum ein zertifizierter Block oder zwei zertifizierte Blöcke oder drei zertifizierte Blöcke in nicht aufeinanderfolgenden Runden nicht zu einer Bestätigung führen können, ohne einen Fork zu riskieren.

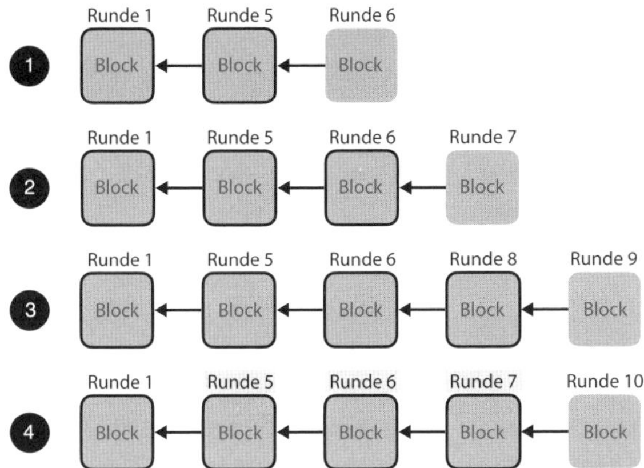

Abb. 12–14 *In allen diesen Szenarios könnte die Bestätigung von Block 5 zu einem Fork führen. Nur in Szenario Nummer 4 ist die Bestätigung von Block 5 sicher. Können Sie sagen, warum es in allen Szenarios außer 4 gefährlich ist, Block 5 zu bestätigen?*

Konnten Sie Antworten für alle Szenarios finden? Die kurze Antwort lautet, dass alle Szenarios mit Ausnahme des letzten Raum für einen Block lassen, um Runde 1 zu erweitern. Dieser späte Block verzweigt effektiv und kann den Regeln des Konsensprotokolls entsprechend weiter verlängert werden. Wenn dies geschieht, werden Block 5 und andere Blöcke, die ihn erweitern, verworfen, da ein anderer, früherer Zweig bestätigt wird. In den Szenarios 1 und 2 kann dies darauf zurückzuführen sein, dass der Vorschlagende die vorherigen Blöcke nicht sieht. In Szenario 3 könnte ein früherer Block später als erwartet erscheinen, vielleicht aufgrund von Netzwerkverzögerungen oder, was noch schlechter ist, weil ein Validator ihn bis zum richtigen Zeitpunkt zurückhält. In Abbildung 12–15 finden Sie eine nähere Erklärung.

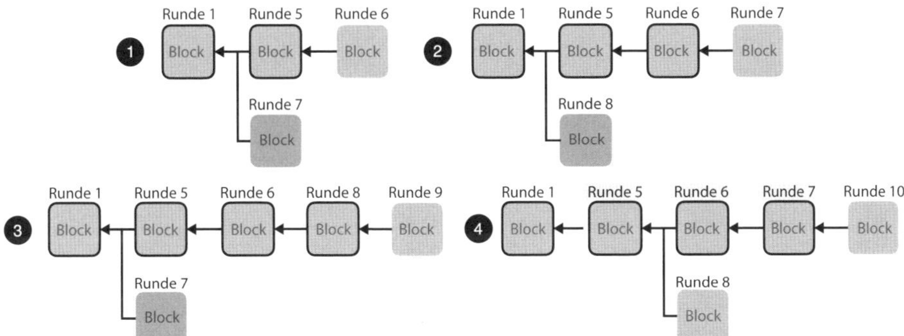

Abb. 12–15 *Aufbauend auf Abbildung 12–14 ermöglichen alle Szenarios mit Ausnahme des letzten eine parallele Kette, die schließlich gewinnen kann und damit den Zweig von Block 5 verwirft. Das letzte Szenario zeigt eine Kette von drei zertifizierten Blöcken in aufeinanderfolgenden Runden. Dies bedeutet, dass Block 7 die Mehrheit ehrlicher Wähler hatte, die wiederum ihre bevorzugte Runde auf Runde 5 aktualisiert haben. Danach kann kein Block mehr vor Block 5 verzweigen und gleichzeitig einen QC erhalten. Im schlimmsten Fall, der auftreten kann, erweitert ein Block den Block 5 oder Block 6, was letztlich zum gleichen Ergebnis führt – Block 5 wird bestätigt.*

Zusammenfassung

- Bei Kryptowährungen geht es darum, ein Zahlungsnetzwerk zu dezentralisieren, um einen Single Point of Failure zu vermeiden.
- Um zu erreichen, dass sich alle über den Zustand einer Kryptowährung einig sind, können wir Konsensalgorithmen verwenden.
- Byzantinisch fehlertolerante (BFT) Konsensprotokolle wurden 1982 erfunden und dann weiterentwickelt, um schneller und verständlicher zu werden.
- BFT-Konsensprotokolle benötigen eine bekannte und feste Gruppe von Teilnehmern, um zu funktionieren (erlaubnispflichtiges Netzwerk). Derartige Protokolle können entscheiden, wer zur Teilnehmergruppe gehört (Proof-of-Authority, PoA), oder dynamisch die Teilnehmergruppe anhand der Währungsmenge, die sie hält, auswählen (Proof-of-Stake, PoS).
- Der Konsensalgorithmus von Bitcoin (der Nakamoto-Konsens) verwendet Proof-of-Work (PoW), um die korrekte Kette zu validieren und jedem die Teilnahme zu ermöglichen (erlaubnisfreies Netzwerk).
- Der PoW-Algorithmus von Bitcoin lässt Teilnehmer (Miner genannt) eine Vielzahl von Hashes berechnen, um einige mit bestimmten Präfixen zu finden. Wenn ein Miner erfolgreich einen gültigen Digest findet, kann er über den nächsten Transaktionsblock entscheiden und eine Belohnung sowie Transaktionsgebühren kassieren.
- Konten in Bitcoin sind einfache ECDSA-Schlüsselpaare, die die secp256k1-Kurve verwenden. Ein Benutzer weiß, wie viel BTC auf seinem Konto sind, indem er sich alle noch nicht ausgegebenen Transaktionsausgaben (UTXOs) ansieht. Daher ist eine Transaktion eine signierte Nachricht, die die Verschiebung einer Reihe älterer Transaktionsausgaben zu neueren Ausgaben autorisiert, die sich für verschiedene öffentliche Schlüssel ausgeben lassen.
- Bitcoin verwendet Merkle-Bäume, um die Größe eines Blocks zu komprimieren und eine Verifizierung der einbezogenen Transaktion auf eine geringe Größe zu beschränken.
- Stablecoins sind Kryptowährungen, die ihre Werte zu stabilisieren versuchen, meistens indem sie ihren Token an den Wert einer Fiatwährung wie den US-Dollar koppeln.
- Kryptowährungen verwenden sogenannte Layer 2-Protokolle, um ihre Latenz zu senken, indem sie Transaktionen außerhalb der Kette verarbeiten und den Fortschritt in der Kette periodisch speichern.
- Zero-Knowledge-Proofs (ZKPs) werden in vielen verschiedenen Blockchain-Anwendungen verwendet (zum Beispiel in Zcash, um Vertraulichkeit zu bieten, und in Mina, um die gesamte Blockchain auf einen kurzen Proof-of-Validity zu komprimieren).

- Diem ist eine Stablecoin, die ein BFT-Konsensprotokoll namens DiemBFT verwendet. Sie bleibt sowohl sicher (keine Forks) als auch lebendig (Fortschritte werden immer gemacht), solange nicht mehr als f böswillige Teilnehmer unter $3f + 1$ Teilnehmern existieren.
- Die Arbeitsweise von DiemBFT beruht auf Runden, in denen ein Teilnehmer einen Transaktionsblock vorschlägt, der einen vorherigen Block erweitert. Andere Teilnehmer können dann für den Block stimmen und gegebenenfalls ein Quorumzertifikat (QC) erzeugen, wenn genügend Stimmen ($2f + 1$) zusammengekommen sind.
- In DiemBFT werden Blöcke und ihre Transaktionen finalisiert, wenn die Bestätigungsregel (eine Kette von drei zertifizierten Blöcken in aufeinanderfolgenden Runden) ausgelöst wird. Wenn dies passiert, werden der erste Block der Kette und die Blöcke, die er erweitert, bestätigt.

13 Hardware-Kryptografie

In diesem Kapitel:

- Kryptografieprobleme in hochgradig feindlichen Umgebungen
- Hardware-Lösungen, um die Kosten für den Angreifer zu erhöhen
- Seitenkanalangriffe und Softwareentschärfungen

Kryptografische Primitive und Protokolle werden oft als isolierte Bausteine beschrieben, als ob sie in einer Galaxie weit, weit weg von jedem Widersacher laufen würden. In der Praxis ist dies eine unrealistische Annahme, die sich oft als falsch erwiesen hat. In der realen Welt läuft Kryptografie in den unterschiedlichsten Umgebungen und ist allen möglichen Bedrohungen ausgesetzt. In diesem Kapitel befassen wir uns mit extremeren Szenarios, d. h. mit den Umgebungen, in denen die Bedrohung besonders groß ist, und damit, was Sie tun können, um Ihre Schlüssel und Daten in diesen Situationen zu schützen. (Spoiler-Alarm: Es geht um den Einsatz spezieller Hardware.)

13.1 Angreifermodell der modernen Kryptografie

> *Bei der heutigen Computer- und Netzwerksicherheit geht man von der Annahme aus, dass es einen Bereich gibt, dem man vertrauen kann. Wenn wir beispielsweise Daten für den Transport über das Internet verschlüsseln, nehmen wir im Allgemeinen an, dass der Computer, der die Verschlüsselung vornimmt, nicht kompromittiert ist und dass es einen anderen »Endpunkt« gibt, an dem sich die Daten sicher entschlüsseln lassen.*
>
> – Joanna Rutkowska (»Intel x86 considered harmful«, 2015)

Früher ging es bei der Kryptografie darum, dass Alice eine Nachricht an Bob verschlüsseln wollte, ohne dass Eva sie abfangen konnte. Heute geht es eher um die Frage: »Alice möchte eine Nachricht an Bob verschlüsseln, aber Alice ist kompromittiert worden.« Das ist ein völlig anderes Angreifermodell, das in der theoretischen Kryptografie oftmals nicht auf dem Plan steht. Was will ich damit ausdrücken? Lassen Sie mich einige Beispiele anführen:

- Verwendung Ihrer Kreditkarte an einem Geldautomaten (ATM), der möglicherweise mit einem Skimmer ausgestattet ist, d. h. einem Gerät, das ein Dieb auf das Kartenlesegerät setzen kann, um den Inhalt Ihrer Bankkarte zu kopieren (siehe Abb. 13–1)
- Herunterladen einer Anwendung auf Ihr Mobiltelefon, die das Betriebssystem (OS) kompromittiert
- Hosten eines Webservers in einem freigegebenen Webhosting-Dienst, wobei ein anderer böswilliger Kunde denselben Computer wie Sie verwenden könnte
- Verwaltung hochsensibler Geheimnisse in einem Rechenzentrum, das von Spionen aus einem anderen Land besucht wird

Abb. 13–1 *Ein Skimmer ist ein heimtückisches Gerät, das vor das Kartenlesegerät eines Geldautomaten gesetzt werden kann, um die Daten vom Magnetstreifen der Karte zu kopieren. Der Magnetstreifen enthält normalerweise die Kontonummer, das Ablaufdatum und andere Metadaten, mit denen Sie online oder an verschiedenen Zahlungsterminals bezahlen können. Skimmer werden manchmal zusammen mit einer verborgenen Kamera eingesetzt, um die PIN zu erfassen, sodass der Dieb möglicherweise auch Geldautomaten und Zahlungsterminals nutzen kann, die eine PIN-Eingabe erfordern.*

Alle diese Beispiele sind moderne Anwendungen der Kryptografie in einem Bedrohungsmodell, das viele Kryptografen ignorieren oder dessen sie sich gar nicht bewusst sind. In der Tat gehen die meisten kryptografischen Primitive, über die man in der Literatur liest, davon aus, dass Alice beispielsweise die totale Kontrolle über ihre Ausführungsumgebung hat und nur dann, wenn ein Chiffretext (oder eine Signatur, ein öffentlicher Schlüssel, ...) ihren Computer verlässt, um über das

Netz übertragen zu werden, MITM-Angreifer in der Lage sind, ihre Tricks anzuwenden. In der Realität und in der heutigen Zeit verwenden wir Kryptografie jedoch oft in viel feindlicheren Modellen.

ACHTUNG

Sicherheit ist letztlich ein Produkt aus Ihren Annahmen und dem, was Sie von einem potenziellen Angreifer erwarten. Wenn Ihre Annahmen falsch sind, haben Sie schlechte Karten.

Wie bringen praktische Anwendungen die theoretische Kryptografie mit diesen mächtigen Angreifern unter einen Hut? Sie gehen *Kompromisse* ein. Mit anderen Worten versuchen sie, den Angreifern das Leben schwer zu machen. Die Sicherheit solcher Systeme wird oft anhand der *Kosten* beurteilt (wie viel der Angreifer ausgeben muss, um das System zu knacken) und nicht anhand der rechentechnischen Komplexität.

Vieles von dem, was Sie in diesem Kapitel lernen, ist *unvollkommene* Kryptografie, die wir in der realen Welt als *Verzögerung* (engl. Defense in Depth) bezeichnen. Es gibt viel zu lernen und dieses Kapitel enthält viele neue Akronyme und verschiedene Lösungen, die von verschiedenen Anbietern und deren Marketing- und Vertriebsteams entwickelt wurden. Fangen wir also an und lernen Sie etwas über vertrauenswürdige Systeme in nicht vertrauenswürdigen Umgebungen.

13.2 Nicht vertrauenswürdige Umgebungen: Hardware als Rettung

In der Praxis gibt es verschiedene Möglichkeiten, ein System anzugreifen. Kategorisieren lassen sie sich zum Beispiel wie folgt:

- *Softwareangriffe* – Angriffe, die den Code ausnutzen, der auf Ihrem Gerät läuft
- *Hardwareangriffe* – Angriffe, bei denen sich der Angreifer physisch in der Nähe Ihres Geräts befinden muss

In den vorangegangenen Kapiteln ging es bereits wiederholt um kryptografisch orientierte Softwareangriffe und deren Abwehr. Einige Softwareangriffe lassen sich aber leichter abwehren, wenn Hardwarelösungen genutzt werden. Wenn Sie beispielsweise kryptografische Schlüssel auf einem separaten Gerät erzeugen, das an Ihren Computer angeschlossen ist, kann ein Virus, der Ihren Computer angreift, die Schlüssel nicht extrahieren.

Hardwareangriffe sind jedoch komplizierter, weil Angreifer, die Zugang zu einem Gerät erhalten, so ziemlich alles tun können, was sie wollen: Daten auf der Festplatte beliebig verändern, Laser auf bestimmte Stellen schießen, um eine fehlerhafte Berechnung hervorzurufen (sogenannte Fehlerangriffe), Chips öffnen, um deren Bestandteile zu enthüllen, *Focused-Ion-Beam-Mikroskope* (engl. Mikroskope mit fokussiertem Ionenstrahl) für das Reverse-Engineering von Bauelementen verwenden usw. Die Möglichkeiten sind grenzenlos und es ist schwer, sich vor solch motivierten Angreifern zu schützen. In der Regel laufen die verschiedenen verfügbaren Lösungen darauf hinaus, so viele Verteidigungsschichten wie möglich hinzuzufügen, um dem Angreifer das Leben schwerer zu machen. Es geht darum, seine Kosten zu erhöhen!

Das Zimmermädchen als Hacker

Nicht alle Hardwareangreifer sind gleich. Zum Beispiel sind manche Angreifer in der Lage, einige Zeit mit Ihren Geräten zu verbringen, während andere unter Zeitdruck stehen. Stellen Sie sich folgendes Szenario vor: Sie lassen Ihr Telefon oder Ihren Laptop unbeaufsichtigt in Ihrem Hotelzimmer liegen und ein »bösartiges« Zimmermädchen kommt herein, öffnet das Gerät, verwendet ein preisgünstiges, handelsübliches Tool, um das System zu modifizieren, und lässt das Gerät dann scheinbar unberührt am Fundort zurück, bevor Sie wieder in Ihr Zimmer zurückkehren. In der Literatur findet man hierfür den Begriff *Evil-Maid-Attack* (engl. Angriff durch das böse Dienstmädchen), wobei man das Vorgehen auf viele Situationen verallgemeinern kann (z. B. das Mitführen von Geräten in Gepäckstücken beim Einchecken für einen Flug, das Speichern sensibler Schlüssel in einem unsicheren Rechenzentrum usw.).

Natürlich müssen nicht alle Systeme unbedingt gegen die stärksten Hardwareangriffe geschützt werden und nicht alle Anwendungen sind im gleichen Maße von Bedrohungen konfrontiert. Es gibt verschiedene Hardwarelösungen für verschiedene Kontexte. Deshalb geht es im Rest dieses Abschnitts darum, die Unterschiede zwischen »solchen und solchen« zu verstehen.

13.2.1 White-Box-Kryptografie – eine schlechte Idee

Bevor wir uns mit Hardwarelösungen für nicht vertrauenswürdige Umgebungen befassen, sollten wir uns überlegen, warum wir nicht auf Softwarelösungen zurückgreifen. Kann Kryptografie Primitive bereitstellen, die ihre eigenen Schlüssel nicht preisgeben?

White-Box-Kryptografie ist genau das: ein Gebiet der Kryptografie, das versucht, eine kryptografische Implementierung mit dem von ihr verwendeten Schlüssel zu verschlüsseln. Ziel ist es, die Extraktion des Schlüssels durch Beobachter zu verhindern. Der Angreifer erhält den Quellcode einer White-Box-AES-Implementierung mit einem festen Schlüssel, und diese ver- und entschlüsselt einwandfrei, wobei aber der Schlüssel so gut mit der Implementierung vermischt ist, dass es für jedermann zu schwer ist, ihn aus dem Algorithmus zu extrahieren. Das ist zumindest die Theorie. In der Praxis hat sich noch kein White-Box-Kryptoalgorithmus als sicher erwiesen, und die meisten kommerziellen Lösungen sind aus diesem Grund Closed-Source-Lösungen.

HINWEIS

Sicherheit durch Verschleierung und Obfuskation (Verschlüsselung von Code, um ihn unverständlich erscheinen zu lassen) sind Techniken, die allgemein verpönt sind, da ihre Wirksamkeit nicht erwiesen ist. Abgesehen davon haben diese Techniken in der Praxis manchmal ihre Berechtigung und sie eignen sich, um Angreifer zu bremsen und zu frustrieren.

Unterm Strich ist die White-Box-Kryptografie ein großer Wirtschaftszweig, der dubiose Produkte an Unternehmen verkauft, die Lösungen für die *Verwaltung digitaler Rechte* (Digital Rights Management, DRM) benötigen (Tools, die den Zugriff eines Kunden auf ein von ihm gekauftes Produkt kontrollieren). Zum Beispiel können Sie diese White-Box-Lösungen in der Hardware finden, die Kaufvideos wiedergibt, oder in der Software, mit der Sie Filme von einem Streaming-Dienst abspielen. In der Praxis verhindert DRM diese Angriffe nicht wirklich, sondern erschwert nur das Leben der Kunden. Ernsthafter betrachtet gibt es einen Zweig der Kryptografie, die sogenannte *indistinguishability Obfuscation* (iO), ununterscheidbare Verschleierung), die versucht, dies kryptografisch zu bewerkstelligen. Allerdings ist iO ein theoretisches, unpraktisches und bisher noch nicht wirklich erprobtes Objekt der Forschung. Wir werden sehen, wie es weitergeht, aber ich würde mir keine großen Hoffnungen machen.

13.2.2 In Ihrer Brieftasche: Smartcards und Secure Elements

White-Box-Kryptografie ist nicht das Nonplusultra, aber so ziemlich die beste Softwarelösung, um sich gegen mächtige Gegner zu verteidigen. Wenden wir uns also der Hardwareseite zu, um Lösungen zu finden. (Spoiler-Alarm: Es wird gleich noch viel komplizierter und verwirrender.) Wenn Sie dachten, dass die Kryptografie in der realen Welt unübersichtlich ist und dass es zu viele Standards oder Möglichkeiten gibt, das Gleiche zu tun, dann sollten Sie erst einmal lesen, was in der Hardware-Welt vor sich geht. Verschiedene Begriffe wurden geprägt und auf unterschiedliche Weise verwendet, und die Standards haben leider ebenso stark gewuchert wie (wenn nicht sogar mehr als) die kryptografischen Standards.

Um zu verstehen, worum es sich bei all diesen Hardware-Lösungen handelt und wie sie sich voneinander unterscheiden, sollten wir mit ein paar historischen Fakten beginnen. *Smartcards* sind kleine Chips, die normalerweise in Plastikkarten (z. B. Bankkarten) integriert sind. Erfunden wurden sie in den frühen 1970er-Jahren, was Fortschritten in der Mikroelektronik zu verdanken ist. Ursprünglich waren Smartcards eine praktische Möglichkeit, jedem einen Pocket-Computer zu verschaffen! Eine moderne Smartcard – auch als *Chipkarte* bezeichnet – verfügt tatsächlich über eine eigene CPU, verschiedene Arten von programmierbaren oder nicht programmierbaren Speichern (ROM, RAM und EEPROM), Eingänge und Ausgänge, einen Hardware-Zufallsgenerator (auch TRNG genannt, wie in Kapitel 8 erwähnt) usw.

Diese Karten sind »smart« (engl. für intelligent) in dem Sinne, dass sie Programme ausführen können, im Gegensatz zu den nicht ganz so intelligenten Karten, die Daten lediglich auf einem Magnetstreifen speichern, der durch die oben erwähnten Skimmer leicht kopiert werden kann. Die meisten Smartcards ermöglichen es Entwicklern, kleine, in sich geschlossene Anwendungen zu schreiben, die auf der Karte ausgeführt werden können. Der beliebteste Standard, den Smartcards unterstützen, ist *JavaCard*, mit dem Entwickler Java-ähnliche Anwendungen schreiben können.

Um eine Smartcard zu verwenden, müssen Sie sie zunächst aktivieren, indem Sie sie in ein Kartenlesegerät stecken. In jüngerer Zeit wurden die Karten mit dem NFC-(Near Field Communication-)Protokoll erweitert, um das gleiche Ergebnis per Funkübertragung zu erreichen. Dadurch können Sie die Funktionen der Karte verwenden, indem Sie sie nahe an einen Kartenleser halten, anstatt sie physisch in ein Lesegerät zu stecken.

Banken und Legacy-Kryptografie

Banken verwenden übrigens Smartcards, um pro Karte ein eindeutiges Geheimnis zu speichern, das sagen kann: »Ich bin tatsächlich die Karte, die Sie diesem Kunden gegeben haben.« Intuitiv könnte man meinen, dass dies mithilfe von Public-Key-Kryptografie implementiert wird, doch das Bankengewerbe steckt immer noch in der Vergangenheit fest und verwendet symmetrische Kryptografie (aufgrund der großen Menge an veralteter Soft- und Hardware, die immer noch im Einsatz sind)!

Genauer ausgedrückt, speichern die meisten Bankkarten einen symmetrischen Triple-DES-(3DES-)Schlüssel, eine alte 64-Bit-Blockchiffre, die den unsicheren Data Encryption Standard (DES) sicher machen soll. Der Algorithmus dient nicht der Verschlüsselung, sondern dem Erzeugen eines Nachrichtenauthentifizierungscodes (MAC) über einer Challenge. Die Bank, die den aktuellen symmetrischen 3DES-Schlüssel jedes Kunden besitzt, kann den MAC verifizieren. Dies ist ein hervorragendes Beispiel dafür, worum es bei der Kryptografie in der Praxis oftmals geht: veraltete Algorithmen, die überall auf riskante Weise eingesetzt werden. (Und das ist auch der Grund, warum die Schlüsselrotation ein so wichtiges Konzept ist und warum Sie Ihre Bankkarten regelmäßig wechseln müssen.)

Smartcards kombinieren eine Reihe von physischen und logischen Techniken, um Beobachtung, Extraktion und Modifikation ihrer Ausführungsumgebung und Teile ihres Speichers (in dem Geheimnisse abgelegt sind) zu verhindern. Es gibt viele Angriffe, die versuchen, diese Karten und Hardwaregeräte im Allgemeinen zu knacken. Diese Angriffe lassen sich drei Kategorien zuordnen:

- *Nicht-invasive Angriffe* – Angriffe, die das Zielgerät nicht beeinflussen. Zum Beispiel werten DPA-(Differential Power Analysis-)Angriffe den Stromverbrauch einer Smartcard aus, während sie gleichzeitig kryptografische Operationen ausführt, um die Schlüssel zu extrahieren.
- *Semi-invasive Angriffe* – Angriffe, die die Oberfläche des Chips auf eine nicht schädigende Weise abtasten, um Exploits ausfindig zu machen. Zum Beispiel nutzen DFA-(Differential Fault Analysis-)Angriffe Wärme, Laserstrahlen und andere Techniken, um die Ausführung eines auf der Chipkarte laufenden Programms zu verändern und so Schlüssel auszuspähen.

- *Invasive Angriffe* – Angriffe, bei denen der Chip geöffnet wird, um die Schaltung im Silizium selbst eingehend zu untersuchen oder zu modifizieren, um die Funktion des Chips zu verändern und seine Geheimnisse zu enthüllen. Diese Angriffe geschehen in der Regel nicht unbemerkt, weil sie Geräte beschädigen können und ein hohes Risiko besteht, diese unbrauchbar zu machen.

Die Tatsache, dass Hardwarechips äußerst klein und dicht gepackt sind, kann Angriffe erschweren. Spezialisierte Hardware geht in der Regel noch viel weiter, indem sie durch verschiedene Materialschichten verhindert, dass die Chipstruktur freigelegt und physikalisch beobachtbar wird, und mithilfe von Hardwaretechniken die Ungenauigkeit bekannter Angriffe erhöht.

Smartcards sind sehr schnell populär geworden und es hat sich gezeigt, dass eine derartige sichere Blackbox auch in anderen Geräten nützlich sein könnte. Das Konzept eines *Secure Elements* war geboren: ein fälschungssicherer Mikrocontroller, der in steckbarer Form (z. B. als SIM-Karte in Ihrem Telefon, die für den Zugang zum Netz Ihres Anbieters erforderlich ist) oder direkt auf Chips und Motherboards montiert (z. B. das eingebettete Secure Element, das auf dem NFC-Chip eines iPhones für Zahlungsvorgänge angebracht ist) eingesetzt werden kann. Ein Secure Element ist eigentlich nur ein kleines, separates Stück Hardware, das Ihre Geheimnisse und deren Verwendung bei kryptografischen Operationen schützen soll.

Secure Elements verkörpern ein wichtiges Konzept, um kryptografische Operationen im *Internet der Dinge* (Internet of Things, IoT) zu schützen. Dieser umgangssprachliche (und überstrapazierte) Begriff bezieht sich auf Geräte, die mit anderen Geräten (man denke an Kreditkarten, Telefone, biometrische Pässe, Garagenschlüssel, Smarthome-Sensoren usw.) kommunizieren können. Alle Lösungen, die in diesem Abschnitt folgen, können Sie als Secure Elements betrachten, die in verschiedenen Formfaktoren mit verschiedenen Techniken implementiert sind, um so ziemlich das Gleiche zu erreichen, dabei aber unterschiedliche Sicherheits- und Geschwindigkeitsniveaus bieten.

Die wichtigsten Definitionen und Standards rund um Secure Elements sind von Global Platform entwickelt worden, einer gemeinnützigen Vereinigung, die aus dem Bedürfnis der verschiedenen Akteure in der Branche entstanden ist, um die Interoperabilität zwischen verschiedenen Anbietern und Systemen zu erleichtern. Es gibt weitere Standards und Zertifizierungen, die sich auf die Sicherheitsansprüche von Secure Elements konzentrieren und von Standardgremien wie Common Criteria (CC), NIST oder EMV (für Europay international, MasterCard und VISA) stammen.

Da Secure Elements hochgradig geheime Rezepte sind, bedeutet ihre Integration in Ihr Produkt, dass Sie Vertraulichkeitsvereinbarungen unterzeichnen und Closed-Source-Hardware und -Firmware verwenden müssen. Für viele Projekte gilt dies als ernsthafte Einschränkung der Transparenz, was jedoch verständlich ist, da ein Teil der Sicherheit in diesen Chips aus der Unkenntlichkeit ihres Designs resultiert.

13.2.3 Lieblinge der Banken: Hardware-Sicherheitsmodule (HSMs)

Was ein Secure Element ist, wissen Sie nun, und ein *Hardware-Sicherheitsmodul* (HSM) ist prinzipiell nur ein größeres und schnelleres Secure Element. Und wie manche Secure Elements können HSMs ebenfalls beliebigen Code ausführen. Allerdings ist das nicht immer der Fall. Einige HSMs sind klein (wie das YubiHSM, ein winziger USB-Dongle, der einem YubiKey ähnelt) und der Begriff *Hardware-Sicherheitsmodul* kann bei verschiedenen Leuten für unterschiedliche Dinge stehen.

Weit verbreitet ist die Meinung, dass es sich bei allen bisher vorgestellten Hardwarelösungen um HSMs in verschiedenen Formen handelt und dass Secure Elements nur die HSMs sind, die GlobalPlatform spezifiziert hat, während TPMs (Trusted Platform Modules) HSMs verkörpern, die von der Trusted Computing Group spezifiziert wurden. Aber wenn man von HSMs spricht, meint man meistens das große Ganze.

HSMs werden häufig gemäß FIPS 140-2, »Security Requirements for Cryptographic Modules« (Sicherheitsanforderungen für kryptografische Module) klassifiziert. Das Dokument ist ziemlich alt. Es wurde 2001 veröffentlicht und berücksichtigt natürlich nicht die zahlreichen Angriffe, die nach seiner Veröffentlichung entdeckt wurden. Glücklicherweise wurde es 2019 durch die moderne Version FIPS 140-3 ersetzt. FIPS 140-3 stützt sich nun auf zwei internationale Standards:

- *ISO/IEC 19790:2012* – Definiert vier Sicherheitsstufen für Hardware-Sicherheitsmodule. HSMs der Stufe 1 bieten keinen Schutz gegen physische Angriffe (man kann sie als reine Softwareimplementierungen ansehen), während HSMs der Stufe 3 ihre Geheimnisse löschen, wenn sie ein Eindringen feststellen!
- *ISO 24759:2017* – Definiert, wie HSMs getestet werden müssen, um Zertifizierungen für HSM-Produkte zu standardisieren.

Leider sind die beiden Standards nicht kostenlos. Wenn Sie sie lesen möchten, müssen Sie dafür bezahlen.

Die USA, Kanada und einige andere Länder schreiben bestimmten Branchen wie Banken die Verwendung von Geräten vor, die nach den Stufen gemäß FIPS 140 zertifiziert wurden. Weltweit halten sich viele Unternehmen ebenfalls an diese Empfehlungen.

HINWEIS

Das Löschen von Geheimnissen bezeichnet man auch als *Zeroization*. Im Gegensatz zu HSMs der Stufe 3 können HSMs der Stufe 4 geheime Daten mehrmals überschreiben. Dank interner Stützbatterien ist dies selbst bei Stromausfällen möglich.

Typischerweise findet man ein HSM als externes Gerät mit seinem eigenen Steckplatz auf einem Einschub (siehe Abb. 13–2), der an einen Unternehmensserver in einem Rechenzentrum angeschlossen ist, als PCIe-Karte, die auf dem Motherboard eines Servers steckt oder sogar als kleine Dongles, die Hardware-Security-

Token ähneln. Es ist auch möglich, sie über USB-Geräte an die übrige Hardware anzuschließen (falls die geringere Performance nicht stört). Um den Kreis zu schließen, lassen sich einige dieser HSMs von Smartcards verwalten, um Anwendungen zu installieren, geheime Schlüssel zu sichern usw.

Abb. 13–2 *Ein IBM 4767 HSM als PCI-Karte. Foto von Wikipedia (*http://mng.bz/XrAG*)*

Einige Branchen nutzen HSMs ausgiebig. Wenn Sie beispielsweise Ihre PIN an einem Geldautomaten eingeben, wird sie letztlich irgendwo von einem HSM verifiziert. Wenn Sie sich mit einer Website über HTTPS verbinden, stammt die Root of Trust (Vertrauensbasis) von einer Zertifizierungsstelle (CA), die ihren privaten Schlüssel in einem HSM speichert, und die TLS-Verbindung wird möglicherweise von einem HSM terminiert. Besitzen Sie ein Smartphone (Android oder iPhone)? Mit hoher Wahrscheinlichkeit speichern Google oder Apple ein Backup Ihres Telefons sicher mit einer Flotte von HSMs. Dieser letzte Fall ist interessant, weil das Bedrohungsmodell umgekehrt ist: Der Benutzer vertraut der Cloud seine Daten nicht an und deshalb behauptet der Cloud-Service-Provider, dass sein Dienst weder das verschlüsselte Backup sehen noch auf die zur Verschlüsselung verwendeten Schlüssel zugreifen kann.

HSMs haben eigentlich kein Standardinterface, aber die meisten implementieren zumindest den Public-Key-Kryptografie-Standard 11 (PKCS#11), einen der alten Standards, die von der Firma RSA ins Leben gerufen und 2012 schrittweise in die OASIS-Organisation überführt wurden, um die Übernahme der Standards zu erleichtern. Obwohl die letzte Version von PKCS#11 (v2.40) 2015 veröffentlicht wurde, handelt es sich lediglich um die Aktualisierung eines Standards aus dem Jahr 1994. Aus diesem Grund spezifiziert er eine Reihe von alten kryptografischen Algorithmen oder veralteten Vorgehensweisen, die zu Sicherheitslücken führen können. Nichtsdestotrotz ist er für viele Anwendungen gut genug und spezifiziert eine Schnittstelle, über die verschiedene Systeme problemlos miteinander interagieren. Die gute Nachricht ist, dass PKCS#11 v3.0 im Jahr 2020 veröffentlicht wurde und viele moderne kryptografische Algorithmen einschließt, so wie Curve25519, EdDSA und SHAKE, um nur einige zu nennen.

Obwohl HSMs eigentlich sicherstellen sollen, dass niemand Schlüsselmaterial aus ihnen extrahieren kann, ist ihre Sicherheit nicht immer brillant. Vieles an der Sicherheit dieser Hardware-Lösungen hängt zusammen mit ihrem hohen Preis, den nicht offengelegten Hardware-Verteidigungstechniken und den Zertifizierungen (wie FIPS und Common Criteria), die sich hauptsächlich auf die Hardware konzentrieren. In der Praxis wurden verheerende Softwarefehler gefunden und es ist nicht immer klar, ob das von Ihnen verwendete HSM für eine dieser Schwachstellen anfällig ist. Jean-Baptiste Bédrune und Gabriel Campana haben 2018 in ihrem Forschungsbericht (»Everybody be Cool, This is a Robbery«) einen Softwareangriff gezeigt, um Schlüssel aus gängigen HSMs zu extrahieren.

HINWEIS

Der Preis für ein HSM ist nicht nur hoch (er kann je nach Sicherheitsstufe leicht mehrere Zehntausend Dollar betragen), sondern Sie haben oft zusätzlich zu einem HSM mindestens ein weiteres HSM, das Sie für Testzwecke verwenden, und mindestens ein weiteres als Backup (für den Fall, dass Ihr erstes HSM mit den darin enthaltenen Schlüsseln abstürzt). Das kann ein hübsches Sümmchen ergeben!

Außerdem habe ich bei all diesen Lösungen noch immer nicht den »Elefanten im Raum« angesprochen: Zwar können Sie die meisten Angreifer daran hindern, an Ihre geheimen Schlüssel zu gelangen, aber Sie können nicht verhindern, dass Angreifer das System kompromittieren und das HSM mit eigenen Aufrufen ansprechen (es sei denn, die Logik des HSMs setzt mehrere Signaturen voraus oder eine Mindestanzahl von Smartcards, um zu funktionieren). Doch in den meisten Fällen stellt ein HSM nur einen einzigen Dienst bereit, nämlich, einen Angreifer daran zu hindern, heimlich Geheimnisse zu stehlen und diese zu einem anderen Zeitpunkt einzusetzen. Bei der Integration von Hardware-Lösungen wie HSMs ist es sinnvoll, zunächst Ihr Bedrohungsmodell zu verstehen, die Arten von Angriffen, die Sie vereiteln wollen, und zu prüfen, ob Schwellenwertverfahren wie die in Kapitel 8 erwähnten Mehrfachsignaturen nicht eine bessere Lösung darstellen.

13.2.4 Trusted Platform Modules (TPMs): Eine nützliche Standardisierung von Secure Elements

Zwar erweisen sich Secure Elements und HSMs als nützlich, doch sind sie auf bestimmte Anwendungsfälle beschränkt, und bekanntermaßen ist es recht mühsam, benutzerdefinierte Anwendungen zu schreiben. Aus diesem Grund hat die *Trusted Computing Group* (TCG, eine weitere gemeinnützige Organisation, die von Akteuren aus der Industrie gegründet wurde) eine gebrauchsfertige Alternative herausgebracht, die sowohl für Personal- als auch Unternehmenscomputer geeignet ist. Es handelt sich um das sogenannte *Trusted Platform Module* (TPM).

Das TPM ist kein Chip, sondern ein Standard (der TPM-2.0-Standard), den jeder beliebige Anbieter implementieren kann. Ein TPM, das dem TPM-2.0-Standard entspricht, ist ein sicherer Mikrocontroller, der einen in Hardware realisierten Zufallszahlengenerator und sicheren Speicher für die Speicherung von Geheimnissen beinhaltet und kryptografische Operationen ausführen kann. Zudem ist er gegen Manipulationen geschützt. Diese Beschreibung mag vertraut klingen, und tatsächlich ist es üblich, dass TPMs als Neuverpackung von Secure Elements implementiert werden. Üblicherweise ist ein TPM direkt auf ein Motherboard bei Unternehmensservern, Laptops und Desktop-Computern aufgelötet oder eingesteckt (siehe Abb. 13–3).

Im Gegensatz zu Smartcards und Secure Elements führt ein TPM keinen beliebigen Code aus. Vielmehr bietet es eine genau definierte Schnittstelle, von der ein größeres System profitieren kann. TPMs sind üblicherweise ziemlich preiswert und heutzutage sind viele Alltagslaptops damit ausgestattet.

Nun die schlechte Nachricht: Der Kommunikationskanal zwischen einem TPM und einem Prozessor ist in der Regel lediglich eine Busschnittstelle, die leicht abgefangen werden kann, wenn es gelingt, das Gerät zu stehlen oder vorübergehend physisch auf das Gerät zuzugreifen. Zwar bieten viele TPMs einen großen Widerstand gegen physische Angriffe, doch schränkt die Tatsache, dass ihr Kommunikationskanal relativ offen ist, ihre Einsatzmöglichkeiten auf die Abwehr von Softwareangriffen ein.

Abb. 13–3 *Ein Chip, der den Standard TPM 2.0 implementiert, steckt in einem Motherboard. Dieser Chip kann sowohl von den Motherboard-Komponenten des Systems als auch von Benutzeranwendungen, die auf dem Betriebssystem des Computers laufen, aufgerufen werden. Foto von Wikipedia (*http://mng.bz/Q2je*)*

Um diese Probleme zu lösen, ist man zu TPM-ähnlichen Chips übergegangen, die direkt in den Hauptprozessor integriert sind. Zum Beispiel realisiert Apple das mit Secure Enclave und Microsoft mit Pluton. Leider scheint keiner dieser Sicherheitsprozessoren einem Standard zu folgen, sodass es für Benutzeranwendungen schwierig oder sogar unmöglich sein könnte, von den Sicherheitsfunktionen dieser Prozessoren zu profitieren. Die folgenden Beispiele sollen Ihnen eine Vorstellung davon vermitteln, was Hardware-Sicherheitschips wie TPMs leisten können.

Der einfachste Anwendungsfall für TPMs ist der Schutz von Daten. Schlüssel lassen sich ganz einfach schützen, indem Sie sie im Sicherheitschip erzeugen und eine Extraktion verbieten. Wenn Sie die Schlüssel benötigen, fordern Sie den Chip auf, die kryptografischen Operationen auszuführen. Um Daten zu schützen, verschlüsseln Sie sie. Dieses Konzept wird als *dateibasierte Verschlüsselung* (File-Based Encryption, FBE) bezeichnet, wenn Sie einzelne Dateien verschlüsseln, und als *vollständige Festplattenverschlüsselung* (Full-Disk Encryption, FDE), wenn Sie den gesamten Datenträger verschlüsseln. FDE klingt viel besser, da es ein Alles-oder-Nichts-Konzept ist, das auch die meisten Laptops und Desktops verwenden. Allerdings erweist sich FDE in der Praxis als nicht so gut. Denn es berücksichtigt nicht die Nutzungsgewohnheiten unserer Geräte. Oftmals lassen wir unsere Geräte im gesperrten Zustand und schalten sie nicht aus, damit Hintergrundfunktionen weiterlaufen können. Computer halten dabei den Datenverschlüsselungsschlüssel (Data-Encryption Key, DEK) parat, selbst wenn Ihr Computer gesperrt ist. (Denken Sie daran, wenn Sie das nächste Mal bei Starbucks auf die Toilette gehen und Ihren gesperrten Computer unbeaufsichtigt lassen.) Moderne Telefone bieten mehr Sicherheit und verschlüsseln verschiedene Dateitypen abhängig davon, ob das Telefon gesperrt oder ausgeschaltet ist.

HINWEIS

In der Praxis haben sowohl FDE als auch FBE viele Implementierungsprobleme. So haben Meijer und Gastel 2019 (in »Self-encrypting deception: Weaknesses in the encryption of solid state drives (SSDs)«) gezeigt, dass mehrere SSD-Anbieter völlig unsichere Lösungen realisiert haben. Zinkus et al. haben 2021 (in »Data Security on Mobile Devices: Current State of the Art, Open Problems, and Proposed Solutions«) aufgedeckt, dass die Verschlüsselung der Datenträger in Mobiltelefonen ebenfalls viele Probleme zeigt.

Natürlich sollte der Benutzer authentifiziert sein, bevor die Daten entschlüsselt werden können. Dies geschieht oft durch Abfragen einer PIN oder eines Kennworts. Allerdings bieten PINs oder Kennwörter keinen ausreichenden Schutz, da sie einfache Brute-Force-Angriffe ermöglichen würden (insbesondere bei vier- oder sechsstelligen PINs). Im Allgemeinen versucht man, den DEK sowohl an die Anmeldeinformationen eines Benutzers zu binden als auch an einen symmetrischen Schlüssel, der in der Enklave gespeichert ist.

Ein Chip-Hersteller kann jedoch nicht in allen produzierten Geräten denselben Schlüssel fest einprogrammieren. Denn das führt zu Angriffen wie dem DUHK-Angriff (*https://duhkattack.com*), bei dem Tausende von Geräten gefunden wurden, die dasselbe Geheimnis fest einprogrammiert hatten. Das wiederum bedeutet, dass alle Geräte kompromittiert werden, wenn lediglich ein Gerät erfolgreich angegriffen wurde! Die Lösung ist ein gerätespezifischer Schlüssel, der entweder bei der Herstellung in den Chip eingebrannt oder vom Chip selbst über Hardwarestrukturen – die sogenannten *physisch nicht klonbaren Funktionen* (Physical unclonable functions, PUF) – erzeugt wird. So verfügt beispielsweise jeder Secure-Enclave-Coprozessor von Apple über eine UID, jedes TPM hat einen eindeutigen Endorsement Key und Attestation Identity Keys usw. Um Brute-Force-Angriffe zu verhindern, mischt der Secure Enclave von Apple sowohl den UID-Schlüssel als auch die Benutzer-PIN mit einer kennwortbasierten Schlüsselableitungsfunktion (die Kapitel 2 beschrieben hat), um den DEK abzuleiten. Allerdings stimmt das nicht ganz: Damit Benutzer ihre PIN schnell ändern können, wird der DEK nicht direkt abgeleitet, sondern durch einen Schlüsselverschlüsselungsschlüssel (Key Encryption Key, KEK) verschlüsselt.

Ein weiteres Beispiel ist *Secure Boot*. Beim Systemstart durchläuft Ihr Computer verschiedene Phasen, bis schließlich der gewünschte Startbildschirm erreicht ist. Ein Problem, mit dem sich Benutzer konfrontiert sehen, sind Viren und Schadprogramme, die den Startvorgang infizieren können, sodass Sie dann mit einem verseuchten Betriebssystem beginnen.

Um die Integrität des Startvorgangs zu schützen, bieten TPMs und integrierte Sicherheitschips eine Vertrauensbasis (Root of Trust), der man 100%ig vertrauen kann und die es uns ermöglicht, im weiteren Verlauf auch anderen Dingen zu vertrauen. Diese Root of Trust ist im Allgemeinen ein Nur-Lese-Speicher (Read-Only Memory, ROM), der sich nicht überschreiben lässt (auch als *einmalig programmierbarer Speicher* bezeichnet, da er bei der Herstellung geschrieben wird und nicht verändert werden kann). Wenn Sie beispielsweise ein neueres Apple-Gerät einschalten, wird als Erstes der Code im Boot-ROM ausgeführt, der sich im Secure Enclave ROM von Apple befindet. Da dieser Boot-ROM winzig ist, führt er in der Regel nur Folgendes aus:

1. Er bereitet einen geschützten Speicher vor und lädt das nächste Programm, das dort ausgeführt werden soll (in der Regel einen anderen Bootloader).
2. Er hasht das Programm und verifiziert seine Signatur gegen den fest codierten öffentlichen Schlüssel im ROM.
3. Er führt das Programm aus.

Der nächste Bootloader führt ebensolche Schritte aus und das setzt sich fort, bis schließlich ein Bootloader das Betriebssystem startet. Auf diese Weise können übrigens auch Betriebssystem-Updates, die nicht von Apple signiert sind, nicht auf Ihrem Smartphone installiert werden.

TPMs und integrierte TPM-ähnliche Chips sind eine interessante Entwicklung, durch die sich die Sicherheit unserer Geräte in den letzten Jahren erheblich verbessert hat. Je billiger diese Komponenten werden und je mehr sich ein Standard durchsetzt, desto mehr Geräte werden davon profitieren können.

13.2.5 Vertrauliche Datenverarbeitung mit einer vertrauenswürdigen Ausführungsumgebung (TEE)

Smartcards, Secure Elements, HSMs und TPMs sind eigenständige Chips oder Module, die über eine eigene CPU, Speicher, TRNG usw. verfügen. Andere Komponenten können mit ihnen drahtgebunden oder per Funk in NFC-fähigen Chips kommunizieren. TPM-ähnliche Chips (Pluton von Microsoft und Secure Enclave von Apple) sind ebenfalls eigenständige Chips, die aber eng mit dem Hauptprozessor in einem System-on-Chip (SoC) verbunden sind. In diesem Abschnitt geht es um den nächsten logischen Schritt in dieser Klassifizierung der Sicherheitshardware: die *integrierte Sicherheit*, d. h. die durch Hardware forcierte Sicherheit im Hauptprozessor selbst.

Prozessoren, die Sicherheit integrieren, schaffen eine *vertrauenswürdige Ausführungsumgebung* (Trusted Execution Environment, TEE) für Benutzercode, indem der Befehlssatz eines Prozessors erweitert wird, um Programme in einer separaten, sicheren Umgebung ausführen zu können. Diese sichere Umgebung wird von der Umgebung, mit der wir bereits vertraut sind (oft als *Rich Execution Environment* bezeichnet), über Hardware getrennt. Somit führen moderne CPUs letztlich sowohl ein normales Betriebssystem als auch ein sicheres Betriebssystem gleichzeitig aus. Beide haben ihren eigenen Registersatz, teilen sich aber den Großteil der übrigen CPU-Architektur. Die von der CPU forcierte Logik sorgt dafür, dass von der normalen Welt aus keine Zugriffe auf Daten aus der sicheren Welt möglich sind. So teilt eine CPU in der Regel ihren Speicher auf, wobei sie einen Teil der TEE zur exklusiven Nutzung überlässt. Da eine TEE direkt auf dem Hauptprozessor implementiert wird, bedeutet das nicht nur, dass eine TEE ein schnelleres und billigeres Produkt als ein TPM oder ein Secure Element ist, sondern auch in vielen modernen CPUs kostenlos zur Verfügung steht.

Die TEE ist wie alle anderen Hardwarelösungen ein Konzept, das unabhängig von verschiedenen Anbietern entwickelt wurde, und ein Standard (von Global Platform), der aufzuholen versucht. Die bekanntesten TEEs sind die Software Guard Extensions (SGX) von Intel und die TrustZone von ARM.

Wozu sind TEEs eigentlich gut? Schauen Sie sich ein Beispiel an. Seit einigen Jahren gibt es ein neues Paradigma – die Cloud – mit großen Unternehmen, die Server betreiben, um Ihre Daten zu hosten. Bei Amazon ist es AWS (Amazon Web Services) und bei Microsoft ist es Azure. Man kann das auch so ausdrücken, dass man dazu übergeht, Software nicht mehr lokal auszuführen, sondern auf dem Computer eines anderen. Das bringt einige Probleme mit sich in bestimmten Szenarios, in denen Datenschutz besonders wichtig ist. Um diese zu beheben, versucht die *Verarbeitung vertraulicher Daten*, Lösungen anzubieten, sodass sich Clientcode ausführen lässt, ohne dass man ihn sehen oder sein Verhalten modifizieren kann. Der Hauptanwendungsfall von SGX scheint heutzutage genau das zu sein: Clients, die Code ausführen, den Server nicht sehen oder manipulieren können.

Dabei taucht ein interessantes Problem auf: Wie kann man sich darauf verlassen, dass die Antwort auf eine Anfrage beispielsweise von SGX und nicht von einem Nachahmer stammt? Das ist das, was Attestierungen versuchen zu lösen. Es gibt zwei Arten von Attestierungen:

- *Lokale Attestierung* – Zwei Enklaven, die auf derselben Plattform laufen, müssen miteinander kommunizieren und sich gegenseitig beweisen, dass sie sichere Enklaven sind.
- *Remote Attestierung* – Ein Client fragt eine remote Enklave ab und muss sich vergewissern, dass es sich um die rechtmäßige Enklave handelt, die das Ergebnis der Anfrage geliefert hat.

Jeder SGX-Chip wird bei der Herstellung mit eindeutigen Schlüsselpaaren ausgestattet (den *Root Sealing Keys*). Der Public-Key-Teil wird dann von einer Intel-CA signiert. Wenn wir davon ausgehen, dass die Hardware sicher ist, besteht die erste Annahme darin, dass Intel die öffentlichen Schlüssel korrekt signiert, und zwar nur für sichere SGX-Chips. In diesem Sinne können Sie nun eine signierte Attestierung von Intels CA erhalten, dass Sie mit einer echten SGX-Enklave sprechen und dass diese einen bestimmten Code ausführt.

Eine TEE verfolgt in erster Linie das Ziel, *Softwareangriffe* zu vereiteln. Während die versprochene Softwaresicherheit attraktiv erscheint, ist es in der Praxis aufgrund der extremen Komplexität moderner CPUs und ihrer dynamischen Zustände schwierig, die Ausführung auf demselben Chip aufzuspalten. Dies belegen die zahlreichen Softwareangriffe auf SGX und TrustZone (*https://foreshadowattack.eu*, *https://mdsattacks.com*, *https://plundervolt.com* und *https://sgaxe.com*).

TEE als Konzept bietet einen gewissen Widerstand gegen physische Angriffe, da die Dinge auf dieser mikroskopischen Ebene viel zu winzig und eng verpackt sind, um sie ohne teure Ausrüstung zu analysieren. Bei einem motivierten Angreifer mag die Sache anders aussehen.

13.3 Welche Lösung ist für mich geeignet?

In diesem Kapitel haben Sie viele Hardware-Produkte kennengelernt. Zur Wiederholung ist die folgende Liste gedacht, die ich auch mit Abbildung 13–4 veranschauliche:

- *Smartcards (auch Chipkarten genannt) sind Mikrocomputer, die von einem externen Gerät wie einem Zahlungsterminal eingeschaltet werden müssen.* Auf ihnen können kleine Java-ähnliche Anwendungen laufen. Bankkarten sind ein Beispiel für eine weitverbreitete Smartcard.

- *Secure Elements sind eine Verallgemeinerung von Smartcards, die sich auf eine Reihe von Global-Platform-Standards stützen.* SIM-Karten sind ein Beispiel für Secure Elements.
- *Hardwaresicherheitsmodule (HSMs) können als größere, steckbare Secure Elements für Unternehmensserver angesehen werden.* Sie sind schneller und flexibler. Man setzt sie vor allem in Rechenzentren ein, um geheime Schlüssel zu speichern, sodass Angriffe auf diese Schlüssel leichter auszumachen sind.
- *TMPs (Trusted Platform Modules) sind neu verpackte Secure Elements, die auf die Motherboards von Personal- und Unternehmenscomputern gesteckt werden.* Sie folgen einer von der Trusted Computing Group standardisierten API, die Funktionen für Betriebssysteme und Endbenutzer bereitstellen kann.
- *Sicherheitsprozessoren sind TPM-ähnliche Chips, die in unmittelbarer Nähe zum Hauptprozessor eingebaut werden und nicht programmierbar sind.* Sie folgen keinen Standards und verschiedene Hersteller haben verschiedene Technologien auf den Markt gebracht.
- *Vertrauenswürdige Ausführungsumgebungen (Trusted Execution Environments, TEEs) wie TrustZone und SGX lassen sich als programmierbare Secure Elements betrachten, die im Befehlssatz der CPU implementiert werden.* Sie sind schneller und billiger und bieten vor allem Widerstand gegen Softwareangriffe an. Die meisten modernen CPUs werden mit TEEs und verschiedenen Verteidigungsstufen gegen Hardwareangriffe ausgeliefert.

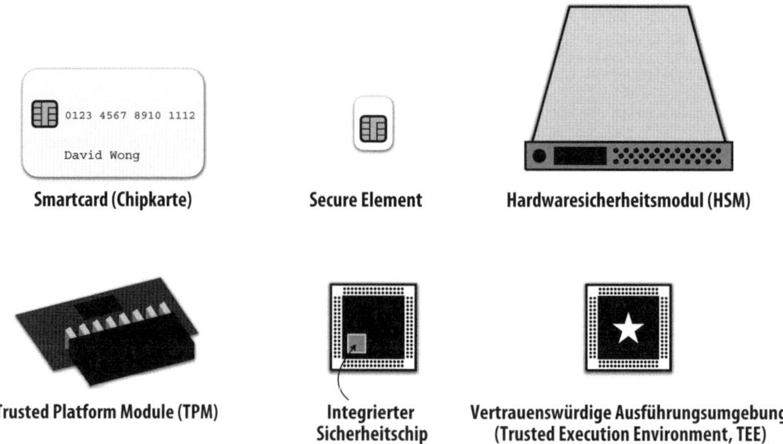

Abb. 13–4 *Die verschiedenen Hardwarelösungen, die Sie in diesem Kapitel kennengelernt haben, und ihr prinzipielles Aussehen*

Was ist nun die beste Lösung für Sie? Beantworten Sie sich am besten einige Fragen, um Ihre Wahl einzugrenzen:

- *Welcher Formfaktor soll es sein?* Wenn Sie zum Beispiel ein Secure Element in einem kleinen Gerät benötigen, müssen Sie entscheiden, welche Lösungen für Sie nicht infrage kommen.

- *Wie viel Geschwindigkeit brauchen Sie?* Anwendungen, die eine hohe Anzahl von kryptografischen Operationen pro Sekunde ausführen müssen, werden in Bezug auf die verwendbaren Lösungen stark eingeschränkt sein, wahrscheinlich auf HSMs und TEEs.
- *Wie viel Sicherheit brauchen Sie?* Zertifizierungen und Zusicherungen der Anbieter entsprechen verschiedenen Niveaus der Software- oder Hardwaresicherheit. Der Fantasie sind hier keine Grenzen gesetzt.

Denken Sie daran, dass keine Hardwarelösung das Allheilmittel ist; damit erhöhen Sie nur die Kosten eines Angriffs. Gegen einen raffinierten Angreifer ist das alles so gut wie nutzlos. Entwerfen Sie Ihr System so, dass ein kompromittiertes Gerät nicht bedeutet, dass alle Geräte kompromittiert sind.

13.4 Leakage-resiliente Kryptografie oder wie man Seitenkanalangriffe in Software entschärft

Sie haben gesehen, wie man mit Hardware versucht, eine direkte Beobachtung und Extraktion von geheimen Schlüsseln zu verhindern. Allerdings kann die Hardware nur sehr wenig ausrichten. Letztlich ist es möglich, dass die Software sich nicht darum kümmert und den Schlüssel trotz aller Hardwarehürden herauszieht. Die Software kann dies entweder direkt tun (wie durch eine Hintertür) oder indirekt, indem sie genügend Informationen preisgibt, damit jemand den Schlüssel rekonstruieren kann. Letztere Möglichkeit ist ein sogenannter *Seitenkanal* und Schwachstellen in Seitenkanälen sind in den meisten Fällen unbeabsichtigte Fehler (zumindest kann man das hoffen).

In Kapitel 3 habe ich Timing-Angriffe erwähnt. Dort haben Sie gelernt, das MAC-Authentifizierungstags in konstanter Zeit verglichen werden müssen, da Angreifer sonst das richtige Tag ableiten könnten, indem sie viele falsche Tags senden und jeweils die Reaktionszeit messen. Timing-Angriffe nimmt man in der Regel in allen Bereichen der praktischen Kryptografie ernst, da sie im Unterschied zu physischen Seitenkanälen potenziell über das Netz durchgeführt werden können.

Der wichtigste und bekannteste Seitenkanal ist der *Stromverbrauch*, den ich bereits weiter vorn in diesem Kapitel erwähnt habe. Er wurde 1998 von Kocher, Jaffe und Jun als Angriff entdeckt, und zwar als *Differential Power Analysis* (DPA, differenzielle Leistungsanalyse), als sie feststellten, dass sie ein Oszilloskop an ein Gerät anschließen und die Schwankungen im Stromverbrauch des Geräts über der Zeit verfolgen konnten, wobei sie bekannte Klartexte verschlüsseln ließen. Die Abweichungen hängen eindeutig von den Bits des verwendeten Schlüssels und der Tatsache ab, dass Operationen wie eine XOR-Verknüpfung mehr oder weniger Strom verbrauchen, je nachdem, ob die Bits des Operanden gesetzt sind oder nicht. Die Beobachtung führte zu einem *Schlüsselextraktionsangriff* (einem sogenannten *Total Break*).

Dieses Konzept lässt sich mit einem SPA-(*Simple Power Analysis-*)Angriff veranschaulichen. In idealen Situationen und unter der Voraussetzung, dass weder Hardware- noch Softwareabschwächer gegen Stromverbrauchsanalysen implementiert sind, genügt es, den Stromverbrauch einer einzelnen kryptografischen Operation, bei der ein geheimer Schlüssel beteiligt ist, zu messen und zu analysieren. Abbildung 13–5 veranschaulicht den Ablauf.

Der Stromverbrauch ist nicht der einzige physische Seitenkanal. Manche Angriffe stützen sich auf elektromagnetische Strahlung, Vibrationen und sogar auf die von der Hardware abgestrahlten Töne. Lassen Sie mich noch zwei andere nicht-physische Seitenkanäle erwähnen. Auch wenn dies ein Kapitel über Hardware ist, sollen diese nicht-physischen Seitenkanalangriffe hier aufgeführt werden. Denn sie sind wichtig, da sie in vielen praktischen kryptografischen Anwendungen entschärft werden müssen.

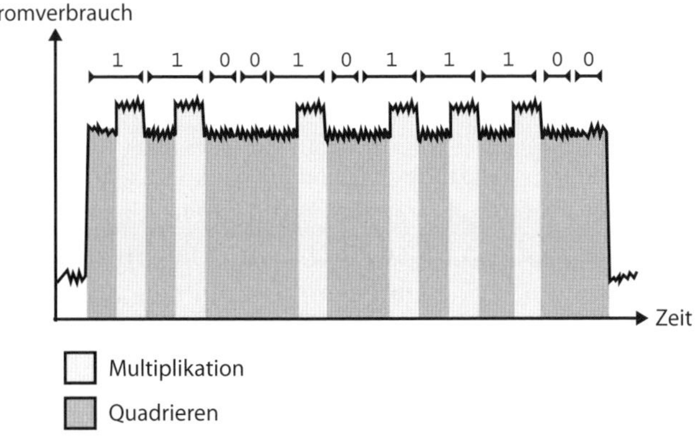

Abb. 13–5 *Einige kryptografische Algorithmen verraten über ihren Stromverbrauch so viele Informationen, dass eine einfache Stromverbrauchsanalyse durch Messung der Stromaufnahme pro Zeiteinheit (Power Trace genannt) den privaten Schlüssel des Algorithmus preisgeben kann. Zum Beispiel zeigt diese Abbildung einen Verlauf der Stromaufnahme bei einer RSA-Potenzierung (die Nachricht wird mit dem privaten Exponenten potenziert, siehe Kapitel 6). Der Algorithmus für die RSA-Potenzierung quadriert und multipliziert, wobei er die einzelnen Bits des privaten Exponenten durchläuft und für jedes Bit eine Quadrieren-Operation ausführt, woran sich das Multiplizieren anschließt, wenn das jeweilige Bit gesetzt ist. In diesem Beispiel verbraucht die Multiplikation offenbar mehr Strom, woraus sich der klare Stromverlauf ergibt.*

Erstens können zurückgegebene Fehler manchmal entscheidende Informationen preisgeben. Zum Beispiel hat der ROBOT-Angriff 2018 eine Möglichkeit gefunden, den (in Kapitel 6 erwähnten) Bleichenbacher-Angriff auf eine Anzahl von Servern auszunutzen, die die Verschlüsselung RSA PKCS#1 v1.5 im TLS-Protokoll (siehe Kapitel 9) implementiert haben. Der Bleichenbacher-Angriff funktioniert nur, wenn man unterscheiden kann, ob ein RSA-Chiffretext ein gültiges Padding hat oder nicht. Um sich gegen diesen Angriff zu schützen, führen sichere Implementierungen die Überprüfung des Paddings in konstanter Zeit durch und vermeiden eine frühzeitige Rückkehr, falls sie ein ungültiges Padding erkennen. Beispielsweise muss der Server bei einem RSA-Schlüsselaustausch in TLS seine Antwort fälschen, als ob er einen erfolgreichen Handshake abgeschlossen hätte, wenn das Padding der RSA-Nutzdaten falsch ist. Wenn jedoch eine Implementierung am Ende der Padding-Validierung entscheidet, einen anderen Fehler an den Client zurückzugeben (basierend auf der Gültigkeit des Paddings), dann war das alles umsonst.

Zweitens kann der Zugriff auf den Arbeitsspeicher mehr oder weniger Zeit erfordern, je nachdem, ob zuvor auf die Daten zugegriffen wurde oder nicht. Das liegt an den zahlreichen Cache-Ebenen, die in einem Computer vorhanden sind. Wenn die CPU zum Beispiel einen Wert benötigt, prüft sie zunächst, ob er in ihrem internen Speicher zwischengespeichert wurde. Sollte das nicht der Fall sein, wird die Abfrage des Werts an Cache-Ebenen weitergereicht, die immer weiter von der CPU entfernt sind. Je weiter der Cache entfernt ist, desto mehr Zeit benötigt die Operation. Doch nicht nur das. Manche Caches sind einem bestimmten Kern zugeordnet (zum Beispiel der L1-Cache), währende andere Caches in einem Computer mit mehreren Kernen von mehreren Kernen gemeinsam genutzt werden (L3-Cache, RAM, Festplatte).

Cache-Angriffe nutzen die Tatsache, dass ein bösartiges Programm auf demselben Computer laufen kann und dabei auf dieselben kryptografischen Bibliotheken wie ein sensibles kryptografisches Programm zugreift. Zum Beispiel hosten viele Cloud-Dienste verschiedene virtuelle Server auf demselben Computer und viele Server verwenden die Bibliothek OpenSSL für kryptografische Operationen oder für die Bedienung von TLS-Seiten. Schadprogramme finden Wege, um Teile der Bibliothek zu entfernen, wenn sie in einen Cache geladen wurden, der mit dem Prozess des Opfers gemeinsam genutzt wird. Dann messen sie regelmäßig die verstrichene Zeit, die erforderlich ist, um Teile dieser Bibliothek erneut zu lesen. Dauert es lange, dann hat das Opfer diesen Teil des Programms nicht ausgeführt; sind die Abstände bis zum Neulesen kurz, hat das Opfer auf diesen Teil des Programms zugegriffen und ihn damit in den Cache geholt, um zu vermeiden, dass das Programm erneut von einem weit entfernten Teil des Caches oder schlimmer noch von der Festplatte geholt werden muss. Damit bekommen Sie einen Verlauf, der einer Messung der Stromaufnahme über der Zeit (Power Trace) ähnelt und in der Tat auf ähnliche Weise genutzt werden kann!

Okay, das mag genug sein für Seitenkanalangriffe. Wenn Sie daran interessiert sind, Kryptografie über diese Seitenkanalangriffe auszuhebeln, gibt es bessere Quellen als dieses Buch. In diesem Abschnitt soll es nur um Softwaremaßnahmen gehen, die kryptografische Implementierungen zum Schutz vor Seitenkanalangriffen im Allgemeinen implementieren können und sollten. Dieses ganze Forschungsgebiet bezeichnet man als *leakage-resiliente Kryptografie*, da der Kryptograf hier das Ziel verfolgt, dass nichts durchsickert.

Die Verteidigung gegen physische Angreifer ist ein endloser Kampf, was auch erklärt, warum viele dieser Abhilfemaßnahmen proprietär sind und einer Verschleierung ähneln. Dieser Abschnitt erhebt natürlich keinen Anspruch auf Vollständigkeit, soll Ihnen aber einen Eindruck davon vermitteln, woran Kryptografen in der Praxis arbeiten, um Seitenkanalangriffe zu bekämpfen.

13.4.1 Programmierung in konstanter Zeit

Die erste Verteidigungslinie für jede kryptografische Implementierung besteht darin, die kryptografisch sensiblen Teile (z. B. alle Berechnungen, die ein Geheimnis betreffen) in konstanter Zeit zu implementieren. Es liegt auf der Hand, dass die Implementierung in konstanter Zeit Timing-Angriffe vereitelt, aber auch viele andere Klassen von Angriffen wie zum Beispiel Cache-Angriffe und Angriffe durch einfache Strombedarfsanalysen verhindert.

Wie kann man einen Ablauf in konstanter Zeit implementieren? Niemals *verzweigen*. Mit anderen Worten: Egal, wie die Eingabe aussieht, immer das Gleiche tun. Listing 13–1 zeigt ein Beispiel, wie die Sprache Golang einen zeitlich konstanten Vergleich von Authentifizierungstags für den HMAC-Algorithmus implementiert. Wenn zwei Bytes gleich sind, ist ihre XOR-Verknüpfung gleich 0. Wird diese Eigenschaft für jedes zu vergleichende Bytepaar verifiziert, dann liefert ihre OR-Verknüpfung ebenfalls den Wert 0 (und sonst einen Wert ungleich 0). Allerdings mag Ihnen dieser Code befremdlich erscheinen, wenn Sie sich das erste Mal mit Kniffen für konstante Zeiten beschäftigen.

```
func ConstantTimeCompare(x, y []byte) byte {
    if len(x) != len(y) {
        return 0
    }

    var v byte
    for i := 0; i < len(x); i++ {
        v |= x[i] ^ y[i]
    }

    return v
}
```

Es hat keinen Sinn, zwei Strings in konstanter Zeit zu vergleichen, wenn sie unterschiedlich lang sind.

Hier geschieht die Magie. Die Schleife akkumuliert per OR die Ergebnisse aller XOR-Verknüpfungen der Bytepaare zu einem Wert v.

Gibt nur dann 0 zurück, wenn v gleich 0 ist, und andernfalls einen Wert ungleich null

Listing 13–1 *Wie Golang einen Vergleich in konstanter Zeit zwischen zwei Bytearrays implementiert*

Für Vergleiche von MAC-Authentifizierungstags genügt es, an dieser Stelle mit einer Verzweigungsanweisung (einem bedingten Ausdruck wie `if`) zu prüfen, ob das Ergebnis 0 ist oder nicht. Ein anderes interessantes Beispiel ist die *Skalarmultiplikation* in kryptografischen Operationen mit elliptischen Kurven, bei denen es darum geht (wie Kapitel 5 gezeigt hat), einen Punkt x-Mal zu sich selbst zu addieren, wobei x ein sogenannter Skalar ist. Da dieser Prozess etwas langsam sein kann, hat man clevere Algorithmen entwickelt, um diesen Teil der Berechnung zu beschleunigen. Zu den populären Algorithmen gehört Montgomerys Leiter. Dieser ist so ziemlich äquivalent zum weiter vorn erwähnten Quadrieren-und-Multiplizieren-Algorithmus von RSA (allerdings in einer anderen Gruppe).

Der *Montgomerys-Leiter-Algorithmus* wechselt zwischen der Addition von zwei Punkten und der Verdopplung eines Punkts (Addition des Punkts zu sich selbst). Sowohl der RSA-Quadrieren-und-Multiplizieren-Algorithmus als auch der Montgomerys-Leiter-Algorithmus können Timing-Angriffe auf einfache Weise entschärfen: Sie verzweigen nicht und führen immer beide Operationen aus. (Aus diesem Grund spricht man beim RSA-Exponentierungsalgorithmus in konstanter Zeit üblicherweise von *fortlaufendem Quadrieren und Multiplizieren.*)

HINWEIS

In Kapitel 7 habe ich erwähnt, dass Signaturschemas auf verschiedene Arten schiefgehen können und dass es Angriffe gegen Implementierungen gibt, die einige Bytes der verwendeten Nonces (in Signaturschemas wie ECDSA) preisgeben. Genau das ist bei den Minerva- und TPM-Fail-Angriffen geschehen, die etwa zur gleichen Zeit stattfanden. Bei beiden Angriffen hatte man festgestellt, dass eine Reihe von Geräten aufgrund der zeitlich variierenden Operationen beim Signieren anfällig sind.

In der Praxis ist das Entschärfen von Timing-Angriffen nicht immer einfach, da nicht immer klar ist, ob CPU-Anweisungen für Multiplikationen oder bedingte Verschiebungen in konstanter Zeit erfolgen. Außerdem lässt sich nicht immer genau feststellen, wie der Compiler den Code einer Programmiersprache bei verschiedenen Compileroptionen in Maschinencode umsetzt. Aus diesem Grund ist es manchmal unumgänglich, den erzeugten Maschinencode zu analysieren, um mehr Vertrauen in den Code zu gewinnen, der in konstanter Zeit laufen soll. Es gibt verschiedene Tools, mit denen sich derartiger Code untersuchen lässt (wie zum Beispiel ducdect, ct-verif, SideTrail usw.), doch werden sie in der Praxis nur selten eingesetzt.

13.4.2 Nicht das Geheimnis verwenden! Maskieren und Blinding

Um Angriffe zu vereiteln oder Angreifer zumindest zu verwirren, ist es unter anderem üblich, Indirektionsebenen zu jeder Operation hinzuzufügen, die sich auf Geheimnisse bezieht. Eine dieser Techniken ist das sogenannte *Blinding*, das oftmals dank der arithmetischen Struktur von kryptografischen Public-Key-Algorithmen möglich ist. Blinding haben Sie bereits in Kapitel 11 in vergesslichen Algorithmen wie kennwortauthentifizierten Schlüsselaustauschalgorithmen kennengelernt. In der gleichen Weise können wir Blinding verwenden, wobei die vergessliche Partei der Angreifer sein soll, der undichte Stellen in unseren Berechnungen beobachtet. Als Beispiel soll es um RSA gehen.

Wie Sie wissen, entschlüsselt RSA einen Chiffretext c, indem dieser mit dem privaten Exponenten d potenziert wird, wobei der private Exponent d den öffentlichen Exponenten e kürzt, mit dem der Chiffretext als $m^e \bmod N$ berechnet wurde. Falls Sie die Details nicht mehr parat haben, sollten Sie Kapitel 6 konsultieren. Um Indirektion hinzuzufügen, kann man beispielsweise die Entschlüsselungsoperation auf einem Wert durchführen, der nicht der dem Angreifer bekannte Chiffretext ist. Diese *Base Blinding* genannte Methode funktioniert wie folgt:

1. Erzeuge einen zufälligen Blinding-Faktor r.
2. Berechne $message = (chiffretext \times r^e)^d \bmod N$.
3. Entblende das Ergebnis durch Berechnen von $real\_message = message \times r^{-1} \bmod N$, wobei r^{-1} der Kehrwert von r ist.

Diese Methode blendet den Wert, der mit dem Geheimnis verwendet wird, aber wir können auch das Geheimnis selbst verblenden. Zum Beispiel wird die Skalarmultiplikation bei elliptischen Kurven mit einem geheimen Skalarwert ausgeführt. Da aber Berechnungen in einer zyklischen Gruppe stattfinden, wird das Berechnungsergebnis nicht verändert, wenn man Vielfache der Ordnung zu diesem Geheimnis hinzugefügt. Diese als Skalar-Blinding bezeichnete Technik funktioniert wie folgt:

1. Erzeuge einen Zufallswert k_1.
2. Berechne einen Skalarwert $k_2 = d + k_1 \times order$, wobei d der ursprüngliche geheime Skalarwert und *order* dessen Ordnung ist.
3. Um $Q = [d]\,P$ zu berechnen, muss man stattdessen $Q = [k_2]\,P$ berechnen, was denselben Punkt ergibt.

Alle diese Techniken haben sich als mehr oder weniger effizient erwiesen und werden häufig zusammen mit anderen Software- und Hardwareentschärfungen eingesetzt. In der symmetrischen Kryptografie wird eine andere, recht ähnliche Technik verwendet – die *Maskierung*.

Konzeptionell wird bei der Maskierung die Eingabe (der Klartext oder der Chiffretext im Fall einer Chiffre) transformiert, bevor sie an den Algorithmus übergeben wird. Zum Beispiel kann man die Eingabe per XOR mit einem Zufallswert verknüpfen. Die Ausgabe wird dann demaskiert, um die endgültige korrekte Ausgabe zu erhalten. Da auf diese Weise jeder Zwischenzustand maskiert ist, erhält die kryptografische Berechnung ein gewisses Maß an Dekorrelation gegenüber den Eingabedaten, was Angriffe über Seitenkanäle erheblich erschwert. Dem Algorithmus muss diese Maskierung bekannt sein, um die internen Operationen korrekt durchzuführen und gleichzeitig das korrekte Verhalten des ursprünglichen Algorithmus zu bewahren.

13.4.3 Was ist mit Fehlerangriffen?

Weiter vorn in diesem Kapitel habe ich bereits *Fehlerangriffe* erwähnt – eine intrusivere Art von Seitenkanalangriffen, die die Ausführung des Algorithmus durch Induzieren von Fehlern modifizieren. Für das Einschleusen von Fehlern gibt es viele kreative Methoden, beispielsweise physikalisch, indem die Temperatur des Systems erhöht wird, oder sogar durch Laserstrahlenbeschuss auf berechnete Punkte im angepeilten Chip.

Überraschenderweise lassen sich Fehler auch per Software einschleusen. Ein Beispiel wurde unabhängig voneinander bei den Plundervolt- und VOLTpwn-Angriffen gefunden, bei denen die Kernspannung einer CPU geändert wird, um natürliche Fehler zu provozieren. Dies geschah auch beim berüchtigten Rowhammer-Angriff, der aufdeckte, dass wiederholte Speicherzugriffe bei bestimmten DRAM-Bausteinen nahe beieinander liegende Bits kippen konnten. Derartige Angriffe lassen sich zwar nur schwer realisieren, doch sie sind sehr wirkungsvoll. In der Kryptografie kann das Berechnen eines falschen Ergebnisses manchmal den Schlüssel preisgeben. Das ist zum Beispiel der Fall bei RSA-Signaturen, die mit einigen speziellen Optimierungen implementiert werden.

Auch wenn es unmöglich ist, diese Angriffe vollständig abzuschwächen, so gibt es doch einige Techniken, die die Komplexität eines erfolgreichen Angriffs erhöhen können. So kann man zum Beispiel die gleiche Operation mehrmals ausführen und die Ergebnisse vergleichen, um sicherzustellen, dass sie übereinstimmen, bevor man sie freigibt oder indem man die Ergebnisse verifiziert, bevor man sie freigibt. Bei Signaturen kann man die Signatur über den öffentlichen Schlüssel verifizieren, bevor man sie zurückgibt.

Fehlerangriffe können auch bei Zufallszahlengeneratoren drastische Folgen haben. Eine einfache Lösung besteht darin, Algorithmen zu verwenden, die nicht bei jedem Durchlauf auf eine neue Zufallszahl angewiesen sind. So haben Sie beispielsweise in Kapitel 7 den Signaturalgorithmus EdDSA kennengelernt, der keine neue Zufälligkeit zum Signieren verlangt, im Gegensatz zum ECDSA-Signaturalgorithmus.

Alles in allem ist keine dieser Techniken kugelsicher. Um Kryptografie in Umgebungen mit starken Feinden auszuführen, geht es immer darum, wie viel mehr Kosten man den Angreifern zumuten kann.

Zusammenfassung

- Die Bedrohung besteht heutzutage nicht nur darin, dass ein Angreifer Nachrichten auf dem Übertragungsweg abfängt, sondern auch darin, dass ein Angreifer das Gerät, auf dem Ihre Kryptografie läuft, stiehlt oder manipuliert. Geräte im sogenannten Internet der Dinge (IoT) sind häufig mit Bedrohungen konfrontiert und standardmäßig ungeschützt gegen raffinierte Angreifer. In jüngerer Zeit werden auch Cloud-Dienste in das Bedrohungsmodell ihrer Benutzer einbezogen.
- Hardware kann dazu beitragen, Kryptografieanwendungen und deren Geheimnisse in einer hochgradig gegnerischen Umgebung zu schützen. Eine der Ideen besteht darin, ein Gerät mit einem manipulationssicheren Chip auszustatten, um kryptografische Operationen zu speichern und auszuführen. Sollte das Gerät in die Hände eines Angreifers fallen, dürfte es schwierig sein, die Schlüssel zu extrahieren oder das Verhalten des Chips zu ändern.

- Es ist allgemein anerkannt, dass man verschiedene Software- und Hardwaretechniken kombinieren muss, um Kryptografie in gegnerischen Umgebungen zu schützen. Durch Hardware geschützte Kryptografie ist kein Allheilmittel. Vielmehr ist es eine Verteidigung in der Tiefe, die einen Angriff verlangsamt und verteuert. Gegner mit unbegrenzten Zeit- und Geldkontingenten werden Ihre Hardware immer knacken können.
- Angreifer lassen sich auch abschrecken, wenn man die Auswirkungen eines Angriffs verringern kann. Dazu muss ein System gut konzipiert werden (indem man beispielsweise sicherstellt, dass die Kompromittierung eines Geräts keinesfalls alle Geräte kompromittiert).
- Von den zahlreichen Hardwarelösungen sind die folgenden am bekanntesten:
  - Smartcards (Chipkarten) gehören zu den ersten sicheren Mikrocontrollern, die sich als Mikrocomputer eignen, um Geheimnisse zu speichern und kryptografische Operationen auszuführen. Sie sollen eine Reihe von Techniken anwenden, um physische Angreifer abzuschrecken. Das Konzept einer Smartcard wurde als Secure Element verallgemeinert. Dieser Begriff wird in verschiedenen Bereichen unterschiedlich verwendet. Letztlich versteht man darunter eine Smartcard, die sich als Coprozessor in einem größeren System einsetzen lässt, das bereits über einen Hauptprozessor verfügt.
  - Hardwaresicherheitsmodule (HSMs) werden oft als steckbare Karten bezeichnet, die wie Secure Elements funktionieren. Zwar folgen sie keiner Standardschnittstelle, implementieren aber üblicherweise den Standard PKCS#11 für kryptografische Operationen. HSMs lassen sich mit verschiedenen Sicherheitsstufen über einen NIST-Standard (FIPS 140-3) zertifizieren.
  - Trusted Platform Modules (TPMs) ähneln Secure Elements mit einer spezifizierten Schnittstelle, die als TPM 2.0 standardisiert ist. Ein TPM wird in der Regel in das Motherboard eines Laptops oder Servers gesteckt.
  - Eine vertrauenswürdige Ausführungsumgebung (Trusted Execution Environment, TEE) ist eine Möglichkeit, eine Ausführungsumgebung in eine sichere und eine potenziell unsichere aufzuteilen. TEEs werden in der Regel als Erweiterung eines CPU-Befehlssatzes implementiert.
- In hochgradig bedrohten Umgebungen genügt Hardware allein nicht, um kryptografische Operationen zu schützen, da Software- und Hardwareseitenkanalangriffe Lecks ausnutzen können, die in unterschiedlichen Formen auftreten (Timing, Stromverbrauch, elektromagnetische Strahlung usw.). Um sich gegen Seitenkanalangriffe zu schützen, implementieren kryptografische Algorithmen Entschärfungssoftware:

- Ernsthafte kryptografische Implementierungen basieren auf Algorithmen, die in konstanter Zeit laufen, und vermeiden alle Verzweigungen sowie Speicherzugriffe, die von geheimen Daten abhängen.
- Entschärfungstechniken, die auf Blinding und Maskieren beruhen, dekorrelieren sensible Operationen entweder von den geheimen Daten oder den Daten, von denen bekannt ist, dass sie verarbeitet werden.
- Der Schutz gegen Fehlerangriffe ist schwieriger zu realisieren. Zu den Abhilfemaßnahmen gehören das mehrmalige Ausführen einer Operation sowie das Vergleichen und Verifizieren des Ergebnisses einer Operation (zum Beispiel das Verifizieren einer Signatur mit dem öffentlichen Schlüssel), bevor das Ergebnis freigegeben wird.

- Kryptografie in bedrohten Umgebungen robuster zu machen, ist ein ständiger Kampf. Zu empfehlen ist in jedem Fall eine Kombination von Software- und Hardwareentschärfungsmaßnahmen, um die Kosten und den Zeitaufwand für einen erfolgreichen Angriff bis zu einem akzeptablen Risiko zu erhöhen. Außerdem sollte man die Auswirkungen eines Angriffs verringern, indem man pro Gerät eindeutige Schlüssel und möglicherweise eindeutige Schlüssel pro kryptografischer Operation verwendet.

14 Post-Quanten-Kryptografie

In diesem Kapitel:

- Quantencomputer und ihre Auswirkungen auf die Kryptografie
- Post-Quanten-Kryptografie zur Verteidigung gegen Quantencomputer
- Die Post-Quanten-Algorithmen von heute und morgen

»Quantencomputer können die Kryptografie brechen«, meinte Peter Shor, ein Professor der Mathematik am MIT. Es war 1994 und Shor hatte gerade einen neuen Algorithmus entwickelt. Seine Entdeckung ermöglichte die effiziente Faktorisierung von Ganzzahlen, was kryptografische Algorithmen wie RSA zerstört, falls Quantencomputer jemals Realität werden sollten. Damals waren Quantencomputer nur eine Theorie, ein Konzept einer neuen Klasse von Computern auf der Grundlage der Quantenphysik. Die Idee musste erst noch realisiert werden. Mitte 2015 überraschte die NSA (National Security Agency) alle mit der Ankündigung, dass man zu quantenresistenten Algorithmen (kryptografischen Algorithmen, die nicht durch Quantencomputer angreifbar sind) übergehen wolle.

> *Denjenigen Partnern und Anbietern, die noch nicht auf Algorithmen mit elliptischen Kurven der Suite B umgestiegen sind, empfehlen wir, zum jetzigen Zeitpunkt keine größeren Ausgaben dafür zu tätigen, sondern sich auf den bevorstehenden Übergang zu quantenresistenten Algorithmen vorzubereiten. [...] Leider stößt die zunehmende Verwendung elliptischer Kurven auf die Tatsache, dass die Forschung auf dem Gebiet der Quanteninformatik ständig voranschreitet, was deutlich gemacht hat, dass die Kryptografie mit elliptischen Kurven nicht die langfristige Lösung ist, die viele einst erhofft hatten. Daher haben wir uns gezwungen gesehen, unsere Strategien zu aktualisieren.*
>
> – National Security Agency (»Cryptography Today«, 2015)

Die Idee des Quantencomputings (Aufbau eines Computers auf der Grundlage physikalischer Phänomene, die auf dem Gebiet der Quantenmechanik untersucht werden) ist zwar nicht neu, hat aber in den letzten Jahren einen enormen Aufschwung bei Forschungsgeldern und experimentellen Durchbrüchen erlebt. Dennoch war noch niemand in der Lage, einen Bruch der Kryptografie durch einen Quantencomputer zu demonstrieren. Wusste die NSA etwas, was wir nicht wussten? Waren Quantencomputer schon in der Lage, Kryptografie zu knacken? Und was ist quantenresistente Kryptografie? In diesem Kapitel werde ich versuchen, alle diese Fragen zu beantworten.

14.1 Was sind Quantencomputer und warum fürchten sich Kryptografen vor ihnen?

Seit der Ankündigung der NSA haben Quantencomputer immer wieder für Schlagzeilen gesorgt, da viele große Unternehmen wie IBM, Google, Alibaba, Microsoft, Intel usw. erhebliche Mittel in ihre Erforschung investiert haben. Aber was sind diese Quantencomputer und warum sind sie so beängstigend? Alles begann mit der *Quantenmechanik* (auch als *Quantenphysik* bezeichnet), einem Gebiet der Physik, in dem man das Verhalten von kleinen Dingen (denken Sie an Atome und kleinere Elemente) untersucht. Da dies die Grundlage von Quantencomputern bildet, beginnen unsere Untersuchungen dort.

> *Es gab eine Zeit, da stand in den Zeitungen, dass nur zwölf Menschen die Relativitätstheorie verstanden hätten. Ich glaube nicht, dass es jemals eine solche Zeit gab. Es mag eine Zeit gegeben haben, in der nur ein Mann sie verstanden hat, weil er der Einzige war, der sie verstand, bevor er seine Arbeit geschrieben hat. Doch nachdem die Leute den Artikel gelesen hatten, haben viele die Relativitätstheorie auf die eine oder andere Weise verstanden, zweifellos mehr als zwölf Personen. Andererseits kann ich wohl mit Sicherheit sagen, dass niemand die Quantenmechanik versteht.*
> – Richard Feynman (The Character of Physical Law, MIT Press, 1965)

14.1.1 Quantenmechanik – das Studium des Kleinen

Physiker haben lange Zeit geglaubt, dass die ganze Welt deterministisch ist, wie unsere kryptografischen Zufallszahlengeneratoren: Wenn man wüsste, wie das Universum funktioniert und wenn man einen Computer hätte, der groß genug ist, um die »Universumsfunktion« zu berechnen, bräuchte man lediglich den Seed (die im Big Bang enthaltenen Informationen), und man könnte von dort aus alles vorhersagen. Ja, *alles*, selbst die Tatsache, dass Sie lediglich 13,7 Milliarden Jahre nach dem Beginn des Universums diese Zeilen lesen würden. In einer solchen Welt ist kein Platz für Zufälligkeiten. Jede Entscheidung, die Sie treffen, ist durch vergangene Ereignisse vorbestimmt, sogar durch solche, die vor Ihrer Geburt stattfanden.

Auch wenn diese Weltsicht viele Philosophen verwirrt hat – »Haben wir denn wirklich einen freien Willen?«, fragten sie –, entwickelte sich in den 1990er-Jahren ein interessantes Gebiet der Physik, das seither viele Wissenschaftler vor ein Rätsel stellt: die *Quantenphysik* (auch *Quantenmechanik* genannt). Es hat sich gezeigt, dass sich sehr kleine Objekte (man denke an Atome, nur kleiner) ganz anders verhalten als das, was wir bisher mithilfe der sogenannten klassischen Physik beobachtet und als Theorien formuliert haben. Auf dieser (sub)atomaren Skala scheinen sich Teilchen manchmal wie Wellen zu verhalten, und zwar in dem Sinne, dass sich verschiedene Wellen überlagern und zu einer größeren Welle verschmelzen oder sich für einen kurzen Moment gegenseitig auslöschen können.

An Teilchen wie Elektronen können wir den *Spin* messen. Zum Beispiel können wir feststellen, ob sich ein Elektron aufwärts oder abwärts dreht. Bis jetzt ist das nichts Ungewöhnliches. Das Seltsame ist, dass die Quantenmechanik besagt, dass sich ein Teilchen *gleichzeitig* in diesen beiden Zuständen befinden kann, nämlich im Aufwärts- *und* im Abwärtsspin. Wir sagen, dass sich das Teilchen in *Quantensuperposition* befindet.

Dieser spezielle Zustand kann je nach Art des Teilchens manuell mit verschiedenen Techniken herbeigeführt werden. Ein Teilchen kann in einem Zustand der Superposition verbleiben, bis wir es messen; in diesem Fall *kollabiert* das Teilchen in nur einen dieser möglichen Zustände (Aufwärts- oder Abwärtsdrehung). Quantencomputer bauen letztlich auf dieser Quantensuperposition auf: Anstelle eines Bits, das entweder den Zustand 1 oder 0 annimmt, kann ein *Quantenbit* oder *Qubit* sowohl 0 als auch 1 zur selben Zeit sein.

Noch seltsamer ist es, dass laut Quantentheorie ein Teilchen in Superposition erst bei einer Messung und nicht vorher zufällig entscheidet, welchen Zustand es einnehmen wird (wobei die Wahrscheinlichkeit für jeden Zustand 50 % beträgt). Wenn Ihnen das eigenartig vorkommt, sind Sie nicht allein. Viele Physiker konnten sich nicht vorstellen, wie dies in der deterministischen Welt, die sie sich ausgemalt hatten, funktionieren sollte. Einstein, der überzeugt war, dass etwas mit dieser neuen Theorie nicht stimmte, sagte einmal: »Gott würfelt nicht.« Dennoch waren Kryptografen daran interessiert, da dies eine Möglichkeit eröffnete, endlich echte Zufallszahlen zu erhalten! *Quantenzufallsgeneratoren* (QRNGs) versetzten Teilchen wie Photonen kontinuierlich in einen überlagerten Zustand und messen sie dann.

Physiker haben auch Theorien darüber aufgestellt, wie die Quantenmechanik mit Objekten in unserem Maßstab aussehen würde. Dies führte zu dem berühmten Experiment von *Schrödingers Katze*: Eine Katze in einem Kasten ist sowohl tot als auch lebendig, bis ein Beobachter einen Blick hineinwirft (was zu vielen Debatten darüber geführt hat, was genau ein Beobachter ist).

> *Eine Katze wird in eine Stahlkammer gesperrt, zusammen mit der folgenden Höllenmaschine (die man gegen den direkten Zugriff der Katze sichern muss): In einem Geigerschen Zählrohr befindet sich eine winzige Menge radioaktiver Substanz, so wenig, dass im Laufe einer Stunde vielleicht eines von den Atomen zerfällt, ebenso wahrscheinlich aber auch keines; geschieht es, so spricht das Zählrohr an und betätigt über ein Relais ein Hämmerchen, das ein Kölbchen mit Blausäure zertrümmert. Hat man dieses ganze System eine Stunde lang sich selbst überlassen, so wird man sich sagen, dass die Katze noch lebt, wenn inzwischen kein Atom zerfallen ist. Der erste Atomzerfall würde sie vergiftet haben. Die Psi-Funktion des ganzen Systems würde das so zum Ausdruck bringen, dass in ihr die lebende und die tote Katze (s.v.v.) zu gleichen Teilen gemischt oder verschmiert sind.*
>
> – Erwin Schrödinger (»Die gegenwärtige Situation in der Quantenmechanik«, 1935)

All das ist für uns höchst unintuitiv, weil wir in unserem täglichen Leben noch nie mit Quantenverhalten in Berührung gekommen sind. Fügen wir nun noch mehr Merkwürdigkeiten hinzu!

Manchmal interagieren Teilchen miteinander (indem sie zum Beispiel kollidieren) und geraten in einen Zustand starker *Korrelation*, in dem es unmöglich ist, ein Teilchen ohne die anderen zu beschreiben. Dieses Phänomen wird *Quantenverschränkung* genannt und ist einer der Geheimtipps für die Leistungssteigerung von Quantencomputern. Wenn zwei Teilchen verschränkt sind und dann eines von ihnen gemessen wird, kollabieren beide Teilchen, und der Zustand des einen ist bekanntermaßen perfekt korreliert mit dem Zustand des anderen. Okay, das war verwirrend. Nehmen wir ein Beispiel: Wenn zwei Elektronen verschränkt sind und eines von ihnen als sich aufwärts drehend gemessen wird, wissen wir, dass das andere dann abwärts dreht (aber nicht, bevor das erste gemessen wird). Außerdem zeigt es sich, dass solche Experimente immer gleich ausgehen.

Das ist kaum zu glauben, doch noch verblüffender ist, dass die Verschränkung sogar über sehr große Entfernungen hinweg funktioniert. Einstein, Podolsky und Rosen vertraten bekanntermaßen die These, dass die Beschreibung der Quantenmechanik unvollständig sei, da wahrscheinlich *verborgene Variablen* fehlten, die die Verschränkung erklären würden (d. h., sobald die Teilchen getrennt sind, wissen sie genau, wie ihre Messung ausfallen wird).

Außerdem haben Einstein, Podolsky und Rosen ein Gedankenexperiment beschrieben (das EPR-Paradoxon, benannt nach den Anfangsbuchstaben ihrer Nachnamen), in dem zwei verschränkte Teilchen weit (man denke an Lichtjahre) auseinandergebracht und dann ungefähr zur gleichen Zeit gemessen werden. Nach der Quantenmechanik würde sich die Messung eines der Teilchen sofort auf das andere Teilchen auswirken, was unmöglich wäre, da sich nach der Relativitätstheorie keine Information schneller als mit Lichtgeschwindigkeit ausbreiten kann (daher das Paradoxon). Im Zusammenhang mit diesem seltsamen Gedankenexperiment sprach Einstein auch von einer »spukhaften Fernwirkung«.

John Bell stellte später eine Ungleichung der Wahrscheinlichkeiten auf, die sogenannte *Bell'sche Ungleichung*. Sollte sich dieses Theorem als wahr erweisen, würde es die Existenz der von den Autoren des EPR-Paradoxons erwähnten verborgenen Variablen beweisen. Die Ungleichung wurde später experimentell verletzt, und zwar viele, viele Male – genug, um uns zu überzeugen, dass die Verschränkung real ist und dass es keine verborgenen Variablen gibt.

Heute sagen wir, dass eine Messung von verschränkten Teilchen dazu führt, dass sich die Teilchen untereinander koordinieren, wodurch die relativistische Vorhersage, dass Kommunikation nicht schneller als mit Lichtgeschwindigkeit erfolgen kann, umgangen wird. Versuchen Sie einmal, sich vorzustellen, wie Sie die Verschränkung nutzen könnten, um einen Kommunikationskanal zu entwickeln – Sie werden sehen, dass dies nicht möglich ist. Für Kryptografen bedeutete die spukhafte Fernwirkung jedoch, dass wir neue Wege für den Schlüsselaustausch entwickeln könnten; diese Idee wird *Quantenschlüsselverteilung* (Quantum Key Distribution, QKD) genannt.

Stellen Sie sich vor, Sie würden zwei verschränkte Teilchen an zwei Peers verteilen: Wer würde dann ihre jeweiligen Teilchen messen, um denselben Schlüssel zu bilden (da Ihnen die Messung eines Teilchens Informationen über die Messung des anderen liefern würde)? Das Konzept von QKD wird durch das *No-Cloning-Theorem* noch attraktiver. Es besagt, dass man einen solchen Austausch nicht passiv beobachten und eine exakte Kopie eines der Teilchen erstellen kann, die über diesen Kanal gesendet werden. Dennoch sind diese Protokolle für triviale MITM-(Man-in-the-Middle-)Angriffe anfällig und ohne eine Möglichkeit zur Authentifizierung von Daten praktisch nutzlos. Dieser Mangel hat Kryptografen wie Bruce Schneier zu der Aussage veranlasst, dass »QKD als Produkt keine Zukunft hat«.

Dies ist alles, was ich über Quantenphysik erwähnen möchte, da dies bereits zu viel für ein Buch über Kryptografie ist. Wenn Sie nichts von den bizarren Dingen glauben, die Sie gerade gelesen haben, sind Sie nicht allein. In seinem Buch *Quantum Mechanics for Engineers* schreibt Leon van Dommelen: »Die Physik kam zur Quantenmechanik, nicht weil sie die logischste Erklärung zu sein scheint, sondern weil unzählige Beobachtungen sie unvermeidlich gemacht haben.«

14.1.2 Von der Geburt des Quantencomputers zur Quantenüberlegenheit

1980 wurde die Idee des *Quantencomputings* geboren. Paul Benioff beschreibt als Erster, was ein Quantencomputer sein könnte: ein Computer, der auf den Beobachtungen der letzten Jahrzehnte der Quantenmechanik beruht. Später im selben Jahr argumentieren Paul Benioff und Richard Feynman, dass dies die einzige Möglichkeit ist, Quantensysteme zu simulieren und zu analysieren, ohne die Grenzen klassischer Computer zu überschreiten.

Erst 18 Jahre später demonstriert IBM zum ersten Mal einen Quantenalgorithmus, der auf einem echten Quantencomputer läuft. Im Jahr 2011 kündigt D-Wave Systems, ein Unternehmen für Quantencomputer, den ersten kommerziell erhältlichen Quantencomputer an und inspiriert damit eine ganze Branche, den ersten skalierbaren Quantencomputer zu entwickeln.

Bis dahin ist es noch ein weiter Weg und einen brauchbaren Quantencomputer hat man bis jetzt noch nicht auf die Beine gestellt. Das jüngste bemerkenswerte Ergebnis (Stand 2021) ist Google, das 2019 behauptete, die *Quantenüberlegenheit* (engl. Quantum Supremacy) mit einem 53-Qubit-Quantencomputer erreicht zu haben. Quantenüberlegenheit bedeutet, dass ein Quantencomputer zum ersten Mal etwas geschafft hat, was ein klassischer Computer nicht lösen konnte. In drei Minuten und 20 Sekunden hat er eine Analyse durchgeführt, für die ein klassischer Computer rund 10.000 Jahre gebraucht hätte. Bevor Sie sich zu sehr aufregen: Er hat einen klassischen Computer bei einer Aufgabe übertroffen, die für nichts nützlich war. Dennoch ist dies ein unglaublicher Meilenstein, und man kann sich nur fragen, wohin uns das alles noch führen wird.

Ein Quantencomputer nutzt die Phänomene der Quantenphysik (wie Überlagerung und Verschränkung) in der gleichen Weise wie ein klassischer Computer die Elektrizität, um Berechnungen durchzuführen. Anstelle von Bits verwenden Quantencomputer *Quantenbits* oder *Qubits*, die mithilfe von *Quantengattern* transformiert werden können, um sie auf spezifische Werte zu setzen oder sie in einen Zustand der Überlagerung und sogar der Verschränkung zu bringen. Dies ähnelt in gewisser Weise der Verwendung von Gattern in den integrierten Schaltkreisen klassischer Computer. Sobald eine Berechnung erfolgt ist, können die Qubits gemessen werden, um sie auf klassische Weise als 0 und 1 zu interpretieren. Ab jetzt kann man das Ergebnis mit einem herkömmlichen Computer weiter interpretieren, um eine sinnvolle Berechnung abzuschließen.

Im Allgemeinen enthalten N verschränkte Qubits Informationen, die 2^N klassischen Bits entsprechen. Misst man aber die Qubits am Ende einer Berechnung, erhält man nur die Anzahl N von Nullen oder Einsen. Daher ist nicht immer klar, wie ein Quantencomputer helfen kann. Und Quantencomputer haben sich bisher nur für eine recht begrenzte Anzahl von Anwendungen als brauchbar erwiesen. Möglicherweise werden sie immer nützlicher, wenn man clevere Wege findet, um ihre Leistung zu nutzen.

Bereits heute können Sie einen Quantencomputer bequem von zu Hause aus nutzen. Dienste wie IBM Quantum (*https://quantum-computing.ibm.com*) ermöglichen es Ihnen, Quantenschaltungen aufzubauen und diese auf echten Quantencomputern auszuführen, die in der Cloud gehostet werden. Solche Dienste sind natürlich derzeit noch recht begrenzt, da nur wenige Qubits zur Verfügung stehen. Dennoch ist es eine beeindruckende Erfahrung, einen eigenen Schaltkreis zu erstellen und darauf zu warten, dass er auf einem echten Quantencomputer ausgeführt wird – und das alles kostenlos.

14.1.3 Der Einfluss der Algorithmen von Grover und Shor auf die Kryptografie

Wie ich bereits ausführte, sind Quantencomputer leider nicht für alle Arten von Berechnungen geeignet und daher kein leistungsfähiger Ersatz für unsere klassischen Computer. Aber wozu sind sie dann gut?

Als 1994 das Konzept eines Quantencomputers lediglich ein Gedankenexperiment war, schlug Peter Shor einen Quantenalgorithmus vor, um die Probleme des diskreten Logarithmus und der Faktorisierung zu lösen. Shor hatte die Erkenntnis, dass sich mit einem Quantencomputer schnell Lösungen für Probleme berechnen ließen, die mit den schwierigen Problemen in der Kryptografie verwandt sein könnten. Es zeigte sich, dass es einen effizienten Quantenalgorithmus gibt, der dabei hilft, eine Periode (*period*) zu finden, sodass $f(x + period) = f(x)$ für jedes gegebene x ist, beispielsweise um den Wert *period* zu ermitteln, sodass $g^{x+period} = g^x \ mod\ N$ ist. Dies führt wiederum zu Algorithmen, die die Probleme der Faktorisierung und des diskreten Logarithmus effizient lösen, was sich effektiv auf Algorithmen wie RSA (siehe Kapitel 6) und Diffie-Hellman (siehe Kapitel 5) auswirkt.

Shors Algorithmus ist für *asymmetrische Kryptografie* verheerend, da die meisten der heute verwendeten asymmetrischen Algorithmen auf dem diskreten Logarithmus oder dem Faktorisierungsproblem beruhen – eigentlich das meiste von dem, was Sie in diesem Buch gesehen haben. Man könnte meinen, dass diskreter Logarithmus und Faktorisierung immer noch schwierige mathematische Probleme sind und dass wir (vielleicht) die Größe der Parameter unserer Algorithmen erhöhen könnten, um ihre Verteidigung gegen Quantencomputer zu verbessern. Leider wurde 2017 von Bernstein und anderen gezeigt, dass die Erhöhung der Parameter zwar funktioniert, aber höchst unpraktisch ist. Die Forschung schätzte, dass RSA durch eine Erhöhung seiner Parameter auf ein Terabyte quantenresistent gemacht werden könnte. Ziemlich unrealistisch, um es vorsichtig auszudrücken.

> *Shors Algorithmus erschüttert die Grundlagen für die eingesetzte Public-Key-Kryptografie: RSA und das Problem des diskreten Logarithmus in endlichen Feldern und elliptischen Kurven. Langfristige vertrauliche Dokumente wie Patientenakten und Staatsgeheimnisse müssen über viele Jahre hinweg garantiert sicher sein, aber Informationen, die heute mit RSA oder elliptischen Kurven verschlüsselt und bis zur Verfügbarkeit von Quantencomputern aufbewahrt werden, sind dann so leicht zu entschlüsseln, wie heute die mit Enigma verschlüsselten Nachrichten.*
>
> – PQCRYPTO: Initial recommendations of long-term secure post-quantum systems (2015)

Bei der symmetrischen Kryptografie sind die Dinge weit weniger besorgniserregend. Grovers Algorithmus wurde 1996 von Lov Grover vorgeschlagen als Methode, um eine Suche in einer ungeordneten Liste zu optimieren. Eine Suche in einer ungeordneten Liste von N Elementen benötigt im Mittel $N/2$ Operationen mit einem klassischen Computer, aber nur $\sqrt{N}$ Operationen mit einem Quantencomputer. Was für ein Geschwindigkeitszuwachs!

Der Grover-Algorithmus ist ein recht vielseitiges Werkzeug, das in der Kryptografie auf viele verschiedene Arten angewendet werden kann, um zum Beispiel den symmetrischen Schlüssel einer Chiffre zu extrahieren oder eine Kollision in einer Hashfunktion zu finden. Bei der Suche nach einem 128-Bit-Schlüssel würde der Grover-Algorithmus auf einem Quantencomputer 2^{64} Operationen benötigen, auf einem klassischen Computer dagegen 2^{127}. Diese Aussage ist für alle unsere symmetrischen kryptografischen Algorithmen ziemlich beängstigend, doch wir können die Sicherheitsparameter einfach von 128 Bit auf 256 Bit erhöhen, und das reicht aus, um Grover-Angriffe abzuwehren. Wenn Sie also Ihre symmetrische Kryptografie gegen Quantencomputer schützen wollen, können Sie einfach SHA-3-512 statt SHA-3-256, AES-256GCM statt AES-128-GCM usw. verwenden.

Zusammenfassend lässt sich sagen, dass die symmetrische Kryptografie in den meisten Fällen in Ordnung ist, die asymmetrische Kryptografie jedoch nicht. Das ist sogar noch schlimmer, als man auf den ersten Blick vermuten könnte: Der symmetrischen Kryptografie geht oft ein Schlüsselaustausch voraus, der anfällig ist für Angriffe mit Quantencomputern. Ist dies also das Ende der Kryptografie, wie wir sie kennen?

14.1.4 Post-Quanten-Kryptografie – die Verteidigung gegen Quantencomputer

Glücklicherweise bedeutete dies nicht das Ende der Welt für die Kryptografie. Die Community reagierte schnell auf die Quantenbedrohung, indem sie sich organisierte und alte und neue Algorithmen erforschte, die nicht für die Angriffe von Shor und Grover anfällig sind. Das Gebiet der *quantenresistenten Kryptografie*, auch als *Post-Quanten-Kryptografie* bezeichnet, war geboren. Standardisierungsbemühungen gibt es an verschiedenen Stellen im Internet, aber die am meisten beachteten Bemühungen stammen vom NIST, das 2016 einen Standardisierungsprozess für Post-Quanten-Kryptografie gestartet hat.

> *Es scheint, dass ein Übergang zur Post-Quanten-Kryptografie nicht einfach sein wird, denn es ist unwahrscheinlich, dass es einen einfachen »hundertprozentigen« Ersatz für unsere aktuellen kryptografischen Algorithmen mit öffentlichen Schlüsseln geben wird. Um neue Post-Quanten-Kryptosysteme zu entwickeln, zu standardisieren und einzusetzen, sind erhebliche Anstrengungen erforderlich. Außerdem muss dieser Übergang lange vor dem Bau großer Quantencomputer erfolgen, damit Informationen, die später durch Quantenkryptoanalyse kompromittiert werden, nicht mehr sensibel sind, wenn diese Kompromittierung stattfindet. Daher ist es wünschenswert, diesen Übergang frühzeitig zu planen.*
>
> – Post-Quantum Cryptography page of the NIST standardization process (2016)

Seitdem das NIST diesen Prozess gestartet hat, haben sich 82 Kandidaten beworben und drei Runden durchlaufen, wodurch die Liste der Kandidaten auf sieben Finalisten und acht alternative Finalisten eingegrenzt wurde (unwahrscheinlich, dass sie für eine Standardisierung infrage kommen, aber einzigartig genug, um eine gute Option zu sein, falls eines der von den Finalisten verwendeten Paradigmen letztlich gebrochen wird). Die Standardisierungsbemühungen des NIST zielen darauf ab, die gängigsten Primitive der asymmetrischen Kryptografie zu ersetzen, zu denen Signaturverfahren und asymmetrische Verschlüsselung gehören. Letztere kann, wie Kapitel 6 erörtert hat, auch problemlos als Primitiv für Schlüsselwörter dienen.

Im weiteren Verlauf dieses Kapitels gehe ich auf die verschiedenen Arten von Post-Quanten-Kryptografie-Algorithmen ein, die für eine Standardisierung infrage kommen, und weise darauf hin, welche davon Sie bereits heute nutzen können.

14.2 Hash-basierte Signaturen – eine Hashfunktion genügt

Während anscheinend alle praktischen Signaturverfahren Hashfunktionen verwenden, lassen sich auch Signaturverfahren entwickeln, die nur Hashfunktionen verwenden und nichts weiter. Noch besser ist es, dass sich diese Verfahren nur auf die Urbildresistenz von Hashfunktionen stützen und nicht auf ihre Kollisionsresistenz. Dieser Vorschlag ist recht attraktiv, da ein großer Teil der angewandten Kryptografie bereits auf soliden und gut verstandenen Hashfunktionen beruht.

Moderne Hashfunktionen sind auch gegen Angriffe durch Quantencomputer resistent, was diese Hash-basierten Signaturverfahren natürlich quantenresistent macht. Werfen wir einen Blick darauf, was diese hashbasierten Signaturen sind und wie sie funktionieren.

14.2.1 Lamport-Einmal-Signaturverfahren

Am 18. Oktober 1979 veröffentlichte Leslie Lamport sein Konzept der *Einmal-Signaturen* (One-Time Signature, OTS): Schlüsselpaare, die man nur einmalig zum Signieren verwenden kann. Die meisten Signaturverfahren stützen sich (zum Teil) auf Einwegfunktionen (in der Regel Hashfunktionen) für ihre Sicherheitsbeweise. Das Schöne an Lamports Verfahren ist, dass sich seine Signatur ausschließlich auf die Sicherheit solcher Einwegfunktionen stützt. Stellen Sie sich vor, Sie möchten ein einzelnes Bit signieren. Zuerst erzeugen Sie ein Schlüsselpaar, indem Sie

1. zwei Zufallszahlen x und y erzeugen, die den privaten Schlüssel darstellen werden,
2. x und y hashen, um zwei Digests $h(x)$ und $h(y)$ zu erhalten, die Sie als öffentlichen Schlüssel veröffentlichen können.

Um ein auf 0 gesetztes Bit zu signieren, geben Sie den x-Teil Ihres privaten Schlüssels preis; um ein auf 1 gesetztes Bit zu signieren, decken Sie den y-Teil auf. Wollen Sie eine Signatur verifizieren, hashen Sie sie einfach, um zu überprüfen, ob sie mit dem korrekten Teil des öffentlichen Schlüssels übereinstimmt. Abbildung 14–1 veranschaulicht dies.

Ein Bit zu signieren, ist nicht gerade nützlich, werden Sie sagen. Kein Problem. Eine Lamport-Signatur funktioniert auch für größere Eingaben, indem einfach mehr Paare von Geheimnissen – eines pro Bit – zum Signieren erzeugt werden (siehe Abb. 14–2). Wenn Ihre Eingabe größer als 256 Bit ist, hashen Sie sie zuerst und signieren sie dann.

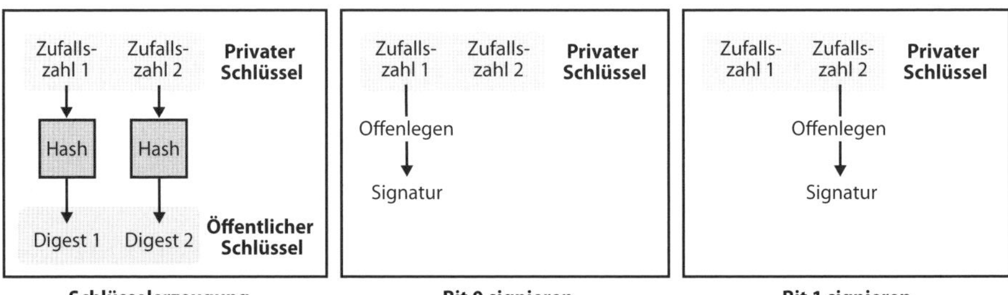

Abb. 14–1 *Eine Lamport-Signatur ist eine Einmal-Signatur (One-Time Signature, OTS), die nur auf Hashfunktionen basiert. Um ein Schlüsselpaar zu erzeugen, das ein Bit signieren kann, erzeugen Sie zwei Zufallszahlen, die zu Ihrem privaten Schlüssel werden, und hashen jede dieser Zahlen einzeln, um die beiden Digests Ihres öffentlichen Schlüssels zu erzeugen. Um ein auf 0 gesetztes Bit zu signieren, geben Sie die erste Zufallszahl preis, und um ein auf 1 gesetztes Bit zu signieren, machen Sie die zweite Zufallszahl bekannt.*

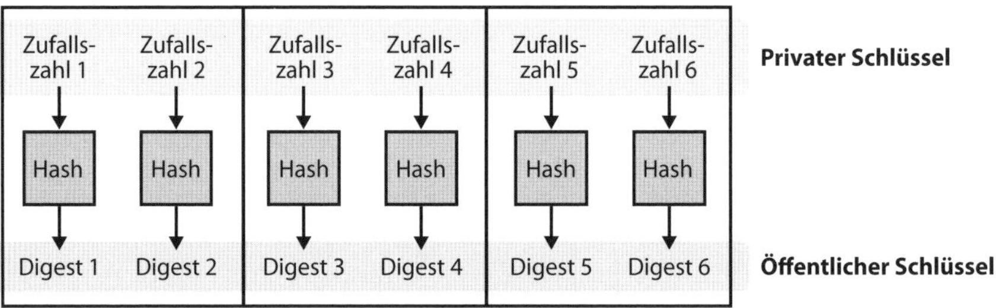

Abb. 14–2 *Um ein Lamport-Signatur-Schlüsselpaar zu generieren, das eine n-Bit-Nachricht signieren kann, erzeugen Sie 2n Zufallszahlen, die zu Ihrem privaten Schlüssel werden, und hashen jede dieser Zahlen einzeln, um die 2n Digests Ihres öffentlichen Schlüssels zu erzeugen. Zum Signieren durchlaufen Sie die Paare von Geheimnissen und n Bits, wobei Sie das erste Element offenlegen, um ein auf 0 gesetztes Bit zu signieren, oder das zweite Element, um ein auf 1 gesetztes Bit zu signieren.*

Eine wesentliche Einschränkung dieses Verfahrens besteht darin, dass Sie es nur einmal zum Signieren verwenden können. Falls Sie damit zweimal signieren, autorisieren Sie letztlich jemanden, die beiden Signaturen zu mischen, um andere gültige Signaturen zu fälschen. Die Situation können wir auf naive Weise verbessern, indem wir eine große Anzahl von Einmal-Schlüsselpaaren und nicht nur ein einziges Paar erzeugen. Sobald dann ein Schlüsselpaar verwendet wurde, verwerfen wir es. Dies führt aber nicht nur dazu, dass Ihr öffentlicher Schlüssel so groß wird wie die Anzahl der Signaturen, die Sie möglicherweise verwenden wollen, sondern es bedeutet auch, dass Sie über die verwendeten Schlüsselpaare Buch führen (oder besser noch, die verwendeten privaten Schlüssel loswerden) müssen. Wenn Sie zum Beispiel wissen, dass Sie maximal 1000 Nachrichten zu je 256 Bit mit einer Hashfunktion, die 256 Bit ausgibt, signieren wollen, müssten Ihr privater Schlüssel und Ihr öffentlicher Schlüssel $1000 \times (256 \times 2 \times 256)$ Bit groß sein, was etwa 16 MB entspricht. Ziemlich viel für nur 1000 Signaturen.

Die meisten der heute vorgeschlagenen hashbasierten Signaturverfahren bauen auf den von Lamport geschaffenen Grundlagen auf und ermöglichen viel mehr Signaturen (manchmal eine praktisch unbegrenzte Anzahl von Signaturen), zustandslose private Schlüssel (obwohl einige der vorgeschlagenen Verfahren immer noch zustandsabhängig sind) und praktischere Parametergrößen.

14.2.2 Kleinere Schlüssel mit Winternitz-Einmal-Signaturen (WOTS)

Einige Monate nach Lamports Veröffentlichung schlug Robert Winternitz vom Stanford Mathematics Department vor, Hashes eines Geheimnisses $h(h(...h(x))) = hw(x)$ statt mehrere Digests von mehreren Geheimnissen zu veröffentlichen, um die Größe eines privaten Schlüssels zu optimieren (siehe Abb. 14–3). Das Verfahren wird nach seinem Autor als *Winternitz-Einmal-Signatur* (engl. Winternitz One-Time Signature, WOTS) bezeichnet.

Wenn Sie zum Beispiel $w = 16$ wählen, können Sie 16 verschiedene Werte oder – anders ausgedrückt – Eingaben von 4 Bit signieren. Zunächst erzeugen Sie einen Zufallswert x, der Ihnen als Ihr privater Schlüssel dient, und hashen diesen 16-mal, um Ihren öffentlichen Schlüssel $h^{16}(x)$ zu erhalten. Stellen Sie sich nun vor, Sie möchten die Bits *1001* (d. h. 9 zur Basis 10) signieren. Sie veröffentlichen die neunte Iteration des Hashes $h^9(x)$. Abbildung 14–3 veranschaulicht dies.

Nehmen Sie sich ein paar Minuten Zeit, um die Funktionsweise dieses Verfahrens zu verstehen. Können Sie hier ein Problem erkennen? Ein großes Problem besteht darin, dass dieses System *Fälschungen von Unterschriften* ermöglicht. Stellen Sie sich vor, Sie sehen die Signatur einer anderen Person für Bit *1001*, was nach unserem vorherigen Beispiel $h^9(x)$ wäre. Mit einem einfachen Hash lassen sich andere Iterationen wie $h^{10}(x)$ oder $h^{11}(x)$ erhalten, die Ihnen eine gültige Signatur für die Bits *1010* bzw. *1011* liefern würde. Dies kann umgangen werden, wenn man ein kurzes Authentifizierungstag nach der Nachricht hinzufügt, das man ebenfalls signieren müsste. Abbildung 14–4 stellt dies grafisch dar. Um sich davon zu überzeugen, dass sich damit das Fälschungsproblem lösen lässt, sollten Sie einmal versuchen, eine Signatur aus einer anderen Signatur zu fälschen.

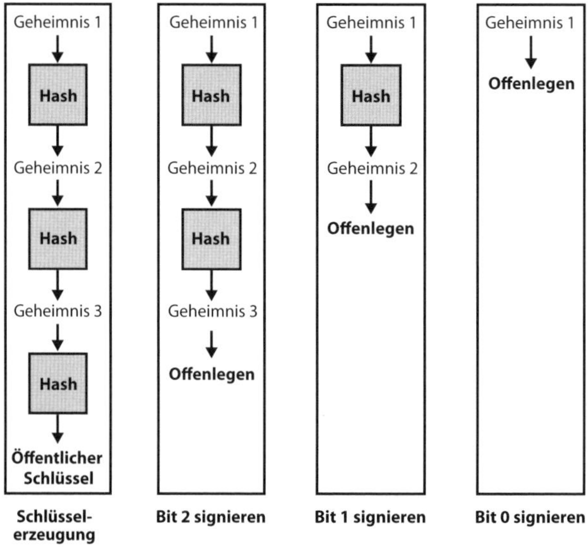

Abb. 14–3 *Das Winternitz-Einmal-Signatur-(WOTS-)Verfahren optimiert Lamport-Signaturen, indem es nur ein Geheimnis verwendet, das iterativ gehasht wird, um viele andere Geheimnisse und schließlich einen öffentlichen Schlüssel zu erhalten. Wenn ein anderes Geheimnis offengelegt wird, lässt sich eine andere Anzahl signieren.*

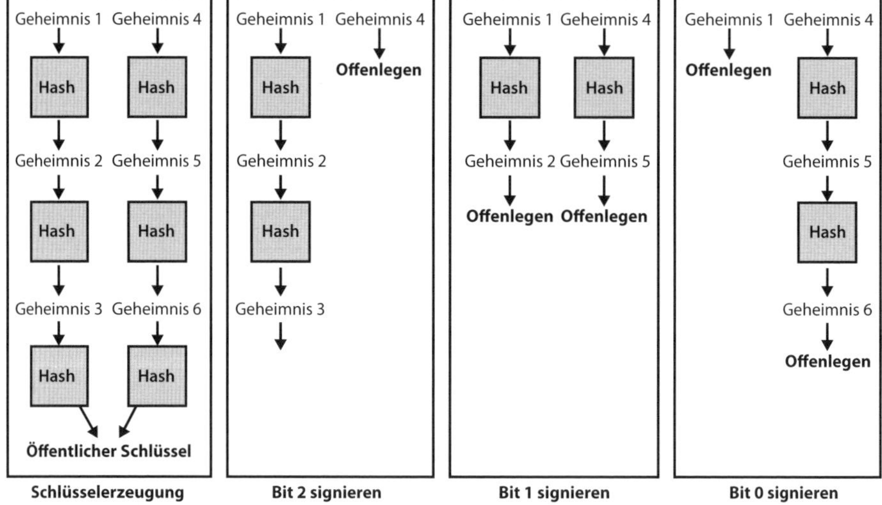

Abb. 14–4 *WOTS authentifiziert eine Signatur mit einem zusätzlichen Signierschlüssel, um Manipulationen zu verhindern. Das Verfahren funktioniert folgendermaßen: Beim Signieren wird der erste private Schlüssel verwendet, um die Nachricht zu signieren, und der zweite private Schlüssel, um die Ergänzung zur Nachricht zu signieren. Es sollte klar sein, dass in keinem der dargestellten Szenarios die Manipulation einer Signatur zu einer neuen gültigen Signatur führen kann.*

14.2.3 Vielfache Signaturen mit XMSS und SPHINCS+

Bisher haben Sie Möglichkeiten kennengelernt, wie man Dinge allein mit Hashfunktionen signieren kann. Lamport-Signaturen funktionieren zwar, doch sind die Schlüssel sehr groß. WOTS hat diese Situation mit geringeren Schlüsselgrößen verbessert. Dennoch lassen sich beide Verfahren nicht gut skalieren, da sie beide Einmal-Signaturen sind (schon wenn ein Schlüsselpaar wiederverwendet wird, ist das Verfahren gebrochen), sodass ihre Parameter in Abhängigkeit von der Anzahl der benötigten Signaturen linear zunehmen.

Einige Verfahren tolerieren die Wiederverwendung eines Schlüsselpaars für wenige Signaturen (statt einer einzigen). Diese Verfahren bezeichnet man als *Kurzzeitsignaturen (FTS)*. Werden sie allerdings zu oft wiederverwendet, bricht das Verfahren und lässt Signaturfälschungen zu. FTS stützt sich darauf, dass dieselbe Kombination von Geheimnissen aus einem Pool von Geheimnissen mit nur geringer Wahrscheinlichkeit wiederverwendet wird. Dies ist eine kleine Verbesserung gegenüber Einmal-Signaturen, die das Risiko einer Wiederverwendung von Schlüsseln verringert. Aber es geht noch besser.

Welche Technik haben Sie in diesem Buch kennengelernt, die viele Dinge in einem einzigen zusammenfasst? Die Antwort lautet: Merkle-Bäume. Wie Sie vielleicht noch aus Kapitel 12 wissen, ist ein *Merkle-Baum* eine Datenstruktur, die kurze Beweise für Fragen liefert, wie: »Befinden sich meine Daten in dieser Menge?« In den 1990er-Jahren erfand derselbe Merkle, der die Merkle-Bäume vorgeschlagen hat, auch ein auf Hashfunktionen basierendes Signaturschema, das eine Anzahl von Einmal-Signaturen in einen Merkle-Baum komprimiert.

Die Idee ist ziemlich einfach: Jedes Blatt Ihres Baums ist der Hash einer Einmal-Signatur, und der Wurzel-Hash kann als öffentlicher Schlüssel dienen, was seine Größe auf die Ausgabegröße Ihrer Hashfunktion reduziert. Zum Signieren wählen Sie eine Einmal-Signatur aus, die Sie zuvor noch nicht verwendet haben, und wenden sie dann an, wie es Abschnitt 14.2.2 erläutert hat. Die Signatur ist die Einmal-Signatur zusammen mit dem Merkle-Beweis, dass sie in Ihren Merkle-Baum gehört (alle Nachbarn). Dieses Verfahren ist offenbar zustandsbehaftet, da man darauf achten sollte, dass eine der Einmal-Signaturen im Baum nicht wiederverwendet wird. Ich veranschauliche das in Abbildung 14–5.

Das *erweiterte Merkle-Signaturverfahren* (eXtended Merkle Signatur Scheme, XMSS), das in RFC 8391 standardisiert ist, versucht, Merkle-Signaturen zu erzeugen, denen zum Merkle-Schema eine Reihe von Optimierungen hinzugefügt werden. Um beispielsweise ein Schlüsselpaar zu erzeugen, das *N* Nachrichten signieren kann, müssen Sie *N* private Einmal-Schlüssel erzeugen. Während der öffentliche Schlüssel jetzt nur noch ein Root-Hash ist, müssen Sie immer noch *N* private Einmal-Schlüssel speichern. XMSS verringert die Größe des von Ihnen gehaltenen privaten Schlüssels, indem es jeden Einmal-Schlüssel im Baum mit einem Seed und der Blattposition im Baum deterministisch generiert. Auf diese Weise brauchen Sie nur den Seed als privaten Schlüssel statt aller privaten Einmal-Schlüssel zu speichern und können jedes Einmal-Schlüsselpaar anhand seiner Position im Baum und dem Seed schnell neu generieren. Um zu verfolgen, welches Blatt bzw. welche OTS zuletzt verwendet wurde, enthält der private Schlüssel auch einen Zähler, der jedes Mal inkrementiert wird, wenn er dem Signieren dient.

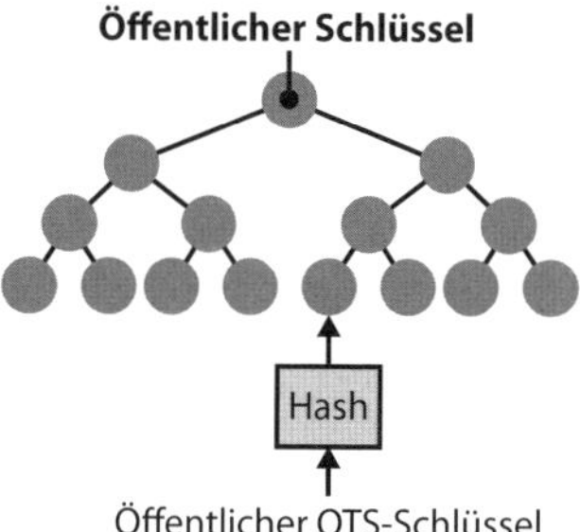

Abb. 14–5 *Das Merkle-Signaturverfahren ist ein zustandsbehafteter Hash-basierter Algorithmus, der mithilfe eines Merkle-Baums viele öffentliche Einmal-Schlüssel zu einem kleineren öffentlichen Schlüssel (dem Root-Hash) komprimiert. Je größer der Baum, desto mehr Signaturen kann er erzeugen. Beachten Sie, dass Signaturen jetzt den Overhead eines* Mitgliedschaftsbeweises *mitführen, d. h. eine Anzahl von Nachbarknoten, durch die sich verifizieren lässt, ob der einer Signatur zugeordnete Einmal-Schlüssel Teil des Baums ist.*

Nichtsdestotrotz gibt es nur so viele OTS, wie Sie in einem Merkle-Baum speichern können. Je größer der Baum ist, desto länger dauert es, den Baum zu regenerieren, um Nachrichten zu signieren (da Sie alle Blätter regenerieren, um einen Merkle-Beweis zu erzeugen). Je kleiner der Baum ist, desto weniger private OTS-Schlüssel müssen beim Signieren regeneriert werden, aber das verfehlt natürlich den Zweck: Wir haben jetzt wieder eine begrenzte Anzahl von Signaturen. Die Lösung besteht darin, einen kleineren Baum zu verwenden, bei dem die OTS in seinen Blättern nicht verwendet werden, um Nachrichten zu signieren, sondern stattdessen zum Signieren des Root-Hashs anderer Merkle-Bäume von OTS. Dies transformiert unseren ursprünglichen Baum in einen *Hyper-Baum* – einen Baum von Bäumen – und ist eine der Varianten von XMSS genannt $XMSS^{MT}$. Mit $XMSS^{MT}$ müssen nur die Bäume, die mit dem Pfad einer OTS zu tun haben, nach der gleichen Technik regeneriert werden. Abbildung 14–6 veranschaulicht dies.

Beachten Sie, dass die Zustandsabhängigkeit von XMSS und $XMSS^{MT}$ in manchen Situationen kein Problem darstellt, aber im Allgemeinen nicht erwünscht ist. Benutzern gängiger Signaturverfahren ist es schwer zu vermitteln, warum sie einen Zähler verfolgen sollten. Diese Änderung der Praktiken kann zu OTS-Wiederverwendung (und damit zur Fälschung von Signaturen) führen. So könnten beispielsweise Rollbacks zu einem früheren Zustand des Dateisystems oder die Verwendung desselben Signaturschlüssels auf mehreren Servern dazu führen, dass derselbe Pfad im Hyper-Baum zweimal zum Signieren einer Nachricht verwendet wird.

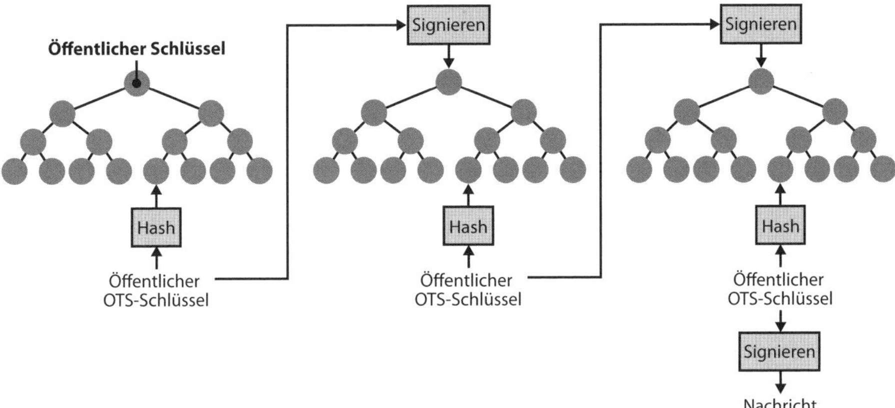

Abb. 14–6 *Das zustandsbehaftete hashbasierte Signaturverfahren XMSS^{MT} verwendet mehrere Bäume, um die Anzahl der vom Verfahren unterstützten Signaturen zu erhöhen und gleichzeitig die Arbeit bei der Schlüsselgenerierung und beim Signieren zu verringern. Jeder Baum wird nur dann deterministisch generiert, wenn er im Pfad zum letzten Blatt, das die OTS enthält, eine Nachricht sendet.*

Um einen der größten Nachteile von XMSS (die Zustandsbehaftung) zu beseitigen und eine Schnittstelle ähnlich den gewohnten Signaturverfahren zu schaffen, wurde das *Signaturverfahren SPHINCS+* im Rahmen des NIST-Wettbewerbs für Post-Quanten-Kryptografie vorgeschlagen. Das zustandslose Signaturverfahren erweitert XMSS^{MT} um drei wesentliche Änderungen:

- *Wird dieselbe Nachricht zweimal signiert, entsteht die gleiche Signatur.* Ähnlich wie bei EdDSA (siehe Kapitel 7) wird der im Hyper-Baum verwendete Pfad auf Basis des privaten Schlüssels und der Nachricht deterministisch abgeleitet. Damit wird sichergestellt, dass das zweimalige Signieren derselben Nachricht zur gleichen OTS und damit zur selben Signatur führt. Da der private Schlüssel verwendet wird, können Angreifer auch nicht vorhersagen, welchen Weg Sie zum Signieren Ihrer Nachrichten nehmen werden, falls Sie Nachrichten anderer Personen signieren sollten.
- *Verwendung mehrerer Bäume.* XMSS^{MT} vermeidet die zweimalige Wiederverwendung derselben OTS, indem über die zuletzt verwendete OTS Buch geführt wird. Da es bei SPHINCS+ vor allem darum geht, ohne Zustandsverfolgung auszukommen, muss das Verfahren Kollisionen vermeiden, wenn es einen Pfad pseudozufällig auswählt. Hierzu verwendet SPHINCS+ einfach eine viel größere Anzahl von OTS, was die Wahrscheinlichkeit senkt, dass dieselbe OTS zweimal verwendet wird. Da SPHINCS+ ebenfalls einen Hyper-Baum verwendet, führt das zu mehr Bäumen.
- *Verwendung von Kurzzeitsignaturen (Few-Time Signature, FTS).* Da die Sicherheit des Verfahrens auf der Wahrscheinlichkeit beruht, denselben Pfad zweimal zu verwenden, ersetzt SPHINCS+ auch die endgültige OTS, mit der Nachrich-

ten signiert wurden, durch die weiter vorn erwähnten Kurzzeitsignaturen. Auf diese Weise trägt die Wiederverwendung desselben Pfads zum Signieren von zwei verschiedenen Nachrichten immer noch nicht direkt zu einem Bruch des Signaturverfahrens bei.

Zwar kommt SPHINCS+ im Rahmen des NIST-Wettbewerbs für Post-Quanten-Kryptografie für eine Standardisierung in Betracht, ist aber nicht der Hauptanwärter. SPHINCS+ ist nicht nur langsam, sondern seine Signaturen sind auch sehr groß im Vergleich zu den vorgeschlagenen Alternativen (wie den gitterbasierten Varianten, die Sie später in diesem Kapitel kennenlernen werden). Zustandsbehaftete hashbasierte Signaturverfahren wie XMSS bieten eine höhere Geschwindigkeit und bessere Signaturgrößen (unter 3 KB im Vergleich zu den mindestens 8 KB von SPHINCS+). (Die Größe der öffentlichen Schlüssel ist bei beiden Verfahren ähnlich den Post-Quanten-Signaturverfahren wie ECDSA und Ed25519.) Aufgrund der realistischeren Parametergrößen und der gut verstandenen Sicherheit wird XMSS vom NIST in SP 800-208, »Recommendation for Stateful HashBased Signature Schemes«, als ein früher Standard empfohlen.

Sehen Sie sich nun zwei weitere Möglichkeiten an, um quantenresistente kryptografische Primitive zu entwickeln. Eine vorsichtige Warnung sei angebracht: Das Ganze ist recht mathematikintensiv!

14.3 Kürzere Schlüssel und Signaturen mit gitterbasierter Kryptografie

Eine große Anzahl von Post-Quanten-Kryptografieverfahren basiert auf Gittern, einer mathematischen Struktur, die Ihnen dieser Abschnitt erläutert. Im NIST-Wettbewerb für Post-Quanten-Kryptografie hat die Hälfte der Finalisten gitterbasierte Verfahren verwendet. Damit ist die gitterbasierte Kryptografie das wahrscheinlichste Paradigma, das gewinnen und vom NIST einen Standard erhalten wird. In diesem Abschnitt stelle ich Ihnen zwei gitterbasierte Algorithmen vor: Dilithium, ein Signaturverfahren, und Kyber, ein Verschlüsselungsprimitiv für öffentliche Schlüssel. Vorher erkläre ich aber noch, was Gitter sind.

14.3.1 Was ist ein Gitter?

Zunächst einmal bedeutet gitterbasiert wahrscheinlich nicht das, was Sie vielleicht annehmen. Nehmen wir das RSA-Verfahren (in Kapitel 6 behandelt), von dem wir sagen, dass es auf dem Faktorisierungsproblem beruht. Das bedeutet nicht, dass wir die Faktorisierung in RSA verwenden, sondern vielmehr, dass RSA durch Faktorisierung angegriffen wird. Und weil Faktorisierung schwierig ist, sagen wir, dass RSA sicher ist. Genauso verhält es sich mit gitterbasierten Kryptosystemen: Gitter sind Strukturen, die schwierige Probleme haben, und diese Kryptosysteme sind sicher, solange diese Probleme schwierig bleiben.

Abgesehen davon, was ist ein Gitter? Nun, es ist mit einem *Vektorraum* vergleichbar, aber mit ganzen Zahlen. Falls Sie nicht mehr wissen, was ein Vektorraum ist: Er ist die Menge aller Vektoren, die mit folgenden Dingen erstellt werden können:

- *einer Basis* – Eine Menge von Vektoren; zum Beispiel *(0, 1)* und *(1, 0)*.
- *einer Operation zwischen Vektoren* – Vektoren können addiert werden; zum Beispiel *(0, 1) + (1, 0) = (1, 1)*.
- *einer Skalarmultiplikation* – Ein Vektor kann mit sogenannten Skalaren multipliziert werden; zum Beispiel *3 × (1, 2) = (3, 6)*.

In unserem Beispiel enthält der Vektorraum alle Vektoren, die sich als Linearkombination der Basis ausdrücken lassen, d. h. alle Vektoren, die man als *a × (0, 1) + b × (1, 0)* für beliebige Skalare *a* und *b* schreiben kann. Zum Beispiel ist *0,5 × (0, 1) + 3,87 × (1, 0) = (3,87, 0,5)* in unserem Vektorraum enthalten, ebenso *99 × (0, 1) + 0 × (1, 0) = (0, 99)* usw.

Ein Gitter ist ein Vektorraum, in dem alle beteiligten Zahlen ganze Zahlen sind. Ja, in der Kryptografie mögen wir ganze Zahlen. Abbildung 14–7 zeigt ein Beispiel.

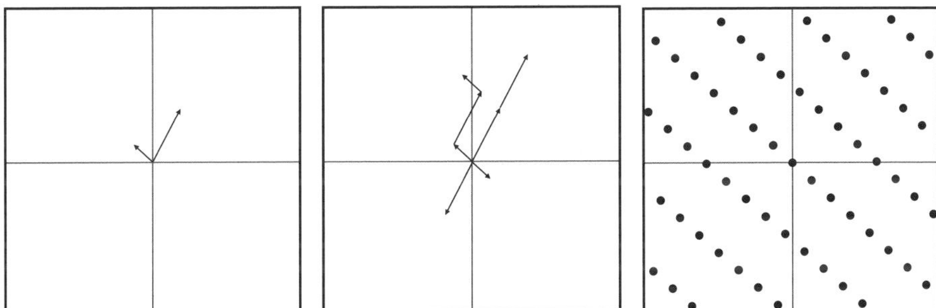

Abb. 14–7 *Das linke Bild zeigt eine Basis von zwei Vektoren in einem Diagramm. Aus allen möglichen ganzzahligen Linearkombinationen dieser beiden Vektoren lässt sich ein Gitter bilden (mittleres Bild). Das resultierende Gitter kann als Punktmuster, das sich ewig im Raum wiederholt, interpretiert werden (rechtes Bild).*

Es gibt mehrere bekannte schwierige Probleme im Gitterraum und für jedes dieser Probleme verfügen wir über Algorithmen, um sie zu lösen. Diese Algorithmen sind oft die besten, die man sich vorstellen kann, doch das bedeutet nicht unbedingt, dass sie effizient oder sogar praktisch sind. Daher werden diese Probleme als schwierig bezeichnet, zumindest bis eine effizientere Lösung gefunden wird. Die beiden bekanntesten schwierigen Probleme sind die folgenden (beide sind in Abb. 14–8 dargestellt):

- *Das Problem des kürzesten Vektors* (Short Vector Problem, SVP) – Beantwortet die Frage: »Welches ist der kürzeste, vom Nullvektor verschiedene Gittervektor?«

- *Das Problem des nächsten Vektors* (Closest Vector Problem, CVP) – Suche für eine gegebene Koordinate, die sich nicht im Gitter befindet, den nächsten Punkt zu dieser Koordinate, der auf dem Gitter liegt.

Im Allgemeinen verwenden wir Algorithmen wie LLL (den Lenstra-Lenstra-Lovász-Algorithmus) oder BKZ (den Block-Korkine-Zolotarev-Algorithmus), um diese beiden Probleme zu lösen (CVP kann auf SVP reduziert werden). Derartige Algorithmen reduzieren die Basis eines Gitters, versuchen also, eine Menge von Vektoren zu finden, die kürzer als die gegebenen sind und die es geschafft haben, das genau gleiche Gitter zu erzeugen.

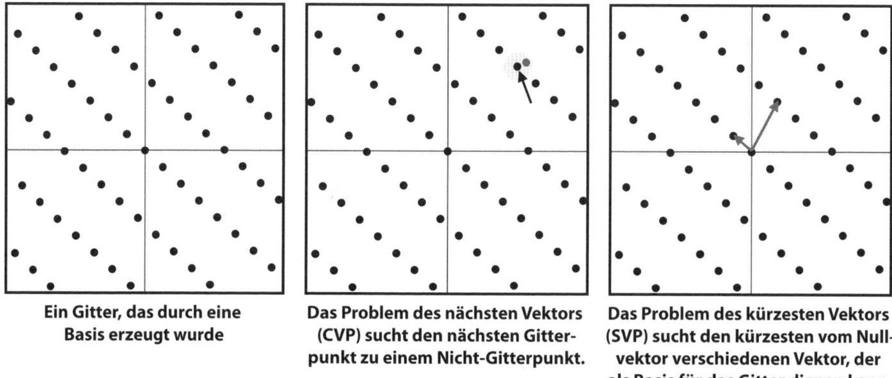

Abb. 14–8 *Eine Veranschaulichung der beiden wichtigsten Gitterprobleme in der Kryptografie: das Problem des kürzesten Vektors (SVP) und das Problem des nächsten Vektors (CVP).*

14.3.2 Lernen mit Fehlern (LWE), eine Basis für die Kryptografie?

2005 führte Oded Regev das Problem *Lernen mit Fehlern* (LWE) vor, das zur Grundlage für viele kryptografische Verfahren wurde, einschließlich einiger Algorithmen in diesem Kapitel. Bevor wir weitermachen, sehen wir uns erst einmal an, worum es beim LWE-Problem geht. Beginnen wir mit den folgenden Gleichungen, die Linearkombinationen der gleichen Ganzzahlen s_0 und s_1 sind:

- $5\ s_0 + 2\ s_1 = 27$
- $2\ s_0 + 0\ s_1 = 6$

Wir wissen, wie wir mithilfe des gaußschen Eliminationsverfahrens die Koeffizienten s_0 und s_1 schnell und effizient ermitteln können, solange genügend solcher Gleichungen verfügbar sind. Interessant ist nun, dass das Problem wesentlich schwieriger wird, wenn wir diesen Gleichungen etwas Rauschen hinzufügen:

- $5\ s_0 + 2\ s_1 = 28$
- $2\ s_0 + 0\ s_1 = 5$

Wenn weitere verrauschte Gleichungen vorhanden sind, dürfte es zwar nicht allzu schwer sein, die Lösungen zu finden, doch wird das Ganze zu einem schwierigen Problem, wenn man die Größe der eingehenden Zahlen und die Anzahl der Parameter s_i erhöht.

Dies ist im Wesentlichen das LWE-Problem, auch wenn es stattdessen oft mit Vektoren dargestellt wird. Stellen Sie sich vor, Sie haben einen geheimen Vektor **s** mit Koordinaten modulo einer großen Zahl. Können Sie bei einer beliebigen Anzahl von Zufallsvektoren $\mathbf{a}_i$ gleicher Größe und den Berechnungen $\mathbf{a}_i s + e_i$, wobei e_i ein kleiner zufälliger Fehler ist, den Wert **s** ermitteln?

> **HINWEIS**
>
> Für zwei Vektoren **v** und **w** lässt sich das Produkt **vw** mit einem *Punktprodukt* berechnen, das die Summe des Produkts jedes Koordinatenpaars ist. Betrachten wir ein Beispiel: wenn $\mathbf{v} = (v_0, v_1)$ und $\mathbf{w} = (w_0, w_1)$, dann ist $\mathbf{vw} = v_0 \times w_0 + v_1 \times w_1$.

Wenn ich zum Beispiel das Geheimnis $\mathbf{s} = (3, 6)$ verwende und Ihnen die Zufallsvektoren $\mathbf{a}_0 = (5, 2)$ und $\mathbf{a}_1 = (2, 0)$ gebe, bekomme ich die Gleichungen zurück, mit denen ich das Beispiel begonnen habe. Wie bereits erwähnt, machen gitterbasierte Verfahren eigentlich keinen Gebrauch von Gittern; vielmehr sind sie erwiesenermaßen sicher, wenn das SVP schwierig bleibt (für eine bestimmte Definition von schwierig). Die Verringerung lässt sich nur dann erkennen, wenn wir die vorherigen Gleichungen in Matrixform schreiben, wie Abbildung 14–9 zeigt.

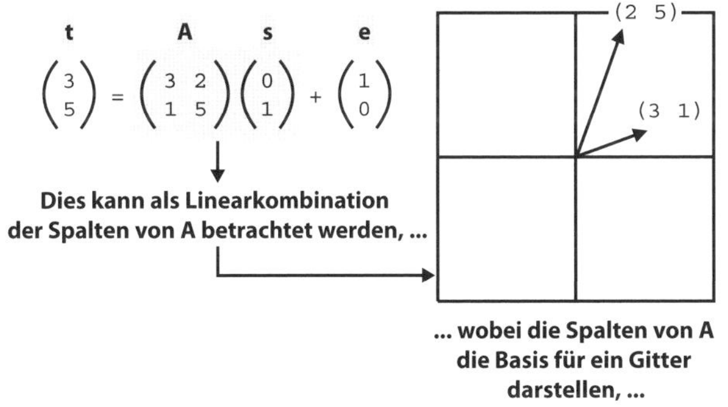

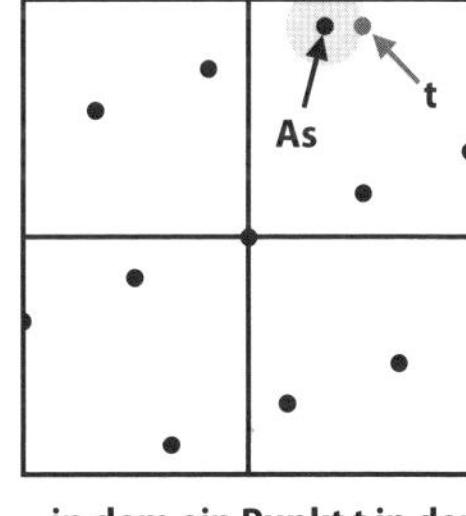

Abb. 14–9 *Das Lernen-mit-Fehlern-Problem (LWE) wird als gitterbasierte Konstruktion bezeichnet, da es eine Reduktion auf ein Gitterproblem gibt: das CVP. Mit anderen Worten: Wenn wir eine Lösung für das CVP finden können, dann finden wir auch eine Lösung für das LWE-Problem.*

Diese Matrixform ist wichtig, da die meisten LWE-basierten Verfahren in dieser Form ausgedrückt werden und leichter zu erklären sind. Nehmen Sie sich ein paar Minuten Zeit, um Ihre Kenntnisse in Matrixmultiplikation aufzufrischen. Sicherlich ist Ihnen auch aufgefallen, dass ich einige gängige Notationstricks verwendet habe, durch die sich Gleichungen, die Matrizen und Vektoren beinhalten, besser lesen lassen: Matrizen und Vektoren erscheinen in Fettschrift und Matrizen werden immer mit Großbuchstaben geschrieben. Zum Beispiel ist **A** eine Matrix, **a** ein Vektor und *b* lediglich eine Zahl.

> **HINWEIS**
>
> Es gibt mehrere Varianten des LWE-Problems (zum Beispiel die ring-LWE- oder module-LWE-Probleme), die im Grunde genommen dasselbe Problem darstellen, aber mit Koordinaten in verschiedenen Arten von Gruppen. Diese Varianten werden oft aufgrund der Kompaktheit und der realisierten Optimierungen bevorzugt. Der Unterschied zwischen den LWE-Varianten ist für die folgenden Erläuterungen unerheblich.

Nachdem Sie nun wissen, was das LWE-Problem ist, soll es jetzt um die darauf aufsetzende Post-Quanten-Kryptografie gehen: die *Cryptographic Suite for Algebraic Lattices* (CRYSTALS). Praktischerweise umfasst CRYSTALS zwei kryptografische Primitive: einen Schlüsselaustausch namens *Kyber* und ein Signaturverfahren namens *Dilithium*.

14.3.3 Kyber, ein gitterbasierter Schlüsselaustausch

Zwei der NIST-Finalisten sind eng miteinander verwandte Verfahren: CRYSTALS-Kyber und CRYSTALS-Dilithium, die Kandidaten vom selben Forscherteam sind und beide auf dem LWE-Problem basieren. *Kyber* ist ein Public-Key-Verschlüsselungsprimitiv, das als Schlüsselaustauschsprimitiv verwendet werden kann. Darauf gehe ich in diesem Abschnitt ein. *Dilithium* ist ein Signaturverfahren, das ich im nächsten Abschnitt erläutern werde. Da diese Algorithmen noch nicht ausgereift sind, beschränke ich mich darauf, Ihnen die Ideen und Intuitionen hinter beiden Verfahren zu vermitteln.

Nehmen wir zunächst an, dass alle Operationen in einer Gruppe von Ganzzahlen modulo einer großen Zahl q stattfinden. Des Weiteren nehmen wir an, dass Fehler und private Schlüssel aus einem kleinen Bereich mit dem Mittelpunkt 0 – den wir als *Fehlerbereich* bezeichnen – *gesampelt* (gleichförmig zufällig als Stichprobe entnommen) werden. Genauer ist der Fehlerbereich der Bereich $[-B, B]$, wobei B viel kleiner als q ist. Dies ist wichtig, da einige Terme kleiner als ein bestimmter Wert sein müssen, damit sie als Fehler gelten.

Um den privaten Schlüssel zu generieren, erzeugen Sie einfach einen Zufallsvektor **s**, bei dem jeder Koeffizient im Fehlerbereich liegt. Der erste Teil des öffentlichen Schlüssels ist eine Liste von Zufallsvektoren $\mathbf{a}_i$ derselben Größe und der zweite Teil ist die zugeordnete Liste verrauschter Punktprodukte $t_i = \mathbf{a}_i s + e_i \mod q$. Das ist genau das LWE-Problem, das Sie zuvor kennengelernt haben. Wichtig für den Rest ist, dass wir dies mit Matrizen neu formulieren können:

$$\mathbf{t} = \mathbf{A}\mathbf{s} + \mathbf{e}$$

wobei die Matrix **A** die Zufallsvektoren $\mathbf{a}_i$ als Zeilen enthält und im Fehlervektor **e** die einzelnen Fehler e_i stehen.

Für einen Schlüsselaustausch mit Kyber verschlüsseln wir einen symmetrischen Schlüssel von 1 Bit (ja, ein einziges Bit!) mit dem Schema. Dies ist vergleichbar mit dem Mechanismus der RSA-Schlüsselkapselung, den Kapitel 6 beschrieben hat. Die folgenden vier Schritte zeigen, wie die Verschlüsselung funktioniert:

1. Erzeugen Sie einen ephemeren privaten Schlüsselvektor **r** (wobei die Koeffizienten im Fehlerbereich liegen) und den zugehörigen ephemeren öffentlichen Schlüssels $\mathbf{rA} + \mathbf{e}_1$ mit einem zufälligen Fehlervektor $\mathbf{e}_1$, wobei die **A**-Matrix des anderen Peers als öffentlicher Parameter verwendet wird. Beachten Sie, dass die Matrizenmultiplikation auf der rechten Seite erfolgt, d. h. der Vektor **r** mit den Spalten von **A** multipliziert wird, anstatt **Ar** zu berechnen (eine Multiplikation des Vektors **r** mit den Zeilen von **A**). Dieses Detail ist unbedingt zu beachten, damit der Entschlüsselungsschritt funktioniert.
2. Wir schieben unsere Nachrichten nach links, indem wir sie mit $q/2$ multiplizieren, damit kleine Fehler unsere Nachricht nicht beeinflussen. Beachten Sie, dass $q/2$ *modulo* q normalerweise q multipliziert mit dem Kehrwert von 2 *modulo* q bedeutet, hier aber einfach als nächstgelegene Ganzzahl zu $q/2$ zu interpretieren ist.
3. Berechnen Sie ein gemeinsames Geheimnis mit dem Punktprodukt aus Ihrem ephemeren privaten Schlüssel und dem öffentlichen Schlüssel des Peers.
4. Verschlüsseln Sie Ihre (verschobene) Nachricht, indem Sie das gemeinsame Geheimnis, einen zufälligen Fehler $\mathbf{e}_2$ und die verschobene Nachricht verketten. Dies ergibt einen Chiffretext.

Nachdem Sie diese Schritte ausgeführt haben, können Sie sowohl den ephemeren öffentlichen Schlüssel als auch den Chiffretext an den anderen Peer senden. Sobald der ephemere Schlüssel und der Chiffretext empfangen wurden, kann die Nachricht in folgenden Schritten entschlüsselt werden:

1. Rufen Sie das gemeinsame Geheimnis ab, indem Sie das Punktprodukt Ihres Geheimnisses mit dem empfangenen ephemeren öffentlichen Schlüssel berechnen.
2. Subtrahieren Sie dieses gemeinsame Geheimnis vom Chiffretext (das Ergebnis enthält die verschobene Nachricht und einen Fehler).
3. Verschieben Sie Ihre Nachricht an die ursprüngliche Stelle zurück, indem Sie sie durch $q/2$ dividieren und dadurch den Fehler entfernen.
4. Die Nachricht ist 1, wenn sie näher an $q/2$ als an 0 liegt, und andernfalls 0.

Natürlich ist 1 Bit nicht genug, sodass aktuelle Verfahren diese Beschränkung mithilfe verschiedener Techniken überwinden. In Abbildung 14–10 habe ich alle drei Algorithmen zusammengefasst.

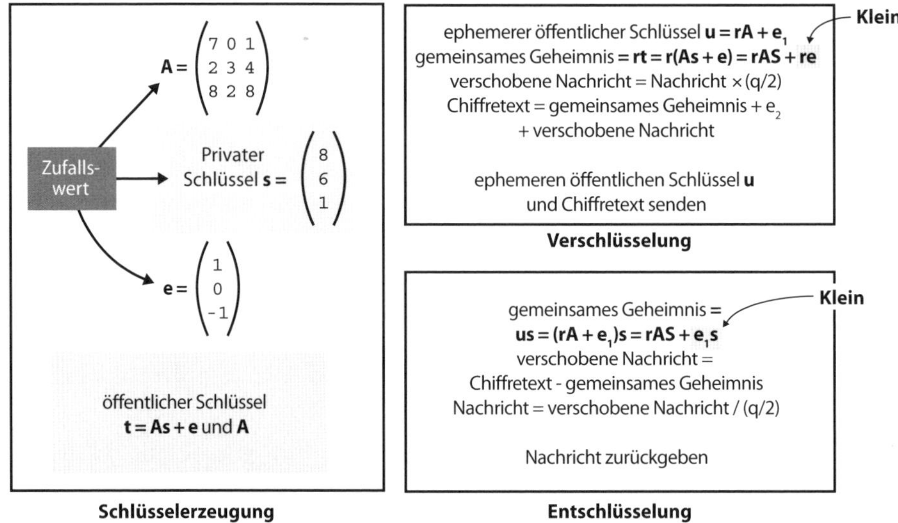

Abb. 14–10 *Das Kyber-Verschlüsselungsverfahren für öffentliche Schlüssel. Beachten Sie, dass das gemeinsame Geheimnis während der Verschlüsselung und der Entschlüsselung ungefähr gleich ist, da sowohl re als auch e_1s kleine Werte sind, weil r, s und die Fehler viel kleiner als q/2 sind. Somit wird im letzten Schritt der Entschlüsselung (Dividieren durch q/2, was einem bitweisen Rechtsschieben entspricht) jegliche Diskrepanz zwischen den beiden gemeinsamen Geheimnissen beseitigt. Zu beachten ist auch, dass alle Operationen modulo q erfolgen.*

In der Praxis ist bei einem Schlüsselaustausch die Nachricht, die Sie mit dem öffentlichen Schlüssel Ihres Peers verschlüsseln, ein zufälliges Geheimnis. Das Ergebnis wird dann deterministisch sowohl aus dem Geheimnis als auch aus dem Transkript des Schlüsselaustauschs abgeleitet und enthält den öffentlichen Schlüssel des Peers, Ihren ephemeren Schlüssel und den Chiffretext.

Die empfohlenen Parameter für Kyber ergeben öffentliche Schlüssel und Chiffretexte von etwa 1 Kilobyte, was viel größer ist als die von uns verwendeten Prä-Quanten-Verfahren, aber für die meisten Anwendungsfälle noch praktikabel ist. Es wird sich zeigen, ob wir den Overhead der Kommunikation bei diesen Verfahren weiter verringern können. Aber bisher scheint es so, als ob Post-Quanten mit größeren Größen einhergehen.

14.3.4 Dilithium, ein gitterbasiertes Signaturverfahren

Als nächstes Verfahren werde ich *Dilithium* erläutern, das ebenfalls auf LWE basiert und der Schwesterkandidat von Kyber ist. Wie andere Arten von Signaturen, die Sie bereits gesehen haben (z. B. die Schnorr-Signatur in Kapitel 7), beruht Dilithium auf einem Null-Wissen-Beweis, der über den Fiat-Shamir-Trick nichtinteraktiv gemacht wird.

Bei der Schlüsselerzeugung ähnelt Dilithium dem vorherigen Verfahren, mit der Ausnahme, dass wir den Fehler als Teil des privaten Schlüssels mitführen. Zuerst erzeugen wir zwei zufällige Vektoren s_1 und s_2, die als privater Schlüssel dienen, und berechnen dann den öffentlichen Schlüssel als $\mathbf{t} = \mathbf{A}\mathbf{s}_1 + \mathbf{s}_2$, wobei **A** eine Matrix ist, die auf ähnliche Weise wie bei Kyber ermittelt wird. Der öffentliche Schlüssel besteht aus **t** und **A**. Wir betrachten den Fehler $\mathbf{s}_2$ als Teil des privaten Schlüssels, da wir ihn jedes Mal wiederverwenden müssen, wenn wir eine Nachricht signieren (im Gegensatz zu Kyber, wo der Fehler nach dem Schritt der Schlüsselerzeugung verworfen werden kann).

Um zu signieren, erstellen wir ein Sigma-Protokoll und konvertieren es dann über die Fiat-Shamir-Transformation in einen nicht-interaktiven Null-Wissen-Beweis. Dies ähnelt der Methode, wie das Schnorr-Identifikationsprotokoll in eine Schnorr-Signatur konvertiert wird (siehe Kapitel 7). Das interaktive Protokoll sieht folgendermaßen aus:

1. Der Prover legt sich auf zwei Zufallsvektoren $\mathbf{y}_1$ und $\mathbf{y}_2$ fest, indem er $\mathbf{A}\mathbf{y}_1 + \mathbf{y}_2$ sendet.
2. Nach Erhalt dieser Bestätigung antwortet der Verifizierer mit einer zufälligen Challenge c.
3. Der Prover berechnet dann die beiden Vektoren $\mathbf{z}_1 = c\,\mathbf{s}_1 + \mathbf{y}_1$ und $\mathbf{z}_2 = c\,\mathbf{s}_2 + \mathbf{y}_2$ und sendet sie nur dann an den Verifizierer, wenn es sich um kleine Werte handelt.
4. Der Verifizierer prüft, ob $\mathbf{A}\mathbf{z}_1 + \mathbf{z}_2 - c\,\mathbf{t}$ und $\mathbf{A}\mathbf{y}_1 + \mathbf{y}_2$ die gleichen Werte sind.

Der Fiat-Shamir-Trick ersetzt die Rolle des Verifizierers in Schritt 2, indem er den Prover eine Challenge aus einem Hash der zu signierenden Nachricht und dem bestätigten Wert $\mathbf{A}\mathbf{y}_1 + \mathbf{y}_2$ generieren lässt. In Abbildung 14–11 habe ich diese Transformation anhand eines ähnlichen Diagramms aus Kapitel 7 noch einmal dargestellt.

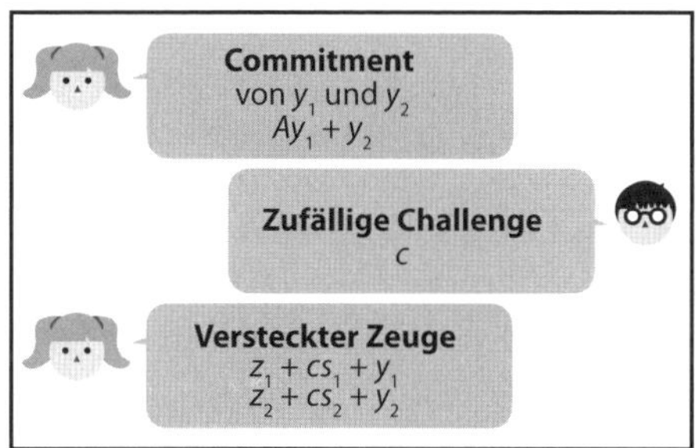

Abb. 14–11 *Eine Dilithium-Signatur ist ein Beweis für die Kenntnis eines geheimen Vektors s, der durch die Fiat-Shamir-Transformation nicht interaktiv gemacht wurde. Die linke Zeichnung zeigt das interaktive Beweisprotokoll, während das rechte Bild eine nicht interaktive Version zeigt, wobei die Challenge als Commitment sowohl von y als auch der zu signierenden Nachricht berechnet wird.*

Auch hier handelt es sich um eine grobe Vereinfachung des Signaturverfahrens. In der Praxis werden viele weitere Optimierungen verwendet, um die Größe des Schlüssels und der Signatur zu verringern. Üblicherweise geht es bei diesen Optimierungen um die Reduzierung von Zufallsdaten, indem sie deterministisch aus einem kleineren Zufallswert erzeugt werden, und um die Reduzierung von Nicht-Zufallsdaten, indem sie mit speziellen Methoden komprimiert werden, nicht unbedingt mithilfe von bekannten Komprimierungsalgorithmen. Außerdem gibt es eine Reihe zusätzlicher Optimierungen, die aufgrund der einzigartigen Struktur von LWE möglich sind.

Auf der empfohlenen Sicherheitsstufe bietet Dilithium Signaturen von etwa 3 KB und öffentliche Schlüssel von weniger als 2 KB. Das ist offensichtlich viel mehr als die öffentlichen Schlüssel mit 32 Byte und die Signaturen mit 64 Byte von Prä-Quanten-Verfahren, aber auch wesentlich besser als die zustandslosen Hash-basierten Signaturen. Allerdings sollten Sie auch daran denken, dass diese Verfahren noch recht neu sind und es durchaus möglich ist, dass bessere Algorithmen gefunden werden, um das LWE-Problem zu lösen, wobei möglicherweise die öffentlichen Schlüssel und die Signaturen größer werden. Genauso ist denkbar, dass wir bessere Techniken finden können, um die Größen dieser Parameter zu reduzieren.

Das ist aber nicht alles, was die Post-Quanten-Kryptografie hergibt. Der Post-Quanten-Kryptografie-Wettbewerb des NIST umfasst eine Reihe weiterer Konstruktionen, die auf verschiedenen Paradigmen basieren. Das NIST hat angekündigt, einen ersten Standard 2022 zu veröffentlichen, doch ich gehe davon aus, dass sich das Gebiet schnell entwickeln wird, zumindest solange Post-Quanten-Computer weiterhin als legitime Bedrohung angesehen werden. Es gibt zwar noch viele Unbekannte, aber das bedeutet auch, dass es viel Raum für spannende Forschung gibt. Wenn Sie sich für dieses Thema interessieren, sollten Sie einen Blick auf die NIST-Berichte werfen (*https://nist.gov/pqcrypto*).

14.4 Muss ich in Panik geraten?

Zusammenfassend kann man betonen, dass Quantencomputer für die Kryptografie von großer Bedeutung sind, wenn sie Realität werden. Was schließen wir daraus? Müssen Sie alles, was Sie tun, über Bord werfen und zu Post-Quanten-Algorithmen übergehen? Nun, so einfach ist das nicht.

Fragen Sie zehn verschiedene Experten und Sie werden zehn verschiedene Antworten bekommen. Für manche ist es noch fünf bis 50 Jahre entfernt, für andere wird es nie passieren. Michele Mosca, der Direktor des Instituts für Quanteninformatik, schätzt »die Chance, RSA-2048 bis 2026 zu knacken, auf 1/7, und bis 2031 auf 1/2«, während Mikhail Dyakonov, ein Forscher am CNRS in Frankreich, öffentlich erklärte: »Könnten wir jemals lernen, die mehr als 10^{300} kontinuierlichen variablen Parameter zu kontrollieren, die den Quantenzustand eines solchen Systems definieren? Meine Antwort ist einfach. Nein, niemals.« Obwohl Physiker, nicht Kryptografen, es besser wissen, können sie immer noch dazu verleitet werden, ihre eigenen Forschungen hochzuspielen, um Fördermittel zu erhalten. Da ich kein Physiker bin, möchte ich nur betonen, dass wir außergewöhnlichen Behauptungen gegenüber skeptisch bleiben und uns auf das Schlimmste vorbereiten sollten. Die Frage lautet nicht: »Wird es funktionieren?«, sondern: »Wird es skalierbar sein?«

Es gibt viele Herausforderungen zu bewältigen, um skalierbare Quantencomputer (die die Kryptografie zerstören können) Realität werden zu lassen; die größten scheinen Rauschen und Fehler zu sein, die nur schwer zu verringern oder zu korrigieren sind. Scott Aaronson, Informatiker an der Universität von Texas, drückt es so aus: »Man versucht, ein Schiff zu bauen, das dasselbe Schiff bleibt, selbst wenn jede Planke darin verrottet und ersetzt werden muss.«

Aber was ist mit den Aussagen der NSA? Man darf nicht vergessen, dass das Bedürfnis der Regierung nach Vertraulichkeit meist größer ist als das von Einzelpersonen und Privatunternehmen. Es ist nicht abwegig zu denken, dass die Regierung einige streng geheime Daten mehr als 50 Jahre lang geheim halten möchte. Dennoch hat dies viele Kryptografen verblüfft (siehe zum Beispiel »A Riddle Wrapped In An Enigma« von Neal Koblitz und Alfred J. Menezes), die sich gefragt haben, warum wir uns vor etwas schützen sollten, das noch gar nicht existiert und vielleicht nie existieren wird.

Falls Sie sich wirklich Sorgen machen und die Vertraulichkeit Ihrer Daten über lange Zeiträume hinweg gewahrt bleiben muss, ist es jedenfalls nicht verrückt und relativ einfach, die Parameter aller von Ihnen verwendeten symmetrischen kryptografischen Algorithmen zu erhöhen. Wenn Sie jedoch einen Schlüsselaustausch durchführen, um einen AES-256-GCM-Schlüssel zu erhalten, ist dieser Teil der asymmetrischen Kryptografie immer noch anfällig für Quantencomputer, und es wird nicht genügen, allein die symmetrische Kryptografie zu schützen.

Bei der asymmetrischen Kryptografie ist es noch zu früh, um wirklich zu wissen, was sicher zu verwenden ist. Am besten wartet man das Ende des NIST-Wettbewerbs ab, um mehr Kryptoanalysen und damit mehr Vertrauen in diese neuen Algorithmen zu erhalten.

> *Gegenwärtig wurden mehrere Post-Quanten-Kryptosysteme vorgeschlagen, darunter gitterbasierte Kryptosysteme, codebasierte Kryptosysteme, multivariate Kryptosysteme, hashbasierte Signaturen und andere. Für die meisten dieser Vorschläge sind jedoch weitere Forschungsarbeiten notwendig, um mehr Vertrauen in ihre Sicherheit (insbesondere gegenüber Angriffen mit Quantencomputern) zu gewinnen und ihre Leistung zu verbessern.*
>
> – NIST Post-Quantum Cryptography Call for Proposals (2017)

Wenn Sie zu ungeduldig sind und nicht auf das Ergebnis des NIST-Wettbewerbs warten können, steht es Ihnen frei, sowohl ein aktuelles Verfahren als auch ein Post-Quanten-Verfahren in Ihrem Protokoll zu verwenden. Es ist z. B. denkbar, Nachrichten mit Ed25519 und Dilithium über Kreuz zu signieren, oder – mit anderen Worten – eine Nachricht mit zwei Signaturen von zwei verschiedenen Signaturverfahren zu versehen. Wenn sich herausstellt, dass Dilithium gebrochen wurde, müsste ein Angreifer immer noch Ed25519 brechen, und wenn sich zeigt, dass Quantencomputer real sind, hätte der Angreifer immer noch die Dilithium-Signatur, die er nicht fälschen kann.

HINWEIS

Google hat dies 2018 und dann noch einmal 2019 mit Cloudflare gemacht, d. h. mit einem hybriden Schlüsselaustauschverfahren in TLS-Verbindungen zwischen einem kleinen Prozentsatz von Google-Chrome-Benutzern und Servern sowohl von Google als auch von Cloudflare experimentiert. Das Hybridverfahren war eine Mischung aus X25519 und einem Post-Quanten-Schlüsselaustausch (New Hope in 2018, HRSS und SIKE in 2019), wobei sowohl die Ausgabe des aktuellen Schlüsselaustauschs und der Post-Quanten-Schlüsselaustausch in HKDF gemischt wurden, um ein einzelnes gemeinsames Geheimnis zu erzeugen.

Abschließend möchte ich noch einmal betonen, dass hashbasierte Signaturen gut erforscht und verstanden sind. Selbst wenn sie einen gewissen Overhead verursachen, können Verfahren wie XMSS und SPHINCS+ heute verwendet werden, und für XMSS gibt es fertige Standards (RFC 8391 und NIST SP 800-208).

Zusammenfassung

- Quantencomputer basieren auf der Quantenphysik und können bestimmte Berechnungen erheblich beschleunigen.
- Nicht alle Algorithmen sind auf einem Quantencomputer ausführbar und nicht alle Algorithmen können mit einem klassischen Computer konkurrieren. Vor allem zwei bemerkenswerte Algorithmen bereiten Kryptografen Sorgen:
  - Shors Algorithmus kann das Problem des diskreten Logarithmus und das Faktorisierungsproblem effizient lösen. Er bricht den Großteil der heutigen asymmetrischen Kryptografie.
  - Grovers Algorithmus kann effizient nach einem Schlüssel oder Wert in einem Raum von 2^{128} Werten suchen und wirkt sich auf die meisten symmetrischen Algorithmen mit 128-Bit-Sicherheit aus. Um gegen Quanten-Angriffe gewappnet zu sein, genügt es, die Parameter eines symmetrischen Algorithmus für eine Sicherheit von 256 Bit anzuheben.
- Der Bereich der Post-Quanten-Kryptografie zielt darauf ab, neue kryptografische Algorithmen zu finden, die die heutigen asymmetrischen, kryptografischen Primitive (z. B. asymmetrische Verschlüsselung, Schlüsselaustausch und digitale Signaturen) ersetzen.
- Das NIST hat 2016 mit der Standardisierung einer Post-Quanten-Kryptografie begonnen. Momentan gibt es sieben Finalisten und die Bemühungen gehen nun in die letzte Auswahlrunde.

- Hashbasierte Signaturen sind Signaturverfahren, die ausschließlich auf Hashfunktionen beruhen. Die beiden wichtigsten Standards sind XMSS (ein zustandsbehaftetes Signaturverfahren) und SPHINCS+ (ein zustandsloses Signaturverfahren).
- Gitterbasierte Kryptografie ist vielversprechend, da sie kürzere Schlüssel und Signaturen bietet. Zwei der vielversprechendsten Kandidaten beruhen auf dem LWE-Problem. Kyber ist ein asymmetrisches Verschlüsselungs- und Schlüsselaustauschprimitiv, Dilithium ist ein Signaturverfahren.
- Es gibt weitere Post-Quanten-Verfahren, die im Rahmen des NIST-Wettbewerbs zur Post-Quanten-Kryptografie vorgeschlagen werden. Dazu gehören Verfahren, die auf der Codetheorie beruhen, Isogenien (Abbildungen zwischen elliptischen Kurven), Kryptografie mit symmetrischen Schlüsseln und multivariate Polynome. Der NIST-Wettbewerb wurde planmäßig 2022 abgeschlossen. Aufgrund von Patentverhandlungen steht aber der endgültige Sieger noch nicht fest. Es bleibt also noch viel Raum für neue Angriffe oder zu entdeckende Optimierungen.
- Es ist nicht klar, wann Quantencomputer genügend effizient sind, um Kryptografie zu zerstören, oder ob sie es überhaupt bis dahin schaffen.
- Wenn Sie Ihre Daten über einen längeren Zeitraum hinweg schützen müssen, sollten Sie den Übergang zur Post-Quanten-Kryptografie in Betracht ziehen:
  - Stellen Sie alle symmetrischen Verschlüsselungsalgorithmen auf Parameter um, die 256-Bit-Sicherheit bieten (gehen Sie zum Beispiel von AES-128-GCM zu AES-256-GCM über und von SHA-3-256 zu SHA-3-512).
  - Verwenden Sie hybride Verfahren, die Post-Quanten-Algorithmen mit Prä-Quanten-Algorithmen mischen. Signieren Sie zum Beispiel alle Nachrichten sowohl mit Ed25510 als auch Dilithium oder führen Sie immer einen Schlüsselaustausch sowohl mit X25519 als auch Kyber durch (der ein gemeinsames Geheimnis aus den beiden erhaltenen Schlüsselaustauschausgaben ableitet).
  - Verwenden Sie hashbasierte Signaturen wie XMSS und SPINCHS+, die gut untersucht und verstanden sind. XMSS hat den Vorteil, bereits durch das NIST standardisiert und bestätigt worden zu sein.

15 Ist es das? Die Kryptografie der nächsten Generation

In diesem Kapitel:

- Vertrauenswürdige Dritte durch sichere Mehrparteienberechnung (MPC) loswerden
- Erlauben, dass andere auf verschlüsselte Daten über vollständig homomorphe Verschlüsselung (FHE) zugreifen können
- Teile einer Programmausführung über Null-Wissen-Beweise (ZKPs) verbergen

Dieses Buch habe ich mit der Idee begonnen, dass Leser, die fast alle Kapitel durcharbeiten, auch an der Zukunft der Kryptografie in der Praxis interessiert sind. Während Sie ein anwendungs- und praxisorientiertes Buch lesen, das sich auf den heutigen Stand der Kryptografie konzentriert, verändert sich das Gebiet der Kryptografie ziemlich schnell (wie wir in den letzten Jahren zum Beispiel bei den Kryptowährungen gesehen haben).

Während Sie dieses Buch lesen, finden verschiedene theoretische kryptografische Primitive und Protokolle ihren Weg in die Welt der angewandten Kryptografie – vielleicht, weil diese theoretischen Primitive endlich einen Anwendungsfall finden oder weil sie endlich so effizient sind, um in realen Anwendungen nützlich zu sein. Was auch immer der Grund sein mag, die reale Welt der Kryptografie wächst zweifellos und wird immer spannender. In diesem Kapitel gebe ich Ihnen einen Vorgeschmack darauf, wie die Zukunft der praktischen Kryptografie aussehen könnte (etwa in den nächsten zehn bis 20 Jahren). Dazu stelle ich Ihnen drei Primitive kurz vor:

- *Sichere Mehrparteienberechnung* (MPC) – Ein Teilgebiet der Kryptografie, das es verschiedenen Teilnehmern ermöglicht, ein Programm gemeinsam auszuführen, ohne notwendigerweise ihre eigenen Eingaben in das Programm offenzulegen
- *Vollständig homomorphe Verschlüsselung* (Fully Homomorphic Encryption, FHE) – Der Heilige Gral der Kryptografie, ein Primitiv, das beliebige Berechnungen mit verschlüsselten Daten ermöglicht

- *Allgemeine Null-Wissen-Beweise* (Zero-Knowledge Proofs, ZKPs) – Das Primitiv, das Sie in Kapitel 7 kennengelernt haben, mit dem Sie beweisen können, dass Sie etwas wissen, ohne dieses Wissen preiszugeben, aber diesmal allgemeiner auf komplexere Programme angewendet

Dieses Kapitel enthält die fortgeschrittensten und kompliziertesten Konzepte in diesem Buch. Deshalb empfehle ich Ihnen, einen Blick darauf zu werfen und dann mit Kapitel 16 fortzufahren, um die Schlussfolgerungen zu lesen. Wenn Sie ausreichend motiviert sind, mehr über das Innere dieser fortgeschrittenen Konzepte zu erfahren, dann kehren Sie zu diesem Kapitel zurück. Fangen wir also an!

15.1 Je mehr, desto besser: Sichere Mehrparteienberechnung (MPC)

Sichere Mehrparteienberechnung (Secure Multi-Party Computation, MPC) ist ein Teilgebiet der Kryptografie, das 1982 mit dem berühmten Millionärsproblem ins Leben gerufen wurde. In seinem 1982 erschienenen Paper »Protocols for Secure Computations« schrieb Andrew C. Yao: »Zwei Millionäre wollen wissen, wer reicher ist, sie wollen jedoch nicht versehentlich zusätzliche Informationen über ihren Reichtum preisgeben. Wie können sie ein solches Gespräch führen?« Einfach ausgedrückt, ist MPC eine Möglichkeit für mehrere Teilnehmer, gemeinsam ein Programm zu berechnen. Doch bevor wir uns eingehend mit diesem neuen Primitiv befassen, sehen wir uns an, auf welche Weise es nützlich ist.

Wir wissen, dass sich mithilfe einer vertrauenswürdigen dritten Partei jede verteilte Berechnung leicht bewerkstelligen lässt. Diese vertrauenswürdige dritte Partei kann vielleicht die Vertraulichkeit der Eingaben jedes Teilnehmers wahren und auch die Menge der Informationen, die durch die Berechnung offengelegt werden, auf bestimmte Teilnehmer beschränken. In der realen Welt mögen wir vertrauenswürdige Dritte jedoch nicht allzu gern; wir wissen, dass sie ziemlich schwer zu bekommen sind und sich nicht immer an ihre Zusagen halten.

MPC ermöglicht es uns, vertrauenswürdige Dritte vollständig aus einer verteilten Berechnung herauszuhalten und die Teilnehmer in die Lage zu versetzen, die Berechnung selbst durchzuführen, ohne ihre jeweiligen Eingaben gegenseitig preiszugeben. Dies geschieht über ein kryptografisches Protokoll. In diesem Sinne ist die Verwendung von MPC in einem System so ziemlich das Äquivalent zur Verwendung einer vertrauenswürdigen dritten Partei (siehe Abb. 15–1).

Beachten Sie, dass Sie bereits einige MPC-Protokolle gesehen haben. Beispiele für MPC finden Sie in Kapitel 8 mit den Schwellenwertsignaturen und der verteilten Schlüsselerzeugung. Genauer gehören diese Beispiele zu einem Teilgebiet der MPC, der *Schwellenwertkryptografie*, die in den letzten Jahren viel Aufmerksamkeit bekommen hat, da beispielsweise das NIST Mitte 2019 einen Standardisierungsprozess für Schwellenwertkryptografie eingeleitet hat.

Abb. 15–1 *Ein Protokoll für sichere Mehrparteienberechnung (MPC) überführt eine verteilte Berechnung, die über eine vertrauenswürdige dritte Partei berechnet werden kann (Bild links), in eine Berechnung, die nicht die Hilfe einer vertrauenswürdigen dritten Partei benötigt (Bild rechts).*

15.1.1 Private Mengenüberschneidung (PSI)

Ein weiteres bekanntes Teilgebiet der MPC ist die *private Mengenüberschneidung* (Private Set Intersection, PSI), die folgendes Problem aufwirft: Alice und Bob haben eine Liste von Wörtern und sie möchten wissen, welche Wörter (oder vielleicht nur wie viele) sie gemeinsam haben, ohne ihre jeweilige Wortliste preiszugeben. Eine Möglichkeit, dieses Problem zu lösen, ist die Verwendung der OPRF-(Oblivious Pseudorandom Function-)Konstruktion, die Kapitel 11 beschrieben hat. (Abb. 15–2 veranschaulicht dieses Protokoll.) Zur Erinnerung:

1. Bob generiert einen Schlüssel für die OPRF.

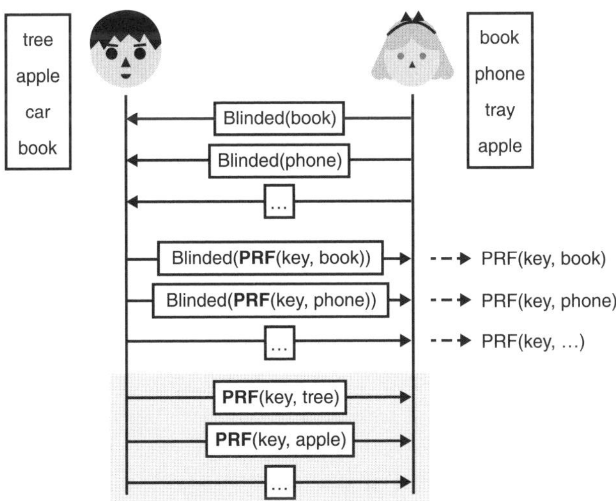

Abb. 15–2 *Private Mengenüberschneidung (PSI) erlaubt es Alice zu erfahren, welche Wörter sie mit Bob gemeinsam hat. Zuerst blendet sie jedes Wort in ihrer Liste aus und verwendet das OPRF-Protokoll mit Bob, um eine PRF mit Bobs Schlüssel auf jedes ihrer Wörter anzuwenden. Schließlich sendet Bob ihr die PRF seines Schlüssels mit seinen Wörtern. Alice kann dann sehen, ob etwas übereinstimmt, um zu erfahren, welche Wörter sie gemeinsam haben.*

2. Alice erhält die Zufallswerte von *PRF(key, word)* für jedes Wort in ihrer Liste mithilfe des OPRF-Protokolls (sodass weder sie den PRF-Schlüssel noch Bob die Wörter erfährt).
3. Bob kann dann die Liste der *PRF(key, word)*-Werte für seine eigenen Wörter berechnen und an Alice schicken, die sie dann mit ihren eigenen PRF-Ausgaben vergleichen kann, um festzustellen, ob eine davon mit Bobs PRF-Ausgaben übereinstimmt.

PSI ist ein vielversprechendes Gebiet, das in den letzten Jahren immer mehr akzeptiert wird, da es sich als viel praktischer erwiesen hat als früher. So nutzt die in den Chrome-Browser von Google integrierte Funktion »Password Checkup« PSI, um Sie zu warnen, wenn einige Ihrer Passwörter in Passwort-Dumps nach Passwortverletzungen entdeckt wurden, ohne dass Sie Ihre Passwörter tatsächlich sehen. Interessanterweise hat Microsoft dies auch für seinen Edge-Browser realisiert, verwendet aber vollständige homomorphe Verschlüsselung (die ich im nächsten Abschnitt vorstelle), um die private Mengenüberschneidung durchzuführen. Andererseits haben die Entwickler der Messaging-Anwendung Signal (siehe Kapitel 10) eingeschätzt, dass PSI zu langsam ist, um eine Kontaktsuche durchzuführen und herauszufinden, mit wem man auf der Grundlage der Kontaktliste des Telefons sprechen kann, und haben stattdessen SGX (siehe Kapitel 13) als vertrauenswürdige Drittpartei verwendet.

15.1.2 MPC für allgemeine Zwecke

Generell gibt es für die MPC viele verschiedene Lösungen, die auf die Berechnung beliebiger Programme abzielen. Allgemeine MPC-Lösungen bieten verschiedene Niveaus der Effizienz (von Stunden bis Millisekunden) und Typen von Eigenschaften. Zum Beispiel stellt sich die Frage: Wie viele unehrliche Teilnehmer kann das Protokoll tolerieren? Sind Teilnehmer böswillig oder lediglich ehrlich, aber neugierig (auch als *halbehrlich* bezeichnet, eine Art von Teilnehmer in MPC-Protokollen, der zwar das Protokoll korrekt ausführen will, aber versucht ist, die Eingaben der anderen Teilnehmer zu erfahren)? Ist es für alle Teilnehmer fair, wenn einige von ihnen das Protokoll vorzeitig beenden?

Bevor ein Programm mit MPC sicher berechnet werden kann, muss es in eine *arithmetische Schaltung* übersetzt werden. Arithmetische Schaltungen sind Abfolgen von Additionen und Multiplikationen, und da sie Turing-vollständig sind, können sie jedes *beliebige* Programm darstellen! Abbildung 15–3 zeigt ein Beispiel für eine arithmetische Schaltung.

Bevor wir zum nächsten Primitiv kommen, möchte ich Ihnen ein vereinfachtes Beispiel einer Allgemein-MPC (mit Vertrauensmehrheit) vorstellen, die via Shamir's Secret Sharing aufgebaut ist. Es gibt noch viele weitere Verfahren, doch dieses ist einfach genug, um es in drei Schritten zu erklären: Genügend Informationen auf jede Eingabe in die Schaltung aufteilen, jedes Gatter in der Schaltung auswerten und die Ausgabe rekonstruieren. Sehen wir uns die einzelnen Schritte genauer an.

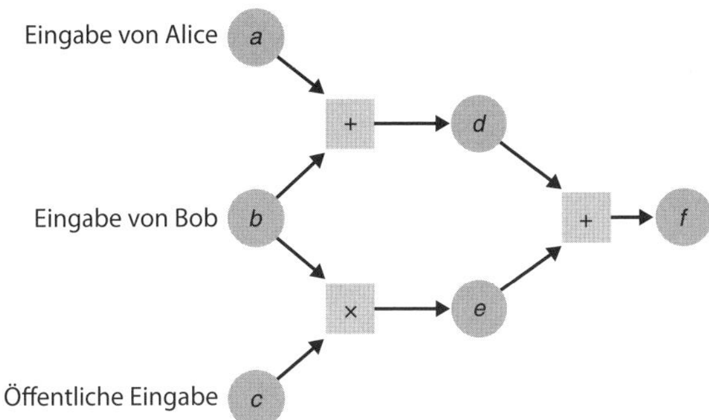

Abb. 15–3 *Eine arithmetische Schaltung besteht aus einer Reihe von Additions- und Multiplikationsgattern. In der Abbildung wandern die Werte von links nach rechts. Zum Beispiel $d = a + b$. Hier gibt die Schaltung nur einen Wert $f = a + b + bc$ aus, aber sie kann theoretisch mehrere Ausgangswerte haben. Beachten Sie, dass die verschiedenen Eingaben in die Schaltung von verschiedenen Teilnehmern stammen, aber es könnten auch öffentliche Eingaben sein (die allen bekannt sind).*

Der erste Schritt besteht darin, dass jeder Teilnehmer über genügend Informationen über jede Eingabe der Schaltung verfügt. Öffentliche Eingaben werden öffentlich geteilt, während private Eingaben über Shamir's Secret Sharing (in Kapitel 8 behandelt) geteilt werden. Abbildung 15–4 veranschaulicht dies.

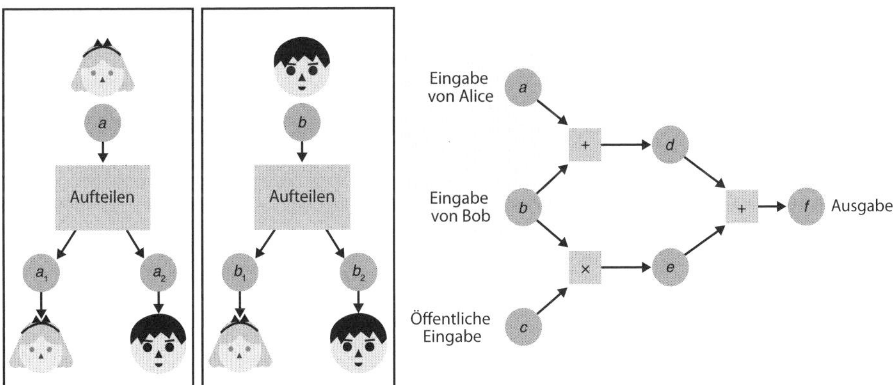

Abb. 15–4 *Im ersten Schritt einer allgemeinen MPC mit Shamir's Secret Sharing lässt man die Teilnehmer ihre jeweiligen geheimen Eingaben aufteilen (mithilfe des Shamir's Secret Sharing-Verfahrens) und die Teile an alle Teilnehmer verteilen. Im Beispiel teilt Alice ihre Eingabe in a_1 und a_2 auf. Da hier nur zwei Teilnehmer auftreten, gibt sie den ersten Anteil sich selbst und Bob den zweiten Anteil.*

Im zweiten Schritt wird jedes Gatter der Schaltung ausgewertet. Aus technischen Gründen, auf die ich hier nicht eingehe, können Additionsgatter lokal berechnet werden, während Multiplikationsgatter interaktiv berechnet werden müssen (Teilnehmer müssen einige Nachrichten austauschen). Bei einem Additionsgatter addieren Sie einfach die Eingabeanteile, die Sie haben, bei einem Multiplikationsgatter multiplizieren Sie die Eingabeanteile. Diese Operationen liefern Ihnen einen Anteil am Ergebnis, wie Abbildung 15–5 zeigt. An diesem Punkt kann man die Anteile austauschen (um die Ausgabe zu rekonstruieren) oder getrennt halten, um die Berechnung fortzusetzen (wenn sie einen Zwischenwert darstellen).

Im letzten Schritt wird die Ausgabe rekonstruiert. Zu diesem Zeitpunkt sollten alle Teilnehmer einen Anteil an der Ausgabe besitzen, den sie zur Rekonstruktion der endgültigen Ausgabe verwenden können, was mit dem letzten Schritt von Shamir's Secret Sharing-Verfahrens geschieht.

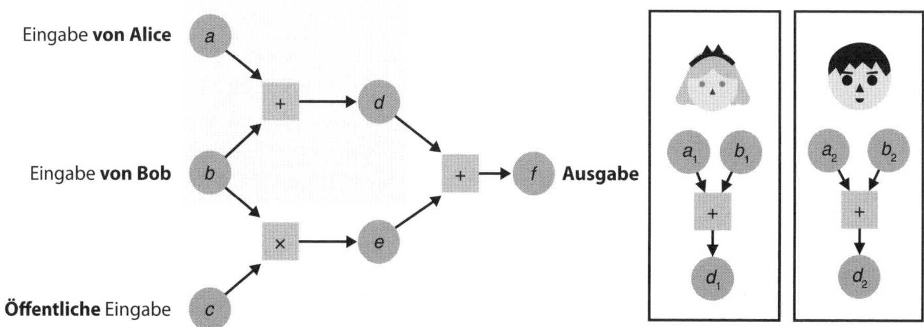

Abb. 15–5 *Im zweiten Schritt einer allgemeinen MPC mit Secret Sharing sollen die Teilnehmer jedes Gatter in der Schaltung berechnen. Zum Beispiel kann ein Teilnehmer ein Additionsgatter berechnen, indem er die beiden Eingabe-Shamir-Anteile addiert, was einen Shamir-Anteil der Ausgabe ergibt.*

15.1.3 Der Zustand von MPC

In den letzten zehn Jahren wurden enorme Fortschritte erzielt, um MPC in die Praxis zu überführen. Es handelt sich um ein Gebiet mit vielen verschiedenen Anwendungsfällen, und man sollte potenzielle Anwendungen daraufhin untersuchen, ob sie von diesem neuartigen Primitiv profitieren können. Leider gibt es noch keine wirklichen Standardbestrebungen und obwohl mehrere MPC-Implementierungen heute für viele Anwendungsfälle als praktisch angesehen werden können, sind sie nicht so einfach zu verwenden.

Übrigens basiert die allgemeine MPC-Konstruktion, die ich weiter vorn in diesem Abschnitt erläutert habe, auf Secret Sharing, doch es gibt noch weitere Mög lichkeiten, um MPC-Protokolle zu konstruieren. Eine bekannte Alternative sind die sogenannten *Garbled Circuits* (verstümmelte Schaltungen), eine Art Konstruktion, die zuerst von Yao in seinem Paper von 1982, das MPC einführt, vorgeschlagen wurde. Eine andere Alternative beruht auf vollständig homomorpher Verschlüsselung, einem Primitiv, das Sie im nächsten Abschnitt kennenlernen werden.

15.2 Vollständig homomorphe Verschlüsselung (FHE) und die Versprechen einer verschlüsselten Cloud

In der Kryptografie hat eine Frage lange Zeit viele Kryptografen beunruhigt: Ist es möglich, beliebige Programme auf verschlüsselten Daten zu berechnen? Stellen Sie sich vor, Sie könnten die Werte a, b und c getrennt verschlüsseln, die Chiffretexte an einen Dienst senden und diesen auffordern, die Verschlüsselung von $a \times 3b + 2c + 3$ zurückzugeben, die Sie dann entschlüsseln könnten. Wichtig hierbei ist, dass der Dienst niemals von Ihren Werten erfahren darf und immer nur Chiffretexte verarbeitet. Diese Berechnung mag nicht so nützlich sein, doch bei Additionen und Multiplikationen kann man echte Programme auf den verschlüsselten Daten berechnen.

Dieses interessante Konzept, das ursprünglich 1978 von Rivest, Adleman und Dertouzos vorgeschlagen wurde, bezeichnen wir als *vollständig homomorphe Verschlüsselung* (Fully Homomorphic Encryption, FHE) oder, wie es früher hieß, den *Heiligen Gral der Kryptografie*. Abbildung 15–6 veranschaulicht dieses kryptografische Primitiv.

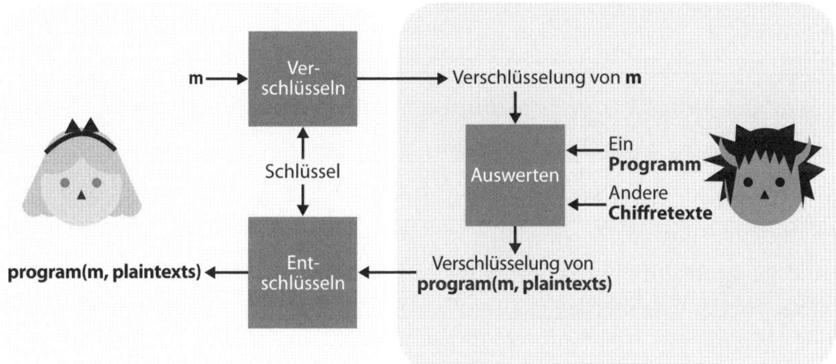

Abb. 15–6 *Vollständig homomorphe Verschlüsselung (FHE) ist ein Verschlüsselungsverfahren, das beliebige Berechnungen über verschlüsselten Inhalten ermöglicht. Nur der Besitzer des Schlüssels kann das Ergebnis der Berechnung entschlüsseln.*

15.2.1 Ein Beispiel für homomorphe Verschlüsselung mit RSA-Verschlüsselung

Letztlich haben Sie bereits einige kryptografische Verfahren gesehen, sodass Sie ungefähr wissen sollten, worum es geht. Denken Sie an RSA (siehe Kapitel 6): Bei $ciphertext = message^e \bmod N$ kann jemand leicht eine eingeschränkte Funktion des Chiffretextes für jede gewünschte Zahl n (die allerdings nicht zu groß sein darf) berechnen:

$$n^e \times ciphertext = (n \times message)^e \bmod N$$

Das Ergebnis ist ein Chiffretext, der sich zu

$$n \times message$$

entschlüsseln lässt.

Dies ist natürlich kein gewünschtes Verhalten für RSA und hat zu einigen Angriffen geführt (etwa dem in Kapitel 6 erwähnten Bleichenbacher-Angriff). In der Praxis verletzt RSA die Homomorphismus-Eigenschaft durch Verwendung eines Padding-Verfahrens. Beachten Sie, dass RSA nur für die Multiplikation homomorph ist, was nicht ausreicht, um beliebige Funktionen zu berechnen, da für diese sowohl Multiplikation als auch Addition erforderlich sind. Wegen dieser Einschränkung sagen wir, dass RSA *teilweise homomorph* ist.

15.2.2 Die verschiedenen Arten der homomorphen Verschlüsselung

Zu den homomorphen Verschlüsselungen gehören auch:

- *Etwas homomorph* – Es bedeutet teilweise homomorph für eine Operation (Addition oder Multiplikation) und in begrenztem Umfang homomorph für die andere Operation. Zum Beispiel sind Additionen bis zu einer bestimmten Anzahl uneingeschränkt möglich, aber es können nur wenige Multiplikationen ausgeführt werden.
- *Ausgeglichen homomorph* – Sowohl Addition als auch Multiplikation sind mehrmals, aber nur bis zu einer bestimmten Anzahl möglich.
- *Vollständig homomorph* – Addition und Multiplikation sind unbeschränkt möglich (das ist das einzige Wahre).

Vor der Erfindung von FHE wurden verschiedene Arten von homomorphen Verschlüsselungsverfahren vorgeschlagen, doch konnte keines das erreichen, was vollständige homomorphe Verschlüsselung verspricht. Das hängt damit zusammen, dass bei der Auswertung von Schaltungen auf verschlüsselten Daten ein gewisses *Rauschen* entsteht, das ab einem bestimmten Punkt einen Schwellenwert erreicht, der die Entschlüsselung unmöglich macht. Viele Jahre lang haben einige Forscher zu beweisen versucht, dass eine Informationstheorie zeigen könnte, dass eine vollständig homomorphe Verschlüsselung unmöglich ist; und zwar so lange, bis gezeigt wurde, dass sie möglich ist.

15.2.3 Bootstrapping, der Schlüssel zur vollständig homomorphen Verschlüsselung

> *Eines Nachts träumt Alice von unermesslichen Reichtümern, von Höhlen, die mit Silber, Gold und Diamanten überfüllt sind. Dann verschlingt ein riesiger Drache die Reichtümer und beginnt, seinen eigenen Schwanz zu fressen! Sie erwacht mit einem Gefühl des Friedens. Als sie versucht, sich einen Reim auf ihren Traum zu machen, wird ihr klar, dass sie die Lösung für ihr Problem gefunden hat.*
>
> – Craig Gentry (»Computing Arbitrary Functions of Encrypted Data«, 2009)

Craig Gentry, ein Doktorand von Dan Boneh, schlug 2009 die allererste vollständig homomorphe Verschlüsselungskonstruktion vor. Gentrys Lösung wurde *Bootstrapping* genannt, die im Wesentlichen eine Verschlüsselungsschaltung auf den Chiffretext so oft anwendet, um das Rauschen auf ein erträgliches Maß zu reduzieren. Interessanterweise gibt die Entschlüsselungsschaltung selbst den privaten Schlüssel nicht preis und kann von der nicht vertrauenswürdigen Partei berechnet werden. Durch Bootstrapping konnte ein ausgeglichenes FHE-Verfahren in ein FHE-Verfahren überführt werden. Gentrys Konstruktion war langsam und ziemlich unpraktisch, Berichten zufolge dauerte jede grundlegende Bit-Operation etwa 30 Minuten. Aber wie bei jedem Durchbruch wurde sie mit der Zeit immer besser. Außerdem zeigte sie, dass eine vollständige homomorphe Verschlüsselung möglich war.

Wie funktioniert Bootstrapping? Versuchen wir einmal, einen Einblick zu gewinnen. Zunächst sei erwähnt, dass kein symmetrisches Verschlüsselungssystem erforderlich ist, sondern ein Verschlüsselungssystem mit öffentlichem Schlüssel, bei dem ein öffentlicher Schlüssel verwendet werden kann, um zu verschlüsseln, und ein privater Schlüssel, um zu entschlüsseln. Stellen Sie sich nun vor, dass Sie eine bestimmte Anzahl von Additionen und Multiplikationen auf einem Chiffretext durchführen und ein gewisses Rauschniveau erreichen. Das Rauschen ist noch so gering, dass Sie den Chiffretext richtig entschlüsseln können, aber so hoch, dass Sie keine homomorphen Operationen mehr ausführen können, ohne den verschlüsselten Inhalt zu zerstören. Abbildung 15–7 veranschaulicht dies.

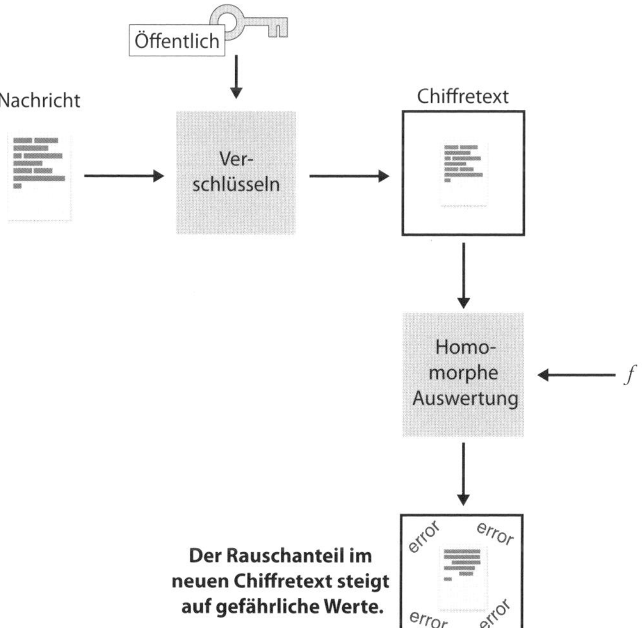

Abb. 15–7 *Nachdem eine Nachricht mit einem vollständig homomorphen Verschlüsselungsalgorithmus verschlüsselt wurde, erhöht sich der Rauschanteil der Nachricht auf gefährliche Schwellenwerte, oberhalb derer eine Entschlüsselung unmöglich wird.*

Man könnte meinen, in eine Klemme geraten zu sein, aber Bootstrapping befreit Sie daraus, indem es das Rauschen aus dem Chiffretext entfernt. Dazu verschlüsseln Sie den verrauschten Chiffretext erneut unter einem anderen öffentlichen Schlüssel (üblicherweise als *Bootstrapping-Schlüssel* bezeichnet), um eine Verschlüsselung dieses verrauschten Chiffretextes zu erhalten. Abbildung 15–8 veranschaulicht dies.

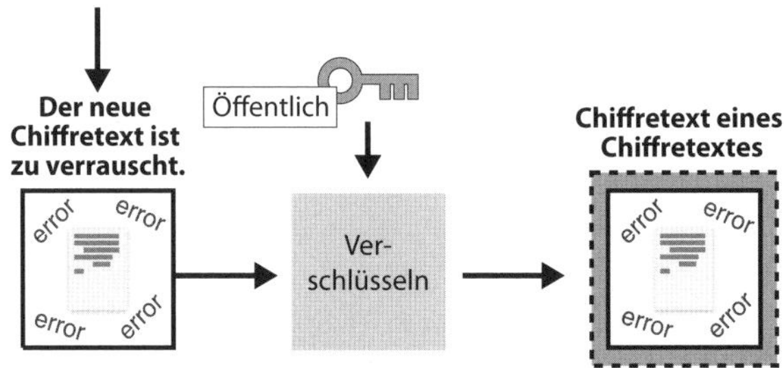

Abb. 15–8 *(Baut auf Abb. 15–7 auf.) Um das Rauschen aus dem Chiffretext zu eliminieren, können Sie ihn entschlüsseln. Da Sie jedoch den geheimen Schlüssel nicht besitzen, verschlüsseln Sie den verrauschten Chiffretext erneut mit einem anderen öffentlichen Schlüssel (dem sogenannten Bootstrapping-Schlüssel), um einen neuen Chiffretext eines verrauschten Chiffretextes ohne Fehler zu erhalten.*

Nun kommt der Clou: Sie erhalten den ursprünglichen privaten Schlüssel, aber nicht im Klartext, sondern verschlüsselt unter diesem Bootstrapping-Schlüssel. Folglich können Sie ihn mit einer Entschlüsselungsschaltung verwenden, um den inneren verrauschten Chiffretext homomorph zu entschlüsseln. Wenn die Entschlüsselungsschaltung eine akzeptable Menge an Rauschen erzeugt, funktioniert sie und Sie erhalten das Ergebnis der ersten homomorphen Operation, verschlüsselt mit dem Bootstrapping-Schlüssel. Abbildung 15–9 veranschaulicht dies.

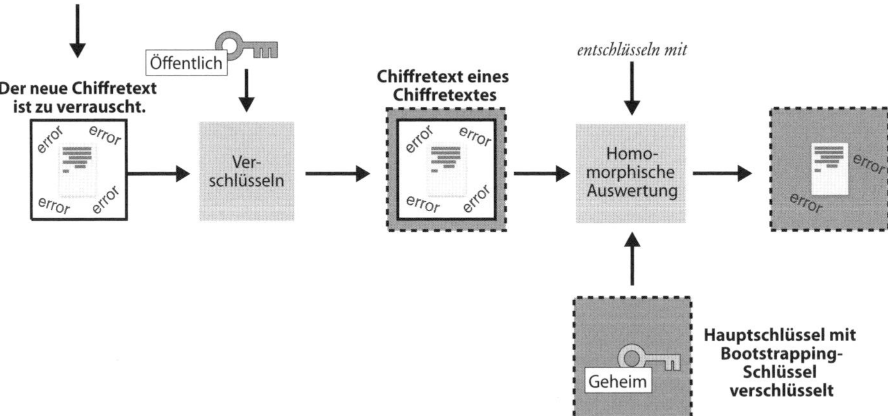

Abb. 15–9 *Aufbauend auf Abbildung 15–8 verwenden Sie den ursprünglichen geheimen Schlüssel, der mit dem Bootstrapping-Schlüssel verschlüsselt wurde, um die Entschlüsselungsschaltung auf diesen neuen Chiffretext anzuwenden. Dadurch wird der verrauschte Chiffretext an Ort und Stelle entschlüsselt, wobei die Fehler beseitigt werden. Durch die Entschlüsselungsschaltung entsteht eine gewisse Anzahl von Fehlern.*

Wenn es die verbleibenden Fehler zulassen, wenigstens eine weitere homomorphe Operation (+ oder ×) auszuführen, dann ist das Ergebnis Gold wert: Sie haben einen vollständig homomorphen Verschlüsselungsalgorithmus, weil es in der Praxis immer möglich ist, das Bootstrapping vor oder nach jeder Operation einzuschieben. Zudem können Sie es einrichten, dass das Bootstrapping-Schlüsselpaar mit dem ursprünglichen Schlüsselpaar identisch ist. Das ist zwar etwas seltsam, da Sie sich dabei eine zirkuläre Sicherheitslücke einhandeln, aber es scheint zu funktionieren und es sind keine Sicherheitsprobleme bekannt.

15.2.4 Ein FHE-Schema, das auf dem Problem Lernen mit Fehlern basiert

Bevor es weitergeht, sehen wir uns ein Beispiel für ein FHE-Schema an, das auf dem in Kapitel 14 beschriebenen Problem *Lernen mit Fehlern* beruht. Ich werde eine vereinfachte Version des GSW-Schemas erläutern, das nach den Autoren Craig Gentry, Amit Sahai und Brent Waters benannt ist. Der Einfachheit halber stelle ich eine Version des Algorithmus mit geheimem Schlüssel vor, prinzipiell ist es aber relativ einfach, ein solches Schema in eine Variante mit öffentlichem Schlüssel umzuwandeln, die für das Bootstrapping erforderlich ist. In der folgenden Gleichung ist C eine quadratische Matrix, s ein Vektor und *m* ein Skalar (eine Zahl):

$$\mathrm{Cs} = m\mathrm{s}$$

In dieser Gleichung ist s ein sogenannter *Eigenvektor* und *m* ist ein *Eigenwert*. Sollten Ihnen diese Begriffe fremd vorkommen, machen Sie sich keine Sorgen, da sie hier keine große Rolle spielen.

Die erste Intuition in unserem FHE-Schema ergibt sich aus der Betrachtung der Eigenvektoren und Eigenwerte. Wenn wir *m* auf ein einzelnes Bit setzen, das wir verschlüsseln wollen, C als Chiffretext und s als geheimen Schlüssel festlegen, haben wir ein (unsicheres) homomorphes Verschlüsselungsschema, um ein Bit zu verschlüsseln. (Natürlich gehen wir davon aus, dass es einen Weg gibt, einen zufälligen Chiffretext C aus einem festen Bit *m* und einem festen geheimen Schlüssel s zu erhalten.) Ich veranschauliche dies in Abbildung 15–10 in Lego-Manier.

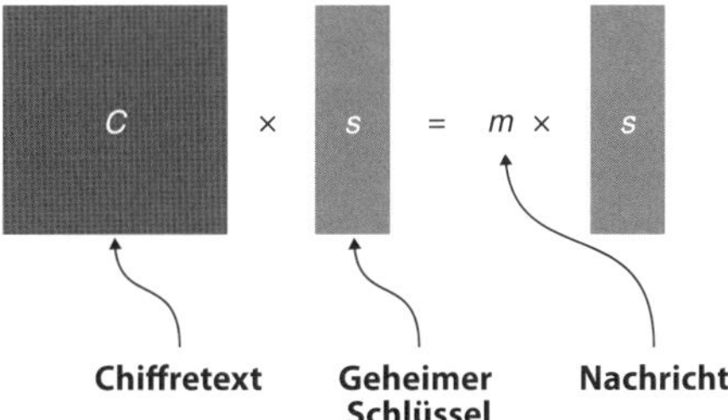

Abb. 15–10 *Wir können ein unsicheres homomorphes Verschlüsselungsverfahren schaffen, um ein einzelnes Bit m mit einem geheimen Vektor* ***s*** *zu verschlüsseln, indem wir m als Eigenwert und* ***s*** *als Eigenvektor interpretieren und dann die zugeordnete Matrix* ***C*** *ermitteln, die der Chiffretext sein wird.*

Um einen Chiffretext zu entschlüsseln, multiplizieren Sie die Matrix mit dem geheimen Vektor s und prüfen, ob Sie den geheimen Vektor oder 0 zurückbekommen. Um zu verifizieren, ob das Schema vollständig homomorph ist, prüfen Sie, ob die Entschlüsselung von zwei addierten Chiffretexten ($C_1 + C_2$) ergibt, dass die zugeordneten Bits addiert werden:

$$(C_1 + C_2)s = C_1 s + C_2 s = b_1 s + b_2 s = (b_1 + b_2)s$$

Auch die Entschlüsselung von zwei miteinander multiplizierten Chiffretexten ($C_1 \times C_2$) ergibt, dass die zugeordneten Bits miteinander multipliziert werden:

$$(C_1 \times C_2)s = C_1 (C_2 s) = C_1 (b_2 s) = b_2 C_1 s = (b_2 \times b_1) s$$

Leider ist dieses Schema unsicher, da sich der Eigenvektor (der geheime Vektor s) auf triviale Weise von C abrufen lässt. Wie wäre es, ein bisschen Rauschen hinzuzufügen? Wir können diese Gleichung ein wenig abändern, damit sie wie unser Problem beim Lernen mit Fehlern aussieht:

$$Cs = ms + e$$

Dies sollte vertrauter aussehen. Auch hier können wir verifizieren, ob die Addition immer noch homomorph ist:

$$(C_1 + C_2)s = C_1 s + C_2 s = b_1 s + e_1 + b_2 s + e2 = (b_1 + b_2)s + (e_1+e_2)$$

Hier ist festzustellen, dass der Fehler ($e_1 + e_2$) wächst, was den Erwartungen entspricht. Wir können auch überprüfen, dass die Multiplikation immer noch funktioniert:

$$(C_1 \times C_2)s = C_1 (C_2 s) = C_1 (b_2 s + e_2) = b_2 C_1 s + C_1 e_2 = b_2 (b_1 s + e_1) + C_1 e_2$$
$$= (b_2 \times b_1) s + b_2 e_1 + C_1 e_2$$

Hier ist $b_2 e_1$ klein (da das Ergebnis entweder e_1 oder 0 ist), doch $C_1 e_2$ ist möglicherweise groß. Dies ist offensichtlich ein Problem, das ich ignorieren werde, um nicht zu sehr ins Detail gehen zu müssen. Wenn Sie mehr erfahren möchten, lesen Sie unbedingt den 2017 veröffentlichten Bericht »Homomorphic Encryption« von Shai Halevi, der alle diese Dinge und noch viel mehr besser erklärt.

15.2.5 Wo wird es verwendet?

Der am meisten gepriesene Anwendungsfall von FHE ist immer die Cloud gewesen. Was wäre, wenn ich meine Daten weiterhin in der Cloud speichern könnte, ohne dass sie eingesehen werden können? Und wenn die Cloud zusätzlich nützliche Berechnungen auf diesen verschlüsselten Daten anbieten könnte? In der Tat kann man sich viele Anwendungen vorstellen, bei denen FHE nützlich sein könnte. Hier ein paar Beispiele:

- Ein Spam-Detektor könnte Ihre E-Mails durchsuchen, ohne sie tatsächlich zu lesen.
- Genetische Forschung könnte an Ihrer DNA durchgeführt werden, ohne dass Ihr menschlicher Code, der dem Datenschutz unterliegt, gespeichert und geschützt werden muss.
- Eine Datenbank könnte verschlüsselt gespeichert und serverseitig abgefragt werden, ohne irgendwelche Daten preiszugeben.

Dennoch stellt Phillip Rogaway in seiner bahnbrechenden Arbeit von 2015 über »The Moral Character of Cryptographic Work« fest, dass »FHE [...] eine neue Welle des Überschwangs ausgelöst hat. In Förderanträgen, Medieninterviews und Vorträgen sprechen führende Theoretiker von FHE [...] als wegweisende Indizien darauf, wohin wir gekommen sind. Niemand scheint wahrhaben zu wollen, wie spekulativ es ist, dass irgendetwas davon jemals einen Einfluss auf die Praxis haben wird.«

Zwar liegt Rogaway nicht falsch, denn FHE ist noch recht langsam, aber Fortschritte auf diesem Gebiet sind spannend. Als dieses Buch entstanden ist (2021), liefen die Operationen etwa eine Milliarde Mal langsamer als normale Operationen ab, aber gegenüber 2009 hat sich die Geschwindigkeit immerhin schon auf das 10^9-Fache erhöht. Zweifellos steuern wir auf eine Zukunft zu, in der FHE zumindest für eine begrenzte Anwendungspalette möglich sein wird.

Darüber hinaus benötigt nicht jede Anwendung ein vollwertiges Primitiv; eine einigermaßen homomorphe Verschlüsselung kann ebenfalls in einer Vielzahl von Anwendungen eingesetzt werden und ist viel effizienter als FHE. Ein guter Indikator dafür, dass ein theoretisches Kryptografie-Primitiv in der Praxis Einzug hält, ist die Standardisierung. Und das ist auch bei FHE nicht anders. An den Standardisierungsbemühungen, die unter *https://homomorphicencryption.org* laufen, sind viele große Unternehmen und Universitäten beteiligt. Noch ist unklar, wann, wo und in welcher Form die homomorphe Verschlüsselung in der Praxis auftauchen wird. Klar ist nur, dass es passieren wird. Also bleiben Sie dran!

15.3 Allgemeine Null-Wissen-Beweise (ZKPs)

Über Null-Wissen-Beweise (Zero-Knowledge Proofs, ZKPs) habe ich in Kapitel 7 im Zusammenhang mit Signaturen geschrieben. Dort habe ich darauf hingewiesen, dass Signaturen den nicht-interaktiven ZKPs des Wissens für diskrete Logarithmen ähnlich sind. Derartige ZKPs wurden Mitte der 1980er-Jahre von den Professoren Shafi Goldwasser, Silvio Micali und Charles Rackoff erfunden. Kurz darauf fanden Goldreich, Micali und Wigderson heraus, dass wir viel mehr als nur diskrete Logarithmen oder andere Arten von schwierigen Problemen beweisen könnten, nämlich auch die korrekte Ausführung eines beliebigen Programms, selbst wenn wir einige der Eingänge oder Ausgänge entfernen (ein Beispiel dafür sehen Sie in Abb. 15–11). Dieser Abschnitt konzentriert sich auf diesen universellen Typ von ZKP.

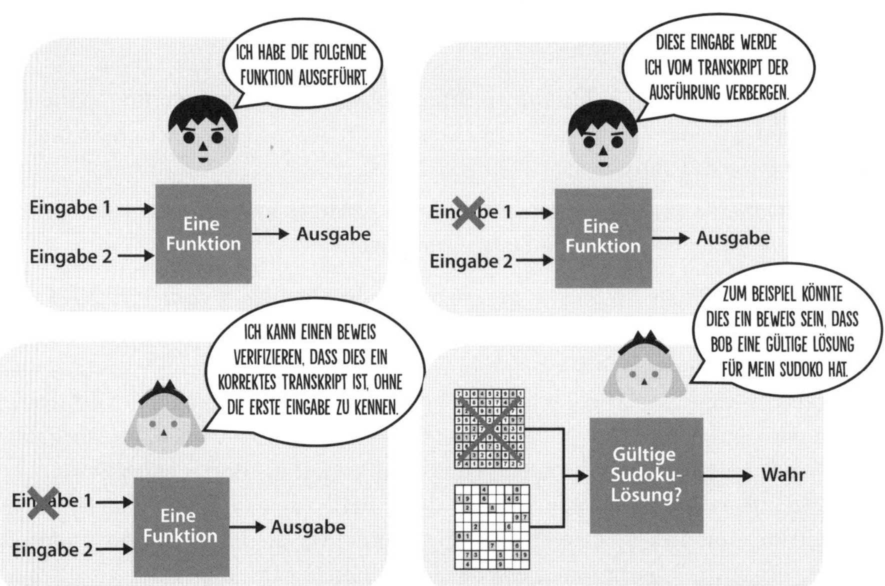

Abb. 15–11 *Allgemeine Null-Wissen-Beweise ermöglichen es einem Beweiser, einen Verifizierer von der Integrität eines Execution Trace (mit den Eingaben eines Programms und den Ausgaben, die nach seiner Ausführung erhalten werden) zu überzeugen, während einige der an der Berechnung beteiligten Eingaben oder Ausgaben verborgen bleiben. Ein Beispiel hierfür: Ein Beweiser versucht zu beweisen, dass ein Sudoku gelöst werden kann.*

Das Gebiet um ZKP ist seit den ersten Jahren enorm gewachsen. Das kommt vor allem daher, dass Kryptowährungen boomen und es notwendig ist, verkettete Transaktionen vertrauenswürdiger zu machen sowie den Platzbedarf zu optimieren. Das Gebiet der ZKP wächst derzeit immer noch äußerst schnell und es ist ziemlich schwer zu verfolgen, was es alles an modernen Verfahren gibt und welche Arten von allgemeinen ZKPs verfügbar sind.

Zum Glück für uns ist dieses Problem groß genug geworden, um die *Schwelle zur Standardisierung* zu überschreiten, d. h. eine gedachte Linie, die bei Erreichen fast immer einige Leute dazu motiviert, gemeinsam an der Klärung eines Gebiets zu arbeiten. Im Jahr 2018 haben sich Akteure aus der Industrie und Wissenschaft zusammengeschlossen und die ZKProof-Standardisierungsbemühungen mit dem Ziel gegründet, »die Verwendung von kryptografischen Zero-Knowledge-Proofs zu standardisieren«. Bis heute dauern diese Bemühungen an. Mehr darüber lesen Sie unter *https://zkproof.org*.

Allgemeine ZKPs können Sie in vielen verschiedenen Situationen verwenden, doch sind sie meines Wissens bisher hauptsächlich im Bereich der Kryptowährungen zu finden, was wahrscheinlich auf die große Anzahl von Menschen zurückzuführen ist, die sich für Kryptografie interessieren und bereit sind, mit den neuesten Entwicklungen zu experimentieren. Nichtsdestotrotz haben allgemeine ZKPs potenzielle Anwendungen in vielen Bereichen: Identitätsverwaltung (in der Lage sein, das eigene Alter zu beweisen, ohne es preiszugeben), Komprimierung (in der Lage sein, den größten Teil einer Berechnung zu verbergen), Vertraulichkeit (in der Lage sein, Teile eines Protokolls zu verbergen) usw. Dass nicht mehr Anwendungen allgemeine ZKPs akzeptieren, liegt vor allem an folgenden Hindernissen:

- der großen Anzahl von ZKP-Schemas und der Tatsache, dass jedes Jahr weitere Verfahren vorgeschlagen werden,
- der Schwierigkeit zu verstehen, wie diese Systeme funktionieren und wie man sie für bestimmte Anwendungsfälle nutzen kann.

Unterscheidungen zwischen den verschiedenen vorgeschlagenen Systemen sind sehr wichtig. Da dies oft für Verwirrung sorgt, können Sie sich anhand der folgenden Punkte orientieren, wie diese Schemas unterteilt werden:

- *Null-Wissen oder nicht* – Wenn einige Informationen vor einigen Teilnehmern geheim zu halten sind, brauchen wir Null-Wissen. Beachten Sie, dass Beweise ohne Geheimnisse ebenfalls nützlich sein können. Zum Beispiel könnten Sie eine umfangreiche Berechnung an einen Dienst delegieren, der wiederum Ihnen beweisen muss, dass das gelieferte Ergebnis korrekt ist.
- *Interaktiv oder nicht* – Die meisten ZKP-Schemas können nicht-interaktiv gemacht werden (manchmal mit der Fiat-Shamir-Transformation, die Kapitel 7 beschrieben hat) und Protokollentwickler scheinen vor allem an der nicht-interaktiven Version des Schemas interessiert zu sein. Das liegt zum einen daran, dass das Hin und Her in Protokollen zeitaufwendig sein kann, zum anderen aber auch daran, dass Interaktivität manchmal gar nicht möglich ist. Sogenannte nicht-interaktive Beweise werden als *NIZKs* bezeichnet, was für *non-interactive ZKPs* steht.
- *Prägnante Beweise oder nicht* – Die meisten der im Rampenlicht stehenden ZKP-Schemas werden oft als *zk-SNARKs* für *Zero-Knowledge Succinct Non-Interactive Argument of Knowledge* bezeichnet. Die Definition kann zwar variieren, bezieht sich vor allem aber auf die Größe der Beweise, die von derartigen Systemen erzeugt werden (üblicherweise in der Größenordnung von Hunderten Bytes), und den erforderlichen Zeitaufwand, um sie zu verifizieren (im Bereich von Millisekunden). Somit sind zk-SNARKs kurz und einfach zu verwenden, um ZKPs zu verifizieren. Ein Schema, das kein zk-SNARK ist, disqualifiziert sich nicht automatisch für die Praxis, da oftmals andere Eigenschaften in verschiedenen Anwendungsfällen nützlich sein können.
- *Transparentes Setup oder nicht* – Wie alle kryptografischen Primitive brauchen ZKPs ein Setup, um sich auf einen Satz von Parametern und gemeinsamen Werten zu einigen. Dies wird als Common Reference String (CRS) bezeichnet. Allerdings können Setups für ZKPs viel einschränkender oder gefährlicher sein als ursprünglich angenommen. Man unterscheidet drei Arten des Setups:

  - *Vertrauenswürdig* – Bedeutet, dass derjenige, der den CRS erzeugt hat, auch auf alle Geheimnisse zugreifen kann, die es ihm erlauben, Beweise zu fälschen (daher werden diese Geheimnisse manchmal als »Giftmüll« bezeichnet). Das ist ein ziemliches Problem, da wir wieder eine vertrauenswürdige dritte Partei haben. Dennoch sind Schemas mit dieser Eigenschaft oftmals am effizientesten und weisen die geringste Beweisgröße auf. Das Risiko lässt sich mithilfe von MPC verringern, um viele Teilnehmer diese gefährlichen Parameter erstellen zu lassen. Wenn ein einzelner Teilnehmer ehrlich ist und seine Schlüssel nach der Zeremonie löscht, wird der Giftmüll weggespült.
  - *Universell* – Ein vertrauenswürdiges Setup gilt als universell, wenn man damit die Ausführung einer beliebigen Schaltung (hinsichtlich der Größe begrenzt) beweisen kann.
  - *Transparent* – Es kommt uns entgegen, dass viele Schemas auch transparente Setups bieten, bei denen keine vertrauenswürdige dritte Partei anwesend sein muss, um die Parameter des Systems zu erzeugen. Transparente Schemas sind von Haus aus universell.
- *Quanten-resistent oder nicht* – Einige ZKPs stützen sich auf Public-Key-Kryptografie und erweiterte Primitive wie bilineare Paarungen (mehr dazu später), während andere nur auf symmetrische Kryptografie (wie Hashfunktionen) zurückgreifen, was sie von Natur aus resistent gegen Quantencomputer macht (in der Regel auf Kosten von viel größeren Beweisen).

Da zk-SNARKs beim Schreiben dieses Buches aktuell sind, möchte ich Ihnen zeigen, wie sie meiner Vorstellung nach funktionieren.

15.3.1 Wie zk-SNARKs funktionieren

Zunächst einmal gibt es sehr, sehr viele zk-SNARK-Schemas – zu viele, wirklich. Die meisten bauen auf einer Konstruktion wie der folgenden auf:

- Ein Beweissystem, das es einem Beweiser ermöglicht, einen Verifizierer von etwas zu überzeugen.
- Eine Übersetzung oder Kompilierung eines Programms in etwas, das das Beweissystem beweisen kann.

Der erste Teil ist nicht allzu schwer zu verstehen, während der zweite Teil ein Studium in diesem Bereich erfordert. Werfen wir zunächst einen Blick auf den ersten Teil.

Bei zk-SNARKs geht es vor allem darum, zu beweisen, dass man ein Polynom $f(x)$ kennt, das einige Wurzeln hat. Mit Wurzeln meine ich, dass der Verifizierer einige Werte im Kopf hat (z. B. 1 und 2) und der Beweiser beweisen muss, dass das geheime Polynom, das er im Kopf hat, für diese Werte zu 0 ausgewertet wird (zum Beispiel $f(1) = f(2) = 0$). Übrigens kann man ein Polynom, das 1 und 2 als Wurzeln hat (wie in unserem Beispiel) als $f(x) = (x - 1)(x - 2)h(x)$ für ein Polynom $h(x)$ schreiben. Wenn Sie nicht überzeugt sind, versuchen Sie einfach, dieses Polynom für $x = 1$ und $x = 2$ auszuwerten. Wir sagen, dass der Beweiser beweisen muss, dass er ein Polynom $f(x)$ und $h(x)$ kennt, sodass $f(x) = t(x)h(x)$ für ein Zielpolynom $t(x) = (x - 1)(x - 2)$ ist. In diesem Beispiel sind 1 und 2 die Wurzeln, die der Verifizierer überprüfen möchte.

Aber das war's dann auch schon! Das ist es, was zk-SNARKs Beweissysteme üblicherweise bieten: etwas, mit dem man beweisen kann, dass man ein Polynom kennt. Ich wiederhole das, weil es für mich keinen Sinn machte, als ich das erste Mal davon erfuhr. Wie kann man beweisen, dass man eine geheime Eingabe in ein Programm kennt, wenn man lediglich beweisen kann, dass man ein Polynom kennt? Das ist nun der Grund, warum der zweite Teil eines zk-SNARK so schwierig ist. Es geht darum, ein Programm in ein Polynom zu übersetzen. Doch dazu später mehr.

Zurück zu unserem Beweissystem: Wie kann man beweisen, dass man eine derartige Funktion $f(x)$ kennt? Man muss beweisen, dass man eine Funktion $h(x)$ kennt, sodass man $f(x)$ als $f(x) = t(x)h(x)$ schreiben kann. Uff. Nicht so schnell. Es geht hier um *Null-Wissen*-Beweisen, richtig? Wie können wir dies beweisen, ohne $f(x)$ preiszugeben? Die Antwort liegt in den folgenden drei Tricks:

- *Homomorphe Commitments* – Ein Commitment-Verfahren ähnlich denen, die wir in anderen ZKPs verwendet haben (siehe Kapitel 7)
- *Bilineare Paarungen* – Eine mathematische Konstruktion, die einige interessante Eigenschaften besitzt, mehr dazu später
- Die Tatsache, dass *verschiedene Polynome in den meisten Fällen zu unterschiedlichen Werten führen*

Gehen wir also diese drei Punkte durch.

15.3.2 Homomorphe Commitments, um Teile des Beweises zu verbergen

Der erste Trick verwendet *Commitments*, um die Werte zu verbergen, die wir an den Beweiser senden. Doch wir verbergen sie nicht nur, wir wollen auch dem Verifizierer ermöglichen, bestimmte Operationen auf ihnen durchzuführen, damit er den Beweis verifizieren kann. Insbesondere muss er verifizieren, dass wir

$$com(f(x)) = com(t(x))\ com(h(x)) = com(t(x)h(x))$$

haben, wenn der Beweiser sowohl sein Polynom $f(x)$ als auch $h(x)$ bestätigt. Hierin wird das Commitment $com(t(x))$ durch den Verifizierer als vereinbarte Einschränkung auf dem Polynom berechnet. Diese Operationen werden *homomorphe Operationen* genannt und wir hätten sie ausführen können, wenn wir über Hashfunktionen als Commitment-Mechanismus (wie in Kapitel 2 erwähnt) verfügt hätten. Dank dieser homomorphen Commitments können wir »Werte im

Exponenten verstecken« (zum Beispiel für einen Wert v das Commitment $g^v \, mod\, p$ senden) und nützliche Identitätsprüfungen durchführen:

- Die Gleichheit von Commitments – Die Gleichheit $g^a = g^b$ bedeutet, dass $a = b$.
- Die Addition von Commitments – Die Gleichheit $g^a = g^b g^c$ bedeutet, dass $a = b + c$.
- Die Skalierung von Commitments – Die Gleichheit $g^a = (g^b)^c$ bedeutet, dass $a = bc$.

Die letzte Überprüfung funktioniert nur, wenn c ein öffentlicher Wert und kein Commitment (g^c) ist. Mit homomorphen Commitments allein können wir die Multiplikation von Commitments nicht überprüfen, was wir eigentlich brauchen. Glücklicherweise verfügt die Kryptografie über ein weiteres Tool, um derartige Gleichungen, die im Exponenten verborgen sind, zu erhalten – *bilineare Paarungen*.

15.3.3 Bilineare Paarungen, um unsere homomorphen Commitments zu verbessern

Mithilfe bilinearer Paarungen können wir uns entblocken. Und das ist der *einzige Grund*, warum wir bilineare Paarungen in zk-SNARKs verwenden (eigentlich nur, um die Werte innerhalb der Commitments multiplizieren zu können). Ich möchte hier nicht zu tief in das Wesen von bilinearen Paarungen einsteigen. Wissen sollten Sie aber, dass es sich um ein weiteres Tool in unserem Werkzeugkasten handelt, mit dem wir Elemente multiplizieren können, die sich bisher nicht multiplizieren ließen, indem wir sie von einer Gruppe in eine andere verschieben.

Wenn wir e als typische Schreibweise für eine bilineare Paarung verwenden, haben wir $e(g_1, g_2) = h_3$, wobei g_1, g_2 und h_3 Generatoren für verschiedene Gruppen sind. Hier verwenden wir denselben Generator auf der linken Seite ($g_1 = g_2$), wodurch die Paarung symmetrisch wird. Mit einer bilinearen Paarung können wir Multiplikationen, die im Exponenten verborgen sind, über die folgende Gleichung durchführen:

$$e(g^b, g^c) = e(g)^{bc}$$

Auch hier verwenden wir bilineare Paarungen, um unsere Commitments nicht nur homomorph für die Addition zu machen, sondern auch für die Multiplikation. (Man beachte, dass es sich nicht um ein vollständig homomorphes Schema handelt, da nur eine einzige Multiplikation möglich ist.) Bilineare Paarungen werden auch an anderen Stellen in der Kryptografie verwendet und sie werden langsam zu einem immer gebräuchlicheren Baustein. Man findet sie in homomorphen Verschlüsselungsverfahren und auch in Signaturverfahren wie BLS, das ich in Kapitel 8 erwähnt habe.

15.3.4 Woher kommt die Prägnanz?

Schließlich ergibt sich die *Prägnanz* von zk-SNARKs aus der Tatsache, dass zwei Funktionen, die sich unterscheiden, die meiste Zeit an verschiedenen Punkten ausgewertet werden. Was bedeutet das für uns? Angenommen, ich habe kein Polynom $f(x)$, das wirklich die Wurzeln hat, die wir mit dem Verifizierer ausgewählt haben. Das heißt, dass $f(x)$ nicht gleich $t(x)h(x)$ ist. Dann wird die Auswertung von $f(x)$ und $t(x)h(x)$ an einem zufälligen Punkt r *in den meisten Fällen* nicht das gleiche Ergebnis liefern. Für fast alle r ist $f(r)$ ^{1} $t(r)h(r)$. Dies ist als *Schwartz-Zippel-Lemma* bekannt, das Abbildung 15–12 veranschaulicht.

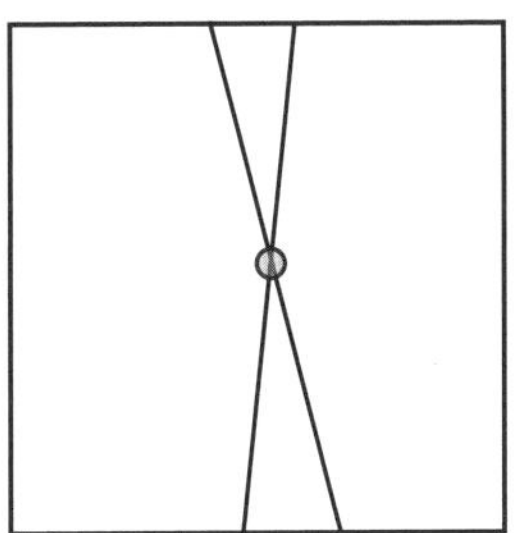

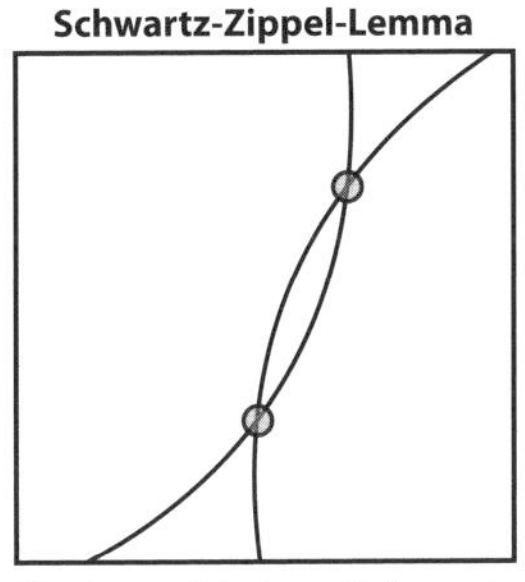

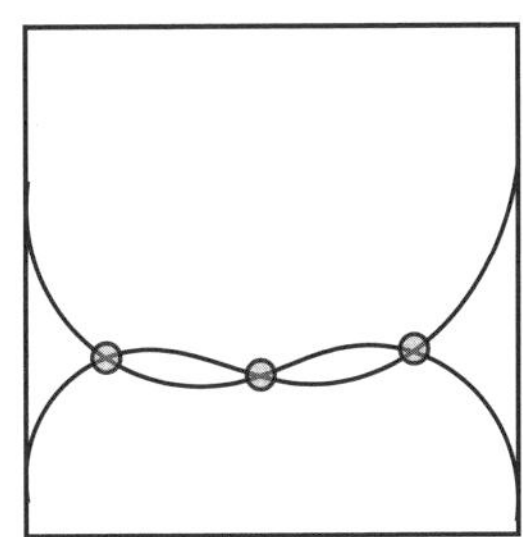

Abb. 15–12 *Das Schwartz-Zippel-Lemma besagt, dass sich zwei verschiedene Polynome n-ten Grades in höchstens n Punkten schneiden können. Mit anderen Worten unterscheiden sich zwei verschiedene Polynome in den meisten Punkten.*

Dieses Wissen genügt, um zu beweisen, dass $com(f(r)) = com(t(r)h(r))$ für einen beliebigen Punkt r ist. Deshalb sind zk-SNARK-Beweise so klein: Durch den Vergleich von Punkten in einer Gruppe vergleicht man letztlich viel größere Polynome. Doch ist dies auch der Grund für die Vertrauensstellung, die in den meisten zk-SNARK-Konstruktionen erforderlich ist. Wenn ein Beweiser den zufälligen Punkt R kennt, der herangezogen wird, um die Gleichheit zu überprüfen, dann kann er ein ungültiges Polynom zusammenbauen, das trotzdem die Gleichheit verifiziert. Ein vertrauenswürdiges Setup sieht also so aus:

1. Einen Zufallswert r erzeugen.
2. Verschiedene Potenzierungen von r festlegen (zum Beispiel g, g^r, g^{r^2}, g^{r^3}, ...), sodass der Beweiser diese Werte verwenden kann, um sein Polynom zu berechnen, ohne den Punkt r zu kennen.
3. Den Wert r zerstören.

Ist der zweite Punkt überhaupt sinnvoll? Wenn mein Polynom als Beweiser $f(x) = 3x^2 + x + 2$ ist, dann muss ich nur $(g^{r^2})^3\ g^r\ g^2$ berechnen, um ein Commitment meines Polynoms an diesem zufälligen Punkt r zu berechnen (ohne r zu kennen).

15.3.5 Von Programmen zu Polynomen

Bisher bestanden die Einschränkungen für das Polynom, das der Beweiser finden muss, darin, dass es einige Wurzeln haben muss: einige Werte, die mit unserem Polynom zu 0 ausgewertet werden. Aber wie lässt sich eine allgemeine Aussage in einen Polynom-Wissensbeweis übersetzen? Typische Aussagen in Kryptowährungen, die derzeit den größten Anteil der Anwendungen ausmachen, die auf zk-SNARKs setzen, haben folgende Formen:

- Beweise, dass ein Wert im Bereich $[0, 2^{64}]$ liegt (ein sogenannter Bereichsbeweis)
- Beweise, dass ein (geheimer) Wert in einem bestimmten (öffentlichen) Merkle-Baum enthalten ist
- Beweise, dass die Summe bestimmter Werte gleich der Summe anderer bestimmter Werte ist
- usw.

Und hier liegt der schwierige Teil. Wie ich bereits ausführte, ist die Umwandlung einer Programmausführung in das Wissen über ein Polynom wirklich schwierig. Die gute Nachricht ist, dass ich Sie nicht mit allen Details aufhalten, aber genug verraten werde, um Ihnen ein Gefühl dafür zu geben, wie die Dinge funktionieren. Von diesem Punkt an sollten Sie in der Lage sein, die in meiner Erklärung fehlenden Teile zu verstehen und die Lücken zu füllen, wenn Sie dies wünschen. Als Nächstes wird Folgendes geschehen:

1. Unser Programm wird zunächst in eine arithmetische Schaltung überführt, wie Sie sie im Abschnitt über MPC gesehen haben.
2. Diese arithmetische Schaltung wird in ein System von Gleichungen konvertiert, das eine bestimmte Form hat (ein sogenanntes Rang-1-Constraint-System oder R1CS).
3. Wir wenden dann einen Trick an, um unser System von Gleichungen in ein Polynom zu konvertieren.

15.3.6 Programme sind für Computer; wir brauchen stattdessen arithmetische Schaltungen

Gehen wir zunächst davon aus, dass fast jedes Programm mehr oder weniger einfach in eine mathematische Darstellung umgeschrieben werden kann. Warum wir das tun sollten, dürfte auf der Hand liegen: Wir können keinen Programmcode beweisen, aber wir können mathematische Formulierungen beweisen. Zum Beispiel zeigt Listing 15–1 eine Funktion, bei der jede Eingabe öffentlich ist, außer dem Parameter *a*, der unsere geheime Eingabe verkörpert.

```
fn my_function(w, a, b) {
  if w == true {
    return a * (b + 3);
  } else {
    return a + b;
  }
}
```

Listing 15-1 *Eine einfache Funktion*

Wenn in diesem einfachen Beispiel alle Ein- und Ausgaben außer a öffentlich sind, kann man immer noch auf a schließen. Zudem dient dieses Listing als Beispiel dafür, was man in Null-Wissen-Konstruktionen nicht versuchen sollte zu beweisen. Abgesehen davon kann man das Programm mit dieser Gleichung in eine mathematische Form bringen:

$$w \times (a \times (b + 3)) + (1 - w) \times (a + b) = v$$

Hier ist v die Ausgabe und w ist entweder 0 (`false`) oder 1 (`true`). Beachten Sie, dass es sich bei dieser Gleichung nicht wirklich um ein Programm oder eine Schaltung handelt, sie sieht nur wie eine Bedingung aus. Wenn Sie das Programm korrekt ausführen und dann die in der Gleichung enthaltenen Ein- und Ausgaben einsetzen, sollte der Test auf Gleichheit korrekt sein. Wenn die Gleichheitsbedingung nicht erfüllt ist, dann entsprechen Ihre Eingaben und Ausgaben keiner gültigen Ausführung des Programms.

Diese allgemeinen ZKPs sollten Sie unter diesem Aspekt betrachten. Anstatt eine Funktion im Null-Wissen auszuführen (was eigentlich nicht viel zu bedeuten hat), verwenden wir zk-SNARKs, um zu beweisen, dass bestimmte Ein- und Ausgaben korrekt mit der Ausführung eines Programms übereinstimmen, selbst wenn einige der Ein- und Ausgaben weggelassen werden.

15.3.7 Eine arithmetische Schaltung in ein Rang-1-Constraint-System (R1CS) konvertieren

In jedem Fall sind wir nur einen Schritt vorangekommen bei der Konvertierung unserer Ausführung in etwas, das wir mit zk-SNARKs beweisen können. Der nächste Schritt besteht darin, eine Reihe von Beschränkungen umzuwandeln, die sich dann in den Beweis der Kenntnis eines Polynoms umwandeln lassen. Was zk-SNARKs wollen, ist ein *Rang-1-Constraint-System* (R1CS). Eigentlich ist ein R1CS nichts weiter als eine Reihe von Gleichungen der Form $L \times R = O$, wobei L, R und O nur durch Addition einiger Variablen entstehen können und somit die einzige Multiplikation zwischen L und R stattfindet. Eigentlich ist es egal, warum wir unsere arithmetische Schaltung in ein derartiges Gleichungssystem umwandeln müssen, außer dass es hilfreich ist bei der Umwandlung in das endgültige Objekt, das wir beweisen können. Versuchen wir es mit der Gleichung, die wir schon haben, erhalten wir etwas wie:

- $a \times (b + 3) = m$
- $w \times (m - a - b) = v - a - b$

Tatsächlich haben wir die Bedingung vergessen, dass w entweder 0 oder 1 ist. Unserem System können wir sie über einen cleveren Trick hinzufügen:

- $a \times (b + 3) = m$
- $w \times (m - a - b) = v - a - b$
- $w \times w = w$

Ergibt das einen Sinn? Betrachten Sie dieses System als Menge von Einschränkungen: Wenn Sie mir einen Satz von Werten geben, von denen Sie eine Übereinstimmung mit den Eingaben und Ausgaben bei der Ausführung meines Programms behaupten, dann sollte ich diese Werte daraufhin validieren können, ob sie auch die Gleichheitsbedingungen korrekt erfüllen. Wenn eine der Gleichheitsbedingungen falsch ist, muss das heißen, dass das Programm nicht den Wert ausgibt, den Sie mir für die mir genannten Eingaben gegeben haben. Man kann sich das auch so vorstellen, dass zk-SNARKs es erlauben, Eingaben oder Ausgaben des Transkripts der korrekten Programmausführung nachweislich zu entfernen.

15.3.8 Von R1CS zu einem Polynom

Die Frage ist immer noch: Wie transformieren wir dieses System in ein Polynom? Wir sind fast am Ziel und wie immer lautet die Antwort: mit einer Reihe von Tricks! Da unser System drei verschiedene Gleichungen enthält, müssen wir uns zunächst auf drei Wurzeln für unser Polynom einigen. Wir können einfach 1, 2, 3 als Wurzeln wählen, sodass unser Polynom $f(x) = 0$ für $x = 1$, $x = 2$ und $x = 3$ löst. Doch warum sollten wir das tun? Auf diese Weise kann unser Polynom alle Gleichungen in unserem System gleichzeitig darstellen, indem es die erste Gleichung darstellt, wenn sie zu 1 ausgewertet wird, und die zweite Gleichung, wenn sie zu 2 ausgewertet wird, usw. Die Aufgabe des Beweisers ist es jetzt, ein Polynom $f(x)$ zu erzeugen, sodass folgende Gleichungen erfüllt sind:

- $f(1) = a \times (b + 3) - m$
- $f(2) = w \times (m - a - b) - (v - a - b)$
- $f(3) = w \times w - w$

Alle diese Gleichungen sollten zu 0 ausgewertet werden, wenn die Werte korrekt mit der Ausführung unseres ursprünglichen Programms übereinstimmen. Mit anderen Worten: Unser Polynom $f(x)$ hat nur dann die Wurzeln 1, 2 und 3, wenn wir es korrekt erstellen. Bei zk-SNARKs geht es genau darum: Wir haben das Protokoll, mit dem wir beweisen können, dass unser Polynom $f(x)$ tatsächlich diese drei Wurzeln hat (die sowohl dem Beweiser als auch dem Verifizierer bekannt sind).

Es wäre zu einfach, meine Erklärungen hier zu beenden, denn das Problem besteht nun darin, dass der Beweiser zu viel Freiheit bei der Wahl seines Polynoms $f(x)$ hat. Er kann einfach ein Polynom finden, das die Wurzeln 1, 2, 3 hat, ohne sich um die Werte a, b, m, v und w zu kümmern. Er kann so ziemlich alles tun, was er will! Wir dagegen streben ein System an, das jeden Teil des Polynoms sperrt, mit Ausnahme der geheimen Werte, von denen der Verifizierer *nichts* erfahren darf.

15.3.9 Es gehören zwei dazu, um ein im Exponenten verstecktes Polynom auszuwerten

Rekapitulieren wir: Wir wollen einen Beweiser, der das Programm mit seinem geheimen Wert a und den öffentlichen Werten b und w korrekt ausführt und die Ausgabe v erhält, die er veröffentlichen kann. Der Beweiser muss dann ein Polynom erzeugen, indem er nur die Teile ausfüllt, die der Verifizierer nicht erfahren darf: die Werte a und m. In einem echten zk-SNARK-Protokoll soll der Beweiser die geringstmögliche Freiheit haben, wenn er seine Polynome erstellt und sie dann für einen Zufallspunkt auswertet.

Hierfür wird das Polynom gewissermaßen dynamisch erstellt, indem der Beweiser nur seinen Teil ausfüllt und dann den Verifizierer die anderen Teile ausfüllen lässt. Als Beispiel nehmen wir die erste Gleichung $f(1) = a \times (b + 3) - m$ und stellen sie als

$$f_1(x) = aL_1(x) \times (b + 3)R_1(x) - mO_1(x)$$

dar, wobei $L_1(x)$, $R_1(x)$, $O_1(x)$ Polynome sind, die zu 1 für $x = 1$ und zu 0 für $x = 2$ und $x = 3$ ausgewertet werden. Dies ist erforderlich, damit sie nur unsere erste Gleichung erfüllen. (Beachten Sie, dass es leicht ist, solche Polynome mit Algorithmen wie der Langrange-Interpolation zu finden.) Nun sind noch zwei Dinge zu beachten.

- Wir haben die Eingaben, Zwischenwerte und Ausgaben als Koeffizienten unserer Polynome.
- Das Polynom $f(x)$ ist die Summe $f_1(x) + f_2(x) + f_3(x)$, wobei wir $f_2(x)$ und $f_3(x)$ definieren können, um unsere Gleichungen 2 und 3 darzustellen, ähnlich wie $f_1(x)$.

Wie Sie sich überzeugen können, wird unsere erste Gleichung immer noch am Punkt $x = 1$ dargestellt:

$$\begin{aligned} f(1) &= f_1(1) + f_2(1) + f_3(1) \\ &= f_1(1) \\ &= aL_1(1) \times (b + 3)R_1(1) - mO_1(1) \\ &= a \times (b + 3) - m \end{aligned}$$

Mit dieser neuen Methode, unsere Gleichungen darzustellen (die, wie Sie sich erinnern werden, die Ausführung unseres Programms verkörpern), kann der Beweiser nun Teile des Polynoms auswerten, die für ihn relevant sind, und zwar folgendermaßen:

1. Anhand der Potenz mit dem im Exponenten versteckten Zufallspunkt r werden die Polynome $L_1(r)$ und $O_1(r)$ rekonstruiert.
2. Potenzieren von $g^{L_1(r)}$ mit dem geheimen Wert a, um $(g^{L_1(r)})^a = g^{aL_1(r)}$ zu erhalten, was $a \times L_1(x)$ darstellt, das an einem unbekannten und zufälligen Punkt $x = r$ ausgewertet und im Exponenten versteckt wird.
3. Potenzieren von $g^{O_1(r)}$ mit dem geheimen Zwischenwert m, um $(g^{O_1(r)})^m = g^{mO_1(r)}$ zu erhalten, was die Auswertung von $mO_1(x)$ am zufälligen Punkt r darstellt und im Exponenten versteckt ist.

Der Verifizierer kann dann die fehlenden Teile eintragen, indem er $(g^{R_1(r)})^b$ und $(g^{R_0(r)})^3$ für einen vereinbarten Wert b mit den gleichen Techniken rekonstruiert, die der Beweiser verwendet hat. Wenn der Verifizierer beide addiert, erhält er $g^{bR_1(r)} + g^{3R_1(r)}$, was die (versteckte) Auswertung von $(b + 3) \times R_1(x)$ an einem unbekannten und zufälligen Punkt $x = r$ darstellt. Schließlich kann der Verifizierer mithilfe einer bilinearen Paarung das im Exponenten versteckte $f_1(r)$ rekonstruieren:

$$e(g^{aL_1(r)}, g^{(b+3)R_1(r)}) - e(g, g^{mO_1(r)}) = e(g, g)^{aL_1(r)} \times (b + 3)R_1(r) - mO_1(r)$$

Wenn man diese Techniken auf das gesamte Polynom $f(x)$ extrapoliert, kann man das endgültige Protokoll herausfinden. Natürlich ist dies immer noch eine grobe Vereinfachung eines echten zk-SNARK-Protokolls, denn es überlässt dem Beweiser immer noch zu viel Macht.

Alle anderen Tricks, die in zk-SNARKs verwendet werden, dienen dazu, die Handlungsfreiheiten des Beweisers weiter einzuschränken und sicherzustellen, dass er die fehlenden Teile korrekt und konsistent ausfüllt und das optimiert, was optimiert werden kann. Die beste Erklärung, die ich gelesen habe, ist übrigens das Paper »Why and How zk-SNARK Works: Definitive Explanation« von Maksym Petkus, die viel mehr in die Tiefe geht und all die Teile erklärt, die ich übergangen habe.

Und das war's für zk-SNARKs. Dies ist wirklich nur eine Einführung; in der Praxis sind zk-SNARKs viel komplizierter zu verstehen und einzusetzen! Allein der Aufwand, ein Programm in etwas Beweisbares zu konvertieren, ist nicht trivial und manchmal kommen auch neue Einschränkungen für ein Kryptografieprotokoll hinzu. Zum Beispiel sind die gängigen Hashfunktionen und Signaturverfahren oftmals zu anspruchsvoll für allgemeine ZKP-Systeme, was viele Protokollentwickler dazu veranlasst hat, andere ZKP-freundliche Verfahren zu untersuchen. Darüber hinaus gibt es, wie ich bereits ausführte, viele verschiedene zk-SNARKs-Konstruktionen und es gibt ebenso viele Nicht-zk-SNARKs-Konstruktionen, die je nach Anwendungsfall als allgemeine ZKP-Konstruktionen besser geeignet sind.

Doch leider scheint kein allgemeingültiges ZKP-Verfahren zu existieren (zum Beispiel ein ZKP-Schema, das ein transparentes Setup besitzt sowie prägnant, allgemein und quantenresistent ist) und es ist nicht klar, welches in welchen Fällen zu verwenden ist. Das Gebiet ist noch jung und jedes Jahr erscheinen neue und bessere Verfahren. Vielleicht tauchen in einigen Jahren bessere Standards und leicht zu verwendende Bibliotheken auf. Wenn Sie also an diesem Thema interessiert sind, sollten Sie es nicht aus den Augen verlieren!

Zusammenfassung

- In den letzten zehn Jahren sind bei vielen theoretischen kryptografischen Primitiven enorme Fortschritte in Bezug auf Effizienz und Praktikabilität zu verzeichnen; einige finden ihren Weg in die Praxis.
- Sichere Mehrparteienberechnung (MPC) ist ein Primitiv, das mehreren Teilnehmern ermöglicht, gemeinsam ein Programm korrekt auszuführen, ohne ihre jeweiligen Eingaben preiszugeben. Schwellenwertsignaturen werden zunehmend in Kryptowährungen eingesetzt, während PSI-(Private Set Intersection-)Protokolle in modernen und groß angelegten Protokollen wie Password Checkup von Google verwendet werden.
- Die vollständig homomorphe Verschlüsselung (Fully Homomorphic Encryption, FHE) ermöglicht es, beliebige Funktionen auf verschlüsselten Daten zu berechnen, ohne sie zu entschlüsseln. Dieses Verfahren kommt vor allem in der Cloud zur Anwendung, wo es den Zugang zu den Daten für jeden außer dem Benutzer verhindern könnte, während der Benutzer weiterhin der Cloud-Plattform gestatten kann, nützliche Berechnungen auf den Daten für ihn durchzuführen.
- Allgemeine Null-Wissen-Beweise (ZKPs) haben sich in vielen Anwendungen etabliert und feiern in jüngster Zeit Durchbrüche mit kleinen, schnell zu verifizierenden Beweisen. Hauptsächlich werden sie für Kryptowährungen verwendet, um Datenschutz hinzuzufügen oder um die Größe der Blockchain zu verringern. Ihre Einsatzmöglichkeiten scheinen jedoch breiter gefächert zu sein und in dem Maße, in dem bessere Standards und einfacher zu verwendende Bibliotheken ihren Weg in die reale Welt finden, könnten sie sich immer mehr Gebiete erobern.

16 Wann und wo Kryptografie scheitert

In diesem Kapitel:

- Allgemeine Probleme, die bei Einsatz von Kryptografie auftreten können
- Die Mantras, die man befolgen muss, um gute Kryptografie hervorzubringen
- Die Gefahren und Verantwortlichkeiten eines Kryptografie-Praktikers

Sei gegrüßt, Reisender, du hast einen weiten Weg zurückgelegt. Dies ist zwar das letzte Kapitel, aber es geht nur um die Reise, nicht um das Ende. Nunmehr sind Sie mit den Werkzeugen und Fähigkeiten ausgerüstet, die für den Einstieg in die praktische Welt der Kryptografie erforderlich sind. Das Gelernte müssen Sie jetzt nur noch anwenden.

Bevor ich mich von Ihnen verabschiede, möchte ich Ihnen noch ein paar Tipps und Tools nennen, die Ihnen bei den anstehenden Aufgaben nützlich sein werden. Die Aufgaben, mit denen Sie konfrontiert werden, folgen oft demselben Muster: Es beginnt mit einer Herausforderung, die Sie auf die Suche nach einem bestehenden kryptografischen Primitiv oder Protokoll schickt. Von dort aus suchen Sie nach einem Standard und einer guten Implementierung, die Sie dann so gut wie möglich nutzen können. Vorausgesetzt, alles läuft nach Plan ...

Bevor wir uns trennen

Wer die Kluft zwischen Theorie und Praxis überbrücken will, muss viele Drachen töten. Hier ist dein Schwert – nimm es.

16.1 Die Suche nach dem richtigen kryptografischen Primitiv oder Protokoll ist eine langweilige Angelegenheit

Sie haben es mit unverschlüsseltem Datenverkehr zu tun oder mit einer Reihe von Servern, die sich gegenseitig authentifizieren müssen, oder bestimmte Geheimnisse müssen gespeichert werden, ohne dass sie zu Single Points of Failure werden. Was tun Sie?

Den Datenverkehr könnten Sie mit TLS oder Noise (in Kapitel 9 erwähnt) verschlüsseln. Um Server über die Signatur einer Zertifizierungsstelle zu authentifizieren, könnten Sie eine Public-Key-Infrastruktur (siehe Kapitel 9) einrichten. Und ein Geheimnis könnten Sie mithilfe eines Schwellenwertverfahrens (in Kapitel 8 behandelt) verteilen, um zu verhindern, dass die Kompromittierung eines Geheimnisses zur Kompromittierung des gesamten Systems führt. Dies alles wären gute Lösungen.

Tritt das Problem, dem Sie sich gegenübersehen, häufig auf, werden Sie höchstwahrscheinlich einfach ein bestehendes kryptografisches Primitiv oder Protokoll finden, das Ihren Anwendungsfall direkt löst. Dieses Buch vermittelt Ihnen einen guten Überblick über die Standardprimitive und gängigen Protokolle, sodass Sie jetzt eine gute Vorstellung davon haben sollten, worauf Sie zurückgreifen können, wenn Sie mit einem kryptografischen Problem konfrontiert werden.

Kryptografie ist ein sehr interessantes Gebiet, das sich in alle Richtungen ausbreitet, wenn neue Entdeckungen gemacht und Primitive erfunden und vorgeschlagen werden. Auch wenn es Sie reizt, exotische Kryptografie zu erkunden, um Ihr Problem zu lösen, liegt es in Ihrer Verantwortung, konservativ zu bleiben.

Der Grund dafür ist, dass *Komplexität der Feind der Sicherheit* ist. Wann immer Sie etwas tun, ist es viel leichter, es so einfach wie möglich zu machen. Zu viele Schwachstellen wurden durch den Versuch eingeführt, extravagant zu sein. Dieses Konzept wurde 2015 von Bernstein *langweilige Kryptografie* getauft und stand Pate bei der Namensgebung der TLS-Bibliothek von Google – Boring SSL.

> *Kryptografische Vorschläge müssen viele Jahre lang sorgfältig geprüft werden, bevor sie zu plausiblen Kandidaten für den Praxiseinsatz werden. Dies gilt insbesondere dann, wenn der Vorschlag auf neuartigen mathematischen Problemen beruht.*
>
> – Rivest et al. (»Responses to NIST's proposal«, 1992)

Wie sieht es aus, wenn Sie kein kryptografisches Primitiv oder Protokoll finden können, das Ihr Problem löst? In diesem Fall müssen sich in die Welt der theoretischen Kryptografie begeben, die natürlich nicht Gegenstand dieses Buches ist. Ich kann Ihnen lediglich Empfehlungen geben.

Die erste Empfehlung ist das kostenlose Buch *A Graduate Course in Applied Cryptography* von Dan Boneh und Victor Shoup, das unter *https://cryptobook.us* verfügbar ist. Dieses Buch deckt alles ab, was ich in meinem Buch behandelt habe, aber in viel größerer Tiefe. Dan Boneh hat mit »Cryptography I« auch einen erstaunlichen Online-Kurs, der kostenlos unter *https://www.coursera.org/learn/crypto* abrufbar ist. Er ist eine viel sanftere Einführung in die theoretische Kryptografie. Wenn Sie etwas lesen möchten, das auf halbem Weg zwischen diesem Buch und der Welt der theoretischen Kryptografie liegt, kann ich Ihnen das Buch *Serious Cryptography: A Practical Introduction to Modern Encryption* (No Starch Press, 2017) von Jean-Philippe Aumasson wärmstens empfehlen.

Stellen Sie sich nun vor, Sie *haben* ein fertiges kryptografisches Primitiv oder Protokoll, das Ihrer Aufgabenstellung entspricht. Allerdings ist ein kryptografisches Primitiv oder Protokoll immer noch eine sehr theoretische Sache. Wäre es nicht toll, wenn es einen praktischen Standard gäbe, den Sie sofort verwenden könnten?

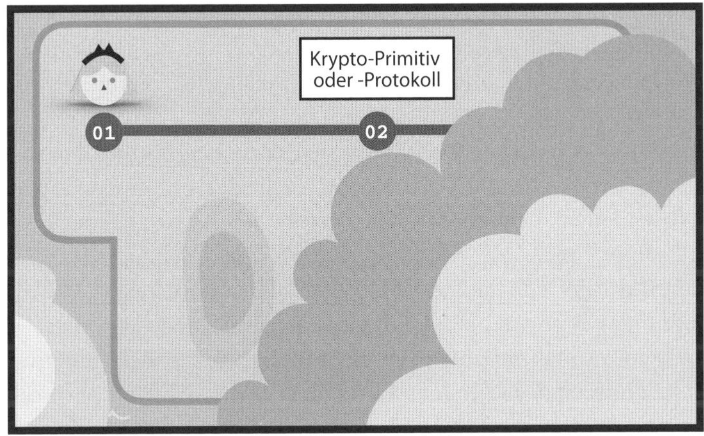

16.2 Wie verwende ich ein kryptografisches Primitiv oder Protokoll? Höfliche Standards und formale Verifizierung

Sie stellen fest, dass es eine Lösung gibt, die Ihren Bedürfnissen entspricht, aber gibt es dafür auch einen Standard? Ohne Standard wird ein Primitiv oft ohne Rücksicht auf seine reale Verwendung vorgeschlagen. Kryptografen denken oft nicht über die verschiedenen Fallstricke bei der Verwendung ihres Primitivs oder Protokolls und die Einzelheiten ihrer Implementierung nach. *Höfliche Kryptografie* ist das, was Riad S. Wahby einmal als Standards bezeichnet hat, die sich um ihre Implementierung kümmern und den Implementierern wenig Spielraum lassen, um sich selbst in den Fuß zu schießen.

> *Dem armen Benutzer wird genug Seil gegeben, mit dem er sich selbst aufhängen kann – etwas, was ein Standard nicht tun sollte.*
>
> – Rivest et al. (»Responses to NIST's proposal«, 1992)

Ein *höflicher Standard* ist eine Spezifikation, die darauf abzielt, alle Randfälle und potenziellen Sicherheitsprobleme zu behandeln, indem sie sichere und einfach zu implementierende Schnittstellen sowie eine gute Anleitung zur Verwendung des Primitivs oder Protokolls bietet. Darüber hinaus verfügen gute Standards über begleitende Testvektoren: Listen von passenden Ein- und Ausgaben, die Sie Ihrer Implementierung zuführen können, um deren Korrektheit zu testen.

Nicht alle Standards sind jedoch »höflich« und die kryptografischen Fallstricke, die sie erzeugen, sind für die meisten Schwachstellen verantwortlich, um die es in diesem Buch geht. Manchmal sind die Standards zu vage, lassen Testvektoren vermissen oder versuchen, zu viel auf einmal zu tun. Zum Beispiel beschreibt man mit dem Begriff *kryptografische Agilität* die Flexibilität eines Protokolls in Bezug auf die von ihm unterstützten kryptografischen Algorithmen. Wenn ein Standard verschiedene kryptografische Algorithmen unterstützt, kann dies dem Standard einen Vorteil verschaffen, da ein Algorithmus manchmal gebrochen wird und veraltet, während dies bei anderen nicht der Fall ist. In derartigen Situationen hindert ein unflexibles Protokoll Clients und Dienste daran, einfach voranzukommen. Andererseits kann sich eine zu große Agilität stark auf die Komplexität eines Standards auswirken und manchmal sogar zu Schwachstellen führen, wie die zahlreichen Downgrade-Angriffe auf TLS belegen.

Leider kommt es häufiger vor, als Kryptografen zugeben wollen, dass Sie auf Schwierigkeiten stoßen, wenn Ihr Problem entweder auf einen Grenzfall trifft, der von den gängigen Primitiven oder Protokollen nicht abgedeckt wird, oder wenn Ihr Problem nicht zu einer standardisierten Lösung passt. Aus diesem Grund kommt es sehr häufig vor, dass Entwickler ihre eigenen Mini-Protokolle oder Mini-Standards entwickeln. Und damit beginnt dann der Ärger.

Wenn falsche Annahmen über das Bedrohungsmodell des Primitivs getroffen werden (d. h. wogegen das Primitiv schützt) oder über seine Kompositionsfähigkeit (wie es in einem Protokoll verwendet werden kann), kommt es zu Brüchen. Diese kontextabhängigen Probleme werden dadurch verstärkt, dass kryptografische Primitive oft in einem Silo erstellt werden, in dem der Entwickler nicht unbedingt an alle Probleme gedacht hat, die auftreten können, wenn das Primitiv auf verschiedene Weise oder innerhalb eines anderen Primitivs oder Protokolls verwendet wird. Ich habe viele Beispiele dafür angegeben: X25519 versagt in Protokollen für Randfälle (Kapitel 11), Signaturen, die als eindeutig angenommen werden (Kapitel 7), und Unklarheit darüber, wer mit wem kommuniziert (Kapitel 10). Es ist nicht immer Ihre Schuld! Die Entwickler haben die Kryptografen überlistet und Fallstricke aufgedeckt, von deren Existenz niemand wusste. Genau das ist passiert!

Wenn Sie sich jemals in einer derartigen Situation befunden haben, ist das beste Tool eines Kryptografen der Beweis mit Stift und Papier. Das ist für uns, die Praktiker, nicht gerade hilfreich, da wir entweder nicht die Zeit haben, diese Arbeit zu machen (und sie ist wirklich zeitaufwendig), oder uns sogar das Fachwissen fehlt. Dennoch sind wir nicht ganz hilflos. Wir können Computer einsetzen, um die Analyse eines Mini-Protokolls zu erleichtern. Dies nennt man *formale Verifizierung* und es ist eine wundervolle Art, seine Zeit sinnvoll zu nutzen.

Formale Verifizierung ermöglicht es Ihnen, Ihr Protokoll in einer Zwischensprache zu schreiben und einige Eigenschaften daran zu testen. Zum Beispiel ist der *Tamarin-Protokollbeweiser* (siehe Abb. 16–1) ein Tool zur formalen Verifizierung, das verwendet worden ist (und noch verwendet wird), um subtile Angriffe in vielen verschiedenen Protokollen zu finden. Um mehr darüber zu erfahren, sollten Sie die Paper »Prime, Order Please! Revisiting Small Subgroup and Invalid Curve Attacks on Protocols using Diffie-Hellman« (2019) und »Seems Legit: Automated Analysis of Subtle Attacks on Protocols that Use Signatures« (2019) lesen.

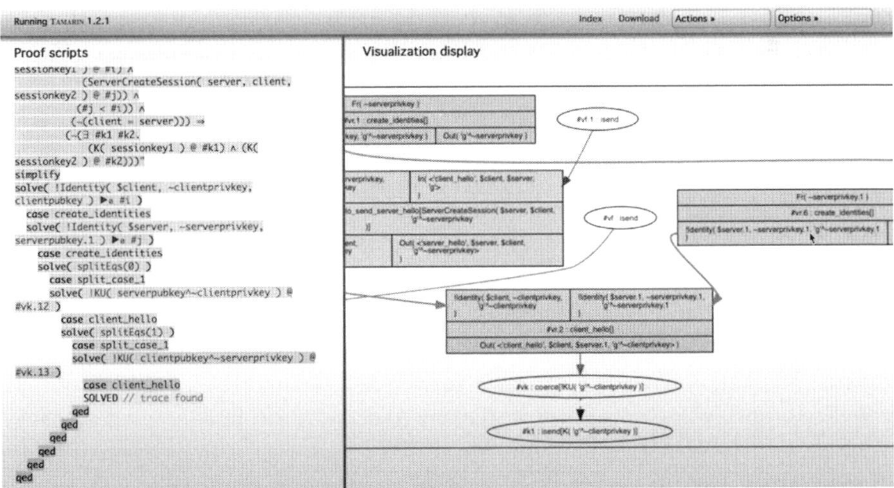

Abb. 16–1 *Der Tamarin-Protokollbeweiser ist ein kostenloses Tool, mit dem Sie ein kryptografisches Protokoll modellieren und Angriffe darauf finden können.*

Die Kehrseite der Medaille ist, dass sich formale Verifikationswerkzeuge oft nur schwierig verwenden lassen. Zunächst einmal müssen Sie verstehen, wie Sie ein Protokoll in die vom Tool verwendete Sprache und die Konzepte übersetzen, was oft nicht ganz einfach ist. Nachdem Sie ein Protokoll in einer formalen Sprache beschrieben haben, müssen Sie immer noch herausfinden, was Sie beweisen wollen und wie Sie dies in der formalen Sprache ausdrücken.

Es ist nicht ungewöhnlich, dass man einen Beweis sieht, der eigentlich die falschen Dinge beweist, sodass man sich sogar fragen kann, wer die formale Verifizierung verifiziert. Einige vielversprechende Forschungsarbeiten in diesem Bereich sollen es den Entwicklern erleichtern, ihre Protokolle formal zu verifizieren. Zum Beispiel bietet das Tool Verifpal (*https://verifpal.com*) einen guten Kompromiss zwischen Solidität (Auffinden aller Angriffe) und Benutzerfreundlichkeit.

Mithilfe der formalen Verifizierung können Sie auch Sicherheitsbeweise für die Verifizierung kryptografischer Primitive überprüfen. Hierfür bieten sich formale Verifizierungstools wie Coq, CryptoVerif und ProVerif an. Und Sie können damit sogar »formal verifizierte« Implementierungen in verschiedenen Sprachen erzeugen (siehe Projekte wie HACL*, Vale und fiat-crypto, die gängige kryptografische Primitive mit verifizierten Eigenschaften wie Korrektheit, Speichersicherheit usw. implementieren). Abgesehen davon ist die formale Verifizierung keine narrensichere Technik; Lücken zwischen dem Papierprotokoll und seiner formalen Beschreibung oder zwischen der formalen Beschreibung und der Implementierung werden immer existieren und so lange harmlos erscheinen, bis sie sich als fatal erweisen.

Der KRACK-Angriff

Es kommt vor, dass die formale Beschreibung eines Protokolls entscheidend von der eigentlichen Implementierung eines Protokolls abweicht, was dann zu Lücken und realen Angriffen führt. So geschehen im Jahr 2017, als der KRACK-Angriff (*https://krackattacks.com*) das Wi-Fi-Protokoll WPA2 knackte, obwohl es zuvor formal verifiziert worden war.

Wenn man analysiert, wie andere Protokolle scheitern, kann man die gleichen Fehler vermeiden. Challenges wie *cryptopals.com* oder *cryptohack.org* sind gute Möglichkeiten, um zu erfahren, was bei der Verwendung und Zusammenstellung kryptografischer Primitive und Protokolle schiefgehen kann. Unterm Strich müssen Sie genau verstehen, was Sie verwenden! Wenn Sie ein Mini-Protokoll erstellen, müssen Sie sorgfältig vorgehen und das Protokoll entweder formal verifizieren oder Experten um Hilfe bitten. Okay, wir haben einen Standard oder etwas, das so aussieht, wer ist nun für die Umsetzung zuständig?

16.3 Wo sind die guten Bibliotheken?

Der Lösung Ihres Problems sind Sie einen Schritt nähergekommen. Inzwischen kennen Sie das Primitiv oder Protokoll, das Sie verwenden wollen, und Sie haben dafür einen Standard. Gleichzeitig haben Sie sich einen Schritt von der Spezifikation entfernt, was bedeutet, dass Sie möglicherweise Fehler erzeugen. Aber zunächst einmal: Wo ist der Code?

Eine Recherche ergibt, dass viele Bibliotheken oder Frameworks für Sie infrage kommen. Damit lässt sich gut leben. Aber für welche Bibliothek entscheiden Sie sich denn nun? Welche ist am sichersten? Diese Frage ist schwer zu beantworten. Manche Bibliotheken sind angesehen, einige habe ich in diesem Buch aufgeführt: Tink von Google, libsodium, cryptography.io usw.

Manchmal ist es jedoch schwierig, eine gute Bibliothek zu finden. Vielleicht unterstützt die Programmiersprache, die Sie verwenden, Kryptografie nicht so gut oder vielleicht kann das Primitiv oder Protokoll, das Sie verwenden möchten, nicht mit vielen Implementierungen aufwarten. In solchen Situationen ist es gut, vorsichtig zu sein und die Kryptografie-Community um Rat zu fragen, sich über die Autoren der Bibliothek zu informieren und vielleicht sogar Experten um eine Codeüberprüfung zu bitten. So ist die r/crypto-Community auf Reddit recht hilfreich und aufgeschlossen. Manchmal funktioniert es auch, Autoren direkt anzuschreiben. Das Publikum bei Open-Mic-Sitzungen auf Konferenzen zu fragen, kann ebenfalls seine Wirkung zeigen.

Wenn Sie sich in einer verzweifelten Situation befinden, müssen Sie das kryptografische Primitiv oder Protokoll selbst implementieren. Es gibt viele Probleme, die an diesem Punkt auftreten können, und es ist eine gute Idee, sich über häufige Probleme zu informieren, die bei kryptografischen Implementierungen auftreten. Wenn Sie sich an einen guten Standard halten, treten von Haus aus weniger Fehler auf. Dennoch ist die Implementierung von Kryptografie eine Kunst und man sollte sich nicht darauf einlassen, wenn es sich vermeiden lässt.

Eine kryptografische Implementierung lässt sich auch mithilfe von *Werkzeugen* testen. Zwar kann kein einziges Tool alle kryptografischen Algorithmen abdecken, aber Wycheproof von Google verdient eine Erwähnung. Wycheproof besteht aus einer Reihe von Testvektoren, mit denen Sie nach kniffligen Fehlern in gängigen kryptografischen Algorithmen wie ECDSA, AES-GCM usw. suchen können. Mit diesem Framework hat man eine beeindruckende Anzahl von Fehlern in verschiedenen kryptografischen Implementierungen gefunden. Als Nächstes nehmen wir an, dass Sie die Kryptografie nicht selbst implementieren, sondern eine kryptografische Bibliothek gefunden haben.

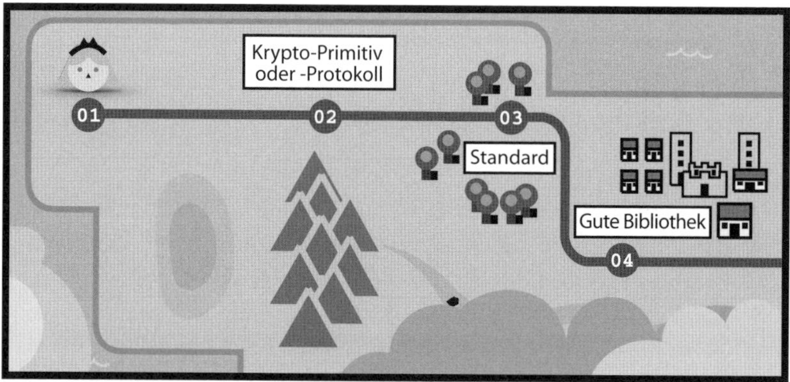

16.4 Kryptografie missbrauchen: Entwickler sind der Feind

Sie haben Code gefunden, den Sie verwenden können, sind einen Schritt weiter und stellen fest, dass es weitere Möglichkeiten gibt, Fehler zu erzeugen. Dies ist der Punkt, an dem die meisten Fehler in der angewandten Kryptografie auftreten. In diesem Buch haben Sie immer wieder Beispiele für den Missbrauch von Kryptografie gesehen. Die Wiederverwendung von Nonces ist bei Algorithmen wie ECDSA (Kapitel 7) und AES-GCM (Kapitel 4) schlecht. Kollisionen können bei der missbräuchlichen Verwendung von Hashfunktionen auftreten (Kapitel 2), Parteien können aufgrund mangelnder Authentifizierung des Ursprungs (Kapitel 7) andere Identitäten vorgaukeln usw.

> *Die Ergebnisse zeigen, dass lediglich 17 % der Fehler in kryptografischen Bibliotheken zu finden sind (die oft verheerende Folgen haben), während die restlichen 83 % auf den Missbrauch von kryptografischen Bibliotheken in einzelnen Anwendungen zurückzuführen sind.*
>
> – David Lazar, Haogang Chen, Xi Wang und Nickolai Zeldovich (»Why does cryptographic software fail? A case study and open problems«, 2014)

Im Allgemeinen gilt: Je mehr ein Primitiv oder Protokoll abstrahiert wird, desto sicherer ist es zu verwenden. Zum Beispiel bietet AWS einen Key Management Service (KMS), um Ihre Schlüssel in HSMs zu hosten und kryptografische Berechnungen nach Bedarf durchzuführen. Auf diese Weise wird die Kryptografie auf der Anwendungsebene abstrahiert. Ein weiteres Beispiel sind die Programmiersprachen, die in ihren Standardbibliotheken Kryptografie beinhalten und die oft vertrauenswürdiger sind als Bibliotheken von Drittanbietern. Ein hervorragender Vertreter ist hier die Standardbibliothek von Golang

Die Sorgfalt, die der Brauchbarkeit einer kryptografischen Bibliothek gewidmet wird, lässt sich oft als »den Entwickler als Feind behandeln« zusammenfassen. Diesen Ansatz verfolgen viele kryptografische Bibliotheken. Zum Beispiel können Sie bei Tink von Google den Wert nonce/IV in AES-GCM (siehe Kapitel 4) nicht selbst festlegen, um eine versehentliche Wiederverwendung der Nonce zu vermeiden. Die Bibliothek libsodium bietet nur einen festen Satz von Primitiven, ohne Ihnen irgendwelche Freiheiten zu lassen, damit die Komplexität nicht ausufert. Einige Signaturbibliotheken hüllen Nachrichten in eine Signatur, sodass Sie die Signatur verifizieren müssen, bevor Sie die Nachricht freigeben. Und die Liste lässt sich weiter fortsetzen. In diesem Sinne sind kryptografische Protokolle und Bibliotheken dafür verantwortlich, ihre Schnittstellen so missbrauchssicher wie möglich zu gestalten.

Ich habe es schon einmal erwähnt, und ich kann es nicht oft genug wiederholen: Machen Sie sich unbedingt auch mit dem Kleingedruckten (und zwar mit allem) vertraut, damit Sie das verstehen, was Sie verwenden. Wie Sie in diesem Buch gesehen haben, kann der Missbrauch von kryptografischen Primitiven oder Protokollen katastrophale Folgen haben. Lesen Sie die Standards, lesen Sie die Sicherheitsbetrachtungen und lesen Sie das Handbuch und die Dokumentation für Ihre kryptografische Bibliothek. Ist das alles? Nun, nicht wirklich ... Sie sind hier nicht der einzige Benutzer.

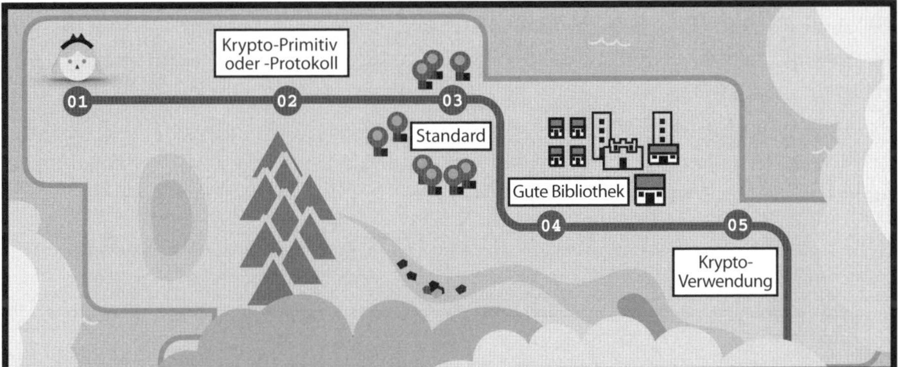

16.5 Sie machen es falsch: Brauchbare Sicherheit

Mit Kryptografie lassen sich Probleme von Anwendungen oftmals auf transparente Weise lösen, aber nicht immer! Manchmal sickert der Einsatz von Kryptografie zu den Benutzern der Anwendungen durch.

Normalerweise kann Aufklärung nur bedingt helfen. Es ist daher nie eine gute Idee, die Schuld auf den Benutzer abzuwälzen, wenn etwas Schlimmes passiert. Das einschlägige Forschungsgebiet heißt *brauchbare Sicherheit*. Hier sucht man nach Lösungen, um sicherheits- und Kryptografie-bezogene Features für die Benutzer so transparent wie möglich zu machen und dabei möglichst viele Missbrauchsgefahren zu beseitigen. Ein gutes Beispiel dafür ist, wie Browser allmählich von einfachen Warnungen bei ungültigen SSL/TLS-Zertifikaten dazu übergegangen sind, es den Benutzern schwerer zu machen, das Risiko zu akzeptieren.

> *Wir haben ein Verhalten beobachtet, das mit der Theorie der Warnmüdigkeit einhergeht. In Google Chrome klicken Benutzer den oft vorkommenden SSL-Fehler schneller und häufiger weg als andere Fehler. [...] Außerdem haben wir Klickraten von bis zu 70,2 % für SSL-Warnungen in Google Chrome gefunden, was darauf hindeutet, dass die Wahrnehmung von Warnungen durch den Benutzer einen enormen Einfluss auf das Nutzerverhalten haben kann.*
>
> – Devdatta Akhawe und Adrienne Porter Felt
> (»Alice in Warningland: A Large-Scale Field Study
> of Browser Security Warning Effectiveness«, 2013)

Ein weiteres gutes Beispiel dafür ist, wie sicherheitsrelevante Dienste von Kennwörtern dazu übergegangen sind, die Multi-Faktor-Authentifizierung (siehe Kapitel 11) zu unterstützen. Da es zu schwierig war, die Benutzer zu zwingen, starke Kennwörter pro Dienst zu verwenden, hat man eine andere Lösung gefunden, um das Risiko einer Kennwortkompromittierung zu beseitigen. Ende-zu-Ende-Verschlüsselung ist ebenfalls ein gutes Beispiel, da es für Benutzer oftmals schwer zu verstehen ist, was es bedeutet, dass ihre Gespräche Ende-zu-Ende verschlüsselt sind und wie viel Sicherheit dadurch entsteht, dass sie ihre Fingerprints (Fingerabdrücke) aktiv verifizieren (siehe Kapitel 10). Wann immer Kryptografie zu Benutzern durchdringt, müssen große Anstrengungen unternommen werden, um das Risiko von Benutzerfehlern zu verringern.

Zeit für eine Geschichte

Vor Jahren wurde ich gebeten, den Vorschlag für eine Ende-zu-Ende-Verschlüsselung einer weitverbreiteten Messaging-Anwendung zu überprüfen. Der Vorschlag enthielt das übliche State-of-the-Art-Protokoll, das Signal-Protokoll (behandelt in Kapitel 10), sah aber keine Funktion vor, mit der Benutzer die öffentlichen Schlüssel anderer Benutzer (oder die Sitzungsschlüssel mit anderen Benutzern) überprüfen konnten. Das bedeutet, dass ihre Kommunikation zwar bei Anwesenheit eines passiven Gegners Ende-zu-Ende verschlüsselt war, aber ein abtrünniger Mitarbeiter den öffentlichen Schlüssel eines Benutzers (oder die Sitzungsschlüssel einiger Benutzer) leicht hätte aktualisieren können, und sie wären nicht in der Lage gewesen, den Man-in-the-Middle-Angriff zu erkennen.

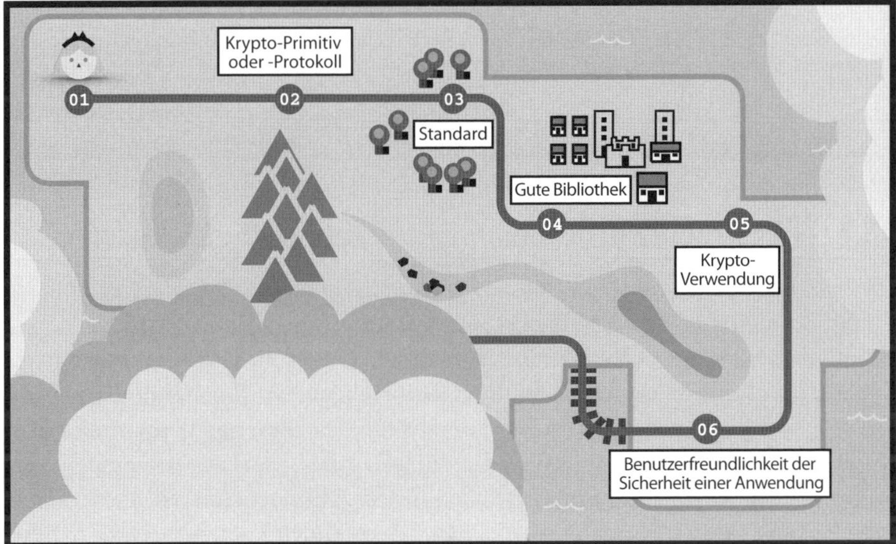

16.6 Kryptografie ist keine Insel

Kryptografie wird oft als Teil eines komplexeren Systems verwendet, das selbst fehlerhaft sein kann. Tatsächlich finden sich die meisten Bugs in den Teilen, die mit Kryptografie selbst nichts zu tun haben. Ein Angreifer sucht oft nach dem schwächsten Glied in der Kette, der am niedrigsten hängenden Frucht, und die Kryptografie leistet oft schon dadurch gute Arbeit, wenn sie die Latte höher legt. Umfassende Systeme können sehr viel größer und komplexer sein und führen oft zu leichter zugänglichen Angriffsvektoren. Adi Shamir sagte bekanntlich: »Kryptografie wird in der Regel umgangen, nicht durchdrungen.«

Zwar sollten Sie sich darum bemühen, dass Kryptografie in Ihrem System konservativ, gut implementiert und ausreichend getestet ist, doch das übrige System sollte genauso sorgfältig geprüft werden. Andernfalls könnte es sein, dass Ihre ganze Arbeit umsonst war.

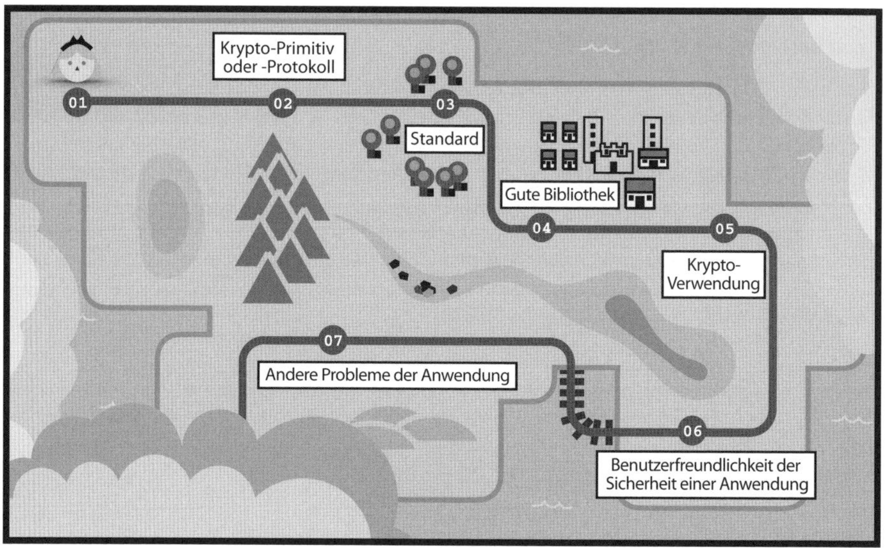

16.7 Ihre Verantwortlichkeiten als Kryptografie-Praktiker – keine »selbst gedrehte« Krypto

Fertig! Sie sind am Ende des Buches angekommen. Nunmehr können Sie sich in der Wildnis austoben. Aber ich muss Sie warnen: Dieses Buch verleiht Ihnen keine Superkräfte, sondern nur ein Gefühl der Zerbrechlichkeit. Ein Gefühl dafür, dass Kryptografie leicht missbräuchlich verwendet werden kann und dass der einfachste Fehler schnell zu verheerenden Folgen führt. Bleiben Sie also vorsichtig!

Sie haben jetzt einen umfangreichen Werkzeugkasten mit allen möglichen Krypto-Tools zur Verfügung. Dabei sollten Sie erkennen können, welche Art von Kryptografie um Sie herum verwendet wird, vielleicht sogar, was Ihnen verdächtig vorkommt. Sie sollten in der Lage sein, einige Entwurfsentscheidungen zu treffen, wissen, wie Sie Kryptografie in Ihrer Anwendung einsetzen, und verstehen, wenn Sie oder jemand anderes etwas Gefährliches unternimmt, das mehr Aufmerksamkeit erfordert. Zögern Sie nie, den Standpunkt eines Experten zu erfragen.

»Keine selbst gedrehte Krypto«, ist wohl der am meisten überstrapazierte Kryptografie-Spruch in der Softwaretechnik. Und doch haben diese Leute irgendwie recht. Auch wenn Sie die Kraft verspüren, Ihre eigenen kryptografischen Primitive und Protokolle zu implementieren oder sogar zu entwickeln, sollten Sie diese nicht in einer Produktionsumgebung verwenden. Es dauert Jahre, bis man zu einem Kryptografieprodukt kommt: Jahre, in denen man sich nicht nur mit dem Design, sondern auch mit der Kryptoanalyse vertraut macht. Selbst Experten, die ihr ganzes Leben lang Kryptografie studiert haben, bauen fehlerhafte Kryptosysteme. Ein berühmter Spruch von Bruce Schneier lautet: »Jeder, vom ahnungslosesten Amateur bis zum besten Kryptografen, kann einen Algorithmus entwickeln, den er selbst nicht knacken kann.« An diesem Punkt liegt es an Ihnen, das Studium der Kryptografie fortzusetzen. Diese letzten Seiten sind nicht das Ende der Reise.

Meiner Ansicht nach sollten Sie erkennen, dass Sie sich in einer privilegierten Position befinden. Die Kryptografie war zunächst ein Gebiet hinter verschlossenen Türen, das nur Mitgliedern der Regierung oder Akademikern vorbehalten war, und entwickelte sich langsam zu dem, was sie heute ist: eine Wissenschaft, die weltweit offen studiert wird. Doch für einige Menschen befinden wir uns noch immer in einer Zeit des (Kalten) Krieges.

Rogaway hat 2015 einen interessanten Vergleich zwischen den Forschungsgebieten Kryptografie und Physik angestellt. Er wies darauf hin, dass sich die Physik kurz nach dem Atombombenabwurf auf Japan am Ende des Zweiten Weltkriegs in ein hochpolitisches Gebiet verwandelt hatte. Die Forscher begannen, sich zutiefst verantwortlich zu fühlen, da die Physik nun zweifellos und direkt mit dem Tod potenziell vieler weiterer Menschen in Verbindung gebracht wurde. Nicht viel später wurde dieses Gefühl durch die Katastrophe von Tschernobyl noch verstärkt.

Demgegenüber ist die Kryptografie ein Bereich, in dem über Privatsphäre oft so gesprochen wird, als wäre sie ein anderes Thema, was die Kryptografie-Forschung unpolitisch macht. Dennoch können Entscheidungen, die Sie und ich treffen, langfristige Auswirkungen auf unsere Gesellschaft haben. Wenn Sie das nächste Mal ein System, das Kryptografie verwendet, konzipieren, sollten Sie unbedingt über das von Ihnen verwendete Bedrohungsmodell nachdenken. Rechnen Sie sich selbst einer vertrauenswürdigen Partei zu oder entwerfen Sie die Dinge in einer Weise, dass nicht einmal Sie auf die Daten Ihrer Benutzer zugreifen oder deren Sicherheit beeinträchtigen können? Wie können Sie die Benutzer durch Kryptografie unterstützen? Was verschlüsseln Sie? »Wir töten Menschen auf der Grundlage von Metadaten«, sagte der ehemalige NSA-Chef Michael Hayden (*http://mng.bz/PX19*).

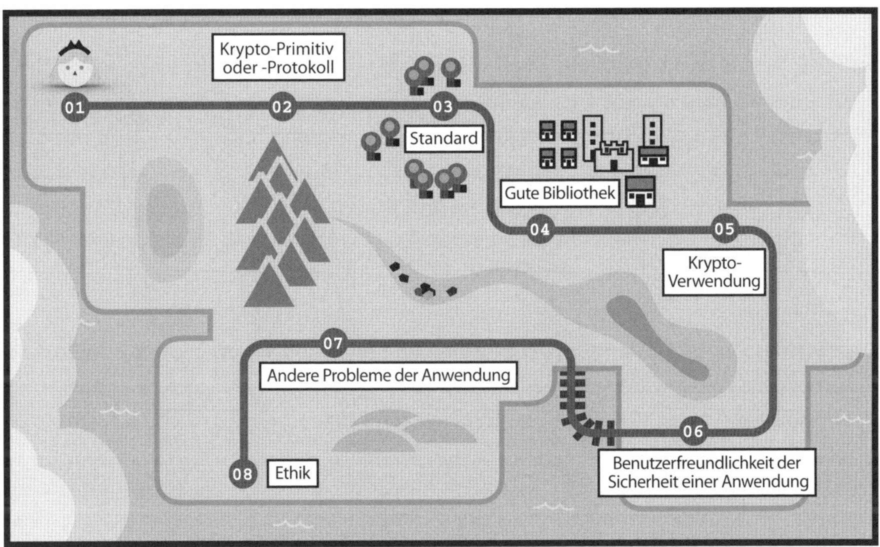

In der Nähe der Küste von Santa Barbara versammelten sich 2012 Hunderte von Kryptografen um Jonathan Zittrain in einem dunklen Hörsaal, um seinem Vortrag »The End of Crypto« (*https://www.youtube.com/watch?v=3ijjHZHNIbU*) beizuwohnen. Dies geschah auf der Crypto, der angesehensten Kryptografiekonferenz der Welt. Jonathan spielte den Anwesenden einen Clip aus der Fernsehserie *Game of Thrones* vor. Im Video stellt Varys, ein Eunuch, dem König Tyrion ein Rätsel:

> *In einem Raum sitzen drei große Männer: ein König, ein Priester und ein reicher Mann. Zwischen ihnen steht ein gewöhnlicher Söldner. Jeder der Großen bittet ihn, die anderen beiden umzubringen. Wer überlebt, wer stirbt? Tyrion antwortet darauf schnell: »Das kommt auf den Söldner an«, woraufhin der Eunuch antwortet: »Wenn die Macht bei den Männern liegt, die Schwerter tragen, warum tun wir dann so, als ob Könige die Macht in ihren Händen halten?«*

Jonathan hielt daraufhin den Clip an, zeigte auf das Publikum und rief: »Ihr wisst, dass ihr die Söldner seid, oder?«

Zusammenfassung

- Praktische Kryptografie scheitert meist an der Art ihrer Anwendung. Wir kennen bereits gute Primitive und gute Protokolle, die in den meisten Fällen eingesetzt werden können, sodass ihre missbräuchliche Verwendung als Quelle der meisten Fehler verbleibt.
- Viele typische Anwendungsfälle werden bereits von kryptografischen Primitiven und Protokollen abgedeckt. In den meisten Fällen müssen Sie nur noch eine anerkannte Implementierung finden, die Ihr Problem löst. Achten Sie darauf, das Handbuch zu lesen und zu verstehen, in welchen Fällen Sie ein Primitiv oder ein Protokoll verwenden können.
- In der realen Welt werden Protokolle mit kryptografischen Primitiven konstruiert, indem man sie wie LEGO-Bausteine zusammensetzt. Wenn keines der etablierten Protokolle Ihr Problem löst, müssen Sie die Teile selbst kombinieren. Dies ist äußerst gefährlich, da kryptografische Primitive manchmal in bestimmten Situationen oder in Kombination mit anderen Primitiven oder Protokollen versagen. In diesen Fällen ist die formale Verifizierung ein hervorragendes Werkzeug, um Probleme zu finden, auch wenn es schwer zu handhaben sein kann.
- Kryptografie zu implementieren, ist nicht nur schwierig, man muss auch über schwer zu missbrauchende Schnittstellen nachdenken (in dem Sinne, dass guter kryptografischer Code dem Benutzer wenig Spielraum lässt, sich selbst ins Bein zu schießen).

- Konservativ zu bleiben und sich auf bewährte Kryptografie zu stützen, ist ein guter Weg, um spätere Probleme zu vermeiden. Probleme, die sich aus der Komplexität ergeben (zum Beispiel die Unterstützung zu vieler kryptografischer Algorithmen), sind ein großes Thema in der Community und die Abkehr von übertechnisierten Systemen wurde als »langweilige Kryptografie« bezeichnet. Seien Sie demnach so langweilig wie möglich!
- Sowohl kryptografische Primitive als auch Standards können für Fehler in Implementierungen verantwortlich sein, weil sie zu kompliziert zu implementieren oder zu vage sind, was Implementierer beachten sollten. Höfliche Kryptografie ist die Idee eines kryptografischen Primitivs oder Standards, der nur schwer schlecht zu implementieren ist. Seien Sie also höflich!
- Wenn eine Anwendung auf Kryptografie zurückgreift, dringt das manchmal bis zu den Benutzern durch. Brauchbare Sicherheit muss dafür sorgen, dass Benutzer verstehen, wie sie mit Kryptografie umgehen müssen und dass sie sie nicht missbrauchen können.
- Kryptografie ist keine Insel. Wenn Sie alle Ratschläge dieses Buches befolgen, ist es wahrscheinlich, dass die meisten Ihrer Fehler in den nicht kryptografischen Teilen Ihres Systems auftreten. Übersehen Sie diese nicht!
- Nutzen Sie das, was Sie in diesem Buch gelernt haben, um verantwortungsbewusst zu handeln und die Konsequenzen Ihrer Arbeit gut zu überdenken.

A Antworten zu den Übungen

A.1 Kapitel 2

> *Können Sie feststellen, ob eine Hashfunktion Hiding und Binding bietet, wenn sie als Commitment-Verfahren verwendet wird?*

Eine Hashfunktion *versteckt* sich dank der Eigenschaft 2. Urbildresistenz; das heißt, wenn Ihre Eingabe zufällig genug ist, sodass niemand sie erraten kann. Um dies zu beheben, können Sie eine Zufallszahl generieren und diese mit Ihrer Eingabe hashen; später können Sie sowohl Ihre Eingabe als auch die Zufallszahl offenlegen, um Ihr Commitment zu *öffnen*. Eine Hashfunktion ist dank der 2. Urbildresistenz *bindend*.

> *Übrigens kann dieser String wohl auf keinen Fall 256 Bit (32 Byte) darstellen, oder? Wie sicher ist er dann?*

Wir kümmern uns nicht um Kollisionsresistenz, sondern nur um die 2. Urbildresistenz. Somit können wir den Digest abschneiden, um seine Größe zu verringern.

> *Können Sie erraten, wie Dread Pirate Roberts (das Pseudonym des Webmasters von Silk Road) es geschafft hat, einen Hashwert zu bekommen, der den Namen der Website enthält?*

Dread Pirate Roberts erstellte eine Menge Schlüssel, bis einer schließlich zu dieser coolen base32-Darstellung hashte. Facebook hat das Gleiche getan und ist über *facebookcorewwwi.onion* (*https://facebook.com/notes/protect-the-graph/making-connectionsto-facebook-more-secure/1526085754298237*) zugänglich. Solche gekürzten Adressversionen bezeichnet man als *Vanity-Adressen*.

A.2 Kapitel 3

Können Sie herausfinden, wie ein Zähler mit variabler Länge es einem Angreifer ermöglichen könnte, ein Authentifizierungstag zu fälschen?

Durch Beobachten der Nachricht `MAC(k,"1" || "1 is my favorite number")`, wobei `||` die Verkettung von Strings darstellt, kann ein Angreifer ein gültiges Authentifizierungstag für die elfte Nachricht `MAC(k,"11"|"ismyfavoritenumber")` fälschen.

Vorsicht: Nicht alle MACs sind PRFs. Können Sie erkennen, warum?

Angenommen, die folgende Funktion ist ein gültiger MAC und eine PRF: `MAC(key,input)`, ist dann die folgende Funktion ein gültiger MAC? `NEW_MAC= MAC(key,input)|| 0x01`? Ist sie eine gültige PRF? Es ist ein gültiger MAC, da er Fälschungen verhindert, aber keine gültige PRF, da man die Ausgabe leicht von einem völlig zufälligen String unterscheiden kann (weil das letzte Byte immer auf 1 gesetzt ist).

A.3 Kapitel 6

Erkennen Sie, warum es sehr schlecht wäre, dasselbe gemeinsame Geheimnis für alle zu verwenden?

Wenn ich Nachrichten an Sie mit diesem gemeinsamen Geheimnis verschlüsseln kann, dann kann ich auch Nachrichten von anderen Personen entschlüsseln.

Können Sie erklären, warum Sie das Ergebnis des Schlüsselaustauschs nicht direkt verwenden können?

Erinnern Sie sich an das, was Sie in Kapitel 5 über den Austausch von Schlüsseln gelernt haben. In FF(DH) erfolgen die Berechnungen modulo einer großen Primzahl p. Nehmen wir als Beispiel eine kleine Primzahl: 65.537. In Hexadezimaldarstellung wird unsere Zahl p als `0x010001` geschrieben und in Binärdarstellung als `0000 0001 0000 0000 0000 0001`. Beachten Sie die Nullen in der Binärdarstellung, die vor der ersten 1 stehen, da wir unsere Zahl in Bytes (Vielfache von 8 Bit) darstellen.

Wenn Sie modulare Arithmetik verstehen, wissen Sie, dass Zahlen modulo dieser Primzahl p nie größer sein werden. Das heißt, dass die ersten 7 Bits immer auf 0 gesetzt sein werden. Außerdem wird das achte Bit meistens auf 0 und nicht auf 1 gesetzt. Es liegt hier also keine Gleichverteilung vor. Im Idealfall sollte jedes Bit die gleiche Wahrscheinlichkeit haben, auf 1 oder auf 0 gesetzt zu werden.

A.4 Kapitel 7

Wie Kapitel 3 gezeigt hat, müssen sich die von MACs erzeugten Authentifizierungstags in konstanter Zeit verifizieren lassen, um Timing-Angriffe zu vermeiden. Meinen Sie, dass wir das Gleiche für die Verifizierung von Signaturen tun müssen?

Nein. Das hängt damit zusammen, dass die Verifizierung eines Authentifizierungstags einen geheimen Schlüssel benötigt. Um eine Signatur zu verifizieren, ist nur ein öffentlicher Schlüssel erforderlich. Folglich muss sie nicht in konstanter Zeit verifiziert werden.

A.5 Kapitel 8

Nehmen Sie an, dass die verschiedenen Entropiequellen gemischt werden, indem man sie einfach per XOR verknüpft. Können Sie erklären, wieso dies nicht mitwirkend sein kann?

Eine Entropiequelle mit Hintertür könnte ihren Ausgang per XOR mit dem Ergebnis aller anderen Entropiequellen verknüpfen und damit am Ende die gesamte Entropie auf 0 drücken.

Signaturschemas wie BLS (in Abbildung 8.5 und in Kapitel 7 erwähnt) erzeugen eindeutige Signaturen. Dies gilt nicht für ECDSA und EdDSA. Können Sie erklären, warum?

In ECDSA kann der Unterzeichner verschiedene Nonces wählen, um verschiedene Signaturen für dasselbe Schlüsselpaar und dieselbe Nachricht zu erzeugen. Zwar ist EdDSA ein Signaturalgorithmus, der die Nonce deterministisch basierend auf zu signierende Nachrichten ableitet, doch bedeutet dies nicht, dass der Unterzeichner nicht eine beliebige Nonce verwenden kann, wenn er das wünscht.

A.6 Kapitel 9

Wird der private Schlüssel des Servers zu einem beliebigen Zeitpunkt kompromittiert, wäre das katastrophal, da MITM-Angreifer dann in der Lage wären, alle vorher aufgezeichneten Konversationen zu entschlüsseln. Können Sie erklären, wie dies passieren kann?

Der Angreifer wäre dann in der Lage, die Geschichte zurückzuspulen und sich als der Server zu dem Zeitpunkt auszugeben, zu dem der Handshake stattgefunden hat. Tatsächlich besitzt der Angreifer nun den privaten Schlüssel des Servers. Alle anderen Informationen, die erforderlich sind, um einen Schlüsselaustausch durchzuführen und die symmetrischen Schlüssel nach dem Handshake abzuleiten, sind öffentlich.

Die Werte signatureAlgorithm und signatureValue sind im eigentlichen Zertifikat, tbsCertificate, nicht enthalten. Wissen Sie, warum?

Die Zertifizierungsstelle (CA) muss das Zertifikat signieren, was zu einem Paradoxon führt: Die Signatur kann nicht Teil der Signatur selbst sein. Die Zertifizierungsstelle muss demzufolge die Signatur an das Zertifikat anhängen. Andere Standards und Protokolle verwenden möglicherweise andere Techniken. Zum Beispiel könnten Sie die Signatur als Teil von `tbsCertificate` einbinden und so tun, als bestünde sie aus lauter Nullen, wenn Sie das Zertifikat signieren oder verifizieren.

A.7 Kapitel 10

Wissen Sie, warum der Inhalt der E-Mail erst komprimiert und dann verschlüsselt wird statt umgekehrt?

Entsprechend der Definition einer Chiffre ist ein Geheimtext nicht von einer zufälligen Zeichenfolge zu unterscheiden. Aus diesem Grund sind Komprimierungsalgorithmen nicht in der Lage, Muster zu finden, um verschlüsselte Daten effizient zu komprimieren. Deshalb wird die Komprimierung immer vor der Verschlüsselung durchgeführt.

Können Sie eine eindeutige Methode beschreiben, eine Nachricht zu signieren?

Eine Zeile: den Kontext authentifizieren. Das lässt sich zum Beispiel dadurch bewerkstelligen, dass Sie sowohl den Namen des Absenders als auch die Namen der Empfänger und deren öffentliche Schlüssel in die Signatur aufnehmen und diese dann verschlüsseln.

A.8 Kapitel 11

Manchmal versuchen Anwendungen, das Problem zu lösen, dass der Server bei der Registrierung von den Benutzerpasswörtern erfährt, indem sie den Client das Passwort hashen lassen (vielleicht mit einem Passwort-Hash), bevor es an den Server gesendet wird. Können Sie feststellen, ob dies wirklich funktioniert?

Clientseitiges Hashing allein funktioniert nicht, wie der berüchtigte Pass-The-Hash-Angriff gezeigt hat (*https://en.wikipedia.org/wiki/Pass_the_hash*). Wenn der Server das gehashte Passwort von Alice direkt speichert, kann jeder, der es stiehlt, es auch als Passwort verwenden, um sich als Alice zu authentifizieren. Einige Anwendungen führen sowohl clientseitiges als auch serverseitiges Hashing durch. Damit lässt sich in diesem Fall vielleicht verhindern, dass ein aktiver Angreifer das ursprüngliche Passwort erfährt (obwohl ein aktiver Angreifer in der Lage sein könnte, clientseitiges Hashing zu deaktivieren, indem er den Code der Clientanwendung aktualisiert).

Stellen Sie sich ein Protokoll vor, bei dem Sie die richtige 4-stellige PIN eingeben müssen, um eine sichere Verbindung zu einem Gerät herzustellen. Wie groß sind die Chancen, die richtige PIN allein durch Erraten zu treffen?

Das ist eine Chance von 1 zu 10.000, die PIN richtig zu erraten. Beim Lotto liegen die Chancen für einen Gewinn viel niedriger.

Index

Ziffern

A

D

E

F

G

H

I

J

K

L

M

N

O

P

Q

R

S

T

U

V